U0548725

《知识产权基础数据利用指引》解读

国家知识产权局公共服务司◎组织编写

知识产权出版社
全国百佳图书出版单位
—北京—

图书在版编目（CIP）数据

《知识产权基础数据利用指引》解读/国家知识产权局公共服务司组织编写. —北京：知识产权出版社，2023.3

ISBN 978 - 7 - 5130 - 8131 - 3

Ⅰ.①知… Ⅱ.①国… Ⅲ.①知识产权—信息资源—数据保护—信息法—法律解释—中国
Ⅳ.①D922.85

中国版本图书馆 CIP 数据核字（2022）第 065128 号

责任编辑：江宜玲		责任校对：谷　洋	
封面设计：杨杨工作室·张　冀		责任印制：刘译文	

《知识产权基础数据利用指引》解读

国家知识产权局公共服务司　组织编写

出版发行：	知识产权出版社 有限责任公司	网　　址：	http：//www.ipph.cn
社　　址：	北京市海淀区气象路 50 号院	邮　　编：	100081
责编电话：	010 - 82000860 转 8339	责编邮箱：	jiangyiling@cnipr.com
发行电话：	010 - 82000860 转 8101/8102	发行传真：	010 - 82000893/82005070/82000270
印　　刷：	天津嘉恒印务有限公司	经　　销：	新华书店、各大网上书店及相关专业书店
开　　本：	787mm×1092mm　1/16	印　　张：	38.75
版　　次：	2023 年 3 月第 1 版	印　　次：	2023 年 3 月第 1 次印刷
字　　数：	820 千字	定　　价：	128.00 元

ISBN 978 - 7 - 5130 - 8131 - 3

出版权专有　侵权必究

如有印装质量问题，本社负责调换。

编 委 会

主　任：何志敏

副主任：王培章　诸敏刚　刘　超

编　委：阙东平　吕海波　刘　毅

　　　　李　程　冯宪萍　宋志军

　　　　王宝龙　王　波　陈学方

编　写　组

组　　长：冯宪萍

副组长：王　波

统　稿：侯金霞　郭子阳　王　媛

撰　稿：王　媛　肖　丽　马　婷　胡继伟

　　　　于海燕　王　莉　桑芝芳　王　丹

　　　　王宝玲　关乐乐　王晓明　刘庆琳

　　　　许　瑛　张海萍

审　校：张海萍　郭战志

夯实经济发展基石 释放数据资源价值

近年来，信息技术加速创新，互联网、大数据、云计算、人工智能、区块链等技术日益融入经济社会发展全过程和各领域。各国竞相制定数字经济发展战略，推动数字经济的快速发展。党中央、国务院高度重视发展数字经济，充分发挥数据的关键要素作用。党的十八大以来，习近平总书记就发展数字经济，推动数字经济与实体经济的融合，做强做优做大我国数字经济作出一系列重要指示。2020 年 4 月，中共中央、国务院发布《关于构建更加完善的要素市场化配置体制机制的意见》，首次将数据作为一种新型生产要素纳入市场体系，并提出推进政府数据开放共享、提升社会数据资源价值以及加强数据资源整合和数据安全保护等具体措施，加快培育数据要素市场。党的二十大报告中也明确提出要"加快发展数字经济，促进数字经济和实体经济深度融合，打造具有国际竞争力的数字产业集群"。2022 年 12 月，中共中央、国务院发布《关于构建数据基础制度更好发挥数据要素作用的意见》，提出要建立数据产权、数据要素流通和交易、数据要素收益分配、数据要素治理等制度，充分发挥我国海量数据规模和丰富应用场景优势，激活数据要素潜能，做强做优做大数字经济，增强经济发展新动能。

知识产权是保护和激励创新的制度基石，在服务国家创新驱动发展战略中具有不可替代的重要作用。在过去的四十余年中，我国知识产权事业取得举世瞩目的成就。习近平总书记在中央政治局第二十五次集体学习时发表重要讲话，深刻阐明了事关知识产权事业改革发展的一系列方向性、原则性、根本性重大理论和实践问题，指出了新时代做好知识产权工作的重要意义、重要原则、目标任务、思路举措和工作重点。习近平总书记指出：我国知识产权事业不断发展，走出了一条中国特色知识产权发展之路，知识产权保护工作取得了历史性成就，知识产权法规制度体系和保护体系不断健全、保护力度不断加强，全社会尊重和保护知识产权意识明显提升，对激励创新、打造品牌、规范市场秩序、扩大对外开放发挥了重要作用。习近平总书记在二十大报告中也指出"创新是第一动力"，要"深入实施创新驱动发展战略"，"不断塑造发展新动能新优势"。"深化科技体制改革，深化科技评价改革，加大多元化科技投入，加强知识产权法治保障，形成支持全面创新的基础制度。"世界知识产权组织发布的《2022 年全球创新指数报告》显示，中国的排名由 2013 年的第三十五位升至 2022 年的第十一位，位居 36 个中高收入经济体之首，是世界上进步最快的国家之一，成为名副其实的知识产权大国，具备了向知识产权强国迈进的坚实基础。

2021 年 9 月，中共中央、国务院印发《知识产权强国建设纲要（2021—2035 年)》（以下简称《纲要》），面向知识产权事业未来 15 年发展作出重大顶层设计，绘就了新时代建设知识产权强国的宏伟蓝图。同年 10 月，国务院正式印发《"十四五"国家知识产权保护和运用规划》（以下简称《规划》），明确提出要充分发挥知识产权制度在推动构建新发展格局中的重要作用，为全面建设社会主义现代化国家提供有力支撑。《纲要》《规划》均对知识产权数据工作作出明确部署，提出加强知识产权数据标准制定和数据资源供给，规范知识产权数据交易市场，充分实现知识产权数据资源的市场价值，加强国际知识产权数据交换，提高数据质量，维护数据安全，完善知识产权基础数据资源管理和服务规范等重要举措。配合《纲要》和《规划》的颁布实施，国家知识产权局发布《知识产权公共服务"十四五"规划》，也明确提出要加大知识产权数据资源的主动供给，打通知识产权数据共享、业务协同壁垒，支持社会化服务机构开展基础数据信息深度加工利用等具体要求。

知识产权数据是创新成果的集中体现。目前，我国已积累了包括专利、商标、地理标志、集成电路布图设计等大量知识产权基础数据资源，专利、商标基础数据总计近 2.6 亿条。在数字经济快速发展的时期，如何充分发挥知识产权基础数据作为战略性资源以及科技创新关键性要素的作用，提升知识产权信息公共服务水平，释放知识产权基础数据的价值红利，是摆在知识产权工作者面前的现实课题。为充分发挥知识产权基础数据的战略价值，支撑引领科技创新和数字经济发展，国家知识产权局认真贯彻习近平总书记关于知识产权工作的重要指示精神，严格落实党中央、国务院有关知识产权工作决策部署，积极拓展知识产权基础数据利用渠道，创新知识产权基础数据利用方式，提升数据利用水平，及时传播知识产权信息，让创新成果更好惠及人民。2020 年 12 月，国家知识产权局印发《知识产权基础数据利用指引》，梳理了知识产权基础数据的获取途径，解读了知识产权基础数据的内容，展示了知识产权数据利用的场景和方式，旨在为社会公众和创新主体获取知识产权基础数据提供便利，提高公众准确理解和有效利用知识产权基础数据的能力。

为了使读者能够更全面地了解《知识产权基础数据利用指引》，进一步加大对知识产权基础数据利用的指导，国家知识产权局公共服务司组织多年从事知识产权基础数据资源建设和服务工作、具有丰富理论和实践经验的专业人员撰写了《〈知识产权基础数据利用指引〉解读》一书。本书较为全面地介绍了国家知识产权局建设的多个为用户提供知识产权数据服务的系统平台，涵盖知识产权基础数据的全生命周期；对知识产权数据领域的标准和规范进行了分类展示和说明，并对中国及美国、欧洲、日本和韩国的知识产权数据内容进行解读，结合具体数据样例对各类数据的内容、格式等进行说明；通过实际数据利用场景和案例，多角度、全方位展现知识产权基础数据资源在不同利用主体、不同利用阶段如何发挥作用。

希望本书能够在理解知识产权数据的内涵、建立数据思维方式、掌握数据利用技能等方面帮助读者更好地理解和利用知识产权基础数据资源，提升知识产权信息公共服务能力，促进知识产权信息传播，提高知识产权数据利用水平；同时对促进技术创新和产业发展，深化要素市场改革，建设高标准市场体系，助力知识产权强国建设，提升知识产权对社会主义现代化建设的综合支撑和保障能力有所帮助。

何志敏

2022 年 12 月

目　录

第三部分　知识产权基础数据解读

第四部分　知识产权基础数据利用

第一部分

概　述

　　知识产权制度作为激励创新的基本保障和综合竞争力的核心要素，在引领经济高质量发展中正发挥着日益重要的作用。近年来，创新主体和社会公众对知识产权基础数据利用的需求呈明显增长趋势。本部分将从知识产权基础数据利用的重要意义和原则两个方面对知识产权基础数据利用进行介绍。

第一章　知识产权基础数据利用概述

随着新一轮科技革命和产业变革深入发展，数据的基础资源作用和创新引擎作用日益凸显。本章将介绍知识产权基础数据利用的重要意义，并阐述在知识产权基础数据利用中应遵循的基本原则。

第一节　知识产权基础数据利用的重要意义

党中央、国务院高度重视数据在经济社会发展中的地位和作用。2015 年，国务院印发《促进大数据发展行动纲要》，系统部署大数据发展工作，提出建立"用数据说话、用数据决策、用数据管理、用数据创新"的管理机制，并明确提出加快政府数据开放共享、推动资源整合、提升治理能力等主要任务。

2020 年 4 月，中共中央、国务院发布《关于构建更加完善的要素市场化配置体制机制的意见》，第一次将数据作为新型生产要素纳入，凸显了数据作为国家基础性战略资源的重要意义。《关于构建更加完善的要素市场化配置体制机制的意见》明确提出要加快培育数据要素市场，推进政府数据开放共享，提升社会数据资源价值，加强数据资源整合和安全保护。数据已经成为新的关键生产要素，发展大数据技术、培育数据要素市场、挖掘数据价值成为社会创新发展的要求。

数据既是基础性资源，也是战略性资源。知识产权数据作为人类智慧结晶的集中体现，包含着丰富的技术、法律、经济等信息，是一座巨大的"金矿"。知识产权数据既是数据的重要组成部分，又区别于一般数据，具有时效性好、专业性强、规范性佳、利用价值高等特点。

我国高度重视知识产权数据利用工作。《中华人民共和国专利法》（2020 年修正）中明确指出，国务院专利行政部门应当加强专利信息公共服务体系建设，完整、准确、及时发布专利信息，提供专利基础数据，定期出版专利公报，促进专利信息传播与利用。"促进专利信息传播与利用"成为国务院专利行政部门的法定责任。

2021 年 9 月 22 日，中共中央、国务院印发《知识产权强国建设纲要（2021—2035 年）》，提出要推动知识产权信息开放共享，处理好数据开放与数据隐私保护的关系，提高传播利用效率，充分实现知识产权数据资源的市场价值。知识产权数据的开放共享、传播利用已成为知识产权强国建设的重要组成部分。

作为知识产权行政管理部门，国家知识产权局高度重视知识产权数据传播与利用工作，先后出台一系列政策文件，支持开展知识产权数据传播与利用工作，同时不断扩大知识产权基础数据的共享和开放范围，促进知识产权信息的传播与利用。

2019年8月30日，国家知识产权局印发《关于新形势下加快建设知识产权信息公共服务体系的若干意见》，指出要不断提升知识产权信息传播利用效能，并明确提出：要加强知识产权信息传播利用的统筹工作，分层分类指导各类型知识产权信息公共服务网点积极开展知识产权信息传播利用工作和知识产权利用能力培训，不断提升企业和创新创业主体的知识产权信息利用能力。

2020年11月5日，国家知识产权局印发《知识产权信息公共服务工作指引》，明确提出知识产权公共服务主体要面向政府部门、创新创业主体、社会公众等提供知识产权信息基础性支撑服务，积极推动知识产权信息传播利用。

2020年12月31日，国家知识产权局印发《知识产权基础数据利用指引》，全面梳理知识产权基础数据获取的途径，详细解读知识产权基础数据的内容，同时对知识产权数据利用的场景和方式进行重点梳理，为社会公众、创新创业主体充分有效利用知识产权数据提供了方向标和路线图。

同时，国家知识产权局不断扩大知识产权基础数据的共享和开放范围，促进知识产权数据的传播利用。2014年12月，国家知识产权局开始面向社会公众免费提供中、美、欧、日、韩五局专利基础数据，旨在向全社会提供高质量的专利数据，激活创新资源，随后不断扩大数据开放范围并优化服务。2022年，开放的数据种类从最初的20种增加到54种，2021年首次开放中国集成电路布图设计数据，数据下载带宽从30M增加到200M，提升了用户体验度和满意度。商标基础数据自2018年年底实现开放以来，开放数据量和服务人数不断增长，截至2022年6月，免费为社会公众开放6500多万条商标数据，开放数据包括8张数据表，共计60个数据项。

知识产权基础数据的开放共享为数据资源的利用提供了源头活水，进一步便利创新创业主体和社会公众获取知识产权基础数据，深入挖掘知识产权基础数据价值，丰富数据利用场景，更好地发挥知识产权基础数据作为战略性资源的生产要素作用，促进知识产权基础数据在创新创业中的广泛应用。

近年来，我国知识产权基础数据不断优化，价值含金量不断提升，为知识产权基础数据利用奠定了良好的基础。随着我国知识产权强国战略的深入实施，建设创新型国家的步伐不断加快，社会公众和创新创业主体对知识产权基础数据的传播和利用工作提出了新的需求。挖掘好、利用好知识产权基础数据这座"金矿"，科学把握大数据发展机遇，可以更好地为创新发展赋能，让创新成果更好地惠及人民。

第二节　知识产权基础数据利用的原则

数据是国家基础战略性资源和重要生产要素。国家知识产权局不断扩大知识产权基础数据共享和开放范围，其应用越来越广泛。同时随着数据分析研究水平的不断提高，知识产权数据的价值不断提升，在专业技术领域和社会经济领域的重要作用日益凸显。为充分发挥知识产权基础数据资源的作用，知识产权基础数据的利用应当遵循数据准确、合规使用、操作规范、利用便捷和共享利用五大基本原则。

一、数据准确

准确的数据是数据利用的基础。数据准确主要包含数据来源权威、数据内容准确、数据内容完整三方面内容。其中，数据来源权威是数据准确的前提和基础，数据内容准确和数据内容完整是数据准确的两个具体判断依据。

通常，数据来源权威是指数据来源于权威机构，渠道正规，数据质量可靠。在知识产权领域，权威机构一般是指官方机构或官方机构指定的数据服务机构。例如，中国专利数据的权威来源是中国国家知识产权局，韩国专利数据的权威来源是韩国专利信息院（Korea Institute of Patent Information，KIPI）。

数据内容准确和数据内容完整是数据准确的两个具体判断依据，通过这两个依据能够反映数据的准确程度。其中，前者强调数据字段信息内容的准确性，后者强调数据字段数量的完整性。例如，中国发明专利授权公告标准化著录项目数据来源于中国发明专利公报，该项数据包括申请信息、公布信息、申请人信息、国际分类信息、名称、摘要等字段信息。如果申请人信息、名称或摘要等上述字段信息内容与公报内容不一致，则说明数据内容不准确。如果数据中缺失名称、申请日期等必有字段信息，则说明数据内容不完整。

二、合规使用

合规使用是数据利用的前提。合规使用通常指数据的使用应符合相关法律法规要求，通过数据协议获取的数据还应遵循相关协议对数据使用的约定。

为了规范数据合规使用、保障数据安全、促进数据开发利用，中国加强了在数据法律监管方面的力度，于2021年出台了《中华人民共和国数据安全法》，对数据安全做了明确的规定。

知识产权数据中包含大量技术信息、相关人员信息，公众在数据利用过程中须严格遵守《中华人民共和国数据安全法》等相关法律法规的要求，合法合规使用知识产权数据。

此外，对于通过国际交换等方式获取的知识产权数据，还须严格按照交换协议的要求使用，不能超出使用范围。例如，有些数据获取协议约定，交换数据可供公众检索与在限定范围内批量下载使用，不能转让给第三方。

三、操作规范

操作规范是有效利用数据的保证。在数据利用过程中，应充分了解并遵循相关数据标准及规范，遵从检索、分析规律，提高数据资源及相应服务工具的利用效能。

知识产权文献出版和数据加工均遵循相应的标准和规范。规范的数据具有扩展性强、一致性好等特点，有利于数据关联和共享。利用数据时，应深入了解相关数据标准及规范，并基于数据检索、分析、利用和再加工需求，按照标准对数据进行规范化处理。经过规范化处理的数据可有效提高服务工具的兼容性，提升服务工具及检索系统的效能，进而提升数据利用效能。

四、利用便捷

利用便捷是对数据利用效能的要求。标准化、深度加工的数据，可以使数据结构更加清晰、数据字段更加丰富、数据利用更加方便快捷。利用便捷还体现在获取知识产权基础数据后，建设数据应用系统应当符合使用方便、说明信息完整、便于操作等要求。

用户通过选用符合规范的标准化知识产权数据，可以使后续数据应用更加便捷，降低用户处理数据的时间成本和经济成本；通过数据标引和数据加工，用户可以获得更丰富的数据字段，可使数据适用于更多的应用场景，有利于进一步挖掘数据价值；利用数据建设数据应用系统，在建设之初应充分考虑系统使用者获取数据的难易程度、应用系统的使用便捷性，以保证数据利用效能。

五、共享利用

共享利用原则是数据利用的目标。数据利用主体在利用知识产权数据的过程中，应考虑数据的共享与联通，提高数据利用效果。

大数据时代，应充分考虑数据流动性、传播性等属性，促进数据在不同主体、不同项目间的共享利用。单纯使用知识产权数据很可能无法满足数据利用主体的实际需求，还须关联其他数据，如市场数据、经济数据、法律裁判文书等。因为通过众多数据之间的关联关系，才能解决数据利用主体的问题，并挖掘出数据更高的价值。公众在利用所获取到的数据时，受限于各自的技术领域知识和数据处理经验，难以做到准确关联。因此，在合规使用前提下，遵从共享利用原则，不同领域人员沟通合作，发挥各自优势，精准实现数据的互联互通，提高数据利用效率，也可提升数据利用的实际效果。

第二部分

知识产权基础数据获取

知识产权基础数据获取部分包括第二章至第六章。主要内容包括详细介绍中国专利、商标、地理标志和集成电路布图设计数据的获取途径，以及美国、日本、韩国和欧洲四个国家/地区常用的知识产权数据获取途径。文中对知识产权基础数据获取途径的介绍，有利于社会公众方便、快捷地利用知识产权数据。

第二章 专利数据获取途径

专利数据主要通过专利检索及分析系统、中国专利公布公告系统、中国及多国专利审查信息查询系统与专利数据服务试验系统等途径对外公开，旨在为社会公众提供获取专利数据资源的便利途径，促进专利数据的充分利用。本章从系统概述、进入方式、数据收录范围和检索方法等方面对上述系统进行详细介绍。

第一节 专利检索及分析系统

一、系统概述

专利检索及分析系统是国家知识产权局面向社会公众提供免费专利检索和专利分析服务的综合性专利服务系统。该系统自上线以来，一直致力于基于丰富、全面的数据资源向社会公众及国际用户提供专业、优质的专利检索和专利分析服务。

2022年7月，全新改版的专利检索及分析系统正式上线运行。经过改版，该系统依托丰富的数据资源，专利检索和分析功能更为便利、易用，用户体验进一步提升，丰富的接口服务和工具性功能也为检索和分析业务提供有力的支撑。

二、系统使用介绍

（一）进入方式

用户可以通过该系统网址（http://pss – system. cponline. cnipa. gov. cn/conventionalSearch）进入系统，该系统首页如图2–1所示。

用户也可以通过国家知识产权局官网（https：//www. cnipa. gov. cn/）进入。在国家知识产权局官网首页"政务服务"栏目下，点击子栏目"专利"的"专利检索"标签即可进入。

图 2 – 1　专利检索及分析系统首页界面

此外，专利检索及分析系统可通过国家知识产权公共服务网（http：//ggfw.cnipa. gov. cn：8010/PatentCMS_Center/）首页的"检索查询"标签进入。

（二）数据收录范围

专利检索及分析系统共收集了 105 个国家/地区/组织的专利数据（截至 2022 年 8 月），同时还收录了引文、同族、法律状态等数据。

主要国家/地区/组织的数据收录范围如图 2 – 2 所示。

国家/地区/组织	数据范围	数据量	国家/地区/组织	数据范围	数据量
CN	19850910~20220812	39568447	US	17900731~20220728	14704140
JP	19130206~20220729	19282730	KR	19700820~20220715	4863565
GB	17820704~20220803	2984933	FR	18550227~20220729	2496168
DE	16700611~20220804	8692131	RU	19921015~20220708	1193772
CH	18881129~20220715	722154	EP	19781220~20220803	4033519
WO	19781019~20220728	4738845	OTH	18270314~20220729	19288936

图 2 – 2　专利检索及分析系统数据收录范围

注：因数据更新可能导致数据范围和数量变化，具体详情以用户查询时获取的数据信息为准。

在专利检索及分析系统中，不同数据的更新周期有所不同，具体说明如下：

（1）中国专利数据：每周二、周五更新，滞后公开日 3 天。

（2）国外专利数据：每周三更新。

（3）引文数据：每月更新。

（4）同族数据：每周二更新。

（5）法律状态数据：每周二更新。

（三）检索方法

在使用专利检索及分析系统之前，用户须进行注册。注册之后，用户便可以使用系统进行专利检索、专利分析、数据下载。专利检索及分析系统主要提供五种检索方式：常规检索、高级检索、命令行检索、药物检索、导航检索。下文将分别介绍。

1. 常规检索

常规检索是一种方便、快捷的检索模式，可以帮助用户快速查找检索对象（如某篇专利文献或某位专利申请人等）。如果检索目的十分明确，或者初次接触专利检索，用户可以使用常规检索。

常规检索界面提供一个数据范围选项、多个检索模式/字段选项，以及一个信息输入框。

点击信息输入框左侧的地球图标，系统会弹出一个数据范围选择区域，用户可以根据检索需要选择数据范围。系统提供中国、主要国家/地区/组织、其他国家/地区/组织三大类别的数据范围选项，用户可以根据所需检索范围进行选择。常规检索数据范围选择区域如图2–3所示。

图2–3　常规检索数据范围选择区域

点击切换图标，用户可以根据检索需要选择检索模式/字段。常规检索的检索模式/字段包括自动识别、检索要素、申请号、公开号、申请人、发明人、发明名称。

常规检索的检索模式/字段介绍见表2–1。

表 2 - 1　常规检索的检索模式/字段介绍

序号	检索模式/字段名称	字段介绍
1	自动识别	选择该检索模式，系统将自动识别输入的检索要素类型，并自动完成检索式的构建。识别的类型包括号码类型（申请号、公开号）、日期类型（申请日、公开日）、分类号类型（IPC、ECLA、UC、FI/FT）、申请人类型、发明人类型、文本类型
2	检索要素	选择该检索模式，系统将自动在标题、摘要、权利要求、分类号、关键词和说明书中同时检索
3	申请号	申请号字段支持按带校验位的申请号或者专利号检索。该字段支持模糊检索，并自动联想提示国别代码信息
4	公开号	公开号字段支持模糊检索，并自动联想提示国别代码信息
5	申请人	申请人字段可根据输入的关键词自动联想推荐申请量较大的相关申请人信息
6	发明人	发明人字段可根据输入的关键词自动联想推荐申请量较大的相关发明人信息
7	发明名称	发明名称字段可根据输入的关键词自动联想推荐相关的发明名称信息

系统默认采用全选的数据范围以及自动识别的检索模式进行简单检索。

2. 高级检索

高级检索根据收录的数据范围提供了丰富的检索入口，以及智能辅助的检索功能。用户可以根据检索需求，在相应的检索表格项中输入相关的检索要素，并确定这些检索项目之间的逻辑运算，进而形成检索式进行检索。此外，系统还提供"智能扩展"功能，辅助扩展检索要素信息。

点击系统首页菜单栏中"高级检索"栏目，即可进入高级检索界面，如图 2 - 4 所示。

高级检索界面主要包括"检索范围""检索项"及"检索式编辑区"三个区域。

（1）检索范围

"检索范围"区域提供了中国、主要国家/地区/组织、其他国家/地区/组织数据范围筛选功能。用户可以根据检索需要从中筛选所需要的数据范围。在其他国家/地区/组织范围中点击"更多"，则显示如图 2 - 5 所示数据检索范围界面。

（2）检索项

① 检索字段。在检索项区域，系统默认设置了多个检索字段，用户可根据需要检索的专利信息情况，选择适合的字段进行检索，具体如图 2 - 6 所示。

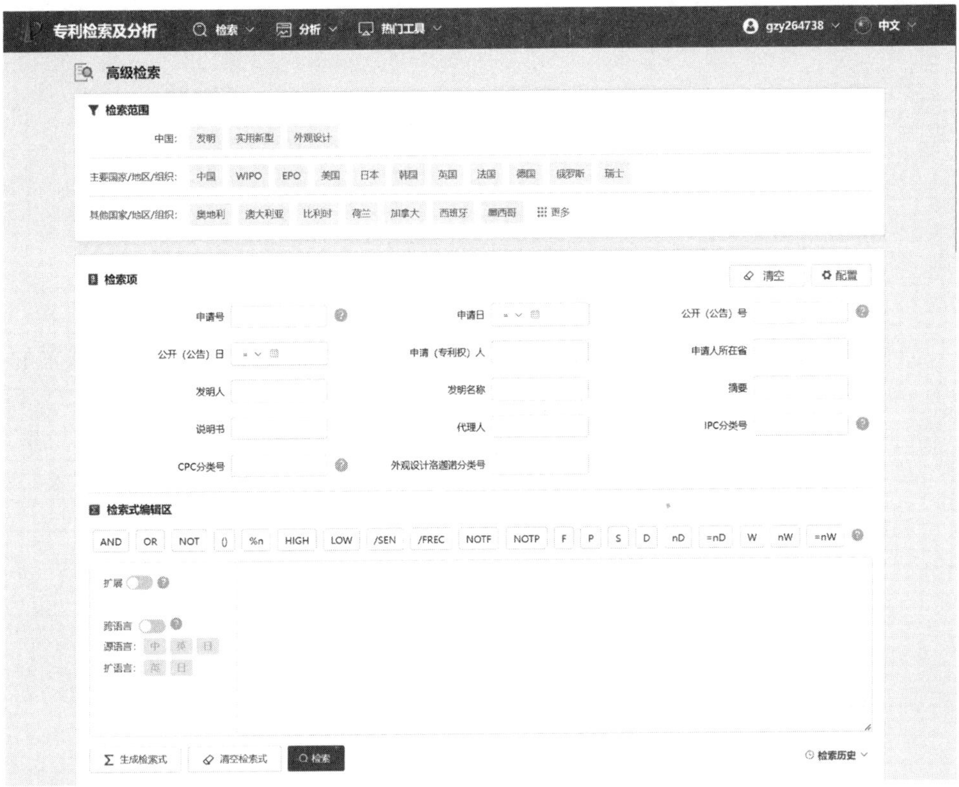

图 2－4　专利检索及分析系统高级检索界面

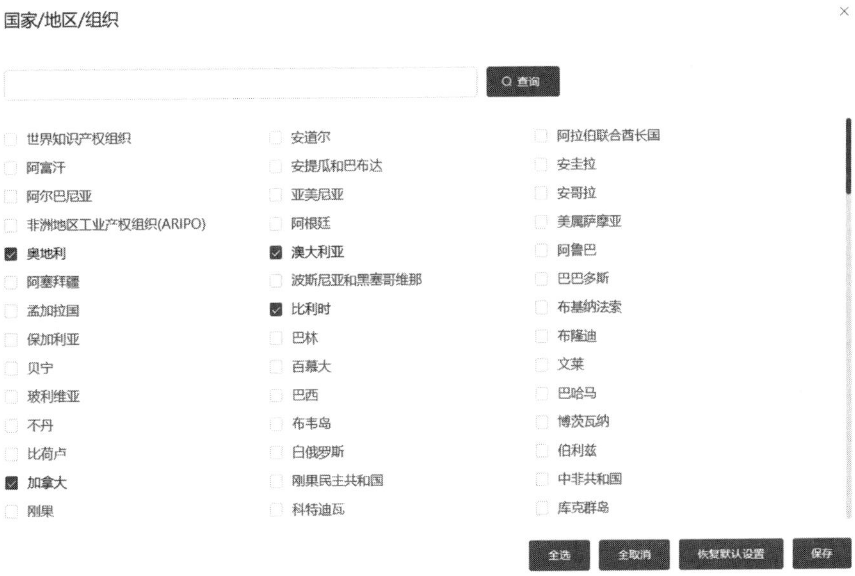

图 2－5　高级检索中的其他国家/地区/组织数据检索范围界面

图 2 - 6　高级检索中的默认检索字段

当默认的检索字段不能够满足用户需求时，用户可视数据范围及检索需求的不同而自行设置。系统提供了 42 个检索字段供用户选择，具体如图 2 - 7 所示。

图 2 - 7　高级检索中的检索字段设置界面

② IPC 分类号检索。点击 IPC 分类号检索字段后面的 "?"，弹出 IPC 分类检索界面，如图 2 - 8 所示。

用户勾选分类号，点击 "应用" 按钮，可将勾选的分类号添加到 IPC 分类号检索字段中，构建检索表达式来检索。

（3）检索式编辑区

在高级检索的检索字段区中，可以通过输入检索关键词和逻辑运算符，来构建检索表达式，构建好的检索表达式将显示在 "检索式编辑区"。"检索式编辑区" 适用于专利信息专业人员在编辑检索表达式时使用。例如，在 "发明名称" 检索字段输入 "手机"，在 "申请（专利权）人" 检索字段输入 "华为"，点击 "生成检索式"，检索表达式将显示在 "检索式编辑区"。点击 "检索" 按钮，可执行检索操作，如图 2 - 9 所示。

图 2 - 8 高级检索中的 IPC 分类号检索

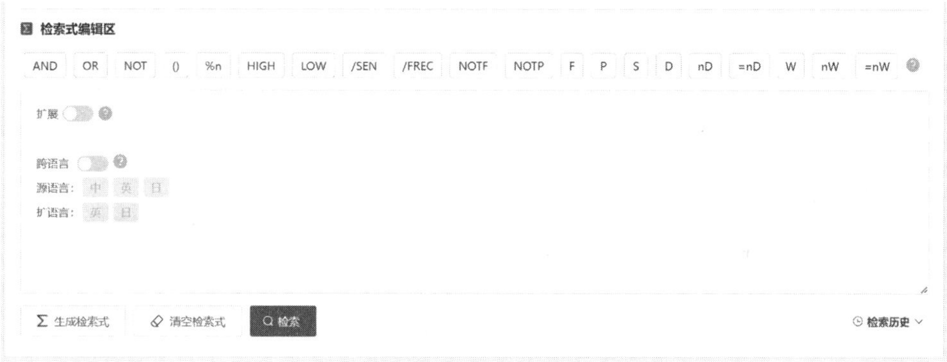

图 2 - 9 高级检索中的检索式编辑区

"检索式编辑区"左侧提供了智能检索工具，包括扩展、跨语言。

扩展是指在申请号、公开（公告）号、发明名称、IPC 分类号、申请（专利权）人、发明人、摘要、权利要求、说明书、关键词检索项中，通过公司代码、分类号、同义词关联检索更多数据。申请（专利权）人、发明人、发明名称、摘要、外观设计简要说明等检索项支持跨语言服务，勾选后系统将根据检索内容对应的扩展语言翻译结果检索专利数据。

（4）检索历史

"检索历史"区域提供了当前注册用户在所有检索模块的检索式历史相关信息，如图 2 - 10 所示。

图2-10 "检索历史"区域操作界面

"检索历史"区域还提供了检索式运算功能，在输入框中可以使用运算符将检索式用"AND""OR""NOT"以及括号"（　　）"等关联。所述检索式可以用其历史编号表示，如输入"1 AND 2"即表示把编号为1和2的检索式用运算符"AND"关联运算。

此外，点击"引用"按钮，可引用当前所选择的检索式，并将其添加到"检索式编辑区"中。点击"检索"按钮，可利用当前检索式进行检索。

3. 命令行检索

命令行检索主要面向行业内从事专利信息检索的专业用户。举例如下：点击"展开检索字段"，在右侧"检索字段"中选择"发明名称"，在"（　　）"中输入"汽车"，逻辑运算符部分选择"AND"，再在"检索字段"中选择"摘要"，在"（　　）"输入"新能源"，以上操作完成检索表达式的构建，然后可以点击回车键来执行检索，如图2-11所示。

图2-11 命令行检索

4. 药物检索

药物检索基于药物专题库的检索功能，为从事医药化学领域研究的用户提供检索服务。系统提供了药物专利特有的词典、方剂和结构式等检索方式，以便医药行业的专利信息研究人员可以便捷获取专利信息。用户可以使用此功能检索西药化合物和中药方剂等多种药物专利。

系统提供高级检索、方剂检索和结构式检索多种检索模式，方便用户快速定位文献。

（1）高级检索

在药物检索的"高级检索"标签下，可通过选择检索字段，输入关键词来检索，如图2-12所示。

图2-12 药物检索中的高级检索

（2）方剂检索

在药物检索的"方剂检索"标签下，可通过选择检索字段，输入关键词来检索，如图2-13所示。

图 2 – 13　药物检索中的方剂检索

点击右侧的"常用药材表"，则出现常用药材表弹窗，如图 2 – 14 所示。

图 2 – 14　药物检索中的常用药材表

在常用药材表中可通过左侧药材名称拼音首字母来选择药材，在右侧勾选药材名称，可将已勾选的药材加入检索编辑区，进行检索。

（3）结构式检索

在药物检索的"结构式检索"标签下，用户在"结构式编辑区"编辑化合物结构式，选择检索类型，点击"检索"按钮，"结果列表"区域将显示化合物列表，如图 2 – 15 所示。

图 2 – 15 药物检索中的结构式检索

5. 导航检索

导航检索提供了包含分类号导航的检索工具。导航检索由 IPC 导航、CPC 导航和国民经济分类导航三种分类检索工具组成。

（1）IPC 导航

在导航检索的"IPC 导航"标签下，可通过选择检索字段，输入关键词来检索，如图 2 – 16 所示。

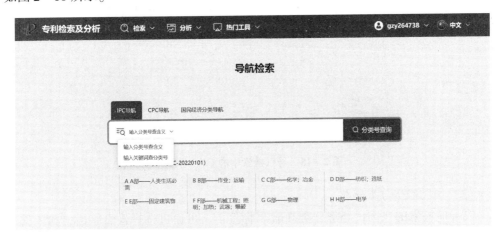

图 2 – 16 导航检索中的 IPC 导航

点击检索框下方的分类号，可进入 IPC 导航检索页，提供分类号按层级浏览查找，如图 2-17 所示。

图 2-17　导航检索中的 IPC 导航检索

（2）CPC 导航

在导航检索的"CPC 导航"标签下，可通过选择检索字段，输入关键词来检索，如图 2-18 所示。

图 2-18　导航检索中的 CPC 导航

（3）国民经济分类导航

在导航检索的"国民经济分类导航"标签下，可通过选择检索字段，输入关键词来检索，如图 2-19 所示。

图 2 - 19 导航检索中的国民经济分类导航

(四) 检索结果显示

1. 概要检索结果浏览

概要检索结果浏览提供图文式、列表式、多图式三种模式来供用户选择。默认检索结果为图文式显示，如图 2 - 20 所示。

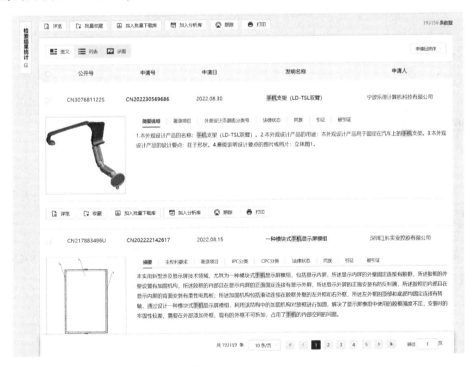

图 2 - 20 概要检索结果图文式浏览

列表式检索结果浏览，适合在对比部分核心著录项字段时使用，如图2-21所示。

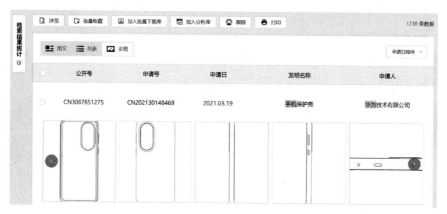

图2-21　概要检索结果列表式浏览

多图式检索结果浏览，适合在对检索结果的图片进行多图对比时使用，如外观设计专利，如图2-22所示。

图2-22　概要检索结果多图式浏览

2. 排序功能

系统提供的排序功能包括按申请日降序、申请日升序、公开日降序、公开日升序排序。

3. 筛选功能

筛选功能可对当前检索结果按照专利类型、申请日、公开日、授权日进行筛选，如图2-23所示。

图2-23　概要检索结果筛选功能

4. 检索结果统计

系统对检索结果提供申请人、发明人、代理机构、代理人、申请年、公开年等维度的快速统计功能，如图2-24所示。

图2-24　概要检索结果统计

5. 单篇文献工具集

针对单篇文献，系统在检索结果概览界面，提供进入详览界面、加入收藏、加入批量下载库、加入分析库、跟踪及打印功能。

6. 检索结果详细显示

检索结果详细显示界面，包括左侧文献浏览列表、右上角的功能操作区、中间的文献显示区和右侧的文献相关信息区，如图2-25所示。

图2-25　检索结果详细显示界面

（1）文献显示区

文献显示区中提供了著录项目、主视图、说明书附图、全文图像、法律状态、同族、引证显示内容，可通过标签切换来设置。

（2）功能操作区

功能操作区中提供了高亮、格式设置和翻译功能，方便信息阅读和信息整理。

（五）专利分析

专利分析系统可为专利分析用户提供多种分析模板，以便用户在海量专利数据中快速获取潜在的分析结果。通过专利分析工具，可以深入挖掘海量专利数据背后的技术发展情况。

用户可在检索结果概览界面，点击"加入分析文献库"来创建需要分析的专利数据集。免费用户可创建的分析文献库最多包含 10000 件专利文献。分析文献库创建完成后，点击"进入分析"可以进入分析界面，如图 2-26 所示。

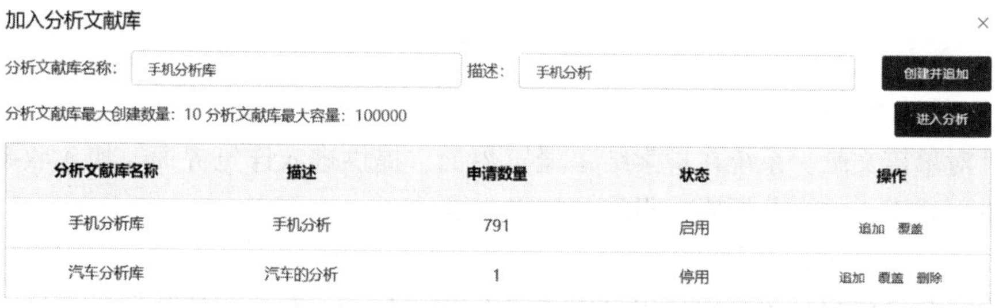

图 2-26　专利分析中的分析文献库

系统提供的分析维度如表 2-2 所示。

表 2-2　分析维度介绍

序号	分析项目	分析子项
1	申请人分析	申请人趋势分析
		申请人技术分析
		申请人区域分布分析
		申请人有效专利数量分析
		申请人相对研发实力分析
		申请人技术重心指数分析
		核心申请人统计

续表

序号	分析项目	分析子项
2	发明人分析	发明人趋势分析
		发明人技术分析
		发明人区域分布分析
		发明人有效专利数量分析
		发明人相对研发实力分析
		发明人技术重心指数分析
		核心发明人统计
3	区域分析	区域构成分析
		区域趋势分析
		区域技术领域分析
		区域申请人分析
		区域发明人分析
		地域性信息分布
		核心区域分析
4	技术领域分析	技术领域趋势分析
		技术领域构成分析
		技术领域申请人分析
		技术领域发明人分析
		技术领域区域分布分析
		技术领域衍变趋势分析
		技术领域生命周期分析
		核心技术领域统计
5	中国专项分析	专利类型分析
		年代趋势分析
		机构属性分析
		各省市专利申请量分析
6	高级分析	列表分析
		矩阵分析

第二节　中国专利公布公告系统

一、系统概述

中国专利公布公告系统是国家知识产权局免费提供给社会公众查询专利事务信息及专利公布公告数据的主要应用系统，便于社会公众及时获取专利事务信息。该系统提供包括事务查询、专利公报查询、高级查询、IPC 分类查询、LOC 分类查询等多种查询方式。用户无须注册即可使用并查询相关信息。

二、系统使用介绍

（一）进入方式

用户可以通过在地址栏直接输入中国专利公布公告系统网址（http://epub.cnipa.gov.cn/）进入系统。系统首页如图 2 - 27 所示。

图 2 - 27　中国专利公布公告系统入口界面

用户也可以通过国家知识产权局官网（https://www.cnipa.gov.cn/）进入。在国家知识产权局官网首页"政务服务"栏目下，点击子栏目"专利"并进入，在"查询服务"栏目点击"专利公布公告"即可进入该系统。

此外，中国专利公布公告系统可通过国家知识产权公共服务网（http://ggfw.cnipa.gov.cn：8010/PatentCMS_Center/）的"综合服务"标签进入。

（二）数据收录范围

中国专利公布公告系统主要提供：1985 年 9 月 10 日以来至今的发明公布、发明授权（1993 年以前为发明审定）、实用新型专利（1993 年以前为实用新型专利申

请）的著录项目、摘要、摘要附图，其更正的著录项目、摘要、摘要附图（2011 年
7 月 27 日及之后）及相应的专利单行本；外观设计专利（1993 年以前为外观设计专
利申请）的著录项目、简要说明及指定视图，其更正的著录项目、简要说明及指定
视图（2011 年 7 月 27 日及之后），外观设计全部图形（2010 年 3 月 31 日及以前）
或外观设计单行本（2010 年 4 月 7 日及之后）以及相应事务数据的查询。

中国专利公布公告系统数据每周二、周五更新两次。

（三）检索方法

中国专利公布公告系统提供事务查询、专利公报查询、高级查询、分类查询四
种查询方式，下面将分别介绍。

1. 事务查询

事务查询主要针对各类专利事务信息提供查询服务。

在中国专利公布公告系统首页，点击"事务查询"，可以进入事务查询界面，如
图 2 –28 所示。

图 2 –28 中国专利公布公告系统事务查询界面

事务查询字段包括专利类型、事务类型、申请号、事务数据公告日、事务数据
信息。其中，事务类型可下拉选择，如图 2 –29 所示。

图 2 –29 中国专利公布公告系统事务查询中的事务类型选择

2. 专利公报查询

专利公报查询界面提供时间筛选项和分类型专利公报列表展示。

用户可选择专利公报公布年份或某一期的公报进行浏览，如图 2 – 30 所示。

图 2 – 30　中国专利公布公告系统专利公报查询界面

3. 高级查询

高级查询根据收录的数据范围提供了丰富的检索入口。用户可以根据检索需求，在相应的检索表格项中输入相关的检索要素，进而形成检索式进行检索。

在中国专利公布公告系统首页，点击"高级查询"，可以进入高级查询界面，如图 2 – 31 所示。

图 2 – 31　中国专利公布公告系统高级查询界面

中国专利公布公告系统高级查询所提供的检索字段内容如表 2 – 3 所示。

表 2 – 3　中国专利公布公告系统高级查询的检索字段介绍

字段名称	字段介绍
专利类型	提供发明公布、发明授权、实用新型、外观设计四个类型选择，默认在全部范围内检索

字段名称	字段介绍
公布公告	提供公布（公告）号、公布（公告）日、专利文献出版日字段检索。其中，公布（公告）日、专利文献出版日可以查询一段时间内的专利文献信息
申请信息	提供申请号、申请日、申请（专利权）人、发明（设计）人、地址字段检索。其中，申请日可以查询一段时间内的专利文献信息
分类	提供 IPC 分类号、LOC 分类号查询
文本	提供发明名称、摘要/简要说明字段查询
专利代理	提供专利代理机构、专利代理师字段查询
优先权、分案、生物保藏	提供优先权、本国优先权、分案原申请、生物保藏字段查询
PCT	提供 PCT 申请数据、PCT 公布数据、PCT 进入国家阶段日字段查询

高级查询中的检索字段均支持模糊查询，支持"?"代替一个字符，"%"代替多个字符的查询。此外，系统还提供公布（公告）日降序、公布（公告日）升序、申请日降序、申请日升序四种排序方式，默认按照公布（公告）日降序排列。查询结果中同一专利类型默认按照公布（公告）日（更正专利按照更正文献出版日，解密专利按照解密公告日）降序排列。如一种专利类型查询结果超过 10000 条，则不再排序。

4. 分类查询

（1）IPC 分类查询

IPC 分类查询提供了以 IPC 分类号作为查询维度的检索方式。

在中国专利公布公告系统首页，点击"IPC 分类查询"，可以进入 IPC 分类查询界面，如图 2-32 所示。

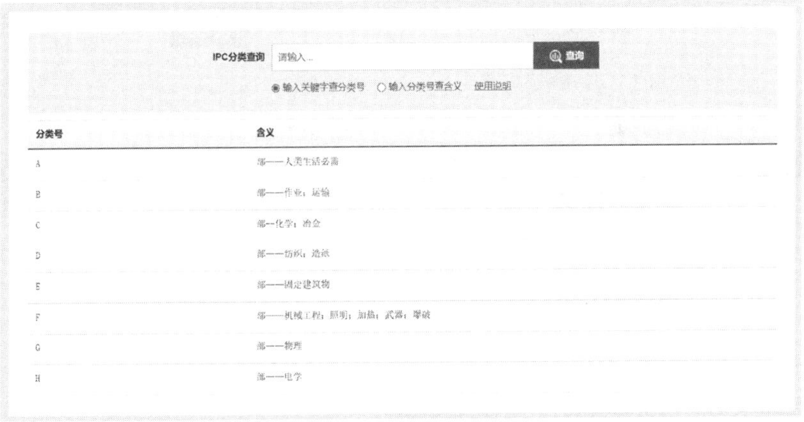

图 2-32 中国专利公布公告系统 IPC 分类查询界面

搜索框中提供输入关键字查分类号、输入分类号查含义两种查询方式。

（2）LOC 分类查询

LOC 分类查询提供了以 LOC 分类号作为查询维度的检索方式。

在中国专利公布公告系统首页，点击"LOC 分类查询"，可以进入 LOC 分类查询界面，如图 2 - 33 所示。

分类号	含义
01	食品
02	服装和服饰物件
03	旅行用具，箱盒,阳伞和个人物品（不属别类的）
04	刷具
05	纺织物件,人造和天然材料之片材类
06	家具
07	家用物品（不属别类的）
08	工具和五金器材
09	用於运输或处理货物的包装和容器

图 2 - 33　中国专利公布公告系统 LOC 分类查询界面

搜索框中提供输入关键字查分类号、输入分类号查含义两种查询方式。

（四）检索结果显示

1. 概要检索结果浏览

概要检索结果浏览包括公布模式、列表模式和附图模式三种检索结果浏览模式。公布模式检索结果浏览为默认检索结果显示模式，如图 2 - 34 所示。

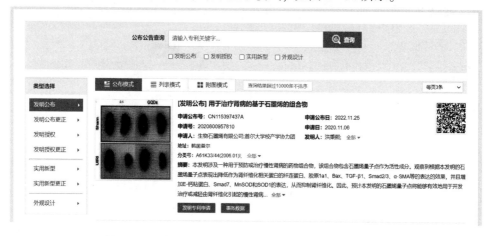

图 2 - 34　中国专利公布公告系统公布模式检索结果浏览

列表模式检索结果浏览，便于对比申请号、申请（专利权）人、发明（设计）名称。

附图模式检索结果浏览，便于对比说明书附图、分类号。

2. 类型选择

系统提供针对检索结果专利类型筛选功能，包括发明公布、发明公布更正、发明授权、发明授权更正、实用新型、实用新型更正、外观设计七种。

3. 排序方式

系统提供按照检索结果日期排序功能，包括申请日升序、申请日降序、公布（公告）日升序、公布（公告）日降序四种。

4. 检索结果详细显示

点击"检索结果详细显示"，可提供发明授权全文信息显示、发明公布全文信息显示、事务数据显示和下载四部分内容，如图2-35、图2-36所示。

图 2 - 35　中国专利公布公告系统发明公布全文信息界面

图 2 - 36　中国专利公布公告系统专利事务数据界面

第三节　中国及多国专利审查信息查询系统

一、系统概述

中国及多国专利审查信息查询系统提供中国国家知识产权局、欧洲专利局、日本特许厅、韩国知识产权局和美国专利商标局受理的发明专利审查信息查询。

中国及多国专利审查信息查询系统面向需要获取专利审查信息的社会公众提供服务，系统凭借数据更新及时有效，覆盖中国、欧洲专利局、日本、韩国、美国的丰富数据资源等特色，可满足国内社会公众查询中外专利申请的需求。

用户注册后方可使用系统。

注册用户分为电子申请注册用户和公众用户。

（1）电子申请注册用户是指中国电子申请网注册用户，可以使用中国电子申请网的注册名和密码登录，查询该注册用户名下的所有专利申请的相关信息；

（2）公众用户是指社会公众，可以通过输入申请号、发明名称、申请人等内容，查询已经公布的发明专利申请，或已经公告的发明、实用新型及外观设计专利申请的相关信息。

用户注册界面如图 2 – 37 所示。

图 2 – 37　中国及多国专利审查信息查询系统用户注册界面

用户登录系统并进入多国发明专利审查信息查询界面，输入申请号、公开号、优先权号即可查询该申请的同族（由欧洲专利局提供）相关信息，以及查询中、欧、日、韩、美等国家/地区的申请及审查信息数据。

二、系统使用介绍

（一）进入方式

用户可以在地址栏直接输入中国及多国专利审查信息查询系统网址（http://cpquery. cnipa. gov. cn/）进入系统。系统首页如图2-38所示。

图2-38　中国及多国专利审查信息查询系统首页界面

用户也可以通过国家知识产权局官网（https://www. cnipa. gov. cn/）进入。在国家知识产权局官网首页"政务服务"栏目下，点击子栏目"专利"的"专利审查信息查询"标签即可进入。

此外，中国及多国专利审查信息查询系统可通过国家知识产权公共服务网（http://ggfw. cnipa. gov. cn：8010/PatentCMS_Center/）的"综合服务"标签内的"专利审查信息查询"进入。

（二）数据收录范围

中国及多国专利审查信息查询系统主要收录申请信息、费用信息、审查信息、发文信息、公布公告信息、同族案件信息等，详细内容如下：

申请信息：著录项目信息、申请人、发明人/设计人、联系人、代理情况、优先权、申请国际阶段、著录项目变更。

费用信息：应缴费信息（截止缴费日、费用种类、应缴费金额）、已缴费信息（缴费日期、缴费种类、缴费金额、缴费人、收据号）、退费信息（费用种类名称、退费金额、退费日期、收款人姓名、收据号）等。

审查信息：申请文件、中间文件、通知书（可查阅文件图形文档）。

发文信息：通知书发文信息、专利证书信息、退信信息。具体包括通知书名称、发文日、收件人姓名、邮编、下载时间、下载 IP 地址、用户名称、发文方式等。

公布公告信息：发明公布/授权公告（公布/公告号、卷期号、公布/公告日）；事务公告（事务公告类型、公告卷期号、公告日）。

同族案件信息：同族专利的申请号、公开号、公开日、申请日、申请信息和审查信息。

数据范围及更新周期如表 2－4 所示。

表 2－4　中国及多国专利审查信息查询系统数据范围及更新周期

信息	数据范围	更新周期	
		电子申请注册用户	公众用户
著录项目	申请日自 1985 年 4 月 1 日起至今	每天更新 滞后一天	每周三更新 滞后一周
费用	申请日自 1985 年 4 月 1 日起至今	每天更新 滞后一天	每周三更新 滞后一周
公布公告	申请日自 2010 年 2 月 10 日起至今	每周三更新 无滞后	每周三更新 无滞后
事务公告	申请日自 1985 年 4 月 1 日起至今	每周三更新 无滞后	每周三更新 无滞后
审查信息	申请日自 2010 年 2 月 10 日起至今	每天更新 滞后一天	每天更新 滞后一天

（三）检索方法

用户注册之后便可以使用系统查询专利公告及审查信息。中国及多国专利审查信息查询系统包括中国专利审查信息查询和多国发明专利审查信息查询两部分，可通过标签来切换。右上方的操作区提供修改密码、我的关注、语言栏选择和退出功能。其中，语言栏选择部分提供中文、英语、德语、西班牙语、法语、日语、韩语和俄语。

1. 中国专利审查信息查询

进入系统后，默认进入中国专利审查信息查询界面，如图 2－39 所示。

图 2－39　中国专利审查信息查询

用户可通过输入申请号/专利号、发明名称、申请人、专利类型、起始申请日、截止申请日等内容来检索。

查询注意事项:

(1) 系统采用精确查询,查询条件中的发明名称、申请号、申请人三者必须填写一个。

(2) 输入的申请号/专利号必须为 9 位或 13 位,不须输入字母"ZL",并且不能包含"."。

2. 多国发明专利审查信息查询

用户可通过输入申请号、公开号、优先权号、国别、文献类型,并进行验证码确认来检索,如图 2 – 40 所示。

图 2 – 40　多国发明专利审查信息查询

(四) 检索结果显示

1. 中国专利审查信息概要检索结果

检索结果信息通过列表形式显示,显示字段为专利类型、申请号/专利号、发明名称、申请人、申请日、授权公告日、主分类号。每条专利文献下方提供申请信息、审查信息、费用信息、发文信息、公布公告、同族案件信息、添加评论、关注案件的快速入口,如图 2 – 41 所示。

专利类型	申请号/专利号	发明名称	申请人	申请日	授权公告日	主分类号
发明专利	2022110771024	一种控制方法、装置及车辆	华为技术有限公司	2022-09-05		B60W 60/00
申请信息	审查信息	费用信息	发文信息	同族案件信息	添加评论	关注案件
发明专利	2022110642644	多路召回模型训练方法、多路召回方法、装置及电子设备	华为技术有限公司	2022-09-01		G06F 16/9535
申请信息	审查信息	费用信息	发文信息	同族案件信息	添加评论	关注案件
发明专利	2022110405329	电路板、电路板组件和电子设备	华为技术有限公司	2022-08-29		H05K 1/11
申请信息	审查信息	费用信息	发文信息	同族案件信息	添加评论	关注案件
发明专利	2022109638169	寻呼方法和通信装置	华为技术有限公司	2022-08-11		H04W 52/02
申请信息	审查信息	费用信息	发文信息	同族案件信息	添加评论	关注案件
发明专利	2022109154866	充电方法、电子设备、计算机可读存储介质和芯片系统	华为技术有限公司	2022-07-31		H02J 7/00
申请信息	审查信息	费用信息	发文信息	同族案件信息	添加评论	关注案件

图 2 – 41　中国专利审查信息概要检索结果

针对检索结果提供专利类型、申请号/专利号、发明名称、申请人、申请日、授权公告日、主分类号的升序、降序排序功能。

2. 多国发明专利审查信息概要检索结果

检索结果信息通过列表形式显示，显示字段为申请号、公开号、申请日、公开日。每条专利文献下方提供申请信息、审查信息的快速入口，如图2-42所示。

图2-42 多国发明专利审查信息概要检索结果

3. 检索结果详细显示

（1）申请信息

申请信息包括著录项目信息、申请人、发明人/设计人、联系人、代理情况、优先权、申请国际阶段和著录项目变更，如图2-43所示。

图2-43 中国及多国专利审查信息查询系统申请信息

（2）审查信息

审查信息包括申请文件、中间文件、通知书和无效文件。以上文件信息，非灰色标识的，可下载图片形式并保存到本地，如图2-44所示。

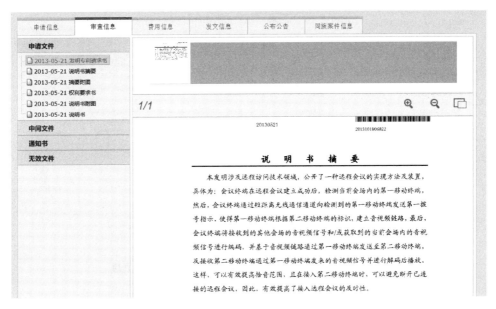

图2-44　中国及多国专利审查信息查询系统审查信息

注意：2010年2月10日之前的专利审查信息，系统不提供图文信息浏览。

（3）费用信息

费用信息包括应缴费信息、已缴费信息、退费信息、滞纳金信息和收据发文信息，如图2-45所示。

缴费种类	缴费金额	缴费日期	缴费人姓名	票据代码	票据号码
专利文件副本证明费	30	2022-02-14	深圳市维盟科技股份有限公司	00010121	0028613255
专利文件副本证明费	30	2021-11-29	北京允天律师事务所	00010120	0038346260
专利文件副本证明费	30	2021-11-18	北京市君合律师事务所	00010120	0037772502
专利文件副本证明费	30	2021-06-07	北京智信禾专利代理有限公司	00010120	0030320080
发明专利第20年年费	8000	2021-05-28	深圳市教教科技有限公司	00010120	0021391227
专利文件副本证明费	30	2021-05-27	深圳市辉泓专利代理有限公司	00010120	0029617701

图2-45　中国及多国专利审查信息查询系统费用信息

（4）发文信息

发文信息包括历次通知书发文信息、专利证书信息、退信信息，如图2-46所示。

通知书发文						
通知书名称	发文日	收件人姓名	收件人邮编	下载时间	下载IP地址	发文方式
办理登记手续通知书	2019-12-30	张伟(***1319)	518129			电子发文
第一次审查意见通知书	2019-06-03	张伟(***1319)	518129			电子发文
费用减缓审批通知书	2018-05-02	张伟(***1319)	518129	20180504120141	103.218.216.110	电子发文
发明专利申请公布及进入实质审...	2017-12-06	张伟(***1319)	518129	20171213093139	103.218.216.128	电子发文
国际申请进入中国国家阶段初步...	2017-09-13	张伟(***1319)	518129	20170913093756	103.218.216.116	电子发文
国际申请进入中国国家阶段通知书	2017-06-19	张伟(***1319)	518129	20170621140714	192.168.6.100	电子发文
补正通知书	2017-06-19	张伟(***1319)	518129	20170621140659	192.168.6.100	电子发文

专利证书

退信

图2-46 中国及多国专利审查信息查询系统发文信息

（5）公布公告

公布公告包括发明公布/授权公告、事务公告，如图2-47所示。

发明公布/授权公告			
公告（公布）号	公告类型	卷期号	公告（公布）日
☐ CN 100412788 B	发明授权公告	24-34	2008-08-20
☐ CN 1416056 A	发明公布	19-19	2003-05-07

事务公告		
事务公告类型	公告卷期号	事务公告日
专利届满终止	38-2802	2022-07-15
专利申请权、专利权的转移	31-29	2015-07-22
专利实施许可合同的备案	33-3001	2017-07-25
实质审查请求生效	19-30	2003-07-23

图2-47 中国及多国专利审查信息查询系统公布公告

（6）同族案件信息

同族案件信息，展示该专利的同族专利案件基本信息，如图2-48所示。

图 2 - 48　中国及多国专利审查信息查询系统同族案件信息

第四节　专利数据服务试验系统

一、系统概述

为扩大知识产权基础信息资源共享范围，满足广大社会公众获得国内外专利基础数据的需求，国家知识产权局建设了专利数据服务试验系统（以下简称"试验系统"），并于 2014 年 12 月 10 日起正式开通。为保障服务质量和效果，国家知识产权局提供了两个服务站点，知识产权出版社有限责任公司服务站点和中国专利信息中心服务站点。

两个站点服务内容相同，可以任选其一使用服务，也可通过电话、邮件的形式进行咨询。知识产权出版社有限责任公司服务站点咨询电话、邮箱分别为4001880860，4001880860@ cnipr. com；中国专利信息中心服务站点咨询电话、邮箱分别为 010 - 61073422，server@ cnpat. com. cn。

截至 2022 年，试验系统免费提供中国、美国、欧洲、日本、韩国、俄罗斯的各类知识产权基础更新数据资源共计 54 种。系统具有用户注册、申请开通、下载数据等功能，并提供数据目录、数据手册、数据样例，便于用户了解数据情况。用户也可通过查看通知公告、常见问题等方式了解系统情况。

试验系统面向社会公众及创新创业主体提供免费服务，用户分为个人用户及单位用户。单位用户包括但不局限于知识产权服务机构、科研院所、高校、政府部门、企业、其他事业单位。

二、系统使用介绍

(一) 进入方式

专利数据服务试验系统主站点入口为：

http://patdata.cnipa.gov.cn/

知识产权出版社有限责任公司服务站点入口为：

http://patdata1.cnipa.gov.cn/

中国专利信息中心服务站点入口为：

http://patdata2.cnipa.gov.cn/

主站点界面如图 2 - 49 所示。

图 2 - 49 专利数据服务试验系统主站点界面

用户也可通过国家知识产权公共服务网（http://ggfw.cnipa.gov.cn：8010/PatentC-MS_Center/）首页的"数据下载"标签进入。

(二) 数据内容

截至 2022 年底，系统包括中国、美国、欧洲、日本、韩国、俄罗斯的各类知识产权基础数据资源共计 54 种，每周更新数据容量约 200 ~ 250GB。所有更新数据将在系统中保存 30 个自然日。

各类知识产权基础数据资源的数据内容、数据格式、更新周期详见表 2 - 5。

表 2-5　专利数据服务试验系统数据介绍

国别/组织	数据编号	数据名称	更新周期	简要说明
国家知识产权局（CNIPA）	CN-PA-IMGS-10-A	中国发明专利申请公布标准化全文图像数据	周更新	数据格式：PDF、XML；数据内容：扉页、权利要求书、说明书、说明书附图、索引信息
	CN-PA-IMGS-10-B	中国发明专利授权公告标准化全文图像数据	周更新	数据格式：PDF、XML；数据内容：扉页、权利要求书、说明书、说明书附图、索引信息
	CN-PA-IMGS-20-U	中国实用新型专利授权公告标准化全文图像数据	周更新	数据格式：PDF、XML；数据内容：扉页、权利要求书、说明书、说明书附图、索引信息
	CN-PA-IMGS-30-S	中国外观设计专利授权公告标准化全文图像数据	周更新	数据格式：PDF、XML；数据内容：著录项目、简要说明、视图
	CN-PA-TXTS-10-A	中国发明专利申请公布标准化全文文本数据	周更新	数据格式：XML、TIFF；数据内容：著录项目、摘要、权利要求书、说明书、说明书附图、索引信息
	CN-PA-TXTS-10-B	中国发明专利授权公告标准化全文文本数据	周更新	数据格式：XML、TIFF；数据内容：著录项目、摘要、权利要求书、说明书、说明书附图、索引信息
	CN-PA-TXTS-20-U	中国实用新型专利授权公告标准化全文文本数据	周更新	数据格式：XML、TIFF；数据内容：著录项目、摘要、权利要求书、说明书、说明书附图、索引信息

国别/组织	数据编号	数据名称	更新周期	简要说明
国家知识产权局（CNIPA）	CN – PA – BIBS – ABSS – 10 – A	中国发明专利申请公布标准化著录项目数据	周更新	数据格式：XML、TIFF；数据内容：申请信息、公开信息、申请人信息、IPC国际专利分类信息、名称、摘要、摘要附图
	CN – PA – BIBS – ABSS – 10 – B	中国发明专利授权公告标准化著录项目数据	周更新	数据格式：XML、TIFF；数据内容：申请信息、公开信息、相关公开信息、申请人信息、IPC国际专利分类信息、名称、摘要、摘要附图
	CN – PA – BIBS – ABSS – 20 – U	中国实用新型专利授权公告标准化著录项目数据	周更新	数据格式：XML、TIFF；数据内容：申请信息、公开信息、申请人信息、IPC国际专利分类信息、名称、摘要、摘要附图
	CN – PA – BIBS – IMGS – 30 – S	中国外观设计专利授权公告标准化著录项目及切图数据	周更新	数据格式：XML、JPG；数据内容：申请信息、公开信息、申请人信息、洛迦诺分类信息、名称、简要说明、图片
	CN – PA – BIBTS – ABSTS – 10 – A	中国发明专利申请公布标准化英文著录项目数据	月更新	数据格式：XML、TIFF；数据内容：申请信息、公开信息、申请人信息、IPC国际专利分类信息、名称、摘要、摘要附图
	CN – PA – BIBTS – ABSTS – 20 – U	中国实用新型专利授权公告标准化英文著录项目数据	月更新	数据格式：XML、TIFF；数据内容：申请信息、公开信息、申请人信息、IPC国际专利分类信息、名称、摘要、摘要附图

国别/组织	数据编号	数据名称	更新周期	简要说明
国家知识产权局（CNIPA）	CN－PA－PRSS－10	中国发明专利法律状态标准化数据	周更新	数据格式：XML； 数据内容：申请信息、知识产权类型、法律状态公告日、法律状态代码、法律状态及法律状态信息
	CN－PA－PRSS－20	中国实用新型专利法律状态标准化数据	周更新	数据格式：XML； 数据内容：申请信息、知识产权类型、法律状态公告日、法律状态代码、法律状态及法律状态信息
	CN－PA－PRSS－30	中国外观设计专利法律状态标准化数据	周更新	数据格式：XML； 数据内容：申请信息、知识产权类型、法律状态公告日、法律状态代码、法律状态及法律状态信息
	CN－PA－DECO－RE	中国专利复审案件审查决定数据	周更新	数据格式：WORD； 数据内容：复审案件审查决定基本信息、复审案件审查决定正文。基本信息包括案件编号、决定日、相关专利案件的基本情况、复审请求人、法律依据、决定要点。决定正文包括案由、决定的理由、决定
	CN－PA－DECO－IN	中国专利无效宣告案件审查决定数据	周更新	数据格式：WORD； 数据内容：无效宣告案件审查决定基本信息、无效宣告案件审查决定正文。基本信息包括案件编号、决定日、相关专利案件的基本情况、无效宣告请求人、法律依据、决定要点。决定正文包括案由、决定的理由、决定

国别/组织	数据编号	数据名称	更新周期	简要说明
国家知识产权局（CNIPA）	CN – IC – PUBO – ER	中国集成电路布图设计专有权公告数据	月更新	数据格式：TXT； 数据内容：布图设计登记号、申请日、公告日期、公告号、布图设计名称、权利人、布图设计类别（结构、技术、功能）、权利人信息、创作人信息、代理人信息、创作完成日和首次商业利用时间等
	CN – IC – PUBO – ERA	中国集成电路布图设计专有权事务公告数据	月更新	数据格式：TXT； 数据内容：权利人的变更、专有权的转移和继承、专有权的放弃、地址不详公告和国家知识产权局作出的更正等
	CN – IC – PUBO – TER	中国集成电路布图设计专有权终止公告数据	月更新	数据格式：TXT； 数据内容：布图设计登记号、申请日、专有权公告日、布图设计保护期限届满日
	CN – IC – DECO – RE	中国集成电路布图设计复审撤销案件数据	不定期	数据格式：PDF、WORD； 数据内容：基本信息和决定正文。基本信息包括案件编号、决定日、布图设计名称、布图设计类别、撤销意见提出人信息、专有权人信息、登记号、申请日、公告日、首次商业利用日、撤销意见提出日、法律依据和决定要点等；决定正文包括案由、决定理由和决定内容

国别/组织	数据编号	数据名称	更新周期	简要说明
欧洲专利局（EPO）	EP - PA - ABSO - 10 - AB	EP专利摘要（DOC-DB）数据	周更新	数据格式：XML；数据内容：欧洲的著录项目与摘要
	EP - PA - TXTO - 10 - AB	欧洲专利全文文本数据	周更新	数据格式：XML；数据内容：著录项目、摘要、权利要求书、说明书、说明书附图
	EP - PA - PRSO - FILE	EP专利法律状态数据	周更新	数据格式：XML；数据内容：申请信息、公开信息、法律状态信息、法律状态代码、法律状态日期等
日本特许厅（JPO）	JP - PA - ABST - 10 - AB	日本发明专利摘要英文翻译数据	月更新	数据格式：XML；数据内容：申请信息、公开信息、申请人信息、IPC国际专利分类信息、发明名称、摘要、摘要附图
	JP - PA - BIBO - 10 - AB	日本发明专利著录项目数据	双周更新	数据格式：TXT；数据内容：申请信息、公开信息、公告信息、优先权信息、IPC国际专利分类第8版信息
	JP - PA - BIBO - 20 - U	日本实用新型专利授权公告著录项目数据	年更新	数据格式：TXT；数据内容：申请信息、公告信息、优先权信息、IPC国际专利分类第8版信息
	JP - PA - TXTO - IMGO - 10 - A	日本发明专利申请公布全文数据	周更新	数据格式：XML、PDF、TIFF；数据内容：著录项目、权利要求书、说明书、摘要、说明书附图

国别/组织	数据编号	数据名称	更新周期	简要说明
日本特许厅（JPO）	JP – PA – TXTO – IMGO – 10 – B	日本发明专利授权公告全文数据	周更新	数据格式：XML、PDF、TIFF；数据内容：著录项目、权利要求书、说明书、摘要、说明书附图
	JP – PA – TXTO – IMGO – 20 – U	日本实用新型专利授权公告全文数据	周更新	数据格式：XML、PDF、TIFF；数据内容：著录项目、权利要求书、说明书、摘要、说明书附图
	JP – PA – TXTO – IMGO – 30 – S	日本外观设计专利授权公告全文数据	周更新	数据格式：SGM、IMG；数据内容：著录项目、外观设计专利的视图
	JP – PA – FIFTO – DIC	日本内部分类（FI/Fterm）定义	不定期	数据格式：CSV、XML、HTML；数据内容：FI 分类定义、Fterm 分类定义、转换协议
	JP – PA – FIFTO – FILE	日本内部分类（FI/Fterm）数据	月更新	数据格式：无格式文本；数据内容：FI 分类数据、Fterm 分类数据
	JP – PA – PRSO – CITO – FILE	日本专利法律状态数据及引文数据	周更新	数据格式：TSV；数据内容：专利申请信息、申请人信息、权利人信息、法律状态信息、引文信息等
韩国知识产权局（KIPO）	KR – PA – ABST – 10 – AB	韩国发明专利摘要英文翻译数据	月更新	数据格式：XML；数据内容：申请信息、公开信息、申请人信息、IPC 国际专利分类信息、发明名称、摘要、摘要附图

国别/组织	数据编号	数据名称	更新周期	简要说明
韩国知识产权局（KIPO）	KR – PA – TXTO – IMGO – 10 – AB	韩国发明专利全文数据	双周更新	数据格式：XML、PDF、TIFF、JPG；数据内容：著录项目、摘要、权利要求书、说明书、说明书附图
	KR – PA – TXTO – IMGO – 20 – UY	韩国实用新型专利全文数据	双周更新	数据格式：XML、PDF、TIFF、JPG；数据内容：著录项目、摘要、权利要求书、说明书、说明书附图
	KR – PA – TXTO – IMGO – 30 – S	韩国外观设计专利全文数据	双周更新	数据格式：XML、PDF、JPG；数据内容：著录项目、简要说明、外观设计专利的视图
	KR – PA – PRSO – FILE	韩国专利法律状态数据	周更新	数据格式：XML；数据内容：申请信息、公开信息、法律状态公告日、法律状态代码、法律状态信息
	KR – PA – PRSO – DIC	韩国专利法律状态编码说明	不定期	数据格式：PDF；数据内容：法律状态代码、产生日期、代码说明、相关事件等
	KR – PA – CITO – FILE	韩国专利引文数据	双周更新	数据格式：XML；数据内容：公开信息、申请信息、专利分类、引用文献

国别/组织	数据编号	数据名称	更新周期	简要说明
美国专利商标局（USPTO）	US－PA－TXTO－10－A	美国专利申请公布全文文本数据	周更新	数据格式：XML； 数据内容：著录项目、摘要、权利要求书、说明书、说明书附图、代码化的复杂单元（表格、数学式、化学结构）、基因序列
	US－PA－TXTO－10－B	美国专利授权公告全文文本数据	周更新	数据格式：XML； 数据内容：著录项目、摘要、权利要求书、说明书、说明书附图、代码化的复杂单元（表格、数学式、化学结构）、基因序列
俄罗斯联邦工业产权局（FIPS）	RU－PA－BIBO－10－A	俄罗斯发明专利申请公布著录项目文本数据	每月更新三次	数据格式：XML、JPG、TIFF； 数据内容：著录项目、摘要、权利要求、检索报告
	RU－PA－IMGO－10－A	俄罗斯发明专利申请公布著录项目图像数据	每月更新三次	数据格式：PDF； 数据内容：著录项目、摘要、权利要求、检索报告
	RU－PA－TXTO－10－B	俄罗斯发明专利授权公告全文文本数据	每月更新三次	数据格式：XML、JPG、TIFF； 数据内容：著录项目、摘要、说明书、权利要求、说明书附图
	RU－PA－IMGO－10－B	俄罗斯发明专利授权公告全文图像数据	每月更新三次	数据格式：PDF； 数据内容：著录项目、摘要、说明书、权利要求、说明书附图

国别/组织	数据编号	数据名称	更新周期	简要说明
俄罗斯联邦工业产权局（FIPS）	RU－PA－TXTO－20－U	俄罗斯实用新型专利授权公告全文文本数据	每月更新三次	数据格式：XML、JPG、TIFF；数据内容：著录项目、摘要、说明书、权利要求、说明书附图
	RU－PA－IMGO－20－U	俄罗斯实用新型专利授权公告全文图像数据	每月更新三次	数据格式：PDF；数据内容：著录项目、摘要、说明书、权利要求、说明书附图
	RU－PA－PRSO－IMGO－1020－ABU	俄罗斯发明和实用新型专利法律状态图像数据	每月更新三次	数据格式：PDF；数据内容：公开信息、法律状态公告日、法律状态代码、法律状态信息等
	RU－PA－PRSO－TXTO－1020－ABU	俄罗斯发明和实用新型专利法律状态文本数据	每月更新三次	数据格式：XML；数据内容：公开信息、法律状态公告日、法律状态代码、法律状态信息等
	RU－PA－TXTO－30－S	俄罗斯外观设计专利授权公告全文文本数据	月更新	数据格式：XML、JPG；数据内容：著录项目、视图
	RU－PA－IMGO－30－S	俄罗斯外观设计专利授权公告全文图像数据	月更新	数据格式：PDF；数据内容：著录项目、视图

（三）数据结构

试验系统数据分别存放于两个站点的 FTP 中，数据的文件结构一般包括两层文件夹，第一层文件夹为数据编码与数据名称，第二层文件夹为日期，实体数据存储在第二层文件夹下。

各种数据的说明均可在数据手册中查阅，其中全文文本数据基本为 XML 格式。下面以韩国发明专利全文数据为例，介绍其具体数据结构（见表 2 - 6）。

表2-6 韩国发明专利全文数据主要数据元素说明

元素名称	元素内容
krpat：PatentPublicationNotice	专利公开公告
krcom：DocumentCreation	创建文件
com：DocumentName	文件名称
com：DocumentDate	文件日期
krcom：DocumentOffice	机构
krpat：PatentBibliographicData	著录项目数据
krpat：PatentPublicationIdentificationBag	专利公开识别包
krpat：TranslationSubmitDate	翻译提交日期
pat：ApplicationIdentification	申请信息
pat：ExaminationRequestDate	审查请求日期
pat：PatentGrantIdentification	授权标识
pat：PriorityClaimBag	优先权包
pat：PatentClassificationBag	专利分类包
pat：InventionTitle	发明名称
pat：ClaimTotalQuantity	权利要求总数
krpat：TechnicalRequestIndicator	技术请求指示
krpat：ExaminationRequestIndicator	审查请求指示
krpat：OriginalApplication	原始申请
krpat：PartyBag	相关人包
krcom：AppealBag	上诉包
pat：StateDesignation	指定国
pat：InternationalFilingData	国际申请数据
pat：InternationalPublishingData	国际公开数据
krpat：TechnologyTransfer	技术转让
krpat：NationalFundingResearchProjectBag	国家资助的研究项目包
krpat：SearchField	检索领域
krpat：ApplicationBody	申请文本
pat：PageImage	图像页
pat：DocumentURI	文件
URI pat：Description	说明书
pat：Claims	权利要求
pat：Abstract	摘要
krpat：KeyWord	关键词
krpat：Drawings	附图信息
krpat：SequenceListDocument	序列表文件
krpat：AuthorityCorrection	权利修正
krpat：CorrectionInformation	修正信息

（四）数据获取途径

1. 总体流程

通过专利数据服务试验系统获取数据的主要流程如图 2-50 所示。

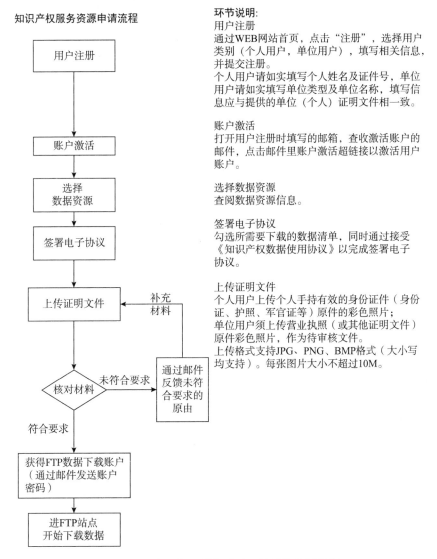

知识产权服务资源申请流程

环节说明：

用户注册
通过WEB网站首页，点击"注册"，选择用户类别（个人用户，单位用户），填写相关信息，并提交注册。
个人用户请如实填写个人姓名及证件号，单位用户请如实填写单位类型及单位名称，填写信息应与提供的单位（个人）证明文件相一致。

账户激活
打开用户注册时填写的邮箱，查收激活账户的邮件，点击邮件里账户激活超链接以激活用户账户。

选择数据资源
查阅数据资源信息。

签署电子协议
勾选所需要下载的数据清单，同时通过接受《知识产权数据使用协议》以完成签署电子协议。

上传证明文件
个人用户上传个人手持有效的身份证件（身份证、护照、军官证等）原件的彩色照片；
单位用户须上传营业执照（或其他证明文件）原件彩色照片，作为待审核文件。
上传格式支持JPG、PNG、BMP格式（大小写均支持）。每张图片大小不超过10M。

图 2-50 专利数据服务试验系统获取数据流程

2. 用户注册

使用系统时，用户须注册，用户分为个人用户及单位用户，如图 2-51 所示。

图 2-51　专利数据服务试验系统用户注册界面

个人用户注册界面如图 2-52 所示：

图 2-52　专利数据服务试验系统个人用户注册界面

个人用户须填写用户名、用户密码、申请用途、证件信息、联系地址及邮政编码、联系电话等信息。

单位用户注册界面如图 2-53 所示：

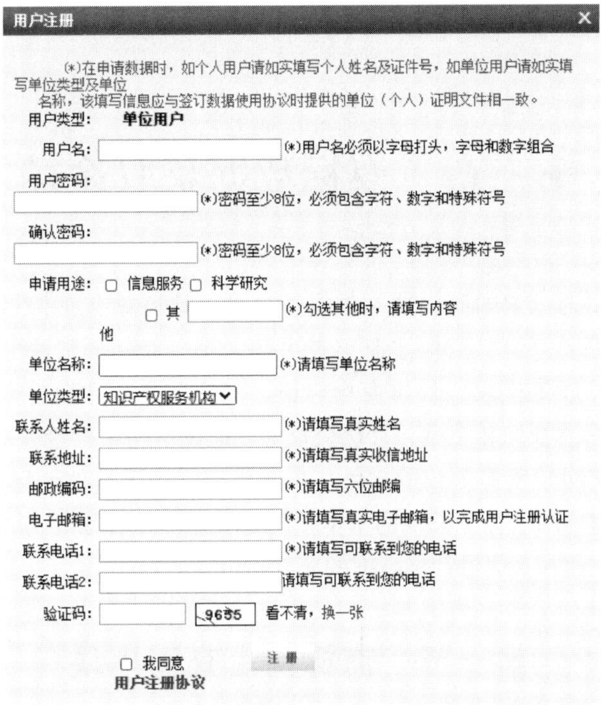

图 2-53　专利数据服务试验系统单位用户注册界面

　　单位用户须填写用户名、用户密码、申请用途、单位名称、联系人姓名、联系地址及邮政编码、联系电话等信息。

　　3. 选择数据并签署协议

　　用户注册成功后，从试验系统提供的 54 种数据中选择需要的数据资源。选取数据后，用户应阅读并同意数据使用协议，协议对数据的使用条件、损害赔偿等内容进行了约束。

　　4. 上传证明文件

　　个人用户上传个人手持有效身份证件（身份证正反面、护照、军官证等）原件的彩色照片；单位用户须上传营业执照（或其他证明文件）原件彩色照片，作为待审核文件。上传格式支持JPG、PNG、BMP 格式（大小写均支持）。每张图片大小不超过 10M。

　　系统后台工作人员会对用户注册信息及上传证明文件进行审核，审核通过后将发送 FTP 用户名及密码，用户即可登录 FTP 下载数据资源。为保证数据的正常下载，用户网络带宽建议不低于4MB，并允许使用 FTP 服务。

　　5. 数据使用

　　用户下载数据后，可参考数据使用手册进行数据解压、解析、入库等操作，再进行后续的分析利用，并依据数据使用协议使用数据。

　　用户使用数据时，不得将通过系统获取的全部或部分数据原样提供给第三方。

第三章 商标数据获取途径

商标数据主要通过中国商标网对外进行公开。该网站包括商标网上查询、商标公告、商标注册证明公示、商标注册审查决定文书、商标异议决定文书、商标评审文书和商标数据开放等模块，提供商标申请、商标公告、注册证明、决定文书、评审文书等商标数据的查询和下载。社会公众可以通过该网站批量获取商标历史数据及增量数据。同时该网站还提供政策文件、商标代理信息等其他商标政务信息的查询。本章将介绍中国商标网上各个模块的基本情况及使用方法，旨在方便社会公众了解商标数据资源的获取途径，促进商标数据的充分利用。

第一节 商标网上查询模块

一、模块概述

商标网上查询模块由国家知识产权局商标局管理，于2017年5月改造完成并上线运行。该模块对社会公众开放，提供中国商标近似查询、综合查询、状态查询等服务；对于查询到的商标，用户可以进一步获取商标详情、商标流程等信息。

商标网上查询模块，是官方权威的商标数据查询途径，用户可以通过多个字段以及多种查询方式查询商标数据，非常便捷。

二、模块使用介绍

（一）进入方式

用户无须注册账号即可通过网址（http://sbj. cnipa. gov. cn/sbj/sbcx/）直接进入商标网上查询模块。

用户也可以通过国家知识产权局官网（https://www. cnipa. gov. cn/）进入。在国家知识产权局官网首页"政务服务"栏目下，点击子栏目"商标"的"商标查询"标签即可进入商标网上查询模块。

用户还可通过国家知识产权局商标局官网（http://sbj. cnipa. gov. cn/）进入，在页面的中部菜单中选择"商标网上查询"标签即可进入商标网上查询模块。

此外，用户也可通过国家知识产权公共服务网（http://ggfw. cnipa. gov. cn：8010/PatentCMS_Center/）首页的"检索查询"标签进入商标网上查询模块。

（二）数据情况

商标网上查询模块收录了各种类型的商标数据，在检索页面的右上角，用户可以查看检索时该模块数据更新的截止时间。

（三）查询方式

商标网上查询模块提供三种查询方式：第一种是商标近似查询，该查询可以按图形、文字等商标组成要素分别提供近似检索功能，用户可以自行检索在相同或相似商品上是否已有相同或近似的商标；第二种是商标综合查询，用户可以按商标号、商标、申请人名称等方式，查询某一商标的有关信息；第三种是商标状态查询，用户可以通过商标申请号或注册号查询有关商标在业务流程中的状态，右上角显示的日期为检索时该模块数据更新截止时间，如图 3 - 1 所示。

图 3 - 1　商标网上查询模块的三种查询方式

1. 商标近似查询

商标近似查询包含两种查询方式：自动查询和选择查询。自动查询指按照默认规则进行近似检索；选择查询指按照用户填写的查询规则进行近似检索（如图 3 - 2 所示）。

（1）商标自动查询

进入商标近似查询界面后，默认进入了商标自动查询。在此界面进行检索时，国际分类❶、查询方式、商标名称为必填项，用户可以根据需要选择填写商标类似群。

---

❶　国际分类：根据世界知识产权组织的要求，尼斯联盟各成员国于 2023 年 1 月 1 日起正式使用《商标注册用商品和服务国际分类》（即尼斯分类）第十二版 2023 年文本。

图 3 - 2　商标近似查询

国际分类共有 45 个，用户可以输入 1 ~ 45 之间的阿拉伯数字，根据需要在商标国际分类中选择一个需要检索的商标分类。如果用户不清楚应该选择哪一个国际分类，可以点击国际分类信息输入框后方的 🔍，在弹出界面中进行检索，如图 3 - 3 所示。

图 3 - 3　商标自动查询国际分类检索

在弹出的商标国际分类表中，用户可以根据需要输入待检索商标分类内容进行检索，如图 3-4 所示。

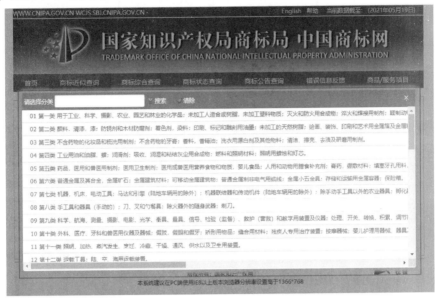

图 3-4 商标自动查询中国际分类检索界面

在输入国际分类号后，用户可以点击类似群信息输入框后方的 Q，在弹出界面中选择类似群，类似群一次最多可以添加 5 个；用户也可以在类似群信息输入框内直接输入要检索的类似群号，不同的类似群号之间以";"间隔，图 3-5 为商标自动查询中类似群选择界面。

图 3-5 商标自动查询中类似群选择界面

商标查询方式包含汉字、拼音、英文、数字、字头和图形 6 种方式，表 3 – 1 中将商标查询方式对应的商标名称输入要求进行了汇总。

表 3 – 1　商标查询方式对应的商标名称输入要求

商标查询方式	商标名称输入要求	可输入字符数
汉字	在商标名称中输入简体汉字，多个汉字之间不能有空格	1 ~ 20 个字符
拼音	在商标名称中输入拼音，每个字的拼音之间加空格。例如，tong ren tang	1 ~ 20 个字符
英文	在商标名称中输入 3 个或以上英文字母（"&"或"."小数点等符号也可以接受），3 个以下英文字母请选择字头查询	3 ~ 26 个字符
数字	在商标名称中输入阿拉伯数字	1 ~ 20 个字符
字头	在商标名称中输入 1 个或 2 个英文字母，3 个以上英文字母请另选英文查询	1 个或 2 个英文字母
图形	在图形编码中输入编码，编码直接以"；"（半角）分隔，具体请查看图形编码帮助页面	不能超过 5 项

当汉字、拼音、英文、数字、字头前面的状态按钮被选中后，查询方式信息输入框下方对应的商标名称信息输入框中可以根据规则输入字符信息；如图形前面的状态按钮被选中后，查询方式信息输入框下方对应的"商标名称"变更为"图形编码"，用户每次检索最多可以在图形编码的信息输入框中输入 5 个编码。

点击图形编码信息输入框后方的 🔍，在弹出界面中可以对图形编码进行检索，勾选图形编码前方对应的勾选框后，点击弹出界面下方的"加入检索"按钮，如图 3 – 6 所示，将选择的编码填入图形编码信息输入框。

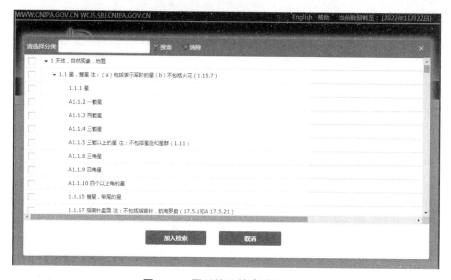

图 3 – 6　图形编码检索弹出界面

（2）商标选择查询

商标选择查询在自动查询所提供的 4 个查询内容（国际分类、类似群、查询方式、商标名称）之外，还增加了必须选择的查询类型；其中，国际分类、类似群、查询方式、商标名称的操作与自动查询相同；查询类型与查询方式相关联，用于进一步限定查询方式（如表 3 - 2 所示）。

表 3 - 2　查询方式对应的查询类型

查询方式	查询类型	备注
汉字	完全相同、部分相同、任意位置加汉字、变汉字、减汉字、含在其他商标中、内含其他商标、换序、逆序、读音相同	可以选择一个、多个或全选
拼音	拼音商标相同	
英文	完全相同、部分相同、任意位置加字母、变字母、减字母、含在其他商标中、内含其他商标、换序、逆序、百分之二十相似、读音相同	可以选择一个、多个或全选
数字	完全相同、部分相同、变任一个数字、换序、含在其他商标中、内含其他商标	可以选择一个、多个或全选
字头	换序相同、完全相同	可以选择一个或全选
图形	包含任意编码检索（并集）、包含全部编码检索（交集）	选择一个检索

2. 商标综合查询

在商标综合查询页面中，可以通过国际分类、申请/注册号、商标名称、申请人名称（中文）、申请人名称（英文）字段对商标进行综合查询，如图 3 - 7 所示。

图 3 - 7　商标综合查询

其中，国际分类不能单独作为检索条件进行检索；其他检索条件均可以单独或采用复选（交集）的方式进行检索。

3. 商标状态查询

在商标状态查询页面中，可以输入商标的申请/注册号来查询商标状态信息，如图3-8所示。

图3-8 商标状态查询

（四）查询结果显示

1. 商标近似查询结果显示

在商标近似查询页面正确输入查询条件后，选择查询框下面的"查询"按钮，将执行检索，并将查询结果呈现在弹出页面中。例如，在"自动查询"的方式下，国际分类选择45类、查询方式选择英文、商标名称选择CIPAC时显示查询结果，如图3-9所示。

检索结果每页显示50条商标信息，每条商标信息显示申请/注册号、申请日期、商标名称、申请人名称，右上角显示的日期为检索时数据更新截止时间。

商标查询的结果可以为列表形式展示（如图3-9所示），也可以是图文形式展示（如图3-10所示）。

检索结果可以使用相似度、申请日期或申请人名称排序，每个页面可以打印，还可以通过勾选商标左侧的勾选框，选择多条商标进行商标的比对和筛选，如图3-11所示。

商标比对的结果每次可以横向比对两件商标，显示其商标基本信息、申请人信息、代理机构信息、商品/服务类别、商标流程、商标注册信息等，并可以在下拉菜单中选择需要比对的商标，如图3-12所示。

	序号	申请/注册号	申请日期	商标名称	申请人名称
☐	1	37804552	2019年04月26日	CIPAC	知识产权出版社有限责任公司
☐	2	37834555	2019年04月26日	CIPAC	知识产权出版社有限责任公司
☐	3	51464340	2020年11月20日	CIPAC	知识产权出版社有限责任公司
☐	4	51386136	2020年11月18日	CIPAC	知识产权出版社有限责任公司
☐	5	40058471	2019年08月01日	CIPAC	知识产权出版社有限责任公司
☐	6	40058452	2019年08月01日	CIPAC	知识产权出版社有限责任公司
☐	7	40084923	2019年08月01日	中国知识产权年会 CIPAC CHINA INTELLECTUAL PROPERTY ANNUAL CONFERENCE	知识产权出版社有限责任公司
☐	8	51386481	2020年11月18日	中国知识产权年会 CIPAC CHINA INTELLECTUAL PROPERTY ANNUAL CONFERENCE	知识产权出版社有限责任公司
☐	9	51464332	2020年11月20日	中国知识产权年会 CIPAC CHINA INTELLECTUAL PROPERTY ANNUAL CONFERENCE	知识产权出版社有限责任公司
☐	10	19116007	2016年02月18日	CIPA	北京力量国际知识产权代理有限公司
☐	11	17402589	2015年07月10日	CIPBEST+	湖南智倍汇科技有限公司
☐	12	16942597	2015年05月13日	CIPBEST	湖南智倍汇科技有限公司
☐	13	26694392	2017年09月29日	CPAC	知识产权出版社有限责任公司
☐	14	26694394A	2017年09月29日	CPAC	知识产权出版社有限责任公司
☐	15	24573362	2017年06月08日	ZHONGNAN IP GROUP	北京中南伟业知识产权代理有限公司
☐	16	42198547	2019年11月08日	CXIP	遵义市创先知识产权服务有限公司
☐	17	5684579	2006年10月27日	SIPAC	苏州工业园区机关事务管理中心
☐	18	22898933	2017年02月22日	CIP	广东喜鹊知识产权运营有限公司
☐	19	26694392A	2017年09月29日	CPAC	知识产权出版社有限责任公司

图 3-9 商标近似查询结果列表形式展示

图 3-10 商标近似查询结果图文形式展示

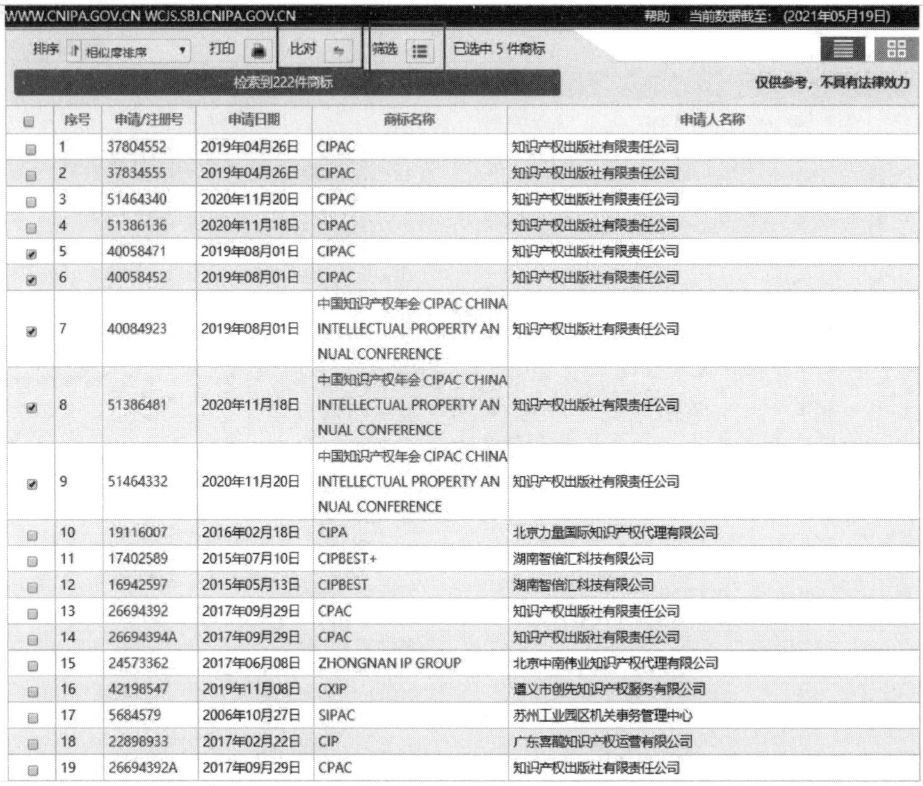
WWW.CNIPA.GOV.CN WCJS.SBJ.CNIPA.GOV.CN
帮助 当前数据截至：(2021年05月19日)
排序 相似度排序
打印
比对
筛选
已选中 5 件商标
检索到222件商标
仅供参考，不具有法律效力

	序号	申请/注册号	申请日期	商标名称	申请人名称
	1	37804552	2019年04月26日	CIPAC	知识产权出版社有限责任公司
	2	37834555	2019年04月26日	CIPAC	知识产权出版社有限责任公司
	3	51464340	2020年11月20日	CIPAC	知识产权出版社有限责任公司
	4	51386136	2020年11月18日	CIPAC	知识产权出版社有限责任公司
✓	5	40058471	2019年08月01日	CIPAC	知识产权出版社有限责任公司
✓	6	40058452	2019年08月01日	CIPAC	知识产权出版社有限责任公司
✓	7	40084923	2019年08月01日	中国知识产权年会 CIPAC CHINA INTELLECTUAL PROPERTY ANNUAL CONFERENCE	知识产权出版社有限责任公司
✓	8	51386481	2020年11月18日	中国知识产权年会 CIPAC CHINA INTELLECTUAL PROPERTY ANNUAL CONFERENCE	知识产权出版社有限责任公司
✓	9	51464332	2020年11月20日	中国知识产权年会 CIPAC CHINA INTELLECTUAL PROPERTY ANNUAL CONFERENCE	知识产权出版社有限责任公司
	10	19116007	2016年02月18日	CIPA	北京力量国际知识产权代理有限公司
	11	17402589	2015年07月10日	CIPBEST+	湖南智倍汇科技有限公司
	12	16942597	2015年05月13日	CIPBEST	湖南智倍汇科技有限公司
	13	26694392	2017年09月29日	CPAC	知识产权出版社有限责任公司
	14	26694394A	2017年09月29日	CPAC	知识产权出版社有限责任公司
	15	24573362	2017年06月08日	ZHONGNAN IP GROUP	北京中南伟业知识产权代理有限公司
	16	42198547	2019年11月08日	CXIP	遵义市创先知识产权服务有限公司
	17	5684579	2006年10月27日	SIPAC	苏州工业园区机关事务管理中心
	18	22898933	2017年02月22日	CIP	广东喜馥知识产权运营有限公司
	19	26694392A	2017年09月29日	CPAC	知识产权出版社有限责任公司

图 3－11　商标近似查询结果界面操作

WWW.CNIPA.GOV.CN WCJS.SBJ.CNIPA.GOV.CN
帮助 当前数据截至：(2021年05月19日)
1-CIPAC 上一个 下一个 基本信息 同步
CIPAC
申请/注册号：40058471
申请日期：2019年08月01日
国际分类：45
类似群：4506;4501;
申请人信息
申请人名称（中文）：知识产权出版社有限责任公司
申请人名称（英文）：
申请人地址（中文）：北京市海淀区蓟门桥西土城路6号
申请人地址（英文）：
代理人信息
代理/办理机构：
商品/服务
商品/服务：4506- 与合同谈判相关的法律服务（替他人）
4501- 警卫服务
4506- 知识产权咨询
2-CIPAC 上一个 下一个 基本信息
1-CIPAC
2-CIPAC
3-中国知识产权年会 CIPAC CHINA INTELLECTUAL PROPERTY ANNUAL CONFERENCE
4-中国知识产权年会 CIPAC CHINA INTELLECTUAL PROPERTY ANNUAL CONFERENCE
5-中国知识产权年会 CIPAC CHINA INTELLECTUAL PROPERTY ANNUAL CONFERENCE
国际分类：45
类似群：4506;4501;
申请人信息
申请人名称（中文）：知识产权出版社有限责任公司
申请人名称（英文）：
申请人地址（中文）：北京市海淀区蓟门桥西土城路6号
申请人地址（英文）：
代理人信息
代理/办理机构：
商品/服务
商品/服务：4506- 诉讼服务
4506- 法律研究
4506- 版权管理
版权所有：国家知识产权局
本系统建议在PC端使用IE8以上版本浏览器分辨率设置高于1366*768
政府网站 找错

图 3－12　商标比对显示结果

商标筛选可通过列表或图文的方式显示已经筛选的商标，包括申请/注册号、申请日期、商标名称、申请人名称以及国际分类，同时可以通过点击每条商标右侧的 ⊖ 按钮，删除该商标信息，如图3-13所示。

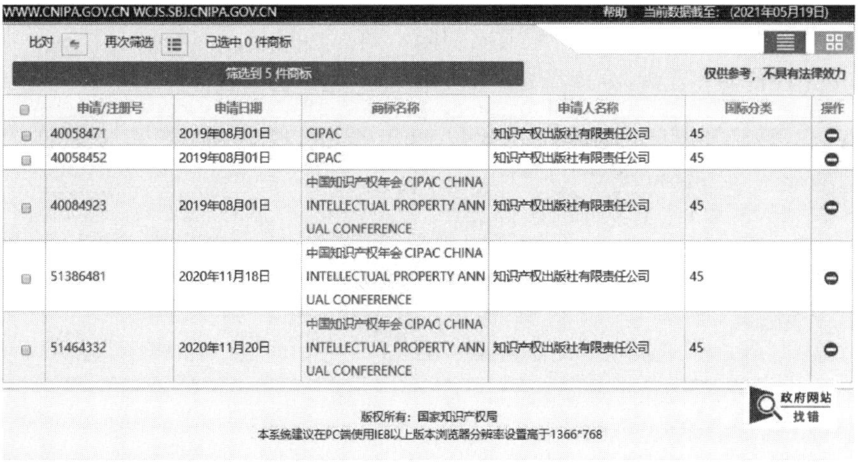

图 3-13　商标筛选显示结果

在商标查询结果的显示页面，点击某一件商标的申请/注册号或商标名称，均可以查看该商标的具体信息，如图3-14所示。

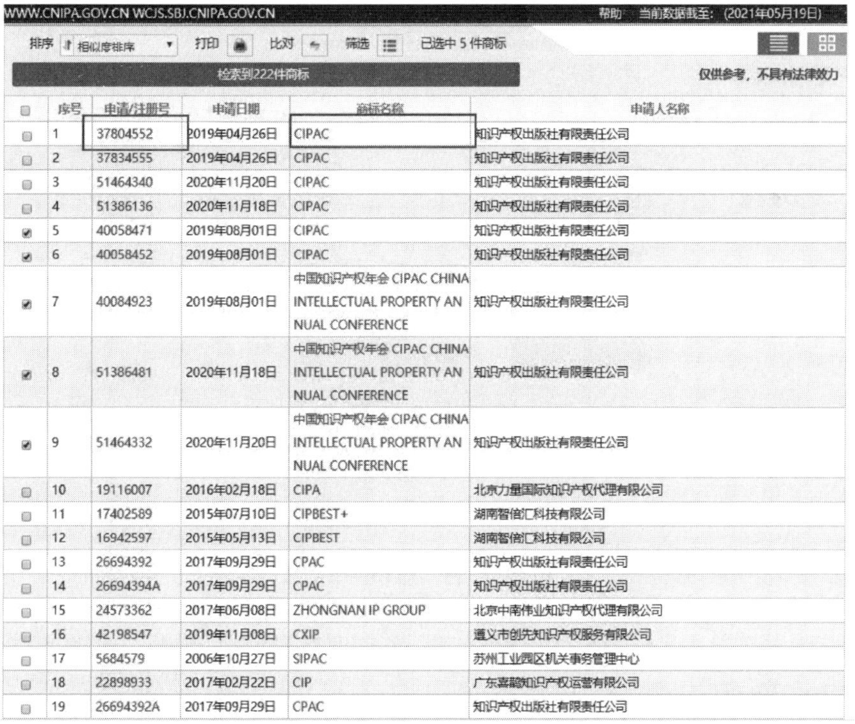

图 3-14　商标具体信息查询

图 3 - 15 所示为点击其中一件商标显示的查询结果，包含商标详情及商标流程两个栏目。其中，商标详情包含商标的商品/服务、类似群、申请/注册号、申请日期、国际分类、申请人名称（中文）、申请人名称（英文）、申请人地址（中文）、申请人地址（英文）、初审公告期号、初审公告日期、注册公告期号、注册公告日期、是否共有商标、商标类型、专用权期限、商标形式、国际注册日期、后期指定日期、优先权日期、代理/办理机构、商标流程、商标状态图标等信息。

图 3 - 15　商标详情

商标流程则显示了该商标的流程状态，包含商标申请/注册号、业务名称、环节名称、结论及日期，如图 3 - 16 所示。

图 3 - 16 商标流程状态

2. 商标综合查询结果显示

在商标综合查询页面正确输入查询条件后，选择查询框下面的"查询"按钮，将执行检索，并将查询结果呈现在弹出页面中。例如，在"综合查询"的方式下，国际分类选择 45 类、商标名称选择 CIPAC 时显示查询结果，如图 3 - 17 所示。

序号	申请/注册号	国际分类	申请日期	商标名称	申请人名称
1	51464340	45	2020年11月20日	CIPAC	知识产权出版社有限责任公司
2	51386136	45	2020年11月18日	CIPAC	知识产权出版社有限责任公司
3	40058471	45	2019年08月01日	CIPAC	知识产权出版社有限责任公司
4	40058452	45	2019年08月01日	CIPAC	知识产权出版社有限责任公司
5	37834555	45	2019年04月26日	CIPAC	知识产权出版社有限责任公司
6	37804552	45	2019年04月26日	CIPAC	知识产权出版社有限责任公司

检索到6件商标　　仅供参考，不具有法律效力

总记录数：6 | 页数：1 / 1

版权所有：国家知识产权局
本系统建议在PC端使用IE8以上版本浏览器分辨率设置高于1366*768

图 3 - 17 商标综合查询结果显示

通过商标综合查询，获得的结果与商标近似查询结果接近，但是结果仅以列表形式展示，不能进行商标相似度排序、商标比对及筛选等操作。商标的详细信息查

看与商标近似查询相同，此处不再赘述。

3. 商标状态查询结果显示

在商标状态查询页面正确输入查询条件后，选择查询框下面的"查询"按钮，将执行检索，并将查询结果呈现在弹出页面中。例如，在"状态查询"方式下，申请/注册号填写"40084923"后检索，查询结果如图 3 – 18 所示，该商标的详细信息查看与商标近似查询相同，此处不再赘述。

序号	申请/注册号	国际分类	申请日期	商标名称	申请人名称
1	40084923	45	2019年08月01日	中国知识产权年会 CIPAC CHINA INTELLECTUAL PROPERTY ANNUAL CONFERENCE	知识产权出版社有限责任公司

WWW.CNIPA.GOV.CN WCJS.SBJ.CNIPA.GOV.CN　帮助　当前数据截至：(2021年05月19日)
检索到1件商标　仅供参考，不具有法律效力
总记录数：1 | 页数：1 / 1

版权所有：国家知识产权局
本系统建议在PC端使用IE8以上版本浏览器分辨率设置高于1366*768

政府网站找错

图 3 – 18　商标状态查询结果显示

第二节　商标公告模块

一、模块概述

商标公告模块由国家知识产权局商标局提供，可以获取中国商标初审公告、注册公告等各种类型的公告信息。

为更好地方便异议人就国际注册商标提出异议，模块自 2012 年 4 月 6 日起，提供马德里国际注册公告链接，当事人及代理机构可通过该链接进入世界知识产权组织官方网站，查阅在线英文版公告。

商标公告模块是官方权威的商标公告数据获取途径。国家知识产权局商标局发布《商标公告》，刊发商标注册及其他有关事项。目前，国家知识产权局商标局已经不再提供纸质公告服务，其电子形式发布的《商标公告》通过商标公告模块对社会公众开放。

商标公告模块数据全面、查询方式多样，收录了 1980 年第 1 期至今的各种类型的商标公告数据，提供三种查询方式，用户可方便地获取到商标公告数据。

商标公告模块免费对社会公众开放。该模块主要为社会公众提供商标公告数据。

二、模块使用介绍

（一）进入方式

用户无须注册账号即可通过网址（http://wsgg.sbj.cnipa.gov.cn：9080/tmann/annInfoView/homePage.html）直接进入商标公告模块。

用户也可以通过国家知识产权局官网（https://www.cnipa.gov.cn/）进入。在国家知识产权局官网首页"政务服务"栏目下，点击子栏目"商标"的"商标公告"标签即可进入。

用户还可通过国家知识产权局商标局官网（http://sbj.cnipa.gov.cn/）进入，在页面的中部菜单中选择"商标公告"标签即可进入。

此外，商标公告模块可通过国家知识产权公共服务网（http://ggfw.cnipa.gov.cn：8010/PatentCMS_Center/）首页的"综合服务"标签进入。

（二）数据情况

商标公告模块收录的数据内容包括商标申请号/注册号、商标名称、商标申请人信息以及商标公告的 JPG 格式图像信息。若为声音商标，则显示播放按钮，可播放相应的声音商标音频。

目前，商标公告模块的数据更新周期为每月四期，即每月 6 日、13 日、20 日和 27 日进行数据更新。

（三）查询方式

商标公告模块提供三种查询方式：第一种是最新发布的商标公告信息查询，模块首页展示了最新发布的近 12 期商标公告信息，可直接进行查询；第二种是公告期号查询，社会公众可通过公告期号直接查看该期商标公告的详细信息；第三种是全部公告查询检索，可以通过公告期号、公告类型、注册号等 11 个字段查询全部商标公告信息。

1. 最新发布的商标公告信息查询

在商标公告模块首页中部，按照时间倒序，存放有截至目前最新的 12 期公告的列表，点击所选公告的任意信息，跳转到公告详细界面，即可查看该期全部类型公告的详细信息，如图 3 - 19 所示。

2. 公告期号查询

在商标公告模块首页上部，可以通过公告期号进行公告信息的查询，公告期号查询方式仅提供公告期号一个查询字段选项和一个信息输入框。公告期号，一般为 1 ~ 4 位的数字，如图 3 - 20 所示。

期 号	初步审定公告日期	异议申请截止日期
第1730期	初步审定公告日期：2021年02月06日	异议申请截止日期：2021年05月06日
第1729期	初步审定公告日期：2021年01月27日	异议申请截止日期：2021年04月27日
第1728期	初步审定公告日期：2021年01月20日	异议申请截止日期：2021年04月20日
第1727期	初步审定公告日期：2021年01月13日	异议申请截止日期：2021年04月13日
第1726期	初步审定公告日期：2021年01月06日	异议申请截止日期：2021年04月06日
第1725期	初步审定公告日期：2020年12月27日	异议申请截止日期：2021年03月27日
第1724期	初步审定公告日期：2020年12月20日	异议申请截止日期：2021年03月20日
第1723期	初步审定公告日期：2020年12月13日	异议申请截止日期：2021年03月13日
第1722期	初步审定公告日期：2020年12月06日	异议申请截止日期：2021年03月06日
第1721期	初步审定公告日期：2020年11月27日	异议申请截止日期：2021年02月27日
第1720期	初步审定公告日期：2020年11月20日	异议申请截止日期：2021年02月20日
第1719期	初步审定公告日期：2020年11月13日	异议申请截止日期：2021年02月13日

图 3 – 19　最新发布的商标公告信息查询

公告期号：　　　　　　　　查询　　　　>>点此进入全部公告查询检索　使用指南

图 3 – 20　公告期号查询

3. 全部公告查询检索

在商标公告模块首页上部，点击"点此进入全部公告查询检索"，即可进入全部公告查询检索界面，如图 3 – 21 所示。

公告期号：　　　　　　　　查询　　　　>>点此进入全部公告查询检索　使用指南

检索条件			>> 商标网上检索系统

公告期号：请输入已发布的	公告类型：全部(选择其他,更多筛▼	商标名称：	类别：请填写1至45整数
注册号：	申请人：注册商标的申请人	代理人：	申请日期：　　到：
商标形式：--全部▼	商标类型：-- 全部 --▼	共有人：共同申请人	查询　　重置

图 3 – 21　全部公告查询检索界面

全部公告查询检索界面初始共有 11 个基础查询字段，如表 3 – 3 所示。

表3－3　全部公告查询检索界面基础查询字段

查询字段名称	查询说明
公告期号	公告期号可支持单查，一般为1~4位的数字，仅支持精确检索。可与其他查询条件组合查询
公告类型	公告类型不支持单查，必须与公告期号、注册号、商标名称、申请人、共有人等条件之一或多个条件组合查询。不能自行输入，只能在输入框的下拉选择框中选择。包括商标初步审定公告等55个公告类型
商标名称	商标名称可支持单查，不区分英文大小写，支持"后模糊"查询，可与其他查询条件组合查询
类别	类别不支持单查，必须与公告期号、公告类型、注册号、商标名称、申请人、共有人等条件之一或多个条件组合查询。类别为1~45的整数
注册号	注册号可支持单查，仅支持精确查询。也可与其他查询条件组合查询
申请人	申请人可支持单查，支持"后模糊"查询。也可与其他查询条件组合查询
代理人	代理人不支持单查，必须与公告期号、注册号、商标名称、申请人、共有人等条件之一或多个条件组合查询
申请日期	申请日期不支持单查，必须与公告期号、注册号、商标名称、申请人、共有人等条件之一或多个条件组合查询
商标形式	商标形式不支持单查，必须与公告期号、公告类型、注册号、商标名称、申请人、共有人等条件之一或多个条件组合查询。不能自行输入，只能在输入框的下拉选择框中选择。包括声音和立体两种形式
商标类型	商标类型不支持单查，必须与公告期号、公告类型、注册号、商标名称、申请人、共有人等条件之一或多个条件组合查询。不能自行输入，只能在输入框的下拉选择框中选择。包括普通商标、集体商标、证明商标和特殊商标四种类型
共有人	共有人可支持单查，也可与其他查询条件组合查询

当选择以下公告类型时，全部公告查询检索界面将会增加查询字段，如表3－4所示。

表3－4　全部公告查询检索界面增加查询字段

公告类型	查询字段	查询说明
商标转让/移转公告	转让人	转让人不支持单查，必须与公告期号、公告类型、注册号、商标名称、申请人、共有人等条件之一或多个条件组合查询

公告类型	查询字段	查询说明
商标转让/移转公告	受让人	受让人不支持单查，必须与公告期号、公告类型、注册号、商标名称、申请人、共有人等条件之一或多个条件组合查询
商标注册人/申请人名义及地址变更公告	变更前名义	变更前名义不支持单查，必须与公告期号、公告类型、注册号、商标名称、申请人、共有人等条件之一或多个条件组合查询
	变更后名义	变更后名义不支持单查，必须与公告期号、公告类型、注册号、商标名称、申请人、共有人等条件之一或多个条件组合查询
商标使用许可备案公告	许可人	许可人不支持单查，必须与公告期号、公告类型、注册号、商标名称、申请人、共有人等条件之一或多个条件组合查询
	被许可人	被许可人不支持单查，必须与公告期号、公告类型、注册号、商标名称、申请人、共有人等条件之一或多个条件组合查询
	许可备案号	许可备案号不支持单查，必须与公告期号、公告类型、注册号、商标名称、申请人、共有人等条件之一或多个条件组合查询
商标质权登记公告	质权登记号	质权登记号不支持单查，必须与公告期号、公告类型、注册号、商标名称、申请人、共有人等条件之一或多个条件组合查询
商标使用许可终止公告	许可备案号	许可备案号不支持单查，必须与公告期号、公告类型、注册号、商标名称、申请人、共有人等条件之一或多个条件组合查询
	许可人	许可人不支持单查，必须与公告期号、公告类型、注册号、商标名称、申请人、共有人等条件之一或多个条件组合查询
	被许可人	被许可人不支持单查，必须与公告期号、公告类型、注册号、商标名称、申请人、共有人等条件之一或多个条件组合查询
商标使用许可变更公告	许可备案号	许可备案号不支持单查，必须与公告期号、公告类型、注册号、商标名称、申请人、共有人等条件之一或多个条件组合查询

续表

公告类型	查询字段	查询说明
送达公告	收件人	收件人不支持单查,必须与公告期号、公告类型、注册号、商标名称、申请人、共有人等条件之一或多个条件组合查询
	文件类型	文件类型不支持单查,必须与公告期号、公告类型、注册号、商标名称、申请人、共有人等条件之一或多个条件组合查询

（四）查询结果显示

正确输入查询条件后,执行检索,查询结果将呈现在界面下方。各种查询方式的查询结果界面显示信息基本一致,为列表形式展示,如图 3 – 22 所示。当"商标名称""申请人"字段参与查询时,将会弹出二次条件筛选弹窗,如图 3 – 23 所示。

图 3 – 22 查询结果界面

图 3 – 23 二次条件筛选弹窗界面

进入公告信息查询结果界面，每页显示 20 条记录，每条记录展示商标公告期号、公告日期、公告类型、注册号、申请人、商标名称信息；在二次条件筛选弹窗中还会展示申请日期信息；点击"申请人"，可以精确定位该申请人的查询结果；点击"商标名称"，可以精确定位该商标名称的查询结果；点击"注册号"，可以精确定位该注册号的查询结果。若点击声音商标，则显示播放按钮，可播放相应的声音商标音频。

第三节　商标注册证明公示模块

一、模块概述

商标注册证明公示模块由国家知识产权局商标局提供，于 2018 年 11 月 27 日上线运行，面向社会公众提供查询服务。社会公众可通过商标注册号、申请人名称、商标名称等信息进行查询，了解商标的相关证明信息。

商标注册证明公示模块为落实深化商标注册便利化改革举措，方便社会公众了解商标文件的内容和效力而提供。用户可以对普通商标、证明商标、集体商标以及特殊标志，进行证明类文件基本信息的查询。

二、模块使用介绍

（一）进入方式

用户无须注册账号即可通过网址（http://wsgs.sbj.cnipa.gov.cn：9080/tmpu/）直接进入商标注册证明公示模块。

用户也可以通过国家知识产权局官网（https://www.cnipa.gov.cn/）进入。在国家知识产权局官网首页"政务服务"栏目下，点击子栏目"商标"的"商标注册证明公示"标签即可进入。

用户还可通过国家知识产权局商标局官网（http://sbj.cnipa.gov.cn/）进入，在页面的中部菜单中选择"商标注册证明公示"标签即可进入。

此外，商标注册证明公示模块可通过国家知识产权公共服务网（http://ggfw.cnipa.gov.cn：8010/PatentCMS_Center/）首页的"综合服务"标签进入。

（二）数据情况

商标注册证明公示模块于 2018 年 11 月 27 日上线运行。该模块收录商标注册证明、商标转让证明、商标变更证明、商标续展证明、补发商标转让证明、补发商标变更证明、补发商标续展证明、更正商标转让证明、更正商标变更证明、更正商标续展证明、优先权证明等证明类文件的基本信息数据，不定期进行数据更新。

（三）查询方式

商标注册证明公示模块主要提供三个检索字段：注册号、申请人名称、商标名称（如图 3 - 24 所示），右上角显示的日期为检索时该模块数据更新截止时间。当单独或者仅选择证明文件类型、商标类型这两个查询方式时，可查询的商标注册量过大，因此仅作为辅助条件与其他查询方式结合进行检索。

图 3 - 24　商标注册证明公示模块的检索方式

1. 注册号查询

在注册号输入框中输入商标注册号，点击"查询"按钮，可以查询该注册商标的全部证明文件信息，右上角的日期为公示数据更新日期，如图 3 - 25 所示。通过选择证明文件类型和/或商标类型后，点击"查询"按钮，进一步限定所需检索的证明文件。

图 3 - 25　商标注册证明公示模块注册号查询

2. 申请人名称查询

在申请人名称输入框中输入申请人名称，点击"查询"按钮，可以查询该申请人名下的全部证明文件信息，如图 3 - 26 所示；如果选择证明文件类型和/或商标类型，点击"查询"按钮，将进一步限定所需查询的证明文件。

图 3 - 26　商标注册证明公示模块申请人名称查询

3. 商标名称查询

在商标名称输入框中输入商标名称，点击"查询"按钮，可以查询该商标名称的全部证明文件信息，如图 3 - 27 所示；通过选择证明文件类型和/或商标类型后，点击"查询"按钮，将进一步限定所需查询的证明文件。

图 3 - 27　商标注册证明公示模块商标名称查询

（四）查询结果显示

正确输入查询条件后，选择查询框下面的"查询"按钮，将执行检索，并将检索结果呈现在界面下方。检索结果以列表形式展示，如图 3 - 28 所示。

进入商标注册证明信息查询结果界面，可进行二次检索，支持的二次检索条件包括证明文件类型、注册号、商标类型、申请人名称、商标名称。

图3-28　商标注册证明公示模块查询结果显示

点击某一件商标右侧文件列的"查看"按钮，在弹出的页面可以查看证明文件发文历史以及证明文件，如图3-29所示。

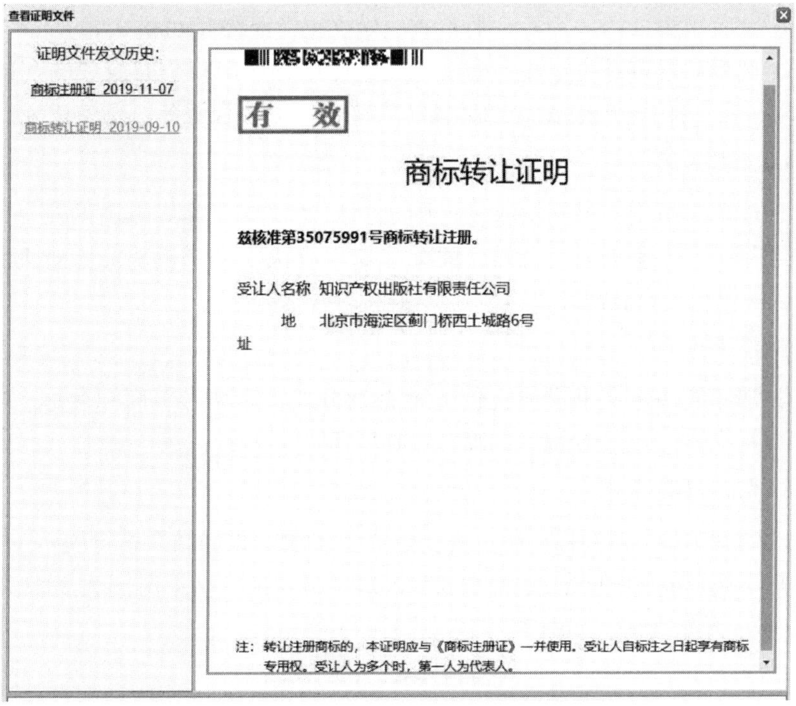

图3-29　商标注册证明文件发文历史

第四节　商标注册审查决定文书模块

一、模块概述

商标注册审查决定文书模块由国家知识产权局商标局提供，向社会公众提供商标注册审查决定文书查询服务，通过该模块，可以查询到审查决定及理由、通知发布的日期等审查决定信息。

商标注册审查决定文书模块依据《规范商标申请注册行为若干规定》中的相关规定，将有关商标注册审查决定文书予以公布，方便公众查询参考。

二、模块使用介绍

（一）进入方式

用户无须注册账号即可通过网址（http://wsgs. sbj. cnipa. gov. cn：9080/tmpu/zc-cw/getMain. html）直接进入商标注册审查决定文书模块。

用户也可以通过国家知识产权局官网（https://www. cnipa. gov. cn/）进入。在国家知识产权局官网首页"政务服务"栏目下，点击子栏目"商标"的"商标注册审查决定文书"标签即可进入。

用户还可通过国家知识产权局商标局官网（http://sbj. cnipa. gov. cn/）进入，在页面的中部菜单中选择"商标注册审查决定文书"标签即可进入。

此外，商标注册审查决定文书模块可通过国家知识产权公共服务网（http://gg-fw. cnipa. gov. cn：8010/PatentCMS_Center/）首页的"综合服务"标签进入。

（二）数据情况

商标注册审查决定文书模块收录由国家知识产权局商标局作出的商标注册审查决定文书数据。截至本书完成之日，商标注册审查决定文书模块能够查询到最早于2019年12月形成的审查决定。

（三）检索方式

商标注册审查决定文书模块提供五种查询方式：申请号、商标名称、申请人名称、代理机构名称、成文时间（如图3－30所示）。

（四）查询结果显示

以成文时间为例，对商标注册审查决定文书模块的查询结果进行展示。在成文时间的弹出框中选择成文时间的起始时间为2021－01－01，结束时间为2021－01－31，点击"搜索"开始查询，如图3－31、图3－32所示。

商标注册审查决定文书

依据《规范商标申请注册行为若干规定》中的相关规定，现将有关商标注册审查决定文书予以公布。

本栏目提供的商标注册审查决定文书仅供查询人参考，不具法律效力。非法使用本栏目文书信息给他人造成损害的，由非法使用人承担法律责任。

隐藏检索　高级检索

申请号：

商标名称：

申请人名称：

代理机构名称：

成文时间从：　选择开始日期　至　选择结束日期

搜索　　　　　清空

图 3 - 30　商标注册审查决定文书模块的五种查询方式

商标注册审查决定文书

依据《规范商标申请注册行为若干规定》中的相关规定，现将有关商标注册审查决定文书予以公布。

本栏目提供的商标注册审查决定文书仅供查询人参考，不具法律效力。非法使用本栏目文书信息给他人造成损害的，由非法使用人承担法律责任。

隐藏检索　高级检索

	一月　2021					
日	一	二	三	四	五	六
27	28	29	30	31	1	2
3	4	5	6	7	8	9
10	11	12	13	14	15	16
17	18	19	20	21	22	23
24	25	26	27	28	29	30
31	1	2	3	4	5	6

申请号：

商标名称：

申请人名称：

代理机构名称：

清空　今天　确定

成文时间从：　2021-01-01　至　2021-01-31

搜索　　　　　清空

图 3 - 31　商标注册审查决定文书查询

查询结果页面，如图 3 - 32 所示。

▶ 关于第49004318号商标驳回通知书	2021/01/03
▶ 关于第45706243号商标驳回通知书	2021/01/04
▶ 关于第45551416号商标驳回通知书	2021/01/04
▶ 关于第45578603号商标驳回通知书	2021/01/04
▶ 关于第45592415号商标驳回通知书	2021/01/04
▶ 关于第45593471号商标驳回通知书	2021/01/04
▶ 关于第45600968号商标驳回通知书	2021/01/04
▶ 关于第45600970号商标驳回通知书	2021/01/04
▶ 关于第45601151号商标驳回通知书	2021/01/04
▶ 关于第45601172号商标驳回通知书	2021/01/04
▶ 关于第45603081号商标驳回通知书	2021/01/04
▶ 关于第45607474号商标驳回通知书	2021/01/04
▶ 关于第45615260号商标驳回通知书	2021/01/04
▶ 关于第45190548号商标驳回通知书	2021/01/04
▶ 关于第45194252号商标驳回通知书	2021/01/04
▶ 关于第45194586号商标驳回通知书	2021/01/04
▶ 关于第45195087号商标驳回通知书	2021/01/04
▶ 关于第45195418号商标驳回通知书	2021/01/04
▶ 关于第45196260号商标驳回通知书	2021/01/04
▶ 关于第45197260号商标驳回通知书	2021/01/04
▶ 关于第45311355号商标驳回通知书	2021/01/04
▶ 关于第45313606号商标驳回通知书	2021/01/04

图 3 - 32　商标注册审查决定文书查询结果

在查询到的结果界面中，点击某一件通知书，在打开的界面中，可以查看商标注册审查决定的具体信息，包括商标申请号、申请人、委托代理人、审查决定及理由、通知发布的日期等（如图 3 - 33 所示）。

关于第45706243号商标驳回通知书

信息来源：商标局

关于第45706243号商标驳回通知书

申请人：刘呈

委托代理人：云南风合企业管理咨询有限公司

经审查，根据《商标法》第四条第一款、第三十条的规定，我局决定驳回上述商标注册申请，理由如下：

该商标与佛山市友道科技有限公司在类似商品上已注册的第22781827号"创意鸟"商标近似。（见第1576/1588期《商标公告》）

另，你短期内提交了包含该申请在内的大量商标注册申请，明显超出正常经营活动需要，属于不以使用为目的的恶意商标注册申请，应予以驳回。

根据《商标法》第三十四条的规定，商标注册申请人如果对本驳回决定不服，可以自收到本通知之日起十五日内向国家知识产权局申请复审。

特此通知。

2021年01月04日

图 3 - 33　商标注册审查决定文书具体内容

第五节　商标异议决定文书模块

一、模块概述

商标异议决定文书模块由国家知识产权局商标局提供，面向社会公众提供注册审查决定文书查询服务，公众可以通过注册号、商标名称、异议人名称等查询商标异议决定文书，商标异议决定文书仅供查询人参考。

商标异议决定文书模块由国家知识产权局商标局公开，该模块主要为增强商标异议审查工作的透明度，加强社会监督，促进依法行政。除了涉及隐私、商业秘密、当事人请求且经过商标局认可、不宜公开等情形外，商标异议决定文书将自交邮之日起 20 个工作日内在中国商标网上予以公开。

二、模块使用介绍

（一）进入方式

用户无须注册账号即可通过网址（http://wsgs. sbj. cnipa. gov. cn：9080/tmpu/yy-cw/getMain. html）直接进入商标异议决定文书模块。

用户也可以通过国家知识产权局官网（https://www. cnipa. gov. cn/）进入。在国家知识产权局官网首页"政务服务"栏目下，点击子栏目"商标"的"商标异议决定文书"标签即可进入。

用户还可通过国家知识产权局商标局官网（http://sbj. cnipa. gov. cn/）进入，在页面的中部菜单中选择"商标异议决定文书"标签即可进入。

（二）数据情况

该模块收录了 2020 年 1 月 1 日起至今的商标异议决定文书，商标异议决定文书将自交邮之日起 20 个工作日内在中国商标网上予以公开，但有下列情形之一的除外：涉及当事人的商业秘密、个人隐私的；当事人书面请求不公开，且国家知识产权局商标局认为该请求合理的；国家知识产权局商标局认为不宜在互联网公开的其他特殊情形。

（三）查询方式

商标异议决定文书模块中的高级查询提供了注册号、商标名称、异议人名称、异议人代理机构名称、被异议人名称、被异议人代理机构名称、决定作出时间七种查询字段，如图 3 - 34 所示。

用户也可以选择隐藏检索，直接查看界面下方的商标异议决定文书（如图 3 - 35 所示），界面每页显示 30 条商标异议决定文书。

图 3 - 34　商标异议决定文书的七种查询方式

商标异议决定文书

为进一步增强商标异议工作透明度，接受社会监督，我局将对商标异议决定书予以公开。

本栏目提供的文书仅供查询人参考，不具法律效力。非法使用本栏目文书信息给他人造成损害的，由非法使用人承担法律责任。

隐藏检索　高级检索

第43221081号 "四宇通" 商标　不予注册的决定	2021/07/28
第39934808号 "泓坤草原稻花香" 商标　不予注册的决定	2021/07/28
第44322964号 "稻花香" 商标　不予注册的决定	2021/07/28
第43783608号 "不二家" 商标　不予注册的决定	2021/07/27
第41918770号 "PEKOPEKO" 商标　不予注册的决定	2021/07/27
第41335086号 "智控精灵" 商标　准予注册的决定	2021/07/27
第43870120号 "银宝坊" 商标　准予注册的决定	2021/07/28
第43651327号 "得苏" 商标　不予注册的决定	2021/07/28
第44133201号 "SALAM" 商标　不予注册的决定	2021/07/29
第43214107号 "飞多多" 商标　准予注册的决定	2021/07/28
第43194280号 "舌探视频" 商标　准予注册的决定	2021/07/28
第43182670号 "舌探视频" 商标　准予注册的决定	2021/07/28
第43991000号 "轻颜素然" 商标　部分不予注册的决定	2021/07/26
第44032094号 "轻颜素派" 商标　部分不予注册的决定	2021/07/26
第43996822号 "轻颜素派" 商标　部分不予注册的决定	2021/07/26
第44805453号 "指缘" 商标　准予注册的决定	2021/07/27

图 3 - 35　隐藏检索后直接查看商标异议决定文书

在高级检索模式下，点击决定作出时间开始及结束信息输入框，在弹出的日历中选择查询的时间段，须注意日期开始和结束时间间隔不能大于 30 天，点击"搜索"进行查询（如图 3 - 36 所示）。

图 3 - 36　决定作出时间查询

（四）查询结果显示

正确输入查询条件后，选择查询框下面的"搜索"按钮，将执行查询，并将查询结果呈现在界面下方（如图 3 - 37 所示）。查询结果以列表形式展示，每页显示 30 条。

进入商标异议决定文书查询结果界面，当输入注册号进行查询，仅显示所输入注册号的结果；进行其他方式查询后，最多显示 30 条记录，列表目录为决定名称、决定日。

点击某一条查询结果后，可以查看查询结果的详细内容，包括异议决定号、异议人、委托代理人、被异议人、异议决定详细信息、决定日等，如图 3 - 38 所示。

📅 2021年10月11日 星期一

国家知识产权局商标局 中国商标网
TRADEMARK OFFICE OF CHINA NATIONAL INTELLECTUAL PROPERTY ADMINISTRATION

商标异议决定文书

为进一步增强商标异议工作透明度，接受社会监督，我局将对商标异议决定书予以公开。
本栏目提供的文书仅供查询人参考，不具法律效力。非法使用本栏目文书信息给他人造成损害的，由非法使用人承担法律责任。

| 隐藏检索 | 高级检索 |

注册号:	
商标名称:	
异议人名称:	
异议人代理机构名称:	
被异议人名称:	
被异议人代理机构名称:	
决定作出时间从:	2021-03-01	至	2021-03-31

| 搜索 | 清空 |

- 第39734917号"迎皇贡酒 洞藏年份及图"商标 不予注册的决定 — 2021/03/01
- 第39753784号"迎皇贡酒 头锅原浆及图"商标 不予注册的决定 — 2021/03/01
- 第39752521号"迎皇贡酒 头锅原浆及图"商标 不予注册的决定 — 2021/03/01
- 第39742907号"迎皇贡酒 洞藏原浆及图"商标 不予注册的决定 — 2021/03/01
- 第38882189号"CENKI BABY及图"商标 准予注册的决定 — 2021/03/01
- 第38401324号"团多多"商标 准予注册的决定 — 2021/03/01
- 第38401013号"团多多"商标 准予注册的决定 — 2021/03/01
- 第35934305号"优本木"商标 准予注册的决定 — 2021/03/01
- 第38286187号"蜂鸟裹裹"商标 不予注册的决定 — 2021/03/01
- 第35934327号"优本木"商标 准予注册的决定 — 2021/03/01
- 第40279013号"BULL DEFEND及图"商标 不予注册的决定 — 2021/03/01
- 第36535006号"ITHUN"商标 准予注册的决定 — 2021/03/01
- 第37492535A号"智慧平安"商标 不予注册的决定 — 2021/03/01
- 第37569197号"中建百泰"商标 不予注册的决定 — 2021/03/01
- 第39589037号"中建仁恒建筑"商标 不予注册的决定 — 2021/03/01
- 第37303647号"雷诺通"商标 准予注册的决定 — 2021/03/01
- 第38958759号"伟星德"商标 不予注册的决定 — 2021/03/01
- 第39903452号"奇安信及图"商标 不予注册的决定 — 2021/03/01
- 第39154964号"ROCOCOHK"商标 准予注册的决定 — 2021/03/01
- 第40220108号"万科王"商标 不予注册的决定 — 2021/03/01
- 第40220147号"万科王"商标 不予注册的决定 — 2021/03/01
- 第40225744号"万科王"商标 不予注册的决定 — 2021/03/01
- 第40228808号"万科王"商标 不予注册的决定 — 2021/03/01
- 第38552520号"慧思铂睿"商标 不予注册的决定 — 2021/03/01
- 第37150107号"SMARTSSD"商标 不予注册的决定 — 2021/03/01
- 第38951018号"叮当妹DING DANG MEI及图"商标 准予注册的决定 — 2021/03/01

图 3 – 37　商标异议决定文书查询结果

图3-38　商标异议决定文书详细内容

第六节　商标评审文书模块

一、模块概述

商标评审文书模块是国家知识产权局向社会公众提供商标评审文书信息的查询模块，无须注册账号，社会公众就可通过注册号、商标名称等信息免费查询商标评审文书相关信息，还可复制或打印单件文书。

二、模块使用介绍

（一）进入方式

社会公众无须注册账号即可通过网址（http://wsgs.sbj.cnipa.gov.cn：9080/tmpu/pingshen/getMain.html）直接进入商标评审文书模块。

用户也可以通过国家知识产权局官网（https://www.cnipa.gov.cn/）进入。在国家知识产权局官网首页"政务服务"栏目下，点击子栏目"商标"的"商标评审文书"标签即可进入。

用户还可通过国家知识产权局商标局官网（http://sbj.cnipa.gov.cn/）进入，在页面的中部菜单中选择"商标评审文书"标签即可进入。

（二）数据收录范围

商标评审文书模块于 2017 年 12 月 28 日正式上线提供服务。系统正式运行后，商标评审委员会作出的驳回复审决定书、不予注册复审决定书、无效宣告请求裁定书、无效宣告复审决定书、撤销复审决定书以及其他具有终结评审程序作用的文书，将自交邮之日起 20 个工作日内全部公开，但有下列情形之一的除外：

（1）涉及当事人商业秘密、个人隐私的；

（2）当事人明确要求不公开，且商标评审委员会认为该请求合理的；

（3）商标评审委员会认为不宜在互联网公布的其他特殊情形。

模块首页会展示当日新增的商标评审文书数量。

（三）查询方式

商标评审文书模块提供高级检索和最新推荐两种查询方式。

1. 高级检索

商标评审文书模块的高级检索提供的检索字段包括注册号、商标名称、申请人名称、被申请人名称、代理机构名称、裁定/决定时间，以上检索字段支持精确检索。

其中，裁决/决定时间可选跨度不超过 30 日，如图 3 - 39 所示。

图 3 - 39　商标局商标评审文书高级检索

2. 最新推荐

模块在检索入口页面提供了最新发布的商标评审文书信息，以列表形式展示，如图 3 – 40 所示。

图 3 – 40 商标局商标评审文书最新推荐

（四）查询结果显示

1. 查询结果概要显示

商标评审文书查询结果以列表形式显示，查询结果概要信息包括商标评审文书标题和发布时间，查询结果如图 3 – 41 所示。

图 3 – 41 商标局商标评审文书检索结果概要显示

2. 查询结果详细显示

查询结果详细显示信息，主要显示字段包括名称、商评号、申请人、被申请人（原撤销被申请人）、原异议人、审查员、委托代理人、合议组成员、决定书日期、决定书正文，如图 3 - 42 所示。

您的位置: 首页列表 > 详细告示

关于第44372918号"QQ"商标驳回复审决定书

信息来源: 商评表

关于第44372918号"QQ"商标
驳回复审决定书

商评字[2021]第0000071272号

申请人: 北京大旺食品有限公司
委托代理人: 北京信远达知识产权代理有限公司

申请人对我局驳回其第44372918号"QQ"商标（以下称申请商标）注册申请不服，向我局申请复审。我局予以受理，现已审理终结。

申请人复审的主要理由: 申请商标是申请人在先注册的第1153514号商标、第9337974号商标、第18856099号商标、第25252657号商标、第9701393号商标、第4520191号商标基础上所做的扩展注册，属于对在先商标权利的延续。"QQ"商标经过申请人及其关联企业的广泛使用和大力推广，已享有较高的知名度和美誉度。申请人在先已有"QQ"商标和驳回决定中引证的第1965810号商标、第3124706号商标、第4567191号商标、第4665728号商标、第4764486号商标（以下称引证商标一至五）共存，说明"QQ"商标和引证商标一至五不构成类似商品上的近似商标。引证商标四处于撤销复审中，权利状态不稳定，恳请暂缓审理本案。综上，请求核准申请商标的注册申请。

申请人向我局提交了以下主要证据: 商标联合使用声明、申请人工商档案、关联企业营业执照、申请人品牌有关荣誉材料、销售清单、发票、电视媒体投放广告记录等。

经复审查明: 至本案审理时，引证商标四仍为在先注册的有效商标。

经复审认为，申请商标与引证商标一至五在字母构成、呼叫、给予相关公众整体印象方面相近，构成近似商标。申请商标指定使用的全部复审商品与引证商标一至五核定使用的商品属于同一种或类似商品，申请商标与诸引证商标并存使用在同一种或类似商品上，易使相关公众对商品的来源产生混淆误认，已构成《商标法》第三十条所指的使用在同一种或类似商品上的近似商标。申请人提交的证据不足以证明申请商标具有与诸引证商标相区分的显著性。申请人主张的其他商标注册情况不能成为申请商标应获准注册的当然理由。

依照《中华人民共和国商标法》第三十条和第三十四条的规定，我局决定如下:
申请商标在复审商品上的注册申请予以驳回。

申请人对本决定不服，可以自收到本决定书之日起三十日内向北京知识产权法院起诉，并在向法院递交起诉状的同时或者至迟十五日内将该起诉状副本抄送或者另行书面告知我局。

合议组成员:刘蓉
李晶
王若凡
2021年03月18日

图 3 - 42　商标局商标评审文书检索结果详细显示

第七节　商标数据开放模块

一、模块概述

社会公众可通过中国商标网网上服务系统的商标数据开放模块，进行商标数据的批量下载。截至 2022 年 6 月，中国商标网网上服务系统的注册用户，均可免费下载约 6500 多万件商标的基本信息，数据将会定期更新。

向社会公众开放商标数据库，是国家知识产权局商标局扎实推进商标注册便利化改革，加快提升商标公共服务水平的重要举措。商标数据的开放共享，有助于加强商标数据的广泛应用，发挥其经济价值和社会效益，有助于提高商标审查的透明度，进一步改进审查工作，提升审查质量。

中国商标网网上服务系统通过商标数据开放模块向社会公众免费提供数据服务，网上服务系统注册用户无须重复申请账户权限。

二、模块使用介绍

（一）进入方式

中国商标网网上服务系统中的商标数据开放模块网址为 http://wssq.sbj.cnipa.gov.cn：9080/tmsve/，主界面如图 3 - 43 所示。

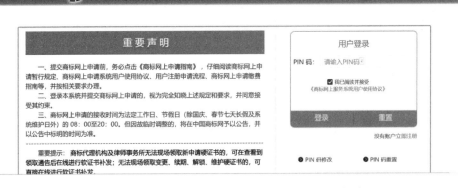

图 3 - 43　中国商标网网上服务系统商标数据开放模块

此外，中国商标网网上服务系统的商标数据开放模块可通过国家知识产权公共服务网（http://ggfw.cnipa.gov.cn：8010/PatentCMS_Center/）首页的"数据下载"标签进入。

（二）数据情况

中国商标网网上服务系统中的商标数据开放模块提供中国商标历史数据及增量

数据的下载。

历史数据栏中包含所有中国商标数据，并按商标申请年份划分，其中 2000 年以前（不包含 2000 年）的数据整体打包。所有历史数据共用一个商标代理人字典信息。历史数据栏如图 3 - 44 所示：

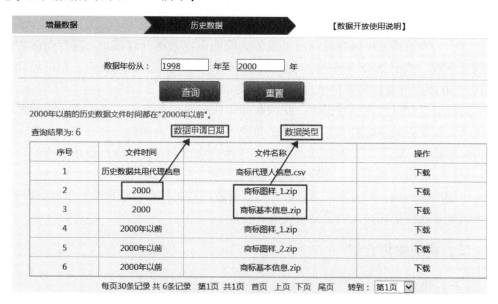

图 3 - 44　历史数据栏示意

增量数据栏中为后续增量数据下载文件，其中按照增量顺序累加显示，每个增量的商标基本信息文件中含有最新的商标代理人字典数据。更新周期为月更新。增量数据栏如图 3 - 45 所示：

序号	文件时间	增量名称	文件名称	操作
1	2018	第1次增量	商标图样_2.zip	下载
2	2018	第1次增量	商标图样_1.zip	下载
3	2018	第1次增量	商标图样_3.zip	下载
4	2018	第1次增量	商标图样_4.zip	下载
5	2018	第1次增量	商标图样_5.zip	下载
6	2018	第1次增量	商标图样_6.zip	下载
7	2018	第1次增量	商标图样_7.zip	下载
8	2018	第1次增量	商标图样_8.zip	下载
9	2018	第1次增量	商标基本信息.zip	下载

每页30条记录 共 9条记录 第1页 共1页 首页 上页 下页 尾页　转到：第1页

图 3 - 45　增量数据栏示意

为保障下载速度，商标图样数据拆分为多个压缩文件。在每个年份或每次增量更新中，下载内容包含多个图片压缩包（商标图样_序号.zip），以及一个对应的CSV文件合并后的商标基本信息压缩包（商标基本信息.zip）。

商标开放数据范围包括8张商标数据库表，具体内容如表3-5所示。

表3-5　商标数据库表

序号	表名称
1	注册商标基本信息
2	注册商标商品/服务
3	商标代理人字典
4	商标注册人信息
5	注册商标图样
6	注册商标共有人信息
7	国际注册基础信息
8	注册商标优先权信息

全数据关联须以注册商标基本信息为主表，同其他表单关联；其他表单通过注册号及类号进行关联，总体关联关系如图3-46所示。

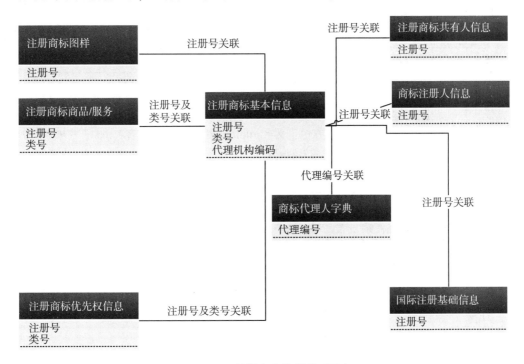

图3-46　数据内容关联关系示意

拟开放的8张数据表中共计60个数据项，详细内容如表3-6至表3-13所示。

1. 注册商标基本信息表（见表3-6）

表3-6　注册商标基本信息

序号	字段名称	备注
1	注册号/申请号	
2	国际分类	
3	申请日期	
4	商标名称	
5	商标类型	P：普通商标；Z：证明商标；J：集体商标；T：特殊商标
6	代理机构编码	同商标代理人字典表代理编号字段关联
7	初审公告期号	
8	初审公告日期	
9	注册公告期号	
10	注册公告日期	
11	专用期开始日期	
12	专用期结束日期	
13	专用期有效期	
14	商标说明	
15	商标颜色说明	
16	放弃专用权说明	
17	是否立体商标	1：是；0：否
18	是否共有申请	1：共有；0：非共有
19	商标形态	0001：文字；0010：图形；0100：声音；1000：气味（按位编码）
20	地理标志信息	
21	颜色标志	
22	是否驰名商标	1：是；0：否

2. 注册商标商品/服务表（见表3-7）

表3-7　注册商标商品/服务

序号	字段名称	备注
1	注册号	
2	类号	1~45类
3	类似群	

序号	字段名称	备注
4	商品序号	
5	商品中文名称	
6	删除标记	0：拟删除；1：待删除；2：已删除

3. 商标代理人字典表（见表 3 - 8）

表 3 - 8 商标代理人字典

序号	字段名称	备注
1	代理编号	
2	代理人名称	

4. 商标注册人信息表（见表 3 - 9）

表 3 - 9 商标注册人信息

序号	字段名称	备注
1	注册号	
2	注册人中文名称	
3	注册人中文地址	
4	注册人外文名称	
5	注册人外文地址	
6	类号	

5. 注册商标图样表（见表 3 - 10）

表 3 - 10 注册商标图样

序号	字段名称	备注
1	注册号	
2	商标图样	JPEG 文件形式

6. 注册商标共有人信息表（见表 3 - 11）

表 3 - 11 注册商标共有人信息

序号	字段名称	备注
1	注册号	
2	共有人中文名称	
3	共有人中文地址	

续表

序号	字段名称	备注
4	共有人外文名称	
5	共有人外文地址	

7. 国际注册基础信息表（见表3－12）

表3－12　国际注册基础信息

序号	字段名称	备注
1	注册号	
2	国际注册号	
3	国际注册日期	
4	国际通知日期	
5	国际申请语种	
6	国际申请类型	X：协定；P：议定
7	国际公告期号	
8	国际公告日期	
9	后期指定日期	
10	基础注册日期	

8. 注册商标优先权信息表（见表3－13）

表3－13　注册商标优先权信息

编号	字段名称	备注
1	注册号	
2	国际分类	
3	优先权编号	
4	优先权种类	
5	优先权日期	
6	优先权国家/地区	
7	优先权商品	商品间以分号分隔

（三）数据获取途径

公众通过注册成为商标网上服务系统用户后，即可登录系统，通过商标数据开放模块，下载中国商标历史数据及增量数据。简易用户注册流程如下：

（1）进入网上服务系统首页。

（2）数字证书驱动下载：点击"数字证书驱动下载"，如图3-47所示。

图3-47 网上服务系统首页

（3）软证书驱动安装：进入证书驱动下载界面，点击"软证书驱动"，如图3-48所示。

图3-48 证书驱动下载界面

（4）保存软证书驱动：点击"软证书驱动"，弹出安装提示框，点击"保存"按钮，如图 3 - 49 所示。

图 3 - 49　下载提示界面

（5）安装软证书：保存好软证书驱动，点击该驱动，进行安装，如图 3 - 50 所示。

图 3 - 50　软证书驱动界面

（6）简易用户注册注意事项：证书安装完成后，点击"立即注册"，进入简易用户注册申请注意事项界面，如图 3 - 51、图 3 - 52 所示。

图 3-51 注册界面

图 3-52 注册申请注意事项

（7）申请信息填写：进入简易用户注册申请注意事项界面，点击"申请"跳转到申请信息填写界面，进行信息填写，如图3-53所示。

图3-53 申请信息填写界面

（8）提交：用户选择用户类型，输入证件号码等信息（输入框后有＊号的为必填项），填写完毕后点击"提交"，简易用户注册申请完成，如图3-54所示。

图3-54 注册填写示例

图 3 – 54　注册填写示例（续）

（9）审核结果接收：申请提交之后，系统会发送邮件给用户，如图 3 – 55 所示。

图 3 – 55　邮件示例

（10）证书下载：如图 3 – 55 所示，点击"证书下载"，跳转到证书下载界面，填写用户名、申请人名称，如图 3 – 56 所示。

图 3 – 56　证书下载

（11）下载完成：如图 3 – 57 所示，点击"下载"，对软证书进行下载，下载完成后完成对证书的安装。

图 3 – 57　下载完成示例

（12）PIN 码修改页面：进入网上服务系统首页，如图 3 – 58 所示，点击"PIN 码修改"，进入 PIN 码修改界面。

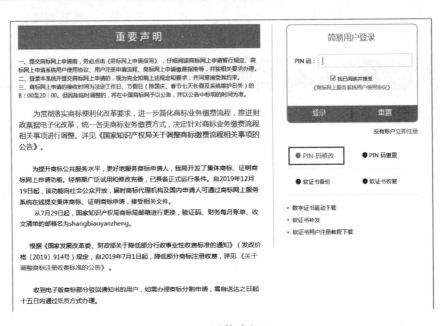

图 3 – 58　PIN 码修改入口

（13）PIN 码修改：进入 PIN 码修改界面，输入旧 PIN 码（默认为 12345678），再输入新 PIN 码，并重复输入新 PIN 码，点击"修改"，PIN 码修改完成，如图 3 – 59 所示。

图 3 – 59　PIN 码修改界面

（14）用户登录：PIN 码修改完成之后，在网上服务系统首页输入新的 PIN 码，勾选简易用户登录，点击"登录"，如图 3 – 60 所示。

图 3 – 60　登录示例

（15）数据下载：登录后点击"商标数据开放"，输入下载条件，即可进行数据下载，如图 3 –61 所示。

图 3 –61　数据下载示例

第四章　地理标志数据获取途径

地理标志数据主要通过地理标志产品公告检索系统、专用标志使用企业检索系统、地理标志和官方标志公告模块、地理标志专题公告模块、商标公告模块（集体商标、证明商标）等途径对外进行公开。本章从系统概述、系统使用两方面进行详细介绍，旨在方便社会公众了解获取地理标志数据资源的便利途径，促进地理标志数据的充分利用。

第一节　地理标志产品公告检索系统

一、系统概述

地理标志产品公告检索系统由国家知识产权局负责管理和维护，提供地理标志产品批准公告查询。该系统免费向社会公众开放，无须注册即可查看地理标志产品公告全文信息。

地理标志产品公告检索系统数据包括了国家知识产权局发布的地理标志保护产品批准公告，以及原国家质检总局发布的地理标志保护产品批准公告。

用户针对关注的地理标志产品数据可以在地理标志产品公告检索系统中浏览其相关公告信息，同时也可以通过关键词检索查询系统来获取该地理标志产品的公告信息。

二、系统使用介绍

（一）进入方式

用户无须注册账号即可通过该系统网址（http://dlbzsl.hizhuanli.cn：8888）直接进入地理标志产品公告检索系统。

用户还可通过国家知识产权局官网（https://www.cnipa.gov.cn/）进入。在国家知识产权局官网首页"政务服务"栏目下，点击子栏目"地理标志"的"地理标志产品检索"标签即可进入。

此外，地理标志产品公告检索系统可通过国家知识产权公共服务网（http://ggfw.cnipa.gov.cn：8010/PatentCMS_Center/）首页的"检索查询"标签进入。

（二）数据情况

地理标志产品公告检索系统数据，按公告单位的不同进行了区分，并按时间倒序排列，如图4-1所示。上栏显示的数据为国家知识产权局地理标志保护产品批准公告，下栏显示的数据为原国家质检总局地理标志保护产品批准公告。

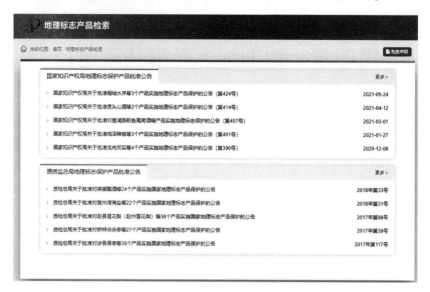

图4-1 地理标志产品公告检索系统界面

该系统数据类型为地理标志产品批准公告，数据时间范围为2005年至今。

（三）查询方式

社会公众在进行地理标志产品公告查询时，可以通过关键词检索。例如，需查询原国家质检总局地理标志保护产品批准公告，可以点击地理标志产品公告检索系统界面下栏的右上侧"更多"进行查询，如图4-2所示。

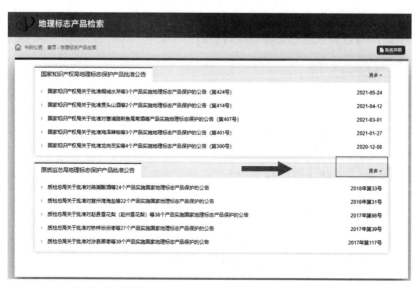

图4-2 地理标志产品公告检索系统数据查询步骤一

然后可以在检索框里输入关键词来查询，如图4-3所示。

图4-3　地理标志产品公告检索系统数据查询步骤二

地理标志产品公告检索系统免费向社会公众开放，无须注册即可直接访问网站查询地理标志批准公告信息，并可自行打印。

（四）查询结果显示

下面以一个实例来说明查询结果显示情况。例如，想要检索2017年原国家质检总局的地理标志产品批准公告信息，可以在检索框内输入"2017"，检索结果左边显示的是相关公告的名称，右边显示的是该公告的发文号，该示例的检索结果如图4-4所示。

图4-4　地理标志产品公告检索系统检索示例

再从检索结果中选取目标公告文件，点击即可查看公告全文，公告全文部分截图如图4-5所示。

2017年第39号

质检总局关于批准对桥梓桑椹枣等27个产品
实施国家地理标志产品保护的公告

根据《地理标志产品保护规定》，质检总局组织专家对桥梓桑椹枣、科左后旗大米、小文公大蒜、八虎山山楂、新农寒富苹果、柳河沟香瓜、弓长岭矿泉水、太保胡萝卜、铁力大米、海林猴头菇、柳下邑猪牙皂、关庄山贡米、郧西山葡萄酒、阳新屯皂、监利粮酒、三江茶油、德保山楂、遵义红茶（遵义红）、湄潭翠芽、桐梓蜂蜜、花秋土鸡、习水红茶、习水麻羊、核桃箐核桃、普定高脚鸡、贵南黑藏羊、门源奶皮共27个地理标志产品保护申请进行技术审查。经审查合格，批准上述产品为国家地理标志保护产品，自即日起实施保护。同时，对国家地理标志产品威宁荞麦（批准公告号2016年112号）进行信息更正。

一、桥梓桑椹枣

（一）产地范围。

桥梓桑椹枣产地范围为北京市怀柔区桥梓镇辖区内西起上王峪村，东至后桥梓村，北起口头村，南至前桥村的24个行政村。

图4-5　地理标志产品公告检索系统查询结果部分截图

第二节 专用标志使用企业检索系统

一、系统概述

专用标志使用企业检索系统由国家知识产权局负责管理和维护，提供专用标志核准使用企业数据查询。该系统免费向社会公众开放，无须注册即可查看专用标志核准使用企业的相关信息。

专用标志使用企业检索系统可以查询到已完成换标的市场主体信息，对于在产品保护要求中列明的专用标志使用企业，如尚未完成换标，则查询结果不会显示。

用户可以在登录专用标志使用企业检索系统后，通过省份、市场主体、统一社会信用代码和地理标志四种方式来查询获取地理标志核准使用企业的相关信息。

二、系统使用介绍

（一）进入方式

用户无须注册账号即可通过该系统网址（http://dlbzsl. hizhuanli. cn：8888/Logo/Search）直接进入专用标志使用企业检索系统。

用户还可通过国家知识产权局官网（https://www. cnipa. gov. cn/）进入。在国家知识产权局官网首页"政务服务"栏目下，点击子栏目"地理标志"的"专用标志使用企业检索"标签即可进入。

此外，专用标志使用企业检索系统可通过国家知识产权公共服务网（http://ggfw. cnipa. gov. cn：8010/PatentCMS_Center/）首页的"检索查询"标签进入。

（二）数据情况

专用标志使用企业检索系统为社会公众提供统一地理标志专用标志使用企业信息查询。检索结果仅显示已完成换标的市场主体信息，对于在产品保护要求中列明的专用标志使用企业，如尚未完成换标，不会在本结果显示。

（三）查询方式

本节所述的专用标志使用企业检索系统操作简便，检索字段有四种：省份、市场主体、统一社会信用代码和地理标志。在对应的检索框内输入相应的关键词，然后点击"查询"即可。专用标志使用企业检索界面如图4－6所示。

该系统免费向社会公众开放，无须注册即可直接访问网站来查询地理标志核准企业等数据，并可自行打印。

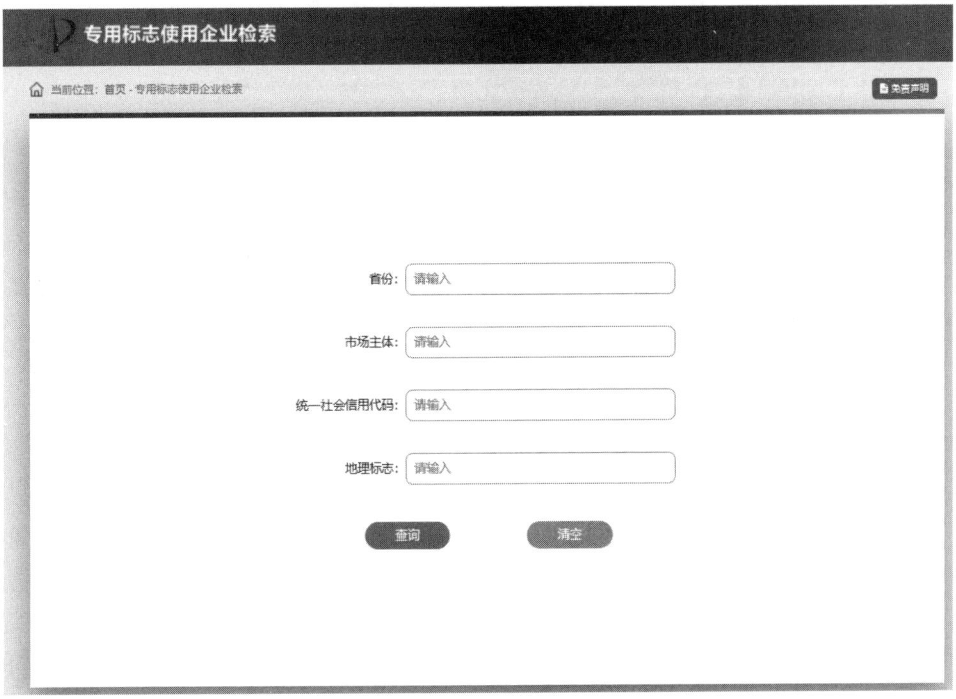

图4-6　专用标志使用企业检索系统界面

(四) 查询结果显示

下面以一个实例来说明查询结果显示情况。例如，要查询"大兴西瓜"这个专用标志核准企业情况，可以在地理标志一栏中输入"大兴西瓜"，如图4-7所示。

图4-7　专用标志使用企业检索系统查询示例

检索结果可见，北京老宋瓜王科技发展有限公司被核准在其生产的地理标志产品上使用"大兴西瓜"这项地理标志产品专用标志。查询结果提供四类信息显示，分别是省份、地理标志、市场主体和该企业的统一社会信用代码，如图4-8所示。

图 4 -8　专用标志使用企业检索系统查询结果示例

第三节　地理标志和官方标志公告模块

一、模块概述

地理标志和官方标志公告模块由国家知识产权局负责管理和维护，提供地理标志和官方标志公告信息，此节对地理标志相关内容进行详细介绍。该模块免费向社会公众开放，无须注册即可查看地理标志的相关信息。

地理标志和官方标志公告模块公布了 2018 年以后由国家知识产权局所发布的地理标志产品受理、批准公告，以及专用标志使用企业核准、注销公告。

该模块与地理标志产品公告检索系统和专用标志使用企业检索系统相比有以下特色：

（1）地理标志和官方标志公告模块数据为 2018 年以后的公告数据，均为国家知识产权局所发出的公告，并且数据更新较为及时；

（2）地理标志和官方标志公告模块数据类型较为丰富，不仅包含地理标志产品核准公告，还包含其受理公告，不仅包含专用标志使用企业核准公告，还包含其注销公告；

（3）地理标志和官方标志公告模块不提供检索功能，使用便捷性上不如地理标志产品公告检索系统和专用标志使用企业检索系统。

二、模块使用介绍

（一）进入方式

用户无须注册账号即可通过该模块网址（https：//www.cnipa.gov.cn/col/col2089/index.html）直接进入国家知识产权局地理标志和官方标志公告模块。

用户还可通过国家知识产权局官网（https：//www.cnipa.gov.cn/）进入。在国家知识产权局官网首页"政务公开"栏目下，点击子栏目"公告公报"中的"地理标志和官方标志公告"标签即可进入。

（二）数据情况

地理标志和官方标志公告模块的数据包含了地理标志产品受理、批准公告，以及专用标志使用企业核准和注销公告四种类型的地理标志公告信息。数据收录的时间范围为 2018 年 6 月 14 日至今。

（三）查询方式

本节所述的地理标志和官方标志公告模块免费向社会公众开放，无须注册即可直接访问网站来查询地理标志受理公告、批准公告及核准企业相关数据，并可自行下载打印。

（四）查询结果显示

地理标志和官方标志公告模块以时间倒序的方式展示了地理标志产品受理、批准公告，以及专用标志使用企业核准、注销公告等信息，显示界面如图 4 – 9 所示。

地理标志和官方标志公告	
国家知识产权局关于受理陇川连藕等 2 个产品申请地理标志产品保护的公告（第410号）	2021-03-11
国家知识产权局关于核准榆林郭勒盟羊羊牧业股份有限公司等 126 家企业使用地理标志专用标志的公告（第409号）	2021-03-10
国家知识产权局关于批准对蓬溪路斯鱼尾葡萄酒产品实施地理标志保护的公告（第407号）	2021-03-01
国家知识产权局关于注销苏尼特右旗通达冷库等 45 家企业地理标志专用标志使用注册登记的公告（第406号）	2021-02-19
国家知识产权局关于中国人民银行"存款保险标识"官方标志登记备案的公告（第405号）	2021-02-19
国家知识产权局关于受理长白石等 4 个产品申请地理标志产品保护的公告（第404号）	2021-02-19
国家知识产权局关于核准吉林市昌盛米业有限公司等 59 家企业使用地理标志专用标志的公告（第403号）	2021-02-19
国家知识产权局关于批准鸿泽辣椒等 3 个产品实施地理标志产品保护的公告（第401号）	2021-02-01
国家知识产权局关于受理介休绵芪等 3 个产品申请地理标志产品保护的公告（第399号）	2021-01-06
国家知识产权局关于注销北京亿品种植园专业合作社等 107 家企业地理标志专用标志使用注册登记的公告（第398号）	2021-01-06

图 4 – 9　地理标志和官方标志公告界面

第四节　地理标志专题公告模块

一、模块概述

地理标志专题公告模块由国家知识产权局负责管理和维护，提供地理标志产品受理、批准公告，以及专用标志使用企业核准公告查询。该模块免费向社会公众开放，无须注册即可查看地理标志的相关信息。

地理标志专题公告模块按地理标志产品受理、批准公告和专用标志使用企业核准公告三种类型分类，便于单独查询。

二、模块使用介绍

（一）进入方式

用户如想要通过地理标志专题公告模块查询相关公告信息，可以直接输入以下网址查询地理标志产品公告，该模块无须注册即可登录和查询。

地理标志产品受理公告网址：

https://www.cnipa.gov.cn/col/col1399/index.html

地理标志产品批准公告网址：

https://www.cnipa.gov.cn/col/col1400/index.html

地理标志专用标志核准公告网址：

https://www.cnipa.gov.cn/col/col1401/index.html

此外，用户也可以通过国家知识产权局官网（https://www.cnipa.gov.cn/）进入。在国家知识产权局官网首页"平台导航"栏目下，点击第五个子栏目"地理标志"即可进入地理标志专题公告模块。

（二）数据情况

地理标志专题公告模块的数据按地理标志产品受理公告、批准公告、专用标志使用企业核准公告三种类型做了区分，其中专用标志使用企业核准公告中也收录了专用标志使用企业注销公告。数据收录的时间范围为2018年至今。

（三）查询方式

本节所述的地理标志专题公告模块免费向社会公众开放，无须注册即可直接访问网站查询地理标志受理公告、批准公告及核准企业等数据，并可自行下载打印。

（四）查询结果显示

地理标志专题公告模块中的地理标志产品受理公告界面如图4-10所示。

产品受理公告

▪ 国家知识产权局关于受理夹沟香稻米等2个产品申请地理标志产品保护的公告（第413号）	2021-04-12
▪ 国家知识产权局关于受理陵川连翘等2个产品申请地理标志产品保护的公告（第410号）	2021-03-11
▪ 国家知识产权局关于受理长白石等4个产品申请地理标志产品保护的公告（第404号）	2021-02-08
▪ 国家知识产权局关于受理介休绵芪等3个产品申请地理标志产品保护的公告（第399号）	2021-01-06
▪ 国家知识产权局关于受理霍山断血流等3个产品申请地理标志产品保护的公告（第393号）	2020-12-23
▪ 国家知识产权局关于受理望江风酿酱油等4个产品申请地理标志产品保护的公告（第382号）	2020-12-01
▪ 关于受理捷克布杰约维采采啤酒等2个欧盟产品申报地理标志产品保护的公告（第280号）	2018-09-04
▪ 关于受理行唐大枣等10个产品申报地理标志保护的公告（第270号）	2018-06-14

图4-10 地理标志专题公告模块产品受理公告界面

地理标志产品批准公告界面如图4-11所示。

产品批准公告

▪ 国家知识产权局关于批准贯头山酒等2个产品实施地理标志产品保护的公告（第414号）	2021-04-13
▪ 国家知识产权局关于批准对塞浦路斯鱼尾菊酒等产品实施地理标志保护的公告 （第407号）	2021-03-01
▪ 国家知识产权局关于批准鸡泽辣椒等3个产品实施地理标志产品保护的公告（第401号）	2021-02-01
▪ 国家知识产权局关于批准龙岗芡实等4个产品实施地理标志产品保护的公告（第390号）	2020-12-11
▪ 国家知识产权局关于批准东宁冰酒、宜春夏布实施地理标志产品保护的公告（第380号）	2020-11-09
▪ 关于批准对连江海带等5个产品实施地理标志产品保护的公告（第331号）	2019-10-11
▪ 关于批准对毕克齐大葱等21个产品实施地理标志产品保护的公告（第277号）	2018-08-06

图4-11 地理标志专题公告模块产品批准公告界面

地理标志专用标志核准公告界面如图4-12所示。

专用标志核准公告

- 国家知识产权局关于核准杭州富阳永利茶业有限公司等82家企业使用地理标志专用标志的公告（第418号）　　　2021-04-23
- 国家知识产权局关于注销秦皇岛野力酒葡萄酿酒有限公司等93家企业地理标志专用标志使用注册登记的公告（第417号）　　　2021-04-23
- 国家知识产权局关于核准锡林郭勒盟羊羊牧业股份有限公司等126家企业使用地理标志专用标志的公告（第409号）　　　2021-03-10
- 国家知识产权局关于注销苏尼特右旗通达冷库等45家企业地理标志专用标志使用注册登记的公告（第406号）　　　2021-02-18
- 国家知识产权局关于核准吉林市昌盛米业有限公司等59家企业使用地理标志专用标志的公告（第403号）　　　2021-02-03
- 国家知识产权局关于注销北京亿品种植园专业合作社等107家企业地理标志专用标志使用注册登记的公告（第398号）　　　2021-01-06
- 国家知识产权局关于核准武夷山市艺祺园岩茶厂等104家企业使用地理标志专用标志的公告（第397号）　　　2021-01-06
- 国家知识产权局关于注销方正县天龙精米加工厂等70家企业地理标志专用标志使用注册登记的公告（第386号）　　　2020-12-04
- 国家知识产权局关于注销重庆市合川区万民福桃片厂等7家企业地理标志专用标志使用注册登记的公告（第384号）　　　2020-12-04
- 关于注销福建省武夷山市一品正岩茶精制厂等17家企业地理标志专用标志使用注册登记的公告（第377号）　　　2020-10-30

图4-12　地理标志专题公告模块专用标志核准公告界面

第五节　商标公告模块（集体商标、证明商标）

一、模块概述

在我国，由国家知识产权局商标局负责以集体商标、证明商标注册的地理标志的注册、登记和管理。以集体商标、证明商标注册的地理标志公告信息，是一种商标公告信息，社会公众可以通过中国商标网商标公告模块来获取。

中国商标网商标公告模块由国家知识产权局商标局负责管理和维护，可提供地理标志集体商标、证明商标查询。该模块免费向社会公众开放，无须注册即可查看地理标志商标的相关信息。

用户可以针对关注的地理标志商标数据，在中国商标网商标公告模块上，通过公告期号、地理标志商标名称、注册号等查询相关公告信息。

二、模块使用介绍

（一）进入方式

用户无须注册账号即可通过该模块网址（http://wsgg.sbj.cnipa.gov.cn：9080/tmann/annInfoView/homePage.html）直接查询以集体商标、证明商标注册的地理标志的公告信息。

用户还可通过国家知识产权局官网（https://www.cnipa.gov.cn/）进入。在国家知识产权局官网首页"政务服务"栏目下，点击子栏目"地理标志"的"以集体商标、证明商标注册的地理标志检索"标签即可进入。

此外，以集体商标、证明商标注册的地理标志的检索也可通过国家知识产权公共服务网（http://ggfw.cnipa.gov.cn：8010/PatentCMS_Center/）首页的"检索查询"标签进入。

（二）数据情况

中国商标网商标公告模块收录了1980年第1期至今的各种类型的商标数据，包括以集体商标、证明商标注册的地理标志数据。数据更新截止日期可在中国商标网界面右上角获取，如图4-13所示。

图4-13　中国商标网界面

数据内容包括商标申请号/注册号、商标名称、商标申请人、申请日期等著录信息以及商标公告的JPG格式全文图像信息。

（三）查询方式

以集体商标、证明商标注册的地理标志数据获取方式与普通商标数据获取方式相同，社会公众无须注册账号即可免费查询数据。

通过中国商标网商标公告模块，可以查询以集体商标、证明商标注册的地理标志公告信息。在商标公告查询界面上，可以通过输入公告期号来查询，也可以进入全部公告查询检索界面查询。商标公告查询界面如图4-14所示。

图4-14　中国商标网商标公告查询界面

（四）查询结果显示

下面以一个实例来说明查询结果显示情况。例如，以公告期号来查询，如果需要查询公告期号为928的商标公告，则可以在图4-15的空白框中输入"928"，点击"查询"即可。

商标公告

　　根据《商标法实施条例》第九十六条规定，商标局发布《商标公告》，刊发商标注册及其他有关事项。《商标公告》采用纸质或者电子形式发布。除送达公告外，公告内容自发布之日起视为社会公众已经知道或者应当知道。

　　根据《商标法》第三十三条规定，对初步审定公告的商标，自公告之日起异议期为三个月。公告期满无异议的，予以核准注册，发给商标注册证，并予公告。

　　现特此发布《商标公告》电子版。

| 公告期号： | 928 | 查询 | >>点此进入全部公告查询检索　使用指南 |

期　号	初步审定公告日期	异议申请截止日期
第1747期	初步审定公告日期：2021年06月13日	异议申请截止日期：2021年09月13日
第1746期	初步审定公告日期：2021年06月06日	异议申请截止日期：2021年09月06日
第1745期	初步审定公告日期：2021年05月27日	异议申请截止日期：2021年08月27日
第1744期	初步审定公告日期：2021年05月20日	异议申请截止日期：2021年08月20日

图4-15　中国商标网商标公告模块公告期号查询示例

　　以上查询案例得到的检索结果如图4-16所示。

检索结果

序号	公告期号	公告日期	公告类型	注册号	申请人	商标名称	公告详情
1	928	2004-05-21	商标初步审定公告	1911223	汉斯·彼得·韦尔弗	握威 贝司音箱摇滚	查看
2	928	2004-05-21	商标初步审定公告	1911244	汉斯·彼得·韦尔弗	WARWICK BASSES AMPS&ROCK'N ROLL	查看
3	928	2004-05-21	商标初步审定公告	1918610	石家庄鲁宾汉制衣工业有限公司	鲁宾汉;ROBY	查看
4	928	2004-05-21	商标初步审定公告	1926939	圣戈班依索维尔有限公司	依索维尔ISOVER	查看
5	928	2004-05-21	商标初步审定公告	1933668	福建泉州百利达鞋业有限公司	图形	查看
6	928	2004-05-21	商标初步审定公告	1937517	黄思兴350430*******0017	奥;7.13	查看
7	928	2004-05-21	商标初步审定公告	1996721	四川中烟工业有限责任公司	POTIMES	查看
8	928	2004-05-21	商标初步审定公告	2011362	中山市雪柏通讯配件制造有限公司	象	查看
9	928	2004-05-21	商标初步审定公告	2011581	北京胡子老爹快餐店	胡子老爹	查看

图4-16　中国商标网商标公告模块公告期号查询结果示例

　　从图4-16可以看出，以公告期号查询，得到的检索结果为同一期所发出的全部公告信息，查询结果包含公告日期、公告类型、注册号、申请人、商标名称，还可以进一步点击"公告详情"来获取更为详细的信息。

　　在全部公告查询检索界面中，在"商标类型"一栏中可以根据检索需求来选择"集体商标"或"证明商标"，如图4-17所示。

图 4 - 17　中国商标网商标公告模块全部公告查询示例

以"大兴西瓜"这件证明商标为例检索，得到如图 4 - 18 的检索结果。可以看到此件证明商标的公告类型包括了证明商标初步审定公告、证明商标注册公告、商标注册证遗失声明公告、注册商标续展公告、变更集体/证明商标申请人名义地址/管理规则成员名单公告，具体公告列表如图 4 - 18 所示。

图 4 - 18　中国商标网商标公告模块全部公告查询结果

由图 4 - 18 可见，公告信息包含了公告期号、公告日期、公告类型、注册号、申请人、商标名称，还可以点击"公告详情"来获取更为详细的信息。如"大兴西瓜"证明商标注册公告如图 4 - 19 所示。

证 明 商 标 注 册 公 告

二〇〇四年二月二十一日总第916期商标公告刊登的初步审定商标，审定期满，下列商标核准注册。商标专用期限自二〇〇四年五月二十一日至二〇一四年五月二十日。

商标编号	类别	注册人/代表人	共有商标所有人
3490256	31	北京市大兴区西甜瓜产销协会	

图 4 - 19　中国商标网商标公告模块全部公告查询结果详细信息（注册公告）

　　"大兴西瓜"证明商标的变更集体/证明商标申请人名义地址/管理规则成员名单公告如图4－20所示。

第 1733 期商标公告　　　　　　　　　　　　　　　　　　2021 年 02 月 27 日

变更集体/证明商标申请人名义地址/管理
规则成员名单公告

　　　　注册号/申请号:　3490256

　　　　　　商　　标:　大兴西瓜；大兴

　　　　　　类　　别:　31

　　　　　　商标类型:　证明商标

变更前申请人名义地址/
成员名单/管理规则:北京市大兴区兴政街 20 号

变更后申请人名义地址/
成员名单/管理规则:北京市大兴区西甜瓜产销协会
　　　　　　　　　　北京市大兴区黄村镇林校北路 2 号

图 4－20　中国商标网商标公告模块全部公告查询结果详细信息（变更公告）

第五章　集成电路布图设计数据获取途径

集成电路布图设计数据主要通过集成电路布图设计公告模块以及专利数据服务试验系统（集成电路布图设计数据批量获取）对外公开。社会公众可以通过以上模块获取相关数据资源。本章从模块概述、模块使用等方面对上述模块进行介绍，以促进集成电路布图设计数据的充分利用。

第一节　集成电路布图设计公告模块

一、模块概述

集成电路布图设计公告模块由国家知识产权局提供，面向公众提供数据查询服务，公众可通过该系统获取的信息仅限于国家知识产权局网站公开的集成电路布图设计公告中的信息，具体包括：集成电路布图设计专有权公告、集成电路布图设计专有权事务公告、集成电路布图设计专有权终止公告。

集成电路布图设计公告模块是目前官方最权威的集成电路布图设计数据查询来源。系统根据公告的时间以页面的形式公告数据，用户打开某一个公告页，可以浏览该日期该公告事项下的全部公告信息。

二、模块使用介绍

（一）进入方式

用户无须注册账号即可查看国家知识产权局网站上的集成电路公告信息，通过该模块网址（https://www.cnipa.gov.cn/col/col164/index.html）直接进入集成电路布图设计公告模块。

用户还可通过国家知识产权局官网（https://www.cnipa.gov.cn/）进入。在页面的"政府信息公开"栏目下，点击子栏目"集成电路公告"后，即可进入集成电路布图设计公告模块。

（二）数据情况

国家知识产权局集成电路布图设计公告模块收录了2001年12月7日至今的集成电路布图设计公告。

（三）查询结果显示

公众可以在国家知识产权局集成电路布图设计公告模块界面中浏览已公开的集成电路布图设计信息，包括集成电路布图设计专有权公告、集成电路布图设计专有权事务公告、集成电路布图设计专有权终止公告，如图 5 - 1 所示。

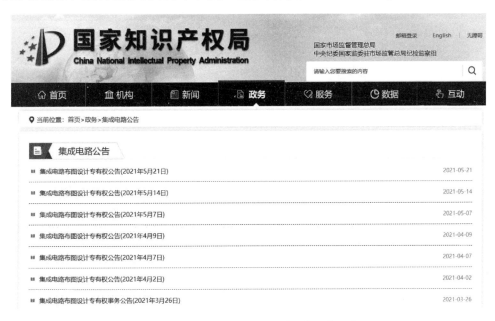

图 5 - 1　部分集成电路布图设计公告日期及条目

点击某一日期的集成电路布图设计公告条目，可以浏览结果，并可在界面内检索。

1. 集成电路布图设计专有权公告查询结果

点击某一日期的集成电路布图设计专有权公告，可以查看该日期公告的所有集成电路布图设计专有权著录项目信息，具体包括布图设计登记号、布图设计申请日、公告日期、公告号、布图设计名称、布图设计类别、布图设计权利人、布图设计权利人国籍、布图设计权利人地址、布图设计创作人、布图设计创作完成日等信息，如图 5 - 2 所示。

2. 集成电路布图设计专有权事务公告查询结果

点击某一日期的集成电路布图设计专有权事务公告，可以查看退信、主动放弃专有权、错误更正以及著录项目变更等相关公告信息，如图 5 - 3 所示。

3. 集成电路布图设计专有权终止公告查询结果

点击某一日期的集成电路布图设计专有权终止公告，可以查看该日期公告的所有专有权终止的集成电路布图设计，具体包括布图设计登记号、申请日、专有权公告日、布图设计保护期届满日等信息，如图 5 - 4 所示。

图 5-2　集成电路布图设计专有权公告

图 5-3　集成电路布图设计专有权事务公告

图 5 – 4　集成电路布图设计专有权终止公告

第二节　集成电路布图设计批量获取

一、系统概述

为进一步满足社会公众及创新创业主体对知识产权数据的需求，提高社会公众获取数据的便利度，2021 年 7 月 15 日起，国家知识产权局在专利数据服务试验系统（以下简称"试验系统"）中首次开放四种集成电路布图设计数据的更新数据：中国集成电路布图设计专有权公告数据、中国集成电路布图设计专有权事务公告数据、中国集成电路布图设计专有权终止公告数据、中国集成电路布图设计复审撤销案件数据。社会公众可免费从试验系统批量获取四种集成电路布图设计基础数据。

二、系统使用介绍

（一）进入方式

与本书第二章第四节相同，专利数据服务试验系统主站点入口为：

http://patdata. cnipa. gov. cn/

知识产权出版社有限责任公司服务站点入口为：

http://patdata1. cnipa. gov. cn/

中国专利信息中心服务站点入口为：

http://patdata2. cnipa. gov. cn/

用户也可通过国家知识产权公共服务网（http：//ggfw. cnipa. gov. cn：8010/PatentC-MS_Center/）首页的"数据下载"标签进入。

（二）数据情况

目前专利数据服务试验系统包含四种集成电路布图设计数据，表5－1为数据介绍。除中国集成电路布图设计复审撤销案件数据不定期更新外，中国集成电路布图设计专有权公告数据、中国集成电路布图设计专有权事务公告数据、中国集成电路布图设计专有权终止公告数据为月更新。

表5－1　专利数据服务试验系统中的集成电路布图设计数据介绍

序号	国别/组织	数据编号	数据名称	更新周期	简要说明
1	中国	CN－IC－PUBO－ER	中国集成电路布图设计专有权公告数据	月更新	数据格式：TXT；数据内容：布图设计登记号、申请日、公告日期、公告号、布图设计名称、权利人、布图设计类别（结构、技术、功能）、权利人信息、创作人信息、代理人信息、创作完成日和首次商业利用时间等
2		CN－IC－PUBO－ERA	中国集成电路布图设计专有权事务公告数据	月更新	数据格式：TXT；数据内容：权利人的变更、专有权的转移和继承、专有权的放弃、地址不详公告和国家知识产权局作出的更正等
3		CN－IC－PUBO－TER	中国集成电路布图设计专有权终止公告数据	月更新	数据格式：TXT；数据内容：布图设计登记号、申请日、专有权公告日、布图设计保护期限届满日
4		CN－IC－DECO－RE	中国集成电路布图设计复审撤销案件数据	不定期	数据格式：PDF、WORD；数据内容：基本信息和决定正文。基本信息包括案件编号、决定日、布图设计名称、布图设计类别、撤销意见提出人信息、专有权人信息、登记号、申请日、公告日、首次商业利用日、撤销意见提出日、法律依据和决定要点等；决定正文包括案由、决定理由和决定内容

（三）数据结构及获取途径

集成电路布图设计数据结构与专利数据结构类似，一般包括两层文件夹，实体数据存储在第二层文件夹下。

数据获取路径也包括用户注册—选择数据资源—签署电子协议—上传证明文件—等待核对材料—下载并使用数据资源的过程。

具体数据结构及获取途径在本书第二章第四节中有详细介绍，在此不再赘述。

第六章　常用国外知识产权数据获取途径

本章详细介绍美国专利商标局、日本特许厅、韩国知识产权局、欧洲专利局以及欧盟知识产权局的知识产权数据获取途径与获取方式，旨在帮助用户方便、快捷地获取常用国外知识产权数据。

第一节　美国知识产权数据

一、专利数据检索

美国专利数据可通过美国专利商标局（USPTO）网站进行专利数据检索获取。

（一）检索途径概述

美国专利商标局网站的专利检索（Search for patents）主要为用户提供专利公告信息服务。

美国专利商标局网站的美国专利数据库数据全面、检索方式多样。专利数据包括：发明专利（Utility Patent）、外观设计专利（Design Patent）、植物专利（Plant Patent）。检索方式包括：Patent Public Search、Global Dossier、Search Published Sequences、Patent Assignment Search、Patent Examination Data System（PEDS）、Patent Application Information Retrieval（PAIR）。

用户可根据自身不同需求选择不同的检索方式进行检索。例如，检索已授权美国专利或已公开美国专利申请选择 Patent Public Search，检索同族专利选择 Global Dossier，检索已授权美国专利或已公开美国专利申请生物序列选择 Search Published Sequences，检索专利转让信息选择 Patent Assignment Search，检索已授权美国专利或已公开美国专利申请审查信息选择 Patent Examination Data System（PEDS）。专利申请人查看自己未授权专利申请的法律状态则须登录并进入 Patent Application Information Retrieval（PAIR）。

（二）检索介绍

1. 进入方式

用户无须注册账号即可通过网址（https://www.uspto.gov/patents/search）直接进入美国专利检索的首页，通过选择页面上部的检索链接，可进入不同检索方式的美国专利检索页面。

2. 数据收录范围

美国专利商标局 Patent Public Search 检索方式下设三个专利数据库，其中，USOCR 可检索 1970 年之前扫描的美国授权专利数据，USPAT 可检索 1790 年及以后的美国授权专利数据，US-PGPUB 可检索 2001 年 3 月及以后公开的美国专利申请数据。Patent Examination Data System（PEDS）收录了美国授权专利与专利申请的审查过程信息、运营信息以及缴费信息等。

3. 检索方式

美国专利数据检索包括：Patent Public Search、Global Dossier、Search Published Sequences、Patent Assignment Search、Patent Examination Data System（PEDS）、Patent Application Information Retrieval（PAIR）等。

（1）Patent Public Search

Patent Public Search 是一种基于 web 的专利搜索应用程序，于 2022 年 9 月 30 日取代了原先内部传统搜索工具 PubEAST 和 PubWEST 以及外部传统搜索工具 PatFT 和 AppFT，目前版本仍在持续更新。

Patent Public Search 1.0.6 版本共有两种检索方式，分别是快速检索（Quick Search）和高级检索（Advanced Search）。

① 快速检索

Patent Public Search 1.0.6 版本的快速检索功能提供简单的三面板布局界面，包括检索（Search）、检索结果（Search Results）和文献浏览（Document Viewer）。其中，检索结果面板可切换为检索历史（Search History）面板或者帮助面板。各面板位置不固定，可通过拖动放置在其他面板位置，如图 6-1 所示。

图 6-1　美国专利商标局 Patent Public Search 快速检索页面

检索时首先应当在检索面板的"Databases"菜单中选取数据库，然后用户根据检索需求通过编写检索式的方式进行检索。检索式的编写规则为"检索条件 . 检索字段代码 .",如"line. ti. AND 20020304. ad.",即检索专利名称中包含"line"且申请日为 2002 年 3 月 4 日的授权专利或已公开专利申请。

检索面板中包括默认运算符（Default Operator）选项，可通过下拉菜单进行选择，下拉菜单中可选择的默认运算符包括 OR、AND、ADJ、NEAR、SAME、WITH。

检索面板也可以直接输入运算符编写检索式，直接输入的运算符包括布尔运算符和邻近运算符。

Patent Public Search 的布尔运算符如表 6 – 1 所示。

表 6 – 1　美国 **Patent Public Search** 的布尔运算符及检索示例

运算符	解释	样例	效果
AND	用 AND 连接的两个检索词须同时出现在一个文献中	photographic AND noodle	命中同时包含"photographic"和"noodle"的文献，并且"photographic"和"noodle"没有前后顺序要求
OR	用 OR 连接的两个检索词，至少有一个检索词出现在文献中	dog OR cat	命中至少包含"dog"或"cat"的文献
NOT	用 NOT 连接的两个检索词，仅有第一个检索词出现在文献中	cardboard NOT box	命中仅包含"cardboard"但不包含"box"的文献
XOR	用 XOR 连接的两个检索词，至少有一个检索词出现在文献中，但两个检索词不同时出现在文献中	pipe XOR ptfe	命中出现"pipe"和"ptfe"任意一个词的文献，但不包括同时出现"pipe"和"ptfe"的文献

美国 Patent Public Search 的邻接运算符如表 6 – 2 所示。

表 6 – 2　美国 **Patent Public Search** 的邻接运算符及检索示例

运算符	解释	样例	效果
ADJ	用 ADJ 连接的两个检索词同时出现在文献中，且有前后顺序	oxidizing ADJ bacteria	命中"oxidizing"和"bacteria"同时出现，且"oxidizing"在前，"bacteria"在后的文献

运算符	解释	样例	效果
ADJ［n］	用 ADJ［n］连接的两个检索词同时出现在文献中，且有前后顺序，距离不超过 n 个词	wet ADJ4 silicon	命中"wet"和"silicon"同时出现，"wet"在前，"silicon"在后，且"wet"和"silicon"出现在 4 个词以内的文献。例如："wet oxidized, polysilazane-based silicon oxide。"需注意，n 的最大值为 450
NEAR	用 NEAR 连接的两个检索词同时出现在文献中，并且邻接，没有前后顺序要求	electrospray NEAR ion	命中"electrospray"和"ion"邻接的文献。例如："negative ion electro-spray"
NEAR［n］	用 NEAR［n］连接的两个检索词同时出现在文献中，并且邻接，距离不超过 n 个词，没有前后顺序要求	cyclotron NEAR7 magnetic	命中"cyclotron"和"magnetic"同时出现在 7 个词以内的文献。例如："a magnetic sector mass analyzer, or an ion cyclotron."需注意，n 的最大值为 450
WITH	用 WITH 连接的两个检索词同时出现在文献中的同一个句子中	detect WITH light	命中"detect"和"light"同时出现在一个句子中的文献
WITH［n］	用 WITH 连接的两个检索词同时出现在文献中的 n 个句子中	detect WITH10 light	命中"detect"和"light"同时出现在 n 个句子中的文献。需注意，n 的最大值为 25
SAME	用 SAME 连接的两个检索词同时出现在文献中的同一个段落中	synthesizing SAME tomography	命中"synthesizing"和"tomography"同时出现在一个段落中的文献
SAME［n］	用 SAME［n］连接的两个检索词同时出现在文献中的 n 个段落中	wheel SAME3 wood	命中"wheel"和"wood"同时出现在 3 个段落中的文献。需注意，n 的最大值为 25

Search 检索框中可使用的检索字段及检索样例如表 6-3 所示。

表 6-3　美国专利商标局 Patent Public Search 检索字段

字段代码	字段名称	格式	USPAT	PGPUB	USOCR
AACI	申请人所在城市	philadelphia. AACI.	X	X	X
AACO	申请人所在国	US. AACO.	X	X	X

字段代码	字段名称	格式	USPAT	PGPUB	USOCR
AAD	申请人信息	philadelphia. AAD.	X	X	X
AAGP	申请人组	research. AAGP.	X	X	X
AANM	申请人名称	ge. AANM.	X	X	X
AAST	申请人所在州	PA. AAST.	X	X	X
AB	摘要	method. AB.	X	X	
ABEQ	摘要	synthesis. ABEQ.	X		
ABFN	摘要	synthesis. ABFN.	X		X
ABME	摘要	synthesis. ABME.	X		X
ABPR	摘要	synthesis. ABPR.	X		X
ABTL	摘要	synthesis. ABTL.	X		X
ABTX	摘要	synthesis. ABTX.	X	X	X
AD	申请日	20110111. AD.	X	X	
AFD	申请日	"20161126". AFD.	X		X
AFFF	宣誓 130B 标志	yes. AFFF.	X		
AFFT	宣誓 130B 文本	"affidavit/declaration" $. AFFT.	X		
AP	申请系列号	999900. AP.	X	X	
APD	申请日	"19820802". APD. "20181207". APD.	X	X	X
APN	申请系列号	321145. APN.	X	X	X
APNR	申请系列码和系列号(无斜杠)	"15375290". APNR. "15375362". APNR. 153753 $ 2. APNR.	X	X	X
APP	申请系列码及系列号	10/023235. APP. 13/965626. APP. 16/444401. APP.	X	X	X
APSN	申请系列号	"14759139". APSN.		X	
ARD	申请系列号	"759139". ARD.	X		
ARP	申请系列号	"10759138". ARP. "965626". ARP.	X	X	X
ART	技术分类	2811. ART.	X		X
AS	受让人名称	Goodyear. AS.	X	X	

字段代码	字段名称	格式	USPAT	PGPUB	USOCR
ASCC	受让人所在国	JP. ASCC.	X	X	
ASCI	受让人城市	"New York". ASCI.	X	X	X
ASCO	受让人所在国	DE. ASCO.	X	X	X
ASGP	受让人组	(School SAME medicine) . ASGP.	X	X	X
ASN	申请人名称	Toyoda. ASN.	X	X	
ASNM	受让人名称	Electric. ASNM.	X	X	X
ASNP	受让人名称	Joseph. ASNP.		X	
ASPC	受让人邮政编码	"22309". ASPC.		X	
ASSA	受让人地址	main. ASSA.		X	
ASST	受让人所在州	NV. ASST.	X	X	X
ASTC	受让人类型代码	"02". ASTC.	X	X	X
ASTX	受让人信息	University. ASTX.	X		
ASZP	受让人代码	10504. ASZP.	X	X	X
AT	种类代码检索及申请类型	A. AT. AND glitter A1. AT. AND glitter	X	X	X
ATT	律师/代理人/公司	Fox. ATT.	X		
ATTY	代理人名称	Fish. ATTY.	X		X
AU	审查员组	2128. AU.	X		X
AY	申请年	2006. AY.	X	X	
BGTL	简要概述	sucrose. BGTL.	X	X	X
BGTX	简要概述	sucrose. BGTX.	X	X	X
BI	基本索引	Cat. BI.	X	X	X
BIC	发明名称, 权利要求书	heliport. BIC.		X	
BIS	说明书, 简要概述	(fertilizer with legume) . BIS.		X	
BLNM	植物学拉丁名	rosa. BLNM.		X	
BOTN	美国植物学拉丁名	Rhododendron. BOTN.		X	
BSEQ	简要概述	wingspan. BSEQ.	X		X
BSFN	简要概述	batman. BSFN.	X		X
BSPR	简要概述	boa. BSPR.	X		X
BSTL	简要概述	google. BSTL.	X		X
BSTX	简要概述	skipit. BSTX.	X	X	X

字段代码	字段名称	格式	USPAT	PGPUB	USOCR
BSUM	简要概述	Dog. BSUM.	X	X	X
BTNC	植物名称	Rose. BTNC.	X		X
BVRF	植物品种	POULFELD. BVRF.		X	
CC	专利族国家检索	US. CC.		X	
CCCC	当前 CPC 分类集	("1" ADJ2 A61K). CCCC. (A61K SAME (L ADJ I)). CCCC.	X	X	X
CCCO	原始 CPC 分类集	C08G18/10. CCCO.	X	X	X
CCLS	当前美国分类	14/4. CCLS.	X	X	X
CCOR	当前美国原始分类	703/1. CCOR.	X	X	X
CCPR	当前美国分类主分类号	703/1. CCPR. 703. CCPR.		X	
CCSR	当前美国分类次分类号	703/1. CCSR. 703. CCSR.		X	
CCXR	当前美国交叉参考分类	52/155. CCXR.	X	X	X
CHNL	附图说明	illustra $ 5. CHNL.	X	X	X
CICL	当前 IPC 小类	H04N. CICL. H04L. CICL.	X	X	X
CIOR	已公布美国原始分类	428/702. CIOR.	X	X	X
CIPC	国际分类	G06F17/ $. CIPC.	X	X	X
CIPG	当前国际专利分类大组	A61F2/00. CIPG.	X	X	X
CIPN	当前国际专利分类 – 非发明	G06F17/??. CIPN.	X	X	X
CIPP	当前主分类号	G06F17/??. CIPP.	X	X	X
CIPR	已公布美国原始分类	703/1. CIPR.		X	
CIPS	当前国际专利分类次级	G06F17/??. CIPS.	X	X	X
CISR	已公布的美国对照分类	345/419. CISR.		X	
CIXR	已公布的美国对照分类	428/413. CIXR.	X	X	X
CLAS	当前美国分类	"428". CLAS.	X	X	X
CLEQ	权利要求书	(method with bound $ 4). CLEQ.	X	X	X
CLFN	权利要求书	contain. CLFN. Or system. CLFN.	X	X	X
CLM	权利要求书	(Dog SAME Cat). CLM.	X	X	X
CLOA	CPC 原始附加类	H05K. CLOA.	X	X	X

字段代码	字段名称	格式	USPAT	PGPUB	USOCR
CLOI	CPC 原始发明类	G06F. CLOI.	X	X	X
CLPR	权利要求书	(lamina $ 4). CLPR.	X		X
CLSP	当前美国分类－主分类	"703". CLSP. and (composite same width)		X	
CLSS	当前美国分类－次分类	"264". CLSS. and (conventional adj static adj pressing)		X	
CLST	权利要求书	claims. CLST.	X	X	X
CLTL	权利要求书	((releas $ 4 carrierbacking film)). CLTL.	X	X	X
CLTX	权利要求书	((releas $ 4 carrier backing film)). CLTX.	X	X	X
COFC	更正标记证书	yes. COFC.	X		X
COND	延续数据	CONTINUATION. COND.	X	X	X
COR	当前美国原始分类	424/9. 1. COR.	X	X	X
CORR	通信名称和街道地址	Fox. CORR.		X	
CPA	继续起诉申请	CPA. CPA. prosecution. CPA.	X	X	X
CPC	当前 CPC 分类	C12N7/00. CPC. C07C51/43 - 64. CPC.	X	X	X
CPCA	当前 CPC 附加类	A61K2039/5252. CPCA.	X	X	X
CPCC	当前 CPC 组合集	("1" ADJ C07C51/43). CPCC. (C08G18/12 SAME C08G18/3228). CPCC.	X	X	X
CPCG	当前 CPC 分类组	(C07C51/43 ADJ2 F). CPCG.	X	X	X
CPCI	当前 CPC 发明类	C12N7/00. CPCI.	X	X	X
CPCL	当前 CPC 小类	C12N. CPCL.	X	X	X
CPCT	当前 CPC 组合集	C07C51/43. CPCT.	X	X	X
CPLA	当前 CPC 小类－附加	C07C. CPLA.	X	X	X
CPLI	当前 CPC 小类－发明	C07C. CPLI.	X	X	X
CPOA	CPC 原始附加分类	B32B37/00. CPOA.	X	X	X
CPOG	CPC 原始分类组	B32B37/00. CPOG.	X	X	X

续表

字段代码	字段名称	格式	USPAT	PGPUB	USOCR
CPOI	CPC 原始发明分类	B32B37/00. CPOI.	X	X	X
CRTX	相关申请参考资料	CONTINUATION. CRTX.	X	X	X
CXR	当前美国交叉参考分类	260/665R. CXR.	X	X	X
DBNM	数据库名称	USPT. DBNM. PGPB. DBNM. USOC. DBNM.	X	X	X
DCD	免责声明日期	"20001018". DCD.	X		
DCEQ	权利要求书	(chemical with (fluid liquid solvent)) . DCEQ.	X		X
DCFN	权利要求书	(chemical with (fluid liquidsolvent)) . DCFN.	X		X
DCLM	权利要求书	(chemical with (fluid liquid solvent)) . DCLM.	X		X
DCPR	权利要求书	(chemical with (fluid liquid solvent)) . DCPR.	X		X
DCTL	权利要求书	(chemical with (fluid liquid solvent)) . DCTL.	X		X
DCTX	权利要求书	(chemical with (fluid liquidsolvent)) . DCTX.	X		X
DD	免责声明日期	20000630. DD.	X		X
DEEQ	说明书	(polymer $ 4 same (HEAT $ 4 thermal $ 3 temperature)) . DEEQ.	X		
DEFN	说明书	(polymer $ 4 same (HEAT $ 4 thermal $ 3 temperature)) . DEFN.	X		
DEPR	说明书	(polymer $ 4 same (HEAT $ 4 thermal $ 3 temperature)) . DEPR.	X		
DETD	发明详述	smelting. DETD.	X	X	
DETL	说明书	(polymer $ 4 same (HEAT $ 4 thermal $ 3 temperature)) . DETL.	X		
DETX	说明书	(polymer $ 4 same (HEAT $ 4 thermal $ 3 temperature)) . DETX.	X	X	

字段代码	字段名称	格式	USPAT	PGPUB	USOCR
DID	文献标识	"US 3769742 A". DID. "US 20210180562 A1". DID. "US 6165768 A". DID.	X	X	X
DRWD	附图说明	figure. DRWD.	X	X	X
ECL	典型权利要求书编号	"13". ECL.	X		X
EXA	助理审查员	lee. EXA.	X		X
EXP	主审查员	william. EXP.	X	X	X
FD	申请日期检索	20120806. fd.	X	X	
FIPC	引用国外参考文献 IPC 分类	G08G001/087. FIPC.	X		X
FIRM	律师事务所名称	(fish with richardson). FIRM.	X		X
FMID	专利族号	"24851933". FMID. "53057472". FMID.	X	X	X
FMIO	原始专利族号	"9981453". FMIO.	X		X
FRCC	国外参考文献国别代码	AU. FRCC.	X		X
FRCL	国外参考文献美国分类号	123/6??. FRCL.	X		X
FRCO	国外参考文献国别代码	AU. FRCO.	X		X
FRCP	国外参考文献 CPC	B41C. FRCP.	X		X
FREF	引用的国外参考文献信息	ET. FREF.	X		X
FRGP	引用的国外参考文献组	("615" SAME SK). FRGP.	X		X
FROR	国外参考文献分类	428/40. 1. FROR.	X		X
FRPD	引用的国外参考文献公开日	20010100. FRPD.	X		X
FSC	检索领域所在类	"512". FSC.	X		X
FSCL	检索领域所在 CPC 大类	B29C. FSCL.	X		X
FSCP	检索领域 CPC 分类	A47G. FSCP.	X		
FSCS	检索领域所在大类/小类	43/90. FSCS.	X		X
FSI	检索领域 IPC 分类	A01M. FSI.	X		X
FSIC	检索领域所在 IPC 大类	G06F. FSIC.	X		X
FY	申请年	2010. FY.	X	X	
GAU	审查员组	2128. GAU.	X		

字段代码	字段名称	格式	USPAT	PGPUB	USOCR
GI	政府利益	air. GI.	X	X	X
GOEQ	政府利益	navy. GOEQ.	X		X
GOFN	政府利益	army. GOFN.	X		X
GOPR	政府利益	(air adj force). GOPR.	X		X
GOTL	政府利益	navy. GOTL.	X		X
GOTX	政府利益	army. GOTX.	X	X	X
GOVH	政府利益	(air adjforce). GOVH.	X	X	X
ICLS	已公布美国专利分类	428/94. ICLS.	X	X	
IN	发明人姓名	Doe. IN.	X	X	X
INAA	发明人/授权申请人	LR. INAA.		X	
INCC	发明人国别代码	1045. INCC. KR. INCC. Hailin. INCC.	X	X	
INCI	发明人所在城市	"New York". INCI.	X	X	X
INCO	发明人所在国	MO. INCO.	X	X	X
INCS	发明人公民身份	JP. INCS.		X	
INDC	已故发明人	Smith. INDC.	X		X
INGP	发明人信息	(Doe SAME Visalia). INGP. (Gaston SAME Barcelona). INGP.	X	X	X
INIF	发明人信息	TT. INIF.		X	
INNM	申请人/发明人姓名	Ujima. INNM.	X	X	X
INSA	发明人街道地址	Oak. INSA.	X	X	X
INST	发明人所在州	AK. INST.	X	X	X
INTX	发明人信息	school. INTX.	X		X
INV	发明人姓名	Ujima. INV.	X	X	X
INZP	发明人邮政编码	07945. INZP.	X	X	X
IOR	已公布美国分类	210/600. IOR.	X	X	
IPC	已公布国际专利分类	G06F30/10. IPC.	X	X	
IPCC	已公布国际专利分类大类	H04N. IPCC.	X	X	X
IPCE	已公布国际专利分类版本	"07". IPCE.	X	X	X

字段代码	字段名称	格式	USPAT	PGPUB	USOCR
IPCG	国际专利分类大组	H04N. IPCG.	X	X	X
IPCN	已公布国家专利分类 – 非发明	H04N7???. IPCN.	X	X	X
IPCP	已公布国际专利分类主分类号	H04N7???. IPCP.	X	X	X
IPCR	当前国际专利分类主分类和次级分类	G06F17/??. IPCR.	X	X	X
IPCS	已公布国际专利分类次级	H04N7???. IPCS.	X	X	X
IPCX	国际专利分类次级	B01D003/00. IPCX.		X	
IXR	已公布美国参考文献分类	210/600. IXR.	X	X	
KD	文献种类代码	A1. KD. B1. KD. A. KD.　OrI4. KD.	X	X	X
LPAR	OCR 扫描文本	(jelly ADJ beans) . LPAR.			X
LRAG	法定代表人姓名	Susan. LRAG.	X		X
LRCI	法定代表人所在城市	Alexandria. LRCI.	X		X
LRFM	律师事务所名称	Amen. LRFM.	X		X
LRFW	首席律师姓名	Ade. LRFW.	X		
LRNM	法定代表人姓名	Susan. LRNM.	X		X
LRST	法定代表人所在州	MD. LRST.	X		X
NCL	权利要求编号	"868". NCL.	X		X
NDR	附图页编号	"3273". NDR.	X		X
NFG	附图编号	"3654". NFG.	X		X
NPS	说明书页码	"171". NPS.	X		X
OREF	引用的其他出版物	annual. OREF.	X		X
ORPL	其他参考出版物	WO. ORPL.	X		X
PARN	在先申请信息	1997. PARN.	X	X	X
PATT	首席律师姓名	Ade. PATT.	X		X
PC	专利国家	AU – 20201001?? – A4. PC. US. PC.		X	
PCAC	PCT 申请国别代码	US. PCAC.		X	

字段代码	字段名称	格式	USPAT	PGPUB	USOCR
PCAD	PCT 申请日	20161126. PCAD.		X	
PCAN	PCT 申请号	PCT/US01/027??. PCAN.	X	X	
PCEQ	延续性数据	REISSUE. PCEQ.	X		X
PCFD	PCT 申请日	20010111. PCFD.	X	X	X
PCFN	延续性数据	REISSUE. PCFN.	X		X
PCPD	PCT 公开日	20010111. PCPD.	X	X	
PCPN	PCT 公开号	WO02/139??. PCPN.	X	X	
PCPR	延续性数据	REISSUE. PCPR.	X		
PCPT	PCT 或区域公开国家	WO. PCPT.	X		X
PCT	PCT 申请号	PCT/US01/027??. PCT.	X	X	X
PCTL	延续性数据	REISSUE. PCTL.	X		
PCTX	相关申请的参考文献延续性数据	REISSUE. PCTX.	X		X
PD	专利公布日	19971111. PD. 20210603. PD.	X	X	X
PGCD	授权前公开申请类型	CORRECTED. PGCD.		X	
PGCO	授权前公开国家代码	US. PGCO.		X	
PGKC	申请类型代码	A9. PGKC.		X	
PGNR	公开文献号	2002003900 $. PGNR.		X	
PGPY	授权前出版年份	2001. PGPY.		X	
PN	专利号	6000000. PN. D475502. PN. PP12345. PN. RE38134. PN. T109201. PN. H002067. PN. 20080081638. PN. 3418855. pn.	X	X	X
PPCC	优先权国代码	US. PPCC.	X	X	X
PPKC	优先权文献代码	A9. PPKC.	X	X	X

字段代码	字段名称	格式	USPAT	PGPUB	USOCR
PPNR	优先权文献号	20110070352. PPNR. 20190066203. PPNR.	X	X	X
PPPD	优先权日	20050310. PPPD.	X	X	X
PRAD	优先权申请日	20001111. PRAD.	X	X	X
PRAN	优先权申请号	999. PRAN.	X	X	X
PRAY	优先权申请年	2002. PRAY.	X	X	X
PRC	优先权申请国	FR. PRC.	X	X	X
PRCC	优先权国别代码	GB. PRCC.	X	X	X
PRCO	优先权申请国	JP. PRCO.	X	X	X
PRN	优先权申请号	999. PRN.	X	X	X
PRY	优先权申请	2002. PRY.	X	X	X
PT1D	PCT 102(e) 日期	20020104. PT1D.	X		X
PT3D	PCT 371 日期	20020104. PT3D.	X	X	X
PTAC	PCT 申请国别代码	NO. PTAC.		X	
PTAD	PCT 申请日	20010118. PTAD.	X	X	X
PTAN	PCT 申请号	PCT/US01/02758. PTAN.	X	X	
PTFD	PCT 申请日	20010221. PTFD.	X		X
PTPD	PCT 公开日	20020124. PTPD.	X	X	X
PTPN	PCT 公开号	WO02/13965. PTPN.	X	X	X
PY	专利公布年	2002. PY. 1999. PY.	X	X	X
RAC	再版申请国别	US. RAC.	X		X
RANR	再版申请号	11647498. RANR.	X		X
READ	再版申请日	19991006. READ.	X		
REAN	再版申请号	810748. REAN.	X		X
RECD	再版专利在先状态	"6321335" ¦ "CON". RECD.	X		X
REEX	复审标识	"95/001320" ¦ "reexam". REEX.	X		X
REPD	再版公布日	20010227. REPD.	X		X
REPN	再版专利号	06192970. REPN.	X		X
RFCO	引证专利国别代码	DE. RFCO.		X	

字段代码	字段名称	格式	USPAT	PGPUB	USOCR
RFIP	引用专利分类	"20040209299" ｜ "C12Q1/68". RFIP.		X	
RFNR	引用专利文献号	"6403319" ｜ "0034". RFNR.		X	
RFPN	引用专利号	"6403319" ｜ "001". RFPN.		X	
RFRS	引用专利相关段落	"6403319" ｜ "0034". RFRS.		X	
RLAC	持续相关申请国别代码	DE. RLAC.		X	
RLAD	相关申请日	20020108. RLAD.	X	X	X
RLAN	相关申请号	060048. RLAN. 17240097. RLAN.	X	X	X
RLCD	相关申请在先申请法律状态代码	"6321335" ｜ "CON". RLCD.	X		X
RLCM	相关申请子专利名称	"6321335" ｜ "CON". RLCM.	X		X
RLCN	相关申请子专利号	"6321335" ｜ "CON". RLCN.	X		X
RLCO	优先公开文献国别	US. RLCO.		X	
RLFD	相关申请申请日	20040107. RLFD.	X	X	X
RLGK	相关申请在先授权专利类型	"6321335" ｜ "A1". RLGK.	X		X
RLGM	相关申请在先授权专利名称	"6321335" ｜ "US". RLGM.	X		X
RLGY	授权专利国别	"6321335" ｜ "US". RLGY.	X		
RLHD	相关申请子专利日期	"6321335" ｜ "1998". RLHD.	X		X
RLKC	延续申请类型代码	A1. RLKC.		X	
RLKD	优先权文献类型代码	A1. RLKD.		X	
RLPC	相关申请状态代码	"62321335" ｜ "CON". RLPC. "62321335" ｜ "71". RLPC. 62321335 ｜ "granted". RLPC.	X	X	X
RLPD	相关申请公告日	20020122. RLPD.	X	X	X
RLPK	相关申请专利类型	"62321335" ｜ "A1". RLPK. "62321335" ｜ "A". RLPK.	X		X
RLPM	相关申请当前专利名称	"6321335" ｜ "CON". RLPM.	X		X

字段代码	字段名称	格式	USPAT	PGPUB	USOCR
RLPN	相关申请专利号	6341243. RLPN. 10997463. RLPN.	X	X	X
RLPP	相关申请当前 PCT 文本	"13751560" ｜ "pct". RLPP.	X		X
RLPY	在先申请国别	"13751560" ｜ "US". RLPY.	X		
RLRP	相关申请公开情况	"13751560" ｜ "pub". RLRP.	X		X
RLTC	相关申请修正类型	"13751560" ｜ "cert. correct. ". RLTC.	X		X
RPAF	再版专利申请日	20011120. RPAF.	X		X
RPAK	再版专利申请类型	"11973896" ｜ "E". RPAK.	X		X
RPAN	再版专利申请号	10118207. RPAN.	X		X
RPGP	再版专利组	11973896. RPGP.	X		X
RPID	再版专利公布日	20011120. RPID.	X		X
RPKD	再版专利类型	"11973896" ｜ "E". RPKD.	X		X
RPNR	再版专利号	06914531. RPNR.	X		X
RPPC	再版专利在先公开国	US. RPPC. and (drill with rotation)	X		X
SITX	法定发明文本	"term". SITX.	X		X
SIZE	文档字节大小	2589. SIZE. 73984. SIZE @ size＜2589	X	X	X
SPEC	说明书	ddPCR. SPEC.	X	X	
SQNB	序列 CWU	"1". SQNB.	X	X	X
SQOC	序列表文本	"20080318802" ｜ " sequencelist-ing". SQOC.		X	
SQOD	序列表文本	"20080318802" ｜ " sequence list-ing". SQOD.		X	
SQOI	序列表文本	"20080318802" ｜ " sequence list-ing". SQOI.		X	
SQTB	序列表文本	"20080318802" ｜ " sequence list-ing". SQTB.		X	
SQTL	序列表文本	"20080318802" ｜ " sequence list-ing". SQTL.		X	

字段代码	字段名称	格式	USPAT	PGPUB	USOCR
SQTX	序列表文本	"20080318802" ｜ "sequence listing". SQTX.		X	
SRC	申请号系列码	"09". SRC.	X	X	X
TI	名称	(Cat ADJ Dog) . TI.	X	X	X
TRM	专利期限	"14". TRM.	X		X
TRX	授权延长期限	"100". TRX.	X		X
TTL	发明名称	molecular. TTL.	X	X	X
UNIT	审查员组	1637. UNIT.	X		
URCL	美国参考文献分类	123/6??. URCL.	X		X
UREF	引用美国参考文献信息	Doe. UREF.	X		X
URGP	引用的美国参考文献组	(D167929 SAME Doe) . URGP.	X		X
URNM	美国参考文献名称	Kihara. URNM.	X		X
UROR	美国参考文献分类	536/22. UROR.	X		X
URPD	美国参考文献公开日	20050500. URPD.	X		X
URPN	美国参考文献专利号	7029333. URPN.	X		X
URUX	美国参考文献分类	536/22. URUX.	X		X
URXR	美国参考文献分类	536/22. URXR.	X		X
WKU	公开号	WO000209512A1. WKU. "03466392". WKU.	X		X
XA	助理审查员	Smith. XA.	X		X
XP	主审查员	Smith. XP.	X		X
XPA	主/助理审查员	Louis – Jaques. XPA.	X	X	X

检索面板中包括高亮（Highlights）选项，可以在下拉框中选择不高亮（None）、单色（Single Color）和多色（Multi – color），通过高亮选项可以在全文检索记录中突出显示检索词（及其变体），如图6－2所示。

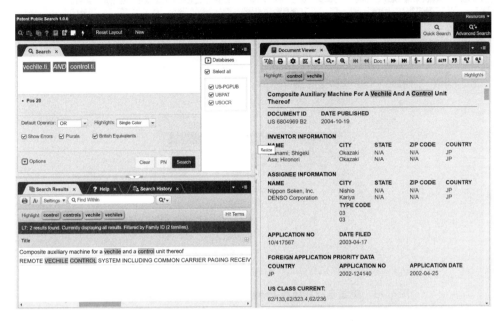

图 6 - 2　美国专利商标局 Patent Public Search 高亮界面

检索面板中包括显示错误（Show Errors）选项、复数（Plurals）选项和 British Equivalents 选项。如选中显示错误选项，则将错误显示在检索框下方；如选中复数选项，则将对检索词的复数和单数形式都进行检索；如选中 British Equivalents 选项，则检索词将扩展至英国英语中的对应单词（例如，"tire" 和 "tyre"，"colour" 和 "color"）。

② 高级检索

Patent Public Search 1.0.6 版本高级检索提供四面板布局界面，包括检索历史（Search History）、检索（Search）、检索结果（Search Results）和文献浏览（Document Viewer）。同时，检索结果面板可切换为 Hit terms 面板，文献浏览面板可切换为 Tagged Documents 面板，默认情况下所有面板都处于激活状态，如图 6 - 3 所示。

高级检索的数据库选择、检索面板、检索运算符选项、高亮选项、显示错误选项、复数选项和 British Equivalents 选项功能均与快速检索相同。

高级检索和快速检索的区别在于面板布局界面的差异，并非检索功能的差异。

图 6-3 美国专利商标局 Patent Public Search 高级检索界面

（2）Global Dossier

Global Dossier 可用于检索一个专利族内已申请并公开的相关信息。在登录页面，用户可以检索各专利受理局同族专利。目前，专利受理局包括美国专利商标局、欧洲专利局、日本特许厅、韩国知识产权局、中国国家知识产权局、世界知识产权组织和其他。

图 6-4 Global Dossier 检索界面

Global Dossier 可以选择专利受理局（Office）、专利类型（Type）和号码进行检索。受理局可以通过下拉框选择，当受理局发生变化时，专利类型也随之变化。例如，受理局选择 US，专利类型下拉框内选项变为 Application、Pre-grant Publication、

Patent；受理局选择 CN，专利类型下拉框内选项变为 Application、Publication。用户需要手工输入号码进行检索，如图 6 – 5 所示。

图 6 – 5　Global Dossier 检索示例

（3）Publication Site for Issued and Published Sequences（PSIPS）

PSIPS 可以检索美国授权专利或已公开的美国专利申请中所涉及的基因序列。

PSIPS 检索可以通过号码（Document Number）和日期范围（Date Range）进行检索。在号码检索中，可以使用完整的授权专利号（Full Grant Document ID），如 US07154027B2，也可以使用授权号（Grant Number），如 07154027；可以使用完整公开文献号（Full PgPub Document ID），如 US20060292564A1，也可以使用公开号（PgPub Number），如 20060292564。

在日期范围检索中，可以检索某日期之后，如 2001 年 3 月 15 日之后，可以输入"03/15/2001 –"；也可以检索某日期之前，如 2022 年 5 月 12 日之前，可以输入"– 05/12/2002"；检索某个特定日期，如 1971 年 11 月 6 日，可以输入"11/06/1971"，或者"November 6，1971"，或者"19711106"；检索某两个日期之间，例如 2000 年 5 月 1 日和 2002 年 7 月 31 日之间，可以输入"05/01/2000 – 07/31/2002"，或者"May 1，2000 – July 31，2002"，或者"20000501 – 20020731"，如图 6 – 6 所示。

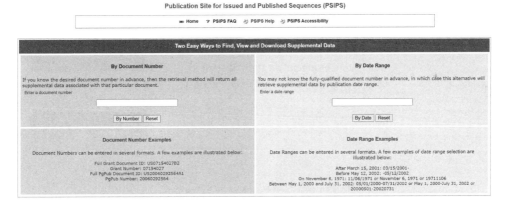

图 6 – 6　美国专利商标局专利基因序列检索界面

（4）Patent Assignment Search

美国专利转让检索（Patent Assignment Search）采用表格检索的形式，共有 9 个检索字段，见图 6 – 7。

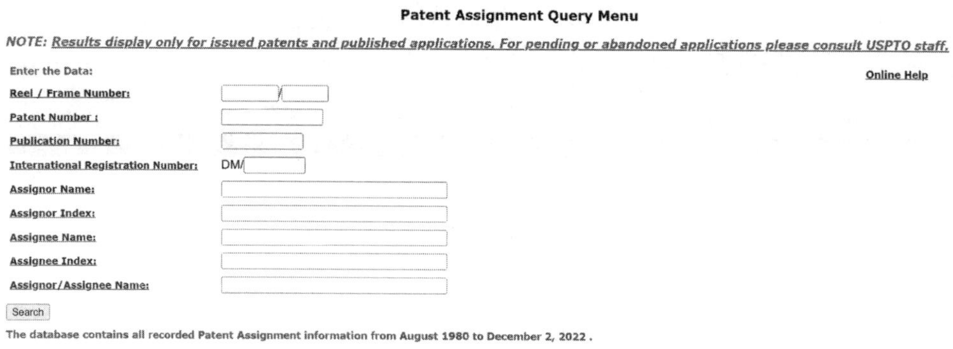

图 6 – 7　美国专利商标局专利转让检索界面

（5）专利审查数据系统（PEDS）

专利审查数据系统（Patent Examination Data System，PEDS）可以免费检索和下载美国专利商标局专利申请或专利申请状态的多个记录。PEDS 包含 1981 年至今公共 PAIR 中相关数据，以及部分可以追溯至 1935 年的相关数据，总数量超过 940 万条记录。

PEDS 通过左侧检索字段进行检索，检索字段共计 9 个，包括申请号、申请日、申请类型、审查员、现有技术、分类号、申请人、公开号和专利号，如图 6 – 8 所示。

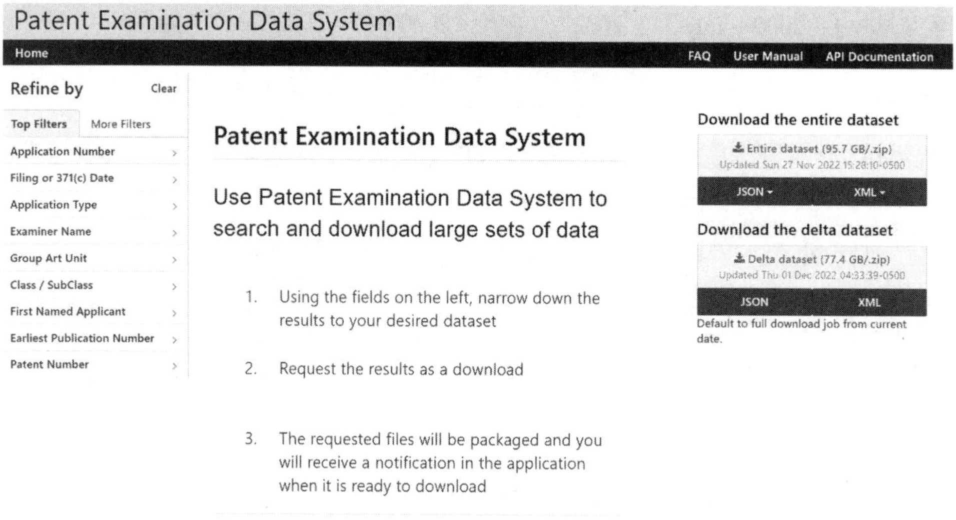

图 6 – 8　美国专利商标局审查数据系统界面

4. 检索结果显示

美国 Patent Public Search 检索结果显示在快速检索和高级检索界面。

检索结果（Search Results）面板显示所有检索出的专利清单列表，如果启用了单色或多色高亮显示，在专利清单列表中，检索式涉及的关键词将显示颜色，如图 6 – 9 所示。

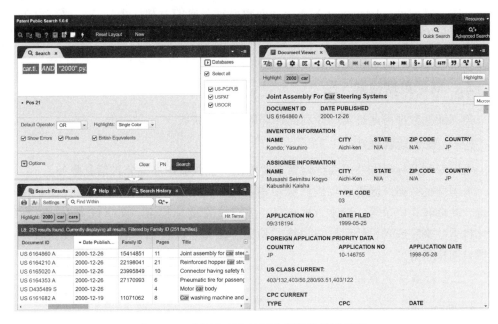

图6-9 美国专利商标局专利检索结果界面

在快速检索布局中,检索结果面板可通过点击切换为检索历史(Search History),检索历史中的检索式可通过点击出现在 Search 面板中进行编辑,如图6-10所示。

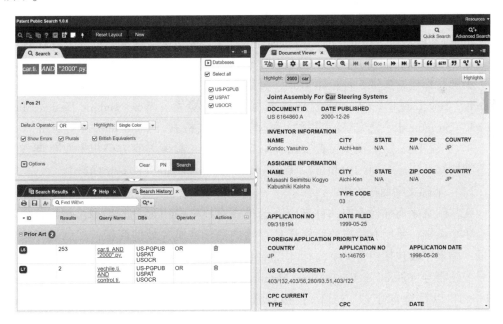

图6-10 美国专利商标局专利检索历史界面

右侧文献浏览（Document Viewer）面板显示对应的专利详细信息。通过点击文献浏览面板中上层按键，可以切换图像型全文、著录项目信息、引证信息、说明书全文与附图。

二、商标数据检索

美国商标数据可通过美国专利商标局网站检索获取。

（一）检索途径概述

美国专利商标局网站的商标检索主要为用户提供美国商标公告信息服务。

美国商标数据库涵盖了美国商标申请数据、注册文本及图片数据、完整的流程信息、商标转让记录等。检索方式包括：基础文字商标检索、文字或者设计商标结构化检索、文字或者设计商标自由格式检索、浏览字典检索、官方公报发布日期或注册日期检索等。

（二）检索方式介绍

1. 进入方式

用户无须注册账号，可通过访问商标检索网址（https://www.uspto.gov/trademarks/search），点击页面中部的"Search our trademark database（TESS）"进入美国商标检索的首页，通过选择不同的检索方式进入美国商标检索界面。

2. 数据收录范围

美国专利商标局的商标数据库中收录了自1884年以来的美国有效及失效的商标申请、注册文本及图片数据、完整的流程状态信息；还包括1980年以来的所有商标转让记录，以及1955年至今的美国商标审查和上诉委员会对商标的审查决定数据。

3. 检索方式

美国商标检索提供5种检索方式，分别是基础文字商标检索［Basic Word Mark Search（New User）］、文字或者设计商标结构化检索［Word and/or Design Mark Search（Structured）］、文字或者设计商标自由格式检索［Word and/or Design Mark Search（Free Form）］、浏览字典（Browse Dictionary）检索与官方公报发布日期或注册日期检索［Search OG Publication Date or Registration Date（Search OG）］。

（1）基础文字商标检索

在基础文字商标检索中，首先应当选择查看检索命中记录的类型，是复数类别还是单个类别，是所有状态的商标还是存活的商标或是失效的商标；然后选择检索字段，检索字段包括组合文字商标［Combined Word Mark（BI，TI，MP，TL）］、序列号或注册号（Serial or Registration Number）、权利人姓名与地址（Owner Name and Address）以及全部字段（ALL）；接着选择检索结果覆盖范围，包括 All Search Terms、Any Search Terms、The Exact Search Phrase；最后在 Search Term 检索框中输入检索词检索，如图 6 – 11 所示。

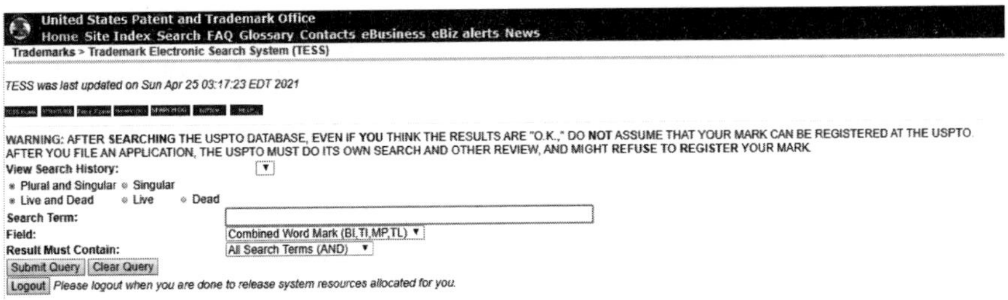

图 6 - 11　美国专利商标局基础文字商标检索界面

（2）文字或者设计商标结构化检索

文字或者设计商标结构化检索首先应当选择检索字段，检索字段共计有 53 种；然后在 Search Term 检索框中输入检索词检索。如果只需要一个检索字段就在第一个 Search Term 检索框中输入检索词，如果需要两个检索字段就在两个 Search Term 检索框中输入检索词，并且选择两个检索字段间的布尔逻辑运算符，然后检索，如图 6 - 12、图 6 - 13 所示。

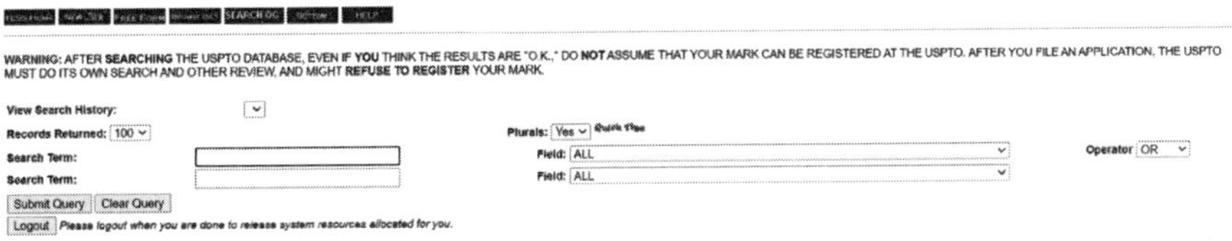

图 6 - 12　美国专利商标局文字或者设计商标结构化检索界面

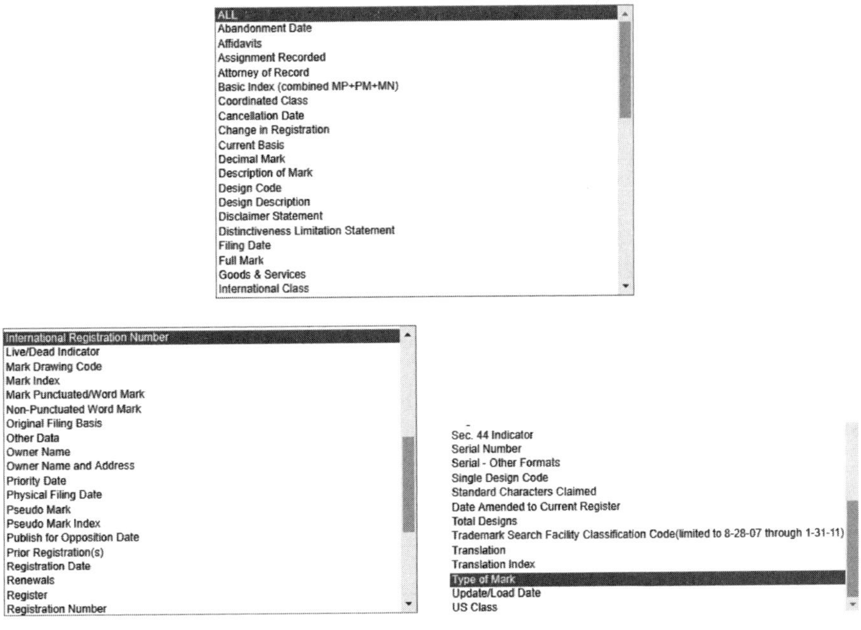

图 6 - 13　美国专利商标局文字或者设计商标结构化检索字段

（3）文字或者设计商标自由格式检索

文字或者设计商标自由格式检索需要用户构建检索式检索，在 Search Term 检索框中可输入一个或两个以上的检索字段组合检索，该检索方式更为灵活，检索效率更高，如图 6 - 14 所示。

WARNING: AFTER SEARCHING THE USPTO DATABASE, EVEN IF YOU THINK THE RESULTS ARE "O.K." DO NOT ASSUME THAT YOUR MARK CAN BE REGISTERED AT THE USPTO. AFTER YOU FILE AN APPLICATION, THE USPTO MUST DO ITS OWN SEARCH AND OTHER REVIEW, AND MIGHT REFUSE TO REGISTER YOUR MARK.

View Search History:
Records Returned: 100 ▼ Plurals: Yes ▼
Search Term:
Submit Query | Clear Query
Logout | Please logout when you are done to release system resources allocated for you.

图 6 - 14　美国专利商标局文字或者设计商标自由格式检索界面

在 Search Term 检索框中输入检索格式为"（检索词）［检索字段简写］"，如"（computer）［GS］"，两个以上的检索字段组合需要通过布尔逻辑运算符连接，检索字段如图 6 - 15 所示。

US Trademark Field Codes

Code & Name	Code & Name	Code & Name
[AD] Abandonment Date	[IC] International Class	[RD] Registration Date
[AF] Affidavits	[IR] International Registration Number	[RE] Renewals
[AR] Assignment Recorded	[LD] Live/Dead	[RG] Register
[AT] Attorney of Record	[MD] Mark Drawing Code	[RN] Registration Number
[BI] Basic Index	[MI] Mark Index	[SF] Section 44 Indicator
[CB] Current Basis	[MN] Mark Non-Punctuated	[SD] Single Design Code
[CC] Coordinated Class	[MP] Mark Punctuated/Word Mark	[SN] Serial Number
[CD] Cancellation Date	[OB] Original Filing Basis	[SO] Serial - Other Formats
[CR] Change in Registration	[OD] Other Data	[ST] Standard Characters Claimed
[DC] Design Search Code	[ON] Owner Name	[SR] Date Amended to Current Register
[DD] Design Description	[OW] Owner Name and Address	[TC] Trademark Search Facility Classification Code(limited to 8-28-07 through 1-31-11)
[DE] Description of Mark	[PD] Priority Date	[TD] Total Designs
[DM] Decimal Mark	[PF] Physical Filing Date	[TF] Distinctiveness Limitation Statement
[DS] Disclaimer	[PO] Published for Opposition	[TI] Translation Index
[FD] Filing Date	[PM] Pseudo Mark	[TL] Translation
[FM] Full Mark	[PI] Pseudo Mark Index	[TM] Type of Mark
[GS] Goods and Services	[PR] Prior Registrations	[UD] Update/Load Date
		[US] US Class

图 6 - 15　美国专利商标局文字或者设计商标格式化检索字段

（4）浏览字典检索

浏览字典检索通过在 Dictionary Term 检索框中输入检索词检索，如图 6 - 16 所示。

WARNING: AFTER SEARCHING THE USPTO DATABASE, EVEN IF YOU THINK THE RESULTS ARE "O.K." DO NOT ASSUME THAT YOUR MARK CAN BE REGISTERED AT THE USPTO. AFTER YOU FILE AN APPLICATION, THE USPTO MUST DO ITS OWN SEARCH AND OTHER REVIEW, AND MIGHT REFUSE TO REGISTER YOUR MARK.

Dictionary Term: [_____] Browse
Logout | Please logout when you are done to release system resources allocated for you.

Term	Docs	Hits
A	4103927	11934006
AA	2209	7214
AAA	1453	5344
AAAA	76	330
AAAAA	16	65

Browse Next Page

图 6 - 16　美国专利商标局浏览字典检索界面

（5）官方公报发布日期或注册日期检索

官方公报发布日期或注册日期检索首先选择检索字段，是注册日期还是发布日期，然后在 OG Date 检索框中输入日期，需要与其他检索字段组合检索的，再选择 Search Term 的检索字段，并在 Search Term 检索框中输入检索词，选择两个检索字段组合的布尔逻辑运算符检索，如图 6 - 17 所示。

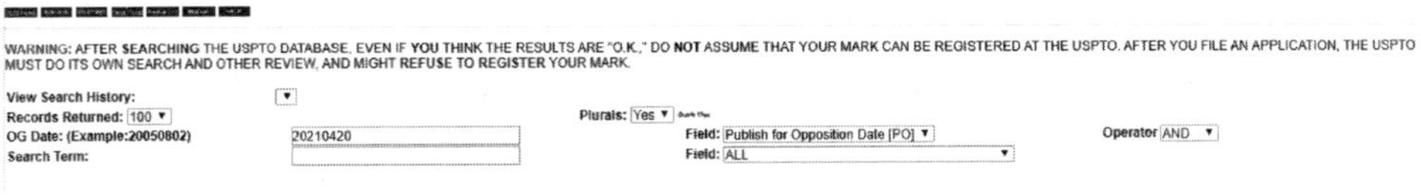

图 6 - 17　美国专利商标局官方公报发布日期或注册日期检索界面

4. 检索结果显示

美国专利商标局的商标检索结果以列表形式展现，通过点击商标相关号码就可以显示商标详细信息，如图 6 - 18 所示。

图 6 - 18　美国专利商标局商标检索结果显示

第二节　日本知识产权数据

一、发明与实用新型数据检索

日本发明与实用新型数据可通过日本特许厅（JPO）网站的发明与实用新型数据检索获取，日本特许厅于 1999 年 3 月 31 日开始免费提供各种检索服务。

（一）检索途径概述

日本特许厅网站的发明与实用新型检索主要为用户提供发明与实用新型信息服务。

日本特许厅网站的发明与实用新型数据库数据全面、检索方式多样。专利数据包括日本发明、实用新型。日本发明与实用新型数据库不仅支持日文检索，还支持英文检索。检索方式包括号码检索、表格检索、逻辑表达式检索以及发明与实用新型分类号查询等。

另外，日本发明与实用新型数据库还收录了美国、欧洲专利局、世界知识产权组织、中国、韩国、英国、德国、东德、法国、瑞士与加拿大的专利数据，这些国家或地区的专利检索仅支持相关号码检索。

（二）检索方式介绍

1. 进入方式

用户无须注册账号即可通过网址（https://www.jpo.go.jp/）进入日本特许厅官网首页，此时显示语言为日语，可通过切换语言转换到英文界面。然后点击"Search（Patents，Designs，Trademarks，etc.）"进入检索首页，再通过选择"Patents/Utility Models"下的检索方式进入发明与实用新型数据检索界面。

2. 数据收录范围

日本特许厅发明与实用新型数据库收录了自 1885 年以来公布的日本发明与实用新型相关数据，日本特许厅发明与实用新型数据库还收录了美国、欧洲专利局、世界知识产权组织、中国、韩国、英国、德国、东德、法国、瑞士与加拿大的专利数据。

3. 检索方式

日本特许厅网站检索首页有一个搜索框，通过该搜索框可以进行简单检索。检索范围可以选择，可以同时对发明与实用新型数据库、外观设计数据库、商标数据库三个数据库一起检索，也可以对其中一个数据库单独检索，检索内容可以是专利与商标的相关号码或者关键词等。

另外，日本特许厅网站也可以对发明与实用新型数据库单独检索，发明与实用新型数据库的检索方式如下：

（1）发明与实用新型号码检索/OPD（Patent/Utility Model Number Search/OPD）

选择"Patent/Utility Model Number Search/OPD"进入发明与实用新型号码检索与 OPD 检索（日本的全球专利案卷检索），首先选择检索类型，是专利文本检索还是 OPD 检索。

专利文本检索的检索过程如下：

首先选择输入类型，输入类型有三种，分别是 Number、Number range 与 DOCDB；然后选择需要检索的专利的国别，再选择号码类型，将相关专利号码输入检索框中检索。

其中，选择 Number，则仅检索输入的号码，可以同时检索多个号码，号码之间使用空格隔开，如图 6 - 19 所示。

图 6 - 19　日本特许厅发明与实用新型号码检索（**Number**）

选择 Number range，则对指定范围内的号码检索，如图 6 - 20 所示。

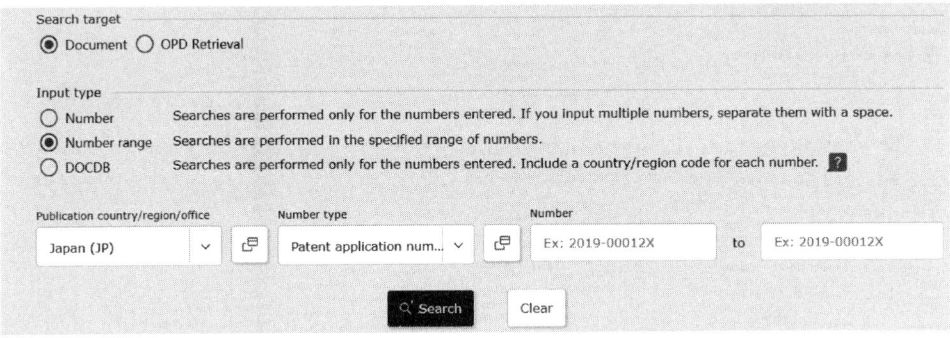

图 6 - 20　日本特许厅发明与实用新型号码检索（**Number range**）

选择 DOCDB，则仅检索输入的号码，每个号码须包含国家/地区代码，如图 6 - 21 所示。

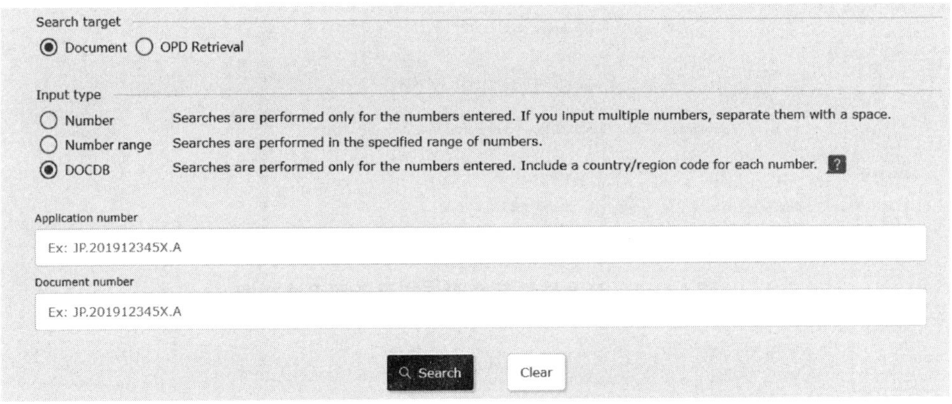

图 6 - 21　日本特许厅发明与实用新型号码检索（**DOCDB**）

OPD 检索过程如下：

首先，选择输入类型，输入类型有两种（Number 与 DOCDB），然后选择需要检索专利的国别，再选择号码类型，将相关专利号码输入检索框检索。

其中，选择 Number，则仅检索输入的号码。选择 DOCDB，则仅检索输入的号码，每个号码须包含国家/地区代码。

（2）发明与实用新型检索（Patent/Utility Model Search）

选择 "Patent/Utility Model Search" 进入发明与实用新型检索，该检索有两种检索方式（表格检索与逻辑表达式检索）。其中，表格检索的过程如下：

首先选择表格检索方式，点击 "Selective Input"（如图 6 - 22 所示），然后选择检索语言为日语或者英语，接着选择检索文本的类型（如图 6 - 23 所示），最后选择检索字段，在检索框中输入检索词检索。其中，检索语言为日语的文本类型包括日本国内文献、国外文献、非专利文献以及 J - GLOBAL，这四种文献可以多选；检索语言为英语的文本类型包括日本国内文献（PAJ）、国外文献与 J - GLOBAL。

Selective Input	Logical Expression Input		

Search target text

◉ Japanese text ○ English text

Document types	Advanced Settings +

☑ Domestic Documents ‹ all › ☐ Foreign Documents ☐ Non-patent document ☐ J-GLOBAL

Search keywords

Search Item

Title/name of invention or device	∨	⊡	Ex: 半導体記憶装置	Proximity Search ⊡

✕ Delete   AND

Abstract	∨	⊡	Ex: 組成物	Proximity Search ⊡

✕ Delete   AND

FI	∨	⊡	Ex: C04B35/49	

✕ Delete   AND

Full text	∨	⊡	Ex: 感染を予防	Proximity Search ⊡

✕ Delete ⊕ Add

Exclusion keywords	Specify a keyword to exclude from the search result.	Close —

Search item

Priority claim country/region/num...	∨	⊡	Ex: FR@8330435X.9

图 6 – 22　日本特许厅发明与实用新型表格检索

Document types	Close —

☑ Domestic Documents ‹ all › ☐ Foreign Documents ☐ Non-patent document ☐ J-GLOBAL

Domestic Documents

☑ Patent (Publication of patent application (A), domestic re-publication of PCT publication (A1), publication of examined/granted patent (B))

☑ Patent specification (C)

☑ Utility model (Publication of utility model application (U), unexamined utility model specification (U1), domestic re-publication of PCT publication (A1), publication of examined/granted utility model (Y))

☑ Examined utility model specifications (Z)

Foreign Documents

For foreign documents, you can specify all countries or five or less countries.

☐ US (US)　　☐ EPO (EP)　　☐ WIPO (WO)　　☐ China (CN)　　☐ Korea (KR)

☐ UK (GB)　　☐ Germany (DE)　☐ France (FR)　☐ Switzerland (CH)　☐ Canada (CA)

Note: For search items that can be specified for each country/region, click ⊡ here.

Non-patent document

☐ Journal of technical disclosure (N1)　☐ Manual　☐ Independent books　☐ Domestic technical journal　☐ Non-technical journal

☐ Foreign academic paper　☐ Domestic academic paper　☐ Company technical report　☐ Organization bulletin　☐ Proceedings

J-GLOBAL

☐ Document　☐ Science technology terms　☐ Chemical substances　☐ Material

图 6 – 23　日本特许厅发明与实用新型文本类型检索

发明与实用新型的表格检索还可以辅助排除关键字检索以及分类号与日期限定。

检索语言为日语的检索字段共有 21 个可供选择，选中的每个检索字段之间是逻辑"与"的关系。检索语言为英语的检索字段共有 10 个，如图 6 - 24 所示。

Full text
Bibliography
Title/name of invention or device
Abstract
Scope of Claims
Description
Free word by examiner
Free word by examiner + full text
FI
F-term
Facet
IPC
Organization of applicant/right holder/author
Identification number of petitioner
Address of applicant/right holder
Inventor/creator/author
Representative
Name of examiner
Application information of patent term extension registration
Appeal or trial number
Priority claim country/region/number

Title/name of invention or device
Abstract
FI
F-term
Facet
IPC
Organization of applicant/right holder/author
Identification number of petitioner
Appeal or trial number
Priority claim country/region/number

图 6 - 24　日本特许厅发明与实用新型表格检索中日语与英语检索字段名称

逻辑表达式检索的过程如下：

首先选择逻辑表达式检索方式，点击"Logical Expression Input"，然后选择检索语言，接着选择检索文本的类型，最后输入逻辑表达式检索。其中，检索语言为日语的检索文本类型包括日本国内文献、国外文献、非专利文献，这三种文献可以多选，检索界面与检索规则如图 6 - 25 所示；检索语言为英语的检索文本仅有国外文献，检索规则为"composition/AB * 'control method including information'/CL"。

（3）发明与实用新型分类号查询［Patent/Utility Model Classification Search（PMCS）］

选择"Patent/Utility Model Classification Search（PMCS）"进入发明与实用新型分类号查询。该查询有两种方式（分类号查询与关键字查询），其中分类号查询为通过分类号查询其释义，关键字查询为通过关键字查询分类号及分类号释义。

4. 检索结果显示

日本发明与实用新型数据库检索结果显示设有上限，检索超过 3000 条就无法展示，仅列出检索结果，并给出提示。

检索结果未超上限则为列表显示，列表内容包括命中专利的公开文本号、申请号、申请日、公布日、名称、申请人/当前权利人、FI 分类号。另外，列表显示界面还有统计功能，可统计命中专利的总量，命中专利各年份的公开量以及命中专利的主要 FI 分类的专利量，如图 6 - 26 所示。

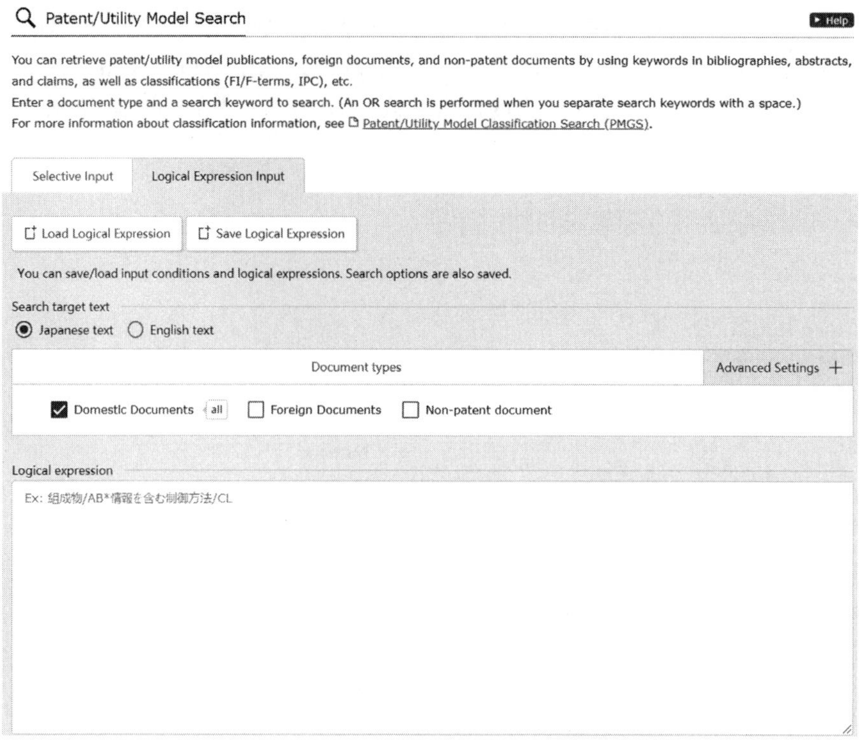

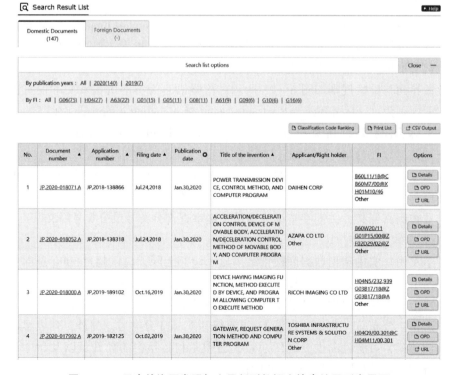

图 6－25　日本特许厅发明与实用新型逻辑表达式检索

No.	Document number	Application number	Filing date	Publication date	Title of the invention	Applicant/Right holder	FI	Options
1	JP,2020-018071,A	JP,2018-138866	Jul.24,2018	Jan.30,2020	POWER TRANSMISSION DEVICE, CONTROL METHOD, AND COMPUTER PROGRAM	DAIHEN CORP	B60L11/18@C B60M7/00@X H01M10/46 Other	Details OPD URL
2	JP,2020-018052,A	JP,2018-138318	Jul.24,2018	Jan.30,2020	ACCELERATION/DECELERATION CONTROL DEVICE OF MOVABLE BODY, ACCELERATION/DECELERATION CONTROL METHOD OF MOVABLE BODY, AND COMPUTER PROGRAM	AZAPA CO LTD Other	B60W20/11 G01P15/00@Z F02D29/02@Z Other	Details OPD URL
3	JP,2020-018000,A	JP,2019-189102	Oct.16,2019	Jan.30,2020	DEVICE HAVING IMAGING FUNCTION, METHOD EXECUTED BY DEVICE, AND PROGRAM ALLOWING COMPUTER TO EXECUTE METHOD	RICOH IMAGING CO LTD	H04N5/232,939 G03B17/18@Z G03B17/18@A Other	Details OPD URL
4	JP,2020-017992,A	JP,2019-182125	Oct.02,2019	Jan.30,2020	GATEWAY, REQUEST GENERATION METHOD AND COMPUTER PROGRAM	TOSHIBA INFRASTRUCTURE SYSTEMS & SOLUTION CORP Other	H04Q9/00,301@C H04M11/00,301	Details OPD URL

图 6－26　日本特许厅发明与实用新型数据库检索结果列表界面

在检索结果列表中，点击所需浏览的专利公开文本号就可直接显示该专利公开文本号的相关内容，包括著录项目信息与部分附图信息，通过点击 Details 可跳转至专利公开文本的代码化全文与法律状态信息，通过点击 OPD 可跳转至同族专利，通过选中 PDF 可切换至专利公开文本的全文图像。

二、外观设计数据检索

日本外观设计数据可通过日本特许厅网站的外观设计数据检索获取。

（一）检索途径概述

日本特许厅网站的外观设计检索主要为用户提供外观设计信息服务。

日本外观设计数据库不仅支持日文检索，还支持英文检索。检索方式包括号码检索、表格检索以及日本外观设计分类号检索等。

（二）检索方式介绍

1. 进入方式

用户无须注册账号即可通过网址（https：//www. jpo. go. jp/）进入日本特许厅官网首页，此时显示语言为日语，可通过切换语言转换到英文界面。然后点击"Search（Patents，Designs，Trademarks，etc.）"进入检索首页，再通过选择"Designs"下的检索方式进入外观设计数据检索界面。

2. 数据收录范围

日本特许厅外观设计数据库收录了自 1885 年以来公布的日本外观设计相关数据。

3. 检索方式

（1）外观设计号码检索（Design Number Search）

选择"Design Number Search"进入外观设计号码检索，首先对输入类型进行选择，输入类型有两种（Number 与 Number range），然后选择号码类型，将相关外观设计号码输入检索框检索。

其中，选择 Number，则仅检索输入的号码，可以同时检索多个号码，号码之间使用空格隔开。

选择 Number range，则对指定范围内的号码检索。

（2）外观设计检索（Design Search）

选择"Design Search"进入外观设计检索，该检索方式为表格检索。首先选择检索文本的类型，日本国内公报、出版材料与国外公报这三种文本类型可以多选，然后选择检索字段，在检索框中输入检索词检索。外观设计的表格检索也可以辅助排除关键字检索以及文本类型与日期限定，如图 6 - 27 所示。

检索文本为日本公报的检索字段共有 13 个可供选择，选中的每个检索字段之间是逻辑"与"的关系。其他检索文本的检索字段共有 4 个，如图 6 - 28 所示。

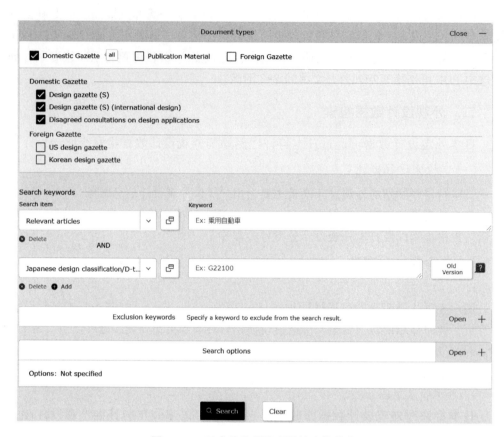

图 6 – 27　日本特许厅外观设计表格检索

Relevant articles
Description of article to the design
Description of the design
Reference
Japanese design classification/D-term
Former Japanese design classification
Former D-term
Global classification
Applicant/Right holder
Creator
Representative
Address of applicant
Identification number of petitioner

Relevant articles
Document name
Japanese design classification/D-term
Former Japanese design classification

图 6 – 28　日本特许厅外观设计表格检索字段名称

（3）日本外观设计分类号查询（Japanese Design Classification Search）

选择"Japanese Design Classification Search"进入日本外观设计分类号查询，该查询有两种方式（分类号查询与关键字查询）。其中，分类号查询为通过分类号查询其释义，关键字查询为通过关键字查询分类号及分类号释义。

4. 检索结果显示

日本外观设计数据库检索结果为列表显示，列表内容包括命中的外观设计的公开文本号、名称、分类号等。另外，列表显示界面还有统计功能，可统计命中外观设计的总量，命中外观设计各年份的公开量以及命中外观设计的主要分类的外观设计数量。

在检索结果列表中，点击所需浏览的外观设计公开文本号就可直接显示该外观设计公开文本号的著录项目信息与附图信息，通过点击细览界面的 Details 可跳转至外观设计的法律状态信息，通过点击细览界面的 References 可跳转至引证信息，通过选中 PDF 可切换至公开文本的全文图像，如图 6-29 所示。

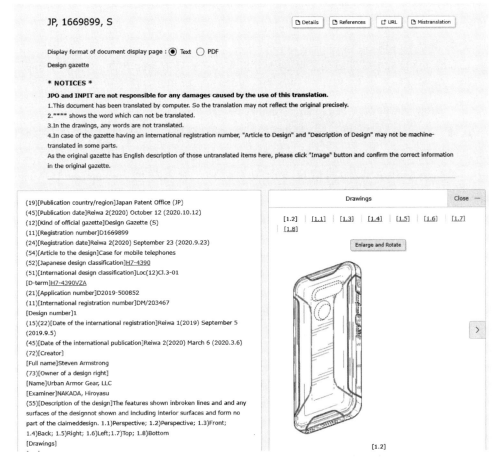

图 6-29　日本特许厅外观设计数据库细览界面

三、商标数据检索

日本商标数据可通过日本特许厅网站的商标数据检索获取。

(一) 检索途径概述

日本特许厅网站的商标检索主要为用户提供商标信息服务。

日本特许厅网站的日本商标数据库涵盖了日本商标申请、注册数据与出版数据等。日本商标数据库不仅支持日文检索，还支持英文检索。检索方式包括商标号码检索、商标检索、日本驰名商标检索、未注册商标检索以及商品/服务名称检索。

(二) 检索方式介绍

1. 进入方式

用户无须注册账号即可通过网址（https://www.jpo.go.jp/）进入日本特许厅官网首页，此时显示语言为日语，可通过切换语言转换到英文界面。然后点击"Search（Patents，Designs，Trademarks，etc.）"进入检索首页，再通过选择"Trademarks"下的检索方式进入商标数据检索界面。

2. 数据收录范围

日本特许厅商标数据库收录了自 1885 年以来公布的日本商标申请、注册相关数据。

3. 检索方式

（1）商标号码检索（Trademark Number Search）

选择"Trademark Number Search"进入商标号码检索，首先对搜索目标类型进行选择，然后选择输入类型，再选择号码类型，最后将相关商标号码输入检索框检索。其中，目标类型有申请/注册信息与出版物两种，输入类型有 Number 与 Number range 两种。

其中，选择 Number，则仅检索输入的号码，可以多个号码检索，号码之间使用空格隔开，如图 6-30 所示。

图 6-30　日本特许厅商标号码检索

选择 Number range，则对指定范围内的号码检索。

（2）商标检索（Trademark Search）

选择"Trademark Search"进入商标检索，该检索方式为表格检索。首先选择搜索目标类型，目标类型有申请/注册信息与出版物（出版物仅涵盖自 2000 年起的电子出版物）两种，其中申请/注册信息检索的过程为先选择检索的商标类型，再选择检索字段，在检索框中输入检索词检索，如图 6-31 所示。

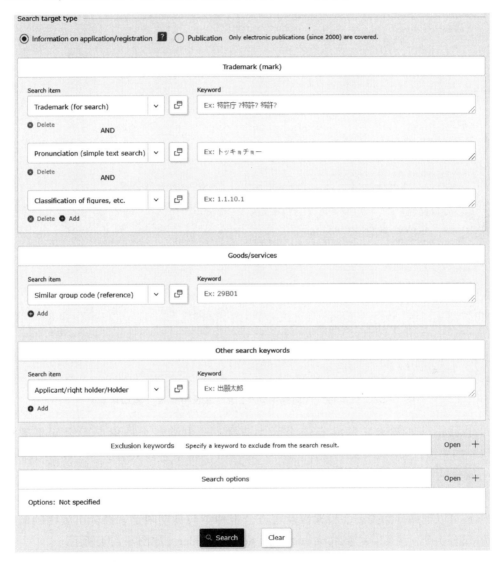

图 6-31 日本特许厅商标申请/注册信息表格检索

商标表格检索还可以辅助排除关键字检索以及商标文本、法律状态、申请类型、商标类型与日期限定，如图 6-32 所示。

《知识产权基础数据利用指引》解读

图 6 – 32　日本特许厅商标申请/注册信息表格检索（辅助排除）

Trademark 的检索字段共有 4 个可供选择，选中的每个检索字段之间是逻辑
"与"的关系，如图 6 – 33 所示。Goods/Services 的检索字段共有 2 个，Other search
keywords 的检索字段共有 7 个，Exclusion keywords 的检索字段共有 11 个。

商标出版物检索过程为选择检索字段，在检索框中输入检索词检索。商标表格
检索还可以辅助排除关键字检索以及官方公报种类与日期限定。商标出版物的检索
字段仅有 2 个，为 Class 与 Applicant/right holder/Holder，如图 6 – 34 所示。

（3）日本驰名商标检索（Japanese Well – known Trademark Search）

选择"Japanese Well – known Trademark Search"进入日本驰名商标检索，该检索
方式为表格检索，选择检索字段，在检索框中输入检索词检索。商标表格检索还可
以辅助排除关键字检索，如图 6 – 35 所示。

156

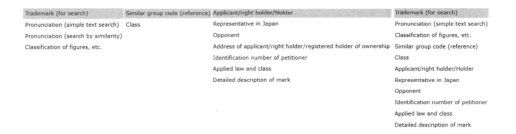

Trademark (for search)	Similar group code (reference)	Applicant/right holder/Holder	Trademark (for search)
Pronunciation (simple text search)	Class	Representative in Japan	Pronunciation (simple text search)
Pronunciation (search by similarity)		Opponent	Classification of figures, etc.
Classification of figures, etc.		Address of applicant/right holder/registered holder of ownership	Similar group code (reference)
		Identification number of petitioner	Class
		Applied law and class	Applicant/right holder/Holder
		Detailed description of mark	Representative in Japan
			Opponent
			Identification number of petitioner
			Applied law and class
			Detailed description of mark

图 6 – 33　日本特许厅商标申请/注册信息表格检索字段名称

Search target type

○ Information on application/registration　?　⦿ Publication　Only electronic publications (since 2000) are covered.

Search keywords

Search item

| Class | ∨ | ⊡ | Ex: 30 | Supplement input ⊡ |

⊗ Delete

AND

| Applicant/right holder/Holder | ∨ | ⊡ | Ex: 出願太郎 |

⊗ Delete　● Add

Exclusion keywords　Specify a keyword to exclude from the search result.　Close　—

Search item

| Class | ∨ | ⊡ | Ex: 30 | Supplement input ⊡ |

Search options　Close　—

Kind of official gazette

Select All　Clear All

☑ Publication of unexamined trademark application　　☑ Publication of registered trademark

☑ Publication of international trademark application　　☑ Publication of registered international trademark

☐ Publication of reclassification on registered trademark

Date options

Specify a western calendar year or Japanese calendar year.

| Filing date/Date of the internatio... | ∨ | ⊡ | Ex: 20180401 | ～ | Ex: 20180501 |

● Add

🔍 Search　　Clear

图 6 – 34　日本特许厅商标出版物表格检索

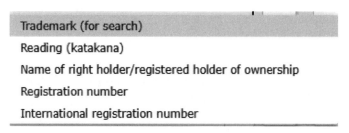

图6-35　日本特许厅日本驰名商标检索

日本驰名商标的检索字段共有5个可供选择，选中的每个检索字段之间是逻辑"与"的关系，如图6-36所示。

Trademark (for search)

Reading (katakana)

Name of right holder/registered holder of ownership

Registration number

International registration number

图6-36　日本特许厅日本驰名商标表格检索字段名称

（4）未注册商标检索（Unregistered Mark Search）

选择"Unregistered Mark Search"进入未注册商标检索，该检索方式为表格检索。先选择检索目标类型，包括全部、WTO Source of Origin与Marks Designated by Minister，然后选择检索字段，在检索框中输入检索词检索。商标表格检索还可以辅助排除关键字检索以及日期限定，如图6-37所示。

未注册商标目标类型为全部与Marks Designated by Minister的检索字段共有6个可供选择，选中的每个检索字段之间是逻辑"与"的关系。未注册商标目标类型为WTO Source of Origin的检索字段共有5个，如图6-38所示。

（5）商品/服务名称检索（Goods/Service Name Search）

选择"Goods/Service Name Search"进入商品/服务名称检索，该检索方式为表格检索。首先选择国际分类的版本，然后选择数据库类型、语言种类，再选择检索字段，在检索框中输入检索词检索。每个检索字段之间为逻辑"与"的关系，如图6-39所示。

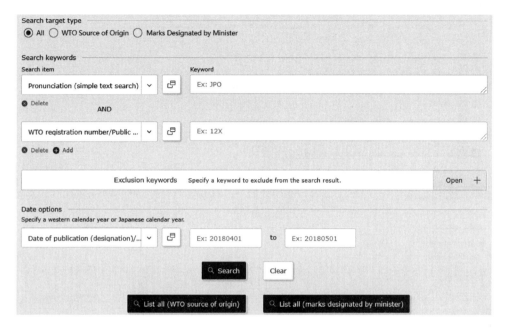

图 6 - 37　日本特许厅未注册商标表格检索

WTO registration number/Public notice number
Mark (for search)
Pronunciation (simple text search)
Classification of figurative elements of marks (designated by minister)
Product and source of origin/type of mark
Applicable provision

WTO registration number/Public notice number
Mark (for search)
Pronunciation (simple text search)
Product and source of origin/type of mark
Applicable provision

图 6 - 38　日本特许厅日本驰名商标表格检索字段名称

Edition of international classification (term)

- ◉ International Classification 11-2021 Edition (Applicable to applications beginning on January 1 2021)
- ○ International Classification 11-2020 Edition (Applicable to applications from January 1 2020 to December 31 2020)
- ○ International Classification 11-2019 Edition (Applicable to applications from January 1 2019 to December 31 2019)

Data type

- ☑ **G** Examination Guidelines for Similar Goods and Services
- ☑ **N** International Classification Table of Goods and Services (Nice Classification)
- ☑ **T** TM5 ID list
- ☑ **E** Goods/service name (only Japanese or English) accepted by examination
- ☑ **M** WIPO Madrid Goods and Services Manager
- ☑ **F** Goods/Service names that cannot be accepted

Language to use

○ Japanese ◉ English

Search keywords

Goods/service name

> Ex: coffee cocoa

⊕ Add

AND

Class

> Ex: 03 5 08 27 30 42

AND

Similar group code (reference)

> Ex: 29A01 29B?

⊕ Add

Exclusion keywords

Specify a keyword to exclude from the search result.
Goods/service name

> Ex: coffee cocoa

AND

Class

> Ex: 03 5 08 27 30 42

AND

Similar group code (reference)

> Ex: 29A01 29B?

🔍 Search Clear

图 6 – 39　日本特许厅商品/服务名称表格检索

4. 检索结果显示

日本商标数据库检索结果为列表显示，列表内容包括命中商标的相关号码、商标图形、尼斯分类、商标申请人/当前权利人、商标法律状态等。另外列表显示界面还有统计功能，可统计命中商标的总量，命中商标各年份的公开量以及命中商标的主要尼斯分类的商标数量，如图 6 – 40 所示。

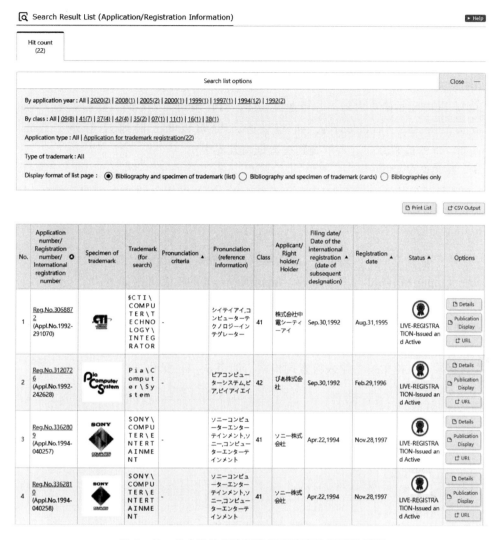

图 6 - 40　日本特许厅商标数据库检索结果列表界面

在检索结果列表中，点击所需浏览的商标相关号就可直接显示该商标的著录项目信息与附图信息，通过点击细览界面的 Details 可跳转至商标的法律状态信息，通过点击细览界面的 Publication Display 可切换至公开文本的全文图像。

四、审查判决数据检索

日本审查判决数据可通过日本特许厅网站的审查判决检索获取。

（一）检索途径概述

日本特许厅网站的审查判决检索主要为用户提供发明/实用新型、外观设计以及商标的审查判决信息服务。

日本审查判决数据库不仅支持日文检索，还支持英文检索。检索方式包括关键词检索与号码检索两种。

（二）检索方式介绍

1. 进入方式

用户无须注册账号即可通过网址（https：//www.jpo.go.jp/）进入日本特许厅官网首页，此时显示语言为日语，可通过切换语言转换到英文界面。然后点击"Search（Patents，Designs，Trademarks，etc.）"进入检索首页，再通过选择"Trails & Appeals"下的检索方式进入审查判决数据检索界面。

2. 数据收录范围

日本特许厅审查判决数据库收录了自 1995 年以来公布的日本发明与实用新型、外观设计以及商标审查判决数据。

3. 检索方式

选择"Trial Decision Search"进入审判决定检索，首先选择输入类型，输入类型有两种（Input Keyword 与 Number）。Input Keyword 的检索过程如下：

首先选择文本类型，包括单方审判/上诉（Ex parte trial/appeal）、异议（Opposition）、双方审判/上诉（Inter partes trial/appeal）、判决公报（Judgement Gazette），然后选择知识产权类别，包括发明、实用新型、外观设计以及商标，再选择检索字段，在检索框中输入检索词检索，如图 6-41 所示。

图 6-41　日本特许厅审查判决检索（Input Keyword）

Input Keyword 检索字段共有 7 个可供选择，选中的每个检索字段之间是逻辑"与"的关系，如图 6 – 42 所示。

选择 Number 的检索过程如下：选择检索字段，在检索框中输入相关号码检索。该检索字段仅有两种，为上诉或审判号码或者诉讼备案号，如图 6 – 43 所示。

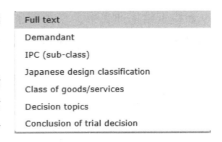

| Full text |
| Demandant |
| IPC (sub-class) |
| Japanese design classification |
| Class of goods/services |
| Decision topics |
| Conclusion of trial decision |

图 6 – 42　日本特许厅审查判决检索字段

图 6 – 43　日本特许厅审查判决检索（Number）

4. 检索结果显示

日本审查判决数据库检索结果为列表显示，列表内容包括知识产权类别、上诉或审判号码、分类号、名称、请求人、审判结果等。另外，列表显示界面还有统计功能，可统计命中审查判决的总量、各知识产权类型的数量、审判判决的年判决量等，如图 6 – 44 所示。

图 6 – 44　日本特许厅审查判决数据库检索结果列表界面

在检索结果列表中，点击所需浏览的上诉或审判号码就可直接显示该上诉或审判案件的相关信息，通过点击 Details 可跳转至各专利或商标的法律状态信息，如图 6 – 45 所示。

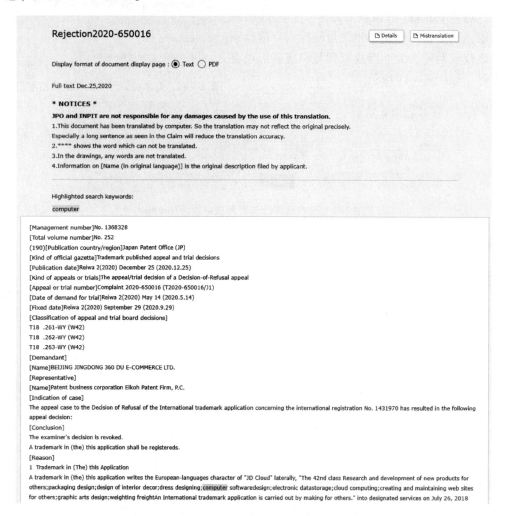

图 6 – 45　日本特许厅审查判决数据库细览界面

第三节　韩国知识产权数据

一、发明与实用新型数据检索

韩国发明与实用新型数据可通过韩国知识产权局（KIPO）下属的韩国知识产权信息服务网站的发明与实用新型数据检索获取。

（一）检索途径概述

韩国知识产权信息服务网站的发明与实用新型检索主要为用户提供发明与实用新型信息服务。

韩国发明与实用新型数据库数据全面、检索方式多样。专利数据包括韩国发明、实用新型。韩国发明与实用新型数据库不仅支持韩文检索，还支持英文检索。检索方式包括快速检索与智能检索等。

另外，韩国知识产权信息服务网站的韩文版专利数据库还包括海外（美国、中国、欧洲专利局、世界知识产权组织以及日本）专利数据。

用户需要检索发明与实用新型、外观设计或者商标的审查判决信息时选择韩文版的审查判决数据库检索。

（二）检索方式介绍

1. 进入方式

用户无须注册账号即可通过韩国知识产权信息服务网址（http://www. kipris. or. kr/）进入韩国知识产权信息服务官网首页，此时显示语言为韩语，可通过切换语言转换到英文界面。点击"Patent"，进入发明与实用新型数据检索界面。

2. 数据收录范围

韩国知识产权信息服务网站的发明和实用新型数据库收录了 1948 年至今的韩国授权发明和实用新型，以及 1983 年至今未经审查而公开的发明、实用新型申请相关数据。

3. 检索方式

韩国知识产权信息服务网站的首页设有一个检索框，通过该检索框可以快速检索。用户可以选择检索范围，可以单独检索发明与实用新型数据库，也可以单独检索外观设计数据库、商标数据库或者韩国英文专利文摘数据库，还可以同时检索四个数据库，检索内容可以是相关号码或者关键词。

另外，韩国知识产权信息服务网站也可以单独检索发明与实用新型数据库，检索方式如下。

（1）快速检索

选择"Patent"进入发明与实用新型数据库，然后选择检索专利类型（发明或实用新型）中的一种或组合，选择专利的法律状态，在搜索框中输入专利文献号、关键词、分类号、权利人名称或发明人等，最后检索。专利类型的选择、法律状态的选择以及搜索框中检索词的输入这三个步骤顺序可以互换。搜索框中可以输入多个检索词加布尔逻辑运算符进行复杂检索，布尔逻辑运算符包括"＋"（或）、"＊"（与），如图 6 - 46 所示。

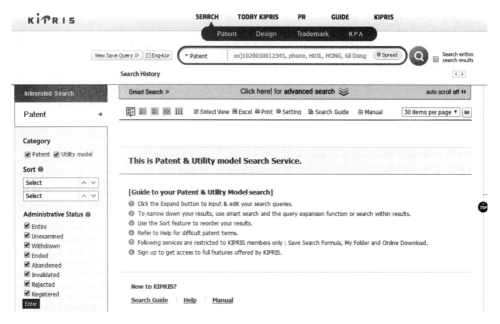

图 6-46　韩国知识产权信息服务网站 Patent 数据库快速检索界面

（2）智能检索

选择"Patent"进入发明与实用新型数据库，点击"Smart Search"进入智能检索界面。该检索界面为表格检索，共有 25 个检索入口，每个检索入口后都有布尔逻辑运算符的选择，通过选择适当的布尔逻辑运算符将该检索加入检索式中，如图 6-47 所示。

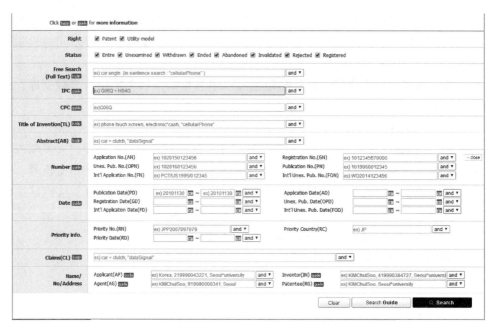

图 6-47　韩国知识产权信息服务网站 Patent 数据库智能检索界面

　　检索过程为在智能检索的界面首先选择专利类型，选择所需检索的专利法律状态，然后在检索字段内填写检索词并选择布尔逻辑运算符检索。各检索字段可以使用英文也可以使用韩文，各字段内也可使用多个检索词，检索词之间加布尔逻辑运算符。

　　4. 检索结果显示

　　韩国 Patent 数据库检索结果为列表显示，列表内容包括命中专利的名称、申请号、申请日、IPC 分类号、申请人、当前权利人、摘要以及摘要附图。

　　在检索结果列表中，点击所需浏览的专利就可直接显示该专利的相关内容，包括著录项信息、未审查专利申请的全文图像、专利/申请公布的全文图像以及法律状态信息等，如图 6 –48、图 6 –49 所示。

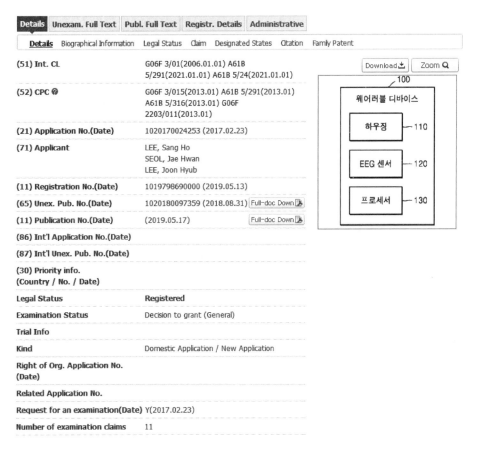

图 6 –48　韩国知识产权信息服务网站 Patent 数据库著录项细览界面

No.	Document Title	Receipt/Delivery Date	Status	Receipt/Delivery No.
1	[Patent Application] Patent Application ([특허출원]특허출원서)	2017.02.23	Accepted (수리)	112017018924309
2	Request for Prior Art Search (선행기술조사의뢰서)	2017.12.08	Accepted (수리)	919999999999989
3	Report of Prior Art Search (선행기술조사보고서)	2018.02.06	Accepted (수리)	912018000522998
4	Notification of reason for refusal (의견제출통지서)	2018.02.22	Completion of Transmission (발송처리완료)	952018012970059
5	[Opinion according to the Notification of Reasons for Refusal] Written Opinion(Written Reply, Written Substantiation) ([거절이유 등 통지에 따른 의견]의견(답변, 소명)서)	2018.04.23	Accepted (수리)	112018040416514
6	[Amendment to Description, etc.] Amendment ([명세서등 보정]보정서)	2018.04.23	Regarded as an acceptance of amendment (보정승인간주)	112018040416659
7	Decision to grant (등록결정서)	2018.08.10	Completion of Transmission (발송처리완료)	952018054384807
8	[Patent·Registration Fee] Payment Form ([설정 특허·등록료]납부서)	2019.05.13	Accepted (수리)	212019032612830
9	Notification of change of applicant's information (출원인정보변경 (경정)신고서)	2019.09.20	Accepted (수리)	412019519680950

图 6-49 韩国知识产权信息服务网站 Patent 数据库法律状态细览界面

二、外观设计数据检索

韩国外观设计数据可通过韩国知识产权信息服务网站的外观设计数据检索获取。

（一）检索途径概述

韩国知识产权信息服务网站外观设计（Design）检索主要为用户提供外观设计信息服务。

韩国外观设计数据库不仅支持韩文检索，还支持英文检索。检索方式包括快速检索与智能检索等。

另外，韩国知识产权信息服务网站的韩文版还包括海外（日本、美国、世界知识产权组织以及中国）外观设计数据。

（二）检索方式介绍

1. 进入方式

用户无须注册账号即可通过韩国知识产权信息服务网址（http://www.kipris.or.kr/）进入韩国知识产权信息服务官网首页，此时显示语言为韩文，可通过切换语言转换到英文界面。点击"Design"，进入外观设计数据检索界面。

2. 数据收录范围

韩国知识产权信息服务网站的外观设计数据库收录了 1947 年至今的韩国外观设计数据。

3. 检索方式

（1）快速检索

选择"Design"进入外观设计数据库，然后选择检索外观设计的种类 Relation design（关联外观设计）、Part of the design（部分外观设计）或者 Etc（其他，单独、基本、完整外观设计）中的任意一种或组合，选择专利的法律状态，在搜索框中输入专利文献号、关键词、权利人名称或发明人等，最后检索。外观设计种类的选择、法律状态的选择以及搜索框中检索词的输入这三个步骤顺序可以互换。搜索框中可以输入多个检索词加布尔逻辑运算符进行复杂检索，布尔逻辑运算符包括"＋"（或）、"＊"（与）。

（2）智能检索

选择"Design"进入外观设计数据库，点击"Smart Search"进入智能检索界面，该检索界面为表格检索，共有 20 个检索入口，每个检索入口后都有布尔逻辑运算符的选择，通过选择适当的布尔逻辑运算符将该检索加入检索式中，如图 6 - 50 所示。

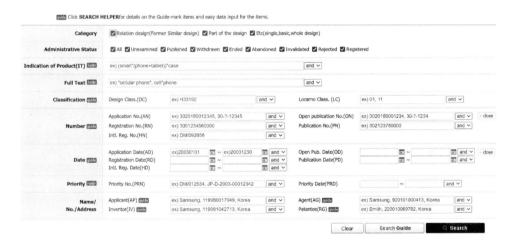

图 6 - 50　韩国知识产权信息服务网站外观设计数据库智能检索界面

检索过程为在智能检索的界面首先选择检索外观设计的种类，然后在检索字段内填写检索词并选择布尔逻辑运算符检索。各检索字段可以使用英文也可以使用韩文，各字段内也可使用多个检索词，检索词之间加布尔逻辑运算符。

4. 检索结果显示

韩国外观设计数据库检索结果为列表显示，列表内容包括命中外观设计的名称、申请号、申请日、公布号、公布日、分类号、申请人、发明人等。

在检索结果列表中，点击所需浏览的外观设计名称就可直接显示该外观设计，包括著录项信息、附图、公布的全文图像以及法律状态信息等，如图 6 - 51 所示。

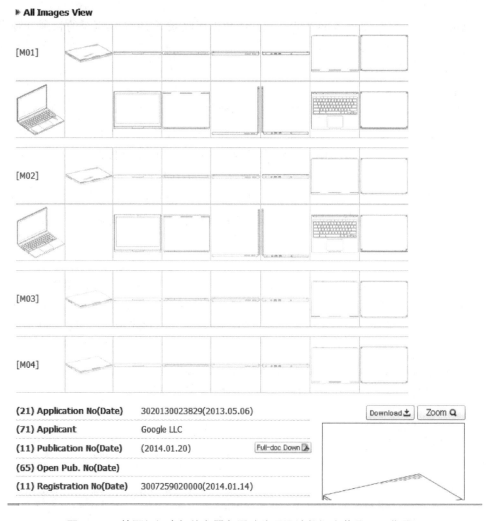

图 6 - 51　韩国知识产权信息服务网站外观设计数据库著录项细览界面

三、商标数据检索

韩国商标数据可通过韩国知识产权信息服务网站的商标数据检索获取。

(一) 检索途径概述

韩国知识产权信息服务网站商标检索主要为用户提供商标信息服务。

韩国商标数据库涵盖了韩国商标申请、注册数据等。韩国商标数据库不仅支持韩文检索，还支持英文检索。检索方式包括快速检索与智能检索等。

另外，韩国知识产权信息服务网站的韩文版商标数据库还包括海外（美国、日本、澳大利亚、加拿大以及欧盟知识产权局）商标数据。

（二）检索方式介绍

1. 进入方式

用户无须注册账号即可通过韩国知识产权信息服务网址（http://www. kipris. or.
kr/）进入韩国知识产权信息服务官网首页，此时显示语言为韩文，可通过切换语言
转换到英文界面。通过点击"Trademark"进入商标数据检索界面。

2. 数据收录范围

韩国知识产权信息服务网站的商标数据库收录了 1947 年至今的韩国商标申请、
注册数据。

3. 检索方式

（1）快速检索

通过点击"Trademark"进入商标数据库，然后选择商标类型、商标要素和商标
法律状态，在搜索框中输入商标相关号码、关键词或权利人名称等进行检索。商标
类型、商标要素和商标法律状态的选择以及在搜索框中输入检索词的顺序可以互换。
搜索框中可以输入多个检索词加布尔逻辑运算符进行复杂检索，布尔逻辑运算符包
括"＋"（或）、"＊"（与），如图 6 - 52 所示。

图 6 - 52　韩国知识产权信息服务网站商标数据库快速检索界面

（2）智能检索

选择"Trademark"进入商标数据库，点击"Smart Search"进入智能检索界面。该检索界面为表格检索，共有21个检索入口，每个检索入口后都有布尔逻辑运算符的选择，通过选择适当的布尔逻辑运算符将该检索加入检索式中，如图6-53所示。

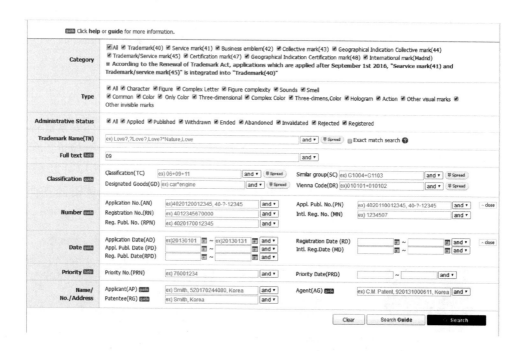

图6-53 韩国知识产权信息服务网站商标数据库智能检索界面

检索过程为在智能检索的界面首先选择商标类型，选择所需检索商标的要素和商标法律状态，然后在检索字段内填写检索词并选择布尔逻辑运算符进行检索。各检索字段可以使用英文也可以使用韩文，各字段内也可使用多个检索词，检索词之间加布尔逻辑运算符。

4. 检索结果显示

韩国商标数据库检索结果为列表显示，列表内容包括命中专利的名称、商标分类、申请号、申请日、公布号、公布日、分类号、代理人等。

在检索结果列表中，点击所需浏览的商标就可直接显示该商标的相关内容，包括著录项信息、注册信息以及法律状态信息等，如图6-54、图6-55所示。

图 6－54　韩国知识产权信息服务网站商标数据库著录项细览界面

▶ **Status history**

No.	Document	Receipt/Dispatched Date	Status	Receipt/Dispatched No
1	Notification of assignment of agent (대리인선임신고서)	1994.07.29	Accepted (수리)	111994058728904
2	Application for Service Mark Registration (서비스표등록원서)	1994.07.29	Accepted (수리)	111994058728858
3	Notification of reason for refusal (의견제출통지서)	1995.11.08	Completion of Transmission (발송처리완료)	151994039176296
4	Written Opinion (의견서)	1995.12.05	Accepted (수리)	111994058729040
5	Amendment to Bibliographic items (서지사항보정서)	1995.12.05	Accepted (수리)	111994058729196
6	Written decision on publication of examined application (출원공고결정서)	1996.02.13	Completion of Transmission (발송처리완료)	151994039176331
7	Decision to grant (등록사정서)	1996.05.20	Completion of Transmission (발송처리완료)	151994039176487
8	Notification of change of applicant's information (출원인정보변경(경정)신고서)	2002.12.24	Accepted (수리)	412002009509484

图 6－55　韩国知识产权信息服务网站商标数据库法律状态细览界面

四、韩国英文专利文摘数据检索

韩国英文专利文摘数据可通过韩国知识产权信息服务网站的韩国英文专利文摘数据检索获取。

（一）检索途径概述

韩国知识产权信息服务网站的韩国英文专利文摘（KPA）数据检索主要为用户提供韩国英文专利文摘信息服务。

韩国英文专利文摘数据库不仅支持韩文检索，还支持英文检索。检索方式包括快速检索与智能检索等。

（二）检索方式介绍

1. 进入方式

用户无须注册账号即可通过韩国知识产权信息服务网址（http://www.kipris.or.kr/）进入韩国知识产权信息服务官网首页，此时显示语言为韩文，可通过切换语言转换到英文界面。通过点击"KPA"进入韩国英文专利文摘数据检索界面。

2. 数据收录范围

韩国英文专利文摘数据库收录了 1999 年 2 月 5 日以来公开的 A 类文献，以及 1973 年 1 月 31 日以来经审查后的 B1 类文献。

3. 检索方式

（1）快速检索

选择"KPA"进入韩国英文专利文摘数据库，然后选择检索专利文献种类代码为 A 类文献或者 B1 类文献或者全选，在搜索框中输入专利文献号、关键词、分类号或权利人名称等检索。专利文献种类代码的选择以及在搜索框中输入检索词的顺序可以互换。搜索框中可以输入多个检索词加布尔逻辑运算符进行复杂检索，布尔逻辑运算符包括" + "（或）、" * "（与）。

（2）智能检索

选择"KPA"进入韩国英文专利文摘数据库，点击"Smart Search"进入智能检索界面。该检索界面为表格检索，共有 17 个检索入口，每个检索入口后都有布尔逻辑运算符的选择，通过选择适当的布尔逻辑运算符将该检索加入检索式中，如图 6 - 56 所示。

在智能检索的界面首先选择专利文献类型，然后在检索字段内填写检索词并选择布尔逻辑运算符进行检索。各检索字段可以使用英文也可以使用韩文，各字段内也可使用多个检索词，检索词之间加布尔逻辑运算符。

4. 检索结果显示

韩国 KPA 数据库检索结果为列表显示，列表内容包括命中专利的名称、申请号、申请日、公布号、公布日、IPC 分类号、发明人、优先权号、优先权日、摘要以及摘要附图。在检索结果列表中，每条命中的专利按照授权公告日期/申请公开日期排序，如图 6－57 所示。

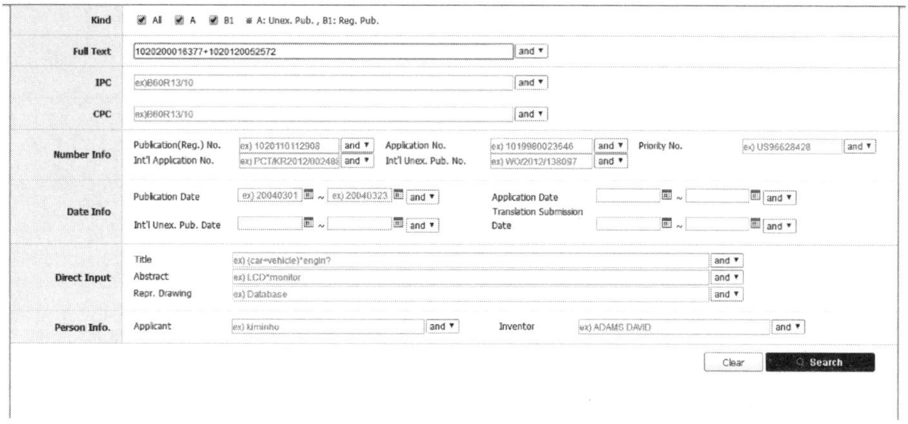
Kind
All
A
B1
※ A: Unex. Pub., B1: Reg. Pub.
Full Text
1020200016377+1020120052572
and
IPC
ex)B60R13/10
CPC
ex)B60R13/10
Number Info
Publication(Reg.) No.
ex) 1020110112908
Application No.
ex) 1019980023646
Priority No.
ex) US96628428
Int'l Application No.
ex) PCT/KR2012/002488
Int'l Unex. Pub. No.
ex) WO/2012/138097
Date Info
Publication Date
ex) 20040301
ex) 20040323
Application Date
Int'l Unex. Pub. Date
Translation Submission Date
Direct Input
Title
ex) (car+vehicle)*engin?
Abstract
ex) LCD*monitor
Repr. Drawing
ex) Database
Person Info.
Applicant
ex) kiminho
Inventor
ex) ADAMS DAVID
Clear
Search

图 6－56　韩国知识产权信息服务网站 **KPA** 数据库智能检索界面

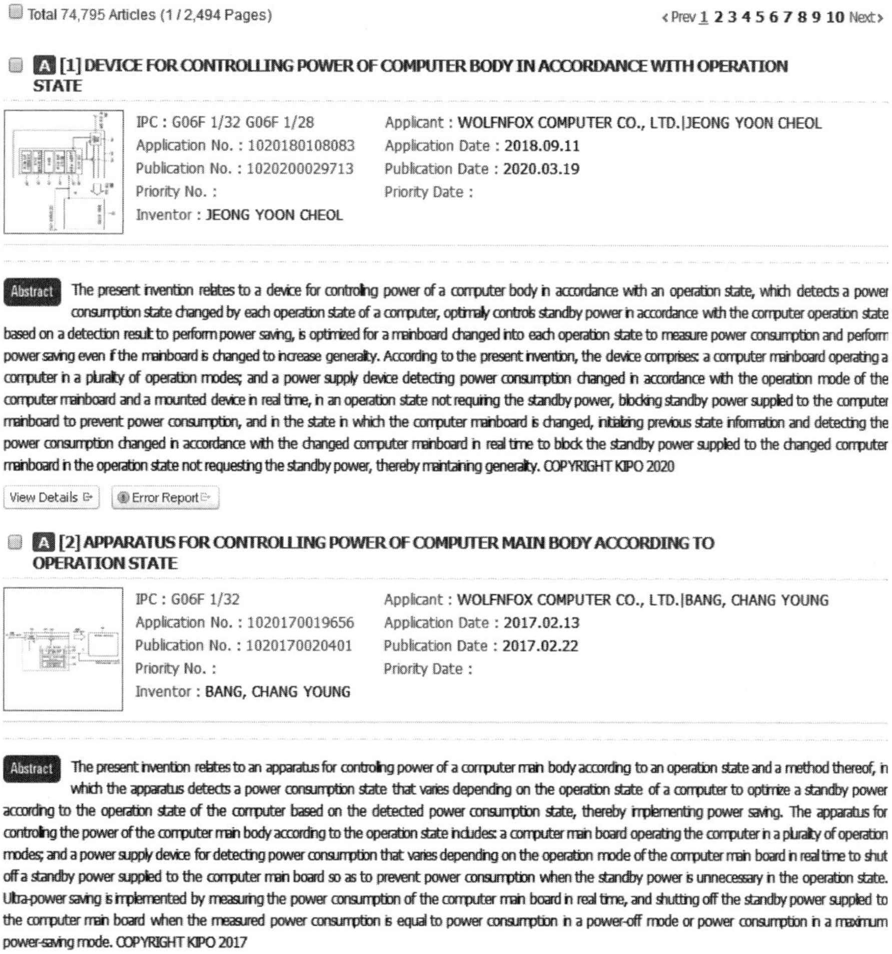
Total 74,795 Articles (1 / 2,494 Pages)
‹ Prev 1 2 3 4 5 6 7 8 9 10 Next ›
A [1] DEVICE FOR CONTROLLING POWER OF COMPUTER BODY IN ACCORDANCE WITH OPERATION STATE
IPC : G06F 1/32 G06F 1/28
Application No. : 1020180108083
Publication No. : 1020200029713
Priority No. :
Inventor : JEONG YOON CHEOL
Applicant : WOLFNFOX COMPUTER CO., LTD.|JEONG YOON CHEOL
Application Date : 2018.09.11
Publication Date : 2020.03.19
Priority Date :
Abstract
The present invention relates to a device for controlling power of a computer body in accordance with an operation state, which detects a power consumption state changed by each operation state of a computer, optimally controls standby power in accordance with the computer operation state based on a detection result to perform power saving, is optimized for a mainboard changed into each operation state to measure power consumption and perform power saving even if the mainboard is changed to increase generality. According to the present invention, the device comprises: a computer mainboard operating a computer in a plurality of operation modes; and a power supply device detecting power consumption changed in accordance with the operation mode of the computer mainboard and a mounted device in real time, in an operation state not requiring the standby power, blocking standby power supplied to the computer mainboard to prevent power consumption, and in the state in which the computer mainboard is changed, initializing previous state information and detecting the power consumption changed in accordance with the changed computer mainboard in real time to block the standby power supplied to the changed computer mainboard in the operation state not requesting the standby power, thereby maintaining generality. COPYRIGHT KIPO 2020
View Details
Error Report
A [2] APPARATUS FOR CONTROLLING POWER OF COMPUTER MAIN BODY ACCORDING TO OPERATION STATE
IPC : G06F 1/32
Application No. : 1020170019656
Publication No. : 1020170020401
Priority No. :
Inventor : BANG, CHANG YOUNG
Applicant : WOLFNFOX COMPUTER CO., LTD.|BANG, CHANG YOUNG
Application Date : 2017.02.13
Publication Date : 2017.02.22
Priority Date :
Abstract
The present invention relates to an apparatus for controlling power of a computer main body according to an operation state and a method thereof, in which the apparatus detects a power consumption state that varies depending on the operation state of a computer to optimize a standby power according to the operation state of the computer based on the detected power consumption state, thereby implementing power saving. The apparatus for controlling the power of the computer main body according to the operation state includes: a computer main board operating the computer in a plurality of operation modes; and a power supply device for detecting power consumption that varies depending on the operation mode of the computer main board in real time to shut off a standby power supplied to the computer main board so as to prevent power consumption when the standby power is unnecessary in the operation state. Ultra-power saving is implemented by measuring the power consumption of the computer main board in real time, and shutting off the standby power supplied to the computer main board when the measured power consumption is equal to power consumption in a power-off mode or power consumption in a maximum power-saving mode. COPYRIGHT KIPO 2017

图 6－57　韩国知识产权信息服务网站 **KPA** 数据库检索结果列表界面

在检索结果列表中，点击所需浏览的专利就可直接显示该专利的信息，包括著录项信息、未审查专利申请的全文图像、专利/申请公布的全文图像以及法律状态信息等。

第四节　欧洲知识产权数据

一、欧洲专利数据检索

欧洲专利数据可通过欧洲专利局（EPO）网站的专利数据检索获取。

（一）检索途径概述

欧洲专利局网站的专利检索（Searching for patents）主要为用户提供专利公告信息服务。

欧洲专利局网站的欧洲专利数据库数据全面，检索方式多样。欧洲专利数据包括欧洲专利申请、欧洲授权专利以及欧洲专利法律状态信息数据。检索方式包括智能检索、高级检索、法律状态检索等。

（二）检索方式介绍

1. 进入方式

用户无须注册账号即可通过专利检索网址（https://www.epo.org/searching-for-patents.html）进入专利检索的首页，通过选择不同检索数据进入各自检索界面。

2. 数据收录范围

截止到2022年11月，欧洲专利局收录了1782年至今包括全球100多个国家和地区超过1.4亿份专利申请公开/授权文件，以及法律状态信息等。

3. 检索方式

（1）专利检索（Espacenet patent search）

欧洲专利局官方网站的首页与专利检索的首页都设有检索框，在检索框中输入专利相关号码或关键词后点击"Patents"可直接检索专利。

其次，在欧洲专利局专利检索的首页点击"Espacenet patent search"，再点击"Open Espacenet"进入新版专利检索界面，该界面上方设有检索框，在检索框中输入专利相关号码或关键词就可直接检索，如图6-58所示。

点击如图6-58所示界面中的"Advanced search"可进入新版高级检索界面，新版高级检索界面为表格检索模式。首先选择检索语言，检索语言共有三种，分别是英语、德语与法语，可以选择其中一种，也可以选择全部。然后选择检索字段，在检索框中输入检索内容，选择各检索字段之间的布尔逻辑运算符与关系算符，形成的检索式会显示在上方的检索框中，最后点击"Search"进行检索即可，如图6-59所示。

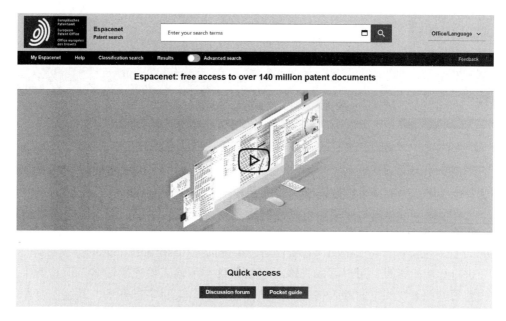

图 6 – 58　欧洲专利局新版专利检索界面

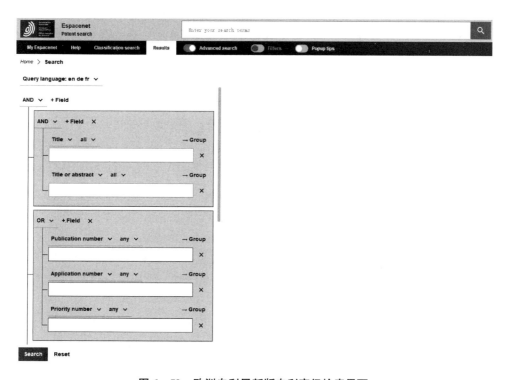

图 6 – 59　欧洲专利局新版专利高级检索界面

　　在欧洲专利局专利检索的首页点击"Espacenet patent search"，再点击"Open classic Espacenet"可进入专利检索的经典检索界面，如图 6 – 60 所示。

图 6-60　欧洲专利局专利经典检索界面

欧洲专利局的专利经典检索共有三种检索方式，分别为智能检索（Smart search）、高级检索（Advanced search）与分类查询（Classification search）。

进行智能检索时，用户可以只输入检索条件，不输入检索字段名，但检索字段的内容须遵照系统规定的输入格式。例如，输入一个大写字母开头、其余字母小写的检索条件则按照申请人和发明人字段检索，不符合日期、分类号、专利相关号码以及申请人和发明人格式的字段，则按照文本字段检索。例如，输入"Siemens EP 2018"，系统将自动寻找申请人为 Siemens 公司、公开日为 2018 年的欧洲专利。

在检索字段中，截词符"?"代表 0 或 1 个字符，"*"代表任意长度的字符，"#"代表 1 个字符。

进行智能检索时，用户也可以通过输入字段名与检索条件检索。例如，ti = "computer notebook"。

智能检索还支持多种运算符，包括逻辑运算符、关系运算符等。

逻辑运算符包括"AND""OR""NOT"。

关系运算符包括"any""all""proximity""="。

利用关系运算符"any"，可查找包含任一项检索内容的专利文献。[1] 例如，ti any "computer notebook"，可检索名称中包含"computer"或者"notebook"的专利文献。

利用关系运算符"all"，可查找包含所有该检索字段内容的专利文献，且不要求各个内容之间按照输入的顺序。例如，ti all "paint brush hair"，可检索名称中包含"paint""brush"和"hair"的文献，且不要求三者按照顺序出现。[2]

利用关系运算符"proximity"，如 ti = （hand prox/distance <3 phone），可查找该检索字段包括"hand"和"phone"，且二者之间相隔不超过 3 个词语的专利文献。

利用关系运算符"="，可查找与检索项内容完全匹配的专利文献。[3] 例如，ti = "hand phone"，要求名称中必须包含完全匹配的"hand phone"。

点击"Advanced search"可进入高级检索界面，高级检索界面为表格检索模式。

---

❶❷❸　孟俊娥. 专利检索策略及应用［M］. 北京：知识产权出版社，2010：26.

首先从四个数据库中选择所需的检索数据库，然后选择检索字段，在检索框中输入检索条件，点击"Search"即可检索。检索字段共有10个可供选择，每个检索字段之间为逻辑"与"的关系，如图6-61所示。

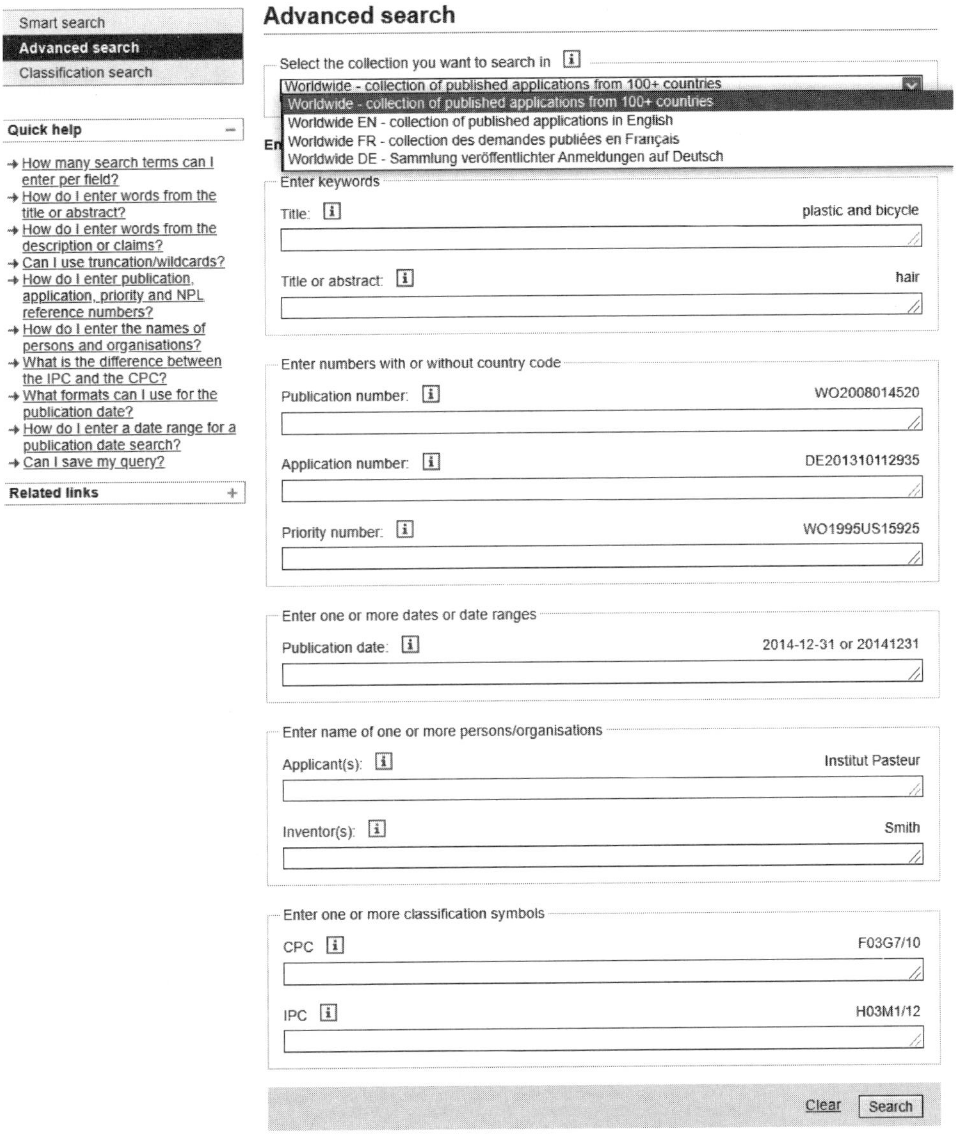

图6-61　欧洲专利局专利经典检索的高级检索界面

点击"Classification search"可进入分类查询界面，用以查询分类号释义，如图6-62与图6-63所示。

图 6-62 欧洲专利局新版分类号查询界面

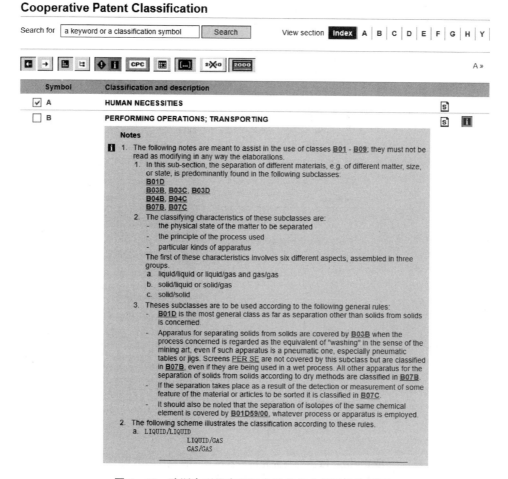

图 6-63 欧洲专利局专利经典检索的分类号查询界面

（2）专利法律状态检索（European Patent Register）

在专利检索的首页点击"European Patent Register"，再点击"Open"进入专利法律状态检索界面，该检索界面呈现智能检索（Smart search），该检索方式与专利经典检索的智能检索规则基本相同。

点击“Advanced search”可进入高级检索界面，高级检索界面为表格检索模式，共有14个检索字段可供选择，分别是公开号、申请号、优先权号、申请日、公布日、优先权日、授权日、申请人、发明人、IPC等。每个检索字段之间为逻辑“与”的关系，如图6-64所示。

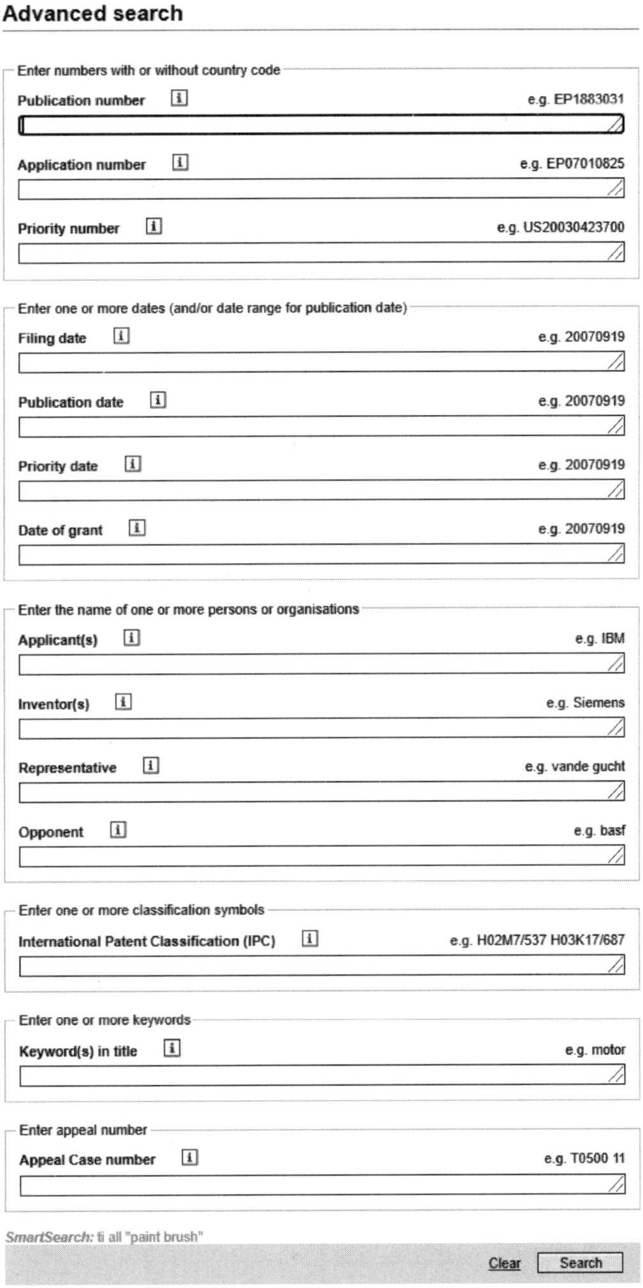

Advanced search

Enter numbers with or without country code

Publication number — e.g. EP1883031

Application number — e.g. EP07010825

Priority number — e.g. US20030423700

Enter one or more dates (and/or date range for publication date)

Filing date — e.g. 20070919

Publication date — e.g. 20070919

Priority date — e.g. 20070919

Date of grant — e.g. 20070919

Enter the name of one or more persons or organisations

Applicant(s) — e.g. IBM

Inventor(s) — e.g. Siemens

Representative — e.g. vande gucht

Opponent — e.g. basf

Enter one or more classification symbols

International Patent Classification (IPC) — e.g. H02M7/537 H03K17/687

Enter one or more keywords

Keyword(s) in title — e.g. motor

Enter appeal number

Appeal Case number — e.g. T0500 11

SmartSearch: ti all "paint brush"

Clear　Search

图6-64　欧洲专利局专利法律状态高级检索界面

4. 检索结果显示

欧洲专利局专利检索结果为列表显示，列表包括专利名称、专利号/专利申请公开号、公开日、申请人、优先权日等，如图 6–65 所示。

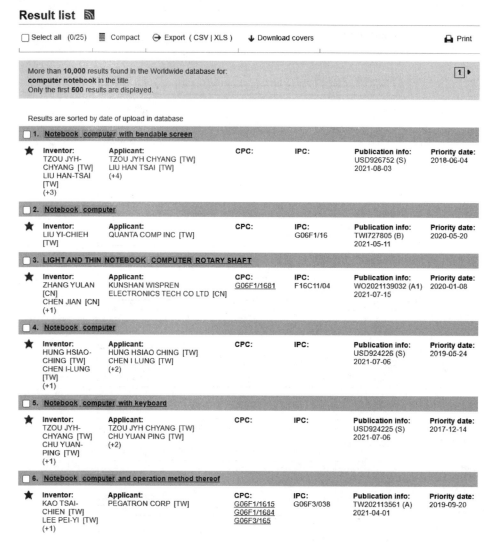

图 6–65 欧洲专利局专利经典检索高级检索结果列表界面

在检索结果列表中，点击所需的专利，就可直接显示该专利的著录项信息与摘要附图，再通过点击说明书全文、权利要求书、原始申请全文图像、法律状态、同族专利等就可以获得该专利的相关信息。另外，还可以将专利原始申请全文图像下载保存，如图 6–66 所示。

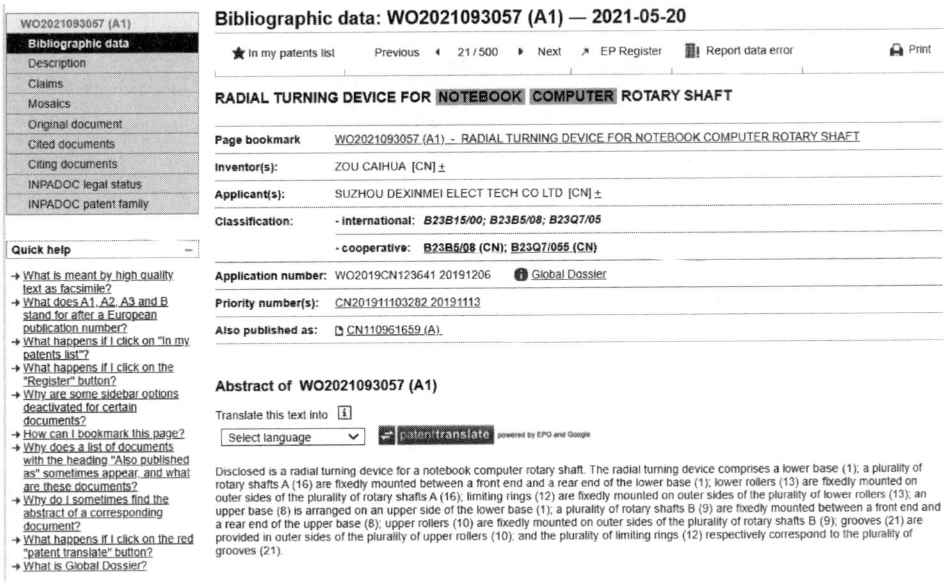

图 6 – 66　欧洲专利局专利经典检索专利细览界面

欧洲专利局法律状态检索结果为列表显示，列表包括专利名称、专利申请号、申请人、IPC 等。

在检索结果列表中，点击所需的专利，就可直接显示该专利的法律状态信息，包括授权信息、缴费信息、专利运营信息、欧洲专利指定国家信息等。

二、欧盟外观设计数据检索

欧盟外观设计数据可通过欧盟知识产权局（EUIPO）网站的复合检索获取。

（一）检索途径概述

欧盟知识产权局网站复合检索（eSearch plus）可为用户提供外观设计信息服务。

（二）检索方式介绍

1. 进入方式

用户无须注册账号即可通过欧盟知识产权局网址（https://euipo. europa. eu/）进入欧盟知识产权局网站首页，通过点击右侧的 "eSearch plus" 进入复合检索页面。

2. 数据收录范围

欧盟知识产权局收录了自 2003 年 3 月 28 日至今超过 154 万欧盟外观设计相关数据。

3. 检索方式

欧盟知识产权局官网首页设有检索入口链接，可检索欧盟外观设计数据。

另外，在欧盟知识产权局官网，点击 "eSearch plus" 进入复合检索，该检索范围涵盖欧盟商标、外观设计等数据。首页设有一搜索框，为快速检索，可以在搜索框中直接输入外观设计号码进行检索，如图 6 – 67 所示。

图 6 – 67　欧盟知识产权局复合检索界面

点击 "Search" 右上侧的 "Advanced search"，进入高级检索页面。选择 "Designs"，然后在左侧搜索条件栏选择检索字段，最后在搜索框中输入外观设计号码等进行检索，如图 6 – 68 所示。

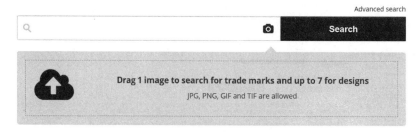

图 6 – 68　欧盟知识产权局复合检索的外观设计高级检索界面

4. 检索结果显示

欧盟知识产权局外观设计复合检索结果为列表显示，列表包括外观设计号码、申请日期、洛迦诺分类号、权利人等，如图 6 - 69 所示。

图 6 - 69　欧盟知识产权局复合检索外观设计检索结果概览界面

在检索结果列表中，点击所需的外观设计，就可直接显示该外观设计的详细信息。

三、欧盟商标数据检索

欧盟商标数据可通过欧盟知识产权局网站的复合检索获取。

（一）检索途径概述

欧盟知识产权局网站复合检索（eSearch plus）主要为用户提供商标公告信息服务。

欧盟商标数据库涵盖欧盟以及其他国家的商标数据。

（二）检索方式介绍

1. 进入方式

用户无须注册账号即可通过欧盟知识产权局网址（https://euipo. europa. eu/）进入欧盟知识产权局网站首页，通过点击右侧的"eSearch plus"进入复合检索界面。

2. 数据收录范围

欧盟知识产权局收录了自 1996 年 4 月 1 日至今超过 224 万条欧盟商标申请、注册相关数据。

3. 检索方式

欧盟知识产权局官网首页设有检索入口链接，可检索欧盟商标数据以及其他加入国家的商标数据。

另外，在欧盟知识产权局官网，点击"eSearch plus"进入复合检索，该检索范围涵盖欧盟商标、外观设计等数据。首页设有一搜索框，为快速检索，可以在搜索框中直接输入商标号码进行商标检索，如图6-70所示。

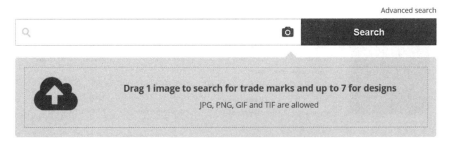

图6-70 欧盟知识产权局复合检索界面

点击"Search"右上侧的"Advanced search"进入高级检索界面。选择商标，然后选择检索字段，最后在搜索框中输入商标号码或商标名称检索，如图6-71所示。

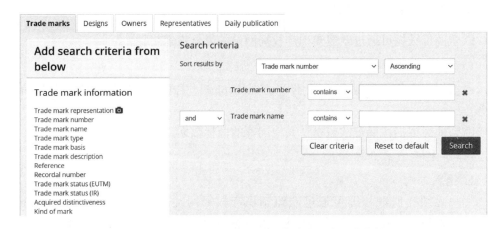

图6-71 欧盟知识产权局复合检索的商标高级检索界面

4. 检索结果显示

欧盟知识产权局商标复合检索结果为列表显示，列表包括商标名称、商标号、申请日期、申请人等，如图 6 – 72 所示。

图 6 – 72　欧盟知识产权局复合检索商标检索结果概览界面

在检索结果列表中，点击所需的商标，就可直接显示该商标的详细信息，如图 6 – 73 所示。

四、欧盟商标查询系统（中国自建）

（一）系统概述

欧盟商标查询系统为国家知识产权局公共服务司与中国（广东）知识产权保护中心共建，简称 EUTMS，可为用户提供免费、便捷、准确的欧盟商标信息服务。

（二）系统使用介绍

1. 进入方式

用户可以通过该系统网址（https://eutms.gippc.com.cn）进入欧盟商标查询系统；也可以从国家知识产权公共服务网（http://ggfw.cnipa.gov.cn：8010）的"检索查询"栏目，点击"欧盟商标查询"模块进入欧盟商标查询系统。若需查看商标的详细信息，用户要先进行用户注册，登录后方可查看。

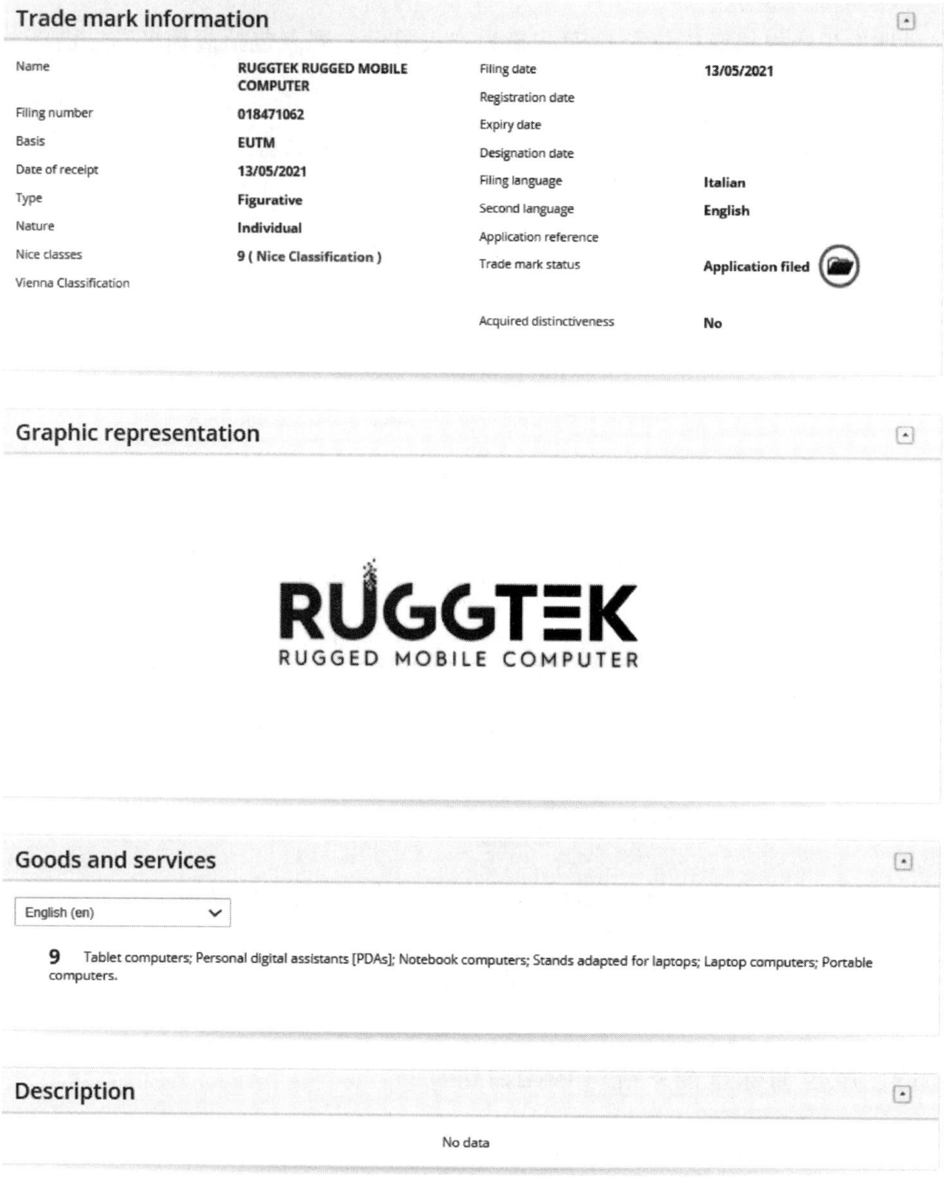
Trade mark information
Name
RUGGTEK RUGGED MOBILE COMPUTER
Filing number
018471062
Basis
EUTM
Date of receipt
13/05/2021
Type
Figurative
Nature
Individual
Nice classes
9 (Nice Classification)
Vienna Classification
Filing date
13/05/2021
Registration date
Expiry date
Designation date
Filing language
Italian
Second language
English
Application reference
Trade mark status
Application filed
Acquired distinctiveness
No
Graphic representation
RUGGTEK
RUGGED MOBILE COMPUTER
Goods and services
English (en)
9 Tablet computers; Personal digital assistants [PDAs]; Notebook computers; Stands adapted for laptops; Laptop computers; Portable computers.
Description
No data

图 6-73 欧盟知识产权局复合检索商标检索结果细览界面

2. 数据收录范围

欧盟商标查询系统收录了 1996 年 4 月 1 日至今超过 203 万条欧盟商标申请、注册相关数据。

3. 检索方式

欧盟商标查询系统目前支持按照商标的“名称”“申请人”“申请号”字段查询信息，如图 6-74 所示。名称、申请人、申请号默认为模糊查找，需要精确检索时，需将检索内容前后加单引号。

图 6 – 74　欧盟商标查询系统检索界面

4. 检索结果显示

用户发起查询后，欧盟商标查询系统对返回的商标信息结果可以以图文式、列表式、首图式三种方式来展示。用户可点击检索结果界面上部的"图文式""列表式""首图式"按钮来切换。

查询结果展示页面左侧的"检索结果统计"，是对本次查询结果基于申请日期、注册日期、代理机构、国际分类的聚合统计，如图 6 – 75 所示。

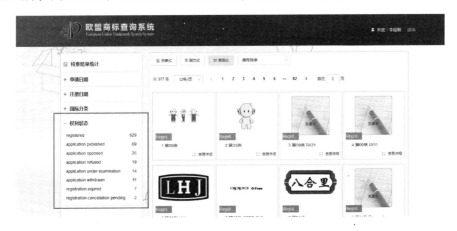

图 6 – 75　欧盟商标查询系统商标检索结果首图式显示界面

用户可点击查询结果展示页面的具体信息条目，或点击该页面上某条目的"查看详细"链接，系统会给出当前商标数据的更多信息展示，包括：商标名称、申请号、申请日、注册公告日、商标类型、商标状态、国际分类、维也纳分类、申请人名称、代理人名称、申请语言代码、第二语言代码、所有人信息、代理人信息、商品与服务信息、流程信息、公告信息。

第三部分

知识产权基础数据解读

　　知识产权基础数据解读部分包括第七章至第十二章。主要内容包括知识产权数据标准和规范的介绍，中国专利、商标、地理标志、集成电路布图设计等各类型知识产权数据内容的详细解读，国外主要知识产权数据的解读。通过系统介绍国内外数据标准规范、数据样例、数据字段及数据内在属性，便于用户准确、规范、便捷地利用知识产权数据。

第七章　知识产权数据标准和规范

本章全面介绍国内外知识产权数据相关标准规范，并详细解读常用的结构化数据标准，为开展数据资源管理、共享、服务、利用工作提供统一的参考依据。

第一节　国际标准和规范

本书介绍的知识产权数据标准和规范主要包括世界知识产权组织（WIPO）标准及我国自行制定的标准和规范。知识产权数据标准和规范用于指导规范知识产权文献的出版和知识产权数据的加工，旨在完善知识产权行业标准体系，提高知识产权文献和数据存储、检索、交换、共享和利用的便捷度，为社会公众提供高质量的知识产权服务。

一、国际标准和规范简介

世界知识产权组织是联合国保护知识产权的专门机构，根据《建立世界知识产权组织公约》而设立，为各国政府提供了一个关于知识产权服务、政策、合作与信息的全球平台。

《WIPO工业产权信息与文献手册》是在来自不同国家的专家组的帮助下制定的，是知识产权信息和技术领域国际合作的成果，对于促进知识产权文件和相关数据的国际交换具有重大意义，该手册由WIPO标准委员会（CWS）批准。

WIPO的标准、建议书和指南的全文，均以官方网站发布的方式刊登在《WIPO工业产权信息与文献手册》第三部分中，以替换页形式用英文、法文和西班牙文出版，不定期更新。WIPO标准为处理知识产权文件中的信息提供了一个框架，其涵盖专利、商标、外观设计、地理标志和版权等，应用于工业产权处理过程的所有阶段（申请、审查、公布、授权），也用于数据传播。这些标准均采用建议的形式，推荐给各国的国家或地区知识产权局、涉及知识产权文献和信息事务的国际组织。

随着网络技术的不断发展，WIPO标准也在持续地改进和修订，并适时地推出一系列标准的更新措施。工业产权信息与文献标准，可归纳分为以下四组类别。

1. A 组：信息和文献的通用标准（见表 7-1）

表 7-1　信息和文献的通用标准

序号	标准号	标准中文名称	标准英文名称	发布日期	主要作用	网址
1	ST. 2	采用公历标示日期的标准方法	Manner for designating calendar dates	1997-05-30	规范日期信息	https://www.wipo.int/export/sites/www/standards/en/pdf/03-02-01.pdf
2	ST. 3	用双字母代码表示国家、其他实体及政府间组织的推荐标准	Two-letter codes for the representation of states, other entities and intergovernmental organizations	2019-07-05	规范国别（其他实体及政府间组织）信息	https://www.wipo.int/export/sites/www/standards/en/pdf/03-03-01.pdf
3	ST. 13	专利补充保护证书工业设计及集成电路布图设计申请的编号建议	Numbering of applications for IPRs	2008-02-21	规范号码信息	https://www.wipo.int/export/sites/www/standards/en/pdf/03-13-01.pdf
4	ST. 96	使用 XML（可扩展标记语言）来处理知识产权信息的建议	Processing of Intellectual Property information using XML	2021-10-01	规范数据格式	https://www.wipo.int/export/sites/www/standards/en/pdf/03-96-01.pdf

2. B 组：有关专利信息和文献的标准（见表 7-2）

表 7-2　有关专利信息和文献的标准

序号	标准号	标准中文名称	标准英文名称	发布日期	主要作用	网址
1	ST. 1	关于唯一化标识专利文献所需最低限度数据元素的建议	Minimum data elements required to uniquely identify a patent document	2001-05-30	规范专利数据元素	https://www.wipo.int/export/sites/www/standards/en/pdf/03-01-01.pdf
2	ST. 6	对公布的专利文献编号的建议	Numbering of published patent documents	2002-12-06	规范专利号码	https://www.wipo.int/export/sites/www/standards/en/pdf/03-06-01.pdf

序号	标准号	标准中文名称	标准英文名称	发布日期	主要作用	网址
3	ST. 8	在可机读记录中记录国际专利分类 IPC 号的标准	IPC symbols on machine – readable records	2010 – 10 – 29	规范分类标准	https://www. wipo. int/export/sites/www/standards/en/pdf/03 – 08 – 01. pdf
4	ST. 9	关于专利及补充保护证书的著录项目数据的建议	Bibliographic data on and relating to patents and SPCs	2013 – 04 – 19	规范专利著录项目	https://www. wipo. int/export/sites/www/standards/en/pdf/03 – 09 – 01. pdf
5	ST. 10	公布的专利文献	Published patent documents	1997 – 11 – 21	规范文献公布信息	https://www. wipo. int/export/sites/www/standards/en/pdf/03 – 10 – 00. pdf
6	ST. 10/A	专利文献的格式	Format of patent documents	1994 年 4 月	规范专利文献格式	https://www. wipo. int/export/sites/www/standards/en/pdf/03 – 10 – a. pdf
7	ST. 10/B	著录项目数据的版式	Layout of bibliographic data components	2008 – 11 – 21	规范著录项目格式	https://www. wipo. int/export/sites/www/standards/en/pdf/03 – 10 – b. pdf
8	ST. 10/C	著录项目数据的表示	Presentation of bibliographic data components	2010 – 10 – 29	规范著录项目数据	https://www. wipo. int/export/sites/www/standards/en/pdf/03 – 10 – c. pdf
9	ST. 10/D	专利文献的物理特性（特别是其可复制性和可辨认性）的指南	Physical characteristics of patent documents	2016 年 10 月	专利文献的物理特性指南	https://www. wipo. int/export/sites/www/standards/en/pdf/03 – 10 – d. pdf
10	ST. 11	关于专利公报或相关出版物中最低限度索引的建议	Minimum of indexes to be inserted in patent gazettes	1990 年 12 月	规范索引	https://www. cnipa. gov. cn/transfer/wxfw/zlwxxxggfw/zsyd/bzyfl/gjbz/ygzlxxhwxdbz/201407/P02014070 1420375508720. pdf

序号	标准号	标准中文名称	标准英文名称	发布日期	主要作用	网址
11	ST. 12	专利文献摘要编制指南	Preparation of abstracts of patent documents	1994 年 4 月	规范摘要	https://www.wipo.int/export/sites/www/standards/en/pdf/03 – 12 – 00. pdf
12	ST. 12/A	专利文献摘要编制通用指南	Abstracts of patent documents	1994 年 4 月	规范摘要	https://www.wipo.int/export/sites/www/standards/en/pdf/03 – 12 – a. pdf
13	ST. 12/B	类目专利文摘编制指南	Categorized patent abstract	1994 年 4 月	规范摘要	https://www.wipo.int/export/sites/www/standards/en/pdf/03 – 12 – b. pdf
14	ST. 12/C	以卡片形式另行公布的定题信息服务(SDI)摘要的物理特性指南	Physical characteristics of separately published abstracts	1994 年 4 月	规范 SDI 摘要的格式	https://www.wipo.int/export/sites/www/standards/en/pdf/03 – 12 – c. pdf
15	ST. 14	在专利文献中列入引证参考文献的建议	References cited in patent documents	2016 – 03 – 24	规范引证文献	https://www.wipo.int/export/sites/www/standards/en/pdf/03 – 14 – 01. pdf
16	ST. 15	专利文献中发明名称的用词指南	Titles of inventions in patent documents	1995 年 12 月	规范发明名称	https://www.wipo.int/export/sites/www/standards/en/pdf/03 – 15 – 01. pdf
17	ST. 16	用于标识不同种类专利文献的推荐标准代码	Identification of different kinds of patent documents	1997 – 05 – 30	规范专利种类代码	https://www.wipo.int/export/sites/www/standards/en/pdf/03 – 16 – 01. pdf
18	ST. 17	官方公报中公告标目的编码建议	Coding of headings of announcements made in official gazettes	1990 年 12 月	规范公告标目的编码	https://www.wipo.int/export/sites/www/standards/en/pdf/03 – 17 – 01. pdf

序号	标准号	标准中文名称	标准英文名称	发布日期	主要作用	网址
19	ST. 18	关于专利公报及其他专利公告期刊的建议	Patent gazettes and other patent announcement journals	1997 – 11 – 21	规范专利公报及其他专利公告期刊的形式	https://www. wipo. int/export/sites/www/standards/en/pdf/03 – 18 – 01. pdf
20	ST. 19	工业产权局出版年度、半年度、季度索引的建议	Indexes issued by IPO	1990 年 12 月	规范索引	https://www. wipo. int/export/sites/www/standards/en/pdf/03 – 19 – 01. pdf
21	ST. 20	专利文献中名称索引的编制建议	Name indexes to patent documents	1993 年 12 月	规范名称、索引	https://www. wipo. int/export/sites/www/standards/en/pdf/03 – 20 – 01. pdf
22	ST. 21	关于缩减向工业产权局提交优先权文献量的建议	Reduction of volume of priority documents	1994 年 4 月	规范优先权文献量	https://www. wipo. int/export/sites/www/standards/en/pdf/03 – 21 – 01. pdf
23	ST. 22	关于以光学字符识别（OCR）格式准备专利申请的建议	Authoring of patent applications for the purpose of OCR	2008 – 11 – 21	对专利文本的OCR建议	https://www. wipo. int/export/sites/www/standards/en/pdf/03 – 22 – 01. pdf
24	ST. 25	专利申请中核苷酸和氨基酸序列表的表述标准	Presentation of nucleotide and amino acid sequence listings	2009 – 10 – 30	规范序列表	https://www. wipo. int/export/sites/www/standards/en/pdf/03 – 25 – 01. pdf
25	ST. 26	使用 XML 表示核苷酸和氨基酸序列表的建议标准	Presentation of nucleotide and amino acid sequence listings using XML	2021 – 11 – 05	规范序列表	https://www. wipo. int/export/sites/www/standards/en/pdf/03 – 26 – 01. pdf
26	ST. 27	关于专利法律状态数据交换的建议	Exchange of patent legal status data	2021 – 11 – 05	规范专利法律状态数据交换	https://www. wipo. int/export/sites/www/standards/en/pdf/03 – 27 – 01. pdf

序号	标准号	标准中文名称	标准英文名称	发布日期	主要作用	网址
27	ST. 31	用于交换可机读专利文件记录的推荐标准编码字符集	Character sets for the exchange of patent documents	1996 年 10 月	规范标准编码字符集	https：//www.wipo.int/export/sites/www/standards/en/pdf/03 - 31 - 01.pdf
28	ST. 32	使用 SGML 标准通用标记语言标记专利文件的建议	Markup of patent documents using SGML	1995 - 11 - 24	规范专利数据格式	https：//www.wipo.int/export/sites/www/standards/en/pdf/03 - 32 - 01.pdf
29	ST. 33	用于交换专利文件摹真信息❶的推荐标准格式	Data exchange of facsimile information of patent documents	1999 - 02 - 12	规范用于交换专利文件摹真信息的格式	https：//www.wipo.int/export/sites/www/standards/en/pdf/03 - 33 - 01.pdf
30	ST. 34	用于著录项目数据交换的以电子形式记录申请号的建议	Recording of application numbers in electronic form	1997 - 05 - 30	规范申请号	https：//www.wipo.int/export/sites/www/standards/en/pdf/03 - 34 - 01.pdf
31	ST. 35	用于数据交换的在盘至盘和 IBM3480/90 盒式磁带（MMMT）上以混合模式出版专利文件信息的推荐标准格式	Data exchange of mixed - mode published patent information on MMMT	1999 - 12 - 10	规范用于数据交换的专利文件格式	https：//www.wipo.int/export/sites/www/standards/en/pdf/03 - 35 - 01.pdf
32	ST. 36	使用 XML（可扩展标记语言）来处理专利文件的建议	Processing of patent information using XML	2007 - 11 - 23	规范专利数据格式	https：//www.wipo.int/export/sites/www/standards/en/pdf/03 - 36 - 01.pdf
33	ST. 37	公开的专利文献权威文档的建议	Authority file of published patent documents	2021 - 11 - 05	规范权威文档	https：//www.wipo.int/export/sites/www/standards/en/pdf/03 - 37 - 01.pdf

---

❶ 本标准的"摹真信息"指非编码式文献图像。

3. C 组：有关商标信息和文献的标准（见表7-3）

表7-3　有关商标信息和文献的标准

序号	标准号	标准中文名称	标准英文名称	发布日期	主要作用	网址
1	ST. 60	关于商标著录项目数据的建议	Recommendation concerning bibliographic data relating to marks	2019-07-05	规范商标著录项目	https://www.wipo.int/export/sites/www/standards/en/pdf/03-60-01.pdf
2	ST. 62	关于维也纳分类标准缩略语的建议	Standard abbreviation for Vienna Classification	1992-12-11	规范维也纳分类缩略语	https://www.wipo.int/export/sites/www/standards/en/pdf/03-62-01.pdf
3	ST. 63	有关商标公报内容和版式的建议	Content and layout of trademark gazettes	1997-11-21	规范商标公报内容和版式	https://www.wipo.int/export/sites/www/standards/en/pdf/03-63-01.pdf
4	ST. 64	用于商标检索的推荐检索文件	Search files for trademark search	1996-05-24	规范检索文件	https://www.wipo.int/export/sites/www/standards/en/pdf/03-64-01.pdf
5	ST. 66	使用 XML（可扩展标记语言）来处理商标信息的建议	Processing of trademark information using XML	2012-02-27	规范商标数据格式	https://www.wipo.int/export/sites/www/standards/en/pdf/03-66-01.pdf
6	ST. 67	关于商标的图形要素的电子化管理建议	Electronic management of the figurative elements of trademarks	2012-05-04	规范商标图形要素管理	https://www.wipo.int/export/sites/www/standards/en/pdf/03-67-01.pdf
7	ST. 68	关于声音商标的电子化管理建议	Electronic management of sound marks	2016-03-24	规范声音商标管理	https://www.wipo.int/export/sites/www/standards/en/pdf/03-68-01.pdf

4. D 组：有关工业品外观设计信息和文献的标准（见表 7 – 4）

表 7 – 4　有关工业品外观设计信息和文献的标准

序号	标准号	标准中文名称	标准英文名称	发布日期	主要作用	网址
1	ST. 80	关于工业设计著录项目数据的建议	Bibliographic data relating to industrial designs	2004 – 01 – 30	规范工业设计著录项目	https://www.wipo.int/export/sites/www/standards/en/pdf/03 – 80 – 01. pdf
2	ST. 81	关于工业设计公报的内容和版式的建议	Content and lay-out of industrial designs gazettes	1997 – 11 – 21	规范工业设计公报	https://www.wipo.int/export/sites/www/standards/en/pdf/03 – 81 – 01. pdf
3	ST. 86	使用 XML（可扩展标记语言）来处理工业设计信息的建议	Processing of industrial design information using XML	2008 – 02 – 21	规范工业设计数据格式	https://www.wipo.int/export/sites/www/standards/en/pdf/03 – 86 – 01. pdf

二、重要结构化标准和规范介绍

WIPO 为协调各国工业产权信息与文献的出版、加工、数据交换及利用，制定了一整套有关工业产权信息与文献的相关标准。本节选取各国采用较多的 ST. 36 标准、ST. 66 标准、ST. 96 标准进行介绍。

（一）ST. 36 标准

2003 年 6 月，WIPO 发布 ST. 36 标准，即《关于使用 XML（可扩展标记语言）处理专利文件的建议》。该标准的宗旨是将 XML（可扩展标记语言）用于各种专利信息的申请、加工、出版和数据交换。制订 ST. 36 标准的目的是处理专利文件，包括文本和图像数据的处理，以使专利文件拥有合乎逻辑的、系统独立的结构。

ST. 36 标准采用外部 DTD（Document Type Definition）文档类型定义的方式来规范 XML 文档。DTD 是一套关于标识符的语法规则，它定义了元素、子元素、属性以及取值，规定了用户在 DTD 关联的 XML 文档中可使用什么标记、各个标记出现的顺序以及标记的层次关系等，从而由用户自行规范和控制文件的组织结构，保证 XML 文档格式的规范性和正确性。

ST. 36 标准主要应用于电子申请系统和各国家及组织之间的外部数据交换。电子申请可分为 PCT 国际申请、各专利局本国申请以及与外部的数据交换。

（二）ST. 66 标准

WIPO 发布的 ST. 66 标准，即《使用 XML（可扩展标记语言）来处理商标信息的建议》是与商标信息和文件相关的标准。目前正在使用的 ST. 66 标准，为 2012 年 2 月修订的 1.2 版本。ST. 66 标准推荐使用 XML（可扩展标记语言）资源，用于各类商标信息的归档、处理、发布和交换事务。其目的是处理商标文件，包括文本文件和图形文件的处理，以使商标信息拥有合乎逻辑的、系统独立的结构。

ST. 66 标准基于商标模型 TM – XML、世界知识产权组织马德里电子通信 DTD 和 WIPO 标准 ST. 36 建立。同时，ST. 66 标准也参考了 ISO 国家代码标准（ISO3166）、语言代码（ISO639）、货币代码（ISO4217）和 WIPO 标准 ST. 3。

ST. 66 标准除主体部分（定义与术语、标准范围、标准要求、一般 XML 结构和 XML 标记命名规则等），还包括 5 个附录：附录 A，ST. 66 XML 字典；附录 B，ST. 66 XML 模式；附录 C，ST. 66 相关类图；附录 D，首字母缩略词和缩写词列表；附录 E，ST. 36 兼容性表格。

ST. 66 标准很好地定义了商标数据的信息，在 ST. 96 没有被采用的一段时间内，成为在国际上使用较广的一套商标数据标准，WIPO 的马德里商标数据和 EUIPO 的欧盟商标数据都是依据此标准建立，并将数据产品进行了推广和国际交换等。

（三）ST. 96 标准

ST. 96 标准（Version1.0），即《使用 XML（可扩展标记语言）来处理工业产权信息的建议》，已于 2012 年 5 月 4 日在 WIPO 标准委员会（CWS）第二次会议上通过。与 ST. 36 不同，该标准被推荐用于各类知识产权领域，包括专利、商标、外观设计的申请、公开、处理和信息交换的 XML 资源。

ST. 96 标准除了提供实际文档须遵循的 Schema 文件外，还包括具体的设计规则、数据字典、技术规范、实施规则和指南，同时还考虑了与已有 WIPO XML 标准的兼容性和可转换性，提供了转换规则和指南。

其目标在于：①加强各知识产权局之间的互通性；②促进各种知识产权类型之间的协调；③促进数据兼容性，尤其是与 WIPOST. 36/66/86 之间的数据可转换性；④改善知识产权信息的一致性；⑤推动 XML Schema 的普及使用。

ST. 96 标准第一次采用了 Schema 技术，实现了一次质的飞跃。

Schema 在专利数据元素的描述上更为详细和灵活，可重用性和可读性更好，相比之前的 ST. 36 标准等，模块化程度更高，适用范围更广。

（四）标准中字段对比

1. 专利数据标准

国外专利数据采用 ST. 36 标准和 ST. 96 标准较多，下面以专利数据的主要字段为例，介绍 ST. 36 标准和 ST. 96 标准的不同展现形式，如表 7 – 5 所示。

表 7 – 5   ST. 36 标准和 ST. 96 标准字段对比

中文含义	ST. 36 字段内容		ST. 96 字段内容
公开相关信息	Publication – reference		pat：PatentPublicationIdentification pat：PatentGrantIdentification
公开国家		Country	com：IPOfficeCode
公开（告）号		Doc – number	pat：PublicationNumber pat：PatentNumber
文献种类		Kind	com：PatentDocumentKindCode
公开日期		Date	com：PublicationDate
申请相关信息	Application – reference		pat：ApplicationIdentification
申请国家代码		Country	com：IPOfficeCode
申请号		Doc – number	com：ApplicationNumber
申请日期		Date	pat：FilingDate
优先权相关信息	Priority – claims		pat：PriorityClaimBag
优先申请号		Doc – number	com：ApplicationNumber
优先申请日		Date	pat：FilingDate
国家、地区和组织代码		Country	com：IPOfficeCode
发明名称	Invention – title		pat：InventionTitle
引证文献信息	Patcit		pat：ReferenceCitation
专利文献引用信息		Patcit	com：PatentCitation
非专利文献引用信息		Nplcit	com：NPLCitation
申请人有关的信息	Applicants		pat：ApplicantBag
发明人的相关信息	Inventors		pat：InventorBag
代理人的相关信息	Agents		pat：RegisteredPractitionerBag
审查员信息	Examiners		pat：ExaminerBag
摘要	Abstract		pat：Abstract
说明书信息	Description		pat：Description
权利要求	Claims		pat：Claims
附图	Drawings		pat：Drawings

2. 商标数据标准

商标数据主要采用 ST. 66 标准和 ST. 96 标准，下面以商标数据的主要字段为例，介绍不同字段在两个标准中的表现形式，如表 7 – 6 所示。

表 7 – 6　**ST. 66 标准和 ST. 96 标准字段对比**

主要商标信息	ST. 66 标准标签	ST. 96 标准标签
申请号码	ApplicationNumber	ApplicationNumberText
申请日期	ApplicationDate	com：ApplicationDate
商标名称	MarkVerbalElementText	tmk：MarkSignificantVerbalElementText
注册号码	RegistrationNumber	com：RegistrationNumber
注册日期	RegistrationDate	com：RegistrationDate
国际分类号	ClassNumber	tmk：ClassNumber
专用权结束日期	ExpiryDate	com：ExpiryDate
商标当前状态	MarkCurrentStatusCode	tmk：MarkCurrentStatusCode
商品与服务信息	GoodsServicesDescription	tmk：GoodsServicesDescriptionText
商标类型	KindMark	tmk：MarkCategory
商标颜色说明	MarkImageColourClaimedText	tmk：MarkImageColourClaimedText
商标说明	MarkDescription	tmk：MarkDescriptionText
放弃专用权说明	MarkDisclaimer	tmk：MarkDisclaimerText
优先权国家（组织和地区）代码	PriorityCountryCode	com：PriorityCountryCode
优先权号码	PriorityNumber	com：ApplicationNumberText
优先权日期	PriorityDate	com：PriorityApplicationFilingDate
申请人有关的信息	ApplicantDetail	tmk：ApplicantBag
申请人地址	FormattedAddress	com：AddressLineText
代理人有关的信息	RepresentativeDetails	com：RepresentativeBag

第二节　中国标准和规范

一、中国标准和规范简介

我国的标准化文件包括标准、标准化指导性技术文件，以及文件的某个部分等类别。目前，我国常用的知识产权数据标准化文件有 15 个，按照其应用内容的不同可分为文献信息标准和数据标准两组。具体情况如表 7 – 7、表 7 – 8 所示。

1. A 组：文献信息标准（如表 7 - 7 所示）

表 7 - 7　文献信息标准

序号	标准号	标准名称	发布日期	主要作用	网址
1	ZC 0009—2012	中国专利文献著录项目	2012 - 11 - 16	规范著录项目	https://www.cnipa.gov.cn/art/2014/7/4/art_2150_151060.html
2	ZC 0007—2012	中国专利文献号	2012 - 11 - 16	规范专利文献号	https://www.cnipa.gov.cn/art/2014/7/4/art_2150_151059.html
3	ZC 0013—2012	中国专利文献版式	2012 - 11 - 16	规范专利版式	https://www.cnipa.gov.cn/art/2014/7/4/art_2150_151056.html
4	ZC 0006—2003	专利申请号标准	2003 - 07 - 14	规范专利申请号	https://www.cnipa.gov.cn/art/2009/11/17/art_2150_151048.html
5	ZC 0001—2001	专利申请人和专利权人（单位）代码标准	2001 - 11 - 01	规范专利申请人和专利权人代码	https://www.cnipa.gov.cn/art/2009/11/17/art_2150_151047.html
6	ZC 0008—2004	专利文献种类标识代码标准	2004 - 01 - 07	规范文献种类	https://www.cnipa.gov.cn/art/2009/11/17/art_2150_151043.html
7	ZC 0009—2006	专利文献著录项目标准（试行）	2006 - 11 - 10	规范著录项目	https://www.cnipa.gov.cn/art/2009/11/17/art_2150_151042.html

2. B 组：数据标准（如表 7 - 8 所示）

表 7 - 8　数据标准

序号	标准号	标准名称	发布日期	主要作用	网址
1	ZC 0005.1—2003	专利信息统计数据项标准（第一部分）	2003 - 01 - 15	规范著录项目	https://www.cnipa.gov.cn/art/2009/11/17/art_2150_151041.html

序号	标准号	标准名称	发布日期	主要作用	网址
2	ZC 0014—2012	专利文献数据规范	2012 - 11 - 16	规范专利文献数据	https：//www. cnipa. gov. cn/art/2014/7/4/art_2150_151057. html
3	ZC 0012.1—2006	专利数据元素标准 第 1 部分：关于用 XML 处理复审请求审查决定、无效请求审查决定和司法判决文件的暂行办法	2006 - 12 - 22	规范 XML 格式专利数据	https：//www. cnipa. gov. cn/art/2009/11/17/art_2150_151046. html
4	ZC 0012.2—2006	专利数据元素标准 第 2 部分：关于用 XML 处理中国发明、实用新型专利文献数据的暂行办法	2006 - 12 - 22	规范 XML 格式专利数据	https：//www. cnipa. gov. cn/art/2009/11/17/art_2150_151045. html
5	ZC 0012.3—2012	中国专利数据元素标准 第 3 部分：关于用 XML 处理中国专利申请数据的规范	2012 - 11 - 16	规范 XML 格式专利数据	https：//www. cnipa. gov. cn/art/2014/7/4/art_2150_151055. html
6	ZC 0005—2012	专利公共统计数据项	2012 - 11 - 16	规范专利统计数据项	https：//www. cnipa. gov. cn/art/2014/7/4/art_2150_151058. html
7	GB/T 18391.1—2009	信息技术 元数据注册系统（MDR）第1部分：框架	2009 - 09 - 30	规定元数据	http：//www. gb688. cn/bzgk/gb/newGbInfo？hcno = C6322880EA6B375084D51224B598E7A3

序号	标准号	标准名称	发布日期	主要作用	网址
8	—	知识产权基础信息数据规范（试行）	2020	规范知识产权基础信息	http://ggfw.cnipa.gov.cn：8010/PatentCMS_Center/info/1910

二、重要结构化标准和规范介绍

2012年，在对中外专利数据资源充分调研分析后，在对国内外相关标准研究的基础上，为满足检索和数据交换实际应用需求，国家知识产权局制定并颁布了《专利文献数据规范》（ZC 0014—2012），覆盖中外专利数据资源。

2019年，国家知识产权局制定了《知识产权基础信息数据规范（试行）》，明确专利、商标、地理标志、集成电路布图设计等基础数据规范，并在2020年进行了更新。下文将简要介绍《专利文献数据规范》和《知识产权基础信息数据规范（试行）》。

（一）《专利文献数据规范》

《专利文献数据规范》是在参考WIPO ST. 36标准，国外多个国家、地区和组织的专利数据标准，ISO标准的基础上，基于专利文献利用XML Schema技术对数据元素、文件名、外部实体等进行了规范。《专利文献数据规范》规定了专利文献数据文件名的规范、专利文献数据元素的规范、专利数据格式的规范及应用与维护。

《专利文献数据规范》分为正文和附录，附录共包含A、B、C、D、E、F、G七个部分，分别为元素类别的名称及编号、数据元素目录、模块化指南、Schema XSD、文件名规范办法、图像规范、法律状态及事务公告规范办法。各部分相互关联、相辅相成。

《专利文献数据规范》旨在改变专利数据资源格式繁多、数据一致性难以保证、重复加工的现象，通过对数据内容和格式的规范以及文件名的规范，实现数据的模块化加工和管理，保证了专利数据的一致性和准确性，提高了专利文献数据资源的加工、运用、交换和管理水平。

（二）《知识产权基础信息数据规范（试行）》

《知识产权基础信息数据规范（试行）》是国家知识产权局制定的数据规范之一，是在GB/T 18391—2009的框架下编制的应用于知识产权基础信息的知识产权数据标准。该规范在对我国各种知识产权基础信息深入系统分析的基础上，借鉴了国内外相关的元数据标准、数据元标准以及知识产权领域数据标准，并结合我国知识产权基础信息制度和知识产权基础信息数据现状，对知识产权基础信息的数据元素、文件名和外部实体进行了规范，并提出了应用范围和维护方法等。该规范共有11个附件，分别规范和说明了元素类别的名称及编号、Schema XSD、文件名规范办法、图像文件格式、基础数据元素目录、知识产权主体信息业务元素、专利数据业务元素目录、商标数据业务元素、地理标志数据业务元素、集成电路布图设计数据业务元素、知识产权综合应用数据业务元素。

《知识产权基础信息数据规范（试行）》明确了专利、商标、地理标志、集成电路布图设计等基础数据规范，支持以"权利人"为核心的数据关联应用和以文献或数据标识"号码"为核心的数据检索，为实现专利、商标、地理标志、集成电路布图设计、权利人主体、知识产权司法判决及知识产权综合应用数据的互联互通奠定了基础。该规范充分遵循我国现行标准和国际标准，兼容现行专利文献数据规范，同时预留了知识产权综合应用数据扩展空间。知识产权基础信息数据规范保留了对于《专利文献数据规范》的延续性。

第八章　专利数据解读

本章以专利数据的类型划分为基础，详细介绍各种专利数据的典型样例、字段含义、数据属性等方面，旨在准确揭示专利数据内容，促进数据合理利用，为充分发挥专利数据作用，实现专利数据价值提供支撑。

第一节　专利数据概述

一、专利制度选介

我国第一部《专利法》于 1985 年 4 月 1 日付诸实施，并先后于 1992 年、2000 年、2008 年和 2020 年进行了四次修正。

1985 年，《专利法》规定对发明、实用新型和外观设计三种专利实行保护。发明专利权的期限为十五年，实用新型和外观设计专利权的期限为五年，均自申请日起计算。实用新型和外观设计专利权期满前，专利权人可以申请续展三年。发明专利申请实行早期公开、延迟审查的制度；实用新型、外观设计专利申请实行初步审查制，设置复审和无效环节。专利申请人对驳回申请的决定不服的，可请求复审；专利权被授予后，任何单位或者个人认为该专利权的授予不符合《专利法》规定的，可以请求宣告该专利权无效。

1992 年，《专利法》进行第一次修正。此次修正延长了专利权的保护期限，规定发明专利权有效期为二十年，实用新型专利和外观设计专利的保护期限为十年，均自申请日起计算，取消了实用新型和外观设计专利的续展。在审批程序上，取消了授权前的异议程序，改为授予专利权后六个月内的撤销程序和六个月后的无效程序。

2000 年，《专利法》进行第二次修正。此次修正取消授权后的撤销程序，保留了授权后的无效宣告程序。对于实用新型增设授权后的检索报告制度。

2008 年，《专利法》进行第三次修正。此次修正将实用新型检索报告制度修改为实用新型及外观设计专利权评价报告制度。

2020 年，《专利法》进行第四次修正。此次修正延长外观设计专利保护期限，将外观设计专利保护期限延长为十五年，自申请日起计算。此外增加专利权期限补偿条款。《专利法》第四十二条第二款规定：自发明专利申请日起满四年，且自实质审查请求之日起满三年后授予发明专利权的，国务院专利行政部门应专利权人的请求，就发明专利在授权过程中的不合理延迟给予专利权期限补偿，但由申请人引起的不合理延迟除外。《专利法》第四十二条第三款规定：为补偿新药上市审评审批占用的时间，对在中国获得上市许可的新药相关发明专利，国务院专利行政部门应专利权人的请求给予专利权期限补偿。补偿期限不超过五年，新药批准上市后总有效专利权期限不超过十四年。

同时新增专利开放许可制度，专利权人自愿以书面方式向国务院专利行政部门声明愿意许可任何单位或者个人实施其专利，并明确许可使用费支付方式、标准的，由国务院专利行政部门予以公告，实行开放许可。就实用新型、外观设计专利提出开放许可声明的，应当提供专利权评价报告。

二、专利数据简介

根据现行的专利制度，专利数据主要包括公布公告数据、复审无效数据以及专利法律状态数据。

国务院专利行政部门收到发明专利申请后，经初步审查认为符合本法要求的，自申请日起满十八个月，即行公布。国务院专利行政部门可以根据申请人的请求早日公布其申请。上述公布内容即为发明专利公布数据。发明专利申请经实质审查符合授权条件的，由国务院专利行政部门作出授予发明专利权的决定，发给发明专利证书，同时予以登记和公告。发明专利权自公告之日起生效。实用新型和外观设计专利申请经初步审查符合授权条件的，由国务院专利行政部门作出授予实用新型专利权或者外观设计专利权的决定，发给相应的专利证书，同时予以登记和公告。实用新型专利权和外观设计专利权自公告之日起生效。上述公告内容分别为发明专利授权公告数据、实用新型专利授权公告数据和外观设计专利授权公告数据。

专利申请人对国务院专利行政部门驳回申请的决定不服的，可以自收到通知之日起三个月内向国务院专利行政部门请求复审。国务院专利行政部门复审后，作出决定，并通知专利申请人。国务院专利行政部门对宣告专利权无效的请求应当及时审查和作出决定，并通知请求人和专利权人。宣告专利权无效的决定，由国务院专利行政部门登记和公告。上述内容分别为复审决定数据、无效决定数据。专利公报中的公开信息和事务信息形成了专利法律状态数据。

本章主要介绍由国家知识产权局公开的发明、实用新型和外观设计专利数据，复审和无效数据，以及专利法律状态数据。

第二节　发明与实用新型专利数据

发明，是指对产品、方法或者其改进所提出的新的技术方案。

实用新型，是指对产品的形状、构造或者其结合所提出的适于实用的新的技术方案。发明和实用新型专利数据主要包括申请公布和授权公告过程中产生的数据。

一、数据样例

发明专利数据有申请公布和授权公告两种类型，实用新型专利数据只有授权公告一种类型。下面分别选取国家知识产权局公开的发明专利申请公布数据、发明专利授权公告数据和实用新型授权公告数据作为样例，展示数据内容。数据样例具体见图8-1至图8-3。

（1）中国发明专利申请公布数据样例（申请号：201880072026.3，内容有节选），见图8-1。

(19) 中华人民共和国国家知识产权局

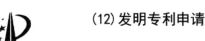

(12) **发明专利申请**

(10) 申请公布号 CN 112513396 A
(43) 申请公布日 2021.03.16

(21) 申请号 201880072026.3

(22) 申请日 2018.09.14

(30) 优先权数据
102017127576.2 2017.11.22 DE

(85) PCT国际申请进入国家阶段日
2020.05.07

(86) PCT国际申请的申请数据
PCT/DE2018/100783 2018.09.14

(87) PCT国际申请的公布数据
WO2019/101260 DE 2019.05.31

(71) 申请人 利塔尔两合公司
地址 德国赫博恩

(72) 发明人 丹尼尔·布吕克
萨沙·维尔博拉威尔

(74) 专利代理机构 北京国昊天诚知识产权代理有限公司 11315
代理人 南霆

(51) Int.Cl.
E05C 7/06 (2006.01)
E05C 9/04 (2006.01)
E05C 9/18 (2006.01)

权利要求书2页 说明书7页 附图6页

(54) 发明名称
用于开关柜的闭锁装置和相应的开关柜

(57) 摘要
本发明涉及一种用于开关柜的闭锁装置，该闭锁装置具有锁门（1）和副门（2），其中副门（2）在与其铰接侧相对的竖直的外边缘（5）上具有U形型材（7），该U形型材（7）在副门（2）的门扇（6）上形成，带有用于锁门（1）的锁定机构的容纳部（8），该容纳部相对于所述门扇（6）向后偏移并且朝向门扇（6）开口，其特征在于，在EU形型材（7）的外部的自由型材侧（10）处，副门（2）的锁定装置（12）的枢转杆（11）绕旋转轴（x）可枢转地固定并且枢转杆（11）绕旋转轴（x）在打开位置和闭锁位置之间可枢转地固定。此外，还描述了一种相应的开关柜。

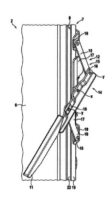

CN 112513396 A

图8-1 中国发明专利申请公布数据样例

权 利 要 求 书

1.一种用于开关柜(100)的闭锁装置,所述闭锁装置具有锁门(1)和副门(2),其中所述副门(2)在与其铰接侧相对的竖直的外边缘(5)处具有U形型材(7),所述U形型材(7)在所述副门(2)的门扇(6)上形成,带有用于所述锁门(1)的锁定机构的容纳部(8),所述容纳部(8)相对于所述门扇(6)向后偏移并且朝向所述门扇(6)开口,其特征在于,在所述U形型材(7)的外部的自由型材侧(10)处,所述副门(2)的锁定装置(12)的枢转杆(11)绕旋转轴(x)在打开位置和闭锁位置之间可枢转地固定。

2.如权利要求1所述的闭锁装置,其中,所述枢转杆(11)能够在平行于所述自由型材侧(10)延伸的平面上在所述打开位置和所述闭锁位置之间枢转。

3.如权利要求1或2所述的闭锁装置,其中,所述旋转轴(x)垂直于所述U形型材(7)的所述自由型材侧(10)延伸。

4.如前述权利要求中任一项所述的闭锁装置,其中,所述自由型材侧(10)至少大致垂直于所述门扇(6)延伸或与所述门扇(6)成钝角地延伸。

5.如前述权利要求中任一项所述的闭锁装置,其中,在所述打开位置,所述枢转杆(11)延伸到所述副门(2)的前面超出所述门扇的平面,并且其中,在所述闭锁位置,所述枢转杆(11)被完全布置在所述门扇的平面的后面。

6.如前述权利要求中任一项所述的闭锁装置,其中,所述副门(2)的锁定装置(12)包括第一和第二推杆(13),所述枢转杆(11)经由剪状元件(14)机械地联接到所述推杆(13),其中所述推杆(13)沿着布置在所述副门(2)的后侧上的、所述U形型材(7)的另一型材侧(22)的外侧(3)延伸,所述另一型材侧(22)通过在所述U形型材(7)的外部的自由型材侧(10)处的弯边形成。

7.如前述权利要求中任一项所述的闭锁装置,其中,所述副门(2)的锁定装置(12)包括第一和第二推杆(13),所述枢转杆(11)经由剪状元件(14)机械地联接到所述推杆(13),其中所述剪状元件(14)的第一曲柄(15)在相对的端部上通过第一旋转连接件(16)与所述第一推杆(13)和枢转杆(11)连接,并且,所述剪状元件(14)的第二曲柄(15)在相对的端部上通过第二旋转连接件(16)与所述第二推杆(13)和枢转杆(11)连接。

8.如权利要求7所述的闭锁装置,其中,在所述枢转杆(11)的每个设定位置,所述曲柄(15)中的至少一个在其整个长度上与所述U形型材(7)的外部的自由型材侧(10)重叠,或者与固定到在外部的所述自由型材侧(10)处并突出超过外部的所述自由型材侧(10)的夹紧保护盖(17)重叠。

9.如权利要求7或8所述的闭锁装置,其中,所述曲柄(15)中的至少一个具有曲柄杆(18)和V形的夹紧保护盖(17),V形的所述夹紧保护盖(17)被一体地形成在所述曲柄杆(18)上,或者被可释放地连接到所述曲柄杆(18)上。

10.如权利要求7至9中任一项所述的闭锁装置,其中,所述曲柄(15)分别通过L形的联接元件(19)连接到相应的推杆(13)上,所述联接元件(19)具有第一固定侧(20),所述第一固定侧(20)平行于所述U形型材(7)的外部的自由型材侧(10)延伸并且具有旋转连接件(16),并且所述联接元件(19)具有第二固定侧(21),所述第二固定侧(21)被连接到所述推杆(13)上并且平行于被布置在所述副门(2)后侧上的、所述U形型材(7)的另一型材侧(22)的外侧(3)延伸。

11.如权利要求7至10中任一项所述的闭锁装置,其中,夹紧保护盖(17)被固定到所述U

2

图 8-1 中国发明专利申请公布数据样例（续）

用于开关柜的闭锁装置和相应的开关柜

[0001]　本发明涉及一种用于开关柜的闭锁装置(Schließeinrichtung),其具有锁门 (Schlosstür)和副门(Nebentür),其中副门在与其铰链侧(Scharnierseite)相对的竖直外 缘处具有形成在副门的门扇(Türblatt)上的U形型材,该U形型材具有相对于门扇向回移动 到开关柜内部中并且朝向门扇打开的用于锁门的锁机构的容纳部。由文献DE19806064C1已 知了一种此类闭锁装置。文献DE19946773C2也描述了一种类似的闭锁装置。

[0002]　现有技术已知的前述类型的闭锁装置所具有的缺点是,在锁门打开时仅能不充分 地达到为了锁定(Verriegelung)副门而要手动操作的机构,这尤其是由以下原因引起,也 就是将杠杆——其为了操纵副门锁定需要进行手动摆动——设置在副门的朝向开关柜内 部的一侧上,并且因此对于使用者是不可见的。

[0003]　因此,本发明的任务在于,进一步改进前述类型的闭锁装置,使得其在操作中是舒 适的。

[0004]　该任务通过具有权利要求1所述特征的闭锁装置来解决。另一独立权利要求16涉 及一种相应的开关柜。示例性实施方式是从属权利要求的主题。

[0005]　因此提出的是,在U形型材的外部的自由型材侧处,副门的锁定装置的枢转杆 (Schwenkhebel)被可枢转地固定,使得其可围绕旋转轴在打开位置和闭锁位置之间枢转。

[0006]　外部的自由型材侧特别是副门的外部端侧,其与副门的门扇成直角或钝角地延 伸。当副门锁的枢转杆可围绕旋转轴在打开位置和闭锁位置之间移位时,该旋转轴可特别 垂直于端面延伸,从而使得枢转杆在打开位置和闭锁位置之间也基本上与副门的门扇的平 面成直角或钝角地移动。因此,枢转杆在每个设定位置都可从闭锁装置的前侧——特别是 还可从开关柜的前侧——被接触到,并且不同于由现有技术已知的布置,该枢转杆不被该 副门覆盖。枢转杆可在一平面内在打开位置和闭锁位置之间枢转,所述平面平行于自由型 材侧延伸。特别地,旋转轴可垂直于自由型材侧延伸。

[0007]　自由型材侧可至少大致垂直于门扇或与门扇成钝角。

[0008]　在打开位置,枢转杆可延伸到副门的前侧,超出门扇平面。此外,在闭锁杆位置 (Schließhebelposition),枢转杆可完全布置在门扇平面的后面。特别地,枢转杆可分别位 于U形型材的外部的自由型材侧或副门的端侧的前面。

[0009]　副门的锁定装置可包括第一和第二推杆(Schubstange),枢转杆经由剪状元件 (Scherenglied)机械地联接到该第一和第二推杆,其中推杆沿着布置在副门的后侧上的、U 形型材的另一型材侧的外侧延伸,其通过在U形型材的外部的自由型材侧处的弯边形成。

[0010]　U形型材可与副门的门扇一体地形成。特别地,U形型材可通过(在与副门的铰链侧 相对的、副门的垂直纵向边缘处)副门的门扇的弯边形成。U形型材可例如由门扇的三个 连续的90°弯边和/或钝角弯边形成。由文献DE19806064C1已知了一种与副门的门扇一体形 成的适当的U形型材。

[0011]　副门的锁定装置可包括第一和第二推杆,枢转杆经由剪状元件机械地联接到该第 一和第二推杆,其中剪状元件的第一曲柄(Kniehebel)在相对的端部上通过第一旋转连接 件与第一推杆和枢转杆连接,并且,剪状元件的第二曲柄在相对的端部上通过第二旋转连

4

图8−1　中国发明专利申请公布数据样例 (续)

CN 112513396 A　　说 明 书 附 图　　1/6 页

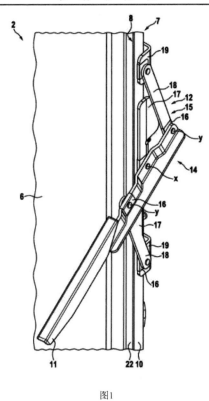

图1

11

图 8－1　中国发明专利申请公布数据样例（续）

（2）中国发明专利授权公告数据样例（申请号：201280035195.2，内容有节选），见图8-2。

(19) **中华人民共和国国家知识产权局**

(12) **发明专利**

(10) 授权公告号 CN 103703148 B
(45) 授权公告日 2021.03.12

(21) 申请号 201280035195.2

(22) 申请日 2012.07.13

(65) 同一申请的已公布的文献号
申请公布号 CN 103703148 A

(43) 申请公布日 2014.04.02

(30) 优先权数据
61/508,597 2011.07.15 US

(85) PCT国际申请进入国家阶段日
2014.01.15

(86) PCT国际申请的申请数据
PCT/US2012/046630 2012.07.13

(87) PCT国际申请的公布数据
WO2013/012708 EN 2013.01.24

(73) 专利权人 简.探针公司
地址 美国加利福尼亚州

(72) 发明人 K.高　J.M.林南　K.C.诺顿
P.C.戈顿　D.多　T.N.勒

(74) 专利代理机构 北京安信方达知识产权代理
有限公司 11262
代理人 刘小立　郑霞

(51) Int.Cl.
C12Q 1/70 (2006.01)

(56) 对比文件
US 20060014142 A1,2006.01.19
DE 102006034844 B3,2007.12.06
WO 01/14593 A2,2001.03.01
WO 2010099378 A2,2010.09.02
US 2003124578 A1,2003.07.03
US 7291452 B1,2007.11.06

审查员 陈彦闻

权利要求书5页　说明书41页
序列表38页

(54) **发明名称**
在单路或多路测定法中用于检测人细小病毒核酸和用于检测甲型肝炎病毒核酸的组合物和方法

(57) **摘要**
本发明公开了对人细小病毒基因组DNA特异性的核酸寡聚物。还公开了一种用于在生物标本中扩增和检测人细小病毒基因型1、2和3的核酸的测定法。还公开了用于在人生物标本中扩增和检测人细小病毒基因型1、2和3的基因组DNA的存在的组合物。

CN 103703148 B

图8-2　中国发明专利授权公告数据样例

1.一种用于检测样本中人细小病毒靶核酸的寡聚物组合,所述寡聚物组合包含:

(I)用于扩增人细小病毒核酸靶区域的第一扩增寡聚物和第二扩增寡聚物,其中

(a)所述第一细小病毒扩增寡聚物为SEQ ID NO:80所示;以及

(b)所述第二细小病毒扩增寡聚物为SEQ ID NO:91或SEQ ID NO:92所示。

2.根据权利要求1所述的寡聚物组合,其进一步包含第三细小病毒扩增寡聚物,所述第三细小病毒扩增寡聚物为SEQ ID NO:99所示。

3.根据权利要求2所述的寡聚物组合,其中第一细小病毒扩增寡聚物序列、第二细小病毒扩增寡聚物序列和第三细小病毒扩增寡聚物序列的组合包含下述之一:SEQ ID NO:80,91,和99;或SEQ ID NO:80,92,和99。

4.根据权利要求1-3中任一项所述的寡聚物组合,还包含至少一种细小病毒特异性捕集探针寡聚物,所述细小病毒特异性捕集探针寡聚物包含共价连接至与固定化探针结合的序列或部分的靶标杂交序列,其中所述靶标杂交序列选自由SEQ ID NO:132-135组成的组。

5.根据权利要求4所述的寡聚物组合,其中所述细小病毒特异性捕集探针寡聚物选自由SEQ ID NO:128-131组成的组。

6.根据权利要求1-3和5中任一项所述的寡聚物组合,还包含至少一种细小病毒特异性检测探针寡聚物,其中所述细小病毒特异性检测探针的序列选自由SEQ ID NO:137-168组成的组。

7.根据权利要求4所述的寡聚物组合,还包含至少一种细小病毒特异性检测探针寡聚物,其中所述细小病毒特异性检测探针的序列选自由SEQ ID NO:137-168组成的组。

8.根据权利要求1-3、5和7中任一项所述的寡聚物组合,其中所述寡聚物组合进一步包含

(II)用于扩增HAV核酸靶区域的第一扩增寡聚物和第二扩增寡聚物,其中

(a)所述第一HAV扩增寡聚物为SEQ ID NO:2所示;以及

(b)所述第二HAV扩增寡聚物为SEQ ID NO:18所示。

9.根据权利要求4所述的寡聚物组合,其中所述寡聚物组合进一步包含(II)用于扩增HAV核酸靶区域的第一扩增寡聚物和第二扩增寡聚物,其中

(a)所述第一HAV扩增寡聚物为SEQ ID NO:2所示;以及

(b)所述第二HAV扩增寡聚物为SEQ ID NO:18所示。

10.根据权利要求6所述的寡聚物组合,其中所述寡聚物组合进一步包含(II)用于扩增HAV核酸靶区域的第一扩增寡聚物和第二扩增寡聚物,其中

(a)所述第一HAV扩增寡聚物为SEQ ID NO:2所示;以及

(b)所述第二HAV扩增寡聚物为SEQ ID NO:18所示。

11.根据权利要求8所述的寡聚物组合,还包含至少一种HAV特异性捕集探针寡聚物,所述HAV特异性捕集探针寡聚物包含共价连接至与固定化探针结合的序列或部分的靶标杂交序列,其中所述靶标杂交序列选自由SEQ ID NO:52-57组成的组。

12.根据权利要求9或10所述的寡聚物组合,还包含至少一种HAV特异性捕集探针寡聚物,所述HAV特异性捕集探针寡聚物包含共价连接至与固定化探针结合的序列或部分的靶标杂交序列,其中所述靶标杂交序列选自由SEQ ID NO:52-57组成的组。

13.根据权利要求11所述的寡聚物组合,其中所述HAV特异性捕集探针寡聚物选自由

2

图 8 - 2　中国发明专利授权公告数据样例（续）

在单路或多路测定法中用于检测人细小病毒核酸和用于检测甲型肝炎病毒核酸的组合物和方法

[0001]　相关专利申请的交叉引用

[0002]　本申请根据35U.S.C.§119要求2011年7月15日提交的美国专利申请No.61/508,597的优先权,将该专利申请的全部内容以引用的方式并入本文。

技术领域

[0003]　本发明涉及用于检测人传染性病原体的诊断方法和组合物,并且具体地讲涉及用于体外检测人细小病毒基因型1、2和3和/或甲型肝炎病毒的核酸的方法和组合物。

背景技术

[0004]　多种治疗性蛋白质,包括凝血因子、免疫球蛋白(IVIG)以及白蛋白,是由如基立福(Grifols)、百特(Baxter)以及CSL之类的公司从人血浆中纯化而来的。检验细小病毒B19和HAV是重要的,因为它们是无包膜病毒,这使得这些病毒在纯化(分级分离)过程期间抗灭活。允许相对低水平的B19存在于血浆级分中(现行规定要求在可含有4,000或5,000个单独的血浆单位的制造池中低于10,000IU)。与其冒险集合成一个大型制造池而然后发现其污染有B19,通常用血浆分级分离器来筛选较小的池来鉴定含有高滴度B19的单独的血浆单位。目前不存在关于HAV的规定,但一般也执行检验,因为这样做已经变成一个行业标准。

[0005]　人细小病毒(红细胞病毒属(Erythrovirus))是一种血源性无包膜病毒,其具有约5.5kb的单链DNA(ssDNA)基因组(Shade等人,1986,J.Virol.(《病毒学杂志》)58(3):921-936;Brown等人,1997,Ann.Rev.Med.(《医学年评》)48:59-67)。单独的病毒粒子含有一个拷贝的基因组的正链或负链,以大致相等数目表现。该ssDNA基因组具有形成约350nt的5'和3'发夹的反向末端重复序列,所述反向末端重复序列为病毒复制所必需。该基因组在正链上包括两个开放阅读框,其编码结构蛋白(VP1和VP2)和非结构蛋白(NS1)。

[0006]　曾经认为人细小病毒是高度保守的,遗传多样性小于2%。然而,近来已发现人红细胞病毒属分离株(最初称为V9)与B19相比在基因组序列方面具有大于11%的趋异性,其中最惊人的DNA不相似性>20%,是在p6启动子区域内观察到的。该V9分离株也被测定具有大于11%的临床存在率。现在人红细胞病毒属群体被分成三个不同的病毒基因型:基因型1(B19)、基因型2(A6样和LaLi样)以及基因型3(V9样)。(Servant等人,2002,J.Virol.(《病毒学杂志》)76(18):9124-34;Ekman等人,2007,J.Virol.(《病毒学杂志》)81(13):6927-35)。Servant等人将基因型1称为对应于细小病毒B19的病毒并将基因型2和3称为对应于细小病毒V9相关病毒的病毒。Ekman等人将基因型1-3称为都对应于细小病毒B19。本文为方便起见,将基因型1、2和3称为细小病毒基因型1、2和3或人细小病毒基因型1、2和3。不能精确检测所有细小病毒基因型的核酸检测测定法会导致许多血浆池仍污染有人细小病毒。因此,需要一种可检测人细小病毒基因型1、2和3的核酸检验。

[0007]　人细小病毒感染可通过呼吸道传播或通过受感染的血液或血液制品而发生。受感染的个体可能不表现出症状,或具有传染性红斑(erythema infectiosum)症状,该症状包

7

图8-2　中国发明专利授权公告数据样例(续)

断与其他类型的病毒性肝炎相区分。通常,通过提供存在抗HAV免疫球蛋白(Ig)的阳性结果的血清学检验来证实甲型肝炎诊断。抗HAV IgM一般在症状发作前的五至十天存在并且六个月后在大部分患者中不可检测,而抗HAV IgG在感染期间早期出现并且在个体终身可检测。通过使用核酸检验方法(例如,通过聚合酶链反应(PCR)扩增)可以在急性感染期内在大部分人的血液和大便中检测到HAV RNA,并且已使用核酸测序来鉴定社区范围内感染后HAV的基因相关性(Dato等人,Morbidity Mortality Wkly.Rpt.(《发病率和死亡率周报》),2003,52(47):1155-57;LaPorte等人,Morbidity Mortality Wkly.Rpt.(《发病率和死亡率周报》),2003,52(24):565-67)。然而,这些方法一般不用于诊断目的。

[0014]　　因此,需要精确地检测生物样本和环境样本中HAV的存在。还需要检测可用于医学治疗的产品(例如,用于输液的血液或血清,或源自人血液或血清的因子)中的HAV污染的存在。此外需要检测可能受污染的物质(例如水或食物)中HAV的存在以防止由于消费了受污染的物质而引起的社区范围疾病爆发或流行病。

[0015]　　本文公开的发明通过描述可用于核酸检验方法中来检测HAV核酸(HAV RNA或自其衍生的序列,例如,cDNA)的存在的寡核苷酸序列来回应这些需要。本申请还描述了检测样本中存在的HAV RNA的存在的核酸检验方法。

发明内容

[0016]　　本发明涉及用于检测甲型肝炎病毒和/或人细小病毒基因型1、2和3的组合物、试剂盒和方法。这些组合物、试剂盒和方法被构造用于扩增甲型肝炎病毒和/或人细小病毒核酸的靶序列并且被构造用于检测甲型肝炎病毒和/或人细小病毒核酸或扩增的核酸的靶序列。在某些实施例和方面中,甲型肝炎病毒的靶序列内的特定区域和人细小病毒内的特定区域已经被鉴定为用于样本(包括源自受感染人的生物标本,例如血浆样本)的核酸扩增反应的优选靶标。靶向这些区域的扩增寡聚物或检测寡聚物可具有共同的核心序列,并且因此提供多个特别优选的扩增寡聚物或检测寡聚物。使用此类特别优选的扩增寡聚物所产生的扩增产物将含有可用于特异性检测来自样本的人细小病毒或HAV的靶特异性序列。扩增产物的检测可包括多种方法中的任一种,所述方法包括但不限于基于探针的检测、杂交保护测定法、基于分子炬、分子信标或分子开关的测定法、质谱分析、MALDI-TOF质谱分析、ESI-TOF质谱分析、实时检测测定法、凝胶电泳、SDS-PAGE电泳、桑格测序(Sanger sequencing)、第二代测序(Next Generation Sequencing)等。靶序列的这些优选区域可提供关于特异性、灵敏度或检测速度以及高灵敏度检测的改善。使用这些扩增和/或检测寡聚物,所述方法包括扩增人细小病毒基因组或HAV基因组内的序列并检测扩增产物的步骤。检测寡聚物优选用于检测扩增产物。

[0017]　　一个实施例为用于检测样本中的人细小病毒靶核酸和甲型肝炎病毒(HAV)靶核酸中的至少一者的寡聚物组合,所述寡聚物组合包含:(I)用于扩增人细小病毒核酸靶区域的第一扩增寡聚物和第二扩增寡聚物,其中,(a)该第一细小病毒扩增寡聚物包含第一靶标杂交序列,该第一靶标杂交序列为SEQ ID NO:181的序列中所含的约14至约27个连续核苷酸并且至少包括SEQ ID NO:117、SEQ ID NO:179或SEQ ID NO:180的序列;并且(b)该第二细小病毒扩增寡聚物包含选自如下的第二靶标杂交序列:(i)为SEQ ID NO:189的序列中所含的约14至约30个连续核苷酸并且至少包括SEQ ID NO:188的序列的序列;和(ii)为SEQ ID

图8-2　中国发明专利授权公告数据样例（续）

异性杂交的靶标杂交序列。在一个方面,HAV特异性检测探针靶标杂交序列包含于SEQ ID NO:178的序列中。在一个方面,该HAV特异性检测探针靶标杂交序列选自SEQ ID NO:58-74。

[0057]　在一个实施例中,提供用于从样本中多路扩增和检测人细小病毒基因型1、2和3靶核酸以及甲型肝炎病毒靶核酸的方法。在该实施例的一个方面,用于扩增和检测人细小病毒基因型1、2和3的扩增寡聚物包括一种或多种于表3中所述的扩增寡聚物。在另一方面,两种或更多种于表3中所述的扩增寡聚物。在另一方面,三种或更多种于表3中所述的扩增寡聚物。在另一方面,四种或更多种于表3中所述的扩增寡聚物。在另一方面,五种或更多种于表3中所述的扩增寡聚物。在另一方面,六种或更多种于表3中所述的扩增寡聚物。在另一方面,七种或更多种于表3中所述的扩增寡聚物。在该实施例的一个方面,用于扩增和检测HAV的扩增寡聚物包括一种或多种于表3中所述的扩增寡聚物。在另一方面,两种或更多种于表3中所述的扩增寡聚物。在另一方面,三种或更多种于表3中所述的扩增寡聚物。在另一方面,四种或更多种于表3中所述的扩增寡聚物。在另一方面,五种或更多种于表3中所述的扩增寡聚物。在另一方面,六种或更多种于表3中所述的扩增寡聚物。在另一方面,七种或更多种于表3中所述的扩增寡聚物。在该实施例的一个方面,用于检测由人细小病毒基因型1、2和3产生的扩增产物和用于检测由HAV产生的扩增产物的检测探针寡聚物包括一种或多种于表3中所述的细小病毒检测探针和一种或多种于表3中所述的HAV检测探针。在另一方面,在用于实时检测的扩增期间存在检测探针寡聚物。在另一方面,在用于终点检测的扩增反应之后将检测探针寡聚物与扩增产物组合。在该实施例的一个方面,人细小病毒基因型1、2和3靶核酸、HAV靶核酸的多路扩增和检测为定量多路扩增和检测反应。在该实施例的一个方面,将人细小病毒基因型1、2和3靶核酸与其他样本组分分离。在另一方面,该分离是使用靶标捕集寡聚物执行的。在该实施例的一个方面,将HAV靶核酸与其他样本组分分离。在另一方面,该分离是使用靶标捕集寡聚物执行的。在该实施例的一个方面,扩增和检测反应包括内部对照。

具体实施方式

[0058]　本申请公开了被构造用作用于通过体外核酸扩增测定法检测生物样本中存在的甲型肝炎病毒和/或细小病毒类型1、2和3的核酸序列的扩增寡聚物和检测探针寡聚物的寡核苷酸序列。该方法的一个实施例使用转录介导的核酸扩增(如先前在Kacian等人的美国专利No.5,399,491和No.5,554,516中所详细公开的)。用于检测扩增核酸的方法使用与扩增序列的一部分特异性杂交的序列特异性探针。在一个方面,该方法使用任何已知的均相检测步骤来检测混合物中结合至扩增核酸的标记探针(例如,如由Arnold等人,Clin.Chem.(《临床化学》)35:1588-1594(1989);颁给Nelson等人的美国专利No.5,658,737以及颁给Lizardi等人的美国专利No.5,118,801和No.5,312,728所公开的)。本申请还公开了可通过使用核酸杂交技术用于捕集甲型肝炎病毒靶标DNA或细小病毒类型1、2和3的靶标DNA的寡核苷酸序列。捕集步骤的一个实施例使用磁性粒子来分离所捕集的靶标(参见颁给Weisburg等人的美国专利No.6,110,678)。

[0059]　应注意,术语"一个/种"实体是指一个/种或多个/种所述实体;例如,"一种核酸"应理解为表示一种或多种核酸。因而,术语"一个/种"、"一个/种或多个/种"以及"至少一个/种"在本文可互换使用。

19

图8-2　中国发明专利授权公告数据样例（续）

序列表

```
<110>  简.探针公司 (Gen-Probe Incorporated)
       Gao, Kui
       Norton, Kurt Craft
       Linnen, Jeffrey M.
       Gordon, Patricia C.
       Do, Dat
       Le, Tan N.

<120>  在单路或多路测定法中用于检测人细小病毒核酸和用于检测甲型肝炎病毒核酸的组合物和方法

<130>  GP274-PCT

<150>  61/508,597
<151>  2011-07-15

<160>  203

<170>  PatentIn version 3.5

<210>  1
<211>  20
<212>  DNA
<213>  人工序列

<220>
<223>  合成的寡聚物

<400>  1
cagagaatta tgaaagtgga                              20


<210>  2
<211>  23
<212>  DNA
<213>  人工序列

<220>
<223>  合成的寡聚物

<400>  2
agtcagagaa ttatgaaagt gga                          23


<210>  3
<211>  27
<212>  DNA
<213>  人工序列

<220>
<223>  合成的寡聚物

<400>  3
ugagagtcag agaattatga aagtgga                      27


<210>  4
<211>  22
<212>  DNA
<213>  人工序列

<220>
<223>  合成的寡聚物

<400>  4
agtcagagaa ttatgaaagt gg                           22


<210>  5
<211>  19
<212>  DNA
<213>  人工序列

<220>
<223>  合成的寡聚物

<400>  5
cagagaatta tgaaagtgg                               19
```

[0001]

48

图 8 - 2　中国发明专利授权公告数据样例（续）

（3）中国实用新型专利授权公告数据样例（申请号：201820464327.8，内容有节选），见图8-3。

（19）中华人民共和国国家知识产权局

（12）实用新型专利

（10）授权公告号 CN 208253091 U
（45）授权公告日 2018.12.18

（21）申请号 201820464327.8

（22）申请日 2018.04.03

（73）专利权人 何纪江
地址 311800 浙江省绍兴市诸暨市暨阳街
道孙家村275号

（72）发明人 何纪江

（74）专利代理机构 北京科家知识产权代理事务
所（普通合伙）11427

代理人 陈娟

（51）Int.Cl.
F16M 11/08(2006.01)
H04W 4/80(2018.01)
G03B 17/56(2006.01)
H04N 5/225(2006.01)

权利要求书1页 说明书3页 附图4页

（54）实用新型名称
一种手机蓝牙摄像头的支架

（57）摘要
本实用新型公开了一种手机蓝牙摄像头的支架,包括蓝牙摄像头本体、底座、万向球连接座、支撑杆,所述万向球连接座固定连接在底座的上表面,所述支撑杆的下端与万向球连接座转动连接,所述支撑杆的顶部固定连接有支架,所述蓝牙摄像头本体固定连接在支架上,所述支架包括连接块、底架和连接杆,所述连接块固定连接在支撑杆的顶部,所述底架固定连接在连接块的顶部,所述底架的架内通过连接杆与蓝牙摄像头本体转动连接,所述连接块的内部开设有通腔。本实用新型,通过上述等结构之间的配合,对蓝牙摄像头支架增加了对摄像头的防尘密封装置,避免了蓝牙摄像头放置时间过长,容易在摄像头表面积累大量灰尘现象的发生。

CN 208253091 U

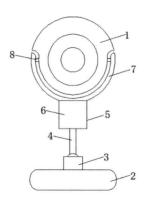

图8-3 中国实用新型专利授权公告数据样例

1.一种手机蓝牙摄像头的支架,包括蓝牙摄像头本体(1)、底座(2)、万向球连接座(3)、支撑杆(4)、所述万向球连接座(3)固定连接在底座(2)的上表面,所述支撑杆(4)的下端与万向球连接座(3)转动连接,其特征在于:所述支撑杆(4)的顶部固定连接有支架(5),所述蓝牙摄像头本体(1)固定连接在支架(5)上;

所述支架(5)包括连接块(6)、底架(7)和连接杆(8),所述连接块(6)固定连接在支撑杆(4)的顶部,所述底架(7)固定连接在连接块(6)的顶部,所述底架(7)的架内通过连接杆(8)与蓝牙摄像头本体(1)转动连接,所述连接块(6)的内部开设有通腔,所述连接块(6)的背部转动连接有连接臂(9),所述连接臂(9)的顶部固定连接有盖块(10),所述盖块(10)与蓝牙摄像头本体(1)的摄像头活动连接。

2.根据权利要求1所述的一种手机蓝牙摄像头的支架,其特征在于:所述连接块(6)腔内的内壁固定连接有扭力弹簧(11)的一端,所述扭力弹簧(11)的另一端固定连接有传动轴(12),所述传动轴(12)转动连接在连接块(6)腔内的内壁内。

3.根据权利要求2所述的一种手机蓝牙摄像头的支架,其特征在于:所述传动轴(12)的轴臂固定连接有传动块(13),所述传动块(13)的外壁与连接臂(9)的正面固定连接。

4.根据权利要求3所述的一种手机蓝牙摄像头的支架,其特征在于:所述连接块(6)的背面开设有转动槽(14),所述连接块(6)通过转动槽(14)与连接臂(9)活动连接。

5.根据权利要求1所述的一种手机蓝牙摄像头的支架,其特征在于:所述盖块(10)的正面开设有密封腔(15),且密封腔(15)的大小与蓝牙摄像头本体(1)摄像头的大小相互适配。

6.根据权利要求5所述的一种手机蓝牙摄像头的支架,其特征在于:所述盖块(10)通过密封腔(15)固定连接有密封圈(16),且密封圈(16)的大小与蓝牙摄像头本体(1)摄像孔的大小相互适配。

图8-3 中国实用新型专利授权公告数据样例（续）

一种手机蓝牙摄像头的支架

技术领域

[0001]　本实用新型涉及蓝牙摄像头的支架技术领域,具体为一种手机蓝牙摄像头的支架。

背景技术

[0002]　随着社会的发展,摄像头的应用范围越来越广泛,在室内公共场合、室外围墙、高速沿路、交通十字路口都安装有监控摄像头,给事故还原做出了很大的贡献。蓝牙摄像头是利用蓝牙远程操作摄像头进行拍摄,蓝牙摄像头在使用过程中,往往都有一个与其相配的摄像头专用支架,但由于传统的蓝牙摄像头在不用的情况下,都是静止在桌面上,时间一长容易在蓝牙摄像头上积累灰尘,不容易清理,给使用者带来麻烦。

实用新型内容

[0003]　本实用新型的目的在于提供一种手机蓝牙摄像头的支架,具备了对蓝牙摄像头支架增加了对摄像头的防尘密封装置,避免了蓝牙摄像头放置时间过长,容易在摄像头表面积累大量灰尘现象发生的优点,解决了传统的蓝牙摄像头在不用的情况下,都是静止在桌面上,时间一长容易在蓝牙摄像头上积累灰尘,不容易清理,给使用者带来麻烦的问题。

[0004]　为实现上述目的,本实用新型提供如下技术方案:一种手机蓝牙摄像头的支架,包括蓝牙摄像头本体、底座、万向球连接座、支撑杆、所述万向球连接座固定连接在底座的上表面,所述支撑杆的下端与万向球连接座转动连接,所述支撑杆的顶部固定连接有支架,所述蓝牙摄像头本体固定连接在支架上。

[0005]　所述支架包括连接块、底架和连接杆,所述连接块固定连接在支撑杆的顶部,所述底架固定连接在连接块的顶部,所述底架的架内通过连接杆与蓝牙摄像头本体转动连接,所述连接块的内部开设有通腔,所述连接块的背部转动连接有连接臂,所述连接臂的顶部固定连接有盖块,所述盖块与蓝牙摄像头本体的摄像头活动连接。

[0006]　优选的,所述连接块腔内的内壁固定连接有扭力弹簧的一端,所述扭力弹簧的另一端固定连接有传动轴,所述传动轴转动连接在连接块腔内的内壁内。

[0007]　优选的,所述传动轴的轴臂固定连接有传动块,所述传动块的外壁与连接臂的正面固定连接。

[0008]　优选的,所述连接块的背面开设有转动槽,所述连接块通过转动槽与连接臂活动连接。

[0009]　优选的,所述盖块的正面开设有密封腔,且密封腔的大小与蓝牙摄像头本体摄像头的大小相互适配。

[0010]　优选的,所述盖块通过密封腔固定连接有密封圈,且密封圈的大小与蓝牙摄像头本体摄像孔的大小相互适配。

[0011]　与现有技术相比,本实用新型的有益效果如下:

[0012]　一、本实用新型通过设置的连接块、底架、连接杆、连接臂、盖块、扭力弹簧、传动轴

3

图 8 - 3　中国实用新型专利授权公告数据样例（续）

和传动块,当需要对蓝牙摄像头本体上的摄像头进行防尘密封时,首先向蓝牙摄像头本体的背部瓣动盖块,继而将蓝牙摄像头本体向后翻转度,此时松开盖块,利用扭力弹簧的弹性恢复力,使得盖块盖合在蓝牙摄像头本体的正面,从而对蓝牙摄像头本体的摄像头实现防尘密封,通过设置的转动槽,限制了连接臂的转动角度,使得连接臂在被瓣动至最大角度后,不会妨碍蓝牙摄像头本体的翻转。

[0013]　　二、本实用新型通过设置的密封腔和密封圈,当将盖块盖合在蓝牙摄像头本体的正面后,其密封腔完全包裹住蓝牙摄像头本体的整个摄像头,并且密封圈堵住蓝牙摄像头本体的摄像孔内,进而充分的对蓝牙摄像头本体的摄像头实现密封防尘的作用。

[0014]　　综上所述,对蓝牙摄像头支架增加了对摄像头的防尘密封装置,避免了蓝牙摄像头放置时间过长,容易在摄像头表面积累大量灰尘现象的发生,解决了传统的蓝牙摄像头在不用的情况下,都是静止在桌面上,时间一长容易在蓝牙摄像头上积累灰尘,不容易清理,给使用者带来麻烦的问题。

附图说明

[0015]　　图1为本实用新型结构的正面示意图;

[0016]　　图2为本实用新型连接块结构的正面剖视图;

[0017]　　图3为本实用新型连接块与盖块结构的侧面剖视图;

[0018]　　图4为本实用新型蓝牙摄像头本体翻转180度后结构的侧面示意图。

[0019]　　图中:1-蓝牙摄像头本体、2-底座、3-万向球连接座、4-支撑杆、5-支架、6-连接块、7-底架、8-连接杆、9-连接臂、10-盖块、11-扭力弹簧、12-传动轴、13-传动块、14-转动槽、15-密封腔、16-密封圈。

具体实施方式

[0020]　　下面将结合本实用新型实施例中的附图,对本实用新型实施例中的技术方案进行清楚、完整地描述,显然,所描述的实施例仅仅是本实用新型一部分实施例,而不是全部的实施例。基于本实用新型中的实施例,本领域普通技术人员在没有做出创造性劳动前提下所获得的所有其他实施例,都属于本实用新型保护的范围。

[0021]　　请参阅图1至图4,本实用新型提供一种技术方案:一种手机蓝牙摄像头的支架5,包括蓝牙摄像头本体1、底座2、万向球连接座3、支撑杆4、万向球连接座3固定连接在底座2的上表面,支撑杆4的下端与万向球连接座3转动连接,支撑杆4的顶部固定连接有支架5,蓝牙摄像头本体1固定连接在支架5上,通过扭动支架5,使得支撑杆4的下端沿万向球连接座3转动,从而实现了蓝牙摄像头本体1角度的基本调节效果。

[0022]　　支架5包括连接块6、底架7和连接杆8,连接块6固定连接在支撑杆4的顶部,底架7固定连接在连接块6的顶部,底架7的架内通过连接杆8与蓝牙摄像头本体1转动连接,将蓝牙摄像头本体1转动连接在两个连接杆8之间,连接块6的内部开设有通腔,连接块6的背部转动连接有连接臂9,连接臂9将下述中瓣动盖块10的作用力传递至传动块13处,连接臂9的顶部固定连接有盖块10,盖块10与蓝牙摄像头本体1的摄像头活动连接,当需要对蓝牙摄像头本体1上的摄像头进行防尘密封时,首先向蓝牙摄像头本体1的背部瓣动盖块10,继而将蓝牙摄像头本体1向后翻转180度,此时松开盖块10,利用扭力弹簧11的弹性恢复力,使得盖

图 8 – 3　中国实用新型专利授权公告数据样例（续）

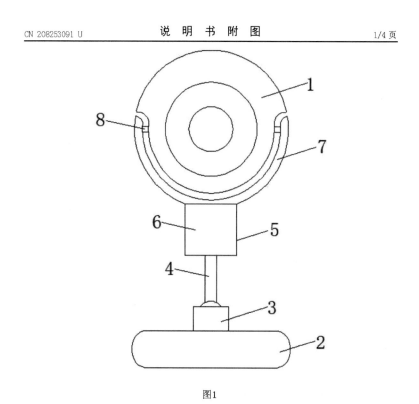

CN 208253091 U 说 明 书 附 图 1/4 页

图1

6

图8-3 中国实用新型专利授权公告数据样例（续）

224

二、数据字段

数据由数据字段构成，数据字段是对数据内容的标记。发明、实用新型专利的全文数据内容一般包括著录项目、说明书及附图、权利要求书等。

著录项目数据，为登载在单行本扉页或专利公报中与专利申请及专利授权有关的各种著录数据，包括文献标识数据、国内申请提交数据、优先权数据、公布或公告数据、分类数据等类型，由著录项目名称和著录项目内容组成。

说明书是描述发明创造技术内容的文件部分，附图则用于对说明书文字部分的补充。说明书是申请人公开发明或者实用新型的文件，包括说明书、说明书附图、核苷酸或者氨基酸序列、生物材料的保藏❶。其中，说明书本身包括技术领域、背景技术、发明或实用新型的内容、附图说明和具体实施方式五部分内容。

权利要求书是专利文件中限定专利保护范围的文件部分。权利要求书记载发明或者实用新型的技术特征。权利要求具有独立权利要求，也可以有从属权利要求。独立权利要求从整体上反映发明或者实用新型的技术方案，记载解决技术问题所需的必要技术特征。从属权利要求用附加的技术特征，对引用的权利要求做进一步限定。

发明、实用新型专利全文数据字段介绍可详见表 8 - 1。

表 8 - 1 发明、实用新型专利全文数据字段

信息	字段名称	字段含义	样例
著录项目	申请人	向国务院专利行政部门提出就某一发明或设计取得专利请求的当事人	利塔尔两合公司
	发明人	对发明创造的实质性特点作出创造性贡献的人	丹尼尔·布吕克
	专利权人	以发明创造提起申请，被中国国家知识产权局专利局授予专利权的单位或个人。因转让、赠与、继承而被依法确认拥有专利权的单位或个人，也是专利权人	简·探针公司
	专利代理机构	发明、实用新型专利申请的代理机构名称和代码。专利代理机构的名称应当使用其在国家知识产权局登记的全称，并且要与加盖在申请文件中的专利代理机构公章上的名称一致	北京安信方达知识产权代理有限公司 11262
	代理人	指获得专利代理人资格证书、在合法的专利代理机构执业，并且在国家知识产权局办理了专利代理人执业证的人员	刘小立、郑霞

---

❶ 并非所有说明书都包括说明书附图、核苷酸或者氨基酸序列、生物材料的保藏。

信息	字段名称	字段含义	样例
著录项目	专利文献号	国务院专利行政部门按照法定程序，在专利申请公布和专利授权公告时给予的专利文献标识号码	CN112513396A
	专利文献种类	国务院专利行政部门按照相关法律法规对发明、实用新型、外观设计专利申请在法定程序中予以公布或公告，由此产生的各种专利文献	发明专利申请、发明专利、实用新型专利
	专利文献种类标识代码	国务院专利行政部门为标识不同种类的专利文献规定使用的字母编码，或者字母与数字的组合编码	A、B、U
	申请号	国务院专利行政部门受理一件专利申请时给予该专利申请的一个标识号码	201880072026.3
	申请日	专利提出申请的日期。申请日是从专利申请文件递交到国务院专利行政部门之日起计算。如果申请文件是邮寄的，以寄出的邮戳日为申请日。申请人享有优先权的，优先权日视为申请日	2018.09.14
	优先权	申请人自发明或者实用新型在外国第一次提出专利申请之日起十二个月内，或者自外观设计在外国第一次提出专利申请之日起六个月内，又在中国就相同主题提出专利申请的，依照该外国同中国签订的协议或者共同参加的国际条约，或者依照相互承认优先权的原则，可以享有优先权，优先权号是该专利要求优先权的申请文件的申请号	DE102017127576.2 2017.11.22
	国际申请	按照专利合作条约提出并指定中国的专利国际申请	PCT/US2012/046630 2012.7.13
	IPC分类	IPC分类即国际专利分类，根据1971年签订的《国际专利分类斯特拉斯堡协定》编制，是国际通用的专利文献分类和检索工具，为分级式分类体系，将所有技术领域划分若干部、大类、小类和组	E05C/06（2006.01）

信息	字段名称	字段含义	样例
著录项目	对比文件	用于标识发明专利申请的实质审查或实用新型专利申请的审查过程中引用的对比文件清单	US20060014142 A1，2006.01.19
	发明名称	清楚、简要、全面地反映要求保护的发明或者实用新型的主题和类型（产品或者方法）	用于开关柜的闭锁装置和相应的开关柜
	审查员		陈彦闯
	摘要	对说明书记载内容的概述，其作用是使公众通过阅读简短的文字，就能够快速地获知发明创造的基本内容	本发明涉及一种用于开关柜的闭锁装置，该闭锁装置具有锁门（1）和副门（2），其中副门（2）在于其铰接侧相对的竖直的外边缘（5）上具有U形型材（7），该U形型材（7）在副门（2）的门扇（6）上形成，带有用于锁门（1）的锁定机构的容纳部（8），该容纳部相对于所述门扇（6）向后偏移并且朝向门扇（6）开口，其特征在于，在U形型材（7）的外部的自由型材外侧（10）处，副门（2）的锁定装置（12）的枢转杆（11）绕旋转轴（x）可枢转地固定并且枢转杆（11）绕旋转轴（x）在打开位置和闭锁位置之间可枢转地固定。此外，还描述了一种相应的开关柜

信息	字段名称	字段含义	样例
著录项目	摘要附图	最能反映该发明或者实用新型技术方案的主要技术特征的附图	内容略
权利要求书		权利要求书应当以说明书为依据，清楚、简要地限定要求专利保护的范围。权利要求书记载发明或者实用新型的技术特征。权利要求书应当有独立权利要求，也可以有从属权利要求。独立权利要求应当从整体上反映发明或者实用新型的技术方案，记载解决技术问题的必要技术特征。从属权利要求应当用附加的技术特征，对引用的权利要求做进一步限定	1. 一种用于开关柜（100）的闭锁装置，所述闭锁装置具有锁门（1）和副门（2），其中所述副门（2）在与其铰接侧相对的竖直的外边缘（5）上具有 U 形型材（7），所述 U 形型材（7）在所述副门（2）的门扇（6）上形成，带有用于锁门（1）的锁定机构的容纳部（8），所述容纳部（8）相对于所述门扇（6）向后偏移并且朝向门扇（6）开口，其特征在于，在所述 U 形型材（7）的外部的自由型材外侧（10）处，所述副门（2）的锁定装置（12）的枢转杆（11）绕旋转轴在打开位置和闭锁位置之间可枢转地固定（下略）
说明书	技术领域	要求保护的技术方案所属技术领域	内容略
	背景技术	对发明或者实用新型的理解、检索、审查有用的背景技术；有可能的，引证反映这些背景技术的文件	内容略
	发明内容	发明或者实用新型所要解决的技术问题以及解决其技术问题采用的技术方案，并对照现有技术写明发明或者实用新型的有益效果	内容略

信息	字段名称	字段含义	样例
说明书	附图说明	说明书有附图的，对各幅附图做简略说明	内容略
	具体实施方式	详细写明申请人认为实现发明或者实用新型的优选方式；必要时，举例说明；有附图的，对照附图	内容略
说明书附图		为了便于清楚地表达申请专利的发明或者实用新型，专利申请的说明书可以附图，实用新型专利申请的说明书必须附图	内容略
序列表		当发明涉及由 10 个或更多核苷酸组成的核苷酸序列，或由 4 个或更多 L－氨基酸组成的蛋白质或肽的氨基酸序列时，应当递交根据国家知识产权局发布的《核苷酸和/或氨基酸序列表和序列表电子文件标准》撰写的序列表。序列表应作为单独部分来描述并置于说明书的最后	内容略

三、重点字段

下面详细介绍发明、实用新型专利全文数据重点字段。

(一) 权利要求书

权利要求书是专利文件的重要组成部分，应当以说明书为依据，清楚、简要地限定要求专利保护的范围。权利要求书应当有独立权利要求，也可以有从属权利要求。独立权利要求应当从整体上反映发明或者实用新型的技术方案，记载解决技术问题的必要技术特征。从属权利要求应当用附加的技术特征，对引用的权利要求做进一步限定。

发明或者实用新型的独立权利要求应当包括前序部分和特征部分，按照下列规定撰写：①前序部分，写明要求保护的发明或者实用新型技术方案的主题名称和发明或者实用新型主题与最接近的现有技术共有的必要技术特征；②特征部分，使用"其特征是……"或者类似的用语，写明发明或者实用新型区别于最接近的现有技术的技术特征。这些技术特征和前序部分写明的必要技术特征合在一起，限定发明或者实用新型要求保护的范围。

发明或者实用新型的从属权利要求应当包括引用部分和限定部分，按照下列规定撰写：①引用部分，写明引用的权利要求的编号及其主题名称；②限定部分，写明发明或者实用新型附加的技术特征。从属权利要求只能引用在前的权利要求。引用两项以上权利要求的多项从属权利要求，只能以择一方式引用在前的权利要求，并不得作为另一项多项从属权利要求的基础。

以中国发明专利申请公布数据为例说明权利要求的组成，具体如图 8 – 4 和图 8 – 5 所示。

前序部分

1. 一种用于开关柜(100)的闭锁装置,所述闭锁装置具有锁门(1)和副门(2),其中所述副门(2)在与其铰接侧相对的竖直的外边缘(5)处具有U形型材(7),所述U形型材(7)在所述副门(2)的门扇(6)上形成,带有用于所述锁门(1)的锁定机构的容纳部(8),所述容纳部(8)相对于所述门扇(6)向后偏移并且朝向所述门扇(6)开口,其特征在于,在所述U形型材(7)的外部的自由型材侧(10)处,所述副门(2)的锁定装置(12)的枢转杆(11)绕旋转轴(x)在打开位置和闭锁位置之间可枢转地固定。

特征部分

图 8 – 4　中国发明专利申请公布数据样例（独立权利要求）

引用部分

2. 如权利要求1所述的闭锁装置,其中,所述枢转杆(11)能够在平行于所述自由型材侧(10)延伸的平面上在所述打开位置和所述闭锁位置之间枢转。

限定部分

图 8 – 5　中国发明专利申请公布数据样例（从属权利要求）

在本样例的权利要求字段中，独立权利要求的前序部分指出了本专利的技术主题是一种用于开关柜的闭锁装置，其锁门、副门等结构为现有技术，特征部分指明了本专利的发明点在于：在 U 形型材的外部的自由型材侧处，副门的锁定装置的枢转杆绕旋转轴在打开位置和闭锁位置之间可枢转地固定。从属权利要求的引用部分指出了引用的权利要求编号和主题是权利要求 1 所述的闭锁装置。限定部分内容是对枢转杆枢转位置的进一步限定。从属权利要求进一步说明了技术方案的附加技术特征。

权利要求可使专利数据用户快速了解专利数据技术特征，包括解决的技术问题的必要技术特征以及附加的技术特征。同时，权利要求作为确定专利权保护范围的文件，具有法律效力，应用于专利保护等领域。

（二）IPC 分类

我国自 1985 年实施《专利法》以来，一直采用国际专利分类法对发明专利和实用新型专利文献分类。对每一件发明专利申请或者实用新型专利申请的技术主题分类，应当给出完整的、能代表发明或实用新型的发明信息的分类号，并尽可能对附加信息分类；将最能充分代表发明信息的分类号排在第一位。发明信息是专利申请的全部文本（例如：权利要求书、说明书、附图）中代表对现有技术的贡献的技术信息。对现有技术的贡献的技术信息是指在专利申请中明确披露的所有新颖的和非显而易见的技术信息。附加信息本身不代表对现有技术的贡献，而是对检索可能有用的信息，其中包括引得码所表示的技术信息。附加信息是对发明信息的补充。

国际专利分类表代表了适合于发明专利领域的知识体系，被分成八个部，用英文大写字母 A – H 表示，IPC 分类体系是由高至低依次排列的等级式结构，设置的顺序是按部、分部、大类、小类、大组、小组划分。

一个完整的分类号由代表部、大类、小类和大组或小组的类号构成。下面详细说明发明专利申请公布数据样例中的分类号。

样例分类号：E05C7/06（2006.01）

分类号含义说明：

E：固定建筑物。

E05：锁；钥匙；门窗零件；保险箱。

E05C：用于翼扇，专门适用于门或窗的插销或固接器件。

E05C7/00：专门用于两个翼扇的紧固器件。

E05C7/06：用于一翼扇的紧固器件，其启动或控制是通过关闭另一翼扇实现的。

分类号体现了专利的技术特征，既包括对现有技术的贡献的技术信息，也包括对检索可能有用的信息，方便用户快速了解专利技术主题，也易于专利信息的检索和查询，对于技术领域聚类统计等应用场景具有重要意义。

第三节　外观设计专利数据

外观设计，是指对产品的整体或者局部的形状、图案或者其结合以及色彩与形状、图案的结合所作出的富有美感并适于工业应用的新设计。外观设计数据是指授权公告过程中产生的数据。

一、数据样例

外观设计专利数据一般包括著录项目、外观设计图片或者外观设计照片以及对该外观设计的简要说明文件。

下面选取国家知识产权局公开的中国外观设计专利授权公告数据作为样例（申请号：202030150087.7，内容有节选），展示数据内容，见图 8 – 6。

(19) 中华人民共和国国家知识产权局

(12) 外观设计专利

(10) 授权公告号 CN 306022119 S

(45) 授权公告日 2020.09.01

(21) 申请号 202030150087.7

(22) 申请日 2020.04.15

(73) 专利权人 桂林合兴医疗科技有限公司
地址 541000 广西壮族自治区桂林市桂林
经济技术开发区广州街12号6#综合楼

(72) 设计人 伍宇 陈家威 陈旺晖 黄静

(74) 专利代理机构 北京细软智谷知识产权代理
有限责任公司 11471

代理人 王文雅

(51) LOC(12)Cl.
02-03

图片或照片 7 幅 简要说明 1 页

(54) 使用外观设计的产品名称
医用隔离眼罩

立体图

图 8-6 中国外观设计专利授权公告数据样例

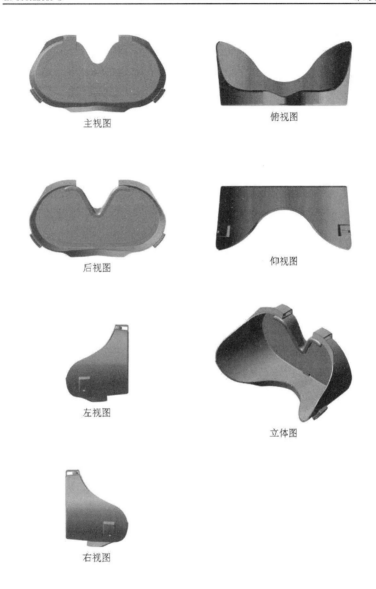

图 8 – 6　中国外观设计专利授权公告数据样例（续）

CN 306022119 S　　　　　　　简　要　说　明　　　　　　　1/1 页

1. 本外观设计产品的名称:医用隔离眼罩。

2. 本外观设计产品的用途:用于医疗机构中检查治疗时起防护作用,阻隔体液、血液飞溅或泼溅。

3. 本外观设计产品的设计要点:在于形状。

4. 最能表明设计要点的图片或照片:立体图。

3

图 8 - 6　中国外观设计专利授权公告数据样例（续）

二、数据字段

外观设计专利数据字段介绍可详见表 8 - 2。

表 8 - 2　外观设计专利数据字段

信息	字段名称	字段含义	样例
著录项目	设计人	即外观设计的设计人，其含义可参考发明人	伍宇、陈家威、陈旺晖、黄静
	专利权人	享有专利权的主体	桂林合兴医疗科技有限公司
	专利申请号	国务院专利行政部门受理一件专利申请时给予该专利申请的一个标识号码	202030150087.7
	专利申请日期	专利提出申请的日期。申请日是从专利申请文件递交到国务院专利行政部门之日起计算。如果申请文件是邮寄的，以寄出的邮戳日为申请日。申请人享有优先权的，优先权日视为申请日	2020.04.15
	洛迦诺（LOC）分类	即国际外观设计分类法，专利局采用该分类法对外观设计专利申请分类	02 - 03
	专利代理机构	外观设计专利的代理机构名称	北京细软智谷知识产权代理有限责任公司 11471
	代理人	外观设计专利的代理人姓名	王文雅
图片或者照片		外观设计专利权的保护范围以表示在图片或者照片中的该产品的外观设计为准	
简要说明	名称	写明外观设计产品的名称、用途，外观设计的设计要点，并指定一幅最能表明设计要点的图片或者照片	医用隔离眼罩
	用途		用于医疗机构中检查治疗时起防护作用，阻隔体液、血液飞溅或泼溅
	设计要点		在于形状
	图片或照片		立体图

三、重点字段

下面详细介绍外观设计专利的特有字段。

（一）洛迦诺（LOC）分类

1968 年 10 月 8 日，《保护工业产权巴黎公约》全体成员方在瑞士洛迦诺召开外交会议，通过了《工业品外观设计国际分类洛迦诺协定》（以下简称《洛迦诺协定》），该协定建立了国际外观设计分类，即洛迦诺分类。自《专利法》实施之日起，我国使用《国际外观设计分类表》对外观设计专利申请分类。

分类号共两层（大类和小类），大类为 32 类，各大类及 02 – 03 小类的分类号含义如表 8 – 3 所示。

表 8 – 3　洛迦诺分类展示

分类号		含　义
01		食品
02		服装和服饰物件
	02 – 03	帽子、头部遮盖物
03		旅行用具，箱盒，阳伞和个人物品（不属别类的）
04		刷具
05		纺织物件，人造和天然材料之片材类
06		家具
07		家用物品（不属别类的）
08		工具和五金器材
09		用于运输或处理货物的包装和容器
10		钟，手表和其他计测仪器
11		装饰物件
12		运输或升降的工具
13		电力生产，分配或变压的设备
14		录制，通信或信息再现的设备
15		机具（不属别类的）
16		照相，电影和光学装置
17		乐器

分类号		含　义
18		印刷和办公室机器
19		文具和办公设备，美术用品和教学材料
20		销售和广告设备，标志
21		游戏，玩具，帐篷和运动货品
22		武器、火药用品，以及狩猎、钓鱼和灭虫的用具
23		液体分配设备，卫生、供热、通风和空调设备，固体燃料
24		医疗和实验室设备
25		建筑物单位和建筑元素
26		照明装置
27		烟草和烟具
28		药品和化妆用品，梳洗用品和装置
29		防火救援、预防事故和救生的装置和设备
30		护理动物的用品
31		食品或饮料制作的机器和器具（不属别类的）
32		图形符号、标识、表面图案、纹饰

通过外观设计数据中的洛迦诺分类字段，可以了解该外观设计的类别、用途、技术领域，本样例属于"02 服装和服饰物件"大类中的"02 - 03 帽子、头部遮盖物"小类，在数据应用过程中，可以使用洛迦诺分类字段对外观设计的种类、应用情况、技术领域做相应的聚类及分析。

（二）图片或者照片

外观设计专利权的保护范围以表示在图片或者照片中的该产品的外观设计为准。

图片应当参照我国技术制图和机械制图国家标准中有关正投影关系、线条宽度以及剖切标记的规定绘制，并应当以粗细均匀的实线表达外观设计的形状。照片应当清晰，避免因对焦等原因导致产品的外观设计无法清楚地显示。

申请人请求保护色彩的，应当提交彩色图片或者照片。就立体产品的外观设计而言，产品设计要点涉及六个面的，申请人应当提交六面正投影视图；产品设计要点仅涉及一个或几个面的，应当至少提交所涉及面的正投影视图和立体图，并应当在简要说明中写明省略视图的原因。就平面产品的外观设计而言，产品设计要点涉及一个面的，可以仅提交该面正投影视图；产品设计要点涉及两个面的，应当提交两面正投影视图。

六面正投影视图的视图名称，是指主视图、后视图、左视图、右视图、俯视图和仰视图。其中，主视图所对应的面应当是使用时通常朝向消费者的面或者最大程度反映产品的整体设计的面。例如，带杯把的杯子的主视图应是杯把在侧边的视图。

本样例使用的是照片，展示的主视图为使用时朝向消费者的面，反映了医用隔离眼罩的整体设计。图片或者照片是外观设计中的重要信息，使数据用户最直观地获取技术信息，在目前外观设计的检索系统中，常以图检图的检索方式，用图片或者照片信息检索和浏览。

（三）简要说明

简要说明可以用于解释图片或者照片所表示的该产品的外观设计，可写明并指定一幅最能表明设计要点的图片或者照片。省略视图或者请求保护色彩的，在简要说明中写明。对同一产品的多项相似外观设计提出一件外观设计专利申请的，在简要说明中指定其中一项作为基本设计。简要说明不得使用商业性宣传用语，也不能用来说明产品的性能。外观设计简要说明中具体包括产品名称、用途、设计要点、图片或者照片四部分内容，下面进行详细解读。

1. 产品名称

使用外观设计的产品名称对图片或者照片中表示的外观设计所应用的产品种类具有说明作用。使用外观设计的产品名称应当与外观设计图片或者照片中表示的外观设计相符合，准确、简要地表明要求保护的产品的外观设计。产品名称一般应当符合《国际外观设计分类表》中小类列举的名称。产品名称一般不得超过 20 个字。

产品名称通常还应当避免下列情形：

（1）含有人名、地名、国名、单位名称、商标、代号、型号或以历史时代命名的产品名称；

（2）概括不当、过于抽象的名称，如"文具""炊具""乐器""建筑用物品"等；

（3）描述技术效果、内部构造的名称，如"节油发动机""人体增高鞋垫""装有新型发动机的汽车"等；

（4）附有产品规格、大小、规模、计量单位的名称，如"21 英寸电视机""中型书柜""一副手套"等；

（5）以外国文字或无确定的中文意义的文字命名的名称，如"克莱斯酒瓶"，但已经众所周知并且含义确定的文字可以使用，如"DVD 播放机""LED 灯""USB 集线器"等。

2. 用途

简要说明中应当写明有助于确定产品类别的用途。对于具有多种用途的产品，简要说明应当写明所述产品的多种用途。

3. 设计要点

设计要点是指与现有设计相区别的产品的形状、图案及其结合，或者色彩与形状、图案的结合，或者部位。对设计要点的描述应当简明扼要。

4. 图片或者照片

指定一幅最能表明设计要点的图片或者照片，指定的图片或者照片用于出版专利公报。

在本数据样例中，"简要说明"字段说明了该眼罩用于医疗机构中在检查治疗时起防护作用，体现了该外观专利的具体作用。同时说明了该眼罩的设计要点在于其形状，且选择立体图作为最能代表眼罩设计方案的图片进行展示，便于专利数据的使用者更快理解数据内容。

第四节　复审和无效数据

复审是对驳回这一具体行政行为的再次审查，而无效是对授权行为的再次审查。复审和无效数据是在复审和无效过程中产生的数据，包括专利复审审查决定数据和专利无效宣告审查决定数据。

一、数据样例

（一）复审审查决定

复审审查决定分为下列三种类型：

（1）复审请求不成立，维持驳回决定；

（2）复审请求成立，撤销驳回决定；

（3）专利申请文件经复审请求人修改，克服了驳回决定所指出的缺陷，在修改文本的基础上撤销驳回决定。

下面选取国家知识产权局公开的中国专利复审审查决定数据（案件编号：1F233838，内容有节选）作为样例，对数据内容进行展示，见图8-7。

国 家 知 识 产 权 局

100037

北京市阜成门外大街 2 号八层

中国国际贸易促进委员会专利商标事务所 柳冀(68516688)

发文日:

申请号或专利号:201380028734.4　　　　发文序号:

案件编号:　1F233838

发明创造名称:　包含 N-甲基-N-油烯基葡糖胺和 N-甲基-N-C_{12}-C_{14}-酰基葡糖胺的表面活性剂溶液

复审请求人:　科莱恩金融(BVI)有限公司

复 审 决 定 书

（ 第 1 8 8 3 0 2 号 ）

☐根据前置审查意见书的意见,撤销国家知识产权局于____年____月____日作出的驳回决定,由原审查部门继续进行审批程序。

☒维持国家知识产权局于 2017 年 06 月 13 日作出的驳回决定。

☐经审查,撤销国家知识产权局于____年____月____日作出的驳回决定。

根据专利法第四十一条第二款的规定,复审请求人对本决定不服的,可以在收到本通知之日起 3 个月内向北京知识产权法院起诉。

　　☒附:决定正文 14 页(正文自第 2 页起算)。

合议组组长:陈伊诺　主审员:王彩虹　参审员:赵小凌

专利局复审和无效审理部

200912
2019.4
　　　纸件申请,回函请寄:100088 北京市海淀区蓟门桥西土城路 6 号　国家知识产权局专利局复审和无效审理部收
电子申请,应当通过电子专利申请系统以电子文件形式提交相关文件。除另有规定外,以纸件等其他形式提交的
文件视为未提交。

图 8-7　中国专利复审审查决定数据样例

国家知识产权局

复审请求审查决定(第188302号)

案件编号	第1F233838号
决定日	2019年08月22日
发明创造名称	包含N-甲基-N-油烯基葡糖胺和N-甲基-N-C$_{12}$-C$_{14}$-酰基葡糖胺的表面活性剂溶液
国际分类号	A61K8/42,A61K8/34,A61KQ5/02,A61Q19/10,A61Q5/02,C11D1/645
复审请求人	科莱恩金融(BVI)有限公司
申请号	201380028734.4
优先权日	2012年05月30日
申请日	2013年05月29日
公开日	2015年04月22日
复审请求日	2017年09月28日
法律依据	专利法第22条第3款
决定要点:如果发明与最接近的现有技术相比,虽然存在区别特征,但本领域技术人员根据现有技术的启示,有动机将该区别特征应用到该最接近的现有技术中以解决发明实际解决的技术问题,能够显而易见地获得请求保护的技术方案,并且也没有产生预料不到的技术效果,则该发明不具有突出的实质性特点和显著的进步,不具备创造性。	

图8-7 中国专利复审审查决定数据样例(续)

一、案由

本复审请求涉及申请号为 201380028734.4，名称为"包含 N-甲基-N-油烯基葡糖胺和 N-甲基-N-C$_{12}$-C$_{14}$-酰基葡糖胺的表面活性剂溶液"的发明专利申请。申请人为科莱恩金融(BVI)有限公司。本申请的申请日为 2013 年 05 月 29 日，优先权日为 2012 年 05 月 30 日，公开日为 2015 年 04 月 22 日。

经实质审查，国家知识产权局原审查部门于 2017 年 06 月 13 日发出驳回决定，以权利要求 1-8 不具备专利法第 22 条第 3 款规定的创造性为由驳回了本发明专利申请，其理由是：①权利要求 1 请求保护表面活性剂溶液。对比文件 1（US6147045A，公开日：2000 年 11 月 14 日）公开了一种重垢液体织物洗涤组合物（即一种表面活性剂溶液），由 LAS 酸形式（其它表面活性剂）25.0%、C$_{12-14}$链烯烃琥珀酸（其它表面活性剂）10.0%、柠檬酸（pH 调节剂，添加剂）2.0%、25AE3（其它表面活性剂）4.0%、N-椰油-N-甲基葡糖胺（N-cocoyl-N-methyl glucamine，包含 N-甲基-N-油烯基葡糖胺和 N-甲基-N-C12-C14-酰基葡糖胺的混合物）4%、DETPMP（二亚乙基三胺五（亚甲基膦酸），洗涤剂添加剂）1.0%、油酸（添加剂）1.0%、乙醇（醇的下位概念）6.0%、丙二醇（醇的下位概念）6.0%、蛋白酶（添加剂）0.02%、淀粉酶（添加剂）0.005%、椰子烷基二甲基羟乙基氯化铵（其它表面活性剂）3.0%、绿土粘土（添加剂）5.0%、NaOH 到 pH7.5、水/次要组分到 100%（参见说明书第 27 栏实施例 8 示例 III）。权利要求 1 与对比文件 1 的区别为：省略了其它表面活性剂，调整了各组分用量，限定了所述表面活性剂溶液具有<40℃的熔点并且在用水稀释时不引起凝胶形成的效果。根据上述区别，确定权利要求 1 实际解决的技术问题是：提供一种替代的表面活性剂组合物。对于上述区别，本领域技术人员熟知 N-椰油-N-甲基葡糖胺是近年来常用的温和的绿色表面活性剂，性能优良，具有良好的表面活性、增稠性、乳化性、洗涤性等，在此基础上省略其它表面活性剂而不再发挥它们的乳化作用，并调整各组分的用量是本领域的常规技术手段，且由本申请也看不出上述调整相对于现有技术产生了任何预料不到的技术效果。产品权利要求的效果是由产品的组成和结构决定的，在组成和结构确定的情况下，其效果是必然和客观存在的，故"所述表面活性剂溶液具有<40℃的熔点并且在用水稀释时不引起凝胶形成"的效果限定无法将本申请的产品与现有技术相区别。因此，权利要求 1 相对于对比文件 1 和常规技术手段的结合是显而易见的，权利要求 1 不具备创造性。②从属权利要求 2-4 的附加技术特征或者已被对比文件 1 所公开，或者为由本领域常规技术手段可确定，因此在其引用的权利要求不具备创造性的条件下，权利要求 2-4 也不具备创造性。③权利要求 5 请求保护根据权利要求 1～4 中任一项所述的表面活性剂溶液用于制备化妆品组合物的用途，权利要求 6 请求保护用于制备化妆品组合物的方法。基于其引用的权利要求不具备创造性的相同理由，以及本领域常规技术手段，权利要求 5-6 也不具备创造性。④权利要求 7 请求保护组合物，其与对比文件 1 的区别为：调整了各组分用量。权利要求 7 实际解决的技术问题是：提供一种替代的表面活性剂组合物。基于与评述权利要求 1 相似的理由，权利要求 7 也不具备创造性。⑤从属权利要求 8 的附加技术特征由本领域常规技术手段可确定，因此在其引用的权利要求不具备创造性的条件下，权利要求 8 也不具备创造性。驳回决定所依据的审查文本为：本申请于 2014 年 11 月 28 日进入中国国家阶段时提交的原始国际申请文件中文译文的说明书第

图 8-7 中国专利复审审查决定数据样例（续）

（二）无效宣告审查决定

无效宣告审查决定分为下列三种类型：

（1）宣告专利权全部无效；

（2）宣告专利权部分无效；

（3）维持专利权有效。

中国专利无效宣告审查决定数据样例（案件编号：4W108472，内容有节选），见图8−8。

国 家 知 识 产 权 局

100080

北京市彩和坊路 10 号 1 号楼 10 层

北京市柳沈律师事务所　陈晓帆 沙捷(62681616)

发文日：

申请号或专利号：200980128563.6	发文序号：
案件编号：　4W108472	
发明创造名称：　泥浆泵叶轮	
专利权人：　伟尔矿物澳大利亚私人有限公司	
无效宣告请求人：　周永兰	

无 效 宣 告 请 求 审 查 决 定 书

（第 41578 号）

根据专利法第 46 条第 1 款的规定，国家知识产权局对无效宣告请求人就上述专利权所

提出的无效宣告请求进行了审查，现决定如下：

☐ 宣告专利权全部无效。

☒ 宣告专利权部分无效。

☐ 维持专利权有效。

根据专利法第 46 条第 2 款的规定，对本决定不服的，可以在收到本通知之日起 3 个月

内向北京知识产权法院起诉，对方当事人作为第三人参加诉讼。

附：决定正文　13　页(正文自第 2 页起算)。

合议组组长：冯涛　主审员：李奉　参审员：蓝正乐

专利局复审和无效审理部

201019　　　纸件申请，回函请寄：100088 北京市海淀区蓟门桥西土城路 6 号　国家知识产权局专利局
复审和无效审理部收
2019.4　　　电子申请，应当通过电子专利申请系统以电子文件形式提交相关文件。除另有规定外，以
纸件等其他形式提交的文件视为未提交。

图 8−8　中国专利无效宣告审查决定数据样例

国家知识产权局

无效宣告请求审查决定(第 41578 号)

案件编号	第 4W108472 号
决定日	2019 年 08 月 27 日
发明创造名称	泥浆泵叶轮
国际分类号	F04D 29/22(2006.01)
无效宣告请求人	周永兰
专利权人	伟尔矿物澳大利亚私人有限公司
专利号	200980128563.6
申请日	2009 年 05 月 27 日
优先权日	2008 年 05 月 27 日 2008 年 08 月 14 日
授权公告日	2013 年 11 月 20 日
无效宣告请求日	2019 年 02 月 11 日
法律依据	专利法第 22 条第 3 款
决定要点:	如果某一技术特征在现有技术中所起的作用与其在本专利技术方案中所起的作用不同，本领域技术人员也不能从中确定该技术特征客观上必然能够解决本专利所要解决的技术问题，则不能认为现有技术公开了与本专利相同的技术特征。

图 8-8 中国专利无效宣告审查决定数据样例（续）

一、案由

　　本复审请求涉及申请号为201380028734.4，名称为"包含N-甲基-N-油烯基葡糖糖胺和N-甲基-N-C₁₂-C₁₄-酰基葡糖糖胺的表面活性剂溶液"的发明专利申请。申请人为科莱恩金融(BVI)有限公司。本申请的申请日为2013年05月29日，优先权日为2012年05月30日，公开日为2015年04月22日。

　　经实质审查，国家知识产权局原审查部门于2017年06月13日发出驳回决定，以权利要求1-8不具备专利法第22条第3款规定的创造性为由驳回了本发明专利申请，其理由是：①权利要求1请求保护表面活性剂溶液。对比文件1（US6147045A，公开日：2000年11月14日）公开了一种重垢液体织物洗涤组合物（即一种表面活性剂溶液），由LAS酸形式（其它表面活性剂）25.0%、C₁₂₋₁₄链烯烃琥珀酸（其它表面活性剂）10.0%、柠檬酸（pH调节剂，添加剂）2.0%、25AE3（其它表面活性剂）4.0%、N-椰油-N-甲基葡糖胺（N-cocoyl-N-methyl glucamine，包含N-甲基-N-油烯基葡糖糖胺和N-甲基-N-C12-C14-酰基葡糖胺的混合物）4%、DETPMP（二亚乙基三胺五（亚甲基膦酸），洗涤剂添加剂）1.0%、油酸（添加剂）1.0%、乙醇（醇的下位概念）6.0%、丙二醇（醇的下位概念）6.0%、蛋白酶（添加剂）0.02%、淀粉酶（添加剂）0.005%、椰子烷基二甲基羟乙基氯化铵（其它表面活性剂）3.0%、绿土粘土（添加剂）5.0%、NaOH到pH7.5、水/次要组分到100%（参见说明书第27栏实施例8示例III）。权利要求1与对比文件1的区别为：省略了其它表面活性剂，调整了各组分用量，限定了所述表面活性剂溶液具有<40℃的熔点并且在用水稀释时不引起凝胶形成的效果。根据上述区别，确定权利要求1实际解决的技术问题是：提供一种替代的表面活性剂组合物。对于上述区别，本领域技术人员熟知N-椰油-N-甲基葡糖胺是近年来常用的温和的绿色表面活性剂，性能优良，具有良好的表面活性、增稠性、乳化性、洗涤性等，在此基础上省略其它表面活性剂而不再发挥它们的乳化作用，并调整各组分的用量是本领域的常规技术手段，且由本申请也看不出上述调整相对于现有技术产生了任何预料不到的技术效果。产品权利要求的效果是由产品的组成和结构决定的，在组成和结构确定的情况下，其效果是必然和客观存在的，故"所述表面活性剂溶液具有<40℃的熔点并且在用水稀释时不引起凝胶形成"的效果限定无法将本申请的产品与现有技术相区别。因此，权利要求1相对于对比文件1和常规技术手段的结合是显而易见的，权利要求1不具备创造性。②从属权利要求2-4的附加技术特征或者已被对比文件1所公开，或者为由本领域常规技术手段可确定，因此在其引用的权利要求不具备创造性的条件下，权利要求2-4也不具备创造性。③权利要求5请求保护根据权利要求1～4中任一项所述的表面活性剂溶液用于制备化妆品组合物的用途，权利要求6请求保护用于制备化妆品组合物的方法。基于其引用的权利要求不具备创造性的相同理由，以及本领域常规技术手段，权利要求5-6也不具备创造性。④权利要求7请求保护组合物，其与对比文件1的区别为：调整了各组分用量。权利要求7实际解决的技术问题是：提供一种替代的表面活性剂组合物。基于与评述权利要求1相似的理由，权利要求7也不具备创造性。⑤从属权利要求8的附加技术特征由本领域常规技术手段可确定，因此在其引用的权利要求不具备创造性的条件下，权利要求8也不具备创造性。驳回决定所依据的审查文本为：本申请于2014年11月28日进入中国国家阶段时提交的原始国际申请文件中文译文的说明书第

图8-8　中国专利无效宣告审查决定数据样例（续）

二、数据字段

(一) 复审审查决定数据

复审审查决定数据包括下列部分：

（1）复审审查决定的著录项目；

复审审查决定的著录项目应当包括决定号、决定日、发明创造/外观设计名称、国际分类号/外观设计分类号、复审请求人、申请号、申请日、公开日和合议组成员；

（2）法律依据；

（3）决定要点；

（4）案由；

（5）决定的理由；

（6）决定；

（7）附图。

复审审查决定数据字段介绍可详见表 8 – 4。

表 8 – 4　复审审查决定数据字段

字段名称		样例
著录项目	案件编号	1F233838
	决定日	2019 年 9 月 22 日
	发明创造/外观设计名称	包含 N – 甲基 – N – 油烯基葡糖胺和 N – 甲基 – N – C12 – C14 – 酰基葡糖胺的表面活性剂溶液
	国际分类号/外观设计分类号	A61K8/42，A61K8/34，A61KQ5/02，A61Q19/10，A61Q5/02，C11D1/645
	申请号	201380028734.4
	优先权日	2012 年 05 月 30 日
	申请日	2013 年 5 月 29 日
	公开日	2015 年 4 月 22 日
	复审请求日	2017 年 9 月 28 日
	复审请求人	科莱恩金融（BVI）有限公司
	决定号	188302
法律依据		《专利法》第二十二条第三款
决定要点		决定要点：如果发明与最接近的现有技术相比，虽然存在区别特征，但本领域技术人员根据现有技术的启示，有动机将该区别特征应用到该最接近的现有技术中以解决发明实际解决的技术问题，能够显而易见地获得请求保护的技术方案，并且也没有产生预料不到的技术效果，则该发明不具有突出的实质性特点和显著的进步，不具备创造性

字段名称	样例
案由	本复审请求涉及申请号为201380028734.4，名称为"包含N-甲基-N-油烯基葡糖胺和N-甲基-N-C12-C14-酰基葡糖胺的表面活性剂溶液"的发明专利申请。申请人为科莱恩金融（BVI）有限公司。本申请的申请日为2013年05月29日，优先权日为2012年05月30日，公开日为2015年04月22日（下略）
决定的理由	审查文本的认定 复审请求人在2019年06月19日答复复审通知书时提交了修改后的权利要求书全文替换页（共2页8项），经审查，上述修改符合《专利法实施细则》第六十一条第一款和《专利法》第三十三条的规定（下略）
决定	维持国家知识产权局于2017年06月13日对本申请作出的驳回决定（下略）
附图	内容略
合议组组长	陈伊诺
主审员	王彩虹
参审员	赵小凌

（二）无效宣告审查决定

无效宣告审查决定包括下列部分：

（1）无效宣告审查决定的著录项目，包括决定号、决定日、发明创造/外观设计名称、国际分类号/外观设计分类号、无效宣告请求人、专利权人、专利号、申请日、授权公告日和合议组成员；

（2）法律依据；

（3）决定要点；

（4）案由；

（5）决定的理由；

（6）决定；

（7）附图。

无效宣告审查决定数据字段详见表8-5。

表 8 – 5　无效宣告审查决定数据字段

信息	字段名称	样例
著录项目	案件编号	4W108472
	决定日	2019 年 08 月 27 日
	发明创造/外观设计名称	泥浆泵叶轮
	国际分类号/外观设计分类号	F04D29/22（2006.01）
	专利号	200980128563.6
	优先权日	2008 年 05 月 27 日
	申请日	2009 年 05 月 27 日
	授权公告日	2013 年 11 月 20 日
	无效宣告请求日	2019 年 02 月 11 日
	无效宣告请求人	周永兰
	专利权人	伟尔矿物澳大利亚私人有限公司
	决定号	41578
法律依据		《专利法》第二十二条第三款
决定要点		决定要点：如果某一技术特征在现有技术中所起的作用与其在本专利技术方案中所起的作用不同，本领域技术人员也不能从中确定该技术特征客观上必然能够解决本专利所要解决的技术问题，则不能认为现有技术公开了与本专利相同的技术特征
案由		本专利的专利号为 200980128563.6，最早优先权日为 2008 年 05 月 27 日，申请日为 2009 年 05 月 27 日，授权公告日为 2013 年 11 月 20 日。本专利授权公告的权利要求书如下（下略）
决定的理由		1. 审查基础 在本案的审理过程中，专利权人 2019 年 04 月 30 日提交了权利要求书修改文本，将权利要求 2 – 4 和权利要求 7 合并至权利要求 1（下略）
决定		宣告 200980128563.6 号发明专利权部分无效，在专利权人于 2019 年 04 月 30 日提交的权利要求 1 – 23 的基础上继续维持该专利有效（下略）
附图		内容略
合议组组长		冯涛
主审员		李奉
参审员		蓝正乐

三、重点字段

（一）法律依据

审查决定的法律依据是指审查决定的理由所涉及的法律、法规条款。

本节复审审查决定样例中法律依据为《专利法》第二十二条第三款，其规定：创造性，是指与现有技术相比，该发明具有突出的实质性特点和显著的进步，该实用新型具有实质性特点和进步。

（二）决定要点

决定要点是决定正文中理由部分的实质性概括和核心论述。它是针对该案争论点或者难点所采用的判断性标准。决定要点对所适用的《专利法》及其实施细则有关条款做进一步解释，并尽可能地根据该案的特定情况得出具有指导意义的结论。

本节复审审查决定样例中，决定要点指出："如果发明与最接近的现有技术相比，虽然存在区别特征，但本领域技术人员根据现有技术的启示，有动机将该区别特征应用到该最接近的现有技术中以解决发明实际解决的技术问题，能够显而易见地获得请求保护的技术方案，并且也没有产生预料不到的技术效果。"这是对决定理由进行的概况和论述，决定要点给出的结论为"则该发明不具有突出的实质性特点和显著的进步，不具备创造性"。

（三）案由

案由部分是按照时间顺序叙述复审请求的提出、范围、理由、证据、受理，文件的提交、转送，审查过程以及主要争议等情况。这部分内容与案件中的相应记载相一致，正确地、概括性地反映案件的审查过程和争议的主要问题。

（四）决定的理由

决定的理由部分阐明了审查决定所依据的法律、法规条款的规定，得出审查结论所依据的事实，并且具体说明所述条款对该案件的适用。对于决定的结论对其不利的当事人的全部理由、证据和主要观点应当具体分析，阐明其理由不成立、观点不被采纳的原因。

（五）决定

决定部分给出具体的审查结论，并且对后续程序的启动、时限和受理单位等给出明确、具体的指示。

本节复审审查决定样例中的复审决定为"维持国家知识产权局于 2017 年 06 月 13 日对本申请作出的驳回决定"，属于"复审请求不成立，维持驳回决定"。

本节无效宣告审查决定样例中的决定为"宣告 200980128563.6 号发明专利权部分无效，在专利权人于 2019 年 04 月 30 日提交的权利要求 1 – 23 的基础上继续维持该专利有效"，属于"宣告专利权部分无效"。

（六）附图

对于涉及外观设计的审查决定，根据需要使用外观设计的图片或者照片作为审查决定的附图。

（七）合议组组长

组长负责主持复审或者无效宣告程序的全面审查，主持口头审理，主持合议会议及其表决，确定合议组的审查决定是否需要报主任委员或者副主任委员审批。

（八）主审员及参审员

主审员负责案件的全面审查和案卷的保管，起草审查通知书和审查决定，负责合议组与当事人之间的事务性联系；在无效宣告请求审查结论为宣告专利权部分无效时，准备需要出版的公告文本。参审员参与审查并协助组长和主审员工作。

复审、无效数据本身具有法律意义和法律属性，审查决定数据的公开不仅使知识产权审判更加公开透明，而且为开展法学教学和法学研究提供了宝贵的素材，总结决定要点，也可为法官、律师、当事人、专利代理人等办理案件提供参考。

第五节　专利法律状态数据

专利法律状态主要是指一项专利是何时申请、何时获得专利权、何时失效，现在是否仍然有效及专利的驳回、撤回、质押等信息。一件专利在从申请到终止的整个生命周期里，法律状态一直贯穿其中，并不断变化，其直接反映了专利的是否有效、归属情况等。

专利法律状态数据是对专利法律状态的记录。中国专利法律状态数据主要来自中国专利公报中的发明专利申请公布、发明专利权授予、保密发明专利、发明专利事务、实用新型专利权授予、保密实用新型专利、实用新型专利事务、外观设计专利权授予、外观设计专利事务。

一、数据样例

（一）专利公报中的法律状态信息

专利公报内容中的发明专利申请公布、发明专利权授予、实用新型专利权授予、外观设计专利权授予对应中国专利数据的公开、授权两类法律状态。

保密发明专利、保密实用新型专利对应中国专利数据的保密专利权的授予、保密专利的解密两类法律状态。

发明专利事务、实用新型专利事务、外观设计专利事务是国务院专利行政部门对发明专利申请、发明专利、实用新型专利、外观设计专利作出的各类决定和通知，主要包括实质审查的生效、专利局对专利申请实质审查的决定、发明专利申请公布后的驳回、发明专利申请公布后的撤回、发明专利申请公布后的视为撤回、专利权的视为放弃、专利权的（全部或部分）无效宣告、专利权的终止、专利权的主动放弃、避免重复授予专利权、专利申请或者专利权的恢复、专利申请权/专利权的转移、专利实施的强制许可、专利实施许可合同备案的生效/变更/注销、专利权质押合同登记的生效/变更/注销、专利权的保全及其解除、著录事项变更、专利权人的姓名或者名称/地址的变更、文件的公告送达、其他有关事项等法律状态信息。

　　下面选取 2021 年 5 月 21 日国家知识产权局的专利公报数据为样例，对数据内容进行展示。样例节选"实质审查的生效""专利申请权、专利权的转移""专利实施许可合同备案的生效、变更及注销""专利权质押合同登记的生效、变更及注销"等信息。样例见图 8-9。

发 明 专 利 事 务

公告日　2021 年 5 月 21 日

1.实质审查的生效

IPC(主分类)	专利申请号	申请日	IPC(主分类)	专利申请号	申请日
A01B 1/02	202011498427.0	2020.12.17	A01C 1/02	202011639078.X	2020.12.31
A01B 1/20	202011586454.3	2020.12.28	A01C 1/06	202011458124.6	2020.12.10
A01B 3/50	202011521893.6	2020.12.22	A01C 1/06	202011564276.4	2020.12.25
A01B 33/02	202011559959.0	2020.12.25	A01C 5/04	202011525791.1	2020.12.22
A01B 33/02	202011588704.7	2020.12.29	A01C 5/04	202110101383.1	2021.01.26
A01B 33/02	202011592606.0	2020.12.29	A01C 5/04	202110146005.5	2021.02.02
A01B 33/06	202011465596.4	2020.12.13	A01C 5/04	202110221885.8	2021.02.27
A01B 33/10	202011515237.5	2020.12.21	A01C 5/06	202110029046.6	2021.01.11
A01B 39/08	202011568850.3	2020.12.26	A01C 5/06	202110033851.6	2021.01.12
A01B 39/08	202110076215.1	2021.01.20	A01C 7/00	202011333770.X	2020.11.24
A01B 39/18	202011624253.8	2020.12.31	A01C 7/00	202011571679.1	2020.12.27
A01B 41/00	202110074536.8	2021.01.20	A01C 7/00	202110108244.1	2021.01.27
A01B 49/02	202110013545.6	2021.01.06	A01C 7/00	202110140809.4	2021.02.02
A01B 49/02	202110161163.8	2021.02.05	A01C 7/06	202011372213.9	2020.11.30
A01B 49/04	202011548375.3	2020.12.24	A01C 7/06	202011616000.6	2020.12.31
A01B 49/04	202110141453.6	2021.02.02	A01C 7/06	202110007009.5	2021.01.05
A01B 49/06	202011558396.3	2020.12.25	A01C 7/08	202110002078.7	2021.01.04
A01B 49/06	202011591092.7	2020.12.29	A01C 7/08	202110004336.5	2021.01.04
A01B 49/06	202011601562.3	2020.12.29	A01C 7/16	201911039319.4	2019.10.29
A01B 49/06	202011623736.6	2020.12.31	A01C 7/18	202011603928.0	2020.12.30
A01B 49/06	202011641224.2	2020.12.31	A01C 7/18	202110049142.7	2021.01.14
A01B 49/06	202110047635.7	2021.01.14	A01C 7/20	202011444729.X	2020.12.11
A01B 77/00	202011521892.1	2020.12.22	A01C 7/20	202011595258.2	2020.12.29
A01B 77/00	202011521993.9	2020.12.22	A01C 7/20	202110002079.1	2021.01.04
A01B 79/00	202010893277.7	2020.08.31	A01C 11/00	202011589904.4	2020.12.29
A01B 79/00	202110018710.7	2021.01.07	A01C 11/00	202011595925.7	2020.12.29
A01B 79/02	202011529873.3	2020.12.22	A01C 11/00	202110082781.3	2021.01.21
A01B 79/02	202011602994.6	2020.12.30	A01C 11/00	202110084118.7	2021.01.21
A01B 79/02	202011603429.1	2020.12.30	A01C 11/00	202110135936.5	2021.02.01
A01C 1/00	201910985659.X	2019.10.16	A01C 11/02	202010255579.1	2020.04.02
A01C 1/00	202010314646.2	2020.04.13	A01C 11/02	202110077250.5	2021.01.20
A01C 1/00	202011474275.0	2020.12.15	A01C 11/02	202110173261.3	2021.02.05
A01C 1/00	202011549492.1	2020.12.24	A01C 14/00	202110008237.4	2021.01.05
A01C 1/00	202011574523.9	2020.12.23	A01C 15/00	202011478014.6	2020.12.15
A01C 1/00	202110006938.4	2021.01.05	A01C 15/16	202110069713.3	2021.01.19
A01C 1/00	202110089808.1	2021.01.22	A01C 17/00	202011603167.9	2020.12.29
A01C 1/00	202110165484.5	2021.02.06	A01C 21/00	202011580951.2	2020.12.28

• 553 •

图 8-9　中国专利公报法律状态数据样例

公告日　2021年5月21日

12.专利申请权、专利权的转移(续)

IPC(主分类)	专利号	变更事项	变更前权利人	变更后权利人	登记生效日
H04W 24/06	ZL 201610136564.7	专利权人	浙江麦知网络科技有限公司	苏州兆见智能科技有限公司	2021.05.10
		地址	314500 浙江省嘉兴市桐乡市桐乡经济开发区发展大道133号3幢503室	215131 江苏省苏州市相城区元和街道齐门北大街88号原鑫口上声电子厂房三号楼1楼	
H04W 24/06	ZL 201610210733.7	专利权人	浙江麦知网络科技有限公司	展视网(北京)科技有限公司	2021.05.10
		地址	314500 浙江省嘉兴市桐乡市桐乡经济开发区发展大道133号3幢503室	100089 北京市海淀区清河西三旗东新都东站南11幢楼房一层068室	
H04W 36/00	ZL 200810087362.3	专利权人	诺基亚技术有限公司	乌索投资有限公司	2021.05.10
		地址	芬兰埃斯波	美国得克萨斯州	
H04W 48/10	ZL 201610379299.5	专利权人	华为技术有限公司	荣耀终端有限公司	2021.05.10
		地址	518129 广东省深圳市龙岗区坂田华为总部办公楼	518040 广东省深圳市福田区香蜜湖街道东海社区红荔西路8089号深业中城6号楼A单元3401	
H04W 56/00	ZL 201510878153.0	专利权人	东台东科知识产权服务有限公司	东台城东科技创业园管理有限公司	2021.05.10
		地址	224200 江苏省盐城市东台高新技术产业开发区科创大厦809室	224200 江苏省盐城市东台市城东新区东进大道48号	
H04W 64/00	ZL 200480033321.6	专利权人	阿尔卡特公司	乌索投资有限公司	2021.05.10
		地址	法国巴黎市	美国得克萨斯州	
H04W 88/00	ZL 201480000322.4	专利权人	华为技术有限公司	荣耀终端有限公司	2021.05.10
		地址	518129 广东省深圳市龙岗区坂田华为总部办公楼	518040 广东省深圳市福田区香蜜湖街道东海社区红荔西路8089号深业中城6号楼A单元3401	
H04W 88/16	ZL 200810179099.0	专利权人	华为终端有限公司	深圳市智信新信息技术有限公司	2021.05.10
		地址	523808 广东省东莞市松山湖高新技术产业开发区新城大道2号南方工厂厂房(一期)项目B2区生产厂房-5	518040 广东省深圳市福田区香蜜湖街道东海社区红荔西路8089号深业中城6号楼A单元3401	
H05B 47/14	ZL 201710149615.4	专利权人	上海翼立智能科技有限公司	利特拉有限责任公司	2021.05.10
		地址	201114 上海市闵行区新骏环路188号15幢401室	美国德克萨斯州奥斯汀市布拉索斯街815号500室	
H05K 1/02	ZL 201911335592.1	专利权人	浙江近点电子股份有限公司	浙江侨龙电子科技有限公司	2021.05.10
		地址	325600 浙江省温州市乐清经济开发区纬五路187号	325600 浙江省温州市乐清市乐清经济开发区纬五路187号	
H05K 3/20	ZL 201180054919.3	专利权人	帝斯曼知识产权资产管理有限公司	帝斯曼先进太阳能有限公司	2021.05.10
		地址	荷兰海尔伦	荷兰格林	
H05K 3/30	ZL 201911335168.7	专利权人	浙江近点电子股份有限公司	浙江侨龙电子科技有限公司	2021.05.10
		地址	325600 浙江省温州市乐清经济开发区纬五路187号	325600 浙江省温州市乐清市乐清经济开发区纬五路187号	

13.专利实施的强制许可

14.专利实施许可合同备案的生效、变更及注销

　专利实施许可合同备案的生效

IPC(主分类)	A44C 27/00		合同备案号	X2021980003284	让与人	周六褔珠宝股份有限公司
专利申请号	201510005504.7		申请日	2015.01.07	受让人	深圳市周六褔贸易有限公司

图8-9　中国专利公报法律状态数据样例(续)

14.专利实施许可合同备案的生效、变更及注销(续)

发明名称 一种幻影黄金或K金首饰的加工工艺
申请公布日 2015.07.01　授权公告日 2016.06.29
许可种类 普通许可　备案日期 2021.05.06

IPC(主分类) C07D 487/08　合同备案号 X2021980003247
专利申请号 201010122529.2　申请日 2010.03.08
让与人 广东银洋环保新材料有限公司
受让人 广东耀达融资租赁有限公司
发明名称 双二羟基乙烯脲及其衍生物及其制备方法和用途
申请公布日 2010.09.01　授权公告日 2011.06.15
许可种类 独占许可　备案日期 2021.05.06

IPC(主分类) C08F 220/14　合同备案号 X2021980003247
专利申请号 201210101478.4　申请日 2012.04.10
让与人 广东银洋环保新材料有限公司
受让人 广东耀达融资租赁有限公司
发明名称 一种水溶性含氟丙烯酸树脂的制备方法及应用
申请公布日 2012.08.01　授权公告日 2014.06.25
许可种类 独占许可　备案日期 2021.05.06

IPC(主分类) C08F 220/14　合同备案号 X2021980003247
专利申请号 201811148923.6　申请日 2018.09.29
让与人 广东银洋环保新材料有限公司
受让人 广东耀达融资租赁有限公司
发明名称 一种改性丙烯酸酯乳液及其制备方法与应用
申请公布日 2019.03.19　授权公告日 2021.02.26
许可种类 独占许可　备案日期 2021.05.06

IPC(主分类) C08G 18/66　合同备案号 X2021980003247
专利申请号 200910214494.2　申请日 2009.12.31
让与人 广东银洋环保新材料有限公司
受让人 广东耀达融资租赁有限公司
发明名称 一种软段侧链含氟水性聚氨酯的制备方法
申请公布日 2010.09.08　授权公告日 2011.05.04
许可种类 独占许可　备案日期 2021.05.06

IPC(主分类) C08G 18/66　合同备案号 X2021980003247
专利申请号 201110024682.6　申请日 2011.01.21
让与人 广东银洋环保新材料有限公司
受让人 广东耀达融资租赁有限公司
发明名称 高硬度有机硅杂化水性聚氨酯分散体的制备方法
申请公布日 2011.07.20　授权公告日 2013.07.10
许可种类 独占许可　备案日期 2021.05.06

IPC(主分类) C08G 18/75　合同备案号 X2021980003247
专利申请号 201710187635.0　申请日 2017.03.27

让与人 广东银洋环保新材料有限公司
受让人 广东耀达融资租赁有限公司
发明名称 阳离子聚氨酯、其制备方法、织物预处理液及其应用
申请公布日 2017.08.18　授权公告日 2020.09.29
许可种类 独占许可　备案日期 2021.05.06

IPC(主分类) C09D 167/02　合同备案号 X2021980003247
专利申请号 200910214493.8　申请日 2009.12.31
让与人 广东银洋环保新材料有限公司
受让人 广东耀达融资租赁有限公司
发明名称 环保型户外无光粉末涂料的制备方法
申请公布日 2010.07.28　授权公告日 2012.05.23
许可种类 独占许可　备案日期 2021.05.06

IPC(主分类) D21H 27/20　合同备案号 X2021980003247
专利申请号 201210068225.1　申请日 2012.03.15
让与人 广东银洋环保新材料有限公司
受让人 广东耀达融资租赁有限公司
发明名称 一种墙纸
申请公布日 2012.07.25　授权公告日 2014.03.26
许可种类 独占许可　备案日期 2021.05.06

IPC(主分类) G03G 15/08　合同备案号 X2021980003217
专利申请号 201210276516.X　申请日 2009.08.05
让与人 纳思达股份有限公司
受让人 珠海精通打印耗材有限公司
发明名称 一种带有计数机构的显影盒
申请公布日 2012.11.28　授权公告日 2014.03.19
许可种类 普通许可　备案日期 2021.04.30

IPC(主分类) G06F 21/72　合同备案号 X2021990000247
专利申请号 201810652042.1　申请日 2018.06.22
让与人 北京智芯微电子科技有限公司
受让人 深圳市国电科技通信有限公司
发明名称 椭圆曲线多倍点运算方法和装置
申请公布日 2018.11.23　授权公告日 2020.05.19
许可种类 普通许可　备案日期 2021.04.29

IPC(主分类) H02H 5/04　合同备案号 X2021370000014
专利申请号 202010082613.X　申请日 2020.02.07
让与人 山东大学
受让人 南京数脉动力信息技术有限公司
发明名称 基于结温预测的功率器件热保护与预警方法及系统
申请公布日 2020.06.16　授权公告日 2021.01.08
许可种类 普通许可　备案日期 2021.04.30

图8-9　中国专利公报法律状态数据样例（续）

公告日　2021年5月21日

15.专利权质押合同登记的生效、变更及注销

　①专利权质押合同登记的生效

IPC(主分类)　A01D 91/04	专利号　ZL 201010544106.X	发明名称　一种复合金属筛网
申请日　2010.11.12	授权公告日　2012.05.30	
登记号　Y2021980003274	登记生效日　2021.05.06	IPC(主分类)　B44C 5/06　专利号　ZL 201010518071.2
出质人　安徽黄山云乐灵芝有限公司		申请日　2010.10.25　授权公告日　2013.07.17
质权人　旌德县兴业融资担保有限公司		登记号　Y2021980003274　登记生效日　2021.05.06
发明名称　一种足氧不缺光条件下收集灵芝孢子粉的方法		出质人　安徽黄山云乐灵芝有限公司
		质权人　旌德县兴业融资担保有限公司
IPC(主分类)　A01G 23/00　专利号　ZL 201310634298.7		发明名称　一种盆景灵芝防霉变或虫蛀的无毒害处理方法
申请日　2013.11.28　授权公告日　2015.09.02		
登记号　Y2021980003222　登记生效日　2021.04.30		IPC(主分类)　C02F 9/04　专利号　ZL 201911305489.2
出质人　花木易购科技股份有限公司		申请日　2019.12.18　授权公告日　2020.04.14
质权人　中国银行股份有限公司厦门市分行		登记号　Y2021980003272　登记生效日　2021.05.06
发明名称　一种乔化苗木的培育方法		出质人　烟台金正环保科技有限公司
		质权人　烟台鑫财浩瀚投资中心(有限合伙)
IPC(主分类)　A61K 9/20　专利号　ZL 201010520783.8		发明名称　一种高浓盐水的处理方法及系统
申请日　2010.10.27　授权公告日　2011.12.07		
登记号　Y2021980003274　登记生效日　2021.05.06		IPC(主分类)　C03B 19/10　专利号　ZL 201310435849.7
出质人　安徽黄山云乐灵芝有限公司		申请日　2013.09.24　授权公告日　2016.05.18
质权人　旌德县兴业融资担保有限公司		登记号　Y2021980003280　登记生效日　2021.05.06
发明名称　一种无辅料超细粉片剂及其制备方法		出质人　信阳市上天梯怡和矿产资源开发有限公司
		质权人　信阳珠江村镇银行股份有限公司浉河支行
IPC(主分类)　B01D 67/00　专利号　ZL 201911211776.7		发明名称　一种利用珍珠岩尾矿制取中空微珠的装置及其应用
申请日　2019.11.28　授权公告日　2020.08.28		
登记号　Y2021980003272　登记生效日　2021.05.06		IPC(主分类)　C08G 8/28　专利号　ZL 201310694180.3
出质人　烟台金正环保科技有限公司		申请日　2013.12.16　授权公告日　2015.11.25
质权人　烟台鑫财浩瀚投资中心(有限合伙)		登记号　Y2021980003262　登记生效日　2021.05.06
发明名称　一种复合脱盐层纳滤膜制备方法		出质人　济南圣泉海沃斯树脂有限公司
		质权人　齐鲁银行股份有限公司济南章丘支行
IPC(主分类)　B01D 71/82　专利号　ZL 201704211696.6		发明名称　一种改性酚醛树脂的制备方法
申请日　2017.04.01　授权公告日　2019.11.05		
登记号　Y2021980003272　登记生效日　2021.05.06		IPC(主分类)　C09K 8/80　专利号　ZL 201410485359.2
出质人　烟台金正环保科技有限公司		申请日　2014.09.22　授权公告日　2017.01.18
质权人　烟台鑫财浩瀚投资中心(有限合伙)		登记号　Y2021980003280　登记生效日　2021.05.06
发明名称　一种超支化结构纳滤膜的制备方法		出质人　信阳市上天梯怡和矿产资源开发有限公司
		质权人　信阳珠江村镇银行股份有限公司浉河支行
IPC(主分类)　B01J 20/26　专利号　ZL 201610277202.X		发明名称　一种以凝灰岩为主要原料的低密高强石油陶粒支撑
申请日　2016.04.30　授权公告日　2019.05.31		剂及其制备方法
登记号　Y2021980003280　登记生效日　2021.05.06		
出质人　信阳市上天梯怡和矿产资源开发有限公司		IPC(主分类)　C21D 1/26　专利号　ZL 201810548063.9
质权人　信阳珠江村镇银行股份有限公司浉河支行		申请日　2018.05.31　授权公告日　2020.05.19
发明名称　一种以膨胀珍珠岩尾矿为主要原料的吸附VOC用		登记号　Y2021990000386　登记生效日　2021.04.30
微球载体及其制备方法		出质人　西安圣泰金属材料有限公司
		质权人　西安创新融资担保有限公司
IPC(主分类)　B07B 1/46　专利号　ZL 201310223905.0		发明名称　一种恒速降温真空退火炉
申请日　2013.06.06　授权公告日　2016.07.13		
登记号　Y2021990000374　登记生效日　2021.04.29		IPC(主分类)　C22B 1/243　专利号　ZL 201910252473.3
出质人　北京时代桃源环境科技股份有限公司		申请日　2019.03.29　授权公告日　2020.08.07
质权人　北京首创融资担保有限公司		登记号　Y2021980003280　登记生效日　2021.05.06

· 948 ·

图8-9　中国专利公报法律状态数据样例（续）

（二）专利法律状态标准化数据

为方便数据的传播和利用，将中国专利法律状态数据加工成符合《专利文献数据规范》（ZC 0014—2012）标准的 XML 格式中国专利法律状态标准化数据。中国专利法律状态标准化数据包括中国发明专利法律状态标准化数据、中国实用新型专利法律状态标准化数据和中国外观设计专利法律状态标准化数据。数据格式为 XML，内容包括申请信息、知识产权类型、法律状态公告日、法律状态代码、法律状态及法律状态信息。

下面选取中国发明专利法律状态标准化数据作为样例（法律状态公告日：2019年 05 月 31 日，内容有节选），展示数据结构和内容，见图 8 - 10。

```
<?xml version="1.0" encoding="utf-8" standalone="no"?>
<business:PRS xmlns:base="http://www.sipo.gov.cn/XMLSchema/base" xmlns:business="
http://www.sipo.gov.cn/XMLSchema/business" xmlns:xsi="
http://www.w3.org/2001/XMLSchema-instance" xsi:schemaLocation="
http://www.sipo.gov.cn/XMLSchema/business /DTDS/LegalStatus/Modules/PRS.xsd"
dateProduced="20190528" num="10000" xsdVersion="V2.2.1">
    <business:PRSRecord PRSID="CNPRS000001" status="C">
        <business:ApplicationReference applType="10" dataFormat="standard" sequence="
1">
            <base:DocumentID>
                <base:WIPOST3Code>CN</base:WIPOST3Code>
                <base:DocNumber>102016000110279</base:DocNumber>
                <base:Date>20160229</base:Date>
            </base:DocumentID>
        </business:ApplicationReference>
        <business:ApplicationReference applType="10" dataFormat="original" sequence="
1" sourceDB="national office">
            <base:DocumentID>
                <base:WIPOST3Code>CN</base:WIPOST3Code>
                <base:DocNumber>201610110279.8</base:DocNumber>
                <base:Date>20160229</base:Date>
            </base:DocumentID>
        </business:ApplicationReference>
        <business:IPRType>PI</business:IPRType>
        <business:PRSPublicationDate>
            <base:Date>20190531</base:Date>
        </business:PRSPublicationDate>
        <business:PRSCode>WD01</business:PRSCode>
        <business:PRSValue>发明专利申请公布后的视为撤回</business:PRSValue>
        <business:PRSInformation>发明专利申请公布后的视为撤回
IPC(主分类):C08L  75/04
专利申请号:2016101102798
申请公布日:20170524</business:PRSInformation>
        <business:StatusIndicator>N</business:StatusIndicator>
    </business:PRSRecord>
```

图 8 - 10　中国发明专利法律状态标准化数据样例

二、数据字段

（一）中国专利公报中的法律状态信息

中国专利公报中的法律状态信息详细内容可见表 8 - 6。

表 8−6　中国专利公报中的法律状态信息详细内容

专利类型	法律状态主要内容
发明专利	发明专利事务公布专利局对发明专利作出的决定和通知。包括：实质审查请求的生效，专利局对专利申请自行进行实质审查的决定，发明专利申请公布后的驳回，发明专利申请公布后的撤回，发明专利申请公布后的视为撤回，视为放弃取得专利权，专利权的全部（或部分）无效宣告，专利权的终止，专利权的主动放弃，专利申请（或专利）权利的恢复，专利申请权、专利权的转移，专利实施的强制许可，专利实施许可合同的备案，专利权的质押、保全及其解除，专利权人的姓名或者名称、地址等著录事项的变更，文件的公告送达，专利局的更正，其他有关事项等
实用新型专利	实用新型专利事务公布专利局对实用新型专利申请和实用新型专利作出的决定和通知。包括：专利权的全部（或部分）无效宣告，专利权的终止，专利权的主动放弃，为避免重复授权放弃实用新型专利权，专利权的恢复，专利权的转移，专利实施的强制许可，专利实施许可合同的备案，专利权的质押、保全及解除，专利权人的姓名或者名称、地址等著录事项的变更，文件的公告送达，专利局的更正，其他有关事项等
外观设计专利	外观设计专利事务公布专利局对外观设计专利申请和外观设计专利作出的决定和通知。包括：专利权的全部（或部分）无效宣告，专利权的终止，专利权的主动放弃，专利权的恢复，专利权的转移，专利实施许可合同的备案，专利权的质押、保全及其解除，专利权人的姓名或者名称、地址等著录事项的变更，文件的公告送达，专利局的更正，其他有关事项等

中国专利公报中法律状态信息相关字段如表 8−7 所示。

表 8−7　中国专利公报中的法律状态信息相关字段

事务类型	字段名称	样例
实质审查的生效	IPC（主分类）	A01B 1/02
	专利申请号	202011498427.0
	申请日	2020.12.17
专利申请权、专利权的转移	IPC（主分类）	A01B 49/06
	专利申请号	201810561688.9
	变更事项	申请人地址
	变更前权利人	苏州世纪天成信息技术有限公司；215400 江苏省苏州市太仓市经济开发区北京东路 77 号 H901 室
	变更后权利人	河北北兆科技有限责任公司；054700 河北省邢台市威县经济开发区开放路 7 号
	登记生效日	2021.05.10

事务类型	字段名称	样例
专利实施许可合同备案的生效、变更及注销	IPC（主分类）	C07D 487/08
	合同备案号	X2021980003247
	专利申请号	201010122529.2
	申请日	2010.03.08
	让与人	广东银洋环保新材料有限公司
	受让人	广东耀达融资租赁有限公司
	发明名称	双二羟基乙烯脲及其衍生物及其制备方法和用途
	申请公开日	2010.09.01
	授权公告日	2011.06.15
	许可种类	独占许可
	备案日期	2021.05.06
专利权质押合同登记的生效、变更及注销	IPC（主分类）	A01D 91/04
	专利号	ZL 201010544106.X
	申请日	2010.11.12
	授权公告日	2012.05.30
	登记号	Y2021980003274
	登记生效日	2021.05.06
	出质人	安徽黄山云乐灵芝有限公司
	质权人	旌德县兴业融资担保有限公司
	发明名称	一种足氧不缺光条件下收集灵芝孢子粉的方法

（二）中国专利法律状态标准化数据

中国专利法律状态标准化数据字段内容如表 8-8 所示。

表 8-8 中国专利法律状态标准化数据字段

字段名称		字段含义	样例
business：ApplicationReference		申请信息（申请号、申请日、申请种类等）	—
ATT	DataFormat	DataFormat='standard'，表示文献标识	standard
	base：WIPOST3Code	国别代码	CN

字段名称		字段含义	样例
	base：DocNumber	申请号	102016000110279
	base：Date	申请日	20160229
business：ApplicationReference		申请信息（申请号、申请日、申请种类等）	—
ATT	DataFormat	DataFormat = original，表示文献标识	original
	base：WIPOST3Code	国别代码	CN
	base：DocNumber	申请号	201610110279.8
	base：Date	申请日	20160229
business：IPRType		知识产权类型	PI
business：PRSPublicationDate		法律状态公告日	20190531
business：PRSCode		法律状态代码	WD01
business：PRSValue		法律状态	发明专利申请公布后的视为撤回
business：PRSInformation		法律状态信息	发明专利申请公布后的视为撤回 IPC（主分类）：C08L 75/04 专利申请号：2016101102798 申请公布日：20170524
business：StatusIndicator		记录状态（N，表示新增数据）	N

三、重点字段

(一) 中国专利公报中的法律状态信息

1. 实质审查的生效

根据《专利法》第三十五条的规定，国务院专利行政部门可以对发明专利申请进行实质审查。对发明专利申请进行实质审查的目的在于确定发明专利申请是否应当被授予专利权，特别是确定其是否符合《专利法》有关新颖性、创造性和实用性的规定。

本事务仅适用于发明专利申请。公布的项目包括主分类号、专利申请号、申请日。

2. 专利申请权、专利权的转移

根据《专利法》第十条的规定，中国单位或者个人向外国人、外国企业或者外国其他组织转让专利申请权或者专利权的，应当依照有关法律、行政法规的规定办理手续。转让专利申请权或者专利权的，当事人应当订立书面合同，并向国务院专利行政部门登记，由国务院专利行政部门予以公告。专利申请权或者专利权的转让自登记之日起生效。

同时根据《专利法实施细则》第十四条第一款的规定，除依照《专利法》第十条规定转让专利权外，专利权因其他事由发生转移的，当事人应当凭有关证明文件或者法律文书向国务院专利行政部门办理专利权转移手续。

公布的项目包括：主分类号、专利申请号（专利号）、变更项目、变更前权利人、变更后权利人、登记生效日。

3. 专利实施许可合同备案的生效、变更及注销

根据《专利法实施细则》第十四条第二款的规定，专利权人与他人订立的专利实施许可合同，应当自合同生效之日起三个月内向国务院专利行政部门备案。

专利实施许可合同备案生效公布的项目包括：主分类号、专利号、备案号、让与人、受让人、发明名称、申请日、发明公布日、授权公告日、许可种类（独占、排他、普通）、备案日。

专利实施许可合同备案变更公布的项目包括：主分类号、专利号、备案号、变更日、变更项（许可种类、让与人、受让人）及变更前后内容。

专利实施许可合同备案注销公布的项目包括：主分类号、专利号、备案号、让与人、受让人、许可合同备案解除日。

4. 专利权质押合同登记的生效、变更及注销

根据《专利法实施细则》第十四条第三款的规定，以专利权出质的，由出质人和质权人共同向国务院专利行政部门办理出质登记。

专利权质押合同登记生效公布的项目包括：主分类号、专利号、登记号、质押合同登记生效日、出质人、质权人、发明名称、申请日、授权公告日。

专利权质押合同登记变更公布的项目包括：主分类号、专利号、登记号、变更日、变更项（出质人、质权人）及变更前后内容。

专利权质押合同登记注销公布的项目包括：主分类号、专利号、登记号、出质人、质权人、申请日、授权公告日、质押合同登记解除日。

（二）中国专利法律状态标准化数据

1. 申请信息

中国专利法律状态标准化数据中的申请信息（Application Reference）字段提供两种数据格式，一种为数据的原始格式，一种为标准化数据格式，每种数据格式均包括国别代码、申请号、申请日等信息。

例如，当 DataFormat 取值为 standard 时，为标准化格式，申请号格式为 102016000110279。

当 DataFormat 取值为 original 时，为原始格式，申请号格式为 201610110279.8。

2. 知识产权类型

知识产权类型（IPRType）包括发明、实用新型、外观设计，其中发明取值为

PI、实用新型取值为 UM、外观设计取值为 DP。

不同专利类型对应不同的审查流程，因而其法律状态及保护期限也不同，在法律状态数据检索或分析中，使用专利类型可以让用户更快更准确地获取需要的信息。

第六节　专利数据属性

专利制度是一种利用法律、行政和经济手段保护发明创造专利权，鼓励人们进行发明创造活动，促进科学技术进步与创新，推动发明创造的推广应用和经济发展的知识产权保护制度。专利数据具有技术属性、法律属性、经济属性。

一、技术属性

社会公众和创新主体可以通过发明创造名称、分类信息、摘要等专利著录项目内容初步了解专利的技术信息，通过说明书、附图等文件部分详细了解专利的技术信息，还可以通过专利所附的检索报告或相关文献间接了解发明创造相关的技术信息。《专利法》第二十六条第三款规定：说明书应当对发明或者实用新型作出清楚、完整的说明，以所属技术领域的技术人员能够实现为准；必要的时候，应当有附图。摘要应当简要说明发明或者实用新型的技术要点。专利文献中揭示了发明创造的技术内容，使所属技术领域的技术人员能够了解、实施该项技术方案，为社会公众提供了有用的技术信息。

反映在专利著录项目中的技术信息一般有专门的一组 INID 代码，如用于发明和实用新型的著录项目：（51）国际专利分类、（54）发明或实用新型名称、（56）对比文件、（57）摘要。用于工业品外观设计的著录项目中也有类似的一组：（51）国际外观设计分类（洛迦诺分类）、（54）使用外观设计的产品名称、（56）对比文件。

国际专利分类号反映发明专利和实用新型专利的发明信息和附加信息，其中发明信息代表对现有技术的贡献的技术信息，可根据该项目下提供的分类号检索不同时期的相同技术主题的发明创造，可以检索不同国家、不同时期的同类技术主题的专利文献，从而了解发明创造所属技术领域在世界范围内的发展状况。外观设计分类以外观设计的产品名称、图片或者照片以及简要说明中记载的产品用途为依据。对比文件为审查员在审查过程中引用的对比文件，揭示的是某项技术的发展沿革。

二、法律属性

专利的法律属性是其区别于一般技术文件的重要因素之一。专利的法律属性体现在：

（1）专有性，指排他性。这个特征包含了两方面含义：一方面是专利权利人对其智力创造性成果享有独占的、垄断的、排他的权利，任何人没有法律规定或者未经权利人许可不得为商业性目的使用该智力成果，否则即构成侵权；另一方面，不允许有两个或者两个以上同属性的相同内容的知识产权并存，如同一项发明创造只能授予一项专利权。

（2）时效性。专利只有在法律规定的有效期内受到保护，超出法律规定的有效期限，权利即告失效。

（3）地域性。专利的效力具有一定的地域范围限制。目前的知识产权法律制度仍多具有国家法特征，因此，权利人对于智力成果的专有性只能是在一定的国家区域范围内有效。

专利中的法律信息揭示与发明创造的法律保护及权利有关的信息，包含：专利公报及专利登记簿等记载的与权利保护范围和权利有效性有关的信息；与专利的审查、复审和无效等审批确权程序有关的信息；与专利权的授予、转让、许可、继承、变更、放弃、终止和恢复等法律状态有关的信息等。

反映在专利著录项目中涉及的 INID 代码有许多，按类别划分包括以下内容：

当事人信息：（71）申请人；（72）发明人、设计人；（73）专利权人；（74）专利代理机构及代理人。不同当事人具有不同的权利和义务。

期限信息：期限的起算日一般自申请日、优先权日、授权公告日等固定日期起计算。因此，各种日期是判断时效性的重要因素。各种日期包括：（22）申请日；（43）申请公布日；（45）授权公告日；（48）更正文献出版日等。（22）申请日揭示的法律信息非常重要，它不仅是新颖性、创造性判定，先用权认定的界定日，也是大多数国家专利或注册证书有效期计算的起始日，我国各类专利的有效期均自申请日起计算。（45）授权公告日也是一个重要的权利有效期的时间起点。我国《专利法》规定，发明专利权、实用新型专利权和外观设计专利权自公告之日起生效。

地域信息：（19）公布或公告专利文献的国家机构名称；（30）优先权数据中的申请受理国或组织代码；（83）生物保藏信息。

《专利法》第二十六条第四款规定"权利要求书应当以说明书为依据，清楚、简要地限定要求专利保护的范围"，也就是说发明或者实用新型专利权的保护范围以其权利要求的内容为准，出现专利纠纷后是否构成侵犯专利权也是主要以权利要求书确定的保护范围为准。权利要求书也是专利法律属性的一种表现形式。

三、经济属性

专利涵盖了绝大多数技术领域，几乎涉及人类生活的各个方面，记录了人类取得的每一个技术进步。在专利数据中存在一些与国家、行业或企业经济活动密切相关的信息，这些信息反映出相应专利申请人或权利人的经济利益趋向等，因此专利数据具有经济属性。

专利许可、专利权转让或受让等与技术贸易有关的信息，专利权质押、评估等与经营活动有关的信息，专利的申请人或专利权人的名称、专利的国家标识、专利的申请年代等，这些信息反映出专利申请人或专利权人的经济利益趋向。某项发明创造寻求保护的地域范围、拥有的同族专利数量，对同一技术问题不同技术解决方案的比较，可以使人们了解各国在不同技术领域发明创造的活跃或衰落程度、企业正在进行的商业活动、正在开辟的技术市场、某项产品销售的国家或地区和权利人建立生产基地的国家等信息，从而确定技术发展战略。

直接反映在专利著录项目中的与经济信息相关的 INID 代码如下：（81）根据专利合作条约指定的国家；（30）优先权数据；（71）申请人姓名；（84）根据地区专利公约指定的缔约国家；（92）第一次国家允许作为医药品向市场供货的日期及号码（用于补充保护证书）；（93）第一次允许作为药品向地区经济共同体市场供货的号码、实施日期及国家（用于补充保护证书）等。

第九章 商标数据解读

本章以商标数据的类型划分为基础，对各种商标数据的典型样例、字段含义、数据属性等方面作出详细介绍，旨在准确揭示商标数据内容，促进数据合理利用，为充分发挥商标数据作用，实现商标数据价值提供支撑。

第一节 商标数据概述

一、商标制度选介

1983 年 3 月 1 日第一部《中华人民共和国商标法》（以下简称《商标法》）正式实施，为了配合其实施，同年公布了《中华人民共和国商标法实施细则》（以下简称《商标法实施细则》）。《商标法》明确了国务院工商行政管理部门商标局主管全国商标注册和管理的工作。企业、事业单位和个体工商业者，对其生产、制造、加工、拣选或者经销的商品可以申请商标保护。另外，针对注册商标的有效期规定为十年，自核准注册之日起计算。商标可以续展，每次续展注册的有效期为十年。

1993 年，《商标法》进行了第一次修正。本次修正的主要内容包括：扩大了商标保护范围，增加了服务商标注册的内容；增加了地名作为商标进行注册的具体规定；增加了商标多类别和商标许可的规定；增加了以欺骗手段或者其他不正当手段取得商标注册的后续处理程序。《商标法实施细则》分别于 1988 年、1993 年、1995 年和 1999 年进行了四次修订。

2001 年，《商标法》进行了第二次修正。本次修正的内容包括：将集体商标、证明商标纳入《商标法》的保护范围，并给出了明确的概念；将商标申请主体修改为自然人、法人或者其他组织；增加了两个以上的自然人、法人或者其他组织可以共同享有和行使商标专用权的规定；商标的构成要素增添了字母、数字和颜色组合，准予注册共享商标、立体商标；增加对驰名商标保护的内容；增加商标中包含地理标志的注册规定；新增商标注册申请的优先权规定。2002 年，《商标法实施条例》开始施行。

2013 年，《商标法》进行了第三次修正。本次修正的内容包括：将声音商标纳入商标法的保护范围；明确了驰名商标保护制度；对商标审查和评审时限进行了明确的规定，完善商标注册异议制度；商标续展期限延长至期满前十二个月；细化了针对注册商标争议的裁定的规定，加强商标专用权保护等。2014 年，《商标法实施条例》修订后施行。

2019 年，《商标法》进行了第四次修正，2019 年 11 月 1 日起实施。修正后的《商标法》增加了不以使用为目的的恶意商标注册申请，应当予以驳回的规定，并且任何人可以根据该规定提出商标异议和无效宣告等。

二、商标数据简介

现行《商标法》共分为八章，每个章节所规定的内容，都在商标数据的各个字段信息中得到了体现。

在现行商标制度下，任何能够将自然人、法人或者其他组织的商品与他人的商品区别开的标志，包括文字、图形、字母、数字、三维标志、颜色组合和声音等，以及上述要素的组合，均可以作为商标申请注册。所有的这些商标基本元素信息，如商标名称、商标申请人、商标图片等构成了商标注册基础数据。

商标的专用权是通过商标注册获得的，在商品的生产者、经营者，或者服务提供者通过商标申请注册获得商标专用权时，应遵循商标申请、审查、核准、注册等环节的相关流程，在这个过程中相应地产生了商标流程状态数据。

根据《商标法实施条例》规定，国家知识产权局须定期发布《商标公告》，可采用纸质或者电子形式发布。商标公告数据体现了在商标初审、注册等过程中需要向公众公告的信息。另外，《商标法实施条例》也规定，国家知识产权局须向已经获得商标权利的申请人颁发注册证，对注册商标的续展、变更、转让等流程也要颁发相应的证明文件，从而产生了商标注册证明数据。

当商标进入异议、复审、无效流程时，国家知识产权局会根据案件情况给涉案当事人发出商标异议决定文书和商标评审裁定/决定文书。这些文书形成了商标异议决定文书数据、商标评审裁定/决定文书数据。

根据上述内容，将商标数据分为以下六部分内容：商标注册基础数据、商标流程状态数据、商标公告数据、商标注册证明数据、商标异议决定文书数据、商标评审裁定/决定文书数据。

第二节　商标注册基础数据

商标注册基础数据主要包括商标基本信息数据、商标商品/服务数据、商标代理机构数据、商标申请注册人数据、商标音频数据、商标图样数据、商标共有人数据、国际注册基础数据及商标优先权数据。

一、数据样例

中国本国申请的商标与指定中国的国际注册商标，在商标注册基础数据内容方面不完全一致，下面将分别给出数据样例。

（一）注册基础数据样例：中国本国申请商标

中国本国申请商标注册基础数据样例，见图9-1和图9-2。

序号	申请/注册号	国际分类	申请日期	商标名称	申请人名称
1	36198599	35	2019年01月28日	微型计算机 GEEK	重庆远望科技信息有限公司

图9-1　中国本国申请商标注册基础数据样例（概览）

图9-2　中国本国申请商标注册基础数据样例（细览）

（二）国际注册商标的注册基础数据样例

国际注册商标的注册基础数据样例，见图9-3和图9-4。

序号	申请/注册号	国际分类	申请日期	商标名称	申请人名称
1	G1379325	10	2017年12月14日	GENORAY	GENORAY CO., LTD.
2	G1379325	37	2017年12月14日	GENORAY	GENORAY CO., LTD.

图9-3　国际注册商标基础数据样例（概览）

图 9 - 4　国际注册商标基础数据样例（细览）

二、数据字段

商标注册基础数据字段（含本书第三章第七节商标数据开放模块中获取的中国商标开放数据字段）如表 9 - 1 所示。

表 9 - 1　商标注册基础数据字段

信息	字段名称	样例
商标基本信息数据	申请/注册号	36198599
	国际分类	35
	申请日期	2019 年 1 月 28 日
	商标名称	微型计算机 GEEK
	商标类型	一般
	初审公告期号	1690
	代理机构编码	00011002
	初审公告日期	2020 年 04 月 06 日
	注册公告期号	1702

信息	字段名称	样例
商标基本信息数据	注册公告日期	2020 年 07 月 07 日
	专用权开始日期	2020 年 07 月 07 日
	专用权结束日期	2030 年 07 月 06 日
	专用权期限	2020 年 07 月 07 日至 2030 年 07 月 06 日
	商标说明	商标由文字"微型计算机"及经过艺术化处理的英文"GEEK"组成，英文无含义
	商标颜色说明	商标由红蓝两色组成，红色为主体，蓝色为装饰色
	放弃专用权说明	"腐竹"放弃专用权
	是否立体商标	0（1：是；0：否）
	是否共有申请	0（1：共有；0：非共有）
	商标形态	文字（0001）
	地理标志	0（1：是；0：否）
	颜色标志	0（1：是；0：否）
	驰名商标	0（1：是；0：否）
商标商品/服务数据	申请/注册号	36198599
	国际分类	35
	类似群	3506
	商品/服务中文名称	计算机数据库信息系统化
商标代理机构数据	代理机构编号	00011002
	代理/办理机构	重庆市红源商标代理有限责任公司
商标申请/注册人数据	申请/注册号	958275
	申请人名称（中文）	保乐力加公司
	申请人地址（中文）	法国巴黎保罗力加环道 5 号
	申请人名称（英文）	PERNOD RICARD
	申请人地址（英文）	5 COURS PAUL RICARD, 75008 PARIS, FRANCE
商标图样数据	申请/注册号	36198599
	商标图样	图形样例格式（JPEG 文件形式）

续表

信息	字段名称	样例
商标音频数据	申请/注册号	33577469
	国际分类	9
	声音文件	mp3 格式的声音文件
商标共有人数据	申请/注册号	30715845
	共有人中文名称	比斯特 II GP 有限公司
	共有人中文地址	百慕大群岛（英）汉密尔顿 10，维多利亚大街 31 号，维多利亚广场
	共有人外文名称	BICESTER II GP LIMITED
	共有人外文地址	VICTORIA PLACE，31 VICTORIA STREET，HAMILTON，HM10，BERMUDA
国际注册基础数据	申请/注册号	G1379325
	国际注册号	G1379325（由数字和字母组成）
	国际注册日期	2017 年 09 月 28 日
	国际通知日期	2019 年 08 月 07 日
	国际申请语种	EN
	国际申请类型	P（X：协定；P：议定）
	国际公告期号	10029
	国际公告日期	2019 年 08 月 07 日
	后期指定日期	2019 年 08 月 07 日
	基础注册日期	2019 年 08 月 07 日
商标优先权数据	申请/注册号	50549157
	国际分类	45
	优先权号码	UK00003536946
	优先权种类	1
	优先权日期	2020 年 09 月 24 日
	优先权国家/地区	英国
	优先权商品/服务	软件运营服务，即智能移动解决方案；软件运营服务，即提供软件使拥有者和用户能够远程连接他们的车辆以获取车辆信息并控制功能

三、重点字段

1. 商标申请/注册号

商标申请/注册号是由国家知识产权局在商标注册申请审查流程中，对符合形式审查的商标数据赋予的号码。表现形式为 1~9 位的数字或字母，当该商标为马德里国际注册商标，在号码前面添加大写字母"G"。

除了以下情况外，商标的申请/注册号将作为该件商标的唯一标识，一般不会变化。国家知识产权局对一件商标注册申请在部分指定商品上予以驳回的，申请人申请将该申请中初步审定的部分申请分割成另一件申请，那么分割后的申请保留原申请的申请日期，分割出来的初步审定申请生成新的申请号，并予以公告。

2. 国际分类及商标商品/服务

商标国际分类即商标注册用商品和服务国际分类，其参考的标准为《商标注册用商品和服务国际分类尼斯协定》（以下简称《尼斯协定》）。《尼斯协定》是世界知识产权组织（WIPO）管理的多边条约，《尼斯协定》建立的尼斯分类（NCL）是一个国际体系，用于对商品和服务进行分类，以便进行商标注册。

中国属于尼斯联盟成员国，采用《商标注册用商品和服务国际分类》（以下简称《尼斯分类》）。现行《尼斯分类》将商品和服务分成 45 个大类，其中商品为 1~34 类，服务为 35~45 类。一件中国商标可以包含多个分类。

国家知识产权局将《尼斯分类》的商品和服务项目划分类似群，并结合实际情况增加我国常用商品和服务项目名称，制定《类似商品和服务区分表》（以下简称《区分表》），为申请人申报商标注册时使用。

《区分表》中 45 个类别项下含有"类别标题""注释""类似群""商品和服务项目名称"四部分内容。"类别标题"指出了归入本类的商品或服务项目范围；"注释"对本类主要包括及不包括哪些商品或服务项目做了说明；"类似群"为商品和服务项目的类似群组；"商品和服务项目名称"为商标商品与服务项目的标准名称。

《尼斯分类》每年修订一次，《区分表》随之予以调整。商标申请人在提交商标申请时依照当时施行的《区分表》申报，既可以申报标准名称，也可以申报未列入《区分表》中的商品和服务项目名称。目前商标局最新版本的《区分表》基于《尼斯分类》第十二版（2023 年文本），参考图示见图 9-5。

申请人在进行商标注册申请时，应当填报使用商标的商品类别和商品名称或服务。在商标审查过程中，商标的商品分类是判断相似商标的重要依据，体现了商标数据的法律属性。在商标使用时，是否正确使用在指定的商品和服务项目中，也是商标行政执法的依据。

3. 商标申请日期

商标申请日期根据《商标法实施条例》第十八条规定，商标注册的申请日期以商标局收到申请文件的日期为准。表现形式为××××年××月××日。商标的申请日期主要用于判断在先申请，即两个或者两个以上的商标注册申请人，在同一种

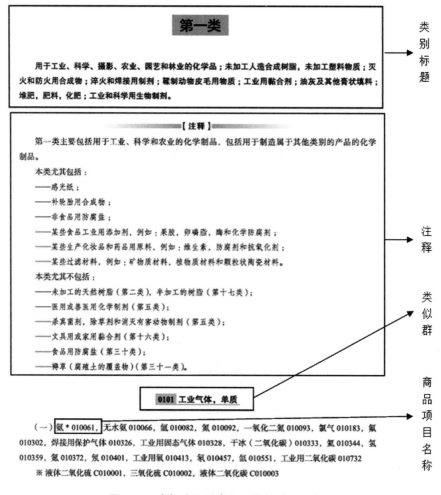

图 9-5　商标注册用商品和服务国际分类

商品或者类似商品上，以相同或者近似的商标申请注册时，要初步审定并公告申请在先的商标。这体现了商标数据的法律属性。

4. 商标类型

商标数据共分为三种类型，分别为一般商标（P）、集体商标（J）、证明商标（Z）。其中，各种类型的商标含义如下：

一般商标：即普通商标，包括普通商品商标和普通服务商标。

集体商标：以团体、协会或者其他组织名义注册，供该组织成员在商事活动中使用，以表明使用者在该组织中的成员资格的标志。

证明商标：由对某种商品或者服务具有监督能力的组织所控制，而由该组织以外的单位或者个人使用于其商品或者服务，用以证明该商品或者服务的原产地、原料、制造方法、质量或者其他特定品质的标志。

商标类型主要是根据商标的使用对象和商标的功能来划分，申请人可以根据自身需求，确定需要申请商标的类型。

5. 初审公告期号和日期

初审公告期号及日期即初步审定公告的卷期号以及公告发布的日期。根据《商标法》第二十八条规定，对申请注册的商标，商标局应当自收到商标注册申请文件之日起九个月内审查完毕，符合本法有关规定的，予以初步审定公告。目前，商标局每月公告初步审定公告四期。初步审定公告期号的表现形式为四位的数字，初审公告日期的表现形式为×××年××月××日。

商标被初审公告后，标志着开始进入为期三个月的商标异议阶段。异议人可以根据相关法条在这个阶段对该商标提出异议。

6. 注册公告期号和日期

注册公告期号及日期即注册公告的卷期号以及公告发布的日期。国家知识产权局会对以下三种商标数据进行注册公告：①初步审定公告期满三个月无异议；②国家知识产权局审理异议后，作出准予注册决定；③国家知识产权局对不予注册复审审理后，作出准予注册决定。以下是主要法律依据。

（1）根据《商标法》第三十三条规定，对初步审定公告的商标，自公告之日起三个月内，在先权利人、利害关系人认为违反本法第十三条第二款和第三款、第十五条、第十六条第一款、第三十条、第三十一条、第三十二条规定的，或者任何人认为违反本法第四条、第十条、第十一条、第十二条、第十九条第四款规定的，可以向商标局提出异议。公告期满无异议的，予以核准注册，发给商标注册证，并予公告。

（2）《商标法》第三十五条第二款规定，商标局作出准予注册决定的，发给商标注册证，并予公告。异议人不服的，可以依照本法第四十四条、第四十五条的规定向商标评审委员会请求宣告该注册商标无效。

（3）《商标法》第三十六条第二款规定，经审查异议不成立而准予注册的商标，商标注册申请人取得商标专用权的时间自初步审定公告三个月期满之日起计算。自该商标公告期满之日起至准予注册决定作出前，对他人在同一种或者类似商品上使用与该商标相同或者近似的标志的行为不具有追溯力；但是，因该使用人的恶意给商标注册人造成的损失，应当给予赔偿。

目前，国家知识产权局每月公告注册公告四期。注册公告期号的表现形式为四位的数字，注册公告日期的表现形式为×××年××月××日。商标被注册公告后，即代表该件商标的注册人获得了商标的专用权，体现了商标数据的法律属性。

7. 专用权期限

专用权期限即商标具有专用权的期限，专用权期限的表现形式为×××年××月××日至×××年××月××日。以下是各种类型商标的初始专用权期限的法律规定。

《商标法》第三十九条规定，注册商标的有效期为十年，自核准注册之日起计算。

《商标法》第四十条第一款规定，注册商标有效期满，需要继续使用的，商标注册人应当在期满前十二个月内按照规定办理续展手续；在此期间未能办理的，可以给予六个月的宽展期。每次续展注册的有效期为十年，自该商标上一届有效期满次日起计算。期满未办理续展手续的，注销其注册商标。

商标数据用户可以通过专用权期限字段了解商标的时效性。

8. 商标说明和商标颜色说明

根据商标注册申请书，商标说明信息由商标申请人根据实际情况填写。以三维标志、声音标志申请商标注册的，应当说明商标使用方式。以颜色组合申请商标注册的，应当提交文字说明，注明色标，并说明商标使用方式。商标为外文或者包含外文的，应当说明含义。自然人将自己的肖像作为商标图样进行注册申请应当予以说明。申请人将他人肖像作为商标图样进行注册申请应当予以说明，附送肖像人的授权书。

9. 是否立体商标

是否立体商标为一个标识字段，标识该商标是否为立体商标。在中国商标开放数据中，其表现形式为 0 或 1，1 代表该商标为立体商标，0 代表该商标为非立体商标。

根据《商标法》第八条规定，任何能够将自然人、法人或者其他组织的商品与他人的商品区别开的标志，包括文字、图形、字母、数字、三维标志、颜色组合和声音等，以及上述要素的组合，均可以作为商标申请注册。即具有显著性的三维标志可以申请立体商标保护（如图 9-6 所示）。

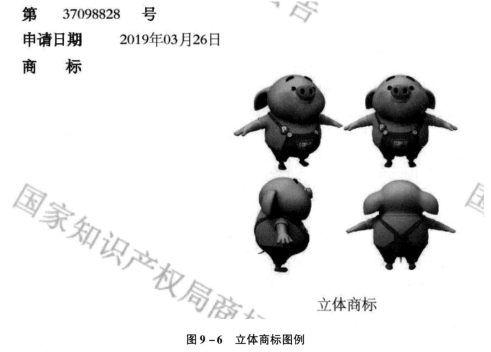

立体商标

图 9-6 立体商标图例

《商标法实施条例》第十三条第三款规定，以三维标志申请商标注册的，应当在申请书中予以声明，说明商标的使用方式，并提交能够确定三维形状的图样，提交的商标图样应当至少包含三面视图。

但是以下情况须注意：

《商标法》第十二条规定，以三维标志申请注册商标的，仅由商品自身的性质产生的形状、为获得技术效果而需有的商品形状或者使商品具有实质性价值的形状，不得注册。

《商标法》第五十九条第二款规定，三维标志注册商标中含有的商品自身的性质产生的形状、为获得技术效果而需有的商品形状或者使商品具有实质性价值的形状，注册商标专用权人无权禁止他人正当使用。

10. 是否共有申请商标

是否共有申请商标是一个标识字段，标识该商标是否存在两个及以上的申请人。在中国商标开放数据中，其表现形式为 0 或 1，1 代表该商标为共有申请商标，0 代表该商标为非共有申请商标。

《商标法》第五条规定，两个以上的自然人、法人或者其他组织可以共同向商标局申请注册同一商标，共同享有和行使该商标专用权。

11. 地理标志

地理标志字段为一个标识字段，标识该商标是否为通过商标形式保护的地理标志。在中国商标开放数据中，其表现形式为 0 或 1，1 代表该商标为地理标志商标，0 代表该商标为非地理标志商标。

根据《商标法实施条例》第四条规定：《商标法》第十六条规定的地理标志，可以依照《商标法》和本条例的规定，作为证明商标或者集体商标申请注册。

12. 驰名商标

驰名商标字段为一个标识字段，标识该商标是否为驰名商标。在中国商标开放数据中，其表现形式为 1 或 0，1 代表该商标为驰名商标，0 代表该商标为非驰名商标。

驰名商标的含义依据《驰名商标认定和保护规定》第二条规定，驰名商标是在中国为相关公众所熟知的商标。相关公众包括与使用商标所标示的某类商品或者服务有关的消费者，生产前述商品或者提供服务的其他经营者以及经销渠道中所涉及的销售者和相关人员等。

13. 商标申请人相关数据

商标申请人相关数据包括商标申请人的名称和申请人地址。

商标申请人可以是自然人、法人或其他组织。

申请人名称即申请人主体资格证明文件的名称。当申请人为外国申请人时，会提供中文和英文名称。

除了申请人为自然人外，申请人地址即申请人主体资格证明文件的地址。当申请人为外国申请人时，会提供中文和英文地址。当申请人为自然人时，申请人地址信息有可能为该自然人的通信地址。

商标被成功注册后，如果没有发生转让和变更等情况，其申请人将成为商标的权利人，享有商标专用权，可以进行商标的转让、质押、许可等经济活动。

14. 商标代理机构

商标代理机构即接受当事人委托，代替申请人申请商标注册或者办理其他商标事宜。目前，中国商标开放数据中仅体现代理机构名称信息，并不会体现具体的代理人信息。

15. 国际注册基础数据

中国商标开放数据中，关于国际注册基础数据共提供了十个字段信息，其中注册号和国际分类号为关联字段，这里不再详细赘述。其他八个字段解读如下：

国际注册日期：国际局接收到国际商标申请的日期。

国际申请语种：该国际注册申请文件的语种。

国际申请类型：主要分为两种，×表示通过《商标国际注册马德里协定》进入中国，P表示通过《商标国际注册马德里协定有关议定书》进入中国。

基础注册日期：是指申请人在原属国取得的商标注册的注册日期。

国际通知日期：国际局通知国际注册商标指定的保护的国家的日期。

后期指定日期：商标申请人获得国际注册后，又就同一商标申请指定本国际注册所并未包括的马德里联盟的其他成员国给予商标保护所指定日期。

国际公告期号和国际公告日期：国际局将该国际注册商标进行公告的公告期号以及公告日期。

16. 商标优先权数据

商标注册申请人自其商标在外国第一次提出商标注册申请之日起六个月内，又在中国就相同商品以同一商标提出商标注册申请的，依照该外国同中国签订的协议或者共同参加的国际条约，或者按照相互承认优先权的原则，可以享有优先权。

依照外国申请要求优先权的，应当在提出商标注册申请的时候提出书面声明，并且在三个月内提交第一次提出的商标注册申请文件的副本；未提出书面声明或者逾期未提交商标注册申请文件副本的，视为未要求优先权。

商标在中国政府主办的或者承认的国际展览会展出的商品上首次使用的，自该商品展出之日起六个月内，该商标的注册申请人可以享有优先权。

依照首次使用要求优先权的，应当在提出商标注册申请的时候提出书面声明，并且在三个月内提交展出其商品的展览会名称、在展出商品上使用该商标的证据、展出日期等证明文件；未提出书面声明或者逾期未提交证明文件的，视为未要求优先权。

可以得知，商标申请人可以通过两种方式要求优先权，依据《商标法》第二十五条要求优先权，须提供"申请/展出国家/地区""申请/展出日期""申请号"信息。商标申请人依据《商标法》第二十六条要求优先权的，须提供"申请/展出国家/地区""申请/展出日期"信息。

另外，国际注册商标指定中国进行保护延伸时，同样可以依据《保护工业产权巴黎公约》的优先权原则，通过国际注册商标的基础申请要求优先权。

中国商标开放数据中，关于优先权数据共提供了七个字段：注册号、国际分类号、优先权号、优先权日期、优先权国家/地区、优先权商品/服务、优先权类型。

第三节　商标流程状态数据

商标流程状态数据包括商标审查过程中发生的各审查业务节点数据和与商标效力有关的数据。一件有效的商标数据，其流程信息以及效力信息会随时间的延长而增加或变化。

一、数据样例

对于商标流程状态数据，分别选取中国本国申请商标流程样例、国际注册商标流程样例、商标权利状态样例进行介绍，如图9-7、图9-8和图9-9所示。

图9-7　商标流程状态数据样例（中国本国申请商标流程）

图9-8　商标流程状态数据样例（国际注册商标流程）

商标状态图标　　LIVE/REGISTRATION/Issued and Active

　　　　　　　　注册

图 9 - 9　商标流程状态数据样例（商标权利状态）

二、数据字段

商标流程状态数据共包括以下两个部分：商标流程数据、商标权利状态数据。其具体字段如表 9 - 2 所示：

表 9 - 2　商标流程状态数据字段介绍

信息	字段名称	样例
商标流程数据	申请/注册号	37189733
	国际分类	43
	业务名称	商标注册申请
	环节名称	受理通知书发文
	结论	结束
	日期	2019 年 04 月 25 日
商标权利状态数据	申请/注册号	37189733
	国际分类	43
	权利状态	LIVE/REGISTRATION/Issued and Active 注册
	权利状态图标	

三、重点字段

1. 业务名称

商标流程数据的业务名称字段体现了该件商标所处的审查业务阶段，主要的商标审查业务名称如表 9 - 3 所示。

表9-3 商标流程数据的主要业务名称

序号	业务名称
1	商标注册申请
2	撤回商标注册申请
3	变更商标代理人
4	撤回变更商标代理人
5	变更商标申请人/注册人名义/地址
6	撤回变更商标申请人/注册人名义/地址
7	驳回复审
8	商标异议申请
9	撤回异议申请
10	异议复审
11	不予注册复审
12	删减商品/服务项目申请
13	撤回删减商品或服务申请件
14	商标使用许可备案
15	商标使用许可合同变更
16	商标使用许可合同提前终止
17	撤回商标使用许可备案申请件
18	商标转让
19	注册商标质押登记
20	撤销连续三年停止使用注册商标
21	撤回撤销三年不使用申请
22	撤销成为商品/服务通用名称注册商标申请
23	商标注销申请
24	期满未续展注销商标
25	无效宣告
26	无效宣告复审
27	提供优先权证明文件申请
28	商标续展
29	撤回商标续展申请件
30	去国际注册
31	去国际转让

序号	业务名称
32	去国际续展
33	去国际删减
34	去国际变更
35	去国际代理人变更
36	去国际后期指定
37	领土延伸
38	撤回国际申请
39	注册人死亡/终止注销商标申请
40	出具商标注册证明
41	冻结商标
42	补发商标注册证
43	补发变更/转让/续展证明申请

2. 环节名称

在商标审查的每个业务阶段，又包含若干的环节，环节名称字段展示了商标在某业务流程中所处的具体环节，具有法律信息。其中，商标注册申请业务流程存在的主要环节名称如表9-4所示。

表9-4 商标注册申请流程主要环节名称

序号	业务名称	环节名称
1	商标注册申请	申请收文
2		受理通知书发文
3		补证明发文
4		协商发文
5		不予受理通知书发文
6		驳回通知发文
7		等待驳回复审
8		注册申请初步审定

3. 商标权利状态

商标权利状态字段可以直观反映目前商标的效力情况，用户可以通过该字段去判断是否可以使用该商标，体现了商标数据的法律属性。根据中国商标网，目前中国商标的主要状态有13种。其中，有7种为有效状态，有5种为无效状态，如表9-5所示。

表 9 – 5　中国商标主要权利状态

序号	权利状态英文	权利状态中文	权利状态图标
1	LIVE/REGISTRATION/Issued and Active	注册	
2	LIVE/APPLICATION/Awaiting Examination	等待实质审查	
3	LIVE/APPLICATION/Published for Opposition	初审公告	
4	LIVE/REGISTRATION/Published for Opposition	注册公告	
5	LIVE/APPLICATION/Appeal of Refusal Pending	驳回复审中	
6	LIVE/REGISTRATION/Cancellation/Invalidation Pending	撤销/无效宣告申请审查中	
7	LIVE/APPLICATION/Opposition Pending	异议中	
8	DEAD/APPLICATION/Withdrawn/Abandoned	商标注册申请撤回	

序号	权利状态英文	权利状态中文	权利状态图标
9	DEAD/APPLICATION/Refused/Dismissed or Invalidated	申请被驳回、不予受理等，该商标已失效	
10	DEAD/REGISTRATION/Cancelled/Invalidated	注册商标被撤销	
11	DEAD/REGISTRATION/Surrendered	注册商标被权利人注销	
12	DEAD/REGISTRATION/Expired	期满未续展注销	
13	OTHER	其他情形	

第四节　商标公告数据

《商标公告》采用纸质或者电子形式发布。除送达公告外，公告内容自发布之日起视为社会公众已经知道或者应当知道。按照《商标法实施条例》规定，送达公告应自公告期满三十日视为被送达人知晓。

一、数据样例

商标公告数据通过公告概览、公告图像两种形式展示。图 9 - 10 和图 9 - 11 分别展示了中国商标公告的概览样例、公告的图像样例。

序号	公告期号	公告日期	公告类型	注册号	申请人	商标名称	公告详情
1	1660	2019-08-20	变更商标代理机构公告	9781540	电子艺界有限公司	社区版 植物大战僵尸	查看
2	1731	2021-02-13	商标初步审定公告	9781540	电子艺界有限公司	社区版 植物大战僵尸	查看
3	1743	2021-05-13	商标注册公告（一）	9781540	电子艺界有限公司	社区版 植物大战僵尸	查看

图9-10　中国商标公告数据概览样例

第1731期商标公告　　2021年02月13日

商标初步审定公告

根据《中华人民共和国商标法》第二十八条之规定，下列商标初步审定，予以公告。异议期限自2021年02月14日至2021年05月13日止。

第　9781540　号
申请日期　2011年07月29日
商　　标

申 请 人　电子艺界有限公司
ELECTRONIC ARTS INC.
地　　址　美国加利福尼亚州红木市红木海岸大道209号
209 REDWOOD SHORES PARKWAY,REDWOOD CITY,CALIFORNIA 94065, UNITED STATES OF AMERICA
代理机构　罗思（上海）咨询有限公司
核定使用商品/服务项目
第41类：娱乐；提供在线互动游戏、电脑游戏、视像或电子游戏；通过电脑网络或电视或其它

图9-11　中国商标公告数据图像样例

二、数据字段

商标公告数据字段含义如表9-6和表9-7所示。

表9-6 商标公告数据概览形式

信息	字段名称	样例
概览信息	申请/注册号	9781540
	公告期号	1731
	公告日期	2021-02-13
	公告类型	商标初步审定公告
	申请人	电子艺界有限公司
	商标名称	社区版植物大战僵尸
	公告详情	链接，通过点击查看图形公告

表9-7 商标公告数据图像形式

公告类型	字段名称	样例
商标初步审定公告/集体商标初步审定公告/证明商标初步审定公告	申请号	5904035
	申请日期	2007年02月09日
	国际分类	第30类
	商标类型	普通商标
	商标图片	燊華 SHENHUA
	使用商品	年糕；酱油；调味品
	申请人名称（中文）	麦振宇
	申请人名称（英文）	—
	申请人地址（中文）	广东省中山市小榄镇接龙三路大街7号
	申请人地址（英文）	—
	代理机构	北京博导聚佳知识产权代理有限公司
	指定颜色	无
	立体商标	无
	声音商标	无
	共享人	—

公告类型	字段名称	样例
商标初步审定公告/集体商标初步审定公告/证明商标初步审定公告	优先权日期	—
	初审公告日期	2021 年 03 月 06 日
	初审公告期号	1734
	异议期限	自 2021 年 03 月 07 日至 2021 年 06 月 06 日止
	集体商标使用管理规则	包括"总则、集体商标的使用范围及要求细则、集体商标的申请程序、集体商标的监督管理制度、集体商标的保护、附则"等部分的内容
	证明商标使用管理规则	包括"总则、证明商标的使用条件、证明商标的使用申请程序、证明商标使用企业的权利和义务、证明商标的管理、证明商标的保护、附则"等部分的内容
商标注册公告（一）/集体商标注册公告/证明商标注册公告	注册号	5904035
	商标名称	桑华
	国际分类	30
	注册人（中文）	麦振宇
	注册人（英文）	—
	注册公告日期	2021 年 06 月 06 日
	初审公告日期	2021 年 03 月 06 日
	初审公告期号	1734
	注册公告期号	1746
	商标专有权期限	2021 年 06 月 07 日至 2031 年 06 月 06 日
商标注册公告（二）	注册号	13173309
	商标名称	NORTHVILLE
	国际分类	25
	注册人（中文）	西雅衣家控股公司（C&A AG）
	注册人（英文）	—
	注册公告日期	2021 年 06 月 06 日

公告类型	字段名称	样例
商标注册公告（二）	初审公告期号	1638
	注册公告期号	1746
	商标专有权期限	自商标初步审定公告三个月期满之日起算
	审查/审理决定	予以注册
	商品/服务项目	初审公告的全部商品/服务
商标转让/转移公告	注册号/申请号	204014
	商标名称	冰泉
	国际分类	29
	转让人	重庆啤酒股份有限公司
	受让人	重庆嘉酿啤酒有限公司
	公告日期	2021 年 03 月 06 日
	公告期号	1734
商标注册人/申请人名义/地址变更公告	注册号/申请号	103195
	商标名称	南方
	国际分类	3
	变更前注册人/申请人名义/地址	广州油脂化工厂
	变更后注册人/申请人名义/地址	广州油脂化学工业公司
	公告日期	2021 年 03 月 06 日
	公告期号	1734
商品服务项目删减公告	申请号	48674758
	商标名称	艾柏奈
	国际分类	10
	删减商品/服务项目	假肢
	公告日期	2021 年 03 月 06 日
	公告期号	1734
变更商标代理机构公告	注册号/申请号	123021
	商标名称	中华
	国际分类	23

公告类型	字段名称	样例
变更商标代理机构公告	注册人/申请人	南京金线金箔总厂
	变更后代理机构	南京非凡知识产权服务有限公司
	公告日期	2021 年 03 月 06 日
	公告期号	1734
商标更正公告	注册号/申请号	1088132
	商标名称	猎王 HUNTER KING
	国际分类	18
	更正内容	更正商标信息包括国际分类号、商品/服务项目、注册人名义、注册人地址等
	公告日期	2021 年 03 月 06 日
	公告期号	1734
注册商标续展公告	注册号	144138
	商标名称	GILLETTE
	国际分类	8
	注册人	吉列有限责任公司
	有效期	自该商标上一届有效期满次日起十年
	公告日期	2021 年 03 月 06 日
	公告期号	1734
商标使用许可备案公告	注册号	142982
	商标名称	KOHLER
	国际分类	11
	备案号	20200000046283
	许可人	科勒公司（美国）KOHLER CO.
	被许可人	科勒（中国）投资有限公司
	许可使用的期限	2020 年 12 月 25 日至 2030 年 12 月 24 日
	许可使用的商品/服务项目	卫生陶瓷器
	公告日期	2021 年 03 月 06 日
	公告期号	1734

公告类型	字段名称	样例
商标使用许可变更公告	注册号	646685
	商标名称	CAMAT
	国际分类	17
	许可备案号	20190000033897
	变更事项	被许可人名义变更
	变更前名义	广东宏昌化学工业有限公司
	变更后名义	广东宏昌新材料科技有限公司
	公告日期	2020 年 08 月 20 日
	公告期号	1708
商标使用许可终止公告	注册号	382753
	商标名称	NEST
	国际分类	32
	许可备案号	20180000011020
	许可人名义	雀巢产品有限公司
	被许可人名义	天津雀巢天然矿泉水有限公司
	终止时间	2020 年 11 月 01 日
	公告日期	2021 年 03 月 06 日
	公告期号	1734
商标质权登记公告	注册号/申请号	828994
	商标名称	青云山
	国际分类	30
	出质人	广东青云山药业有限公司
	质权人	中国农业银行股份有限公司翁源县支行
	质权登记期限	自 2021 年 02 月 19 日至 2024 年 02 月 04 日
	公告日期	2021 年 03 月 06 日
	公告期号	1734
注册商标注销公告	注册号	1201921
	商标名称	图形
	国际分类	36

公告类型	字段名称	样例
注册商标注销公告	注销申请日期	2021 年 01 月 08 日
	注册人	丰洋兴业股份有限公司
	注销商品/服务项目	全部商品/服务
	公告日期	2021 年 03 月 06 日
	公告期号	1734
注册商标未续展注销公告	注册号	4064551
	商标名称	V
	国际分类	25
	注册人	丰洋兴业股份有限公司
	公告日期	2021 年 03 月 06 日
	公告期号	1734
注册商标撤销公告	注册号	106022
	商标名称	梅花
	国际分类	29
	文号	撤三字【2020】第 Y031212 号
	撤销理由	连续三年不使用
	撤销商品/服务项目	奶粉
	公告日期	2021 年 03 月 06 日
	公告期号	1734
注册商标宣告无效公告	注册号	1633246
	商标名称	图形
	国际分类	25
	文号	商评字【2018】第 0000018221 号 重审第 000001014 号
	理由	无效宣告全部无效
	宣告无效的商品/服务项目	全部商品/服务
	公告日期	2021 年 03 月 06 日
	公告期号	1734

续表

公告类型	字段名称	样例
商标注册申请撤回公告	申请号	33746495
	初审公告期	1670
	申请撤回日期	2021 年 06 月 19 日
	公告日期	2021 年 03 月 06 日
	公告期号	1734
无效公告	注册号/申请号	9384066
	商标名称	梦之蓝
	国际分类	11
	注册人/申请人	新乐市慕尚商贸有限公司
	无效原因	该商标已进入司法应诉阶段，撤销复审裁定尚未生效
	无效内容	第 9384066 号商标刊登在第 1725 期的注册商标撤销公告中的信息无效
	公告日期	2021 年 03 月 06 日
	公告期号	1734
商标注册证遗失声明公告	注册号	30177
	商标名称	宫殿
	国际分类	30
	注册人	沪华茶集团有限公司
	遗失注册证号	30177
	公告日期	2021 年 03 月 06 日
	公告期号	1734
送达公告	注册号/申请号	138445
	商标名称	CALPIS
	原文发文日期	2020 年 11 月 06 日
	原文发文编号	撤三 20200000063531CSTG
	收件人名称	朝日饮料株式会社
	发文类型	关于提供注册商标使用证据的通知
	公告日期	2021 年 03 月 06 日
	公告期号	1734

公告类型	字段名称	样例
变更集体证明商标申请人名义地址/管理规则/成员名单公告	注册号/申请号	9040534
	商标名称	清丰白灵菇
	国际分类	31
	商标类型	证明商标
	变更前申请人名义地址/成员名单/管理规则	河南省清丰县农业高新科技示范园
	变更后申请人名义地址/成员名单/管理规则	清丰县食用菌协会
	使用集体商标的成员名单	姓名：桑冬根；地址：南京市江宁区湖熟镇丹桂村渡桂99号
	公告日期	2021年03月06日
	公告期号	1734
集体证明商标申请人名义地址/成员名单/管理规则转让转移公告	注册号/申请号	26934580
	商标名称	土默特右旗白菜
	国际分类	31
	商标类型	证明商标
	转让申请人名义地址/成员名单/管理规则	宁德市蕉城区三都澳晚熟荔枝产业协会；使用管理规则
	受让申请人名义地址/成员名单/管理规则	宁德市蕉城区三都镇农业服务中心；使用管理规则
	公告日期	2021年01月27日
	公告期号	1729

三、重点字段

1. 商标转让/转移公告

商标转让/转移公告根据《商标法》第四十二条规定进行公告。转让注册商标的，转让人和受让人应当签订转让协议，并共同向商标局提出申请。受让人应当保证使用该注册商标的商品质量。转让注册商标的，商标注册人对其在同一种商品上注册的近似的商标，或者在类似商品上注册的相同或者近似的商标，应当一并转让。对容易导致混淆或者有其他不良影响的转让，商标局不予核准，书面通知申请人并说明理由。转让注册商标经核准后，予以公告。受让人自公告之日起享有商标专用权。

商标转让/转移公告中除了体现商标注册号/申请号、商标名称、国际分类等商标基本信息外，还体现了商标转让人和受让人信息，商标的转让人为商标的原权利人，商标的受让人为通过转让或转移这两种方式获得商标权利的主体。

2. 商标使用许可备案公告

商标使用许可备案公告根据《商标法》第四十三条规定进行公告。商标注册人可以通过签订商标使用许可合同，许可他人使用其注册商标。许可人应当监督被许可人使用其注册商标的商品质量。被许可人应当保证使用该注册商标的商品质量。经许可使用他人注册商标的，必须在使用该注册商标的商品上标明被许可人的名称和商品产地。许可他人使用其注册商标的，许可人应当将其商标使用许可报商标局备案，由商标局公告。商标使用许可未经备案不得对抗善意第三人。

《商标法实施条例》第六十九条规定，许可他人使用其注册商标的，许可人应当在许可合同有效期内向商标局备案并报送备案材料。备案材料应当说明注册商标使用许可人、被许可人、许可期限、许可使用的商品或者服务范围等事项。

商标使用许可备案公告中除了体现商标注册号、商标名称、国际分类等商标基本信息外，还体现了备案号、商标许可人、被许可人、许可使用期限和许可使用的商品/服务项目信息。

商标许可备案号为商标局为该许可备案申请赋予的编号，以数字编码形式体现。商标许可人为注册商标的所有人，商标被许可人为注册商标的被许可使用人。许可期限为被许可人使用该注册商标的期限，许可期限应不得超过商标有效期限以及许可合同有效期限。许可使用的商品/服务项目即为双方签订的许可合同中明确的许可使用的商品或服务范围。

3. 商标质权登记公告

商标质权登记公告根据《商标法实施条例》第七十条规定进行公告。以注册商标专用权出质的，出质人与质权人应当签订书面质权合同，并共同向商标局提出质权登记申请，由商标局公告。

商标质权登记公告中除了体现商标注册号/申请号、商标名称、国际分类等商标基本信息外，还体现了出质人、质权人和质权登记期限信息。

出质人为出质商标的合法权利人，也是质押合同的债务人。质权人即债权人，质权登记期限为商标被质权的期限，质权登记期限应不得超过商标有效期限以及质押合同有效期限。

商标可以进行转让、质押、许可等经济活动，体现了商标权作为私权所具有的财产属性。一件商标被转让、许可和质押的次数越多，也在一定程度上体现出该件商标的价值越高。

第五节　商标注册证明数据

商标注册证明数据主要包括商标注册证数据，优先权证明数据，商标变更、转让、续展证明数据，补发商标变更、转让、续展证明数据和更正商标变更、转让、续展证明数据。社会公众可以通过这些数据了解商标文件的内容和效力。

一、数据样例

商标注册证明数据样例如图 9 – 12 所示。

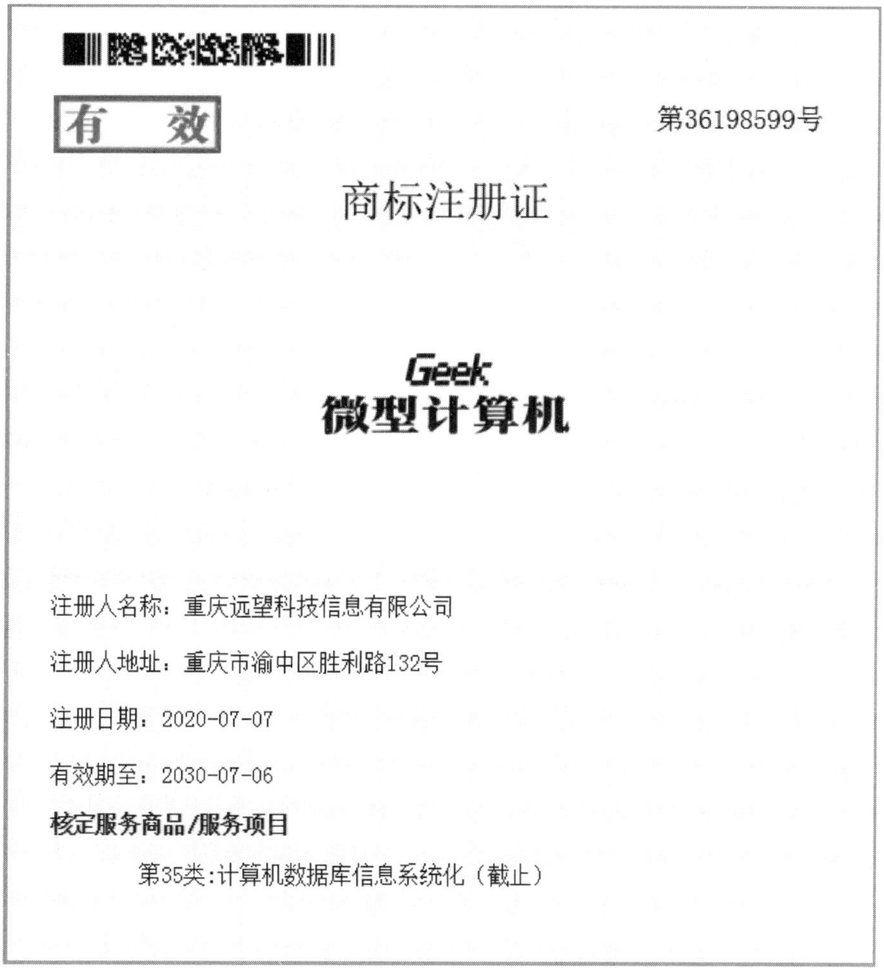

图 9 – 12　商标注册证明数据样例

二、数据字段

商标注册证明数据字段如表 9 – 8 所示。

表 9 - 8　商标注册证明数据字段

类型	字段名称	样例
商标注册证	注册号	36198599
	注册人名称	重庆远望科技信息有限公司
	注册人地址	重庆市渝中区胜利路 132 号
	注册日期	2020 - 07 - 07
	商标图样	图形样例格式（JPEG 文件形式）
	有效期至	2030 年 7 月 6 日
	核定服务商品/服务项目	第 35 类：计算机数据库信息系统化（截止）
商标转让证明	注册号	1282916
	受让人名称	北京赛迪经纬文化传播有限公司
	受让人地址	北京市昌平区科技园区火炬街甲 12 号 218 室
商标变更证明	注册号	1282916
	变更后注册人名义	—
	变更后注册人地址	北京市昌平区沙河镇豆各庄村南 11 号院 3 号楼 205 室
商标续展证明	注册号	1282916
	续展有效期	续展注册有效期至 2029 年 06 月 13 日
补发商标转让证明	注册号	22746316
	受让人名称	上海禾浩文化传播有限公司
	受让人地址	上海市福山路 450 号新天国际大厦 5 楼 C 座
补发商标变更证明	注册号	3169064
	变更后注册人	泰州市福尔金属管件有限公司
	变更后注册人地址	江苏省泰州市姜堰区张甸镇宫王村
补发商标续展证明	注册号	3964922
	续展有效期	自 2016 年 10 月 07 日至 2026 年 10 月 06 日
更正商标转让证明	注册号	18252273
	受让人名称	上海慧濠信息科技有限公司
	受让人地址	上海市浦东新区泥城镇云汉路 979 号 2 楼

类型	字段名称	样例
更正商标变更证明	注册号	29918726
	变更后注册人	宁夏家安生物科技有限公司
	变更后注册人地址	宁夏回族自治区银川经济技术开发区发祥东路 19 号
更正商标续展证明	注册号	3384697
	续展有效期	2014 年 03 月 14 日至 2024 年 03 月 13 日止
优先权证明	申请/注册号	31702595
	商标类型	普通商标
	商标名称	SAMSUNG 860 QVO
	申请人名义	三星电子株式会社
	申请人地址	韩国京畿道水原市灵通区三星路 129 号
	申请日期	2018 年 06 月 20 日
	是否共有商标	否
	类别（国际分类）	第 9 类
	商品/服务项目	固态硬盘；闪速存储器；空白闪存卡；空白 USB 闪存驱动器；数据存储装置；半导体；半导体器件；半导体存储器；半导体存储单元；半导体存储元件

第六节　商标异议决定文书数据

一件被初步审定公告的商标，自公告之日起三个月内，在先权利人、利害关系人可以根据相关法条向国家知识产权局提出异议。国家知识产权局经调查核实后，作出两种决定，即准予注册的决定和不予注册的决定，并书面通知异议人和被异议人，即商标异议决定文书。

一、数据样例

中国商标异议决定文书的样例，见图 9 - 13 和图 9 - 14。

第36329606号"雪谷雪凇岭"商标准予注册的决定

信息来源：商标局

第36329606号"雪谷雪凇岭"商标
准予注册的决定

(2021)商标异字第0000007497号

异议人：五常市雪福来旅游发展有限公司

委托代理人：淄博华熙商标代理有限公司

被异议人：冯长权

委托代理人：北京千策知识产权代理有限公司

异议人五常市雪福来旅游发展有限公司对被异议人冯长权经我局初步审定并刊登在第1654期《商标公告》第36329606号"雪谷雪凇岭"商标提出异议，我局依据《商标法》有关规定予以受理。被异议人已在规定期限内作出答辩。

根据当事人陈述的理由及事实，经审查，我局认为：

被异议商标"雪谷雪凇岭"指定使用于第41类"游乐园服务；娱乐服务；演出；假日野营娱乐服务；导游服务；提供游泳池服务；提供滑雪场；提供溜冰场服务；组织表演（演出）；培训"等服务上。异议人引证的第36743987号、第37507421号、第36741157号、第36755520号、第37521446号"雪谷雪凇岭"商标的申请注册日期晚于被异议商标的申请注册日期，对被异议商标的申请注册不构成在先权利障碍。本案中，异议人称被异议人违反诚实信用原则，恶意抄袭、摹仿抢注其商标，但异议人提交的证据不足以证明，在被异议商标申请注册日之前，异议人将"雪谷雪凇岭"作为商标在被异议商标指定使用服务相同或类似的服务上在先使用并具有一定影响，因此我局对异议人上述异议理由不予支持。异议人另称被异议商标的申请注册违反《商标法》第十五条第二款之规定以及被异议商标的使用有害于社会主义道德风尚或者有其他不良影响等缺乏事实依据。

图9-13　中国商标异议决定文书（准予注册的决定）

第36589770号"温医大珍视堂"商标不予注册的决定

信息来源：商标局

第36589770号"温医大珍视堂"商标
不予注册的决定

(2021)商标异字第0000013578号

异议人：温州医科大学

被异议人：诸暨市志光眼镜店

异议人温州医科大学对被异议人诸暨市志光眼镜店经我局初步审定并刊登在第1656期《商标公告》第36589770号"温医大珍视堂"商标提出异议，我局依据《商标法》有关规定予以受理。被异议人未在规定期限内作出答辩。

根据当事人陈述的理由及事实，经审查，我局认为：

被异议商标"温医大珍视堂"指定使用商品为第10类"外科仪器和器械、医疗器械和仪器"等。异议人提供的证据材料可以证明异议人温州医科大学（更名前为温州医学院）是我国最早开展眼视光高等教育的学校，是国家重点培育学科——眼科学的学院，具有一定知名度。"温医大"、"温医"是其简称并已与异议人形成对应关系。被异议商标中的"温医大"与异议人的简称"温医大"文字构成相同，且被异议人与异议人同处浙江省，若被核准使用在指定商品上易导致消费者误认为被异议人与异议人具有某种关联，进而使消费者对商品来源产生误认。异议人称被异议商标的申请注册违反《商标法》第十五条第二款之规定证据不足。

依据《商标法》第十条第一款第（七）项、第三十五条规定，我局决定：第36589770号"温医大珍视堂"商标不予注册。

依据《商标法》第三十五条规定，被异议人如对本决定不服，可在收到本决定之日起15日内，向国家知识产权局申请复审。

2021年02月01日

图9-14　中国商标异议决定文书（不予注册的决定）

二、数据字段

表 9 - 9 为商标异议决定文书主要数据字段说明。

表 9 - 9　商标异议决定文书数据字段

字　段	样　例
异议决定文书名称	第 36589770 号"温医大珍视堂"商标不予注册的决定
申请号	36589770
国际分类	10
商标名称	温医大珍视堂
异议决定文书编号	（2021）商标异字第 0000013578 号
异议人	温州医科大学
异议人委托代理人	—
被异议人	诸暨市志光眼镜店
被异议人委托代理人	—
被异议人是否答辩	是
认定的事实及理由	根据当事人陈述的理由及事实，经审查，我局认为： 被异议商标"温医大珍视堂"指定使用商品为第十类"外科仪器和器械、医疗器械和仪器"等。异议人提供的证据材料可以证明……异议人称被异议商标的申请注册违反《商标法》第十五条第二款之规定证据不足
异议决定日期	2021 年 02 月 01 日
依据法条	依据《商标法》第十条第一款第（七）项、第三十五条
异议决定结果	不予注册

三、重点字段

1. 异议决定文书名称

异议决定文书名称主要由三部分内容组成：商标申请号 + 商标名称 + 商标异议决定结果。商标申请号和商标名称即被异议商标在初步审定公告中的商标申请号和商标名称。商标异议决定结果即本决定文书的结论，仅有两种结果，为不予注册和准予注册。

2. 异议决定文书编号

异议决定文书编号即决定文书的编码，由中文汉字、阿拉伯数字及括号组成。例如，（2021）商标异字第 0000013578 号。

3. 异议人

异议人即提起异议申请的人，可以为自然人、法人或者其他组织，但是其必须为异议商标相关的在先权利人、利害关系人。

4. 被异议人

被异议人即被异议商标在初步审定公告中的申请人。

5. 被异议人是否答辩

根据《商标法实施条例》第二十七条第一款规定，商标局应当将商标异议材料副本及时送交被异议人，限其自收到商标异议材料副本之日起三十日内答辩。被异议人不答辩的，不影响商标局作出决定。即被异议人可以自主决定是否参加异议答辩。

6. 认定的事实及理由

国家知识产权局根据当事人陈述的理由及事实，经审查后对本异议申请相关事实和理由的描述信息。

7. 异议决定日期

该异议决定文书发布的日期。

8. 依据法条

国家知识产权局作出该异议决定的法律依据，一般根据《商标法》以下条款：第四条、第十条、第十一条、第十二条、第十三条第二款和第三款、第十五条、第十六条第一款、第十九条第四款、第三十条、第三十一条、第三十二条规定。

商标异议决定文书是由国家知识产权局针对被异议的商标给出的决定，该决定文书的结果直接关系到该商标数据是否可以被成功注册，体现了商标数据的法律属性。

第七节　商标评审裁定/决定文书数据

商标评审裁定/决定文书数据主要包括七种类型：驳回复审决定书、不予注册复审决定书、无效宣告请求裁定书、撤销复审决定书、无效宣告复审决定书、评审案件结案通知书以及评审案件驳回通知书。

（1）驳回复审决定书：对驳回申请、不予公告的商标，商标注册申请人不服的，可以自收到通知之日起十五日内向国家知识产权局申请复审。

（2）不予注册复审决定书：商标被异议，国家知识产权局作出不予注册决定，被异议人不服的，可以自收到通知之日起十五日内向国家知识产权局申请复审。

（3）无效宣告请求裁定书：国家知识产权局收到宣告注册商标无效的申请后，经过审理后，在规定的时间内作出维持注册商标或者宣告注册商标无效的裁定。

（4）撤销复审决定书：对国家知识产权局撤销或者不予撤销注册商标的决定，当事人不服的，可以自收到通知之日起十五日内向国家知识产权局申请复审。

（5）无效宣告复审决定书：国家知识产权局作出宣告注册商标无效的决定，当事人对国家知识产权局的决定不服的，可以自收到通知之日起十五日内向国家知识产权局申请复审。

（6）评审案件结案通知书：商标评审案件经审理后，依据相应法条，终止审理，予以结案，下发评审案件结案通知书。

（7）评审案件驳回通知书：商标评审案件经审理后，依据相应法条，驳回申请人提出的评审请求，下发评审案件驳回通知书。

一、数据样例

各种类型的商标评审裁定/决定文书的样例，见图9－15至图9－21。

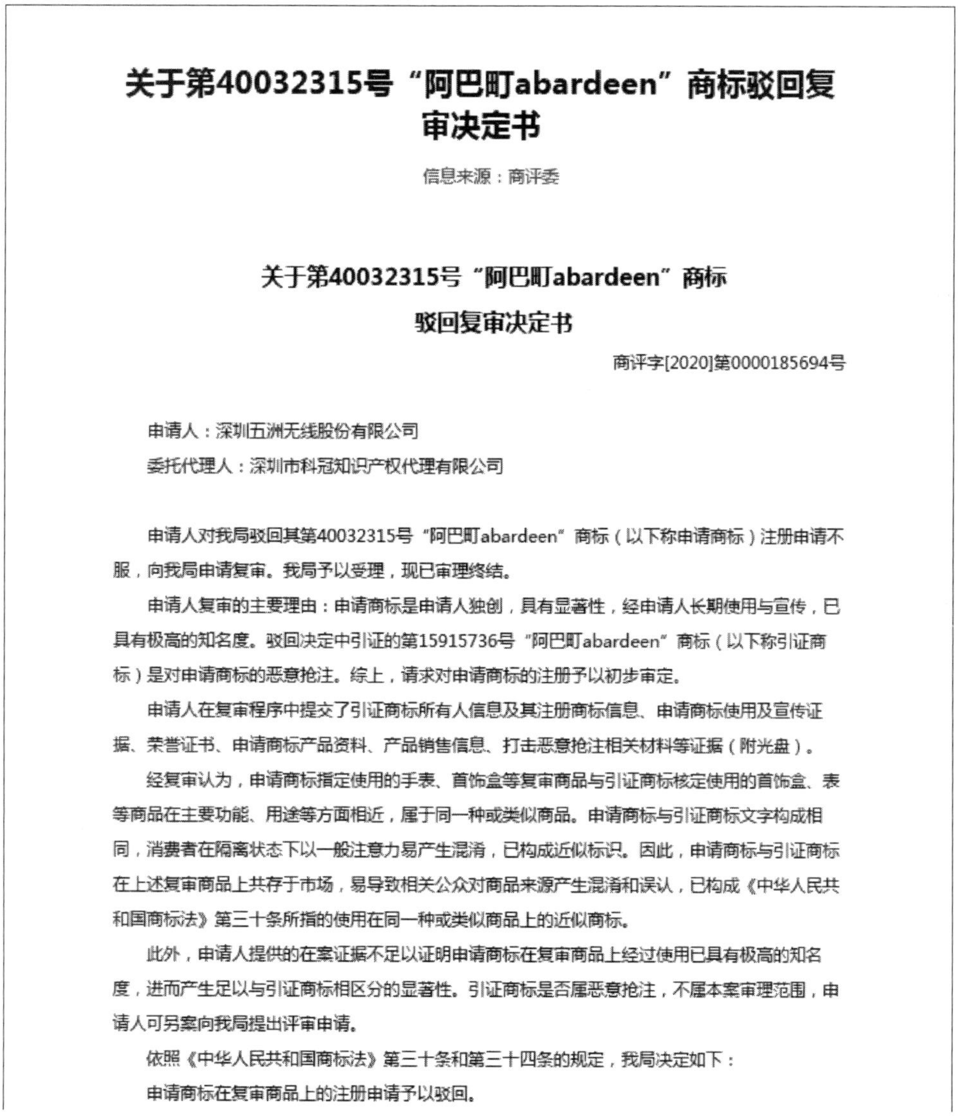

关于第40032315号“阿巴町abardeen”商标驳回复审决定书

信息来源：商评委

关于第40032315号“阿巴町abardeen”商标

驳回复审决定书

商评字[2020]第0000185694号

申请人：深圳五洲无线股份有限公司

委托代理人：深圳市科冠知识产权代理有限公司

申请人对我局驳回其第40032315号“阿巴町abardeen”商标（以下称申请商标）注册申请不服，向我局申请复审。我局予以受理，现已审理终结。

申请人复审的主要理由：申请商标是申请人独创，具有显著性，经申请人长期使用与宣传，已具有极高的知名度。驳回决定中引证的第15915736号“阿巴町abardeen”商标（以下称引证商标）是对申请商标的恶意抢注。综上，请求对申请商标的注册予以初步审定。

申请人在复审程序中提交了引证商标所有人信息及其注册商标信息、申请商标使用及宣传证据、荣誉证书、申请商标产品资料、产品销售信息、打击恶意抢注相关材料等证据（附光盘）。

经复审认为，申请商标指定使用的手表、首饰盒等复审商品与引证商标核定使用的首饰盒、表等商品在主要功能、用途等方面相近，属于同一种或类似商品。申请商标与引证商标文字构成相同，消费者在隔离状态下以一般注意力易产生混淆，已构成近似标识。因此，申请商标与引证商标在上述复审商品上共存于市场，易导致相关公众对商品来源产生混淆和误认，已构成《中华人民共和国商标法》第三十条所指的使用在同一种或类似商品上的近似商标。

此外，申请人提供的在案证据不足以证明申请商标在复审商品上经过使用已具有极高的知名度，进而产生足以与引证商标相区分的显著性。引证商标是否属恶意抢注，不属本案审理范围，申请人可另案向我局提出评审申请。

依照《中华人民共和国商标法》第三十条和第三十四条的规定，我局决定如下：

申请商标在复审商品上的注册申请予以驳回。

图9－15 驳回复审决定书

关于第22739795号"提姆霍顿 TIM HORTONS"商标不予注册复审决定书

信息来源：商评委

关于第22739795号"提姆霍顿 TIM HORTONS"商标不予注册复审决定书

商评字[2020]第0000184194号

申请人：宁波提姆霍顿企业管理有限公司

原异议人：桦迪尔督馆国际有限责任公司

委托代理人：北京万慧达知识产权代理有限公司

申请人不服我局(2019)商标异字第0000042172号不予注册决定，于2019年08月09日向我局申请复审。我局予以受理，现已审理终结。

原异议人主要异议理由：申请人在明知的情况下，大量抄袭原异议人知名品牌，同时还抄袭了其他知名品牌，此外，申请人公司法定代表人周建杰及其成立的其他公司申请注册了多枚商标，均是对原异议人及他人知名品牌的抄袭、草仿。申请人企图通过"搭便车"、"傍名牌"牟取不正当利益，具有明显恶意，构成了不正当竞争，违反了基本的商业诚信。申请人于原异议人在先注册的第8016493号、第8016487号"TIM HORTONS"商标（以下称统称引证商标）构成使用在类似商品或服务上的近似商标。被异议商标完整包含并突出显示原异议人公司英文商号，其注册和使用必导致大众对相关商品来源和市场主体产生混淆和误认，并损害原异议人在中国的合法在先字号权。TIM HORTON先生是知名公众人物。被异议人使用公众人物姓名申请注册商标，妨害公序良俗或有其他不良影响。被异议商标损害了原异议人对"TIM HORTON"这一公众人物姓名享有的商品化权益。请求依据《中华人民共和国商标法》（以下简称《商标法》）第四条、第七条、第十条第一款第（八）项、第三十条、第三十二条、第四十四条第一款的规定，对被异议商标不予核准注册。

图 9－16　不予注册复审决定书

关于第24918381号"尚都比拉"商标无效宣告请求裁定书

信息来源：商评委

关于第24918381号"尚都比拉"商标
无效宣告请求裁定书

商评字[2020]第0000184553号

申请人：刘阳波

委托代理人：广州朋有商标代理有限公司

被申请人：郑州标炬商贸有限公司

申请人于2019年05月13日对第24918381号"尚都比拉"商标（以下称争议商标）提出无效宣告请求，我局予以受理，现已审理终结。

申请人的主要理由：一、争议商标与申请人第21535344号"尚都比拉"商标、第19546067号"尚都比拉"商标（以下依次称引证商标一、二）构成类似商品或服务上的近似商标。二、申请人引证商标在业内已具有较高知名度和一定影响力，争议商标构成对申请人在先使用并有一定影响"尚都比拉"商标的抢注。三、被申请人名下897件商标，其中大量草仿、抄袭、抢注他人知名商标，已构成"以其他不正当手段取得注册"的情形，其行为违反了诚实信用原则，扰乱了商标注册秩序。综上，依据2013年《商标法》第七条、第十条第一款第（八）项、第三十条、第四十四条第一款、第四十五条的规定，请求宣告争议商标无效。

申请人提交了以下主要证据（光盘扫描件）：1.引证商标使用照片、宣传册；2.购销合同、发票；3.天猫服务协议及销售情况；4.被申请人名下商标信息；5.其他证据。

被申请人在规定期限内未予答辩。

经审理查明：

1.争议商标由被申请人于2017年6月21日申请注册，于2018年7月7日核准注册并公告，核定使用在第42类替他人研究和开发新产品等服务上，专用期至2028年7月6日止。

图 9 – 17　无效宣告请求裁定书

关于第15286698号"比特"商标撤销复审决定书

信息来源：商评委

关于第15286698号"比特"商标
撤销复审决定书

商评字[2020]第0000185213号

申请人（原撤销申请人）：李雪南

委托代理人：北京连和连知识产权代理有限公司

被申请人（原撤销被申请人）：山东比特智能科技股份有限公司

委托代理人：北京集佳知识产权代理有限公司

申请人因第15286698号"比特"商标（以下称复审商标）撤销一案，不服我局商标撤三字[2019]第Y029438号决定，于2019年11月12日向我局申请复审。我局予以受理，现已审理终结。

我局决定认为，申请人在法定期限内提交的2016年4月9日至2019年04月8日期间（以下称指定期间）复审商标的使用证据有效，申请人的撤销申请理由不成立，复审商标不予撤销。

申请人复审的主要理由：经申请人调查发现，被申请人在指定期间内并未在核定商品上使用复审商标，请求对被申请人向我局提交的证据进行质证。

被申请人答辩的主要理由：被申请人在指定期间内一直在持续使用复审商标，经被申请人的广泛使用和大力宣传，复审商标已具有一定知名度和影响力。

被申请人向我局提交了以下主要证据（复印件及光盘）：

1、被申请人所获荣誉；

2、2017-2018年参展合同、发票及参展照片；

3、2016-2018年产品供需、供货合同及产品买卖安装的合同和发票；

4、2015年"比特"电话机实验报告及美国证书；

5、2016-2018年被申请人企业年度报告。

为进一步查明案件事实，我局调取了被申请人在连续撤销程序中提交的证据材料，该组证据材料除已包含在复审证据中的材料外，还提交了以下主要证据（复印件）：

图9-18 撤销复审决定书

关于第4173821号"锡伯贡及图"商标无效宣告复审决定书

信息来源：商评委

关于第4173821号"锡伯贡及图"商标
无效宣告复审决定书

商评字[2018]第0000070199号

申请人：沈阳农垦锡伯贡绿色食品有限公司

委托代理人：沈阳知佳知识产权代理有限公司

申请人因第4173821号"锡伯贡及图"商标（以下称复审商标）无效宣告一案，不服商标局商标监字（2017）311号决定，于2017年10月23日向我委申请复审。我委依法受理后，依照《商标评审规则》第六条的规定，组成合议组依法进行了审理，现已审理终结。

商标局决定认为，锡伯族是我国的少数民族，"锡伯贡"作为商标使用易损害民族感情，造成不良社会影响，违反了《商标法》第十条第一款第（八）项的规定。根据《商标法》第四十四条第一款的规定，我局决定宣告复审商标无效。

申请人复审的主要理由：复审商标注册使用在米商品上，不会有害于社会主义道德风尚或产生不良影响。且已有多个含"锡伯"文字的商标被核准注册。复审商标是民族情谊与农垦精神的传承，具有深远积极的特定含义，完全不构成《商标法》第十条第一款第（八）项规定的不良影响的情形。复审商标经营多年，"锡伯贡"已与申请人商品形成一一对应关系。综上，复审商标应予维持注册。

申请人向我委提交了以下主要证据（均为复印件）：

1、包含"锡伯"文字的注册商标查询结果；

2、申请人及复审商标获得的荣誉证书及复审商标的使用图片。

图 9 – 19　无效宣告复审决定书

关于第18498847号"SUPREME NYC"商标评审案件结案通知书

信息来源：商评委

关于第18498847号"SUPREME NYC"商标
评审案件结案通知书

商评字[2020]第0000098650号

申请人：章节四公司

委托代理人：霍金路伟（上海）知识产权代理有限公司

被申请人：美纽有限公司

委托代理人：广州市博铭文化传播有限公司

申请人于2019年05月24日对第18498847号"SUPREME NYC"商标（以下称争议商标）提出无效宣告请求。我局予以受理，现已审理终结。

经审理查明：本案争议商标已被商标局核准注销。

经复审认为，鉴于争议商标已经丧失注册商标专用权，因此，本案的审理基础已不存在。

依照《商标评审规则》第三十二条规定，我局决定如下：

本案终止审理，予以结案。

当事人如不服本决定，可以依法向北京知识产权法院起诉，并在向法院递交起诉状的同时或者至迟十五日内将该起诉状副本抄送或者另行书面告知我局。

独任审查员：郑星笛

2020年04月27日

图 9 - 20　评审案件结案通知书

关于第33868100号"炊牛大王"商标评审案件驳回通知书

信息来源：商评委

关于第33868100号"炊牛大王"商标
评审案件驳回通知书

商评字[2020]第0000091730号

申请人：罗春

委托代理人：重庆市中迪商标代理有限公司

申请人对我局驳回其第33868100号"炊牛大王"商标（以下称申请商标）注册申请不服，向我局申请复审。我局予以受理，现已审理终结。

我局认为，申请人未明确其复审理由及复审请求，申请人提出的驳回复审申请应予驳回。

依照《中华人民共和国商标法实施条例》第五十七条第三款和《商标评审规则》第十九条的规定，我局决定如下：

申请人提出的驳回复审申请予以驳回。

当事人如不服本决定，可以依法向北京知识产权法院起诉，并在向法院递交起诉状的同时或者至迟十五日内将该起诉状副本抄送或者另行书面告知我局。

合议组成员:车旭

涂嘉雯

赵爽

2020年04月21日

图9-21　评审案件驳回通知书

二、数据字段

表9-10为商标评审裁定/决定文书数据字段说明。

表9-10　商标评审裁定/决定文书数据字段

数据类型	字段名称	样例
驳回复审决定书	名称	关于第40032315号"阿巴町 abardeen"商标驳回复审决定书
	商评字号	商评字［2020］第0000185694号
	申请人	深圳五洲无线股份有限公司
	委托代理人	深圳市科冠知识产权代理有限公司
	合议组成员	丁选明、陈辉、李艳燕
	决定书日期	2020年7月10日
	决定书正文	内容略

数据类型	字段名称	样例
不予注册复审决定书	名称	关于第 22739795 号"提姆霍顿 TIM HORTONS"商标不予注册复审决定书
	商评字号	商评字〔2020〕第 0000184194 号
	申请人	宁波提姆霍顿企业管理有限公司
	委托代理人	北京万慧达知识产权代理有限公司
	原异议人	梯迪尔餐馆国际有限责任公司
	合议组成员	洪强、苑雪梅、侯明洋
	决定书日期	2020 年 7 月 10 日
	决定书正文	内容略
无效宣告请求裁定书	名称	关于第 24918381 号"尚都比拉"商标无效宣告请求裁定书
	商评字号	商评字〔2020〕第 0000184553 号
	申请人	刘阳波
	委托代理人	广州朋有商标代理有限公司
	被申请人	郑州标炬商贸有限公司
	合议组成员	乔向辉、李焱、孙红
	决定书日期	2020 年 7 月 10 日
	裁定书正文	内容略
撤销复审决定书	名称	关于第 15286698 号"比特"商标撤销复审决定书
	商评字号	商评字〔2020〕第 0000185213 号
	申请人（原撤销申请人）	李雪南
	委托代理人（申请人）	北京连和连知识产权代理有限公司
	被申请人（原撤销被申请人）	山东比特智能科技股份有限公司
	委托代理人（被申请人）	北京集佳知识产权代理有限公司
	合议组成员	孟云娜、王志焕、张静
	决定书日期	2020 年 7 月 10 日
	决定书正文	内容略

数据类型	字段名称	样例
无效宣告复审决定书	名称	关于第 4173821 号"锡伯贡及图"商标无效宣告复审决定书
	商评字号	商评字［2018］第 0000070199 号
	申请人（原撤销申请人）	沈阳农垦锡伯贡绿色食品有限公司
	委托代理人（申请人）	沈阳知佳知识产权代理有限公司
	合议组成员	胡朋娟、乔烨宏、吕美兰
	决定书日期	2018 年 04 月 25 日
	决定书正文	内容略
评审案件结案通知书	名称	关于第 18498847 号"SUPREME NYC"商标评审案件结案通知书
	商评字号	商评字［2020］第 0000098650 号
	申请人	章节四公司
	委托代理人	霍金路伟（上海）知识产权代理有限公司
	被申请人	美纽有限公司
	委托代理人	广州市博铭文化传播有限公司
	审查员	郑星笛
	决定书日期	2020 年 04 月 27 日
	决定书正文	内容略
评审案件驳回通知书	名称	关于第 33868100 号"炊牛大王"商标评审案件驳回通知书
	商评字号	商评字［2020］第 0000091730 号
	申请人	罗春
	委托代理人	重庆市中迪商标代理有限公司
	合议组成员	车旭、涂嘉雯、赵爽
	决定书日期	2020 年 4 月 21 日
	决定书正文	内容略

三、重点字段

1. 商标评审裁定/决定文书名称

商标评审裁定/决定文书名称主要由三部分内容组成：商标申请号 + 商标名称 +

文书类型。商标申请号和商标名称即涉案商标的申请号和商标名称。文书类型即驳回复审决定书、不予注册复审决定书、无效宣告请求裁定书、撤销复审决定书、无效宣告复审决定书、评审案件结案通知书以及评审案件驳回通知书七种类型。

2. 商评字号

本决定文书的编码，由中文汉字、阿拉伯数字及括号组成。例如，商评字〔2020〕第0000184553号。

3. 申请人

提起评审申请的人，可以为自然人、法人或者其他组织。根据文书类型的不同，申请人对应的主体不相同。例如，驳回复审决定书中的申请人为涉案商标的申请人。不予注册复审决定书中的申请人为涉案商标的被异议人，即该商标在初步审定公告中的申请人。

4. 委托代理人

委托代理人即申请人委托进行该商标评审案件的代理机构信息。

5. 合议组成员

合议组成员为审理该商标评审案件的工作人员。

当一件商标发生驳回、不予注册、无效、撤销等商标评审事件时，说明该件商标的权利或将要获得的权利受到了质疑，体现了商标的法律属性。同时，发生多次商标评审事件的商标数据，也侧面反映了该商标数据对于权利人或争议人的重要程度，体现了商标的经济属性。

第八节　商标数据属性

商标数据属性概括起来可分为三种属性，即经济属性、识别属性和法律属性。

一、经济属性

商标作为法定的"民事权利"，《与贸易有关的知识产权协定》（TRIPs）在序言中明确承认知识产权的私权属性。商标权作为私权，具有财产属性，因此商标可以进行转让、质押、许可等经济活动。商标代表商品商业价值及商品市场定位。商标知名度越高，其市场价值越高。

商标经济价值在商标许可、转让、质押、融资、证券化等环节表现直接。许可使用费用、转让标的额、质押和融资乃至证券化过程中的品牌价值评估，都是品牌经济价值的直观数据体现。

商标的经济价值还体现在保护企业发展，促进社会经济繁荣稳定。企业通过商标权的保护，可以放心地在自己的商品上投资、推广以及宣传。

需要说明的是，商标是商品的标识，商标传递了商品的质量、价位、产品特色等信息。随着商标的使用以及其商标宣传深度展开，商标上累积的商誉价值日益增加，商标符号价值脱离商品以及商业主体的倾向越来越明显。

二、识别属性

商标作为一种标识，应当有显著特征，便于识别。它最重要的作用就是区别不同的商品和服务，帮助消费者分辨商标和服务的来源。

商标代表商品服务的内在质量和标准，在一定程度上表明了生产者或经营者对该商品所应承担的品质责任。消费者能凭借商标对产品进行选择和识别。

商品识别属性具有商品服务区别作用，商标最本质、最基本的作用是区别同类商品或服务的来源。商标是识别商品或服务最便捷有效的手段，商标能区别相同商品的不同来源，有助于维护商标权利人和消费者的合法权益。

商品识别属性具有质量和服务的监督作用。商标本身不是商品质量的标志，但是商标的信誉却取决于商品的质量，商品质量越好，商标的信誉就越高，两者相辅相成。商标促进生产者或经营者提高商品质量，维护商标信誉。

商品识别属性还具有商品选购指导作用。商标体现商品质量和服务，消费者根据商标选购商品，即认牌购物。

三、法律属性

法律属性主要体现在商标独占性、地域性和时效性。

独占性是指商标所有人对其注册商标享有专有使用权，未经商标所有人的同意，其他任何人不得在相同和类似商品上擅自使用注册商标所有人的注册商标。

时效性是指商标权的有效期限，在商标权法律规定的有效期限内，受法律的保护；超过有效期限，法律将不再保护该项注册商标的商标权。商标权期限届满前，如商标所有人认为需要继续使用的，可以依照《商标法》的规定申请续展。但如商标所有人到期以及在宽展期内仍未办理续展的，或续展申请未被核准的，期满后国家知识产权局将予以注销，商标权利人则丧失商标权。

我国《商标法》规定，注册商标的专有权期限为十年，自核准注册之日起计算，可以多次续展。

地域性是指根据某一国家/地区法律申请取得的商标权，只在该国家/地区管辖范围内获得保护，在其他国家/地区不发生法律效力，无法得到保护。因此，如果企业商品涉及对外出口，不管是否在本国已经申请注册，在出口的目标国/地区必须进行商标的申请注册，依据目标国家/地区的法律获得商标权保护。

第十章　地理标志数据解读

本章以地理标志数据的类型划分为基础，对各种地理标志数据的典型样例、字段含义、数据属性等方面作出详细介绍，旨在准确揭示地理标志数据内容，促进数据合理利用，为充分发挥地理标志数据作用、实现地理标志数据价值提供支撑。

第一节　地理标志数据概述

一、地理标志制度选介

在我国，地理标志包括地理标志产品和作为集体商标、证明商标注册的地理标志，与之相关的法律法规包括《商标法》（2019 年修正）、《地理标志产品保护规定》、《国外地理标志产品保护办法》和《地理标志专用标志使用管理办法（试行）》等。

《商标法》（2019 年修正）规定：地理标志是指标示某商品来源于某地区，该商品的特定质量、信誉或者其他特征，主要由该地区的自然因素或者人文因素所决定的标志。

《地理标志产品保护规定》对地理标志的定义、申请和受理、审核及批准、标准制订及专用标志使用等内容都做了明确的规定。《地理标志产品保护规定》明确指出：地理标志产品，是指产自特定地域，所具有的质量、声誉或其他特性本质上取决于该产地的自然因素和人文因素，经审核批准以地理名称进行命名的产品。

《国外地理标志产品保护办法》旨在规范国外地理标志产品名称和专用标志的在华使用，在中国保护的国外地理标志产品的申请、受理、审查、批准、专用标志使用、监督管理和变更撤销等适用该办法。《国外地理标志产品保护办法》中规定，国家知识产权局在收到国外地理标志产品在华保护申请后，首先进行形式审查，予以受理的，国家知识产权局发布公报。受理公告后设置异议期，异议期内，国内外任何组织或个人均可以书面形式向国家知识产权局提出异议。受理公告期满且无异议或异议协商一致或异议经裁定不成立的，国家知识产权局组织专家进行技术审查。技术审查通过的，国家知识产权局发布国外地理标志产品在华保护批准公告，依法予以保护。

为加强我国地理标志保护、统一和规范地理标志专用标志使用，国家知识产权局制定《地理标志专用标志使用管理办法（试行）》，于 2020 年 4 月 3 日发布。《地理标志专用标志使用管理办法（试行）》规定，地理标志专用标志，是指适用在按照相关标准、管理规范或者使用管理规则组织生产的地理标志产品上的官方标志。国家知识产权局负责统一制定发布地理标志专用标志使用管理要求，组织实施地理标志专用标志使用监督管理。地方知识产权管理部门负责地理标志专用标志使用的日常监管。同时规定：地理标志专用标志合法使用人未按相应标准、管理规范或相关使用管理规则组织生产的，或者在两年内未在地理标志保护产品上使用专用标志的，知识产权管理部门停止其地理标志专用标志使用资格。

二、地理标志数据简介

2018 年《国务院机构改革方案》中规定：重新组建国家知识产权局。将国家知识产权局的职责、国家工商行政管理总局的商标管理职责、国家质量监督检验检疫总局的原产地地理标志管理职责整合。

本章主要介绍由国家知识产权局受理、批准的地理标志产品数据，包括地理标志产品保护受理公告、地理标志产品保护批准公告、地理标志专用标志核准公告和注销公告。同时简要介绍作为集体商标、证明商标注册的地理标志公告数据。

第二节　地理标志产品保护受理公告数据

一、数据样例

下面选取两个国家知识产权局发布的中国地理标志产品保护受理公告样例，对数据内容进行详细说明。

（1）关于受理介休绵芪等 3 个产品申请地理标志产品保护的公告（第 399 号），见图 10 - 1。

国家知识产权局关于受理介休绵芪等 3 个产品申请地理标志产品保护的公告（第 399 号）

国家知识产权局

第三九九号

根据国务院《关于国务院机构改革涉及行政法规规定的行政机关职责调整问题的决定》，按照原国家质量监督检验检疫总局《地理标志产品保护规定》，经山西、山东、湖南等省级知识产权局推荐，国家知识产权局依法受理了介休绵芪、即墨黄酒、洪江雪峰乌骨鸡等 3 个地理标志产品保护申请，经形式审查合格，现予以公告。有关信息公示如下：

序号	申请产品名称	省份	申请机构	地方政府建议的地理标志产品产地范围	地方政府界定产地范围的建议文件	标准或技术规范
1	介休绵芪	山西省	介休市人民政府	山西省晋中市介休市义安镇、张兰镇、连福镇、龙凤镇、洪山镇共 5 个镇现辖行政区域。	介休市人民政府关于界定"介休绵芪"地理标志产品保护地域范围的函（介政函〔2019〕69 号）	山西海能洪山扶贫农业开发有限公司企业标准：Q/HNHS 001-2020《介休绵芪》
2	即墨黄酒	山东省	即墨区人民政府	山东省青岛市即墨区现辖行政区域。	青岛市即墨区人民政府关于划定即墨黄酒地理标志产品保护地域范围的函（即政函〔2019〕9 号）	山东省地方标准：《地理标志产品 即墨黄酒》（建议草案）

图 10-1　中国地理标志产品保护受理公告数据样例

序号	申请产品名称	省份	申请机构	地方政府建议的地理标志产品产地范围	地方政府界定产地范围的建议文件	标准或技术规范
3	洪江雪峰乌骨鸡	湖南省	怀化市人民政府	湖南省怀化市鹤城区、中方县、芷江侗族自治县、洪江市、溆浦县、麻阳苗族自治县、辰溪县、会同县、洪江区共9个县、区、市现辖行政区域。	怀化市人民政府关于将洪江雪峰乌骨鸡列为地理标志保护产品并划定保护范围的请示（怀政〔2018〕46号）	湖南云飞凤农业有限公司企业标准：QB/YFFNYJ001-2020《洪江雪峰乌骨鸡》

中华人民共和国境内有关单位或者个人对上述地理标志产品保护申请如有异议，可自公告之日起2个月内向我局提出。

通讯地址：北京市海淀区蓟门桥西土城路6号国家知识产权局业务受理处（地理标志）。

邮政编码：100088。

国家知识产权局

2020年12月31日

图 10-1　中国地理标志产品保护受理公告数据样例（续）

（2）关于受理捷克布杰约维采啤酒等 2 个欧盟产品申报地理标志产品保护的公告（第 280 号），见图 10 - 2。

关于受理捷克布杰约维采啤酒等 2 个欧盟产品申报地理标志产品保护的公告(第 280 号)

国家知识产权局公告

第二八〇号

根据中欧地理标志合作与保护协定谈判框架项下的有关安排，经欧洲联盟委员会推荐，根据国务院《关于国务院机构改革涉及行政法规规定的行政机关职责调整问题的决定》，按照原国家质量监督检验检疫总局《地理标志产品保护规定》和《国外地理标志产品保护办法》，依法受理了捷克布杰约维采啤酒、仁内华等 2 个欧盟产品的地理标志产品保护申请，经形式审查合格，现予以公告。有关信息公示如下：

序号	产品中文名称	产品名称	地理标志产地范围	界定产地范围的文件	欧盟批准文件
1	捷克布杰约维采啤酒	Česko buděj ovické pivo	捷克可以从 Česke Budějovice 盆地地下湖取水的区域。	2010 年 7 月 24 日《官方公报》C202 号，根据欧盟委员会第 1898 / 2006 号法规第 18 条第 2 款制定的关于执行欧洲理事会第 510 / 2006 号法规细则所发布的关于保护农产品和食品地理标志（2010 / C 202 / 04）的质量技术要求摘要	2013 年 12 月 4 日《官方公报》L323 号，2013 年 12 月 2 日欧盟委员会颁布的第 1250/2013 号执行法规，关于对已作为受保护的原产地名称和地理标志产品质量技术要求（重要修订）的批准

— 1 —

图 10 - 2   中国地理标志产品保护受理公告（欧盟产品）数据样例

序号	产品中文名称	产品名称	地理标志产地范围	界定产地范围的文件	欧盟批准文件
2	仁内华	Genièvre/Geneveer/Jenever	比利时全境、荷兰全境、法国的 North department 和 Pas-de-Calais 区域、德国的 States of Nordrhein-Westfalenand Niedersachsen 区域。	2008 年 1 月 15 日欧洲议会和欧洲理事会颁布的第 110/2008 号法规，关于烈酒地理标志产品的定义、描述、展示、标签和保护（代替欧洲理事会颁布的第 1576/89 号法规）	2008 年 1 月 15 日欧洲议会和欧洲理事会颁布的第 110/2008 号法规，关于烈酒地理标志产品的定义、描述、展示、标签和保护（代替欧洲理事会颁布的第 1576/89 号法规）

　　有关单位或者个人对上述欧盟产品在我国地理标志产品保护如有异议，可自公告之日起 2 个月内向我局书面提出。

　　通讯地址：北京市海淀区蓟门桥西土城路 6 号　国家知识产权局"原产地地理标志受理"

　　邮政编码：100088

国家知识产权局

2018 年 8 月 31 日

— 2 —

图 10 - 2　中国地理标志产品保护受理公告（欧盟产品）数据样例（续）

二、数据字段

地理标志产品保护受理公告主要内容为：公告类型、公告机关、公告号、公告日期、申请受理依据、推荐机构、审查方式、受理申请数量、申请产品名称、省份、申请机构、地方政府建议的地理标志产品产地范围、地方政府界定产地范围的建议文件、标准或技术规范。

根据《中华人民共和国政府与欧洲联盟地理标志保护与合作协定》谈判框架下的有关安排，经欧洲联盟委员会推荐的欧盟产品保护受理公告主要内容为：公告类型、公告机关、公告号、公告日期、申请受理依据、推荐机构、审查方式、受理申请数量、产品中文名称、产品名称、地理标志产地范围、界定产地范围的文件、欧盟批准文件。

地理标志产品保护受理公告数据字段介绍可详见表 10 – 1、表 10 – 2。

表 10 – 1 地理标志产品保护受理公告数据字段

字段名称	样例
公告类型	地理标志产品保护受理公告
公告机关	国家知识产权局
公告号	第三九九号
公告日期	2020 年 12 月 31 日
申请受理依据	《关于国务院机构改革涉及行政法规规定的行政机关职责调整问题的决定》《地理标志产品保护规定》
推荐机构	山西省知识产权局
审查方式	形式审查
受理申请数量	3 个
申请产品名称	介休棉芪
省份	山西省
申请机构	介休市人民政府
地方政府建议的地理标志产品产地范围	山西省晋中市介休市义安镇、张兰镇、连福镇、龙凤镇、洪山镇共 5 个镇现辖行政区域
地方政府界定产地范围的建议文件	介休市人民政府关于界定"介休绵芪"地理标志产品保护地域范围的函（介政函〔2019〕69 号）
标准或技术规范	山西海能洪山扶贫农业开发有限公司企业标准：Q/HNHS 001—2020《介休绵芪》

表 10 - 2 地理标志产品保护受理公告（欧盟产品）数据字段

字段名称	样 例
公告类型	地理标志产品保护受理公告
公告机关	国家知识产权局
公告号	第二八〇号
公告日期	2018 年 8 月 31 日
申请受理依据	《关于国务院机构改革涉及行政法规规定的行政机关职责调整问题的决定》《地理标志产品保护规定》《国外地理标志产品保护办法》
推荐机构	欧洲联盟委员会
审查方式	形式审查
受理申请数量	2 个
产品中文名称	捷克布杰约维采啤酒
产品名称	Českobudějovicképivo
地理标志产地范围	捷克可以从ČeskéBudějovice 盆地地下湖取水的区域
界定产地范围的文件	2010 年 7 月 24 日《官方公报》C202 号，根据欧盟委员会第 1898/2006 号法规第 18 条第 2 款制定的关于执行欧洲理事会第 510/2006 号法规细则所发布的关于保护农产品和食品地理标志（2010/C202/04）的质量技术要求摘要
欧盟批准文件	2013 年 12 月 4 日《官方公报》L323 号，2013 年 12 月 2 日欧盟委员会颁布的第 1250/2013 号执行法规，关于对已作为受保护的原产地名称和地理标志产品质量技术要求（重要修订）的批准

三、重点字段

1. 申请产品名称

地理标志名称由具有地理指示功能的名称和反映产品真实属性的产品通用名称构成。地理标志名称必须是商业或日常用语，或是长久以来使用的名称，并具有一定知名度。本样例中产品名称"介休棉芪"，"介休"是具有地理指示功能的名称，指山西省介休市，"棉芪"是产品的通用名称。通过名称可了解地理标志产品的产地和产品名称。

2. 申请机构

申请由当地县级以上人民政府指定的地理标志产品保护申请机构或人民政府认

定的协会和企业提出，并征求相关部门意见。

3. 地方政府建议的地理标志产品产地范围

申请保护的产品在县域范围内的，由县级人民政府提出产地范围的建议；跨县域范围的，由地市级人民政府提出产地范围的建议；跨地市范围的，由省级人民政府提出产地范围的建议。本样例中申请保护的产品在山西省晋中市介休市，属于县域范围内容，由山西省晋中市介休市人民政府提出建议产地范围，产地范围为：山西省晋中市介休市义安镇、张兰镇、连福镇、龙凤镇、洪山镇共5个镇现辖行政区域。该字段表明了地理标志产品的地域属性。

4. 地方政府界定产地范围的建议文件

当地县级以上人民政府关于划定申报产品保护地域范围的公函，保护范围一般具体到乡镇一级；水产品养殖范围一般以自然水域界定。该字段表明了地理标志产品的地域属性。

5. 推荐机构

原产国或地区地理标志主管部门。

6. 产品中文名称

由具有地理指示功能的名称和反映产品真实属性的通用名称构成，也可是"约定俗成"的名称。

7. 产品名称

在原产国或地区获得地理标志注册保护的名称。

第三节　地理标志产品保护批准公告数据

一、数据样例

下面选取两个国家知识产权局发布的中国地理标志产品保护批准公告样例，对数据内容进行详细说明。

（1）关于批准鸡泽辣椒等3个产品实施地理标志产品保护的公告（第401号），见图10-3（公告内容有节选）。

国家知识产权局关于批准鸡泽辣椒等3个产品实施地理标志产品保护的公告（第401号）

国家知识产权局

第四〇一号

根据国务院《关于国务院机构改革涉及行政法规规定的行政机关职责调整问题的决定》，按照原国家质量监督检验检疫总局《地理标志产品保护规定》，国家知识产权局组织专家审查委员会对鸡泽辣椒、南陵大米、德源大蒜等3个地理标志产品保护申请进行技术审查。经审查合格，批准上述产品为地理标志保护产品，自即日起实施保护。

特此公告。

附件：1. 鸡泽辣椒地理标志产品保护要求
　　　2. 南陵大米地理标志产品保护要求
　　　3. 德源大蒜地理标志产品保护要求

国家知识产权局
2021年1月27日

— 1 —

图10 – 3　中国地理标志产品保护批准公告数据样例

附件1

鸡泽辣椒地理标志产品保护要求

一、地理标志产品名称

鸡泽辣椒。

二、申请机构

河北省邯郸市鸡泽县人民政府。

三、产地范围

河北省邯郸市鸡泽县现辖行政区域。

四、质量要求

（一）品种

鸡泽红。

（二）立地条件

土壤类型以壤质潮土为主，耕层厚度 ≥20cm，有机质含量 ≥1.2%，土壤 pH 值 7.0—8.2。

（三）栽培管理

1. **育苗。** 3月上、中旬播种，5月中、下旬移栽。每亩用种量 100—150g。起畦作苗床育苗，在准备好的苗畦内均匀撒入种子，覆土 1cm，地膜覆盖，小拱棚育苗。

2. **苗期管理。** 幼苗长至 1—2 片真叶时及时疏苗，株距 3—4cm，去弱留壮拔除杂草，4—5 片真叶时在两侧沟中灌满水，使

— 2 —

图 10-3 中国地理标志产品保护批准公告数据样例（续）

两侧沟中水慢慢渗透到苗畦内湿润土壤，达到土壤湿润不积水，保持见干见湿。苗期要注意防治蚜虫和各种病害发生。

3. **定植。** 5月中旬后辣椒幼苗具有7—8片真叶时定植，每667m² 定植不超过5000株。定植后，及时查苗补苗，进入6月中旬后撤除地膜，中耕培土。

4. **施肥管理。** 每667m² 施有机肥4000—6000kg、复合肥75kg。

（四）采收贮存

8月上、中旬果实全红成熟后开始采收。采用盐渍池贮存保鲜，不允许使用化学药品。

（五）特色质量

1. **感官特色。** 色泽紫红，表面光滑，形状细长、尖上带钩、形如羊角，果实长13—20cm。

2. **理化指标。** 单果重18—22g，辣度1000—3000SHU，维生素 C ≥ 0.15g/100g。

3. **安全及其他质量要求。** 产品安全及其他质量要求必须符合国家相关规定。

五、专用标志管理使用

鸡泽辣椒产地范围内的生产者可向河北省邯郸市鸡泽县知识产权管理部门提出使用"地理标志专用标志"的申请，经河北省知识产权局核准后予以公告，并报国家知识产权局备案。鸡泽辣椒的检测机构由河北省知识产权局在符合资质要求的检测机构中选定。

— 3 —

图10−3　中国地理标志产品保护批准公告数据样例（续）

（2）关于批准对塞浦路斯鱼尾菊酒等产品实施地理标志保护的公告（第 407 号），见图 10 – 4（公告内容有节选）。

国家知识产权局

公 告

第四〇七号

根据《中华人民共和国政府与欧洲联盟地理标志保护与合作协定》，由欧洲联盟委员会推荐，塞浦路斯鱼尾菊酒、捷克布杰约维采啤酒、慕尼黑啤酒、丹麦蓝乳酪、爱尔兰威士忌、菲达奶酪、卡瓦、雅文邑、托卡伊葡萄酒、摩德纳香醋等产品的申请人向我国提出了地理标志产品保护申请。按照《地理标志产品保护规定》《国外地理标志产品保护办法》，国家知识产权局组织了技术审查。经审查合格，认定塞浦路斯鱼尾菊酒等产品为地理标志产品，自即日起实施保护。

特此公告。

附件：1. 欧洲联盟地理标志产品名单

图 10 – 4　中国地理标志产品保护批准公告（欧盟产品）数据样例

2. 塞浦路斯鱼尾菊酒等产品技术规范

2021 年 3 月 1 日

抄送：商务部，各省、自治区、直辖市及新疆生产建设兵团知识产权局，
　　　四川省知识产权服务促进中心，广东省知识产权保护中心。

— 2 —

图 10 - 4　中国地理标志产品保护批准公告（欧盟产品）数据样例（续）

《知识产权基础数据利用指引》解读

附件1:

欧洲联盟地理标志产品名单

序号	国家	中文名称	原文名称
1	塞浦路斯	塞浦路斯鱼尾菊萄酒	Ζιβανία / Τζιβανία / Ζιβάνα / Zivania
2	捷克	捷克布杰约维采啤酒	Českobudějovické pivo
3	捷克	萨兹啤酒花	Žatecký chmel
4	德国	莱茵黑森葡萄酒	Rheinhessen
5	德国	摩泽尔葡萄酒	Mosel
6	德国	弗兰肯葡萄酒	Franken
7	德国	慕尼黑啤酒	Münchener Bier
8	德国	巴伐利亚啤酒	Bayerisches Bier
9	丹麦	丹麦蓝乳酪	Danablu
10	爱尔兰	爱尔兰奶油利口酒	Irish cream
11	爱尔兰	爱尔兰威士忌	Irish whiskey / Irish whisky / Uisce Beatha Eireannach
12	希腊	萨摩斯甜酒	Σάμος / Samos
13	希腊	西提亚橄榄油	Σητεία Λασιθίου Κρήτης / Sitia Lasithiou Kritis
14	希腊	卡拉马塔黑橄榄	Ελιά Καλαμάτας / Elia Kalamatas
15	希腊	希俄斯乳香	Μαστίχα Χίου / Masticha Chiou
16	希腊	菲达奶酪[1]	Φέτα / Feta
17	西班牙	里奥哈	Rioja

---

[1]在2029年3月1日前，对于"菲达奶酪"(Feta)地理标志的保护不能阻止"菲达奶酪"(Feta)名称在我国领土内满足下述条件时在奶酪上的使用，条件是：
（1）能够证明相关产品在2017年6月3日之前已在中国上市；
（2）相关产品不会误导中国消费者；相关产品真实的地理产地必须以清晰可见的方式标明。

图10-4 中国地理标志产品保护批准公告（欧盟产品）数据样例（续）

附件2：

塞浦路斯鱼尾菊酒等产品技术规范[1]

1.塞浦路斯鱼尾菊酒技术规范

一、地理标志名称

中文名称：塞浦路斯鱼尾菊酒。

英文名称：Ζιβανία / Τζιβανία / Ζιβάνα / Zivania。

二、产品类别

烈酒。

三、申请人

申请人名称：塞浦路斯农业农村和环境部农业局。

地址：1412 Nicosia,Cyprus。

四、欧盟成员国原产地地理标志保护

已于2008年2月13日获得欧洲联盟委员会注册为地理标志（GI）。

五、产品描述

塞浦路斯鱼尾菊酒是一种葡萄渣烈酒，通过发酵葡萄渣并且直接或通过水蒸气蒸馏这样的独特工艺而得。可以在葡萄渣中加入一定量的酒渣。酒精度按体积计算应该达到43%vol～52%vol之间。含有一定量的可挥发性物质，其含量大于等于140克每百升100%vol酒精，并且甲醇含量最大为200克每百升100%vol酒精。

---

[1] 塞浦路斯鱼尾菊酒、捷克布杰约维采啤酒、萨兹啤酒花、莱茵黑森葡萄酒、摩泽尔葡萄酒、弗兰肯葡萄酒、慕尼黑啤酒、巴伐利亚啤酒、丹麦蓝乳酪、爱尔兰奶油利口酒、爱尔兰威士忌、萨摩斯甜酒、西提亚橄榄油、卡拉马塔黑橄榄、希俄斯乳香、菲达奶酪、里奥哈、卡瓦、加泰罗尼亚、拉曼恰、瓦尔德佩涅斯、雪莉白兰地、蒙切哥乳酪、赫雷斯-雪莉/雪莉、纳瓦拉、瓦伦西亚、阿尔萨斯、雅文邑、博若莱、勃艮第、卡尔瓦多斯、夏布利、教皇新堡、普罗旺斯丘、罗讷河谷、露喜龙丘、朗格多克、奥克地区、托卡伊葡萄酒、摩德纳香醋、艾斯阿格、阿斯蒂、巴巴列斯科、超级巴多利诺、巴罗洛、布拉凯多、瓦特里纳风干牛肉火腿、布鲁内洛蒙塔奇诺、圣康帝、科内利亚诺瓦尔多比亚德尼-普罗塞克、阿尔巴杜塞托、弗朗齐亚科达、戈贝佐拉、格拉帕酒、蒙帕塞诺阿布鲁佐、坎帕尼亚水牛马苏里拉奶酪、帕马森雷加诺、佩克利诺罗马羊奶酪、圣达涅莱火腿、苏瓦韦、塔雷吉欧乳酪、托斯卡诺/托斯卡纳、蒙特普齐亚诺贵族葡萄酒、立陶宛原味伏特加、施泰尔南瓜籽油、波兰伏特加、阿兰特茹、杜奥、杜罗、西罗沙梨、波特酒、葡萄牙绿酒、科纳纳里葡萄酒、托卡伊葡萄酒产区、多娜娜葡萄酒、芬兰伏特加、瑞典伏特加、仁内华、乌佐茴香酒共79个地理标志产品技术规范适用《中华人民共和国政府与欧洲联盟地理标志保护与合作协定》第二条第三段的规定。

图10-4 中国地理标志产品保护批准公告（欧盟产品）数据样例（续）

塞浦路斯鱼尾菊酒是一种产自塞浦路斯的烈酒。其由欧盟法规 110/2008 附件 2 所规定的 "葡萄渣" 食品种类制成。其国内的法规也提供了相关的条文规定，比如塞浦路斯独特的葡萄品种的使用，以及酒精度在 43%vol ~ 52%vol 之间。

六、地理区域的简要界定

塞浦路斯全境。

七、与地理区域的联系

（一）历史背景

蒸馏生产塞浦路斯鱼尾菊酒的过程，可以追溯到亚历山大时期采用的简单的蒸馏方法，直到 12 世纪威尼斯的炼金术士带来了自己的蒸馏方法来到塞浦路斯，该方法才得以健全。

塞浦路斯农民通过自行研发的方法从酿酒的酒渣中（酒精度小于 13%vol）蒸馏出来液体用于药用和饮用，此种蒸馏物后来成为了众所周知的塞浦路斯鱼尾菊酒。

（二）独特的传统方法——人为因素

英国作家塞缪尔·怀特·贝克先生 1879 年的报告中这样提到了塞浦路斯鱼尾菊酒："通过葡萄皮和茎在一起发酵，并通过蒸馏来生产烈酒"。这些被称为 "kazani" 的混合物放到蒸馏容器装置中开始蒸馏过程。蒸馏出的第一道含有高酒精度的产物叫做 "kefales"，最后蒸馏出的低酒精度的产物叫做 "porakos"。

1. 传统的蒸馏炉

传统的蒸馏炉主要有两部分组成，一部分是烤箱（klivanos）用于加热系统，另一部分是大锅（kazani），大锅是由铜和锡片组成。一定比例的水或者酒放到压榨后的葡萄渣中一起蒸馏。密封大锅之前通常用面团密封以减少损失。圆形的盖子上面有凸起圆形的把手，大锅和冷却器用铜管连接,冷却器（dani）通常使用水桶、蓄水池或者水泥坛（pithari），其中有水使蒸馏物冷凝液化，同时在水槽里有一种蛇形管连接陶罐（kouza）用于收集蒸馏物。

— 2 —

图 10 –4　中国地理标志产品保护批准公告（欧盟产品）数据样例（续）

2005 年 6 月 29 日在农业和食品化学杂志上发表了题为"塞浦路斯特产塞浦路斯鱼尾菊酒的化学计量成分"的文章。通过采用 HPLC、GC、核磁共振和电感耦合等离子体光谱法和其他技术对 42 种来自塞浦路斯和其他国家的酒精饮料进行分析，分析出了 26 种物理和化学成分。通过化学计量学多元处理技术，包括主成分分析、集群分析、正则判别分析和分类回归树的数据处理分析。塞浦路斯鱼尾菊酒可以区分来自其他国家的酒精饮料。以 2-甲基丁醇和 3-甲基-丁醇、2-甲基丙醇、糠醛、甲醇以及（1）H 核磁共振氢谱中-CH（3）的化学位移为特征，发现塞浦路斯鱼尾菊酒有别于其他同类产品。

（五）流行性

近几个世纪塞浦路斯鱼尾菊酒一直是塞浦路斯的主要传统酒。至今，特别是在农村地区，它仍然是大众家庭的钟爱的酒。近年来塞浦路斯鱼尾菊酒在城市中受到年轻人的喜爱，并且出口在过去十年中大幅上升。

八、标签的具体规则

标签至少使用塞浦路斯的一种官方语言和欧盟的任意一种语言，以便消费者理解。

九、负责审查产品规范方面的管理机构

塞浦路斯农业局葡萄栽培处。

— 4 —

图 10－4 中国地理标志产品保护批准公告（欧盟产品）数据样例（续）

二、数据字段

地理标志产品保护批准公告主要内容为：公告类型、公告机关、公告号、公告日期、批准依据、审查方式、批准产品数量、地理标志产品名称、申请机构、产地范围、质量要求、专用标志管理使用。

根据《中华人民共和国政府与欧洲联盟地理标志保护与合作协定》，由欧洲联盟委员会推荐，向我国提出的地理标志产品保护申请，国家知识产权局发布的地理标志产品保护批准公告主要内容为：公告类型、公告机关、公告号、公告日期、批准依据、审查方式、批准产品数量、国家、中文名称、原文名称、产品类别、申请人、欧盟成员国原产地地理标志保护、产品描述、地理区域的简要界定、与地理区域的联系、标签的具体规则、负责审查产品规范方面的管理机构。

地理标志产品保护批准公告数据字段介绍可详见表 10 – 3、表 10 – 4。

表 10 – 3　地理标志产品保护批准公告数据字段

字段名称	样　　例
公告类型	地理标志产品保护批准公告
公告机关	国家知识产权局
公告号	第四〇一号
公告日期	2021 年 1 月 27 日
批准依据	《关于国务院机构改革涉及行政法规规定的行政机关职责调整问题的决定》《地理标志产品保护规定》
审查方式	技术审查
批准产品数量	3 个
地理标志产品名称	鸡泽辣椒
申请机构	河北省邯郸市鸡泽县人民政府
产地范围	河北省邯郸市鸡泽县现辖行政区域
质量要求	内容略
专用标志管理使用	鸡泽辣椒产地范围内的生产者可向河北省邯郸市鸡泽县知识产权管理部门提出使用"地理标志专用标志"的申请，经河北省知识产权局核准后予以公告，并报国家知识产权局备案。鸡泽辣椒的检测机构由河北省知识产权局在符合资质要求的检测机构中选定

表 10 – 4　地理标志产品批准保护公告（欧盟产品）数据字段

字段名称	样　　例
公告类型	地理标志产品保护批准公告
公告机关	国家知识产权局
公告号	第四〇七号

续表

字段名称	样　　例
公告日期	2021 年 3 月 1 日
批准依据	《中华人民共和国政府与欧洲联盟地理标志保护与合作协定》《地理标志产品保护规定》《国外地理标志产品保护办法》
审查方式	技术审查
批准产品数量	96 个
国家	塞浦路斯
中文名称	塞浦路斯鱼尾菊酒
原文名称	Ζιβανια/Τζιβανια/Ζιβάνα/Zivania
产品类别	烈酒
申请人	申请人名称：塞浦路斯农业农村和环境部农业局 地址：1412 Nicosia, Cyprus
欧盟成员国原产地地理标志保护	已于 2008 年 2 月 13 日获得欧洲联盟委员会注册为地理标志（GI）
产品描述	内容略
地理区域的简要界定	塞浦路斯全境
与地理区域的联系	内容略
标签的具体规则	标签至少使用塞浦路斯的一种官方语言和欧盟的任意一种语言，以便消费者理解
负责审查产品规范方面的管理机构	塞浦路斯农业局葡萄栽培处

三、重点字段

1. 质量要求

质量要求作为产品批准公告的基础，是对原有标准或技术规范中决定质量特色的关键因素的提炼和总结，具有强制性。内容包括产品名称、产地保护范围、为保证产品特色而必须强制执行的环境条件、生产过程规范以及产品的感官特色和理化指标等。地理标志产品的质量要求反映了产品的生产工艺、生长条件等内容，一定程度上反映了产品的品质。

2. 产品描述

产品描述包括：产品属性及其生产工艺过程；质量特色，包括产品的感官特色、理化指标等。通过产品描述可方便社会公众深入了解地理标志产品的特点。

3. 与地理区域的联系

与地理区域的联系包括：知名度，产品在原产国（地区）、中国以及世界其他国家和地区的知名度与贸易销售情况；关联性，产品质量特色与产地自然或人文因素之间关联性的描述等。该字段表明了地理标志产品的地域属性。

第四节　地理标志专用标志核准使用公告数据

一、数据样例

下面选取国家知识产权局发布的中国地理标志专用标志核准使用公告样例，对数据内容进行详细说明。

关于核准吉林市昌盛米业有限公司等 59 家企业使用地理标志专用标志的公告（第 403 号），见图 10 - 5（公告内容有节选）。

国家知识产权局关于核准吉林市昌盛米业有限公司等 59 家企业使用地理标志专用标志的公告（第 403 号）

国家知识产权局

第四〇三号

根据《地理标志产品保护规定》，生产万昌大米、松花石、庆安大米、龙井茶、临海蜜桔、余姚杨梅、绍兴酒、段园葡萄、太平猴魁茶、黄山毛峰茶、武夷红茶、日照绿茶、竹溪黄连、武当酒、吐鲁番葡萄干等 15 个产品的 59 家企业，分别向产品所在地知识产权管理部门提出地理标志专用标志使用申请，经有关省级知识产权管理部门审核，并经国家知识产权局审查认定，现予注册登记。自即日起核准上述企业在其生产的地理标志产品上使用地理标志专用标志，获得地理标志产品保护。

特此公告。

附件：59 家核准使用地理标志专用标志企业名单

国家知识产权局

2021 年 2 月 5 日

— 1 —

图 10 - 5　中国地理标志专用标志核准使用公告数据样例

附件

59家核准使用地理标志专用标志企业名单

序号	地理标志产品名称	企业名称	统一社会信用代码	备注
1	万昌大米	吉林市昌盛米业有限公司	91220221MA0Y3HHH8E	变更
2	松花石	吉林璞瓈松花石文化产业有限公司	9122062505405985XN	变更
3	庆安大米	庆安嘉禾米业有限公司	91231224MA18YYYM0U	
4	龙井茶	杭州梅茶工坊茶叶有限公司	91330101MA27X4BY6N	
5	龙井茶	杭州源梅茶叶有限公司	913301015995640392	
6	龙井茶	杭州梅狮茶叶有限公司	91330101322903819H	
7	临海蜜桔	临海市涌泉梅尖山柑桔专业合作社	93331082779356949	变更
8	余姚杨梅	余姚市河姆渡农业综合开发有限公司	913302811446717437	变更
9	余姚杨梅	余姚市现代农业建设投资开发有限公司	91330281144571689M	变更
10	绍兴酒	中国绍兴黄酒集团有限公司	91330600143003938X	变更
11	绍兴酒	会稽山绍兴酒股份有限公司	91330000609661933L	变更
12	绍兴酒	浙江塔牌绍兴酒有限公司	91330621146056015U	变更
13	绍兴酒	中粮孔乙己酒业有限公司	9133060060966267XE	变更
14	绍兴酒	绍兴女儿红酿酒有限公司	91330604146190062A	变更
15	段园葡萄	淮北市富源果蔬专业合作社	93340602793593298	
16	段园葡萄	淮北市杜集区段园镇葡萄技术协会	51340602793583911L	
17	太平猴魁茶	安徽国润黄山桃花源有机茶有限公司	9134100373303999XN	
18	黄山毛峰茶	安徽国润黄山桃花源有机茶有限公司	9134100373303999XN	
19	武夷红茶	福建省武夷山市冠清茶业有限公司	91350782MA31YTPP13	

— 2 —

图10-5　中国地理标志专用标志核准使用公告数据样例（续）

二、数据字段

地理标志专用标志核准使用公告主要内容为：公告类型、公告机关、公告号、公告日期、核准依据、产品数量、使用企业数量、地理标志产品名称、企业名称、统一社会信用代码、备注。

地理标志专用标志核准使用公告数据字段详见表 10－5。

表 10－5　地理标志专用标志核准使用公告数据字段

字段名称	样　例
公告类型	地理标志专用标志核准使用公告
公告机关	国家知识产权局
公告号	第四○三号
公告日期	2021 年 2 月 5 日
核准依据	《地理标志产品保护规定》
产品数量	15 个
使用企业数量	59 家
地理标志产品名称	万昌大米
企业名称	吉林市昌盛米业有限公司
统一社会信用代码	91220221MA0Y3HHH8E
备注	变更

三、重点字段

1. 地理标志专用标志

地理标志专用标志指适用在按照相关标准、管理规范或者使用管理规则组织生产的地理标志产品上的官方标志。地理标志专用标志合法使用人可在国家知识产权局官方网站下载基本图案矢量图。地理标志专用标志矢量图可按比例缩放，标注应清晰可识，不得更改专用标志的图案形状、构成、文字字体、图文比例、色值等。地理标志专用标志的使用有利于提高地理标志产品的知名度和市场竞争力。

2. 公告机关

国家知识产权局负责统一制定并发布地理标志专用标志使用管理要求，组织实施地理标志专用标志使用监督管理。地方知识产权管理部门负责地理标志专用标志使用的日常监管。

3. 统一社会信用代码

统一社会信用代码是长度为 18 位的用于法人和其他组织身份识别的代码，编码规则依据《法人和其他组织统一社会信用代码编码规则》（GB 32100—2015）。本样例中的"91220221MA0Y3HHH8E"，第 1 位为登记管理部门代码，"9"代表"工商"；第 2 位为机构类别代码，"1"代表"企业"；第 3～8 位为登记管理机关行政区划码，"220221"代表"吉林省吉林市永吉县"；第 9 ~ 17 位主体标识码为组织机构代码，"MA0Y3HHH8"；第 18 位为校验码。

第五节　地理标志专用标志注销公告数据

一、数据样例

下面选取国家知识产权局发布的中国地理标志专用标志注销公告样例，对数据内容进行详细说明。

关于注销苏尼特右旗通达冷库等 45 家企业地理标志专用标志使用注册登记的公告（第 406 号），见图 10 - 6（公告内容有节选）。

国家知识产权局关于注销苏尼特右旗通达冷库
等 45 家企业地理标志专用标志使用注册登记
的公告（第 406 号）

国家知识产权局

第四〇六号

根据《地理标志产品保护规定》《地理标志专用标志使用管理办法（试行）》，经有关省级知识产权局审核，并经国家知识产权局审查，因企业已注销等情形，决定注销苏尼特右旗通达冷库等 45 家企业的地理标志专用标志使用注册登记。现将名单公布。

特此公告。

附件：45 家注销地理标志专用标志使用注册登记企业名单

国家知识产权局
2021 年 2 月 10 日

— 1 —

图 10 - 6　中国地理标志专用标志注销公告数据样例

附件

45 家注销地理标志专用标志使用注册
登记企业名单

序号	产品名称	企业名称	核准公告号	注销原因
1	苏尼特羊肉	苏尼特右旗通达冷库	原质检总局 2009 年第 52 号	企业已注销
2	苏尼特羊肉	内蒙古苏尼特右旗草原羊肉业有限责任公司	原质检总局 2009 年第 52 号	营业执照被吊销
3	苏尼特羊肉	赛汉塔拉镇义利冷库	原质检总局 2009 年第 52 号	企业已注销
4	苏尼特羊肉	苏尼特右旗绿洲食品加工厂	原质检总局 2009 年第 52 号	营业执照被吊销
5	苏尼特羊肉	苏尼特右旗赛汉塔拉镇新春冷库	原质检总局 2009 年第 52 号	企业已注销
6	苏尼特羊肉	苏尼特左旗北方肉联厂	原质检总局 2009 年第 52 号	企业已注销
7	苏尼特羊肉	苏尼特左旗草原蒙特肉食品加工厂	原质检总局 2009 年第 52 号	企业已注销
8	苏尼特羊肉	苏尼特左旗青格勒食品有限责任公司	原质检总局 2009 年第 52 号	营业执照被吊销
9	苏尼特羊肉	苏尼特左旗众达肉联厂	原质检总局 2009 年第 52 号	企业已注销
10	苏尼特羊肉	苏尼特左旗祥圆肉食品加工厂	原质检总局 2009 年第 69 号	企业已注销
11	乌珠穆沁羊肉	东乌珠穆沁旗蒙原肉业有限公司	原质检总局 2016 年第 70 号	企业已注销
12	鞍山南果梨	鞍山市民丰南果梨专业合作社	原质检总局 2013 年第 130 号	企业已注销
13	朝阳大枣	朝阳县二十家子镇纯林枣业专业合作社	原质检总局 2013 年第 56 号	企业已注销
14	丹东板栗	丹东市食用菌公司	原质检总局 2007 年第 186 号	营业执照被吊销
15	丹东板栗	丹东市明达食品有限公司	原质检总局 2009 年第 105 号	企业已注销

图 10-6　中国地理标志专用标志注销公告数据样例（续）

二、数据字段

地理标志专用标志注销公告主要内容为：公告类型、公告机关、公告号、公告日期、注销依据、企业数量、产品名称、企业名称、核准公告号和注销原因。

地理标志专用标志注销公告数据字段详见表 10 – 6。

表 10 – 6　地理标志专用标志注销公告数据字段

字段名称	样　例
公告类型	地理标志专用标志注销公告
公告机关	国家知识产权局
公告号	第四○六号
公告日期	2021 年 2 月 10 日
注销依据	《地理标志产品保护规定》《地理标志专用标志使用管理办法（试行)》
企业数量	45 家
产品名称	苏尼特羊肉
企业名称	苏尼特右旗通达冷库
核准公告号	原质检总局 2009 年第 52 号
注销原因	企业已注销

三、重点字段

重点字段为注销依据。

注销依据的法律条款主要为以下两条。

（1）《地理标志产品保护规定》第二十三条：获准使用地理标志产品专用标志资格的生产者，未按相应标准和管理规范组织生产的，或者在二年内未在受保护的地理标志产品上使用专用标志的，将注销其地理标志产品专用标志使用注册登记，停止其使用地理标志产品专用标志并对外公告。

（2）《地理标志专用标志使用管理办法（试行)》第九条：地理标志专用标志合法使用人未按相应标准、管理规范或相关使用管理规则组织生产的，或者在二年内未在地理标志保护产品上使用专用标志的，知识产权管理部门停止其地理标志专用标志使用资格。

国家知识产权局主要依上述条款对注销相关企业的地理标志专用标志使用注册登记。

第六节　作为集体商标、证明商标注册的地理标志数据

在本书第九章已经介绍商标数据包括六部分内容：商标注册基础数据、商标流程状态数据、商标公告数据、商标注册证明数据、商标异议决定文书数据、商标评

审裁定/决定文书数据。作为商标数据的一种，集体商标、证明商标也包括上述六部分内容。本章节重点介绍作为集体商标、证明商标注册的地理标志公告数据，该类数据主要来自：集体商标初步审定公告、证明商标初步审定公告、集体商标注册公告、证明商标注册公告、变更集体/证明商标申请人名义地址/管理规则成员名单公告和集体/证明商标申请人名义地址/成员名单管理规则转让/转移公告。

一、数据样例

下面选取国家知识产权局发布的集体商标初步审定公告、集体商标注册公告、变更集体/证明商标申请人名义地址/管理规则成员名单公告和集体/证明商标申请人名义地址/成员名单管理规则转让/转移公告样例，对数据内容进行详细说明，具体如图 10–7 至图 10–10 所示（公告内容有节选）。

第 1756 期商标公告   2021 年 08 月 20 日

集体商标初步审定公告

根据《中华人民共和国商标法》第二十八条之规定，下列商标初步审定，予以公告。异议期限自 2021 年 08 月 21 日至 2021 年 11 月 20 日止。

第 37491944 号
申请日期 2019 年 04 月 12 日
集体商标

汉川龙虾

申 请 人 汉川市渔业发展协会
地   址 湖北省孝感市汉川市城隍镇滨湖大道 118 号
代理机构 湖北鑫龙知识产权服务有限公司
核定使用商品/服务项目
第 31 类：小龙虾（活的）；龙虾（活的）

汉川市渔业发展协会
"汉川龙虾"地理标志集体商标使用管理规则

第一章   总 则

第一条 为了促进汉川市渔业发展协会成员龙虾的生产、经营，提高商品质量，维护和提高"汉川龙虾"地理标志集体商标国内外市场的声誉，保护汉川市渔业发展协会成员的合法权益，根据《中华人民共和国商标法》《中华人民共和国商标法实施条例》和《集体商标、证明商标注册和管理办法》制定本规则。

第二条 "汉川龙虾"是经国家知识产权局商标局核准注册的地理标志集体商标，用于表明使用该地理标志集体商标的经营者属于汉川市渔业发展协会的成员，以及该产品的原产地域和特定品质。

第三条 "汉川龙虾"地理标志集体商标的注册人是汉川市渔业发展协会，商标权属于汉川市渔业发展协会的全体成员。

1/4

图 10–7 集体商标初步审定公告数据样例

国家知识产权局商标公告

第 1756 期商标公告　　　　2021年08月20日

集体商标注册公告

根据《中华人民共和国商标法》第三十三条之规定，下列刊登于2021年05月20日第1744期商标初步审定公告的商标，公告期满，核准注册，予以公告。商标专用权期限自2021年08月21日至2031年08月20日。

注册号：39759438

商标：仁和坪

类别：30

注册人：五峰中蜂产业协会

注册号：41907815

商标：嘉定嘉品

类别：31

注册人：上海市嘉定区农民专业合作社联合会

注册号：41907816

商标：嘉定嘉品

类别：30

注册人：上海市嘉定区农民专业合作社联合会

注册号：46907042A

商标：公羽北

类别：31

注册人：翁源县农家乐蔬菜专业合作社

图 10－8　集体商标注册公告数据样例

变更集体/证明商标申请人名义地址/管理
规则成员名单公告

注册号 / 申请号: 6190214

商　　标: 姜堰大米

类　　别: 30

商标类型: 集体商标

变更前申请人名义地址/
　成员名单/管理规则: 江苏省泰州市姜堰区姜堰大道 740 号
大米协会成员

1. 泰州市姜堰区粮食购销总公司	姜官路 96 号
2. 泰州市洁翠康米业有限公司	姜堰镇娄庄镇娄底巷 16 号
3. 泰州市白米米厂	姜堰区白米镇东街巷 46 号
4. 姜堰区河横村汉土家庭农场	沈高镇河横村
5. 泰州市花家庄种植专业合作社	姜堰区俞垛镇花庄村
6. 泰州市姜堰区金阳光粮食专业合作社	姜堰区俞垛镇人民路 1 号
7. 泰州姜堰米业有限公司	姜堰区火车站站前路南侧
8. 泰州市万福米厂	姜堰区梁徐镇前时村
9. 泰州市信达米业有限公司	姜堰区梁徐镇邢家村
10. 泰州市姜堰区桃沟粮食种植家庭农场	姜堰区溱溪镇吉庄村
11. 泰州市喜鹊湖米业有限公司	姜堰区兴泰镇工业园区
12. 泰州市古海米业有限公司	姜堰区俞垛镇仓场村
13. 泰州市金口福米业有限公司	姜堰区兴泰镇甸址村
14. 姜堰区兴国粮油加工厂	姜堰区俞垛镇姜茅村
15. 泰州市姜堰区恒泰米厂	姜堰区兴泰镇甸址村
16. 泰州兴桥米业有限公司	姜堰区桥头镇三沙村

变更后申请人名义地址/
　成员名单/管理规则: 泰州市姜堰区大米协会
　　　　　　　　　　江苏省泰州市姜堰区站前路 8 号
变更集体成员名单
大米协会成员

1、姜堰市粮食购销总公司	姜官路 96 号
2、泰州市洁翠康米业有限公司	姜堰市娄庄镇娄底巷 16 号
3、泰州市白米米厂	姜堰市白米镇东街巷 46 号
4、姜堰市横村汉土家庭农场	沈高镇河横村

图 10 – 9　变更集体/证明商标申请人名义地址/管理规则成员名单公告数据样例

第 1760 期商标公告　　　　　　　　　　　　　2021 年 09 月 20 日

集体/证明商标申请人名义地址/成员名单
管理规则转让/转移公告

注册号/申请号：31756370

商　　标：中益蜂蜜

类　　别：30

商标类型：证明商标

转让申请人名义地址/
成员名单/管理规则： 石柱土家族自治县兴农土特产发展服务中心

石柱土家族自治县兴农土特产发展服务中心
"中益蜂蜜"地理标志证明商标使用管理规则

第一章　总　则

第一条　为了促进中益蜂蜜的生产、经营，提高商品质量，维护和提高"中益蜂蜜"地理标志证明商标在国内外市场的声誉，保护使用者和消费者的合法权益，根据《中华人民共和国商标法》、《中华人民共和国商标法实施条例》和国家知识产权局《集体商标、证明商标注册和管理办法》，制定本规则。

第二条　"中益蜂蜜"是经国家知识产权局核准注册的地理标志证明商标，用于证明"中益蜂蜜"的原产地域和特定品质。

第三条　石柱土家族自治县兴农土特产发展服务中心是"中益蜂蜜"地理标志证明商标的注册人，对该商标享有专用权。

第四条　申请使用"中益蜂蜜"地理标志证明商标的，应当按照本规则的规定，经石柱土家族自治县兴农土特产发展服务中心审核批准。

第二章　"中益蜂蜜"地理标志证明商标的使用条件

第五条　使用"中益蜂蜜"地理标志证明商标商品的生产范围：东经 107°59′-108°34′、北纬 29°39′-30°33′，分布在重庆市石柱土家族自治县的中益乡境内。

该地域位于石柱县东北部，东邻沙子镇，南接三河乡，西连桥头乡，北与三益乡、黄水镇接壤，耕地面积 13461 亩，森林植被面积 209731 亩，呈"一河三溪三槽六山"地貌特征，森林覆盖率达 85.3%，是石柱县唯一被重庆市林业局命名的林业特色乡镇。境内海拔在 800-1900 米之间，山峦重叠，沟壑纵横，气候温和，雨量充沛，水资源丰富，龙河穿境而过，境内流域长 21 公里，地表水丰富且无污染，为中益蜜蜂的生息繁衍和蜂蜜的酿造生产创造了极好的基础条件，蜜蜂种群多、繁殖力强，酿造的中益蜂蜜品质上佳，畅销市场。好蜂蜜来自好蜜源。该地域属亚热带季

1/7

图 10-10　集体/证明商标申请人名义地址/成员名单管理规则转让/转移公告数据样例

337

二、数据字段

作为集体商标、证明商标注册的地理标志公告主要内容为：申请信息、分类信息、商标类型、商标图片、使用商品等；注册信息、公告信息、专有权期限、使用管理规则等。

作为集体商标、证明商标注册的地理标志公告数据字段说明见表 10-7。

表 10-7　作为集体商标、证明商标注册的地理标志公告数据字段

公告类型	字段名称	样　　例
集体商标初步审定公告	申请号	37491944
	申请日期	2019 年 04 月 12 日
	国际分类	第 31 类
	商标类型	集体商标
	商标图片	汉川龙虾
	使用商品	小龙虾（活的）；龙虾（活的）
	申请人	汉川市渔业发展协会
	地址	湖北省孝感市汉川市城隍镇滨湖大道 118 号
	代理机构	湖北鑫龙知识产权服务有限公司
	初审公告日期	2021 年 08 月 20 日
	初审公告期号	1756
	异议期限	自 2021 年 08 月 21 日至 2021 年 11 月 20 日止
	集体商标使用管理规则	包括"总则、集体商标的使用范围及要求细则、集体商标的申请程序、集体商标的监督管理制度、集体商标的保护、附则"等部分的内容
集体商标注册公告	注册号	39759438
	商标名称	仁和坪
	国际分类	30
	注册人	五峰中蜂产业协会
	注册公告日期	2021 年 08 月 20 日
	初审公告日期	2021 年 05 月 20 日
	初审公告期号	1744
	注册公告期号	1756
	商标专用权期限	2021 年 08 月 21 日至 2031 年 08 月 20 日

公告类型	字段名称	样　　例
变更集体/证明商标申请人名义地址/管理规则成员名单公告	注册号/申请号	9040534
	商标名称	清丰白灵菇
	国际分类	31
	商标类型	证明商标
	变更前申请人名义地址/成员名单/管理规则	河南省清丰县农业高新科技示范园
	变更后申请人名义地址/成员名单/管理规则	清丰县食用菌协会
	使用集体商标的成员名单	姓名：桑冬根；地址：南京市江宁区湖熟镇丹桂村渡桂 99 号
	公告日期	2021 年 03 月 06 日
	公告期号	1734
集体/证明商标申请人名义地址/成员名单管理规则转让/转移公告	注册号/申请号	26934580
	商标名称	土默特右旗白菜
	国际分类	31
	商标类型	证明商标
	转让申请人名义地址/成员名单/管理规则	宁德市蕉城区三都澳晚熟荔枝产业协会；使用管理规则
	受让申请人名义地址/成员名单/管理规则	宁德市蕉城区三都镇农业服务中心；使用管理规则
	公告日期	2021 年 01 月 27 日
	公告期号	1729

三、重点字段

重点字段为集体商标、证明商标使用管理规则。

根据《商标法》《商标法实施条例》《集体商标、证明商标注册和管理办法》规定，申报集体商标、证明商标的申请人须提交商标使用管理规则。集体商标的使用管理规则应当包括：①使用集体商标的宗旨；②使用该集体商标的商品的品质；③使用该集体商标的手续；④使用该集体商标的权利、义务；⑤成员违反其使用管理规则应当承担的责任；⑥注册人对使用该集体商标商品的检验监督制度。证明商标的使用管理规则应当包括：①使用证明商标的宗旨；②该证明商标证明的商品的特定品质；③使用该证明商标的条件；④使用该证明商标的手续；⑤使用该证明商标的权利、义务；⑥使用人违反该使用管理规则应当承担的责任；⑦注册人对使用该证明商标商品的检验监督制度。

集体商标、证明商标的初步审定公告的内容，应当包括该商标的使用管理规则的全文或者摘要。集体商标、证明商标的注册人对使用管理规则的任何修改，应报经商标局审查核准，并自公告之日起生效。为便于商标申请人制订集体商标、证明商标使用管理规则，规范集体商标、证明商标的管理、使用行为，国家知识产权局商标局提供商标使用管理规则参考样本供申请人参考使用。

第七节　地理标志数据属性

一、地域属性

地理标志的地域属性有两层含义，其一为地理标志的法律法规效力有地域的限制，各国的法律法规只能在其主权管辖范围内有效；其二为地理标志产品或商标具有地域特性。世界贸易组织在《与贸易有关的知识产权协定》（TRIPs）中指出，地理标志是识别一种原产于一成员方境内或境内某一区域或某一地区的商品的标志，而该商品特定的质量、声誉或其他特性基本上可归因于它的地理来源。《商标法》中也指出：地理标志是指标示某商品来源于某地区，该商品的特定质量、信誉或者其他特征，主要由该地区的自然因素或者人文因素所决定的标志。《地理标志产品保护规定》中明确指出：地理标志产品是指产自特定地域，所具有的质量、声誉或其他特性本质上取决于该产地的自然因素和人文因素，经审核批准以地理名称进行命名的产品。通过分析国内外法律法规对地理标志的规定，可以明确地理标志所有的特性都与其产地密切相关，其特性也是由所在地域决定的。

地理标志作为一种标记，其主要功能就在于使消费者能够区分来源于地理标志的产品与来源于其他地区的同种产品，便于比较、挑选。地理标志一般都具有区分于同类产品的特征，如地理标志数据包括具有省份、产地范围、界定产地范围的文件等与地域有关的信息。

二、法律属性

地理标志是知识产权的重要组成部分之一。在我国，地理标志包括两种形式，一是地理标志产品，二是作为集体商标、证明商标注册的地理标志。因此保护的法律也有所差异，前者主要通过《地理标志产品保护规定》予以保护，后者的保护主要通过《商标法》予以保护。两部法律法规分别明确了地理标志产品、商标的权利持有人的权利和义务，同时对地理标志的申请、公开、审批和使用等流程做了详细说明，并由国家强制力保证实施，是具有普遍约束力的法律法规。

《地理标志产品保护规定》第二十一条规定，依法对地理标志保护产品实施保护。对于擅自使用或伪造地理标志名称及专用标志的；不符合地理标志产品标准和管理规范要求而使用该地理标志产品的名称的；或者使用与专用标志相近、易产生误解的名称或标识及可能误导消费者的文字或图案标志，使消费者将该产品误认为地理标志保护产品的行为，将依法查处，社会团体、企业和个人可监督、举报。

《商标法实施条例》第四条规定，以地理标志作为证明商标注册的，其商品符合使用该地理标志条件的自然人、法人或者其他组织可以要求使用该证明商标，控制该证明商标的组织应当允许。以地理标志作为集体商标注册的，其商品符合使用该地理标志条件的自然人、法人或者其他组织，可以要求参加以该地理标志作为集体商标注册的团体、协会或者其他组织，该团体、协会或者其他组织应当依据其章程接纳为会员；不要求参加以该地理标志作为集体商标注册的团体、协会或者其他组织的，也可以正当使用该地理标志，该团体、协会或者其他组织无权禁止。

第十一章　集成电路布图设计数据解读

本章以集成电路布图设计数据的类型划分为基础，对各种集成电路布图设计数据的典型样例、字段含义、数据属性等方面作出详细介绍，旨在准确揭示集成电路布图设计数据内容，促进数据合理利用，为充分发挥集成电路布图设计数据作用，实现集成电路布图设计数据价值提供支撑。

第一节　集成电路布图设计数据概述

一、集成电路布图设计制度选介

我国《集成电路布图设计保护条例》于 2001 年 3 月 28 日国务院第 36 次常务会议通过，并于 2001 年 10 月 1 日正式实施。同年，为配合《集成电路布图设计保护条例》的实施，国家知识产权局发布了《集成电路布图设计保护条例实施细则》。《集成电路布图设计保护条例》规定：集成电路，是指半导体集成电路，即以半导体材料为基片，将至少有一个是有源元件的两个以上元件和部分或者全部互连线路集成在基片之中或者基片之上，以执行某种电子功能的中间产品或者最终产品；集成电路布图设计（以下简称"布图设计"），是指集成电路中至少有一个是有源元件的两个以上元件和部分或者全部互连线路的三维配置，或者为制造集成电路而准备的上述三维配置。国务院知识产权行政部门依照本条例的规定，负责布图设计专有权的有关管理工作。

《集成电路布图设计保护条例》共计六章三十六条，其中规定了保护客体、权利主体、授予保护的条件、权利的产生和期限、权利的内容和限制等。《集成电路布图设计保护条例》规定布图设计专有权经国务院知识产权行政部门登记产生。布图设计专有权的保护期为十年，自布图设计登记申请之日或者在世界任何地方首次投入商业利用之日起计算，以较前日期为准。但是，无论是否登记或者投入商业利用，布图设计自创作完成之日起十五年后，不再受本条例保护。布图设计登记申请经初步审查，未发现驳回理由的，由国务院知识产权行政部门予以登记，发给登记证明文件，并予以公告。布图设计登记申请人对国务院知识产权行政部门驳回其登记申请的决定不服的，可以向国务院知识产权行政部门请求复审。布图设计获准登记后，国务院知识产权行政部门发现该登记不符合本条例规定的，应当予以撤销，通知布图设计权利人，并予以公告。

关于布图设计专有权的行使，《集成电路布图设计保护条例》规定：转让布图设计专有权的，当事人应当订立书面合同，并向国务院知识产权行政部门登记，由国务院知识产权行政部门予以公告。

《集成电路布图设计保护条例实施细则》对《集成电路布图设计保护条例》所规定的内容进行了细化和补充。关于布图设计公布公告的形式和内容，《集成电路布图设计保护条例实施细则》规定，国家知识产权局定期在国家知识产权局互联网站和中国知识产权报上登载布图设计登记公报，公布或者公告内容具体包括：①布图设计登记簿记载的著录事项；②对地址不明的当事人的通知；③国家知识产权局作出的更正；④其他有关事项。

二、集成电路布图设计数据简介

根据现行的集成电路布图设计保护制度，集成电路布图设计数据主要包括登记和专有权维持阶段的三种公告数据和复审撤销决定数据。

当布图设计获准登记且按规定办理登记手续的，国家知识产权局将颁发登记证书。颁发布图设计登记证书后，国家知识产权局会在其政府门户网站和中国知识产权报上予以公告，形成集成电路布图设计专有权公告数据。

当布图设计获准登记并取得布图设计专有权后，发生权利人的变更、专有权的转移和继承、专有权的放弃、通知书无法送达、国家知识产权局作出更正等情况时，国家知识产权局会在其网站和中国知识产权报上予以公告，形成集成电路布图设计专有权事务公告数据。

当布图设计专有权保护期限届满后，该布图设计专有权终止，国家知识产权局会在其网站和中国知识产权报上予以公告，形成集成电路布图设计专有权终止公告数据。

复审决定数据来源于国家知识产权局专利局复审和无效审理部，当布图设计获准登记并取得布图设计专有权后，因其不符合法律规定的授权条件而由复审和无效审理部按照一定的法律程序取消其布图设计专有权而作出的复审审查决定书，形成集成电路布图设计复审撤销案件审查决定数据。

本章主要介绍以上三种公告数据和复审撤销决定数据。

第二节　集成电路布图设计专有权公告数据

一、数据样例

国家知识产权局颁发布图设计登记证书后，在其网站和中国知识产权报上予以公告。

中国集成电路布图设计专有权公告数据样例，见图 11 - 1。

集成电路布图设计专有权公告(2016 年 6 月 22 日)

布图设计登记号：BS.155012460

布图设计申请日：2015 年 12 月 31 日

公告日期：2016 年 6 月 22 日

公告号：12304

布图设计名称：S018EE9KB_LPI

布图设计类别：

结构：MOS

技术：CMOS

功能：存储_其他

布图设计权利人：中芯国际集成电路制造（上海）有限公司

布图设计权利人国籍：中国

布图设计权利人地址：上海市浦东新区张江路 18 号

布图设计创作人：刘晓艳、殷常伟、于春天、郁红

代理机构：上海思微知识产权代理事务所（普通合伙）

代理人：郑玮

布图设计创作完成日:2011 年 11 月 15 日

图 11 - 1　中国集成电路布图设计专有权公告数据样例

二、数据字段

集成电路布图设计专有权公告的内容包括布图设计登记号、布图设计申请日、公告日期、公告号、布图设计名称、布图设计权利人、布图设计权利人国籍、布图设计权利人地址、共同权利人、共同权利人国籍、共同权利人地址、布图设计创作人、布图设计创作完成日、布图设计首次商业利用时间、布图设计类别（结构、技术、功能）等，如表 11 - 1 所示字段信息。

表 11 - 1　集成电路布图设计专有权公告数据字段

字段名称		样例
布图设计登记号		BS. 155012460
布图设计申请日		2015 年 12 月 31 日
公告日期		2016 年 6 月 22 日
公告号		12304
布图设计名称		SO18EE9KB_LPI
布图设计类别	结构	MOS
	技术	CMOS
	功能	存储_其他
布图设计权利人		中芯国际集成电路制造（上海）有限公司
布图设计权利人国籍		中国
布图设计权利人地址		上海市浦东新区张江路 18 号
布图设计创作人		刘晓艳、殷常伟、于春天、郁红
代理机构		上海思微知识产权代理事务所（普通合伙）
代理人		郑玮
布图设计创作完成日		2011 年 11 月 15 日

三、重点字段

1. 布图设计登记号

布图设计登记申请经初步审查没有发现驳回理由的，国家知识产权局应当颁发布图设计登记证书，给予登记号，号码格式为 BS. YYNNNNNN，YY 为申请年，如样例中登记号为 BS. 155012460，"15" 即说明该布图设计申请在 2015 年提交。布图设计的登记号具有唯一性，因此可以仅使用布图设计登记号将其与其他布图设计区分开来，在数据检索、数据分析、数据关联中都可以使用这一特征。

2. 布图设计申请日

布图设计申请日是国家知识产权局收到符合受理条件的申请文件的日期，是判别布图设计是否为公认的常规设计、是否具有独创性的重要基础，也是确定布图设计专有权保护期限起始日的依据之一，具有非常重要的法律属性。

3. 布图设计名称

登记申请表中必须填写布图设计名称，名称不得超过 40 个字。除名称不可明显与布图设计无关外，对布图设计名称没有特殊规定。布图设计名称可以是集成电路型号或技术性的描述文字，例如，布图设计名称为"S018EE9KB_LPI"；又如，布图设计名称为"使用 0.30mm 工艺的卫星定位芯片"。数据用户可以通过布图设计名称字段快速、清楚地了解到布图设计数据的技术信息。

4. 布图设计类别

布图设计类别为该布图设计所用于的集成电路的分类，包括布图设计的结构、技术和功能。结构、技术和功能应当分别属于下列部分：

（1）结构：Bipolar（双极），MOS（金属－氧化物－半导体），Bi－MOS（双极－金属－氧化物－半导体），Optical－IC（集成光路），其他（不属于上述四类的结构）；

（2）技术：TTL（晶体管－晶体管逻辑电路），DTL（二极管－晶体管逻辑电路），ECL（发射极耦合逻辑电路），IIL（集成注入逻辑电路），CMOS（互补金属氧化物半导体），NMOS（N 型金属氧化物半导体），PMOS（P 沟道金属氧化物半导体），其他（不包括在上述四种之内的技术）；

（3）功能：逻辑、存储、微型计算机、线性、其他。

例如，该布图设计样例数据采用 MOS 结构、CMOS 技术，主要功能为存储和其他。

布图设计类别字段使数据用户快速了解布图设计的结构特点、技术特点和体现的功能特点，快速了解数据的技术属性。

5. 布图设计首次商业利用日

布图设计在申请日前已经投入商业利用的或者明确将要投入商业利用的要提供首次商业利用日期，未提供商业利用时间的，应视为未投入商业利用。布图设计首次商业利用日是判别布图设计能否予以登记、是否需要提交样品的时间依据，也是判别专有权保护期限起始日的依据之一，具有很强的法律属性。

6. 布图设计创作完成日

申请人申请时应如实填写布图设计创作完成日，且创作完成日期必须在布图设计申请日之前。根据《集成电路布图设计保护条例》规定，自创作完成之日起 15 年后，布图设计不再受条例保护。

第三节　集成电路布图设计专有权事务公告数据

集成电路布图设计专有权事务在国家知识产权局政府门户网站和中国知识产权报上予以公告。具体事项包括：

（1）权利人的变更；

（2）专有权的转移和继承；

（3）专有权的放弃；

（4）退信公告；

（5）国家知识产权局作出的更正。

一、数据样例

1. 权利人的变更

公告内容包括：公告日、变更生效日、布图设计登记号、布图设计名称、申请日、变更前后权利人名称、权利人国籍/省市、权利人地址、权利人邮编。

中国集成电路布图设计专有权事务公告数据样例（权利人的变更），见图 11 - 2 所示。

集成电路布图设计专有权事务公告(2011 年 3 月 23 日)

著录项目变更:2010 年 07 月 14 日生效

布图登记号:075001993

布图设计名称:HTD28F96

布图设计申请日: 2007 年 08 月 17 日

原权利人

权利人名称:钜泉光电科技(上海)有限公司

权利人国籍/省市:上海

权利人地址:上海市浦东新区张江高科技园区牛顿路 200 号 1 号楼 601 室

权利人邮编:201203

变更后权利人

权利人名称:钜泉光电科技(上海)股份有限公司

权利人国籍/省市:上海

权利人地址:上海市浦东新区张江高科技园区牛顿路 200 号 1 号楼 601 室

权利人邮编:201203

图 11 - 2　中国集成电路布图设计专有权事务公告数据样例（权利人的变更）

2. 专有权的转移和继承

公告内容包括：公告日、专有权转移生效日、布图设计登记号、布图设计名称、布图设计申请日、转移前后权利人名称、权利人国籍/省市、权利人地址、权利人邮编。

中国集成电路布图设计专有权事务公告数据样例（专有权的转移和继承），见图 11-3。

集成电路布图设计专有权事务公告(2015 年 6 月 10 日)

专有权的转移：2014 年 10 月 15 日生效

布图登记号：BS.10500975X

布图设计名称：20N120 绝缘栅双极型晶体管

布图设计申请日：2010 年 12 月 11 日

原权利人

权利人名称：江苏东光微电子股份有限公司

权利人国籍：中国

权利人地址：江苏省宜兴市新街百合工业园

权利人邮编：214204

现权利人

权利人名称：宜兴市东晟电子科技有限公司

权利人国籍：中国

权利人地址：江苏省宜兴市新街百合工业园

权利人邮编：214204

图 11-3　中国集成电路布图设计专有权事务公告数据样例（专有权的转移和继承）

3. 专有权的放弃

公告内容包括：公告日、布图设计登记号、申请日、主动放弃生效日。

中国集成电路布图设计专有权事务公告数据样例（专有权的放弃），见图 11 - 4。

集成电路布图设计专有权事务公告(2019 年 8 月 2 日)

专有权主动放弃公告：

布图设计登记号：BS.165004398

申请日：2016 年 5 月 25 日

主动放弃生效日：2017 年 8 月 9 日

布图设计登记号：BS.165005254

申请日：2016 年 6 月 21 日

主动放弃生效日：2017 年 8 月 9 日

布图设计登记号：BS.165005262

申请日：2016 年 6 月 21 日

主动放弃生效日：2017 年 8 月 30 日

布图设计登记号：BS.165005858

申请日：2016 年 7 月 8 日

主动放弃生效日：2017 年 8 月 9 日

布图设计登记号：BS.17500322X

申请日：2017 年 5 月 16 日

主动放弃生效日：2017 年 9 月 20 日

图 11 - 4　中国集成电路布图设计专有权事务公告数据样例（专有权的放弃）

4. 退信公告

因文件送交地址不清,布图设计申请相关文件无法送达的,可以公告送达。自发出公告之日起一个月,即视为送达。

公告内容包括:公告日期、布图设计申请号、收件人、通知书类型。

中国集成电路布图设计专有权事务公告数据样例(退信公告),见图 11 – 5。

集成电路布图设计专有权事务公告(2021 年 1 月 6 日)

退信公告:

因申请人地址不明,下列布图设计申请的有关文件无法送达,自公告之日起一个月内,申请人应当与专利局联系,领取有关文件,期满未办理上述手续的,专利局将依据集成电路布图设计保护条例及其实施细则的规定对该申请作出相应决定。

布图设计申请号:105008257

收件人:杜铭

文件名称:专有权终止通知书

布图设计申请号:205564534

收件人:上海双霖知识产权代理事务所(普通合伙)　　殷晓雪

文件名称:手续合格通知书

图 11 – 5　中国集成电路布图设计专有权事务公告数据样例(退信公告)

5. 国家知识产权局作出的更正

国家知识产权局对布图设计公告中出现的错误，一经发现，应当及时更正，并对所作更正予以公告。

公告内容包括：公告日、更正生效日、布图设计登记号、布图设计名称、布图设计申请日、更正的项目、更正前内容、更正后内容。

中国集成电路布图设计专有权事务公告数据样例（更正），见图 11 –6 所示。

集成电路布图设计专有权事务公告(2019 年 8 月 2 日)

错误更正公告：

生效日：2015 年 8 月 3 日

布图登记号：BS.115008071

布图设计名称：KT0521

布图设计申请日：2011 年 8 月 17 日

更正项：权利人

更正前：

权利人名称：昆腾微电子股份有限公司

权利人国籍：中国

权利人地址：北京市海淀区北坞村路 23 号北坞创新园 4 号楼

权利人邮编：100195

更正后：

权利人名称：昆腾微电子股份有限公司

权利人国籍：中国

权利人地址：北京市海淀区玉泉山路 23 号 4 号楼

权利人邮编：100195

图 11 –6　中国集成电路布图设计专有权事务公告数据样例（更正）

二、数据字段

1. 权利人的变更

公告内容包括：公告日、变更生效日、布图设计登记号、布图设计名称、布图设计申请日、转移和继承前后权利人信息，转移和继承前后代理机构和代理人信息。

集成电路布图设计专有权事务公告中权利人的变更一般包含如表 11 – 2 所示字段信息。

表 11 – 2　集成电路布图设计专有权事务公告数据字段（权利人的变更）

字段名称		样　例
公告日		2011 年 03 月 23 日
变更生效日		2010 年 07 月 14 日
布图设计登记号		075001993
布图设计名称		HTD28F96
布图设计申请日		2007 年 08 月 17 日
原权利人	权利人名称	钜泉光电科技（上海）有限公司
	权利人国籍/省市	上海
	权利人地址	上海市浦东新区张江高科技园区牛顿路 200 号 1 号楼 601 室
	权利人邮编	201203
现权利人	权利人名称	钜泉光电科技（上海）股份有限公司
	权利人国籍/省市	上海
	权利人地址	上海市浦东新区张江高科技园区牛顿路 200 号 1 号楼 601 室
	权利人邮编	201203

2. 专有权的转移和继承

集成电路布图设计专有权事务公告中专有权的转移和继承一般包含如表 11 – 3 所示字段信息。

表 11 – 3　集成电路布图设计专有权事务公告数据字段（专有权的转移和继承）

字段名称	样例
公告日	2015 年 6 月 10 日
转移/继承生效日	2014 年 10 月 15 日
布图设计登记号	BS. 10500975X
布图设计名称	20N120 绝缘栅双极型晶体管
布图设计申请日	2010 年 12 月 11 日

续表

字段名称		样例
原权利人	权利人名称	江苏东光微电子股份有限公司
	权利人国籍/省市	中国
	权利人地址	江苏省宜兴市新街百合工业园
	权利人邮编	214204
现权利人	权利人名称	宜兴市东晨电子科技有限公司
	权利人国籍/省市	中国
	权利人地址	江苏省宜兴市新街百合工业园
	权利人邮编	214204

3. 专有权的放弃

布图设计权利人在其布图设计专有权保护期届满之前，可以向国家知识产权局提交书面声明放弃该专有权。

集成电路布图设计专有权事务公告中专有权的放弃一般包含如表 11-4 所示字段信息。

表 11-4　集成电路布图设计专有权事务公告数据字段（专有权的放弃）

字段名称	样例
公告日	2019 年 8 月 2 日
布图设计登记号	BS. 165004398
布图设计申请日	2016 年 05 月 25 日
主动放弃生效日	2017 年 8 月 9 日

4. 退信

集成电路布图设计专有权事务公告中退信公告一般包含如表 11-5 所示字段信息。

表 11-5　集成电路布图设计专有权事务公告数据字段（退信公告）

字段名称	样例
公告日	2021 年 1 月 6 日
布图设计申请号	105008257
收件人	杜铭
文件名称	专有权终止通知书

5. 国家知识产权局作出的更正

集成电路布图设计专有权事务公告中国家知识产权局作出的更正公告一般包含表 11 – 6 所示字段。

表 11 – 6　集成电路布图设计专有权事务公告数据字段（更正）

字段名称		样例
生效日		2015 年 8 月 3 日
布图设计登记号		BS. 115008071
布图设计名称		KT0521
布图设计申请日		2011 年 8 月 17 日
更正的项目		权利人
更正前内容	权利人名称	昆腾微电子股份有限公司
	权利人国籍	中国
	权利人地址	北京市海淀区北坞村路 23 号北坞创新园 4 号楼
	权利人邮编	100195
更正后内容	权利人名称	昆腾微电子股份有限公司
	权利人国籍	中国
	权利人地址	北京市海淀区玉泉山路 23 号 4 号楼
	权利人邮编	100195

三、重点字段

1. 布图设计申请号

国家知识产权局根据《集成电路布图设计保护条例实施细则》第十七条的规定对收到的布图设计申请文件进行审查。未发现《集成电路布图设计保护条例实施细则》第十七条规定的情形的，应当作出受理决定，确定该申请的申请日，给予申请号。申请号与登记号均为布图设计的标识号码，数字组成完全相同，具有唯一性，在数据检索、数据分析、数据关联中都可以使用这一特征。区别在于，这组数字在申请阶段被称作"申请号"，获得登记后，即在数字前加"BS."，作为登记号。

2. 权利人的变更

权利人变更是指权利人姓名或工商注册名称变生变化而进行的变更，包括变更前/后权利人，信息包括权利人名称、权利人国籍/省市、权利人地址、权利人邮编。权利人姓名可以是自然人、法人或者其他组织。在权利人地址中，国内地址包含省、市、区、街道、门牌号码，国外地址包含国别、州（市、县）。

样例图 11 - 2 中权利人的变更，是因权利人名称更改予以的公告，更改前名称为"钜泉光电科技（上海）有限公司"，更改后名称为"钜泉光电科技（上海）股份有限公司"，权利人地址等信息未变更，但均按规定予以公告。

3. 专有权的转移和继承

专有权的转移和继承前/后的权利人，信息包括权利人名称、权利人国籍/省市、权利人地址、权利人邮编。权利人可以是自然人、法人或者其他组织。在权利人地址中，国内地址包含省、市、区、街道、门牌号码，国外地址包含国别、州（市、县）。

样例图 11 - 3 中专有权发生转移予以的公告，原权利人为"江苏东光微电子股份有限公司"，转移后权利人为"宜兴市东晨电子科技有限公司"，转移前后的权利人地址等信息均按规定予以公告。

4. 文件名称

文件名称指通知书类型，如样例图 11 - 5 退信公告中，因文件送交地址不明无法送达的文件名称为"专有权终止通知书"和"手续合格通知书"。

5. 更正的项目

国家知识产权局对布图设计公告中出现的错误，一经发现，应当及时更正，并对所作更正予以公告。更正的项目是指需要更正的内容属于哪一项，如权利人或布图设计名称等。

样例图 11 - 6 中的更正项目为"权利人"，具体更正内容为权利人地址，更正前地址为"北京市海淀区北坞村路 23 号北坞创新园 4 号楼"，更正后地址为"北京市海淀区玉泉山路 23 号 4 号楼"。

第四节　集成电路布图设计专有权终止公告数据

集成电路布图设计专有权保护期限届满后，该布图设计专有权的终止应在国家知识产权局政府门户网站和中国知识产权报上予以公告。

一、数据样例

公告内容应包括：布图设计登记号、申请日、专有权公告日、布图设计保护期限届满日。

中国集成电路布图设计专有权终止公告数据样例，见图 11 - 7。

集成电路布图设计终止公告(2019 年 10 月 25 日)

布图设计登记号：BS.055002471

申请日：2005 年 12 月 21 日

专有权公告日：2006 年 2 月 15 日

布图设计保护期届满日：2015 年 12 月 21 日

布图设计登记号：BS.055002536

申请日：2005 年 12 月 21 日

专有权公告日：2006 年 2 月 15 日

布图设计保护期届满日：2015 年 12 月 21 日

布图设计登记号：BS.055002544

申请日：2005 年 12 月 21 日

专有权公告日：2006 年 2 月 15 日

布图设计保护期届满日：2015 年 12 月 21 日

布图设计登记号：BS.055002552

申请日：2005 年 12 月 21 日

专有权公告日：2006 年 2 月 15 日

布图设计保护期届满日：2015 年 12 月 21 日

布图设计登记号：BS.055002560

申请日：2005 年 12 月 21 日

图 11 – 7　中国集成电路布图设计专有权终止公告数据样例

二、数据字段

集成电路布图设计专有权终止公告一般包含如表 11 - 7 所示字段信息。

表 11 - 7　集成电路布图设计专有权终止公告数据字段

字段名称	样　例
布图设计登记号	BS. 055002471
申请日	2005 年 12 月 21 日
专有权公告日	2006 年 1 月 15 日
布图设计保护期届满日	2015 年 12 月 21 日

三、重点字段

重点字段为布图设计保护期届满日。

布图设计专有权的保护期为十年，自布图设计登记申请之日或者在世界任何地方首次投入商业利用之日起计算，以较前日期为准。样例中布图设计无商业利用日视为未投入商业利用，因此以申请日 2005 年 12 月 21 日起计算，保护期届满日即为 2015 年 12 月 21 日。布图设计保护期届满日之后，该布图设计专有权将终止，不再受法律保护。这体现了保护期届满日的法律属性。

第五节　集成电路布图设计复审撤销案件审查决定数据

根据《集成电路布图设计保护条例实施细则》第二十三条的规定，国家知识产权局专利复审委员会（现为国家知识产权局专利局复审和无效审理部，以下简称复审无效部）负责对国家知识产权局驳回布图设计登记申请决定不服而提出的复审请求的审查，以及负责对布图设计专有权撤销案件的审查。

复审无效部经审查，认为布图设计登记申请不符合《集成电路布图设计保护条例》和《集成电路布图设计保护条例实施细则》有关规定的，应作出维持原驳回决定的复审决定，并通知布图设计登记申请人；认为原驳回决定不符合《集成电路布图设计保护条例》和《集成电路布图设计保护条例实施细则》相关规定的，或者经申请人修改后克服了原来存在的缺陷的，应当作出撤销原驳回决定的复审决定，通知原审查部门予以登记和公告。

复审无效部经审查，认为布图设计专有权不符合《集成电路布图设计保护条例》有关规定的，作出撤销布图设计专有权的审查决定，通知布图设计权利人，并予以公告，撤销程序终止。有撤销意见提出人的，同时通知撤销意见提出人。被撤销的布图设计专有权视为自始即不存在。

复审无效部经审查，认为不应当撤销布图设计专有权的，作出维持布图设计专有权的审查决定，通知布图设计权利人，撤销程序终止。有撤销意见提出人的，同时通知撤销意见提出人。

一、数据样例

中国集成电路布图设计撤销案件审查决定数据样例，见图 11 – 8。

中华人民共和国国家知识产权局专利复审委员会

集成电路布图设计撤销案件审查决定（第 4 号）

案件编号	第 JC0012 号
决定日	2017 年 12 月 27 日
布图设计名称	BCT001
布图设计类别	（1）结构：Bi-MOS （2）技术：其他 （3）功能：其他
撤销意见提出人	深圳市芯茂微电子有限公司
专有权人	上海飞克浦电子科技有限公司
登记号	BS14500182.2
申请日	2014 年 03 月 12 日
公告日	2014 年 05 月 28 日
首次商业利用日	2013 年 09 月 10 日
撤销意见提出日	2015 年 09 月 17 日
法律依据	集成电路布图设计保护条例第二条第（一）、（二）项、第四条

决定要点：

判断专有权登记的内容是否属于集成电路布图设计保护条例第二条第（一）、（二）项规定的集成电路以及集成电路布图设计时，应当以复制件或者图样为准，而不应以提供的芯片样品为准。

判断图样或复制件的内容是否属于集成电路布图设计保护条例第二条第（一）、（二）项规定的集成电路以及集成电路布图设计时，应当基于布图设计创作者和集成电路制造者所具有的知识和能力进行评价。

专有权人可以通过提交的布图设计的复制件或图样信息，对专有权边界进行自我划界。如果一个集成电路布图设计包含多个相对独立的模块，而其中部分模块是其独创性所在，那么复制件或图样只需表达清楚该部分模块功能如何实现即可；如果根据复制件或图样的信息，不能实现该部分模块的相应功能，则该部分模块不能作为判断该布图设计是否具有独创性的基础。

1

图 11 – 8　中国集成电路布图设计撤销案件审查决定数据样例

一、案由

上海飞克浦电子科技有限公司（下称专有权人）于2014年03月12日向国家知识产权局申请登记名称为BCT001的布图设计（下称本布图设计），其申请号为BS14500182.2，创作完成日为2013年09月10日，首次商业利用日为2013年09月10日，其申请文件包括申请表2份、复制件或图样的目录1页、复制件或图样的纸件12页，样品为4个，布图设计结构、技术、功能简要说明1页。经形式审查合格。国家知识产权局于2014年05月28日进行专有权登记公告，公告号为8991。

针对本布图设计专有权，深圳市芯茂微电子有限公司（原无锡市芯茂微电子有限公司，下称撤销意见提出人）于2015年09月17日向国家知识产权局专利复审委员会提交了撤销意见陈述书，认为应当撤销本布图设计专有权。其主要理由如下：

（1）该布图设计使用Bi-CMOS工艺中，共有图层11层，其中，包括NW（N型阱层）、Pbase（P型基区注入层）、HRPS（高值电阻层）、NPLUS（N型高掺杂注入层）、PPLUS（P型高掺杂注入层）、CONT（接触孔层）和PAD（钝化层开窗层）的图层中存在明显的错误，该布图设计的结构不能构成任何有功能的集成电路，不能实现"某种电子功能"，不符合集成电路布图设计保护条例第二条第（一）项及第（二）项的规定；

（2）该布图设计不具有独创性，不符合集成电路布图设计保护条例第四条的规定。

专利复审委员会认真研究上述意见后，予以启动对本布图设计专有权的撤销程序，依法成立合议组进行撤销审查，并于2015年11月16日向撤销意见提出人和专有权人发出集成电路布图设计进入撤销程序通知书，随该通知书向专有权人转送撤销意见提出人于2015年09月17日提交的撤销意见陈述书及其附件副本。

2015年12月16日，针对专利复审委员会发出的集成电路布图设计进入撤销程序通知书，专有权人提交了意见陈述书；2016年03月25日，专有权人提交了补充意见陈述书；2017年07月17日，专有权人再次提交补充意见陈述书。

2017年7月20日，合议组将专有权人于2015年12月16日提交的撤销意见陈述书及其附件副本，以及专有权人于2016年03月25日、2017年07月17日提交的补充意见陈述书及其附件副本一并转送给撤销意见提出人；同日，合议组分别向专有

2

图11-8 中国集成电路布图设计撤销案件审查决定数据样例（续）

复制件或图样的信息，不能实现相应的功能，则该部分模块不能作为判断布图设计是否具有独创性的基础。

根据图样内容，由于CONT层未能显示任何信息，导致模块一不能实现该输出线电压补偿电路的功能，因此，模块一不能作为判断该布图设计是否具有独创性的基础。

根据图样内容，本案的布图设计中，模块二可以实现ESD（静电放电）保护的功能，模块三可以执行修整电路输出的精度和频率的功能，因此，模块二、模块三可以作为判断该布图设计是否具有独创性的基础。

合议组关于布图设计是否具有独创性的意见如下：

由于撤销意见提出人未提供证据证明该布图设计的模块二、模块三部分不是创作者自己的智力劳动成果，也未能举证证明在其创作时该布图设计的模块二、模块三部分在布图设计创作者和集成电路制造者中是公认的常规设计，因此，本布图设计包含的模块二、三具有独创性。

可见，本布图设计包含了具有独创性的部分，因此，本布图设计具有独创性。撤销意见提出人关于该布图设计中不具有独创性的意见不能成立。

三、决定

维持BS14500182.2号集成电路布图设计专有权。

当事人对本决定不服的，可以根据集成电路布图设计保护条例第二十条的规定，自收到本决定之日起三个月内向北京知识产权法院起诉。

合议组组长：沈丽

主审员：黄道许

参审员：孙学锋

10

图 11–8 中国集成电路布图设计撤销案件审查决定数据样例（续）

二、数据字段

集成电路布图设计撤销案件审查决定一般包含如表11-8所示字段信息。

表11-8　集成电路布图设计撤销案件审查决定数据字段

字段名称	样　例
案件编号	第 JC0012 号
决定日	2017 年 12 月 27 日
布图设计名称	BCT001
布图设计类别	（1）结构：Bi-MOS；（2）技术：其他；（3）功能：其他
撤销意见提出人	深圳市芯茂微电子有限公司
专有权人	上海飞克浦电子科技有限公司
登记号	BS14500182.2
申请日	2014 年 03 月 12 日
公告日	2014 年 05 月 28 日
首次商业利用日	2013 年 09 月 10 日
撤销意见提出日	2015 年 09 月 17 日
法律依据	《集成电路布图设计保护条例》第二条第（一）（二）项、第四条
决定要点	判断专有权登记的内容是否属于《集成电路布图设计保护条例》第二条第（一）（二）项规定的集成电路以及集成电路布图设计时，应当以复制件或者图样为准，而不应以提供的芯片样品为准（下略）
案由	上海飞克浦电子科技有限公司（以下简称"专有权人"）于 2014 年 03 月 12 日向国家知识产权局申请登记名称为 BCT001 的布图设计（以下简称本布图设计），其申请号为 BS14500182.2，创作完成日为 2013 年 09 月 10 日，首次商业利用为 2013 年 09 月 10 日，其申请文件包括申请表 2 份、复制件或图样的目录 1 页、复制件或图样的纸件 12 页，样品为 4 个，布图设计结构、技术、功能简要说明 1 页。经形式审查合格，国家知识产权局于 2014 年 05 月 28 日进行专有权登记公告，公告号为 8991。（下略）
决定的理由	［一］关于《集成电路布图设计保护条例》第二条第（一）（二）项《集成电路布图设计保护条例》第二条第（一）（二）项规定：本条例下列用语的含义： （下略）
决定	维持 BS14500182.2 号集成电路布图设计专有权。 当事人对本决定不服的，可以根据《集成电路布图设计保护条例》第二十条的规定，自收到本决定之日起三个月内向北京知识产权法院起诉
合议组组长	沈丽
主审员	黄道许
参审员	孙学锋

三、重点字段

1. 法律依据

审查决定的法律依据是指审查决定的理由所涉及的法律、法规条款。

本节撤销审查决定样例中，法律依据为《集成电路布图设计保护条例》第二条第（一）（二）项、第四条规定：

第二条　本条例下列用语的含义：

（一）集成电路，是指半导体集成电路，即以半导体材料为基片，将至少有一个是有源元件的两个以上元件和部分或者全部互连线路集成在基片之中或者基片之上，以执行某种电子功能的中间产品或者最终产品；

（二）集成电路布图设计（以下简称布图设计），是指集成电路中至少有一个是有源元件的两个以上元件和部分或者全部互连线路的三维配置，或者为制造集成电路而准备的上述三维配置；

第四条　受保护的布图设计应当具有独创性，即该布图设计是创作者自己的智力劳动成果，并且在其创作时该布图设计在布图设计创作者和集成电路制造者中不是公认的常规设计。

受保护的由常规设计组成的布图设计，其组合作为整体应当符合前款规定的条件。

2. 决定要点

决定要点是对决定正文中理由部分的实质性概括和核心论述。本节样例中的决定要点给出了该案所采用的判断性标准，是对决定所适用的法律依据第二条第（一）（二）项、第四条做了进一步解释。

3. 案由

案由部分是按照时间顺序叙述撤销意见的提出、范围、理由、证据、受理，文件的提交、转送，审查过程以及主要争议等情况。这部分内容与案件中的相应记载相一致，正确地、概括性地反映案件的审查过程和争议的主要问题。

4. 决定的理由

决定的理由部分阐明了审查决定所依据的法律、法规条款的规定，得出审查结论所依据的事实，并且具体说明所述条款对该案件的适用。对于决定的结论对其不利的当事人的全部理由、证据和主要观点应当具体分析，阐明其理由不成立、观点不被采纳的原因。

5. 决定

决定部分给出具体的审查结论，并且对后续程序的启动、时限和受理单位等给出明确、具体的指示。

集成电路布图设计复审决定分为下列两种类型：

（1）复审请求不成立，维持驳回决定。

经过陈述意见或者进行修改后，复审无效部认为申请文件仍不符合《集成电布图设计保护条例》及《集成电路布图设计保护条例实施细则》有关规定的，应当作出维持原驳回决定的复审决定。

（2）复审请求成立，撤销驳回决定。

复审无效部认为原驳回决定不符合《集成电路布图设计保护条例》及《集成电路布图设计保护条例实施细则》有关规定的，或者消除了原驳回决定指出的缺陷的，应当撤销原驳回决定，通知原审查部门对该申请予以登记和公告。

撤销审查决定分为下列两种类型：

（1）维持布图设计专有权有效。

复审无效部经过审查认为撤销意见不成立，应当作出维持布图设计专有权有效的审查决定。

（2）撤销布图设计专有权。

复审无效部经过审查布图设计权利人意见陈述后，仍然认为布图设计不符合《集成电路布图设计保护条例》有关规定的，应当作出撤销布图设计专有权的审查决定。

本样例中的撤销审查案件的审查决定为"维持 BS14500182.2 号集成电路布图设计专有权。当事人对本决定不服的，可以根据《集成电路布图设计保护条例》第二十条的规定，自收到本决定之日起三个月内向北京知识产权法院起诉"，属于上述第一类撤销审查决定。

复审撤销审查决定数据本身具有法律意义和法律属性，审查决定数据的公开不仅使知识产权审判更加公开透明，而且为开展法学教学和法学研究提供了宝贵的素材，总结决定要点，也可为法官、律师、当事人、专利代理人等办理案件提供参考。

第六节　集成电路布图设计数据属性

集成电路布图设计数据具有技术属性、法律属性，具体如下。

一、技术属性

集成电路布图设计本身是技术解决思路的客观体现，但又不同于技术方案，技术方案生产产品须将方案实施，而布图设计其最终形态是含有布图设计的集成电路产品，组装成能完成一定任务、具有特定功能的零件或设备产品。

集成电路布图设计对设计本身进行了展示，明确了结构、技术、功能类别，因此具有技术属性。

二、法律属性

集成电路布图设计是独立的知识产权客体，其本身就有复制权、专有权、商业利用权等。集成电路布图设计中的布图设计权利人、布图登记号、有效年限等信息体现其法律意义。

集成电路布图设计是一种三维配置的图形设计，对它的保护，不延及思想、处理过程、操作方法或者数学概念等，属于独特的知识产权保护客体。集成电路布图设计的保护可分为三个层次：第一层为保护布图设计本身；第二层为保护含有该布图设计的集成电路芯片；第三层为保护使用该集成电路芯片的产品或物品。

　　布图设计权利人享有将受保护的布图设计、含有该布图设计的集成电路或者含有该集成电路的物品投入商业利用的权利。商业利用，是指为商业目的进口、销售或者以其他方式提供受保护的布图设计、含有该布图设计的集成电路或者含有该集成电路的物品的行为。布图设计权利人可以将其专有权转让或者许可他人使用其布图设计。

　　布图设计专有权的保护期为十年，自布图设计登记申请之日或者在世界任何地方首次投入商业利用之日起计算，以较前日期为准。但是，无论是否登记或者投入商业利用，布图设计自创作完成之日起十五年后，不再受《集成电路布图设计保护条例》保护。

　　集成电路布图设计数据中包含的权利人信息、申请日、登记日、变更生效日、主动放弃生效日、终止日等，均为司法程序的重要依据，具有鲜明的法律属性。

第十二章　国外知识产权数据解读

本章将对美国、日本、韩国、欧洲专利及商标的数据内容详细解读，便于用户全面了解国外主要国家及组织的知识产权数据知识，深入分析并利用其知识产权数据。

第一节　美国知识产权数据解读

一、美国专利数据解读

（一）发明专利数据样例

美国发明专利数据样例见图 12 - 1。

US006494340B1

(12) **United States Patent**

Joo

(10) Patent No.: **US 6,494,340 B1**

(45) **Date of Patent:** **Dec. 17, 2002**

(54) **TENNIS BALL CONTAINER**

(76) Inventor: **Young Han Joo**, B1 9181, Garden Groove, CA (US) 92644

(*) Notice: Subject to any disclaimer, the term of this patent is extended or adjusted under 35 U.S.C. 154(b) by 0 days.

(21) Appl. No.: **09/852,840**

(22) Filed: **May 11, 2001**

(51) Int. Cl.⁷ **B65D 6/08**

(52) U.S. Cl. **220/485**; 220/494; 220/756; 220/763

(58) Field of Search 220/485, 491, 220/494, 756, 754, 762, 763, 764, 765, 772, 773; 248/128, 130, 132, 175; 206/315.9; 294/19.2, 141, 142, 143, 167, 169

(56) **References Cited**

U.S. PATENT DOCUMENTS

2,835,099 A	*	5/1958	Touchbery	294/19.2
4,281,849 A	*	8/1981	Chandick et al.	280/652
4,461,504 A	*	7/1984	Perez et al.	248/132
5,507,541 A	*	4/1996	Chen et al.	280/47.371

* cited by examiner

Primary Examiner—Stephen Castellano

(74) *Attorney, Agent, or Firm*—Blank Rome Comisky & McCauley LLP

(57) **ABSTRACT**

A tennis ball container is disclosed. This container has a top barrier rod (**110**) having a closed rectangular profile and forming the top structure of a barrier body (**100**), a bottom barrier rod (**120**) having a closed rectangular profile and forming the bottom structure of the body. A plurality of side barrier rods (**140**) extend in a vertical direction between the top and bottom barrier rods to connect them into a single structure, and form two inclined opposite sidewalls of the barrier body. A plurality of elastic barrier rods (**150**) are vertically arranged inside the side barrier rods while being mounted to the top barrier rod at their top ends such that the rods (**150**) are elastically displaceable in opposite directions at their bottom portions. Two first handle rods (**210**) are rotatably attached to the side barrier rods at the opposite sidewalls of the barrier body. Each of the first handle rods includes a U-shaped rod part, with a linear rod part integrated with the ends of the U-shaped rod part. A second handle rod (**220**), having hinge shafts at its opposite ends, is hinged to each first handle rod at the hinge shafts. Two hinge brackets (**400**) are mounted to each first handle rod to form hinged joints of the second handle rod, and allow the second handle rod to be rotatable relative to the first handle rod while being elastically compressed.

7 Claims, 11 Drawing Sheets

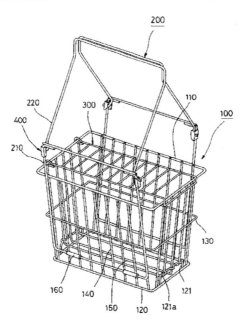

图 12－1　美国发明专利数据样例

FIG. 1

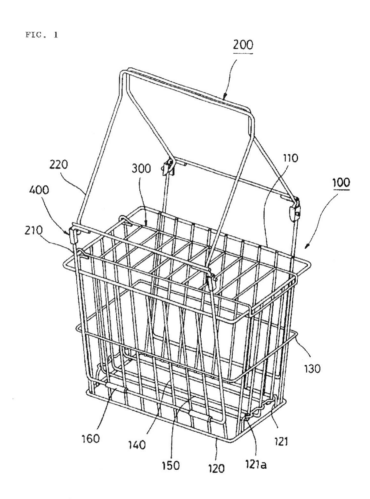

图 12 - 1　美国发明专利数据样例（续）

US 6,494,340 B1

1

TENNIS BALL CONTAINER

BACKGROUND OF THE INVENTION

1. Field of the Invention

The present invention relates to containers for tennis balls and, more particularly, to a tennis ball container with a body designed to easily load and reliably contain tennis balls, and a folding handle designed to form a variety of shapes, thus being more conveniently usable while carrying the container or practicing tennis, in addition to being easily stored within a limited space when the container is not used.

2. Description of the Prior Art

Tennis ball containers are used for containing a plurality of tennis balls to allow a user to conveniently pick up the balls while practicing tennis. That is, it is desirable for a user, practicing tennis, to continuously hit a plurality of balls without repeated pauses for gathering or picking up the balls from the ground, and so the balls are required to be contained in a container to allow the user to conveniently use the balls.

Such ball containers may be usable independently or set in a tennis-practicing machine to form a ball container part of the machine.

The tennis ball containers are necessarily designed to easily load and reliably contain tennis balls, in addition to allowing users to conveniently pick up the balls from the containers while practicing tennis. When the structure of the ball containers is designed to be usable for a variety of applications as desired, the operational function of the containers will be enhanced.

In the prior art, a tennis ball container having a body fabricated using a plurality of barrier rods has been proposed and used. This ball container has a rectangular basket structure, with barriers forming the upper, left, right and bottom walls of the structure, and may be usable independently or set in a tennis-practicing machine to form a ball container part of the machine.

When the conventional ball container is used independently without being set in a tennis-practicing machine, it is necessary for a user to feed balls into the container one by one, and so the container is inconvenient to the user. When the ball container is used as a part of a tennis-practicing machine, it is necessary to design the structure of the container to precisely agree with the machine. It is therefore impossible to change the shape of the container.

Therefore, a tennis ball container having a structure capable of being usable independently or as a part of a tennis-practicing machine has been required in the prior art.

In addition, it is preferred to design the tennis ball container such that the top opening of the container is positioned at a height allowing a user's hand to reach the interior of the container and pick up a ball without forcing the user to inconveniently bend his body while practicing tennis on the court.

SUMMARY OF THE INVENTION

Accordingly, the present invention has been made keeping in mind the above problems occurring in the prior art, and an object of the present invention is to provide a tennis ball container, in which the bottom and sidewalls of the barrier body are partially fabricated using a plurality of elastic barrier rods, with the intervals between the elastic barrier rods being elastically enlargeable to allow tennis balls to be loaded into the barrier body through the bottom of the body.

2

Another object of the present invention is to provide a tennis ball container, of which the handle is foldable upward and downward to be selectively usable as a handle or support legs for the barrier body, the handle thus selectively holding the barrier body at a height above the ground when it is in a fully downward folded position to allow a user's hand to reach the interior of the body and easily pick up a ball without excessively bending his body.

A further object of the present invention is to provide a tennis ball container, of which the handle consists of first and second handle rods having a folding structure, thus being overlapped together and fully laid on the top of the barrier body to form a compact volume of the container when it is desired to store the container within a limited space.

Still another object of the present invention is to provide a tennis ball container, which uses a hinge bracket designed to have a rounded edge allowing a user to easily fold the handle by simply compressing and rotating the handle relative to the bracket with less power.

In order to accomplish the above object, the present invention provides a tennis ball container, comprising: a top barrier rod bent to form a closed rectangular profile, the top barrier rod forming a top structure of a barrier body of the container; a bottom barrier rod bent to form a closed rectangular profile, the bottom barrier rod forming a bottom structure of the barrier body; a plurality of side barrier rods extending in a vertical direction between the top and bottom barrier rods to connect the top and bottom barrier rods into a single structure, and form two inclined opposite sidewalls of the barrier body; a plurality of elastic barrier rods vertically arranged inside the side barrier rods while being mounted to the top barrier rod at their top ends such that the elastic barrier rods are elastically displaceable in opposite directions at their bottom portions; two first handle rods rotatably attached to the side barrier rods at the opposite sidewalls of the barrier body, each of the first handle rods including a U-shaped rod part, with opposite ends of the U-shaped rod part bent inwardly to form two stop ends, and a linear rod part integrated with the two stop ends at its opposite ends; a second handle rod having hinge shafts at its opposite ends, and hinged to the stop ends of each of the first handle rods at the hinge shafts; two hinge brackets mounted to each of the first handle rods at positions around the stop ends to form hinged joints of the second handle rod, and allowing the second handle rod to be rotatable relative to the first handle rod while being elastically compressed.

Each of the hinge brackets surrounds the first handle rod at a position inside each stop end, the hinge bracket also having both a rod holding slit for holding the second handle rod, and a rounded edge for guiding an elastic folding action of the second handle rod relative to the first handle rod.

The two hinge brackets may be mounted to each of the first handle rods such that the rounded edges of the hinge brackets face each other or are opposite to each other.

The tennis ball container also comprises two spacer rods, each of the spacer rods having a plurality of rounded portions, and mounted to the bottom barrier rod at two side surfaces of the barrier body around the bottom portions of the elastic barrier rods.

BRIEF DESCRIPTION OF THE DRAWINGS

The above and other objects, features and advantages of the present invention will be more clearly understood from the following detailed description taken in conjunction with the accompanying drawings, in which:

FIG. 1 is a perspective view of a tennis ball container in accordance with the present invention;

图 12-1　美国发明专利数据样例（续）

US 6,494,340 B1

7

inverted U-shaped second handle rods of the handle, thus allowing a smooth folding action of the second handle rods. The hinge brackets also allow the second handle rods to be elastically and reliably seated into the rod holding slits of the brackets when the handle rods move upward or downward along the rounded edges of the brackets while being somewhat elastically compressed. It is thus possible to easily and simply fold the handle relative to the container body upward or downward with less power.

Although a preferred embodiment of the present invention has been described for illustrative purposes, those skilled in the art will appreciate that various modifications, additions and substitutions are possible, without departing from the scope and spirit of the invention as disclosed in the accompanying claims.

What is claimed is:

1. A tennis ball container, comprising:

a top barrier rod bent to form a closed rectangular profile, said top barrier rod forming a top structure of a barrier body of the container;

a bottom barrier rod bent to form a closed rectangular profile, said bottom barrier rod forming a bottom structure of the barrier body;

a plurality of side barrier rods extending in a vertical direction between the top and bottom barrier rods to connect the top and bottom barrier rods into a single structure, and form two inclined opposite sidewalls of the barrier body;

a plurality of elastic barrier rods vertically arranged inside the side barrier rods while being mounted to the top barrier rod at their top ends such that the elastic barrier rods are elastically displaceable in opposite directions at their bottom portions;

two first handle rods rotatably attached to the side barrier rods at the opposite sidewalls of the barrier body, each of the first handle rods including a U-shaped rod part, with opposite ends of the U-shaped rod part bent

8

inwardly to form two stop ends, and a linear rod part integrated with the two stop ends at its opposite ends;

a second handle rod having hinge shafts at its opposite ends, and hinged to the stop ends of each of the first handle rods at the hinge shafts;

two hinge brackets mounted to each of the first handle rods at positions around the stop ends to form hinged joints of the second handle rod, and allowing the second handle rod to be rotatable relative to the first handle rod while being elastically compressed.

2. The tennis ball container according to claim 1, wherein each of the hinge brackets surrounds the first handle rod at a position inside each stop end, said hinge bracket also having both a rod holding slit for holding the second handle rod, and a rounded edge for guiding an elastic folding action of the second handle rod relative to the first handle rod.

3. The tennis ball container according to claim 1, wherein the two hinge brackets are mounted to each of the first handle rods, said brackets having rounded edges that face each other.

4. The tennis ball container according to claim 1, wherein the two hinge brackets are mounted to each of the first handle rods, said brackets having rounded edges that are opposite to each other.

5. The tennis ball container according to claim 1, wherein two spacer rods, each having a plurality of rounded spacer portions, are mounted to the bottom barrier rod at two side surfaces of the barrier body around the bottom portions of the elastic barrier rods.

6. The tennis ball container according to claim 2, wherein the two hinge brackets are mounted to each of the first handle rods such that the rounded edges of the hinge brackets face each other.

7. The tennis ball container according to claim 2, wherein the two hinge brackets are mounted to each of the first handle rods such that the rounded edges of the hinge brackets are opposite to each other.

* * * * *

图 12-1　美国发明专利数据样例（续）

（二）发明专利数据字段

美国发明专利数据的主要字段如表 12 - 1 所示。

表 12 - 1　美国发明专利数据主要字段

字段名称	字段含义	样　例
—	文献种类的文字名称	United States Patent
Patent No.	专利号	US6，494，340 B1
Date of Patent	公告日期	Dec. 17，2002
—	发明名称	TENNIS BALL CONTAINER
Inventor	发明人	Young Han Joo, B1 9181, Garden Groove, CA (US) 92644
Notice	注意事项	Subject to any disclaimer, the term of this patent is extended or adjusted under 35 U. S. C. 154（b）by 0 days.
Appl. No.	申请号	09/852，840
Filed	申请日期	May 11，2001
Int. Cl.⁷	IPC 分类号	B65D 6/08
U. S. Cl	美国本国分类号	220/485；220/494；220/756；220/763
Field of Search	检索领域	220/485，491，494，756，754，762，763，764，765，772，773；248/128，130，132，175；206/315.9；294/19.2，141，142，143，167，169
References Cited	引用文献（对比文件）	U. S. Patent Documents 2835099 May 1958 Touchbery 4281849 August 1981 Chandick et al. 4461504 July 1984 Perez et al. 5507541 April 1996 Chen et al.
Attorney，Agent or Firm	代理人	Blank Rome Comisky & McCauley LLP
Abstract	摘要	内容略
Drawing sheets	附图	内容略
Claims	权利要求	内容略
Description	说明书	内容略
Field of the Invention	发明领域	内容略
Description of the Prior Art	现有技术的描述	内容略

字段名称	字段含义	样　例
Summary of the Invention	发明内容	
Brief Description of the Drawings	附图的简要说明	内容略
Detailed Description of the Invention	具体实施方式	

（三）外观设计专利数据样例

美国外观设计专利数据样例见图 12 - 2。

US00D906687S

(12) **United States Design Patent**　(10) Patent No.:　　**US D906,687 S**
　To　　　　　　　　　　　　　　　　　(45) **Date of Patent:**　**　Jan. 5, 2021

(54)　**TOOTHBRUSH**

(71)　Applicant:　**World Wide Daily Holdings Company Limited**. Hong Kong (CN)

(72)　Inventor:　**Chun Yuen To**, Hong Kong (CN)

(73)　Assignee:　**World Wide Daily Holdings Company Limited**. Kwai Chung (HK)

(**)　Term:　**15 Years**

(21)　Appl. No.: **29/676,397**

(22)　Filed:　**Jun. 10, 2019**

(51)　**LOC (13) Cl.** **04-02**

(52)　**U.S. Cl.**
　　　USPC **D4/104**

(58)　**Field of Classification Search**
　　　USPC D4/104, 105, 106, 107, 108, 109, 110,
　　　　　　　　D4/111, 112, 113, 129, 136, 138, 199,
　　　　　　　　　　　　　　　　　　D4/101, 137
　　　　　　　　　(Continued)

(56)　　　　**References Cited**

　　　　　U.S. PATENT DOCUMENTS

　2,360,745 A　10/1944　Vogel
　D140,438 S　2/1945　Cohen
　　　　　　(Continued)

　　　FOREIGN PATENT DOCUMENTS

　CA　　138963　　11/2011
　CN　201315965　Y　9/2009
　　　　　(Continued)

Primary Examiner — Karen E Eldridge Powers

(74) *Attorney, Agent, or Firm* — Stinson LLP

(57)　　　　CLAIM

The ornamental design for a toothbrush, as shown and described.

　　　　DESCRIPTION

FIG. **1** is a perspective view of a first embodiment of a toothbrush showing the handle of the toothbrush in phantom;
FIG. **2** is an enlarged fragmentary view taken from FIG. 1;
FIG. **3** is a front elevation view of the toothbrush;
FIG. **4** is a top plan view of the toothbrush;
FIG. **5** is a rear elevation view of the toothbrush;
FIG. **6** is a bottom plan view of the toothbrush;
FIG. **7** is a right side elevation view of the toothbrush;
FIG. **8** is a perspective view of a second embodiment of a toothbrush showing the handle of the toothbrush in phantom;
FIG. **9** is a perspective view of another embodiment of a toothbrush showing a handle of the toothbrush in phantom;
FIG. **10** is an enlarged fragmentary view taken from FIG. 9;
FIG. **11** is a front elevation view of the toothbrush illustrated in FIG. 9;
FIG. **12** is a top plan view of the toothbrush illustrated in FIG. 9;
FIG. **13** is a rear elevation view of the toothbrush illustrated in FIG. 9;
FIG. **14** is a bottom plan view of the toothbrush illustrated in FIG. 9;
FIG. **15** is a right side elevation view of the toothbrush illustrated in FIG. 9; and
FIG. **16** is a left side elevation view of the toothbrush illustrated in FIG. 9;
FIG. **17** is a perspective view of a third embodiment of a toothbrush showing the handle of the toothbrush in phantom;
FIG. **18** is an enlarged fragmentary view taken from FIG. 17;
FIG. **19** is a front elevation view of the toothbrush illustrated in FIG. 17;
FIG. **20** is a top plan view of the toothbrush illustrated in FIG. 17;
FIG. **21** is a rear elevation view of the toothbrush illustrated in FIG. 17;

　　　　　(Continued)

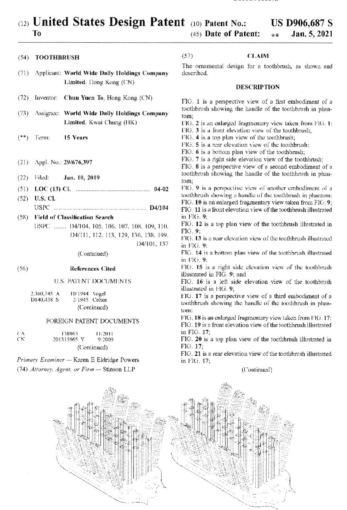

图 12 - 2　美国外观设计专利数据样例

U.S. Patent   Jan. 5, 2021   Sheet 1 of 28   US D906,687 S

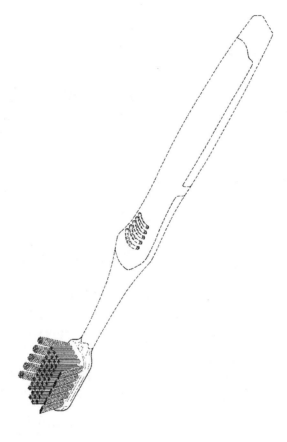

FIG. 1

图 12 - 2　美国外观设计专利数据样例（续）

（四）外观设计专利数据字段

美国外观设计专利数据的主要字段如表 12 - 2 所示。

表 12 - 2　美国外观设计专利数据主要字段

字段名称	字段含义	样例
—	文献种类的文字名称	United States Design Patent
Patent No.	专利号	US D906，687S
Date of Patent	公告日期	Jan. 5，2021
—	发明名称	Toothbrush
Applicant	申请人	World Wide Daily Holdings Company Limited-Hong Kong（CN）
Inventor	发明人	Chun Yuen To，Hong Kong（CN）
Assignee	专利权人	World Wide Daily Holdings Company Limited，Kwai Chung（HK）
Term	期限	15 Years
Notice	注意事项	Subject to any disclaimer，the term of this patent is extended or adjusted under 35 U. S. C. 154（b）by 0 days.
Appl. No.	申请号	29/676，397
Filed	申请日期	January 10，2019
LOC（13）Cl.	洛迦诺分类	04 - 02
U. S. Cl. USPC	美国本国分类号	D4/104
Field of Classification Search	检索领域	USPC D4/104，105，106，107，108，109，110，111，112，113，129，136，138，199，101，137
References Cited	引用文献（对比文件）	U. S. Patent Documents Foreign Patent Documents
Primary Examiner	审查员	Eldridge Powers；Karen E
Attorney，Agent or Firm	代理人	Stinson LLP
Claim	权利要求	内容略
Description	说明书	

二、美国商标数据解读

(一) 数据样例

美国商标申请注册数据、商标转让数据和商标评审数据的样例分别见图 12 – 3、图 12 – 4 和图 12 – 5。

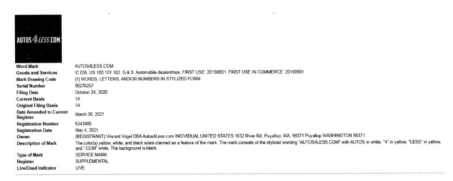

图 12 – 3　美国商标申请注册数据样例

图 12 – 4　美国商标转让数据样例

图 12 – 5　美国商标评审数据样例

（二）数据字段

美国商标数据的主要字段如表12－3所示。

表 12－3　美国商标数据主要字段

分类	字段名称	字段含义	样例
商标申请注册数据	Word Mark	商标名称	AUTOS4LESS. COM
	—	商标图形	
	Translations	商标名称英文翻译	The English translation of PIETRADOLCE VIGNA SANT´ ANDREA in the mark is SWEET STONE VINEYARD SAINT ANDREW.
	Goods and Services	商标分类以及商品与服务信息	IC 035. US 100 101 102. G & S：Automobile dealerships. FIRST USE：20190801. FIRST USE IN COMMERCE：20190801
	Mark Drawing Code	商标图形类型及代码	（5）WORDS，LETTERS，AND/OR NUMBERS IN STYLIZED FORM
	Design Search Code	图形分类以及相关信息	01. 01. 10 – Stars，three or more；Three or more stars 01. 01. 13 – Stars – multiple stars with five points 03. 17. 01 – Wings，birds' 24. 03. 25 – Badge，police；Badges；Police badge；Sheriff's badge；Ten Commandments 26. 01. 17 – Circles，two concentric；Concentric circles，two；Two concentric circles
	Serial Number	申请号码	90276257
	Filing Date	申请日期	October 24，2020
	Current Basis	当前申请基础	1A

分类	字段名称	字段含义	样例
商标申请注册数据	Original Filing Basis	原始申请基础	1A
	International Registration Number	国际注册号	1410340
	Published for Opposition	异议公告日期	February 9，2021
	Registration Number	注册号码	6343980
	Registration Date	注册日期	May 4，2021
	Owner	商标所有人信息	（REGISTRANT）Vincent Vogel DBA Autos4Less. com INDIVIDUAL UNITED STATES 1632 River Rd, Puyallup, WA, 98371 Puyallup WASHINGTON 98371
	Priority Date	优先权日期	February 9，2018
	Attorney of Record	代理人	Antonisha L. Baker
	Disclaimer	放弃声明	NO CLAIM IS MADE TO THE EXCLUSIVE RIGHT TO USE "EST. 2018" AND "CAR WASH" APART FROM THE MARK AS SHOWN
	Description of Mark	商标描述	The color（s）yellow, white, and black is/are claimed as a feature of the mark. The mark consists of the stylized wording " AUTOS4LESS. COM" with AUTOS in white, "4" in yellow, "LESS" in yellow, and ". COM" white. The background is black.
	Type of Mark	商标类型	SERVICE MARK
	Register	注册簿	SUPPLEMENTAL
	Live/Dead Indicator	商标权利状态	LIVE
	Abandonment Date	放弃日期	August 7，2019

分类	字段名称	字段含义	样例
商标转让信息	Total Assignments	转让总次数	4
	Serial #	申请号码	70031147
	Filing Dt	申请日期	12/21/1897
	Reg #	商标注册号码	31147
	Reg. Dt	注册日期	01/18/1898
	Registrant	注册人	THE CONSUMERS COMPANY
	Mark	商标名称	HYDROX
	Reel/Frame	转让卷帧号	0094/0281
	Recorded	转让登记日期	10/15/1962
	Pages	页码数	1
	Conveyance	转让种类	ASSIGNS THE ENTIRE INTEREST, TOGETHER WITH THE GOOD WILL OF THE BUSINESS IN CONNECTION WITH WHICH SAID MARK IS USED.
	Assignor	转让人名称	NATIONAL HYDROX BEVERAGES, INC.
	Assignee	受让人名称	KLEIN, S. HARVEY 100 W. MONROE ST. CHICAGO, ILLINOIS
	Formerly	转让人或受让人原名称	FORMERLY BOSTEMANN – HYDROX BEVERAGES, INC.
	Exec Dt	转让日期	09/20/1962
	Entity Type	转让人或受让人类型	CORPORATION
	Citizenship	转让人或受让人所在州或城市	ILLINOIS
	Correspondent	通信地址	MELVIN A. BRANDT 209 SO. LA SALLE ST. CHICAGO 4, IL

续表

分类	字段名称	字段含义	样例
商标评审信息	Number	评审号码	91190237
	Filing Date	申请日期	05/13/2009
	Status	评审状态	Terminated
	Status Date	状态日期	06/10/2009
	General Contact Number	联系电话	571 – 272 – 8500
	Interlocutory Attorney	评审员	ANDREW P BAXLEY
	Paralegal Name	律师姓名	VICTORIA VISTAUXX VON
	Defendant Serial/Reg. No. also in terminated case（s）	关联评审号码	92063054
	Name	原告或被告名称	Aki Habara Electric Corporation Pte Ltd.
	Correspondence	原告或被告的通信地址	BRENT E. ROUTMAN MERCHANT GOULD PC PO BOX 2910 MINNEAPOLIS, MN 55402 0910 UNITED STATES broutman@ merchantgould. com Phone：XXX
	Serial #	申请号码	79032692
	Registration #	注册号码	4545571
	Application Status	商标申请状态	CANCELLED – SECTION 71
	Mark	商标名称	AKIRA

第二节　日本知识产权数据解读

一、日本专利数据解读

（一）发明专利数据样例

日本发明专利数据样例见图 12 – 6。

JP 2020-18071 A 2020.1.30

(19)日本国特許庁(JP) (12)公 開 特 許 公 報(A) (11)特許出願公開番号

特開2020-18071
(P2020-18071A)

(43)公開日 令和2年1月30日(2020.1.30)

(51) Int.Cl.			F I			テーマコード (参考)
H02J	50/60	(2016.01)	H02J	50/60		5G503
H02J	50/12	(2016.01)	H02J	50/12		5H030
H02J	50/60	(2016.01)	H02J	50/80		5H125
H02J	7/00	(2006.01)	H02J	7/00	P	
B60L	50/40	(2019.01)	H02J	7/00	301D	

審査請求 未請求 請求項の数 10 OL (全 16 頁) 最終頁に続く

(21)出願番号 特願2018-138866 (P2018-138866)
(22)出願日 平成30年7月24日 (2018.7.24)

(71)出願人 000000262
株式会社ダイヘン
大阪府大阪市淀川区田川2丁目1番11号
(74)代理人 100114557
弁理士 河野 英仁
(74)代理人 100078868
弁理士 河野 登夫
(72)発明者 田中 良平
大阪府大阪市淀川区田川2丁目1番11号
株式会社ダイヘン内
Fターム(参考) 5G503 AA01 BA01 BB01 CA08 FA06
GB08
5H030 AA06 AS08 DD18 FF41 FF52
5H125 AA01 AC12 AC27 BE02

(54)【発明の名称】送電装置、制御方法及びコンピュータプログラム

(57)【要約】
【課題】異物を除去する為の制御を簡素化させることができる送電装置を提供する。
【解決手段】送電装置は、送電コイル3と、該送電コイル3の軸方向に直交する方向に沿って延びる一面2aを有し、前記送電コイル3を収納するケース2と、前記送電コイル3の径方向中央部にて前記送電コイル3の軸方向に延び、一端部が、前記一面を貫通して前記一面の外側に突出した軸回りに回転可能な回転軸6と、該回転軸6の一端部から径方向外向きに突出し、前記一面上を移動する異物除去部7と、前記回転軸6に動力を供給する駆動源5と、車両の存否を判定する判定部とを備え、前記判定部にて前記車両が存在すると判定された場合、前記駆動源5を脈動させる。
【選択図】図4

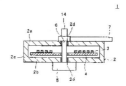

图 12-6 日本发明专利数据样例

(2)　　　　　　JP 2020-18071 A 2020.1.30

【特許請求の範囲】
【請求項1】
　　送電コイルと、
　　該送電コイルの軸方向に直交する方向に沿って延びる一面を有し、前記送電コイルを収納するケースと、
　　前記送電コイルの径方向中央部にて前記送電コイルの軸方向に延び、一端部が、前記一面を貫通して前一面の外側に突出した軸回りに回転可能な回転軸と、
　　該回転軸の一端部から径方向外向きに突出し、前記一面上を移動する異物除去部と、
　　前記回転軸に動力を供給する駆動源と、
　　車両の存否を判定する判定部と　　　　　　　　　　　　　　　　　　　　　　　10
　　を備え、
　　前記判定部にて前記車両が存在すると判定された場合、前記駆動源を駆動させる
　　送電装置。
【請求項2】
　　送電の開始操作を受け付ける受付部を備え、
　　前記判定部にて前記車両が存在すると判定され且つ前記受付部にて送電の開始を受け付けた場合、前記駆動源を駆動させる
　　請求項1に記載の送電装置。
【請求項3】
　　異物を検出する異物検出部を備え、　　　　　　　　　　　　　　　　　　　　　20
　　前記判定部にて前記車両が存在すると判定され且つ前記異物検出部にて異物を検出した場合、前記駆動源を駆動させる
　　請求項1に記載の送電装置。
【請求項4】
　　前記駆動源はモータを有し、
　　前記モータの回転後に、前記異物検出部にて異物を検出したか否か判定する第2判定部と、
　　該第2判定部にて、異物を検出したと判定した場合、前記モータの回転速度を、現回転速度よりも高い回転速度に変更するか、又は前記モータの駆動時間を、現駆動時間よりも長い駆動時間に変更する変更部と　　　　　　　　　　　　　　　　　　　　　30
　　を備え、
　　前記変更部にて変更した回転速度又は駆動時間に基づいて、前記モータを駆動させる
　　請求項3に記載の送電装置。
【請求項5】
　　前記駆動源はモータを有し、
　　前記異物検出部は、前記モータのトルクを検出するトルク検出部又は前記モータの回転速度を検出する速度検出部を含み、前記トルク検出部にて、予め定めた閾値以上のトルクを検出するか、又は前記速度検出部にて、予め定めた閾値以下の速度を検出した場合に、異物を検出したと判定する
　　請求項3に記載の送電装置。　　　　　　　　　　　　　　　　　　　　　　　40
【請求項6】
　　前記モータの回転後に、前記異物検出部にて異物を検出したか否か判定する第2判定部と、
　　該第2判定部にて、異物を検出したと判定した場合、前記モータの回転速度を、現回転速度よりも高い回転速度に変更するか、又は前記モータの駆動時間を、現駆動時間よりも長い駆動時間に変更する変更部と
　　を備え、
　　前記変更部にて変更した回転速度又は駆動時間に基づいて、前記モータを駆動させる
　　請求項5に記載の送電装置。
【請求項7】　　　　　　　　　　　　　　　　　　　　　　　　　　　　　　　　50

图12-6　日本发明专利数据样例（续）

(3)　　　JP 2020-18071 A 2020.1.30

前記駆動源を第1所定時間駆動させた後、停止させ、
前記駆動源の停止後、第2所定時間経過後に前記駆動源の駆動を再開させる
請求項1に記載の送電装置。
【請求項8】
前記送電コイルによる送電の開始後に、前記駆動源を駆動させる
請求項1から7のいずれか一つに記載の送電装置。
【請求項9】
送電コイルの径方向中央部にて前記送電コイルの軸方向に延び、前記送電コイルを収納
するケースの一面を貫通して、前記一面の外側に突出した回転軸の一端部から径方向外向
きに突出した異物除去部の駆動源の制御方法であって、　　　　　　　　　　　　　　10
車両が存在すると判定した場合、前記駆動源を駆動させる
制御方法。
【請求項10】
送電コイルの径方向中央部にて前記送電コイルの軸方向に延び、前記送電コイルを収納
するケースの一面を貫通して、前記一面の外側に突出した回転軸の一端部から径方向外向
きに突出した異物除去部の駆動源を制御する制御装置にて実行されるコンピュータプログ
ラムであって、
車両が存在すると判定した場合、前記駆動源を駆動させる
処理を実行するコンピュータプログラム。
【発明の詳細な説明】　　　　　　　　　　　　　　　　　　　　　　　　　　　　　20
【技術分野】
【0001】
本技術は、電力を送る送電装置、制御方法及びコンピュータプログラムに関する。
【背景技術】
【0002】
従来、矩形の給電面を有する非接触給電装置が提案されている。給電面には、二つのワ
イパー部が設けられている。給電面の対角線上において、二つの駆動軸が給電面の二つの
角部に配されている。ワイパー部は駆動軸に連結され、駆動軸回りに回転する。ワイパー
部の回転によって、給電面上に付着した異物が除去される（例えば特許文献1参照）。
【先行技術文献】　　　　　　　　　　　　　　　　　　　　　　　　　　　　　　　30
【特許文献】
【0003】
【特許文献1】特開2015-6056号公報
【発明の概要】
【発明が解決しようとする課題】
【0004】
非接触給電装置は複数のワイパー部同士の干渉を防止する為に、複数のワイパー部を順
番に回転させる必要があり、ワイパーの制御が複雑化し易い。
【0005】
本開示は斯かる事情に鑑みてなされたものであり、異物を除去する為の制御を簡素化さ　40
せることができる送電装置を提供することを目的とする。
【課題を解決するための手段】
【0006】
本開示に係る送電装置は、送電コイルと、該送電コイルの軸方向に直交する方向に沿っ
て延びる一面を有し、前記送電コイルを収納するケースと、前記送電コイルの径方向中央
部にて前記送電コイルの軸方向に延び、一端部が、前記一面を貫通して前記一面の外側に
突出した軸回りに回転可能な回転軸と、該回転軸の一端部から径方向外向きに突出し、前
記一面上を移動する異物除去部と、前記回転軸に動力を供給する駆動源と、車両の存否を
判定する判定部とを備え、前記判定部にて前記車両が存在すると判定された場合、前記駆
動源を駆動させる。　　　　　　　　　　　　　　　　　　　　　　　　　　　　　　50

图 12-6　日本发明专利数据样例（续）

(12)　　　JP 2020-18071 A　2020.1.30

今回開示した実施の形態は、全ての点で例示であって、制限的なものではないと考えられるべきである。各実施例にて記載されている技術的特徴は互いに組み合わせることができ、本発明の範囲は、特許請求の範囲内での全ての変更及び特許請求の範囲と均等の範囲が含まれることが意図される。

【符号の説明】
【0074】
1　送電ユニット
2　ケース
2a　第1山部
3　送電コイル　　　　　　　　　　　　　　　　　　　10
5　モータ（駆動源）
6　回転軸
7　ブレード（異物除去部）
10　送電制御ユニット（制御部）
10a　CPU
10b　RAM
10c　記憶部
13　近接センサ（距離検出部）
14　カメラ（撮像部）
15　熱センサ（熱検出部）　　　　　　　　　　　　　20
16　送電開始スイッチ（受付部）

【図1】　　　　　　　　　　　【図2】

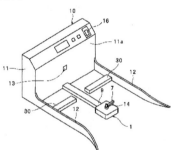

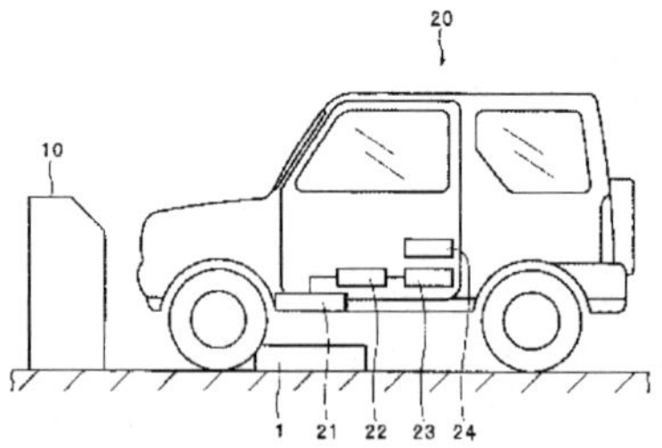

图 12 - 6　日本发明专利数据样例（续）

（二）发明专利数据字段

日本发明专利数据的主要字段如表 12 – 4 所示。

表 12 – 4　日本发明专利数据主要字段

字段名称	字段含义	样例
発行国	公开国	日本国特許庁（JP）
公報種別	官方公报的种类及代码	公開特許公報（A）
公開番号	专利文献号	特開 2020 – 18071（P2020 – 18071A）
公開日	申请公布日期	令和 2 年 1 月 30 日（2020.1.30）
Int. Cl.	国际专利分类号	H02J50/60（2016.01） H02J50/12（2016.01） H02J50/80（2016.01） H02J7/00（2006.01） B60L50/40（2019.01） B60L50/50（2019.01） B60L53/00（2019.01） B60L55/00（2019.01） B60L58/00（2019.01） B60M7/00（2006.01） H01M10/46（2006.01）
FI	FI 分类	H02J50/60 H02J50/12 H02J50/80 H02J7/00　　　　P H02J7/00　　　　301D B60L11/18　　　C B60M7/00　　　　X H01M10/46
テーマコード（参考）	主题代码（参考）	5G503 5H030 5H125
審査請求	审查请求	未請求
請求項の数	权利要求数量	10
出願形態	申请形式	OL
全頁数	总页数	16
出願番号	申请号	特願 2018 – 138866（P2018 – 138866）
出願日	申请日期	平成 30 年 7 月 24 日（2018.7.24）

字段名称	字段含义	样例
出願人	申请人	【識別番号】000000262 【氏名又は名称】株式会社ダイヘン
代理人	代理人	【識別番号】100114557 【弁理士】 【氏名又は名称】河野　英仁
発明者	发明人	【氏名】田中　良平
【Fターム（参考）】	Fterm 分类（参考）	5G503 AA01 BA01 BB01 CA08 FA06 GB08
発明の名称	发明名称	送電装置、制御方法及びコンピュータプログラム
要約	摘要	内容略
選択図	摘要附图	内容略
請求の範囲	权利要求	内容略
詳細な説明	说明书	内容略
技術分野	技术领域	内容略
背景技術	背景技术	内容略
先行技術文献	现有技术文献	内容略
発明の概要	发明概述	内容略
発明が解決しようとする課題	本发明要解决的问题	内容略
課題を解決するための手段	解决问题的手段	内容略
発明の効果	本发明的效果	内容略
図面の簡単な説明	附图的简要说明	内容略
発明を実施するための形態	具体实施方式	内容略
符号の説明	代码说明	内容略

（三）实用新型专利数据样例

日本实用新型专利数据样例见图 12 - 7。

(19)日本国特許庁（JP）　　　(12) 登録実用新案公報 (U)　　　(11)実用新案登録番号

第3029801号

(45)発行日　平成8年(1996)10月11日　　　　　　　　　　　　(24)登録日　平成8年(1996)7月24日

(51)Int.Cl.⁶　　　　　　識別記号　庁内整理番号　　　FI　　　　　　　　　技術表示箇所
D07B　3/08　　　　　　　　　　　　　　　　　　　D07B　3/08

評価書の請求　未請求　請求項の数1　OL　（全8頁）

(21)出願番号　実願平8－2567

(22)出願日　平成8年(1996)4月4日

(73)実用新案権者　000187460
　　　松浦産業株式会社
　　　香川県善通寺市上吉田町270番地の1
(72)考案者　松浦　公之
　　　香川県善通寺市原田町土居1492－2
(74)代理人　弁理士　久保　司

(54)【考案の名称】　合成樹脂ロープの製造装置

(57)【要約】
【課題】　撚る工程が1度のみでも簡単にはバラケない
ロープが得られ、従来よりも少ない工程で安価に作成で
き、しかも、得られるロープは外周がソフトなものとな
り、手当たりもよいものを製造する装置として場所を取
らないコンパクトなものであり、無駄な動きがなく効率
よくロープを製作できるものである。
【解決手段】　原反テープ3を複数近接させて通過させ
る孔を設けた集束ガイドプレート14は巻き取り方向に回
転させるボビン1に対して回転方向と直交する方向でか
つボビン1と離れて並ぶように設け、このガイドプレー
ト14に温風ヒーター9の吹き出しノズル9aを近接さ
せ、また、ボビン1はその巻き取り幅方向に往来するリ
ング2内に置き、このリング2にボビン1に巻き取られ
る撚り合わせ後の原反テープをガイドする小輪体16を移
動可能に設けた。

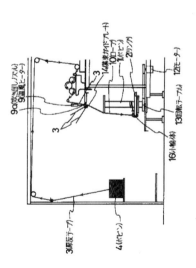

図 12－7　日本实用新型专利数据样例

(2)   実登３０２９８０１

1

【実用新案登録請求の範囲】
【請求項１】　原反テープを複数近接させて通過させる
孔を設けた集束ガイドプレートは巻き取り方向に回転さ
せるボビンに対して回転方向と直交する方向でかつボビ
ンと離れて並ぶように設け、このガイドプレートに温風
ヒーターの吹き出しノズルを近接させ、また、ボビンは
その巻き取り幅方向に往来するリング内に置き、このリ
ングにボビンに巻き取られる撚り合わせ後の原反テープ
をガイドする小輪体を移動可能に設けたことを特徴とし
た合成樹脂ロープの製造装置。
【図面の簡単な説明】
【図１】本考案の合成樹脂製ロープの製造装置の１実施
形態を示す説明図である。
【図２】本考案の集束ガイドプレートの説明図である。
【図３】本考案の巻き取り用ボビンの右撚りの状態の側
面図である。
【図４】本考案の巻き取り用ボビンの右撚りの状態の平
面図である。
【図５】本考案の巻き取り用ボビンの左撚りの状態の側
面図である。
【図６】本考案の巻き取り用ボビンの左撚りの状態の平

2

＊面図である。
　【図７】従来例を示す説明図である。
　【図８】合成樹脂製ロープの製造方法の１つを示す説明
図である。
　【図９】図８による製造方法で得られたロープの縦断面
図である。
　【符号の説明】
10　　１…ボビン　　　　　　　　　　２…リング
　　　３…原反テープ
　　　４，４ａ，４ｂ，４ｃ…ボビン　　５ａ，５ｂ，５
　　　ｃ…引出しガイド
　　　６…集束ガイド　　　　　　　　７…巻取りドラ
　　　　　　　　　　　　　　　　　　ム
　　　８…回転体　　　　　　　　　　９…温風ヒータ
　　　　　　　　　　　　　　　　　　ー
　　　９ａ…吹き出しノズル　　　　　10…ロープ
　　　10ａ…中心部　　　　　　　　　10ｂ…外周
　　　12…モーター　　　　　　　　　13…回転テープ
　　　　　　　　　　　　　　　　　　ル
20　　14…集束ガイドプレート　　　　14ａ…孔
　　　16…小輪体
＊

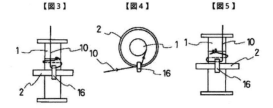

図 12 - 7　日本实用新型专利数据样例（续）

(4)　　　　　　　　　　実登3029801

【考案の詳細な説明】

【0001】

【考案の属する技術分野】

本考案は、ポリプロピレン等の合成樹脂製原反テープを用いて製作する合成樹脂ロープの製造装置に関するものである。

【0002】

【従来の技術】

かかる合成樹脂製ロープは、一例として手さげバック用の持手紐や一般包装用の梱包紐、そして電線の介在糸などとして利用されるものである。

【0003】

考案者は先に合成樹脂ロープの製造方法として特開昭62-156376 号公報に示すものを発明し、出願した。これは図7に示すような装置を用いたもので、図中4a，4b，4cは、原反テープ（糸）3を巻取り収納してあるボビンで、この数は図示のごとく3個の場合に限らず2～10個程度が利用できる。

【0004】

図中5a，5b，5cはボビン4a，4b，4cからの原反テープ3の引出しガイド、6は集束ガイド、7は巻取りドラムで、中でもこの巻取りドラム自体はモーター（図示せず）の力で巻き取り方向に回転するのみならずその外側に回転枠8を設け、これを回転させることにより軸線に対し直角方向にも回転する。

【0005】

図中9は温風ヒーターで、その吹き出しノズル9aは前記集束ガイド6の前面に向けられ、内部にファン等のエアー供給装置とこれからのエアーが通過する電熱ヒーターを内蔵した。

【0006】

このようにして各ボビン4a，4b，4cから撚らないで単に束ねられただけの状態で引出された原反テープ3は各ガイド5a，5b，5cを通過し、集束ガイド6へと集められる。

【0007】

ここで、回転枠8により巻取りドラム7が軸と直角に回転することにより図8

图 12-7　日本实用新型专利数据样例（续）

（四）实用新型专利数据字段

日本实用新型专利数据的主要字段如表 12 – 5 所示。

表 12 – 5　日本实用新型专利数据主要字段

字段名称	字段含义	样例
発行国	公开国	日本国特許庁（JP）
公報種別	官方公报的种类及代码	登録実用新案公報（U）
公開番号	专利文献号	第 3029801 号
登録日	注册日	平成 8 年（1996）7 月 24 日
発行日	公告日	平成 8 年（1996）10 月 11 日
Int. Cl^6	国际专利分类号第 6 版	D07B 3/08
FI	FI 分类	D07B 3/08
評価書の請求	要求评估报告	未請求
請求項の数	权利要求数量	1
出願形態	申请形式	OL
全頁数	总页数	16
出願番号	申请号	実願平 8 – 2567
出願日	申请日期	平成 8 年（1996）4 月 4 日
実用新案権者	实用新型权利人	【識別番号】000187460 【氏名又は名称】松浦産業株式会社
代理人	代理人	【弁理士】 【氏名又は名称】久保　司
考案者	实用新型发明人	【氏名】松浦　公之
考案の名称	实用新型名称	合成樹脂ローブの製造装置
要約	摘要	内容略
選択図	摘要附图	内容略
請求の範囲	权利要求	内容略
詳細な説明	说明书	内容略
考案の属する技術分野	实用新型所属技术领域	内容略
従来の技術	现有技术	内容略
考案の実施の形態	实用新型实施例	内容略
考案の効果	实用新型效果	内容略
図面の簡単な説明	附图的简要说明	内容略
図面	说明书附图	内容略

（五）外观设计专利数据样例

日本外观设计专利数据样例见图12-8。

（19）【発行国・地域】日本国特許庁（JP）
（45）【発行日】令和2年10月12日（2020.10.12）
（12）【公報種別】意匠公報（S）
（11）【登録番号】意匠登録第1669899号（D1669899）
（24）【登録日】令和2年9月23日（2020.9.23）
（54）【意匠に係る物品】Case for mobile telephones
（54）【意匠に係る物品の訳（参考）】携帯電話機用ケース
（52）【意匠分類】H7-4390
（51）【国際意匠分類】Loc（12）Cl.3-01
【Dターム】H7-4390VZA
（21）【出願番号】意願2019-500852（D2019-500852）
（11）【国際登録番号】DM/203467
【意匠番号】1
（15）（22）【出願日（国際登録日）】令和1年9月5日（2019.9.5）
（45）【国際公表日】令和2年3月6日（2020.3.6）
（72）【創作者】
【氏名】Steven Armstrong
【住所又は居所】28202 Cabot Road, Suite 300, 92677 Laguna
Niguel, US
（73）【意匠権者】
【氏名又は名称】Urban Armor Gear, LLC
【住所又は居所】28202 Cabot Rd. Ste 300, 92677 Laguna Nigu
el, United States of America
【審査官】中田　博康
（55）【意匠の説明】The features shown in broken lines, and
any surfaces of the design not shown, including i
nterior surfaces, form no part of the claimed desi
gn. 1.1）Perspective; 1.2）Perspective; 1.3）Front; 1
.4）Back; 1.5）Right; 1.6）Left; 1.7）Top; 1.8）Bottom
（55）【意匠の説明の訳（参考）】破線で示された特徴、及び意匠の内側を含む図示されない一切の表面につ
いては、登録を求める意匠の部分を構成しない。 1.1）斜視図; 1.2）斜視図; 1.3）正面図;
1.4）背面図; 1.5）右側面図; 1.6）左側面図; 1.7）平面図; 1.8）底面図
【図面】
【1.2】

图12-8　日本外观设计专利数据样例

(2)   意匠登録１６６９８９９

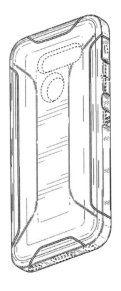

【1.1】

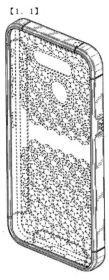

图 12 –8　日本外观设计专利数据样例（续）

(3)　　　　　　　　　　　　　　　　意匠登録１６６９８９９

【1. 3】

【1. 4】

图 12 – 8　日本外观设计专利数据样例（续）

(4)   意匠登録１６６９８９９

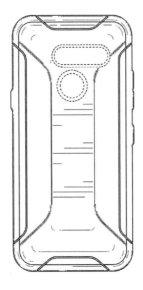

【1．5】

图 12 - 8   日本外观设计专利数据样例（续）

(5)　　　　　　　　　　　　　　　　意匠登録１６６９８９９

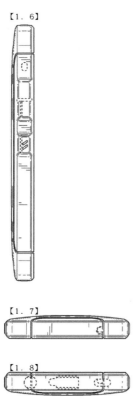

【1.6】

【1.7】

【1.8】

（56）【参考文献】意登１５５９９７１　大韓民国意匠商標公報、（２０１８－１２－１７）、３０－０９８
５５９２、（特許庁意匠課公知資料番号ＨＨ３０４４２８３８）　米国特許商標公報、１１Ｗ４１号、（２０１
１－１０－１１）、Ｄ６４６６７３、（特許庁意匠課公知資料番号ＨＨ２３３１８１９１）

图 12 -8　日本外观设计专利数据样例（续）

（六）外观设计专利数据字段

日本外观设计专利数据的主要字段含义如表 12 - 6 所示。

表 12 - 6　日本外观设计专利数据主要字段含义

字段名称	字段含义	样例
発行国・地域	公开国	日本国特許庁（JP）
発行日	公告日	令和 2 年 10 月 12 日（2020.10.12）
公報種別	官方公报的种类及代码	意匠公報（S）
登録番号	注册号码	意匠登録第 1669899 号（D1669899）
意匠に係る物品	外观设计名称	Case for mobile telephones
意匠に係る物品の訳（参考）	外观设计名称翻译（参考）	携帯電話機用ケース
意匠分類	设计分类	H7 - 4390
国際意匠分類	国际设计分类	Loc（12）Cl.3 - 01
Dターム	日语设计分类	H7 - 4390VZA
出願番号	申请号	意願 2019 - 500852（D2019 - 500852）
国際登録番号	国际注册号	DM/203467
出願日（国際登録日）	申请日期（国际注册日期）	令和 1 年 9 月 5 日（2019.9.5）
国際公表日	国际出版日期	令和 2 年 3 月 6 日（2020.3.6）
創作者	创作者	【氏名】 Steven Armstrong
意匠権者	设计权人	【氏名又は名称】 Urban Armor Gear，LLC
審査官	审查员	中田　博康
意匠の説明	设计说明	The features shown in broken lines, and any surfaces of the design not shown, including interior surfaces, form no part of the claimed design. 1.1）Perspective；1.2）Perspective；1.3）Front；1.4）Back；1.5）Right；1.6）Left；1.7）Top；1.8）Bottom
意匠の説明の訳（参考）	设计说明翻译（参考）	破線で示された特徴、及び意匠の内側を含む図示されない一切の表面については、登録を求める意匠の部分を構成しない。1.1）斜視図；1.2）斜視図；1.3）正面図；1.4）背面図；1.5）右側面図；1.6）左側面図；1.7）平面図；1.8）底面図

续表

字段名称	字段含义	样例
图面、背面图、左侧面图、右侧面图、平面图、底面图	图、后视图、左侧视图、右侧视图、平面图、底视图	内容略
参考文献	参考文献	意登 1559971 大韓民国意匠商標公報、（2018－12－17）、30－0985592（特許庁意匠課公知資料番号 HH30442838） 米国特許商標公報、11W41 号、（2011－10－11）、D646673（特許庁意匠課公知資料番号 HH23318191）

二、日本商标数据解读

（一）数据样例

日本商标申请注册数据和商标法律状态数据样例分别见图 12－9 至图 12－16，分别就英文及日文界面的日本商标进行展示。

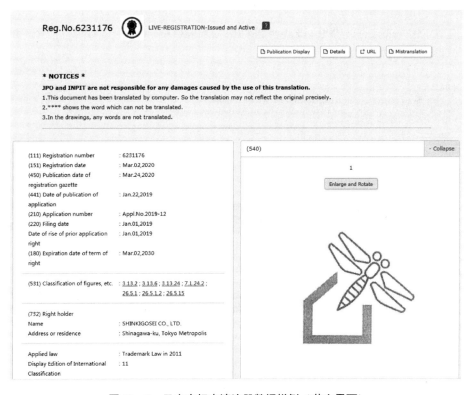

图 12－9　日本商标申请注册数据样例（英文界面）

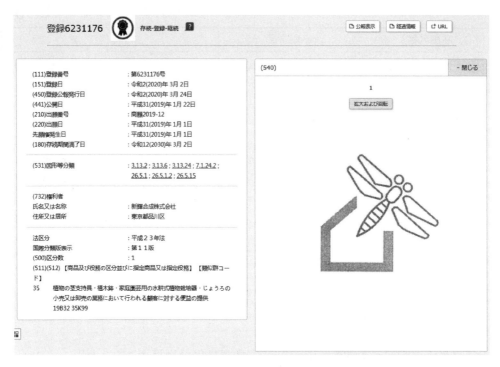

图 12 – 10　日本商标申请注册数据样例（日文界面）

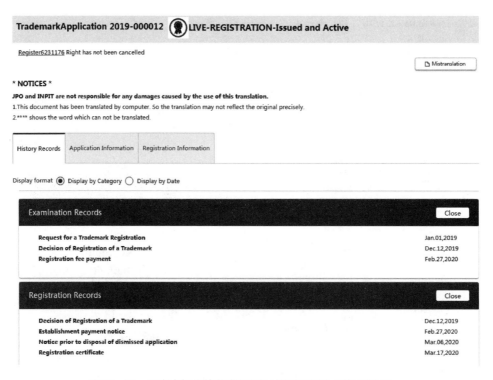

图 12 – 11　日本商标法律状态数据审查流程样例（英文界面）

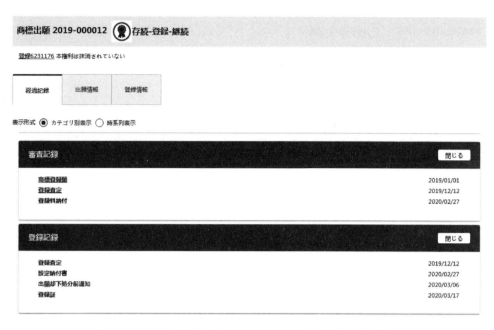

图 12 – 12 日本商标法律状态数据审查流程样例（日文界面）

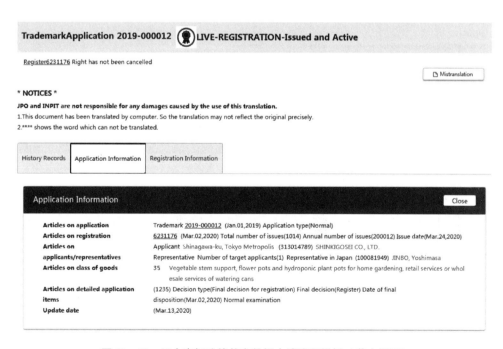

图 12 – 13 日本商标法律状态数据申请流程样例（英文界面）

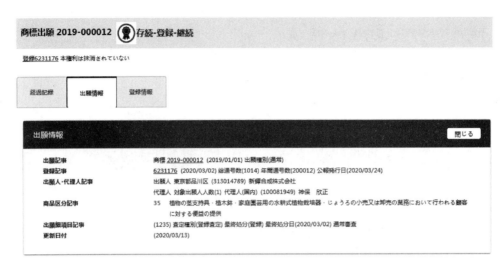

图 12 - 14 日本商标法律状态数据申请流程样例（日文界面）

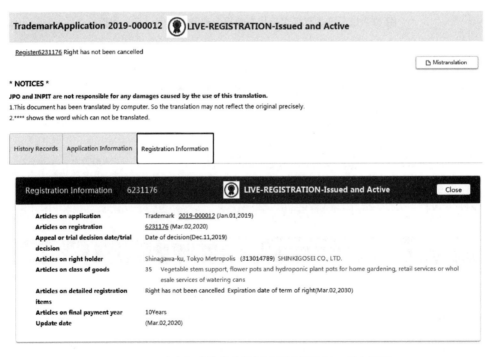

图 12 - 15 日本商标法律状态数据注册流程样例（英文界面）

图 12 – 16 日本商标法律状态数据注册流程样例（日文界面）

（二）数据字段

日本商标数据的主要字段如表 12 – 7 所示。

表 12 – 7 日本商标数据主要字段

分类	英语字段名称	日语字段名称	字段含义	样例
	—	—	商标当前状态	存続 – 登録 – 継続
	—	—	商标图片	
	（111）Registration number	（111）登録番号	注册号码	第 6231176 号
商标申请注册数据	（151）Registration date	（151）登録日	注册日期	令和 2（2020）年 3 月 2 日
	（210）Application number	（210）出願番号	申请号码	商願 2019 – 12
	（220）Filing date	（220）出願日	申请日期	平成 31（2019）年 1 月 1 日
	Date of rise of prior application right	先願権発生日	优先权日期	平成 31（2019）年 1 月 1 日
	Date of request for renewal	更新申請日	申请续展的日期	平成 27（2015）年 8 月 28 日

分类	英语字段名称	日语字段名称	字段含义	样例
商标申请注册数据	(260) Publication number of examined application	(260) 公告番号	公告期号	平 6 – 86470
	(441) Date of publication of application	(441) 公開日	公开日期	平成 31（2019）年 1 月 22 日
	(442) Publication date of examined application	(442) 公告日	公告日期	平成 6（1994）年 11 月 21 日
	Date of final disposition	最終処分日	最终决定日期	平成 27（2015）年 7 月 28 日
	Final decision type	最終処分種別	最终决定类型	出願却下（方式指令）
	(450) Publication date of registration gazette	(450) 登録公報発行日	注册公告公开日	令和 2（2020）年 3 月 24 日
	(156) Renewal registration date	(156) 更新登録日	续展注册日期	平成 27（2015）年 9 月 8 日
	(180) Expiration date of term of right	(180) 存続期間満了日	权利届满日期	令和 12（2030）年 3 月 2 日
	Trademark (for search)	商標（検索用）	商标名称（检索用）	北海道新幹線
	(531) Classification of figures, etc.	(531) 図形等分類	图形分类	3.13.2；3.13.6；3.13.24；7.1.24.2；26.5.1；26.5.1.2；26.5.15
	(541) Registered trademark (standard characters)	(541) 標準文字商標	商标名称	北海道新幹線
	(561) Pronunciation (Reference Information)	(561) 称呼（参考情報）	商标发音	ホッカイドーシンカンセン，シンカンセン

分类	英语字段名称	日语字段名称	字段含义	样例
商标申请注册数据	（731）Applicant name	（731）出願人：氏名又は名称	申请人名称	ベストライセンス株式会社
	（731）Applicant address or residence	（731）出願人：住所又は居所	申请人地址	大阪府茨木市
	（732）Right holder name	（732）権利者：氏名又は名称	权利人名称	新輝合成株式会社
	（732）Right holder address or residence	（732）権利者：住所又は居所	权利人地址	東京都品川区
	Additional information	付加情報	附加信息	標準文字
	Former classification	旧類	以前分类	41
	Applied law	法区分	商标法	平成23年法
	Display Edition of International Classification	国際分類版表示	国际分类版本号	第11版
	（500）Number of classes	（500）区分数	商标商品与服务分类的个数	1
	（511）［Classes of goods and services and designated goods or designated services］	（511）【商品及び役務の区分並びに指定商品又は指定役務】	商标商品与服务分类及商标与服务项目名称	35 植物の茎支持具・植木鉢・家庭園芸用の水耕式植物栽培器・じょうろの小売又は卸売の業務において行われる顧客に対する便益の提供
	（512）［Similar group code（reference）］	（512）【類似群コード】	类似群	19B32 35K99
商标法律状态信息（审查流程历史）	Examination records	審査記録	审查流程	商標登録願
	Registration records	登録記録	注册流程	表示変更登録申請書（住所）
	—	—	流程发生的日期	2019/01/01

分类	英语字段名称	日语字段名称	字段含义	样例
商标法律状态信息（申请流程信息）	Articles on application	出願記事	申请相关信息	2018－000012（2018/01/01）出願種（通）
	Articles on publication after examination	公告記事	公开相关信息	平06－086470（1994/11/21）総通号（5542）年間通号（940173）
	Articles on registration	登録記事	注册相关信息	3068872（1995/08/31）年間通号（950079）公報発行（1995/12/22）
	Articles on applicants/representatives	出願人・代理人記事	申请人/代理人信息	大阪府茨木市（714011053）ベストライセンス株式会社
	Articles on class of goods	商品区分記事	商品与服务分类及信息	9電気通信機械器具，理化学機械器具，測定機械器具，配電用又は制御用の機械器具，電池，電気磁気測定器，電線及びケーブル，写真機械器具，映画機械器具，光学機械器具
	Articles on trademark name	商標名記事	商标名称信息	S・PRESS
	Articles on pronunciation	称呼記事	商标发音信息	エスプレスプレス
	Articles on standard character marks	標準文字マーク記事	文字商标信息	標準文字使用有り
	Articles on detailed application items	出願細項目記事	申请详细信息	（9390）査定種別（査定無し）最終処分（出願却下処分（方式指令））最終処分日（2018/10/31）通常審査

续表

分类	英语字段名称	日语字段名称	字段含义	样例
商标法律状态信息（申请流程信息）	Articles on presence of color in trademarks	商標の色彩の有無記事	商标颜色信息	有り
	Articles on Article 3 – 2 of Trademark Law	商標法 3 条 2 項記事	商标法条信息	3 条 2 項適用無し
	Articles on flag for the proviso regarding color	色彩の但し書フラグ記事	商标指定颜色信息	不適用
	Articles on errata for publication after examination	公告正誤表記事	公告更正信息	年間通号数（950006）公報発行日（1995/01/12）住所変更
	Update date	更新日付	更新日期	2018/11/01
商标法律状态信息（注册流程信息）	Articles on application	出願記事	申请相关信息	商標平 04 – 291070（1992/09/30）
	Articles on publication after examination	公告記事	公开相关信息	平 06 – 086470（1994/11/21）
	Articles on registration	登録記事	注册相关信息	3068872（1995/08/31）
	Appeal or trial decision date/trial decision	査定日・審決日記事	评审相关信息	査定日（1995/03/09）
	Articles on renewal registration of trademarks	商標更新登録記事	注册商标续展信息	出願日（2005/08/24）登録日（2005/08/30）
	Articles on right holder	権利者記事	权利人信息	愛知県名古屋市株式会社中電シーティーアイ
	Articles on class of goods	商品区分記事	商品与服务分类及信息	41 スーパーコンピュータに関する知識の教授
	Articles on detailed registration items	登録細項目記事	注册详细信息	本権利は抹消されていない存続期間満了日（2025/08/31）

续表

分类	英语字段名称	日语字段名称	字段含义	样例
商标法律状态信息（注册流程信息）	Articles on final payment year	最終納付年分記事	年费缴纳信息	10 年
	Update date	更新日付	更新日期	2015/09/08

第三节　韩国知识产权数据解读

一、韩国专利数据解读

（一）发明专利数据样例

韩国发明专利数据样例见图 12 - 17。

图 12 - 17　韩国发明专利数据样例

등록특허 10-1979869

명세서

청구범위

청구항 1

BCI(Brain Computer Interface)를 위한 웨어러블 디바이스에 있어서,

사용자의 한쪽 귀에 거치하여 상기 사용자의 머리 부위에 착용 가능한 하우징;

상기 하우징의 일 영역에 부착되고, 상기 사용자의 뇌파 신호를 측정하는 EEG 센서; 및

상기 사용자의 뇌파 신호를 처리하는 프로세서;를 포함하고,

상기 EEG 센서는,

기 설정된 시간 동안 사용자의 뇌파 신호를 센싱하고,

상기 프로세서는,

상기 센싱된 뇌파 신호로부터 복수개의 뇌파 신호들을 샘플링하고,

상기 샘플링된 복수개의 뇌파 신호들을 유사성에 따라 복수개의 그룹들로 분류하고,

상기 프로세서는,

상기 복수개의 그룹들 각각을 적어도 하나의 외부 디바이스의 적어도 하나의 기능에 매핑하고,

상기 EEG 센서는,

상기 사용자의 특정 뇌파 신호를 센싱하고,

상기 프로세서는,

상기 특정 뇌파 신호가 상기 복수개의 그룹들 중 어느 그룹에 해당하는 뇌파 신호인지를 판단하고, 상기 특정 뇌파 신호에 해당하는 그룹에 매핑된 적어도 하나의 기능이 활성화되도록 제어하는, 웨어러블 디바이스.

청구항 2

제 1 항에 있어서,

상기 하우징은,

상기 사용자의 한쪽 귀에 거치 가능한 귀걸이부;와 상기 사용자의 머리의 일 측면에 밀착 가능한 밀착부를 포함하는, 웨어러블 디바이스.

청구항 3

제 2 항에 있어서,

상기 귀걸이부의 일 영역이 전도성 고무로 구성되고,

상기 밀착부는 상기 사용자의 머리의 일 부위에 지속적인 가압력을 부여하는 텐션 바(tension bar)로 구성되는, 웨어러블 디바이스.

청구항 4

제 3 항에 있어서,

상기 전도성 고무는 상기 뇌파 신호에 대한 접지(GND) 및 레퍼런스(REF) 역할을 하는, 웨어러블 디바이스.

청구항 5

제 1 항에 있어서,

图 12 – 17　韩国发明专利数据样例（续）

등록특허 10-1979869

청구항 12

제 10 항에 있어서,

상기 사용자의 특정 뇌파 신호를 획득하는 단계;

상기 특정 뇌파 신호가 상기 복수개의 그룹들 중 어느 그룹에 해당하는 뇌파 신호인지를 판단하는 단계; 및

상기 특정 뇌파 신호에 해당하는 그룹에 대한 정보를 상기 사용자에게 제공하는 단계;를 더 포함하는, 방법.

청구항 13

삭제

청구항 14

제 10 항 내지 제 12 항 중 어느 한 항의 방법을 컴퓨터에서 실행시키기 위한 프로그램을 기록한 컴퓨터로 읽을 수 있는 기록매체.

발명의 설명

기 술 분 야

[0001] 본 개시는 BCI(Brain Computer Interface)를 위한 웨어러블 디바이스에 관한 것이다.

배 경 기 술

[0002] 사람의 뇌는 다양한 활동에 따라 특정 부위에서 활성화가 일어난다. 예를 들어, 사람이 팔을 움직이거나 하는 행동을 하는 경우, 운동 중추를 담당하는 뇌의 영역에서 활성화가 일어나며, 이러한 반응은 뇌전도(EEG), fMRI, MEG, NIRs 같은 방법으로 측정이 가능하다.

[0003] 뇌파 신호의 인지적 속성(cognitive property)을 분석하기 위해 뇌 컴퓨터 간 인터페이스(BCI; Brain Computer Interface))를 처리하는 기술들이 개발되고 있다.

발명의 내용

해결하려는 과제

[0004] 본 실시예들에 따르면, BCI(Brain Computer Interface)를 위한 웨어러블 디바이스 및 그의 동작 방법을 제공한다.

과제의 해결 수단

[0005] 제 1 측면에 따라, BCI(Brain Computer Interface)를 위한 웨어러블 디바이스는, 사용자의 한쪽 귀에 거치하여 사용자의 머리 부위에 착용 가능한 하우징; 하우징의 일 영역에 부착되고, 사용자의 뇌파 신호를 측정하는 EEG 센서; 및 사용자의 뇌파 신호를 처리하는 프로세서;를 포함할 수 있다.

[0006] 제 2 측면에 따라, BCI(Brain Computer Interface)를 위한 웨어러블 디바이스의 동작 방법은, 기 설정된 시간 동안 사용자의 뇌파 신호를 센싱하는 단계; 센싱된 뇌파 신호로부터 복수개의 뇌파 신호들을 샘플링하는 단계; 및 샘플링된 복수개의 뇌파 신호들을 유사성에 따라 복수의 그룹들로 분류하는 단계;를 포함할 수 있다.

[0007] 제 3 측면에 따른 컴퓨터로 읽을 수 있는 기록매체는 상술한 방법을 컴퓨터에서 실행시키기 위한 프로그램을 기록한 기록매체를 포함한다.

발명의 효과

[0008] 본 발명의 실시 예들에 따르면, 웨어러블 디바이스는 귀걸이부 및 밀착부를 통해 사용자의 착용감을 향상시키는 동시에 심한 운동과 충격 등의 경우에도 쉽게 이탈되지 않아 신뢰성, 안전성, 편의성을 사용자에게 제공할 수 있다.

[0009] 또한, 웨어러블 디바이스는 센싱된 뇌파 신호로부터 복수개의 뇌파 신호들을 샘플링하고, 샘플링된 복수개의 뇌

- 5 -

图 12 – 17　韩国发明专利数据样例 (续)

등록특허 10-1979869

과 신호들을 유사성에 따라 복수개의 그룹들로 분류하는 방법을 개시하는 바, 뇌파 신호(특히, 전두엽으로부터의 뇌파 신호)를 보다 효과적으로 해석하는 방법을 제공한다. 또한, 웨어러블 디바이스는 기 분류된 복수개의 그룹들을 통해, 사용자의 뇌파 신호에 대응하여, 외부 디바이스를 보다 효과적으로 제어할 수 있는 방법을 제공한다.

도면의 간단한 설명

[0010] 본 발명은, 다음의 자세한 설명과 그에 수반되는 도면들의 결합으로 쉽게 이해될 수 있으며, 참조 번호(reference numerals)들은 구조적 구성요소(structural elements)를 의미한다.

도 1은 일 실시예에 따라, BCI(Brain Computer Interface)를 위한 웨어러블 디바이스를 나타내는 블록도이다.

도 2a 내지 2d는, 웨어러블 디바이스의 하우징의 실시예들을 나타낸다.

도 3은 웨어러블 디바이스가 사용자의 뇌파 신호를 복수의 그룹들로 분류하는 실시예를 나타낸다.

도 4는 웨어러블 디바이스가 사용자의 뇌파 신호를 복수의 그룹들로 분류하는 구체적인 실시예를 나타낸다.

도 5는 웨어러블 디바이스가 복수의 그룹들로 분류된 뇌파 신호들을 활용하는 일 실시예를 나타낸다.

도 6은 웨어러블 디바이스가 복수의 그룹들로 분류된 뇌파 신호들을 활용하는 다른 실시예를 나타낸다.

도 7은 BCI를 위한 웨어러블 디바이스가 동작하는 방법을 설명하는 도면이다.

발명을 실시하기 위한 구체적인 내용

[0011] 이하 첨부된 도면을 참조하면서 오로지 예시를 위한 실시예들을 상세히 설명하기로 한다. 하기 실시예는 기술적 사상을 구체화하기 위한 것일 뿐 권리범위를 제한하거나 한정하는 것이 아님은 물론이다. 상세한 설명 및 실시예로부터 해당 기술분야에 속하는 전문가가 용이하게 유추할 수 있는 것은 권리범위에 속하는 것으로 해석된다.

[0012] 본 명세서에서 사용되는 "구성된다" 또는 "포함한다" 등의 용어는 명세서 상에 기재된 여러 구성 요소들, 또는 여러 단계들을 반드시 모두 포함하는 것으로 해석되지 않아야 하며, 그 중 일부 구성 요소들 또는 일부 단계들은 포함되지 않을 수도 있고, 또는 추가적인 구성 요소 또는 단계들을 더 포함할 수 있는 것으로 해석되어야 한다. 또한, 명세서에 기재된 "...부", "모듈" 등의 용어는 적어도 하나의 기능이나 동작을 처리하는 단위를 의미하며, 이는 하드웨어 또는 소프트웨어로 구현되거나 하드웨어와 소프트웨어의 결합으로 구현될 수 있다.

[0013] 또한, 본 명세서에서 사용되는 "제 1" 또는 "제 2" 등과 같이 서수를 포함하는 용어는 다양한 구성 요소들을 설명하는데 사용할 수 있지만, 이러한 용어들은 하나의 구성 요소를 다른 구성 요소로부터 구별하거나 설명의 편의를 위한 목적으로 사용될 수 있다.

[0014] 이하에서는 도면을 참조하여 실시예들을 상세히 설명한다.

[0015] 도 1은 일 실시예에 따라, BCI(Brain Computer Interface)를 위한 웨어러블 디바이스를 나타내는 블록도이다.

[0016] 웨어러블 디바이스(100)는 하우징(housing)(110), EEG(electroencephalogram) 센서(120), 프로세서(130)를 포함할 수 있다. 도 1에 도시된 웨어러블 디바이스(100)는 본 실시예와 관련된 구성요소들만이 도시되어 있다. 따라서, 도 1에 도시된 구성요소들 외에 다른 범용적인 구성요소들이 더 포함될 수 있음을 본 실시예와 관련된 기술분야에서 통상의 지식을 가진 자라면 이해할 수 있다.

[0017] 하우징(110)은 사용자의 한쪽 귀에 거치하여 사용자의 머리 부위에 착용 가능할 수 있다. 일 실시예에 따라, 하우징(110)은 사용자의 한쪽 귀에 거치 가능한 귀걸이부과 사용자의 머리의 일 측면에 밀착 가능한 밀착부로 구성될 수 있다. 따라서, 웨어러블 디바이스(100)는 하우징(110)을 통해 사용자의 머리 부위에 고정될 수 있다.

[0018] 일 실시예에 따라, 하우징(110)의 일 부분은 전도성 고무로 구성될 수 있다. 일 실시예에 따라, 하우징(110)의 귀걸이부의 일 영역이 전도성 고무로 구성될 수 있다. 따라서, 웨어러블 디바이스(100)는 전도성 고무로 구성된 하우징(110)을 통해, 사용자의 착용감 및 웨어러블 디바이스(100)의 고정력을 향상시킬 수 있다. 또한, 하우징(110)의 전도성 고무는 EEG 센서(120)가 센싱하는 뇌파 신호에 대한 접지(GND) 및 레퍼런스(REF) 역할을 할 수 있다. 또한, 다른 실시예에 따라, 하우징(110)의 귀걸이부는 형상 변형이 가능한 고무로 구성될 수 있다.

[0019] 일 실시예에 따라, 하우징(110)의 밀착부는 사용자의 머리의 일 부위에 밀착 가능한 텐션 바(tension bar)로 구

图 12 - 17 韩国发明专利数据样例（续）

등록특허 10-1979869

능적인 연결 및/또는 물리적 또는 회로적 연결들을 예시적으로 나타낸 것으로서, 실제 장치에서는 대체 가능하거나 추가의 다양한 기능적인 연결, 물리적인 연결, 또는 회로 연결들로서 나타내어질 수 있다.

[0076] 본 명세서(특히 특허청구범위에서)에서 "상기"의 용어 및 이와 유사한 지시 용어의 사용은 단수 및 복수 모두에 해당하는 것일 수 있다. 또한, 범위(range)를 기재한 경우 상기 범위에 속하는 개별적인 값을 포함하는 것으로서(이에 반하는 기재가 없다면), 상세한 설명에 상기 범위를 구성하는 각 개별적인 값을 기재한 것과 같다. 마지막으로, 방법을 구성하는 단계들에 대하여 명백하게 순서를 기재하거나 반하는 기재가 없다면, 상기 단계들은 적당한 순서로 행해질 수 있다. 반드시 상기 단계들의 기재 순서에 한정되는 것은 아니다. 모든 예들 또는 예시적인 용어(예를 들어, 등등)의 사용은 단순히 기술적 사상을 상세히 설명하기 위한 것으로서 특허청구범위에 의해 한정되지 않는 이상 상기 예들 또는 예시적인 용어로 인해 범위가 한정되는 것은 아니다. 또한, 당업자는 다양한 수정, 조합 및 변경이 부가된 특허청구범위 또는 그 균등물의 범주 내에서 설계 조건 및 팩터에 따라 구성될 수 있음을 알 수 있다.

도면

도면1

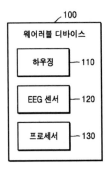

- 11 -

图 12 - 17 韩国发明专利数据样例（续）

（二）发明专利数据字段

韩国发明专利数据的主要字段如表 12 - 8 所示。

表 12 - 8　韩国发明专利数据主要字段

字段名称	字段含义	样例
—	WIPO 标准 ST. 3 规定的代码或公布文献的局或组织的其他标识	대한민국특허청（KR）
—	文献种类	등록특허공보（B1）
공고일자	公告日	2019 년 05 월 17 일
등록번호	公告号	10 - 1979869
등록일자	注册日	2019 년 05 월 13 일
국제특허분류（Int. Cl.）	国际专利分类（国际分类）	G06F 3/01（2006. 01） A61B 5/04（2006. 01） A61B 5/0478（2006. 01）
CPC 특허분류	CPC 专利分类	G06F 3/015（2013. 01） A61B 5/04012（2013. 01）
출원번호	申请号	10 - 2017 - 0024253
출원일자	申请日	2017 년 02 월 23 일
심사청구일자	要求审查日	2017 년 02 월 23 일
공개번호	与同一申请有关的在先公布专利文献的文献号	10 - 2018 - 0097359
공개일자	公布日	2018 년 08 월 31 일
선행기술조사문헌	对比文件	KR101525494 B1 * KR101361764 B1 *
특허권자	专利权人	이상호 경상북도안동시퇴계로214,1 01동303호(안막 동, 현대아파트) 이준협 대구광역시동구신성로30,10 4동403호(신암동,신암그린타운) 설재환 서울특별시강동구암사1가길 1,401호(암사동)

续表

字段名称	字段含义	样例
발명자	发明人	이상호 경상북도안동시퇴계로214, 101동303호 (안막동,현대아파트) 설재환 서울특별시강동구암사1가길1, 401호(암사동) 이준협 대구광역시동구신성로30, 104동403호 (신암동,신암그린타운)
대리인	代理人	리앤목특허법인
발명의명칭	发明名称	BCI（Brain Computer Interface）를위한웨어러블디바이스
요약	摘要	内容略
대표도	代表性附图	内容略
명세서	说明书	内容略
청구범위	权利要求	内容略
발명의설명	发明内容	内容略
기술분야	技术领域	内容略
배경기술	背景技术	内容略
해결하려는과제	要解决的技术问题	内容略
과제의해결수단	技术方案	内容略
발명의효과	有益效果	内容略
도면의간단한설명	附图的简要说明	内容略
발명을실시하기위한구체적인내용	具体实施方式	内容略
도면	附图	内容略

（三） 实用新型专利数据样例

韩国实用新型专利数据样例见图12－18。

등록실용신안 20-0482934

(19) 대한민국특허청(KR)	(45) 공고일자 2017년03월17일
(12) 등록실용신안공보(Y1)	(11) 등록번호 20-0482934
	(24) 등록일자 2017년03월13일

(51) 국제특허분류(Int. Cl.)
　A45C 11/00 (2014.01)　A45C 11/18 (2006.01)
　A45C 15/00 (2006.01)
(52) CPC특허분류
　A45C 11/00 (2013.01)
　A45C 11/182 (2013.01)
(21) 출원번호　20-2015-0006577
(22) 출원일자　2015년10월06일
　심사청구일자　2015년10월06일
(56) 선행기술조사문헌
　KR101519978 B1
　KR101355772 B1
　KR101329031 B1

(73) 실용신안권자
　주식회사 하미코리아
　서울특별시 중구 되계로 108 ,1402호(회현동3
　가,세대빌딩)
(72) 고안자
　유경선
　서울시 영등포구 양평로30가길 15, 101동 1806호
　(양평동6가, 동양아파트)
(74) 대리인
　김민규

전체 청구항 수 : 총 1 항　　　　　　　　　　　　　　　　　　심사관 : 신훈식

(54) 고안의 명칭 **핸드폰 슬라이딩 케이스**

(57) 요 약

본 고안은 핸드폰과 교통카드를 하나의 케이스에서 함께 사용할 수 있고, 핸드폰에서 나오는 NFC(근거리통신망)
신호 또는 전자파의 영향으로 교통카드의 인식이 안되는 경우 카드 슬라이딩 덮개를 슬라이딩 방식으로 쉽게 내
려 인식할 수 있도록 한 핸드폰 슬라이딩 케이스를 제공한다.

(뒷면에 계속)

대 표 도 - 도9

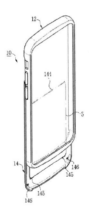

- 1 -

图 12 – 18　韩国实用新型专利数据样例

등록실용신안 20-0482934

명 세 서

청구범위

청구항 1

케이스 바닥판(121), 케이스 바닥판(121)의 둘레를 따라 형성되어 있는 측면보호테(122), 케이스 바닥판(121)과 측면보호테(122)에 의해 케이스 바닥판(121)의 전면에 소정 깊이로 형성된 핸드폰 수납홈(123), 상기 케이스 바닥판(121)과 측면보호테(122)의 외면에 카드 슬라이딩 덮개(14)의 내면 윤곽을 따라 일정 깊이로 함몰되어 상부에 덮개 상향 멈춤턱(124a)이 구비된 덮개 안착부(124), 덮개 안착부(124)에 하방으로 개구되어 형성된 교통카드 수납홈(125)과, 상기 측면보호테(122)의 외측 장변에 형성된 덮개 가이드홈(126)이 구비되어 있는 폰 케이스 본체(12); 및

상기 덮개 안착부(124)에 결합되어 상기 폰 케이스 본체(12)에서 하방으로 일정구간 슬라이딩 이동가능하게 조립되어 있는 카드 슬라이딩 덮개(14);를 포함하고,

상기 카드 슬라이딩 덮개(14)는,

덮개 판상부(141);

상기 덮개 판상부(141)의 둘레 장변에 일정 높이로 절곡되어 있는 덮개 보강테(142,142);

상기 덮개 보강테(142)의 내면에 형성되어 상기 가이드홈(126)에 슬라이딩 가능하게 결합되는 가이드 레일(143,143);

상기 덮개 판상부(141)의 내면 상부에 형성된 카드 상향걸림턱(144);

상기 덮개 판상부(141)의 내면 하부에 상향걸림턱(144)으로부터 교통카드의 길이만큼 떨어져 있는 한 쌍의 카드 하향걸림턱(145,145);을 포함하고,

교통카드(5)는 카드 상향걸림턱(144)과 카드 하향걸림턱(145,145)의 사이에 끼움 되어져 덮개 판상부(141)의 내면에 위치하고,

상기 덮개 판상부(141)의 내면 하부측 2개소에 폰 케이스 본체(12)측 돌기 탄착홈(127,127)에 결합되어 카드 슬라이딩 덮개(14)가 스스로 열리는 현상을 방지하는 덮개 결합돌기(146,146)가 형성되고,

상기 덮개 판상부(141)의 내면에 수납된 교통카드(5)의 취출을 용이하게 하기 위해, 상기 덮개 판상부(141)의 하부측에는 U자형으로 절결된 슬롯(141a)에 의해 형성된 카드 취출버튼(141b)이 더 구비되어 카드 상향걸림턱(144)과 카드 하향걸림턱(145,145)에 강제적으로 끼움 되어 있는 교통카드(5)를 쉽게 빼낼 수 있고,

상기 폰 케이스 본체(12)에는 배면측 상부에 오목하게 함몰되어 슬라이더 조작자의 핑거가 위치되는 핑거 위치용 함몰부(128)가 형성되고, 카드 슬라이딩 덮개(14)에는 상단 외면에 카드 슬라이딩 덮개(14)를 손가락 조작으로 하향 이동시키기 용이하도록 핑거 걸림턱(147)이 형성되어 있는 것을 특징으로 하는 핸드폰 슬라이딩 케이스.

청구항 2

삭제

청구항 3

삭제

청구항 4

삭제

청구항 5

图 12－18　韩国实用新型专利数据样例（续）

등록실용신안 20-0482934

삭제

청구항 6

삭제

고안의 설명

기 술 분 야

[0001]　본 고안은 핸드폰 슬라이딩 케이스에 관한 것으로서, 특히 핸드폰과 교통카드를 하나의 케이스에서 함께 사용할 수 있고, 핸드폰에서 나오는 NFC(근거리통신망)신호 또는 전자파의 영향으로 교통카드의 인식이 안되는 경우 카드 슬라이딩 덮개를 슬라이딩 방식으로 쉽게 내려 인식할 수 있도록 한 핸드폰 슬라이딩 케이스에 관한 것이다.

배 경 기 술

[0002]　일반적으로 핸드폰 케이스는 핸드폰을 부주의로 인한 추락으로 인해 파손이나 고장이 일어나는 것을 방지하기 위해 사용된다.

[0003]　일반적으로 핸드폰은 통신 이외에 결제수단을 내장하여 교통카드의 기능도 함께 수행할 수 있게 되어 있다. 이 경우 지하철과 버스를 이용하게 될시 핸드폰에 저장된 교통카드의 정보가 교통카드 판독기와 근접한 위치에 있어야 결제가 이루어진다.

[0004]　그런데 이 경우 핸드폰에서 나오는 NFC(근거리통신망)신호 또는 전자파의 영향으로 교통카드의 인식이 안 되는 경우가 발생한다.

[0005]　따라서 본 출원인은 이러한 결제수단의 인식이 안되는 것을 감안하여 주로 핸드폰의 파손을 방지하기 위해 사용되는 핸드폰 케이스에 별도의 교통카드를 슬라이딩 방식으로 내려 사용할 수 있도록 함으로써 NFC(근거리통신망)신호 또는 전자파의 영향을 받지 않고 양호한 결제 인식이 이루어질 수 있도록 하는 방안을 강구하게 되었다.

[0006]　본 고안의 배경이 되는 기술로는 한국 등록특허 등록번호 제10-1288042호로서, '카드 수납이 가능한 핸드폰 보호 케이스'가 제안되어 있다. 이는 핸드폰의 바닥면을 감싸는 후면부; 및 상기 후면부와 연결되고 상기 핸드폰을 감싸서 고정시키는 측면부; 를 포함하고, 상기 측면부의 일측에 카드를 슬라이딩 방식으로 넣을 수 있는 카드수납 홈이 형성되는 것을 특징으로 하는 카드 수납이 가능한 핸드폰 보호 케이스를 제공한다. 따라서 카드 수납을 위하여 지갑을 사용하는 불편함을 없앨 수 있고, 핸드폰에 카드를 보관함으로써 카드 사용의 편의성이 향상될 수 있고, 교통카드와 같은 전자기파 인식카드의 이용시 사용자의 편의성이 증대되는 효과를 갖는다.

[0007]　그러나 상기 배경기술은 후면부에 형성된 카드인출홈을 통해 카드의 인출을 유도하게 되어 있고, 걸림돌기 또는 탄성부재에 의해 케이스에 수납된 카드의 고정력이 발생되어 카드의 인출시 고정 저항을 받게 되어 인출이 쉽지 않다는 단점을 가지고 있다.

선행기술문헌

특허문헌

[0008]　(특허문헌 0001) 한국 등록특허 등록번호 제10-1288042호(카드 수납이 가능한 핸드폰 보호 케이스)

고안의 내용

해결하려는 과제

[0009]　본 고안은 핸드폰과 교통카드를 하나의 케이스에서 함께 사용할 수 있고, 핸드폰에서 나오는 NFC(근거리통신망)신호 또는 전자파의 영향으로 교통카드의 인식이 안되는 경우 카드 슬라이딩 덮개를 슬라이딩 방식으로 쉽게 내려 인식할 수 있도록 한 핸드폰 슬라이딩 케이스를 제공함에 그 목적이 있다.

과제의 해결 수단

- 4 -

图 12 – 18　韩国实用新型专利数据样例（续）

등록실용신안 20-0482934

[0010] 본 고안의 적절한 실시 형태에 따르면,

[0011] 케이스 바닥판, 케이스 바닥판의 둘레를 따라 형성되어 있는 측면보호테, 케이스 바닥판과 측면보호테에 의해 케이스 바닥판의 전면에 소정 깊이로 형성된 핸드폰 수납홈, 상기 케이스 바닥판과 측면보호테의 외면에 카드 슬라이딩 덮개의 내면 윤곽을 따라 일정 깊이로 함몰되어 상부에 덮개 상향 멈춤턱이 구비된 덮개 안착부, 덮개 안착부에 하방으로 개구되어 형성된 교통카드 수납홈과, 상기 측면보호테의 외측 장변에 형성된 덮개 가이드홈이 구비되어 있는 폰 케이스 본체와;

[0012] 상기 덮개 안착부에 결합되어 상기 폰 케이스 본체에서 하방으로 일정구간 슬라이딩 이동가능하게 조립되어 있는 카드 슬라이딩 덮개를 포함하여 구성된 것을 특징으로 한다.

[0013] 또한, 상기 카드 슬라이딩 덮개는,

[0014] 덮개 판상부와;

[0015] 상기 덮개 판상부의 둘레 장변에 일정 높이로 절곡되어 있는 덮개 보강테와;

[0016] 상기 덮개 보강테의 내면에 형성되어 상기 가이드홈에 슬라이딩 가능하게 결합되는 가이드 레일과;

[0017] 상기 덮개 판상부의 내면 상부에 형성된 카드 상향걸림턱과;

[0018] 상기 덮개 판상부의 내면 하부에 상향걸림턱으로부터 교통카드의 길이만큼 떨어져 있는 한 쌍의 카드 하향걸림턱을 구비하여,

[0019] 교통카드는 카드 상향걸림턱과 카드 하향걸림턱의 사이에 끼움되어져 덮개 판상부의 내면에 위치되는 것을 특징으로 한다.

[0020] 또한, 상기 덮개 판상부의 내면 하부측 2개소에 덮개 결합돌기가 더 형성되고, 상기 덮개 결합돌기는 카드 슬라이딩 덮개의 상향 이동이 완료될 시 상기 덮개 안착부의 하부측에 형성된 돌기 탄착홈에 결합되는 것을 특징으로 한다.

[0021] 또한, 상기 덮개 판상부의 내면에 수납된 교통카드의 취출을 용이하게 하기 위해, 상기 덮개 판상부의 하부측에는 U자형으로 절결된 슬롯에 의해 형성된 카드 취출버튼이 더 구비되어 있는 것을 특징으로 한다.

[0022] 또한, 상기 폰 케이스 본체에는 배면측 상부에 오목하게 함몰되어 슬라이더 조작자의 평거가 위치되는 평거 위치용 함물부가 더 형성되어 있는 것을 특징으로 한다.

[0023] 또한, 카드 슬라이딩 덮개에는 상단 외면에 카드 슬라이딩 덮개를 손가락 조작으로 하향 이동시키기 용이하도록 평거 걸림턱이 형성되어 있는 것을 특징으로 한다.

고안의 효과

[0024] 본 고안의 핸드폰 슬라이딩 케이스에 따르면, 폰 케이스 본체에 슬라이딩 방식으로 내려 사용할 수 있는 카드 슬라이딩 덮개가 조립되어져 있어 핸드폰과 교통카드를 하나의 케이스에서 함께 사용할 수 있다.

[0025] 또한, 핸드폰에서 나오는 NFC(근거리통신망)신호 또는 전자파의 영향으로 교통카드의 인식이 안되는 경우 카드 슬라이딩 덮개를 슬라이딩 방식으로 쉽게 내릴 수 있어 인식의 오류를 없앨 수 있는 장점을 갖는다.

도면의 간단한 설명

[0026] 본 명세서에서 첨부되는 다음의 도면들은 본 고안의 바람직한 실시 예를 예시하는 것이며, 고안의 상세한 설명과 함께 본 고안의 기술사상을 더욱 이해시키는 역할을 하는 것이므로, 본 고안은 첨부한 도면에 기재된 사항에만 한정되어서 해석되어서는 아니 된다.

도 1은 본 고안의 핸드폰 슬라이딩 케이스의 사시도.

도 2는 도 1의 분해사시도.

도 3은 도 2의 핸드폰 슬라이딩 케이스를 다른 방향에서 분해하여 나타낸 분해사시도.

도 4는 도 1의 정면도.

도 5는 도 4의 A-A선 단면도.

- 5 -

图 12－18　韩国实用新型专利数据样例（续）

등록실용신안 20-0482934

도 6은 도 4의 B-B선 단면도.

도 7은 본 고안에 적용되는 카드 슬라이딩 덮개에 교통카드가 수납된 상태를 도시한 사시도.

도 8은 본 고안의 핸드폰 슬라이딩 케이스에서 카드 슬라이딩 덮개를 내리고 교통카드를 수납시키고 있는 상태도.

도 9는 본 고안의 핸드폰 슬라이딩 케이스에서 카드 슬라이딩 덮개를 내리고 교통카드를 사용하기 위한 사용상태도.

도 10은 본 고안에 적용되는 카드 슬라이딩 덮개에 취출버튼을 구성한 정면도.

고안을 실시하기 위한 구체적인 내용

[0027]　아래에서 본 고안은 첨부된 도면에 제시된 실시 예를 참조하여 상세하게 설명이 되지만 제시된 실시 예는 본 고안의 명확한 이해를 위한 예시적인 것으로 본 고안은 이에 제한되지 않는다.

[0028]　도 1 내지 도 6에서와 같이 본 고안에 따른 핸드폰 슬라이딩 케이스(10)는 핸드폰이 수납되는 폰 케이스 본체(12)와, 폰 케이스 본체(12)에 슬라이딩 가능하게 조립되어 있는 카드 슬라이딩 덮개(14)로 구성된다. 폰 케이스 본체(12)는 연질의 우레탄으로 제작되어 스마트폰의 충격보호를 한다. 카드 슬라이딩 덮개(14)는 경질의 폴리카보네이트(PC)로 제작되어 있다. 여기서 핸드폰은 스마트폰을 포함한 통신용 단말기를 의미하는 것으로 특정한 형태나 특정 제조사에서 제조된 것에 한정되는 것은 아니다.

[0029]　폰 케이스 본체(12)는 도 1 내지 도 3에서와 같이 케이스 바닥판(121), 케이스 바닥판(121)의 둘레를 따라 형성되어 있는 측면보호테(122), 케이스 바닥판(121)과 측면보호테(122)에 의해 케이스 바닥판(121)의 전면에 소정 깊이로 형성된 핸드폰 수납홈(123), 상기 케이스 바닥판(121)과 측면보호테(122)의 외면에 카드 슬라이딩 덮개(14)의 내면 윤곽을 따라 일정 깊이로 함몰되어 상부에 덮개 상향 멈춤턱(124a)이 구비된 덮개 안착부(124), 덮개 안착부(124)에 하방으로 개구되어 형성된 교통카드 수납홈(125)과, 상기 측면보호테(122)의 외측 장변에 형성된 덮개 가이드홈(126)이 구비되어 구성된다.

[0030]　카드 슬라이딩 덮개(14)는 도 7과 같이 교통카드(5)를 수납할 수 있는 구조를 갖는다. 카드 슬라이딩 덮개(14)는 덮개 안착부(124)에 결합되어 폰 케이스 본체(12)에서 하방으로 일정구간 슬라이딩 이동가능하게 조립된다.

[0031]　카드 슬라이딩 덮개(14)는 도 3 및 도 5에서와 같이 덮개 판상부(141)와, 덮개 판상부(141)의 둘레 장변에 일정 높이로 절곡되어 있는 덮개 보강테(142,142)와, 덮개 보강테(142)의 내면에 형성되어 폰 케이스 본체(12)측 가이드홈(126)에 슬라이딩 가능하게 결합되는 가이드 레일(143,143)이 구성된다.

[0032]　또한, 도 2 및 도 5와 같이 카드 슬라이딩 덮개(14)는 덮개 판상부(141)의 내면 상부에 형성된 카드 상향걸림턱(144)과, 덮개 판상부(141)의 내면 하부에 카드 상향걸림턱(144)으로부터 교통카드(5)의 길이만큼 떨어져 있는 한 쌍의 카드 하향걸림턱(145,145)을 구비한다. 따라서 도 7과 같이 교통카드(5)는 카드 상향걸림턱(144)과 카드 하향걸림턱(145,145)의 사이에 끼움되어져 덮개 판상부(141)의 내면에 위치되어 카드 슬라이딩 덮개(14)에 수납되게 된다.

[0033]　또한, 도 2 및 도 7과 같이 카드 슬라이딩 덮개(14)는 덮개 판상부(141)의 내면 하부측 2개소에 덮개 결합돌기(146,146)가 더 형성되고, 덮개 결합돌기(146,146)는 카드 슬라이딩 덮개(14)의 상향 이동이 완료될 시 덮개 안착부(124)의 하부측에 형성된 돌기 탄착홈(127,127)에 결합될 수 있다.

[0034]　한편, 카드 슬라이딩 덮개(14)는 덮개 판상부(141)의 내면에 수납된 교통카드(5)의 취출을 용이하게 하기 위해, 도 10과 같이 덮개 판상부(141)의 하부측에는 U자형으로 절결된 슬롯(141a)에 의해 형성된 카드 취출버튼(141b)이 더 구비될 수 있다. 이 경우 카드 취출버튼(141b)을 누르게 되면, 카드 상향걸림턱(144)과 카드 하향걸림턱(145,145)의 사이에 끼움되어진 교통카드(5)가 카드 취출버튼(141b)의 누름력을 받아 카드 슬라이딩 덮개(14)에서 쉽게 이탈시킬 수 있다.

[0035]　다른 한편, 카드 슬라이딩 덮개(14)의 하강 조작을 용이하게 하기 위해 도 3과 같이 폰 케이스 본체(12)에는 배면측 상부에 오목하게 함몰되어 슬라이더 조작자의 핑거가 위치되는 핑거 위치용 함몰부(128)가 더 형성될 수 있다. 또한 도 3 및 도 10과 같이 카드 슬라이딩 덮개(14)에는 상단 외면에 카드 슬라이딩 덮개(14)를 손가락 조작으로 하향 이동시키기 용이하도록 핑거 걸림턱(147)이 형성될 수 있다.

[0036]　이와 같이 구성된 핸드폰 슬라이딩 케이스(10)의 사용 방법 및 작용을 설명한다.

图 12－18　韩国实用新型专利数据样例（续）

등록실용신안 20-0482934

[0037] 먼저, 도 1과 같이 폰 케이스 본체(12)로부터 카드 슬라이딩 덮개(14)를 하방으로 내리게 되면, 가이드레일(143,143)이 덮개 가이드홈(126)을 따라 하측으로 이동하게 된다. 따라서 도 9와 같이 카드 슬라이딩 덮개(14)의 내면중 하부가 노출되게 된다.

[0038] 이 상태에서 도 8과 같이 교통카드(5)를 폰 케이스 본체(12)의 배면과 카드 슬라이딩 덮개(14)의 내면의 사이에 집어넣으면, 도 9와 같이 교통카드(5)는 카드 상향 걸림턱(144)과 카드 하향 걸림턱((145,145)의 사이에 끼움되어져 위치된다.

[0039] 이후, 카드 슬라이딩 덮개(14)를 다시 상향으로 올리게 되면, 카드 슬라이딩 덮개(14)의 상단이 폰 케이스 본체(12)의 덮개 상향 멈춤턱(124a)에 걸려 멈춤 되고, 교통카드(5)는 폰 케이스 본체(12)측 교통카드 수납홈(125)에 위치되어 노출 없이 수납된다.

[0040] 이때 덮개 결합돌기(146,146)는 폰 케이스 본체(12)측 돌기 탄착홈(127,127)에 결합되어 카드 슬라이딩 덮개(14)가 스스로 열리는 현상을 방지하게 된다.

[0041] 한편, 버스나 지하철의 승하차 시 교통카드의 인식이 요구되는 경우, 손가락을 핑거 위치용 함몰부(28)에 갖다 대고 하방으로 눌러 내리면, 핑거 걸림턱(147)에 의해 카드 슬라이딩 덮개(14)가 교통카드(5)와 함께 일정량 아래로 슬라이딩 방식으로 내려오게 되고, 교통카드(5)에 설치되어 있는 NFC(근거리통신망) 태그가 노출되어 오류 없이 카드 인식이 용이하게 이루어진다.

[0042] 따라서 종래와 같이 핸드폰에서 나오는 NFC(근거리통신망)신호 또는 전자파의 영향으로 교통카드의 인식이 안되는 현상을 제거할 수 있다.

[0043] 물론, 카드 슬라이딩 덮개(14)를 하단으로 슬라이딩 이동시킨 후에는 교통카드(5)가 아래로 내려오므로 쉽게 뺄 수 있다. 이 상태에서 만일, 취출버튼(141b)이 있는 경우 이를 사용하게 되면 카드 상향걸림턱(144)과 카드 하향걸림턱(145,145)에 강제적으로 끼움 되어 있는 교통카드(5)를 힘을 주지 않더라도 더욱 쉽게 빼낼 수 있는 것이다.

[0044] 한편, 본 고안에서 카드 슬라이딩 덮개(14)에 교통카드(5)를 수납시켜 사용하는 것에 대하여 설명하였으나 일반적인 신용카드나 체크카드 등을 사용할 수 있음은 물론이다.

[0045] 지금까지 본 고안은 제시된 실시 예를 참조하여 상세하게 설명이 되었지만 이 분야에서 통상의 지식을 가진 자는 제시된 실시 예를 참조하여 본 고안의 기술적 사상을 벗어나지 않는 범위에서 다양한 변형 및 수정 고안을 만들 수 있을 것이다. 본 고안은 이와 같은 변형 및 수정 고안에 의하여 제한되지 않으며 다만 아래에 첨부된 청구범위에 의하여 제한된다.

부호의 설명

[0046] 12: 폰 케이스 본체

121: 케이스 바닥판

122: 측면 보호테

123: 핸드폰 수납홈

124: 덮개 안착부

125: 교통카드 수납홈

126: 덮개 가이드 홈

127: 돌기 탄착홈

14: 카드 슬라이딩 덮개

141: 덮개 판상부

141a: 슬롯

141b: 취출버튼

142: 덮개 보강테

- 7 -

图 12-18 韩国实用新型专利数据样例（续）

（四）实用新型专利数据字段

韩国实用新型专利数据的主要字段如表 12 - 9 所示。

表 12 - 9　韩国实用新型专利数据主要字段

字段名称	字段含义	样例
—	WIPO 标准 ST.3 规定的代码或公布文献的局或组织的其他标识	대한민국특허청（KR）
—	文献种类	등록실용신안공보（Y1）
공고일자	公告日	2017 년 03 월 17 일
등록번호	公告号	20 - 0482934
등록일자	注册日	2017 년 03 월 13 일
국제특허분류（Int. Cl.）	国际专利分类（国际分类）	A45C 11/00（2014.01） A45C 11/18（2006.01） A45C 15/00（2006.01）
CPC 특허분류	CPC 专利分类	A45C 11/00（2013.01） A45C 11/182（2013.01）
출원번호	申请号	20 - 2015 - 0006577
출원일자	申请日	2015 년 0 월 6 일
심사청구일자	要求审查日	2015 년 10 월 06 일
선행기술조사문헌	对比文件	KR101519978 B1 KR101355772 B1 KR101329031 B1
실용신안권자	实用新型权利人	주식회사하미코리아서울특별시중구퇴계로108,1402호(회현동3가,세대빌딩)
고안자	发明人	유경선 서울시영등포구양평로30가길15,101동1806호(양평동6가,동양아파트)
대리인	代理人	김민규
고안의명칭	实用新型名称	핸드폰슬라이딩케이스
요약	摘要	内容略
대표도	代表性附图	内容略
명세서	说明书	内容略

字段名称	字段含义	样例
청구범위	权利要求	内容略
고안의설명	设计说明	内容略
기술분야	技术领域	内容略
배경기술	背景技术	内容略
선행기술문헌	现有技术文献	内容略
특허문헌	专利文献	内容略
고안의내용	发明内容	内容略
해결하려는과제	要解决的技术问题	内容略
과제의해결수단	技术方案	内容略
고안의효과	设计效果	内容略
도면의간단한설명	附图的简要说明	内容略
고안을실시하기위한구체적인내용	具体实施方式	内容略
부호의설명	符号说明	内容略
도면	附图	内容略

（五）外观设计专利数据样例

韩国外观设计专利数据样例见图 12 – 19。

등록디자인 30-0725902

⟲	(19) 대한민국특허청(KR)	(45) 공고일자	2014년01월20일
	(12) 등록디자인공보(S)	(11) 등록번호	30-0725902
		(24) 등록일자	2014년01월14일

(52) 분류   H5-1A무심사등록
(51) 국제분류   14-02
(21) 출원번호   30-2013-0023829
(22) 출원일자   2013년05월06일
   부분디자인(NO1),부분디자인(NO2),부분디자인(NO3),부분디자인(NO4)
(30) 우선권주장
   29/436,497 2012년11월06일 미국
   29/436,497 2012년11월06일 미국
   29/436,497 2012년11월06일 미국
   29/436,497 2012년11월06일 미국
(73) 디자인권자
   구글 인코포레이티드
   미국 캘리포니아 마운틴 뷰 엠피시어터 파크웨이 1600 (우:94043)
(72) 창작자
   램 로렌스
   미국 캘리포니아주 94043 마운틴 뷰 앰피씨어터 파크웨이 1600, 씨/오 구글 인코포레이티드
   리베라 펠릭스 호세 알바레즈
   미국 캘리포니아주 94043 마운틴 뷰 앰피씨어터 파크웨이 1600, 씨/오 구글 인코포레이티드
   램 로렌스
   미국 캘리포니아주 94043 마운틴 뷰 앰피씨어터 파크웨이 1600, 씨/오 구글 인코포레이티드
   리베라 펠릭스 호세 알바레즈
   미국 캘리포니아주 94043 마운틴 뷰 앰피씨어터 파크웨이 1600, 씨/오 구글 인코포레이티드
   램 로렌스
   미국 캘리포니아주 94043 마운틴 뷰 앰피씨어터 파크웨이 1600, 씨/오 구글 인코포레이티드
   리베라 펠릭스 호세 알바레즈
   미국 캘리포니아주 94043 마운틴 뷰 앰피씨어터 파크웨이 1600, 씨/오 구글 인코포레이티드
   램 로렌스
   미국 캘리포니아주 94043 마운틴 뷰 앰피씨어터 파크웨이 1600, 씨/오 구글 인코포레이티드
   리베라 펠릭스 호세 알바레즈
   미국 캘리포니아주 94043 마운틴 뷰 앰피씨어터 파크웨이 1600, 씨/오 구글 인코포레이티드
(74) 대리인
   유미특허법인
담당심사관 : 이호팜
(54) 명칭 노트북 컴퓨터 (notebook computer)

디자인도면 NO1

디자인의 대상이 되는 물품
노트북 컴퓨터 (notebook computer)

디자인의 설명
1. 본 물품의 재질은 금속, 합성수지, 유리 재질임.

2. 실선으로 표시된 부분이 부분디자인으로서 디자인 등록을 받고자 하는 부분임.

- 1 -

图 12 – 19 韩国外观设计专利数据样例

등록디자인 30-0725902

3. [도면 A 1.1]은 본 물품의 닫힌 상태의 전체적인 형태를 표현하는 도면임.

4. [도면 A 1.2]은 본 물품의 닫힌 상태의 앞쪽 부분의 형태를 표현하는 도면임.

5. [도면 A 1.3]은 본 물품의 닫힌 상태의 뒤쪽 부분의 형태를 표현하는 도면임.

6. [도면 A 1.4]은 본 물품의 닫힌 상태의 오른쪽 부분의 형태를 표현하는 도면임.

7. [도면 A 1.5]은 본 물품의 닫힌 상태의 왼쪽 부분의 형태를 표현하는 도면임.

8. [도면 A 1.6]은 본 물품의 닫힌 상태의 위쪽 부분의 형태를 표현하는 도면임.

9. [도면 A 1.7]은 본 물품의 닫힌 상태의 아래쪽 부분의 형태를 표현하는 도면임.

10. [도면 B 1.1]은 본 물품의 열린 상태의 전체적인 형태를 표현하는 도면임.

11. [도면 B 1.2]은 본 물품의 열린 상태의 앞쪽 부분의 형태를 표현하는 도면임.

12. [도면 B 1.3]은 본 물품의 열린 상태의 뒤쪽 부분의 형태를 표현하는 도면임.

13. [도면 B 1.4]은 본 물품의 열린 상태의 오른쪽 부분의 형태를 표현하는 도면임.

14. [도면 B 1.5]은 본 물품의 열린 상태의 왼쪽 부분의 형태를 표현하는 도면임.

15. [도면 B 1.6]은 본 물품의 열린 상태의 위쪽 부분의 형태를 표현하는 도면임.

16. [도면 B 1.7]은 본 물품의 열린 상태의 아래쪽 부분의 형태를 표현하는 도면임.

디자인 창작 내용의 요점
노트북 컴퓨터 (notebook computer)의 형상, 모양의 결합을 디자인 창작내용의 요점으로 함.

도면 A 1.1

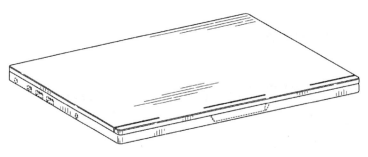

도면 A 1.2

- 2 -

图 12 - 19　韩国外观设计专利数据样例（续）

（六）外观设计专利数据字段

韩国外观设计专利数据的主要字段如表 12 – 10 所示。

表 12 – 10　韩国外观设计专利数据主要字段

字段名称	字段含义	样例
—	WIPO 标准 ST. 3 规定的代码或公布文献的局或组织的其他标识	대한민국특허청（KR）
—	文献种类	등록디자인공보（S）
공고일자	公告日	2014 년 01 월 20 일
등록번호	公告号	30 – 0725902
등록일자	注册日	2014 년 01 월 14 일
국제분류	国际分类	14 – 02
분류	分类	H5 – 1A 무심사등록
출원번호	申请号	30 – 2013 – 0023829
출원일자	申请日	2013 년 05 월 06 일
우선권주장	优先权	29/436，497 2012 년 11 월 06 일미국 29/436，497 2012 년 11 월 06 일미국 29/436，497 2012 년 11 월 06 일미국 29/436，497 2012 년 11 월 06 일미국
디자인권자	专利权人	구글인코포레이티드 미국캘리포니아마운틴뷰엠피시 어터파크웨이1600(우:94043)
창작자	设计人	内容略
대리인	代理人	유미특허법인
담당심사관	审查员	이호관
명칭	名称	노트북컴퓨터（notebook computer）
디자인도면 M01	设计图 M01	内容略
디자인의대상이되는물품	设计项目	노트북컴퓨터（notebook computer）
디자인의설명	设计说明	内容略
디자인창작내용의요점	设计创作要点	内容略
도면 A 1. 1	附图	内容略

二、韩国商标数据解读

（一）数据样例

韩国商标数据样例的英文及韩文界面见图 12 – 20 和图 12 – 21。

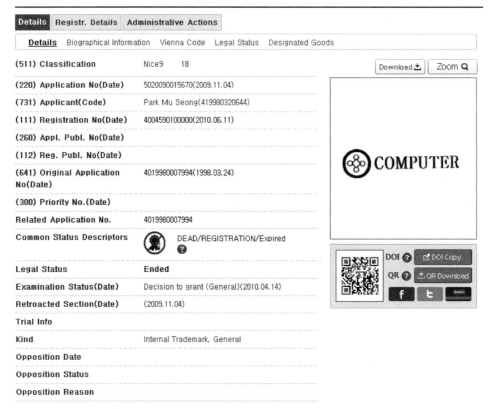

图 12 – 20   韩国商标数据样例（英文界面）

COMPUTER

| Details | Registr. Details | Administrative Actions |

Details　**Biographical Information**　Vienna Code　Legal Status　Designated Goods

▶ (731) Applicant

No.	Name(No)	Country	Address
1	Park Mu Seong 박무성 (419980320644)	KR	서울특별시 성북구...

▶ (740) Agent

No.	Name(No)	Country	Address
1	Woo Kwang Je 우광제 (920000001743)	KR	*F, **-*, Teheran-ro *-gil, Gangnam-gu, Seoul, Korea(Yuliahn International Patent & Law Office)

COMPUTER

| Details | Registr. Details | Administrative Actions |

Details　Biographical Information　**Vienna Code**　Legal Status　Designated Goods

No.	Vienna Code	Content
1	260105	세 개 이상의 원 또는 타원(하나의 내부에 다른 하나가 위치하는), 나선(소라나 나사못 형태의 도형)
2	260106	병렬로 놓이거나 접하거나 교차된 다수의 원 또는 타원
3	260112	하나 이상의 기타 다른 기하 도형을 포함하는 원 또는 타원 [Note] 직선이나 구부러진 선이 포함된 타원 또는 원 포함 (26-01-10 제외)

图 12-20　韩国商标数据样例（英文界面）（续）

COMPUTER

| | Details | Registr. Details | Administrative Actions |

Details　Biographical Information　Vienna Code　**Legal Status**　Designated Goods

No.	Document	Receipt/Dispatched Date	Status	Receipt/Dispatched Number
1	[Renewal of the Term (Trademark)] Application for renewing the term of Trademark Rights (Trademark Application for converting Goods Classification) ([존속기간갱신등록(상표)]존속기간 갱신등록출원(상품분류전환등록신청) 서)	2009.11.04	Accepted (수 리)	112009067778716
2	Notification of reason for refusal (의견제출통지서)	2010.03.05	Completion of Transmission (발송처리완 료)	952010009820556
3	[Opinion according to the Notification of provisional refusal] Written Opinion(Written Reply, Written Substantiation) ([[거절이유등 통지에 따른 의견]의견 (답변, 소명)서)	2010.03.17	Accepted (수 리)	112010016884776
4	Decision to grant of protection (등록결정서)	2010.04.14	Completion of Transmission (발송처리완 료)	952010015685024

COMPUTER

| | Details | Registr. Details | Administrative Actions |

Details　Biographical Information　Vienna Code　Legal Status　**Designated Goods**

No	Class.	Similar group code	Designated goods(kor)
1	18 type	G2503	가죽제상자
2	18 type	G2501	등산백
3	18 type	G2501	보스턴백
4	18 type	G2501	비귀금속제지갑
5	18 type	G2501	서류가방
6	18 type	G2703	양산
7	18 type	G2501	여행용트렁크
8	18 type	G2504	포장용가죽제포대
9	18 type	G2501	핸드백
10	18 type	G120401	휴대용화장품케이스

图 12 – 20　韩国商标数据样例（英文界面）（续）

图 12 - 21 韩国商标数据样例（韩文界面）

COMPUTER

| 상세정보 | 등록사항 | 통합행정정보 |

서지정보　인명정보　**도형분류(비엔나)코드**　행정처리　상표설명/지정상품

번호	도형코드	내용
1	260105	세 개 이상의 원 또는 타원(하나의 내부에 다른 하나가 위치하는), 나선(소라나 나사못 형태의 도형)
2	260106	병렬로 놓이거나 접하거나 교차된 다수의 원 또는 타원
3	260112	하나 이상의 기타 다른 기하 도형을 포함하는 원 또는 타원 [Note] 직선이나 구부러진 선이 포함된 타원 또는 원 포함 (26-01-10 제외)

COMPUTER

| 상세정보 | 등록사항 | 통합행정정보 |

서지정보　인명정보　도형분류(비엔나)코드　**행정처리**　상표설명/지정상품

번호	서류명	접수/발송일자	처리상태	접수/발송번호
1	[존속기간갱신등록(상표)]존속기간갱신등록출원(상품분류전환등록신청)서 ([Renewal of the Term (Trademark)] Application for renewing the term of Trademark Rights (Trademark Application for converting Goods Classification))	2009.11.04	수리 (Accepted)	112009067778716
2	의견제출통지서 (Notification of reason for refusal)	2010.03.05	발송처리완료 (Completion of Transmission)	952010009820556

COMPUTER

| 상세정보 | 등록사항 | 통합행정정보 |

서지정보　인명정보　도형분류(비엔나)코드　행정처리　**상표설명/지정상품**

▶ 상표설명 정보

번호	상표설명
	:: 데이터가 존재하지 않습니다 ::

▶ 지정상품

번호	상품분류	유사군코드	지정상품(영문)
1	18류	G2503	가죽제상자
2	18류	G2501	등산백
3	18류	G2501	보스턴백
4	18류	G2501	비귀금속제지갑

图 12-21　韩国商标数据样例（韩文界面）（续）

（二）数据字段

韩国商标数据的主要字段如表 12 – 11 所示。

表 12 – 11　韩国商标数据主要字段

英文字段名称		韩文字段名称	字段含义	样　例
Details/ 서지정보/ 详细信息	（511）Classifica-tion	（511） 상품분류	分类	Nice918
	（220）Application No.（Date）	（220） 출원번호(일자)	申请号（申请日）	5020090015670 （2009.11.04）
	（731）Applicant（Code）	（731） 출원인	申请人（代码）	Park Mu Seong （419980320644）
	（111）Registration No.（Date）	（111） 등록번호(일자)	注册号（注册日）	4004590100000 （2010.06.11）
	（260）Appl. Publ. No.（Date）	（260） 출원공고번호(일자)	申请公告号码（申请审查日）	4020190110552 （2019.10.07）
	（112）Reg. Publ. No.（Date）	（112） 등록공고번호(일자)	注册公告号码（注册公告日）	4020190126460 （2019.12.31）
	（641）Original Application No.（Date）	（641） 원출원번호(일자)	原始申请号（原始申请日）	4019980007994 （1998.03.24）
	（300）Priority No.（Date）	（300） 우선권주장 번호(일자)	优先权号 （优先权日）	—
	Related Application No.	관련출원번호	相关申请号	4019980007994
	Common Status Descriptors	공통상태지표	普通状态描述	DEAD/REGIS-TRATION/Expired
	Legal Status	법적상태	法律状态	Ended
	Examination Status（Date）	심사진행상태(일자)	审查状态（日期）	Decision to grant（General） （2010.04.14）
	Retroacted Section（Date）	소급구분(일자)	引用部分（日期）	（2009.11.04）
	Trial Info	심판사항	诉讼信息	—

英文字段名称		韩文字段名称	字段含义	样　例
Details/ 서지정보/ 详细信息	Kind	구분	类型	Internal Trademark, General
	Opposition Date	기술이전희망	异议日期	—
	Opposition Status	이의신청일자	异议状态	—
	Opposition Reason	이의신청상태	异议原因	—
Biographical Information/ 이의신청상태/ 著录项	（731）Applicant Name（No.）	（731） 출원인정보-이름(번호)	申请人姓名（代码）	Park Mu Seong 박무성 （419980320644）
	（731）Applicant Country	（731） 출원인정보-국적	申请人国别	KR
	（731）Applicant Address	（731） 출원인정보-주소	申请人地址	서울특별시성북구 …
	（740）Agent Name（No.）	（740） 대리인정보-이름(번호)	代理人姓名（代码）	Woo Kwang Je 우광제 （920000001743）
	（740）Agent Country	（740） 대리인정보-국적	代理人国别	KR
	（740）Agent Address	（740） 대리인정보-주소	代理人地址	*F，**-*， Teheran-ro *- gil，Gangnam- gu，Seoul，Korea （Yuliahn Interna- tional Patent & Law Office）
Vienna Code/ 인명정보/ 维也纳 分类	Vienna Code	이름(번호)	维也纳分类号	260105
	Content	국적	维也纳分类内容	—

英文字段名称		韩文字段名称	字段含义	样 例
Legal Status/ 인명정보/ 法律状态	Document	서류명	流程文本信息	[Renewal of the Term（Trademark）] Application for renewing the term of Trademark Rights（Trademark Application for converting Goods Classification） 세개이상의원또는타원 (하나의내부에다른하나 가위치하는), 나선(소 라나나사못형태의도형)
	Receipt/Dispatched Date	접수/발송일자	流程接收日期	2009. 11. 04
	Status	처리상태	流程状态	Accepted（수리）
	Receipt/Dispatched Number	접수/발송번호	流程编号	112009067778716
Designated Goods/ 상표설명 지정상품/ 指定产品	Class	상품분류	分类	18 type
	Similar group code	유사군코드	近似群	G2503
	Designated goods（kor）	지정상품（영문）	指定产品	가죽제상자

第四节 欧洲知识产权数据解读

一、欧洲专利数据解读

（一）发明专利数据样例

欧洲发明专利数据样例见图 12 - 22。

(19)　Europäisches Patentamt
European Patent Office
Office européen des brevets

(11)　**EP 3 653 242 A1**

(12)　　　　　**EUROPEAN PATENT APPLICATION**

(43) Date of publication:
　　20.05.2020 Bulletin 2020/21

(51) Int Cl.:
　　A61M 5/24 (2006.01)　　　*A61M 5/315* (2006.01)

(21) Application number: **19216961.3**

(22) Date of filing: **08.11.2011**

(84) Designated Contracting States:
　　AL AT BE BG CH CY CZ DE DK EE ES FI FR GB
　　GR HR HU IE IS IT LI LT LU LV MC MK MT NL NO
　　PL PT RO RS SE SI SK SM TR
　　Designated Extension States:
　　BA ME

(30) Priority: **08.11.2010 US 41101210 P**
　　　　　　　13.12.2010 EP 10194728

(62) Document number(s) of the earlier application(s) in
　　accordance with Art. 76 EPC:
　　11784621.2 / 2 637 719

(71) Applicant: **Sanofi-Aventis Deutschland GmbH**
　　65929 Frankfurt am Main (DE)

(72) Inventors:
　• AVERY, Richard James Vincent
　　Chipping Campden, Gloucestershire GL55 6TX
　　(GB)
　• DRAPER, Paul Richard
　　Worcestershire, WR11 3SE (GB)
　• MEREDYDD, James Aled
　　Dorridge, West Midlands B93 8RR (GB)

(74) Representative: Weilnau, Carsten et al
　　Quermann - Sturm - Weilnau
　　Patentanwälte Partnerschaft mbB
　　Unter den Eichen 5
　　65195 Wiesbaden (DE)

Remarks:
　　This application was filed on 17-12-2019 as a
　　divisional application to the application mentioned
　　under INID code 62.

(54)　　**DOSE SETTING MECHANISM AND DRUG DELIVERY DEVICE**

(57)　　A dose setting mechanism (202) that prevents
dispensing of a drug when an incorrect cartridge assem-
bly (204) is attached to the dose setting mechanism
(202). Dispense of a drug may be allowed by preventing
rotation of a spindle nut (208) of a drug delivery device
(200), and dispense of a drug may be prevented by not
preventing rotation of the spindle nut (208). Preventing
dispense of a drug may be accomplished by preventing
rotation of the spindle (206) when an incorrect cartridge
assembly (204) is inserted. Preventing dispense of a drug
may be accomplished by preventing the spindle (206)
from applying an axial force on the cartridge when an
incorrect cartridge assembly (204) is inserted.

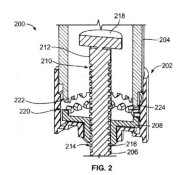

FIG. 2

EP 3 653 242 A1

图 12 – 22　欧洲发明专利数据样例

1 **EP 3 653 242 A1** 2

Description

BACKGROUND

Field of Patent Application

[0001]   The present patent application is generally directed to reservoirs, particularly reservoirs containing a medicament. More particularly, the present application is generally directed to a drug delivery device that prevents dispensing of a dose when an incorrect reservoir is attached, so as to prevent unwanted reservoir cross use. As just one example, such medicament reservoirs may comprise an ampoule, a cartridge, a vial, or a pouch, and may be used with a medical delivery device. Exemplary medical delivery devices include, but are not limited to syringes, pen type injection syringes, pumps, inhalers, or other similar injection or infusing devices that require at least one reservoir containing at least one medicament.

Background

[0002]   Medicament reservoirs such as ampoules, cartridges, or vials are generally known. Such reservoirs are especially used for medicaments that may be self administered by a patient. For example, with respect to insulin, a patient suffering from diabetes may require a certain amount of insulin to either be injected via a pen type injection syringe or infused via a pump. With respect to certain known reusable pen type drug delivery devices, a patient loads a cartridge containing the insulin into a proximal end of a cartridge holder. After the cartridge has been correctly loaded, the user may then be called upon to select a dose of medicament. Multiple doses may be dosed from the cartridge. Where the drug delivery device comprises a reusable device, once the cartridge is empty, the cartridge holder is disconnected from the drug delivery device and the empty cartridge is removed and replaced with a new cartridge. Most suppliers of such cartridges recommend that the user dispose of the empty cartridges properly. Where the drug delivery device comprises a disposable device, once the cartridge is empty, the user is recommended to dispose of the entire device.

[0003]   Such known self administration systems requiring the removal and reloading of empty cartridges have certain limitations. For example, in certain generally known systems, a user simply loads a new cartridge into the delivery system without the drug delivery device or without the cartridge having any mechanism of preventing cross use of an incorrect cartridge. That is, the drug delivery device does not have a mechanism for determining if the medicament contained in the cartridge is indeed the correct type of medicament to be administered by the patient. Alternatively, certain known drug delivery devices do not present a mechanism for determining if the correct type of medicament within the cartridge should be used with that particular drug delivery system.

This potential problem could be exacerbated given that certain elderly patients, such as those suffering from diabetes, may have limited manual dexterity. Identifying an incorrect medicament is quite important, since the administration of a potentially incorrect dose of a medicament such as a short acting insulin in lieu of a long insulin could result in injury or even death.

[0004]   Some drug delivery devices or systems may use a color coding scheme to assist a user or care giver in selecting the correct cartridge to be used with a drug delivery device. However, such color coding schemes pose challenges to certain users, especially those users suffering from poor eyesight or color blindness: a situation that can be quite prevalent in patients suffering from diabetes.

[0005]   Another concern that may arise with such disposable cartridges is that these cartridges are manufactured in essentially standard sizes and manufactured to comply with certain recognized local and international standards. Consequently, such cartridges are typically supplied in standard sized cartridges (e.g., 3 ml cartridges). Therefore, there may be a variety of cartridges supplied by a number of different suppliers and containing a different medicament but they may fit a single drug delivery device. As just one example, a first cartridge containing a first medicament from a first supplier may fit a medical delivery device provided by a second supplier. As such, a user might be able to load and then dispense an incorrect medicament (such as a rapid or basal type of insulin) into a drug delivery device without being aware that the medical delivery device was perhaps neither designed nor intended to be used with such a cartridge.

[0006]   As such, there is a growing desire from users, health care providers, care givers, regulatory entities, and medical device suppliers to reduce the potential risk of a user loading an incorrect drug type into a drug delivery device. There is also, therefore, a desire to reduce the risk of dispensing an incorrect medicament (or the wrong concentration of the medicament) from such a drug delivery device.

[0007]   There is, therefore, a general need to physically dedicate or mechanically code a cartridge to its drug type and design an injection device that only accepts or works with the dedication or coded features provided on or with the cartridge so as to prevent unwanted cartridge cross use. Similarly, there is also a general need for a dedicated cartridge that allows the medical delivery device to be used with only an authorized cartridge containing a specific medicament while also preventing undesired cartridge cross use.

[0008]   There is also a general need to provide a dedicated cartridge that is difficult to tamper with so that the cartridge may not be compromised in that the cartridge can be used with an unauthorized drug or drug delivery device. Because such cartridges may be difficult to tamper with, they may also reduce the risk of counterfeiting: i.e., making it more difficult for counterfeiters to provide unregulated counterfeit medicament carrying

2

图 12 – 22　欧洲发明专利数据样例（续）

3   EP 3 653 242 A1   4

products.

SUMMARY

[0009] It is an object of the invention to facilitate the use of a correct cartridge in conjunction with a dose setting mechanism.

[0010] This object is achieved with the dose setting mechanism according to claim 1 and the drug delivery device according to claim 19, respectively. Embodiments emerge from the dependent claims.

[0011] In the following, the term "distal end" designates that end of a dose setting mechanism, a drug delivery system or a component thereof which is or is to be arranged closest to a dispensing end, and the term "proximal end" designates that end which is or is to be arranged furthest away from the dispensing end of the device.

[0012] The term "drug", "medicament" or "medication" as used herein, preferably means a pharmaceutical formulation containing at least one pharmaceutically active compound,

wherein in one embodiment the pharmaceutically active compound has a molecular weight up to 1500 Da and/or is a peptide, a proteine, a polysaccharide, a vaccine, a DNA, a RNA, an enzyme, an antibody, a hormone or an oligonucleotide, or a mixture of the above-mentioned pharmaceutically active compound,

wherein in a further embodiment the pharmaceutically active compound is useful for the treatment and/or prophylaxis of diabetes mellitus or complications associated with diabetes mellitus such as diabetic retinopathy, thromboembolism disorders such as deep vein or pulmonary thromboembolism, acute coronary syndrome (ACS), angina, myocardial infarction, cancer, macular degeneration, inflammation, hay fever, atherosclerosis and/or rheumatoid arthritis,

wherein in a further embodiment the pharmaceutically active compound comprises at least one peptide for the treatment and/or prophylaxis of diabetes mellitus or complications associated with diabetes mellitus such as diabetic retinopathy,

wherein in a further embodiment the pharmaceutically active compound comprises at least one human insulin or a human insulin analogue or derivative, glucagon-like peptide (GLP-1) or an analogue or derivative thereof, or exedin-3 or exedin-4 or an analogue or derivative of exedin-3 or exedin-4.

[0013] Insulin analogues are for example Gly(A21), Arg(B31), Arg(B32) human insulin; Lys(B3), Glu(B29) human insulin; Lys(B28), Pro(B29) human insulin; Asp(B28) human insulin; human insulin, wherein proline in position B28 is replaced by Asp, Lys, Leu, Val or Ala and wherein in position B29 Lys may be replaced by Pro; Ala(B26) human insulin; Des(B28-B30) human insulin; Des(B27) human insulin and Des(B30) human insulin.

[0014] Insulin derivates are for example B29-N-myristoyl-des(B30) human insulin; B29-N-palmitoyl-des(B30) human insulin; B29-N-myristoyl human insulin; B29-N-

palmitoyl human insulin; B28-N-myristoyl LysB28ProB29 human insulin; B28-N-palmitoyl-LysB28ProB29 human insulin; B30-N-myristoyl-ThrB29LysB30 human insulin; B30-N-palmitoyl-ThrB29LysB30 human insulin; B29-N-(N-palmitoyl-Y-glutamyl)-des(B30) human insulin; B29-N-(N-lithocholyl-Y-glutamyl)-des(B30) human insulin; B29-N-(ω-carboxyheptadecanoyl)-des(B30) human insulin and B29-N-(ω-carboxyhepta-decanoyl) human insulin.

[0015] Exendin-4 for example means Exendin-4(1-39), a peptide of the sequence H His-Gly-Glu-Gly-Thr-Phe-Thr-Ser-Asp-Leu-Ser-Lys-Gln-Met-Glu-Glu-Glu-Ala-Val-Arg-Leu-Phe-Ile-Glu-Trp-Leu-Lys-Asn-Gly-Gly-Pro-Ser-Ser-Gly-Ala-Pro-Pro-Pro-Ser-NH2.

[0016] Exendin-4 derivatives are for example selected from the following list of compounds:

H-(Lys)4-des Pro36, des Pro37 Exendin-4(1-39)-NH2,

H-(Lys)5-des Pro36, des Pro37 Exendin-4(1-39)-NH2,
des Pro36 [Asp28] Exendin-4(1-39),
des Pro36 [IsoAsp28] Exendin-4(1-39),
des Pro36 [Met(O)14, Asp28] Exendin-4(1-39),
des Pro36 [Met(O)14, IsoAsp28] Exendin-4(1-39),
des Pro36 [Trp(O2)25, Asp28] Exendin-4(1-39),
des Pro36 [Trp(O2)25, IsoAsp28] Exendin-4(1-39),
des Pro36 [Met(O)14 Trp(O2)25, Asp28] Exendin-4(1-39),
des Pro36 [Met(O)14 Trp(O2)25, IsoAsp28] Exendin-4(1-39); or

des Pro36 [Asp28] Exendin-4(1-39),
des Pro36 [IsoAsp28] Exendin-4(1-39),
des Pro36 [Met(O)14, Asp28] Exendin-4(1-39),
des Pro36 [Met(O)14, IsoAsp28] Exendin-4(1-39),
des Pro36 [Trp(O2)25, Asp28] Exendin-4(1-39),
des Pro36 [Trp(O2)25, IsoAsp28] Exendin-4(1-39),
des Pro36 [Met(O)14 Trp(O2)25, Asp28] Exendin-4(1-39),
des Pro36 [Met(O)14 Trp(O2)25, IsoAsp28] Exendin-4(1-39),

wherein the group -Lys6-NH2 may be bound to the C-terminus of the Exendin-4 derivative;

or an Exendin-4 derivative of the sequence

H-(Lys)6-des Pro36 [Asp28] Exendin-4(1-39)-Lys6-NH2,
des Asp28 Pro36, Pro37, Pro38Exendin-4(1-39)-NH2,
H-(Lys)6-des Pro36, Pro38 [Asp28] Exendin-4(1-39)-NH2,
H-Asn-(Glu)5des Pro36, Pro37, Pro38 [Asp28] Exendin-4(1-39)-NH2,
des Pro36, Pro37, Pro38 [Asp28] Exendin-4(1-39)-(Lys)6-NH2,

3

图 12 – 22   欧洲发明专利数据样例 (续)

EP 3 653 242 A1

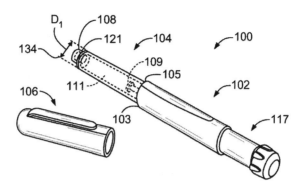

FIG. 1A

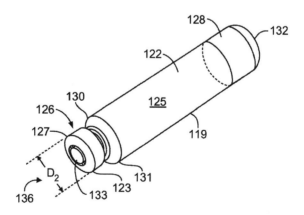

FIG. 1B

20

图 12 – 22　欧洲发明专利数据样例（续）

EP 3 653 242 A1

Europäisches
Patentamt

European
Patent Office

Office européen
des brevets

EUROPEAN SEARCH REPORT

Application Number

EP 19 21 6961

DOCUMENTS CONSIDERED TO BE RELEVANT

Category	Citation of document with indication, where appropriate, of relevant passages	Relevant to claim	CLASSIFICATION OF THE APPLICATION (IPC)
X	WO 2008/074897 A1 (NOVO NORDISK AS [DK]; CHRISTIANSEN ASGER VOSS [DK]; TORRY-SMITH JONAS) 26 June 2008 (2008-06-26)	1-5, 8-10,15	INV. A61M5/24 A61M5/315
Y	* page 16, line 16 - page 22, line 8; figures 1-16 *	2-5	
Y	US 2009/227955 A1 (HIRSCHEL JUERG [CH] ET AL) 10 September 2009 (2009-09-10) * paragraphs [0077] - [0079]; figures 13A-13G *	2-5	
A	US 2009/275916 A1 (HARMS MICHAEL [DE] ET AL) 5 November 2009 (2009-11-05) * paragraphs [0130] - [0134]; figures *	1-15	
A	US 6 936 032 B1 (BUSH JR CHARLES L [US] ET AL) 30 August 2005 (2005-08-30) * column 3, line 64 - column 4, line 35; figures *	1-15	
A	WO 93/07922 A1 (NOVO NORDISK AS [DK]) 29 April 1993 (1993-04-29) * page 7, lines 11-32; figures *	1-15	TECHNICAL FIELDS SEARCHED (IPC) A61M
A	WO 2010/006870 A1 (SHL GROUP AB [SE]; BRUNNBERG LENNART [SE]; WIESELBLAD ANDERS [SE]; NOR) 21 January 2010 (2010-01-21) * abstract; figures *	1-15	

The present search report has been drawn up for all claims

Place of search	Date of completion of the search	Examiner
The Hague	11 February 2020	Manera, Marco

CATEGORY OF CITED DOCUMENTS

X : particularly relevant if taken alone
Y : particularly relevant if combined with another document of the same category
A : technological background
O : non-written disclosure
P : intermediate document

T : theory or principle underlying the invention
E : earlier patent document, but published on, or after the filing date
D : document cited in the application
L : document cited for other reasons

& : member of the same patent family, corresponding document

EPO FORM 1503 03.82 (P04C01)

1

28

图 12 – 22   欧洲发明专利数据样例（续）

（二）发明专利数据字段

欧洲发明专利数据的主要字段如表 12 - 12 所示。

表 12 - 12　欧洲发明专利数据主要字段

字段名称	字段含义	样　例
—	WIPO 标准 ST. 3 规定的代码或公布文献的局或组织的其他标识	European Patent Office
—	文献种类	EUROPEAN PATENT APPLICATION
Date of Publication	公开日	20. 05. 2020 Bulletin 2020/21
Application Number	申请号	19216961. 3
Date of Filling	申请日	08. 11. 2011
—	公开号	EP 3653242A1
Int Cl.	国际专利分类（国际分类）	A61M5/24（2006. 01） A61M5/315（2006. 01）
Designated Contracting States	指定缔约国	AL、AT、BE、BG、CH、CY、CZ、DE、DK、EE、ES、FI、FR、GB、GR、HR、HU、IE、IS、IT、LI、LT、LU、LV、MC、MK、MT、NL、NO、PL、PT、RO、RS、SE、SI、SK、SM、TR
Designated Extension States	指定延伸国	BA ME
Priority	优先权信息	08. 11. 2010 US41101210P 13. 12. 2010 EP10194728
Document number（s）of the earlier application（s）in accordance with Art. 76 EPC	根据《欧洲专利公约》第 76 条，较早申请的申请号	11784621. 2/2637719
Applicant	申请人	Sanofi - Aventis Deutschland GmbH65929 Frankfurt am Main（DE）
Inventors	发明人	AVERY, Richard James Vincent Chipping Campden, Gloucestershire GL55 6TX（GB） DRAPER, Paul Richard Worcestershire, WR11 3SE（GB） MEREDYDD, James Aled Dorridge, West Midlands B93 8RR（GB）

字段名称	字段含义	样　例
Representative	代理人	Weilnau，Carsten et al Quermann – Sturm – Weilnau Patentanwälte Partnerschaft mbB Unter den Eichen 5 65195 Wiesbaden（DE）
—	发明名称	DOSE SETTING MECHANISM AND DRUG DELIVERY DEVICE
—	摘要	A dose setting mechanism……
—	代表性附图	
Description	说明书	内容略
Background	背景技术	内容略
Summary	发明内容	内容略
Brief Description of the Drawings	附图的简要说明	内容略
Detailed Description	详细说明	内容略
Claims	权利要求	内容略
—	附图	内容略
European Search Report	欧洲检索报告	内容略

（三）外观设计专利数据样例

欧盟外观设计专利数据样例见图 12 – 23。

Registered / Eingetragen 03/02/2021

No 001480263-0001

EUROPEAN UNION INTELLECTUAL
PROPERTY OFFICE
CERTIFICATE OF REGISTRATION

This Certificate of Registration is hereby issued for the
Registered Community Design identified below. The
corresponding entries have been recorded in the
Register of Community Designs.

AMT DER EUROPÄISCHEN UNION FÜR
GEISTIGES EIGENTUM
EINTRAGUNGSURKUNDE

Diese Eintragungsurkunde wird für das unten genannte
eingetragene Gemeinschaftsgeschmackmuster
ausgestellt. Die entsprechenden Einträge sind in das
Register für Gemeinschaftsgeschmacksmuster
aufgenommen worden.

The Executive Director / Der
Exekutivdirektor

Christian Archambeau

www.euipo.europa.eu

图 12 - 23　欧盟外观设计专利数据样例

EUROPEAN UNION INTELLECTUAL PROPERTY OFFICE

AMT DER EUROPÄISCHEN UNION FÜR GEISTIGES EIGENTUM

21	001480263-0001
25	EN - DE
22	03/02/2021
15	03/02/2021
45	08/04/2021
11	001480263-0001
72	Weiyi Peng
73	Guangzhou Xunte Web Tech Co., Ltd.
	Dongyi Auto Parts Square 07, Tianhe District
	Guangzhou
	REPÚBLICA POPULAR DE CHINA
74	Nan Li
	Altdorferstr.2
	D-33615 Bielefeld
	ALEMANIA
51	08 - 08
54	BG - Куки за кърпи
	ES - Ganchos para toallas
	CS - Háčky na ručníky
	DA - Kroge til håndklæder
	DE - Handtuchhaken
	ET - Käterätiku konksud
	EL - Άγκιστρα για πετσέτες
	EN - Towel hooks
	FR - Crochets à serviette
	IT - Ganci per asciugamano
	LV - Dvieļu āķi
	LT - Rankšluosčių kabliukai
	HR - Kuke za ručnike
	HU - Törülköző kampók
	MT - Ganċijiet tax-xugamani
	NL - Handdoekhaken
	PL - Haczyki na ręczniki
	PT - Ganchos de toalha
	RO - Cârlige de prosop
	SK - Háčiky na uteráky
	SL - Kavlji za brisače
	FI - Pyyhekoukut
	SV - Handdukskrokar
30	-
55	

图 12 – 23   欧盟外观设计专利数据样例（续）

EUROPEAN UNION INTELLECTUAL PROPERTY OFFICE

AMT DER EUROPÄISCHEN UNION FÜR GEISTIGES EIGENTUM

0001.1

0001.2

2 / 5

图 12 – 23　欧盟外观设计专利数据样例（续）

（四）外观设计专利数据字段

欧盟外观设计专利数据的主要字段如表 12 – 13 所示。

表 12 – 13　欧盟外观设计专利数据主要字段

字段名称 （INID 码）	字段含义	样　例
21	申请号	001480263 – 0001
25	原始申请的公布语言	EN – DE
22	申请日	03/02/2021
15	专利修正信息	03/02/2021
45	公告日	08/04/2021
11	注册号	001480263 – 0001
72	设计人	Weiyi Peng
73	权利人的名称和地址	Guangzhou Xunte Web Tech Co. Ltd. Dongyi Auto Parts Square 07, Tianhe District Guangzhou REPÚBLICA POPULAR DE CHINA
74	代理人的名称和地址	Nan Li Altdorferstr. 2 D – 33615 Bielefeld ALEMANIA
51	工业设计的国际分类	08 – 08
54	产品名称	BG – Куки за кърпи ES – Ganchos para toallas CS – Háčky na ručníky DA – Kroge til håndklæder DE – Handtuchhaken ET – Käterätiku konksud EL – Αγκιστρα για πετσετες EN – Towel hooks FR – Crochets à serviette IT – Ganci per asciugamano LV – Dvielu āi LT – Rankšluosčių kabliukai HR – Kuke za ručnike HU – Törülközö kampók MT – Gancijiet tax – xugamani NL – Handdoekhaken PL – Haczyki na ręczniki PT – Ganchos de toalha RO – Cârlige deprosop SK – Háčiky na uteráky SL – Kavlji za brisače FI – Pyyhekoukut SV – Handdukskrokar

续表

字段名称 （INID 码）	字段含义	样　例
30	优先权信息	—
55	该工业设计的再现（例如，图、照片）和与这种再现相关的解释	—

二、欧盟商标数据解读

（一）数据样例

欧盟商标数据样例见图 12 – 24 和图 12 – 25。

图 12 – 24　欧盟商标数据样例（欧盟知识产权局检索系统）

图 12 – 24 　欧盟商标数据样例（欧盟知识产权局检索系统）（续）

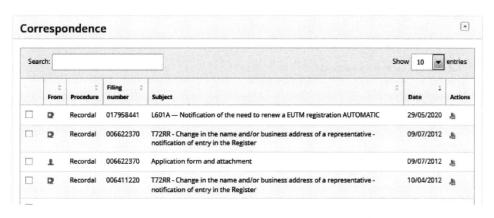

图 12 – 24　欧盟商标数据样例（欧盟知识产权局检索系统）（续）

图 12 – 25　欧盟商标数据样例（中国自建欧盟商标查询系统）

▾ **所有人信息**

> 所有人类型（自然人/组织）: Legal Entity
> 所有人ID号: 419570
> 所有人名称: Guangdong Xueniform Industry Co., Ltd
> 所有人地址: Guangdong Xueniform Industry Co., Ltd Guangmei Road, Gongqiao, Xiashan Town, Chaonan District Shantou City Guangdong Province REPÚBLICA POPULAR DE CHINA
> 所有人所在国家/地区/组织代码: CN
> 所有人机构名称: Guangdong Xueniform Industry Co., Ltd

▾ **代理人信息**

> 代理人类别: Professional Representative
> 代理人ID号: 5481
> 代理人名称: PADULLES CAPDEVILA,MARTIN
> 代理人类型: Natural Person
> 代理人地址: MARTIN PADULLES CAPDEVILA ACCIONS EN PATENTS I MARQUES PADULLES, S.L. Calle Enric Granados, 21, Pral. 1ª E-08007 Barcelona ESPAÑA
> 代理人所在国家/组织/地区代码: ES
> 代理人组织名称:

▾ **商品与服务信息**

> 第3类:Cosmetics; Hair lotions; Shampoos; polish; rubbing cream; toilet powder; Powder (Make-up-); Talcum powder, for toilet use; Essential oils; Dentifrices; Incense; Cleaning preparations; Cosmetics for animals; bath lotion; bath salt; Perfumes; Lipsticks; Beauty masks.

> 第35类:Advertising; Sales promotion [for others]; Import-export agencies; Outdoor advertising; Advertising matter (Dissemination of –); Publicity texts (Publication of –); Shop window dressing; Distribution of samples; advertising design; Organizing fashion show for advertisement or selling; Franchise business management.

> 第25类:Clothing; Underwear; Brassieres; Hosiery; Pyjamas; Jackets[clothing]; Tee-shirts; Bathing suits; Swimming suit; Bath robes; Layettes [clothing]; Wedding Gown; Belt; Children clothing; Underpants; Headgear for wear; Neckties; Underclothing; Singlets; Shoes; Babies' pants; Babies' diapers of textile; Bibs, not of paper.

▾ **流程信息**

> 流程类型: Representative - Change of name and professional address
> 流程日期: 2012-07-11

> 流程类型: Representative - Change of name and professional address
> 流程日期: 2012-04-12

> 流程类型: Representative - Change of name and professional address
> 流程日期: 2011-02-01

> 流程类型: D.1 Renewal of a mark
> 流程日期: 2020-05-28

图 12 – 25　欧盟商标数据样例（中国自建欧盟商标查询系统）（续）

▼ 公告信息

公告期号：2012/130
公告类型：C.2.1
公告日期：2012-07-11

公告期号：2012/070
公告类型：C.2.1
公告日期：2012-04-12

公告期号：2011/089
公告类型：B.2
公告日期：2011-05-12

公告期号：2011/021
公告类型：C.2.1
公告日期：2011-02-01

图 12 – 25　欧盟商标数据样例（中国自建欧盟商标查询系统）（续）

（二）数据字段

欧盟知识产权局商标数据的主要字段如表 12 – 14 所示。

表 12 – 14　欧盟知识产权局商标数据字段

分类	字段名称	字段含义	样例
Trade Mark Information（商标基本信息）	Name	商标名称	Xueni Form
	Filing Number	申请号	009625344
	Basis	来源	EUTM
	Date of Receipt	接收日期	24/12/2010
	Type	商标形态	Figurative
	Nature	商标性质	Individual
	Nice Classes	尼斯分类	03，25，35
	Vienna Classification	维也纳分类	01.15.15，02.09.01，26.99.04，26.99.20，28.03
	Filing Date	申请日	24/12/2010
	Filing Language	申请语种	English
	Second Language	第二语种	Spanish
	Application Reference	申请参考	TM/EU/YU/2010461

分类	字段名称	字段含义	样例
Trade Mark Information（商标基本信息）	Trade Mark Status	商标状态	Registered
	Acquired Distinctiveness	获得的独特性	No
	Registration Date	注册日	2011 – 05 – 10
Graphic Representation（商标图片）	Graphic Represention	商标图片	
Goods and Services（商品与服务信息）	Goods and Services	商品与服务信息	Cosmetics；Hair lotions；Shampoos；polish；rubbing cream；toilet powder；Powder（Make – up –）；Talcum powder, for toilet use；Essential oils；Dentifrices；Incense；Cleaning preparations；Cosmetics for animals；bath lotion；bath salt；Perfumes；Lipsticks；Beauty masks.
Description（描述）	Description	描述	Colour White and purple
Owners（所有人信息）	ID	所有人 ID 号	419570
	Organisation	所有人名称	Guangdong Xueniform Industry Co. Ltd
	Legal Status	所有人类型（自然人/组织）	Legal Entity
	Country	所有人所在国家/地区/组织代码	CN
	State/County	州	n/a
	Town	城市	Guangdong Province
	Post Code	邮编	n/a
	Address	所有人机构地址	Guangmei Road, Gongqiao, Xiashan Town, Chaonan District, Shantou City

分类	字段名称	字段含义	样例
Representatives（代理人信息）	—	代理人名称	PADULLES CAPDEVILA, MARTIN
	ID	代理人 ID 号	5481
	Organisation	组织	n/a
	Legal status	代理人类型（自然人/组织）	Individual
	Type	类别	Professional Representative
	Country	代理人所在国家/组织/地区代码	ES
	State/County	州	n/a
	Town	城市	Barcelona
	Post Code	邮编	08007
	Address	代理人地址	Calle Enric Granados, 21, Pral. 1
Correspondence（通信信息）	Procedure	程序	Recordal
	Filling Number	申请号	017958441
	Subject	主题	—
	Date	日期	24/12/2010
Publication（公告信息）	Bulletin Number	公告期号	2011/019
	Date	公告日期	28/01/2011
	Section	公告类型	A. 1
	Description	描述	Applications published under Article 44 EUTMR (Article 39 EUTMR before 01/10/2017)
Recordals（流程信息）	Description	类型描述	Representative – Change of name and professional address
	Date	日期	11/07/2012
	Bulletin Number	公告号	2012/130
	Section	部分	C. 2. 1
	Filling Number	申请号	006622370
	Title	标题	Representative
	Subtitle	子标题	Change of name and professional address

分类	字段名称	字段含义	样例
Renewals（续约）	Title	标题	Renewal
	Filling Number	申请号	017958441
	Status	状态	Notification of expiry of trade mark
	Date	日期	28/05/2020

第四部分

知识产权基础数据利用

　　知识产权数据利用是科技创新的前提与基础，也是推动科技创新的关键。促进知识产权数据价值实现和提升数据利用效率需要了解知识产权数据利用流程、场景和方式。本部分针对上述内容进行介绍，便于读者了解知识产权管理部门、企业、高校和科研院所、行业协会、知识产权服务机构以及社会公众需要进行知识产权数据利用的场景和方式，以及数据利用的流程和要点。

　　知识产权基础数据利用部分包括第十三章至第十八章内容，其中第十三章将介绍知识产权数据的利用场景，第十四至第十七章将详细介绍专利、商标、地理标志、集成电路布图设计四类知识产权基础数据利用方式，第十八章将介绍知识产权数据应用系统建设。

第十三章 知识产权数据利用场景

各级知识产权管理部门、企业、高校和科研院所、行业协会、知识产权服务机构、社会公众对于知识产权数据利用场景和需求各有不同,本章针对不同的数据利用对象,根据其不同的利用需求,对数据利用场景进行介绍。

第一节 各级知识产权管理部门及下属机构 知识产权数据利用场景

知识产权创造、运用、保护、管理、服务是各级地方知识产权管理部门及下属机构工作的主要职责。在各级地方知识产权管理部门及下属机构履行工作职责的过程中,为推动知识产权高质量发展,知识产权数据利用必不可少。具体知识产权数据利用场景如表 13 - 1 所示。

表 13 - 1 各级地方知识产权管理部门及下属机构知识产权数据利用场景

数据利用场景	数据利用目的	数据利用方式
知识产权创造	提升当地专利、商标、地理标志、集成电路布图设计等的质量、价值	①高价值专利培育工作,需要通过专利检索、专利分析了解专利培育领域整体专利布局状况,及拟培育专利的创新性评价
		②商标提质增效工作,需要通过商标检索、商标分析了解商标数量和质量情况
		③专利奖评选过程需要通过专利检索、专利分析判断拟评专利的价值
		④专利密集型产业示范产品、示范企业建设工作,需要通过专利检索、专利分析等进行产业、产品评价
		⑤重点产业的重点专利推送工作,需要进行专利检索、专利分析

数据利用场景	数据利用目的	数据利用方式
知识产权运用	促进当地知识产权运用工作	①知识产权转让、许可、质押、证券化、作价入股等调查工作需要进行专利检索分析、商标检索分析、地理标志检索分析、集成电路布图设计检索分析等
		②通过专利导航提高区域、园区（产业聚集区）、产业、企业、高校、科研院所等主体的决策精准度和科学性，全景式分析创新方向
		③推动知识产权运营平台（中心）建设，需要进行专利专题数据库建设、专利检索分析、商标检索分析等
		④开展知识产权金融服务，需要基于知识产权数据开发适用于不同应用场景的知识产权价值评估模型及工具；建立以知识产权为核心指标的科技型中小企业创新能力和科技实力评价体系，评价体系的实施需要进行专利检索分析、商标检索分析等
知识产权保护	打击知识产权侵权，建立保护制度，优化市场环境；持续提升专利、商标行政保护效能	①知识产权营商环境的对比分析需要进行知识产权数据检索、分析
		②行政执法中专利、商标等知识产权的侵权判定需要检索与分析
		③产业知识产权预警工作需要进行专利检索、专利分析、专利预警、商标检索、商标分析、专题数据库建设等
		④在企业海外贸易、贴牌加工、产品展销会、企业自创品牌和重大项目招投标等活动中指导企业进行专利和商标等知识产权的检索与分析，从而可以避免风险
		⑤专利无效、诉讼统计需要进行专利检索与分析
知识产权管理	提升知识产权综合管理效率	①地域、重点产业知识产权数据统计工作，需要知识产权数据支撑
		②知识产权服务机构管理和培育工作，需要知识产权数据支撑
		③知识产权（专利）密集型产业增加值核算与发布机制等工作，需要进行专利检索分析、统计分析等
		④在政府投资或支持的重大经济科技项目专利风险评价工作中，需要进行专利检索、专利分析等
		⑤在涉及国家利益并具有重要知识产权的企业并购、技术出口等活动的监督和调查工作中，需要进行专利检索、专利分析等

数据利用场景	数据利用目的	数据利用方式
知识产权服务	搭建当地知识产权服务工作体系，提升当地知识产权服务工作水平	①搭建知识产权信息公共服务平台，为当地知识产权服务工作体系建立提供支撑，推动信息资源深度利用
		②组织区域知识产权信息公共服务节点和网点提供知识产权公益培训、基础性检索查询和分析、知识产权文献传递、信息咨询等基础服务
		③鼓励区域内具备相应资质和服务能力的知识产权信息公共服务节点、网点提供低成本专业化公共服务，包括知识产权专业检索和分析、专题数据库建设等

一、知识产权创造

知识产权创造是运用、保护、管理和服务的基石，近年来，高质量已成为我国知识产权创造导向，各级地方知识产权管理部门的知识产权创造工作重点是提升当地专利、商标、地理标志、集成电路布图设计等知识产权的质量和价值。

在这一过程中，各级地方知识产权管理部门需开展高价值专利培育工作、商标提质增效工作，同时组织参与专利奖评审工作等，以引导企业、高校、科研院所、社会团体、个人等开展高价值和高质量专利、商标的挖掘。同时还需开展专利密集型产业示范产品、示范企业建设工作，这些工作中同样需要引导企业进行高价值专利的创造。此外，重点产业重点专利的推送将有利于企业创造高价值专利。

在这些场景中，知识产权基础数据的利用可有效促进相关工作的开展。例如，在高价值专利培育工作中，引导企业进行专利检索、分析，可了解开展专利培育的技术领域整体专利布局状况，及拟培育专利的创新性评价情况；在商标提质增效工作中，可引导企业通过商标检索、分析了解商标数量和质量情况，进而完善自身商标培育计划；在专利奖评选过程可通过专利检索、专利分析判断拟评专利的价值；在专利密集型产业示范产品、示范企业建设工作中，可通过专利检索、专利分析等进行产业、产品评价；在重点产业的专利推送工作中，可通过专利检索、专利分析选择合适的产业推送专利信息，以促进企业的技术研发。

二、知识产权运用

知识产权运用工作是知识产权工作中的重点工作任务。

在各级地方知识产权管理部门的运用工作中，知识产权数据利用具有举足轻重的作用。

例如，在知识产权转让、许可、质押前调查工作中，通过专利检索分析、商标检索分析、地理标志检索分析、集成电路布图设计检索分析等数据利用方式，可获得知识产权运营现状信息；通过专利导航工作的开展可提高企业、高校、科研院所等主体的决策精准度和科学性，全景式分析创新方向；知识产权运营平台（中心）建设，需要将专利专题数据库建设、专利检索分析、商标检索分析等数据利用方式作为基础；知识产权金融服务工作，需要基于知识产权数据开发适用于不同应用场景的知识产权价值评估模型及工具，建立以知识产权为核心指标的科技型中小企业创新能力评价体系，评价体系的实施需要进行专利检索分析、商标检索分析等。

三、知识产权保护

保护知识产权就是保护创新，加强知识产权保护，是完善产权保护制度最重要的内容，也是提高我国经济竞争力的最大激励。❶

各级地方知识产权管理部门在知识产权保护工作中积极打击知识产权侵权，建立保护制度，优化市场环境；持续提升专利、商标行政保护效能。

在这些工作中，知识产权基础数据的利用必不可少，如知识产权营商环境的对比分析，需要进行知识产权数据检索、分析；专利、商标的侵权判定也需要进行专利、商标检索；同时，为提升知识产权保护，防患于未然，需开展知识产权预警工作；在企业海外贸易、贴牌加工、产品展销会、企业自创品牌和重大项目招投标等活动中，通过指导企业进行专利检索、专利分析可避免重大风险；专利无效、诉讼统计工作同样需要进行专利检索、专利分析。

四、知识产权管理

知识产权管理是国家和地方知识产权管理部门重点开展的工作之一。随着精细管理和科学决策的工作需要，数据利用作为管理的基础愈发重要。

各级地方知识产权管理部门须加强知识产权指标统计监测工作、健全地方知识产权指标统计监测体系，在这些场景中，知识产权数据利用起到了举足轻重的作用。

其中，地域、重点产业知识产权数据统计工作须通过检索、分析等数据利用方式实现；在知识产权服务机构管理和培育工作中，需要知识产权数据作为依据对服务机构进行分类定级；知识产权（专利）密集型产业增加值核算与发布机制等工作，同样需要进行专利检索分析、统计分析；在政府投资或支持的重大经济科技项目中，需要进行专利风险评价工作，同样需要进行专利检索和专利分析；在涉及国家利益并具有重要知识产权的企业并购、技术出口等活动的监督和调查工作中，也需要进行专利检索和专利分析。

---

❶ 保护知识产权就是保护创新 [EB/OL]. (2021 - 01 - 22) [2022 - 10 - 17]. http：//www. gov. cn/xin-wen/2021 - 01/22/content - 5581781. htm.

五、知识产权服务

知识产权服务工作是各级地方知识产权管理部门的重要工作。各地方知识产权管理部门知识产权服务工作的开展，需要以知识产权数据为基础，包括搭建知识产权信息公共服务平台，为建立当地知识产权服务工作体系提供支撑，推动信息资源深度利用；组织区域知识产权信息公共服务节点和网点提供知识产权公益培训、基础性检索查询和分析、知识产权文献传递、信息咨询等基础服务；鼓励区域内具备相应资质和服务能力的知识产权信息公共服务节点、网点提供低成本专业化公共服务，包括知识产权专业检索和分析、专题数据库建设等。

第二节　企业知识产权数据利用场景

知识产权数据利用贯穿了企业生产经营的所有环节，包括研发、采购和销售，以及企业重组、并购、融资、技术引进、技术转移/许可、侵权纠纷、技术合作、人才引进、竞争对手调查、品牌推广、海外参展等场景。

在这些环节中，企业可能会面临各种各样的知识产权风险。例如，在研发环节中，企业面临重复研发、侵权研发等风险；在采购环节中，企业需要应对供应方和相关方产品或技术的侵权风险；在销售环节中，企业同样面临着产品侵权的风险。在其他环节，如企业重组、企业并购、融资、技术引进、技术转移/许可、侵权纠纷、技术合作、人才引进、竞争对手调查、品牌推广及海外参展过程中，企业同样需要面对不同的知识产权风险。针对这些风险，通过知识产权数据利用，可以做到防患于未然，避免各类知识产权风险。

企业在生产经营活动中的知识产权数据利用场景和方式具体如表13-2所示。

表13-2　企业知识产权数据利用场景

数据利用场景		数据利用目的	数据利用方式
企业知识产权管理		提升企业知识产权规范化管理水平，有效运用知识产权策略，提升知识产权数量和质量	需要进行专利检索分析、商标检索分析、建立专题数据库等
研发环节	研发规划	了解所在行业现有技术发展状况、市场竞争状况	需要进行技术创新分析、竞争对手调查分析等
	研发立项	产品侵权风险管控	需要进行防侵权检索
	项目研发	针对研发问题提出解决建议，了解专利布局的问题，完善布局	需要进行技术创新分析、专利布局、专利性检索等
	产品测试	产品侵权风险管控	需要进行防侵权检索
	生产上市	产品侵权风险管控	需要进行防侵权检索

数据利用场景	数据利用目的	数据利用方式
采购环节	控制产品采购知识产权风险。筛选具有知识产权优势的供应商	需要进行防侵权检索、技术评价分析等
销售环节	管控知识产权侵权风险	需要进行防侵权检索、专利布局分析等
企业重组	对知识产权资产进行评估	需要对企业内部专利、商标、集成电路布图设计检索、分析等
企业并购	在并购中利用知识产权数据对并购方所持有的知识产权合理评估	需要对并购方知识产权（专利、商标、集成电路布图设计）检索、分析等
融资	利用知识产权数据分析对质押物的价值合理评估	需要对质押物（专利、商标等）的真实性、准确性、技术价值、经济价值、法律价值进行技术评价分析
技术引进	利用知识产权数据分析评价拟引进技术，评估引进技术的技术价值和知识产权风险	需要对拟引进技术及其同类技术进行技术评价分析
技术转移/许可	在技术转移/许可过程中，利用知识产权数据获取包含目标技术的知识产权并对其进行评价	需要进行技术评价分析
侵权纠纷	在遭遇知识产权（专利、商标等）侵权纠纷时，通过知识产权数据分析判断侵权的真实性	需要进行防侵权检索
技术合作	利用专利数据分析寻找技术合作对象和合作技术	需要进行技术合作分析
人才引进	在人才引进过程中，利用知识产权数据寻找目标人才，并对其涉及的知识产权进行评价	需要进行人才管理分析
竞争对手调查	利用知识产权数据分析进行竞争对手调查	需要进行检索分析
品牌推广	利用商标数据分析了解企业商标状况	需要进行商标检索分析
海外参展	管控专利侵权风险	需要进行防侵权检索

一、研发环节

在研发环节中，如果企业研发规划失误，有可能导致企业研发的产品陷入竞争对手的专利雷区；如果企业研究立项决策失误，将导致企业把研究的资金用于他人已经研发的技术中，给企业带来资金、时间、人力等多方面的损失；在研发过程中，企业可能面临创新思路无法打开的问题；同时，如果未及时跟踪竞争对手的研发动态，企业研发的产品将有可能引起侵权风险；如果企业未及时将自身的研发成果完善并进行布局专利，而竞争对手抢先申请了专利，将导致企业的研发成果失去意义；在产品测试和生产上市过程中，企业同样面临着侵权风险。

在上述不同的研发场景下，企业面临着不同的研发风险，针对这些风险，加强知识产权基础数据的利用，进行技术信息尤其是专利信息的分析，将有效降低风险。

例如，在研发规划中，通过相关领域竞争对手调查分析，以及拟规划方向的技术创新分析，可排查具有风险的技术方向，可有效规避由于规划引起的研发风险。

在研发立项中，通过防侵权分析可进行研发前的专利侵权预警，减少侵权风险，如果发现风险专利，可以及时采取应对措施。例如，终止研发活动或规避风险专利所涉及技术方案，或者可以通过专利许可、专利无效等方式进行风险应对。

在研发过程中，针对研发中出现的各种技术问题，通过技术创新分析可以启发研发人员的思路；通过竞争对手分析可以了解竞争对手的研发动态，及早调整自身的研发策略和专利布局策略，避免侵权风险；通过专利性检索可以了解目前的研发项目是否已有他人在先的成果，从而可以及时调整研发策略，避免重复研发。

二、采购环节

在采购环节中，供应商的产品和技术是否侵权，将决定企业的产品和技术侵权的可能性，因此，要求供应商提供权属证明，或者通过防侵权分析预先判断侵权风险，从而控制采购的知识产权风险。或者通过技术评价分析对供应商进行筛选，选择具有知识产权优势的供应商作为合作伙伴。

三、销售环节

在研发环节结束后，技术成果将走向市场，公之于众，企业面临的专利风险将大为增加。如果企业对产品布局的专利不全面，而竞争对手在企业遗漏领域申请了专利，将导致企业市场陷入被动；同时，企业如前期开展的防侵权检索涉及的技术领域不够全面，产品销售上市后侵权风险的概率将远高于研发阶段。

因此，在产品销售阶段，企业应对产品进行专利布局分析，找到产品专利布局的遗漏领域以补充专利申请，同时还需要对产品补充防侵权检索分析以降低风险。

四、企业重组

企业重组，是对企业的资金、资产、劳动力、技术、管理等要素重新配置，构建新的生产经营模式，使企业在变化中保持竞争优势的过程❶。在重组过程中，知识产权作为企业无形资产，也是重组的重要组成部分。为了优化配置企业内部的专利、商标、集成电路布图设计等知识产权资产，需对其评估，评估过程则需要通过检索分析进行。

五、企业并购

企业并购包括兼并和收购，是企业法人在平等自愿、等价有偿基础上，以一定的经济方式取得其他法人产权的行为，是企业进行资本运作和经营的主要形式。企业并购主要包括公司合并、资产收购、股权收购三种形式。❷

为降低并购的风险，并购过程需调查目标企业的资产和负债情况、经营和财务情况、法律关系以及目标企业所面临的机会与潜在的风险。其中，知识产权作为重要的无形资产，需进行评估，评估过程涉及专利检索分析，包括并购对象的知识产权归属、期限、法律状态、运用情况、涉诉情况等。对于专利，还可以评价其权利稳定性或专利申请授权前景，以及专利对核心技术的保护程度等。

六、企业融资

企业融资是以企业的资产、权益和预期收益为基础，筹集项目建设、营运及业务拓展所需资金的行为过程❸。知识产权作为企业重要的无形资产，融资渠道很多，如吸引风险投资、质押贷款等。我国最常见的知识产权无形资产融资方式是质押贷款。知识产权质押贷款可以解决中小企业的经营资金问题，但对于质权人（如银行）具有一定风险，因此在融资前需评估知识产权的价值，评估过程可通过知识产权数据分析对知识产权进行技术评价分析。

七、技术引进

技术引进是指通过国际技术交流和转移，有计划、有重点、有选择地从国外取得先进技术的活动❹。技术引进包括：

（1）引进生产工艺技术、设备制造技术。如购买设备制造图纸和工艺、产品设

---

❶ 百度百科. 企业重组［EB/OL］.［2022 - 01 - 10］. https://baike. baidu. com/item/% E4% BC% 81% E4% B8% 9A% E9% 87% 8D% E7% BB%84/9152574？fr = aladdin.

❷ 百度百科. 企业并购［EB/OL］.［2022 - 01 - 10］. https://baike. baidu. com/item/% E4% BC% 81% E4% B8% 9A% E5% B9% B6% E8% B4% AD/7066468？fr = aladdin.

❸ 百度百科. 企业融资［EB/OL］.［2022 - 01 - 10］. https://baike. baidu. com/item/% E4% BC% 81% E4% B8% 9A% E8% 9E% 8D% E8% B5%84/9970503？fr = aladdin.

❹ 百度百科. 技术引进［EB/OL］.［2022 - 01 - 10］. https://baike. baidu. com/item/% E6% 8A% 80% E6% 9C% AF% E5% BC%95% E8% BF% 9B.

计、测试方法、材料配方等技术资料以及获得有关技术专利的使用权。

（2）引进作为国内消化、吸收、研制、革新用的样机，如购买关键设备、成套设备或招标工程。

（3）引进人才。如聘请外国专家、委托培训人员等。

（4）引进科学的经营管理技术。

企业在引进生产工艺技术、设备制造技术或引进作为国内消化、吸收、研制、革新用的样机过程中，如所引进技术未经过合理评价，有可能不适合企业发展，也可能引进价格远高于技术实际价值。故为降低不当技术引进带来的风险，需通过知识产权数据对拟引进技术进行评价分析。

八、技术转移/许可环节

在技术转移过程中，如果转移对象的选择出现失误，可能会导致转移失败或资产流失。另外，转移采取批量转移方式还是单独转移方式，以及中介机构的选择都会影响到最终转移的价格和成败。

在专利实施许可过程中，鉴于专利实施许可的多种类型（独占实施许可、排他实施许可、普通实施许可、分实施许可），针对拟许可专利的可靠性，市场前景需采取不同的许可策略。

因此，在技术转移/许可过程中，应利用知识产权数据对拟转移技术进行评价分析，制定技术转移/许可策略，以降低风险。

九、侵权纠纷

随着专利申请量的提升，专利技术分布愈发密集，产品侵权被诉的风险不断上升。针对企业被诉，通常具有多种应对策略，如宣告风险专利无效、回避设计、许可和转让谈判等，同时还可主动开展侵权检索分析，判断是否真实侵权，最终决定侵权应诉策略。

十、技术合作

《知识产权基础数据利用指引》中所述技术合作通常指合作研发，具体指企业、科研院所、高等院校、行业基金会和政府等组织机构，为了克服研发中的高额投入和不确定性、规避风险、缩短产品的研发周期、应对紧急事件的威胁、节约交易成本而组成的伙伴关系。它以合作创新为目的，以组织成员的共同利益为基础，以优势资源互补为前提，通过契约或者隐形契约的约束联合行动而自愿形成研发组织体。❶

但合作研发面临一定的风险，如合作研发失败，将导致企业技术秘密流失，甚至可能在合作研发过程中培养了自己的竞争对手。因此在技术合作之初，需用知识

---

❶　百度百科. 合作研发［EB/OL］.［2022－08－22］. https://baike. baidu. com/item/% E5% 90% 88% E4%BD%9C%E7% A0%94 E5%8F%91.

产权数据针对技术合作对象和拟合作技术进行分析，以降低风险。

十一、人才引进

人才引进指为促进当地科技经济水平发展，按照一定学历、工作经历和学术成果条件录用的外地人员。人才引进的主体包括政府管理部门、高校、科研院所、企业等。在人才引进过程中，如人才选取不当，对人才引进主体日常工作的开展将带来一定风险，因此在人才引进过程中，需要通过知识产权数据检索分析等评价人才的创新能力，以降低风险。

十二、竞争对手调查

竞争对手调查的目的在于通过调查了解竞争对手的状况，包括产品及价格策略、渠道策略、营销（销售）策略、竞争策略、研发策略、财务状况及人力资源等，发现竞争对手的优劣势所在，帮助企业制定自身战略。

其中，知识产权是重要的情报信息，通过知识产权数据分析可以了解竞争对手的技术优势和发展趋势，进而分析竞争对手的专利战略、技术实力、市场策略等，作为制定自身战略的基础。

十三、品牌推广

在品牌推广过程中，企业需塑造自身、产品及服务的形象，使广大消费者认同品牌，提升品牌知名度。在这一过程中，为避免自身商标使用不当或他人侵犯商标专用权的风险，应对企业自身商标情况以及其他企业的类似商标检索分析，了解自身商标的使用范围，合理用于广告宣传、展览以及其他商业活动中；此外还需通过检索分析了解是否有侵权商标，并进行跟踪，以防范侵权风险。

十四、海外参展

通过各种国际展览会、交易会，企业可以找到国外客户资源，这是企业开拓国际市场的有效途径。在参展过程中，企业产品的展示事实上是在做许诺销售，因此，企业会面临激烈的竞争，有的海外企业在展会前会向法院申请针对我国企业的临时禁令，使得我国企业在海外参展过程中面临产品被查封的风险。

在这个场景下，应当开展专利防侵权检索，进行风险评估，进而达到风险预先防范的目的。

十五、企业知识产权管理

企业知识产权管理是指企业围绕知识产权所开展的规划、组织、协调、控制等系列活动的总称❶。在知识产权管理过程中，无论在战略制定、资产管理，还是研发

---

❶ 《企业知识产权管理规范》（GB/T 29490—2013）.

管理、竞争对手调查等方面，如管理不充分到位，则会面临各种风险。例如，在战略制定方面，如未进行充分的调查分析，对企业自身的情况合理定位，制定的战略可能不适合企业自身的发展；在资产管理方面，如未进行合适的专利规划设计，则可能面临专利布局不完善、支出费用过高的风险；在研发活动中，如未进行充分的知识产权调查分析，产品可能面临重复研发和侵权的风险；在竞争对手调查中，知识产权也是需要重点调查的内容。

因此，在企业的知识产权管理中，需做好充分的知识产权检索分析，无论是专利，还是商标以及其他知识产权，均需要通过检索分析了解企业自身及竞争对手的情况，及早预警规避风险。

十六、中小微企业

中小微企业和发展成熟的企业，尤其是与大企业相比，存在机动灵活、具有创新动力的优势，但也存在资金不足、规模小、风险大、缺乏人员、知识产权管理欠缺等劣势。

对于中小微企业而言，其战略的重点通常在于使得企业存活和发展的特定创新技术，因此，专利是其最核心最重要的技术保护方式。完善的专利保护对企业未来的发展具有至关重要的作用，因此，专利布局分析、技术创新分析、专利性分析等是其必要的数据利用方式。

第三节　高校和科研院所知识产权数据利用场景

作为科技创新的中坚力量，高校和科研院所积累了大量专利，有待服务于经济社会的发展。为此，教育部、国家知识产权局、科技部 2020 年发布《关于提升高等学校专利质量 促进转化运用的若干意见》，国家知识产权局办公室、教育部办公厅 2021 年发布《高校知识产权信息服务中心建设实施办法（修订）》，国家知识产权局、中国科学院、中国工程院、中国科学技术协会 2021 年发布《关于推动科研组织知识产权高质量发展的指导意见》，从政策层面对我国高校和科研院所的知识产权创造质量、运用效益、管理水平和服务能力提出要求。

在高校和科研院所的科研工作、教学工作、评审、科研成果转化、人才引进、技术合作等工作方面，涉及大量知识产权数据利用场景和不同的知识产权数据利用方式。具体如表 13 - 3 所示。

表 13 - 3　高校和科研院所知识产权数据利用场景

数据利用场景	数据利用目的	数据利用方式
知识产权信息收集分析	承担知识产权信息及相关数据文献情报的收集、整理、分析工作	专利检索、专利分析
知识产权信息资源平台建设	建设和维护知识产权信息资源平台，应用知识产权信息相关技术，有条件的可进行知识产权信息分析工具的开发	专利专题数据库
知识产权咨询	为知识产权管理体系建立、知识产权重大事务和重大决策提供咨询、建议	专利检索、专利分析
科研项目技术调研	了解现有技术情况，确定研究方向	技术创新分析
科研项目立项	了解现有技术情况，确定研究方向，搜集可改进的现有技术	技术创新分析
科研项目研究	针对所研究问题提出创新思路专利布局专利申请	技术创新分析、专利布局分析、专利性检索
科研项目成果	科研成果侵权风险管控和专利布局	防侵权检索专利布局分析
知识产权成果转化	参与高校/科研院所产学研协同创新，协助高校/科研院所知识产权的资产管理和运营，促进高校/科研院所知识产权转移转化。高校/科研院所在知识产权技术的转移转化工作中，利用知识产权数据对转化技术进行合理评价等	技术评价分析
人才培养和引进	利用知识产权数据资源，通过培训等方式壮大信息服务人才队伍，开展知识产权信息素养教育，宣讲普及知识产权信息知识及利用技能。在人才引进过程中，利用知识产权数据获取目标人才，并对其涉及的知识产权进行评价。知识产权人才培养	人才管理分析
教学工作	教学工作中、学生学习过程中可以获取所需知识产权文献	专利检索、专利分析
学科评估	评估学科建设水平	专利检索、专利分析
评审	为各类评审工作提供知识产权信息支撑	专利检索、专利分析
技术合作	在合作研发过程中，利用知识产权数据获取包含目标技术的知识产权并合理评价所述知识产权	技术合作分析

续表

数据利用场景	数据利用目的	数据利用方式
助力政府工作	发挥资源和人才优势，为地方经济产业发展提供知识产权信息服务；承担各级知识产权管理部门、教育管理部门委托的工作	专利检索、专利分析

一、知识产权信息收集分析

高校知识产权信息服务中心是由高校建设的具有知识产权信息服务及相关人才培养等职能的服务平台，旨在进一步推动高校知识产权信息服务工作。知识产权信息收集分析是高校知识产权信息服务中心须开展的基础工作，高校知识产权信息服务中心承担知识产权信息及相关数据文献情报的收集、整理、分析工作，包括专利检索、分析等。

二、知识产权信息资源平台建设

对于高校和科研院所，知识产权信息资源平台是开展知识产权信息利用的基础，高校知识产权信息服务中心或科研院所信息服务部门通过建设、应用并维护高校知识产权信息资源平台，可以为其他知识产权创造、保护、运用、管理、服务工作提供支撑。知识产权信息资源平台建设工作包括建设和开发专利专题数据库等。

三、知识产权信息咨询

为保障高校知识产权管理体系的建立和完善、知识产权重大事务和重大决策，高校知识产权信息服务中心可通过咨询、建议进行服务，这也是高校知识产权信息服务中心须开展的基础工作。咨询、建议工作的开展须以专利检索、专利分析等为基础。

四、科研项目技术调研

高校和科研院所开展科研项目前，通过专利信息、文献情报分析，可了解技术进展、竞争态势。在这个场景下，高校和科研院所通过技术创新分析、竞争对手调查等知识产权数据利用方式，可了解现有技术情况、竞争对手情况。

五、科研项目立项

开展科研项目是高校和科研院所的职责，在项目立项前，进行专利信息、文献情报分析，开展知识产权风险评估，可以确定研究技术路线，提高研发起点。在这个场景下，高校和科研院所通过技术创新分析等，可了解现有技术情况，确定研究方向，搜集可改进的现有技术。

六、科研项目研究

高校和科研院所的科研项目在实施过程中，可以通过跟踪项目研究领域工作动态，适时调整研究方向和技术路线，及时评估研究成果并形成知识产权。在这个场景下，通过技术创新分析、专利布局分析、专利性检索等知识产权数据利用方式，可以针对所研究问题提出创新思路，开展专利布局、专利申请。

七、科研项目成果形成

高校和科研院所的科研项目验收前，应该以转化应用为导向，做好专利布局、技术秘密保护等工作，形成项目成果知识产权清单。在这个场景下，通过防侵权检索、专利布局等数据利用方式可针对科研成果进行风险管控和专利布局。

八、知识产权成果转化

高校和科研院所的科研项目结题后，须加强专利运用实施，促进成果转移转化。在这个场景下，通过技术评价分析的数据利用方式，可合理评价专利的价值，协助高校和科研院所知识产权的资产管理和运营，促进高校和科研院所的知识产权转移转化。

九、人才培养和引进

在高校和科研院所人才培养工作中，通过开展知识产权相关业务知识培训，开展知识产权信息素养教育，宣讲普及知识产权信息知识及技能，可提升在校学生知识产权创造运用素养；同时通过设立技术转移及知识产权运营相关课程，可加强知识产权相关专业、学科建设，引育结合打造知识产权管理与技术转移的专业人才队伍，推动专业化人才队伍建设。

在这些场景中，通过人才管理分析等数据利用方式，可以筛选并引进人才。例如，在高校组建科技成果转移转化工作专家委员会，可以通过人才管理分析等方式找到并引入技术经理人全程参与高校发明披露、价值评估、专利申请与维护、技术推广、对接谈判等科技成果转移转化的全过程，以促进专利转化运用。

十、教学工作

在高校和科研院所教学工作中，可以设立技术转移及知识产权运营相关课程，加强知识产权相关专业、学科建设，引育结合打造知识产权管理与技术转移的专业人才队伍，推动专业化人才队伍建设。在这个场景下，日常教学工作中，通过专利检索、专利分析的数据利用方式进行教学，可推动专业人才的培养。

十一、学科建设评估

高校和科研院所学科评估工作须客观、科学，在这项工作中，通过对高校和科研院所各项学科进行专利的检索分析，可评估学科的建设水平。

十二、项目评审

在高校和科研院所的评审工作中，高校和科研院所可以发挥知识产权信息资源和人才优势，为重大项目开展知识产权评审。在评审过程中，通过专利检索、分析等数据利用方式，可为各类评审工作提供数据支撑。

十三、技术合作

高校和科研院所的技术合作工作事实上是高校、科研院所和企业开展技术合作，在这个场景下，须合理评价合作目标技术的价值，从而推动技术合作进一步落地，通过技术合作分析等数据利用方式，可以评价目标技术。

十四、助力政府工作

高校和科研院所具有知识产权信息资源和人才优势，高校知识产权信息服务中心可以和所在地区知识产权管理部门建立工作协调机制，承担知识产权管理部门、教育管理部门委托的知识产权相关统计分析等工作，在这些工作中，须运用到专利检索、专利分析等数据利用方式。

十五、在校学生创新创业

在校学生作为高校中的重要主体，是创新创业的重要力量。从学生变成创新创业主体，重点在于新技术，并对新技术形成完善的专利保护，因此，专利布局分析、技术创新分析、专利性分析等是其必要的数据利用方式。

第四节 行业协会知识产权数据利用场景

各行业协会对知识产权数据的需求及利用，主要体现在开展行业经济与创新发展调查、制定行业发展规划、引导行业创新发展方向、加强行业自律、维护行业公平竞争等工作时，需要行业相关知识产权数据提供有力支撑，提高协会会员知识产权创造、保护、运用的能力，提升行业协会知识产权综合服务水平。

针对行业协会各项工作开展，不同的知识产权数据利用方式具体如表13-4所示。

表13-4 各行业协会知识产权数据利用场景

数据利用场景	数据利用目的	数据利用方式
推动技术创新	为行业技术创新提供技术借鉴和参考	①针对企业科研立项、产品研发、技术改造等需求，通过技术创新分析，为企业提出技术方案优化建议
		②通过建设专题数据库为企业提供最新专利技术信息

数据利用场景	数据利用目的	数据利用方式
推动技术创新	为行业技术创新提供技术借鉴和参考	③提供行业知识产权信息推送等公共服务，需进行专利检索分析、商标检索分析、建立专题数据库等
开展维权援助	为企业维权提供指导和帮助	①鼓励、引导和指导行业企业建立完善内部知识产权预警预防机制，需要进行专利检索、商标检索、专题数据库建设等
		②对企业"走出去"、海外维权的知识产权指导，需要进行专利检索、专利预警、商标检索等
行业评优评奖	评价企业创新实力	①行业企业创新实力需要通过专利检索、专利分析进行评价
行业数据发布	通过数据了解行业技术现状	①行业知识产权数据统计，需要进行专利检索分析、商标检索分析等
		②制定行业发展规划需进行专利检索分析、商标检索分析以提供数据支撑
推动技术共享	利用专利数据分析寻找技术合作对象和合作技术	①促进企业合作研发，通过专利检索分析可以找到合作对象和合作技术
		②推动企业技术标准化需要进行专利检索、专利分析
完善知识产权布局	针对企业知识产权需求完善企业高价值知识产权布局	①推动企业高价值专利培育工作需要进行专利性检索、技术创新分析、专利布局分析等
		②推动企业开展商标提质增效工作，需要进行商标检索、商标分析等

一、推动技术创新

在企业的技术创新过程中，技术信息的获取和保障是技术创新的关键，由于单个企业信息获取能力有限，行业协会作为企业利益共同体的代表，可以弥补企业信息能力的不足。在推动技术创新场景中，行业协会通过发挥服务职能，针对企业科研立项、产品研发、技术改造等需求，通过技术创新分析，可以为企业提出技术方案优化建议；通过建设专题数据库为企业提供最新专利技术信息，可以引领企业的技术创新之路。

二、开展维权援助

新形势下，企业对知识产权保护的维权需求日趋强烈、愈发多样，对维权援助工作提出更高要求，维权援助工作面临新的变化，需要进一步加强工作指导。行业协会作为市场经济自我调节、自我服务和自我管理的组织，对于协调政府和市场关系具有非常关键的作用，在开展维权援助场景中，通过鼓励、引导和指导行业企业建立完善内部知识产权预警预防机制，可推广各类专利、商标、地理标志、集成电路布图设计检索分析数据利用方式；在企业海外维权中，通过专利检索、预警、商标检索等方式指导企业知识产权数据利用。

三、行业评优评奖

为提升企业技术创新能力，激发企业技术创新热情，行业协会可通过评优评奖激励企业。在评优评奖场景下，需要合理评价企业创新实力，这个过程可通过专利检索、专利分析进行。

四、行业数据发布

行业协会作为政府工作的重要支撑力量，在技术交流、人员培训、宣传教育等软环境建设中具有独特作用。行业内以及行业间的技术交流都会对知识产权的保护和创新产生巨大的促进作用，行业数据的发布是了解行业现状的科学渠道。在这个场景中，行业知识产权数据的发布需要进行专利、商标等知识产权数据的检索分析，行业协会在制定行业发展规划前可进行专利检索分析、商标检索分析，以提供数据支撑。

五、推动技术共享

行业协会作为政府工作的重要推动力量，在跨企业联合研发中具有桥梁作用，对企业无法独自解决的技术问题，协会可通过专利检索分析帮助企业找到技术合作的对象或技术。同时，通过推动技术专利化、专利标准化、标准产业化，可以有力促进创新成果的传播扩散。

六、完善知识产权布局

行业协会作为非营利性的社会中介组织，其主要职能是为协会内企业提供服务。在完善知识产权布局场景下，协会需要提升行业专利、商标、集成电路布图设计、地理标志申请的数量、质量、价值。鉴于我国目前知识产权创造要求已从"量"转化为"质"，行业具有高价值专利培育需求。在这个场景下，协会可以通过专利性检索、技术创新分析、专利布局分析等提升企业专利价值；在推动企业开展商标提质增效工作时，需要进行商标检索、商标分析等。

第五节 知识产权服务机构知识产权数据利用场景

根据国家统计局关于印发《高技术产业（服务业）分类（2018）》的通知（国统字〔2018〕53号），知识产权及相关法律服务属于高技术产业（服务业）。根据《国务院办公厅关于加快发展高技术服务业的指导意见》（国办发〔2011〕58号），知识产权服务是高技术服务业发展的重点任务，具体包括：积极发展知识产权创造、运用、保护和管理等环节的服务，加强规范管理。培育知识产权服务市场，构建服务主体多元化的知识产权服务体系。扩大知识产权基础信息资源共享范围，使各类知识产权服务主体可低成本地获得基础信息资源。创新知识产权服务模式，发展咨询、检索、分析、数据加工等基础服务，培育评估、交易、转化、托管、投融资等增值服务。提升知识产权服务机构涉外事务处理能力，打造具有国际影响力的知识产权服务企业和品牌。加强标准信息分析和相关技术咨询等标准化服务能力。

在知识产权服务机构开展工作的场景中，知识产权数据的利用必不可少，针对知识产权服务机构各项工作的开展，知识产权数据利用方式具体如表13-5所示。

表13-5 知识产权服务机构知识产权数据利用场景

数据利用场景	数据利用目的	数据利用方式
知识产权服务机构针对专利、商标、集成电路布图设计等知识产权提供代理、转让、登记、鉴定、评估、认证、咨询、检索、培训等服务，服务对象涉及政府、企业、高校、科研院所、社会公众	针对政府、企业、高校和科研院所的信息化服务需求提供知识产权数据库建设服务	知识产权专题数据库建设
	针对企业、高校、科研院所和社会公众的专利、商标、地理标志、集成电路布图设计的申请、注册、登记需求，提供知识产权代理服务	在代理服务中，通过专利检索、商标检索、地理标志检索、集成电路布图设计检索判定所代理知识产权的授权前景
	针对企业、高校、科研院所和社会公众的维权需求提供维权诉讼服务	在维权诉讼中，通过专利检索、专利分析、商标检索、地理标志检索、集成电路布图设计检索判定侵权可能性，分析无效对方知识产权的可能性
	针对企业、高校、科研院所和社会公众的专利转化需求提供知识产权评估、交易、质押融资、托管和经营服务	通过专利检索、专利分析、商标检索、商标分析、地理标志检索、地理标志分析、集成电路布图设计检索、集成电路布图设计分析等数据利用方式进行知识产权评估，从而为交易、质押融资、托管和经营提供支持

数据利用场景	数据利用目的	数据利用方式
知识产权服务机构针对专利、商标、集成电路布图设计等知识产权提供代理、转让、登记、鉴定、评估、认证、咨询、检索、培训等服务，服务对象涉及政府、企业、高校、科研院所、社会公众	针对企业、高校、科研院所和社会公众的技术创新需求、风险规避需求、品牌管理需求和战略制定需求提供技术咨询（创新分析）、法律咨询（侵权分析、预警分析）、市场咨询（品牌管理和分析）和管理咨询（战略制定）服务	通过专利检索、专利分析、商标检索、商标分析、地理标志检索、地理标志分析、集成电路布图设计检索、集成电路布图设计分析等数据利用方式为技术、法律、市场、管理咨询服务提供支撑和依据

为做好政府、企业、高校和科研院所的知识产权信息化服务，知识产权服务机构须具有知识产权数据库建设服务能力，在数据库建设过程中，须对知识产权数据进行解析、软件开发等数据利用工作。

针对企业、高校、科研院所和社会公众的专利、商标、地理标志、集成电路布图设计的申请、注册、登记需求，知识产权服务机构在提供知识产权代理服务时，可以通过专利检索、商标检索、地理标志检索、集成电路布图设计检索等数据利用方式判定所代理知识产权的授权前景。

针对企业、高校、科研院所和社会公众的维权需求，知识产权服务机构在提供维权诉讼服务时，可以通过专利检索、专利分析、商标检索、地理标志检索、集成电路布图设计检索等数据利用方式判定侵权可能性，分析无效对方知识产权的可能性。

针对企业、高校、科研院所和社会公众的专利转化需求，知识产权服务机构在提供知识产权评估、交易、质押融资、托管和经营服务时，可以通过专利检索、专利分析、商标检索、商标分析、地理标志检索、地理标志分析、集成电路布图设计检索、集成电路布图设计分析等数据利用方式进行知识产权评估，从而为交易、质押融资、托管和经营提供支持。

针对企业、高校、科研院所和社会公众的技术创新需求、风险规避需求、品牌管理需求和战略制定需求，知识产权服务机构可以进行创新分析来提供技术咨询（创新分析），可以进行侵权分析、预警分析来提供法律咨询，可以进行品牌管理和分析来提供市场咨询，可以进行专利检索分析来为战略制定提供管理咨询服务。

第六节　社会公众知识产权数据利用场景

社会公众❶是知识产权数据利用中，数量最为庞大，但数据利用能力相对薄弱的

❶ 指利用知识产权数据的个体公众。

一个群体。知识产权数据可以作为其研发、生产活动中了解技术信息的一个渠道，因此，其数据利用的场景通常为获取知识产权数据。同时，在进行技术投资或形成知识产权成果时，也需利用知识产权数据。

在社会公众的数据利用场景中，可通过专利检索、专利分析、商标检索、商标分析、地理标志检索、集成电路布图设计检索、专利分析、商标分析等数据利用方式获得相关信息，见表13－6所示。

表13－6　社会公众知识产权数据利用场景

数据利用场景	数据利用目的	数据利用方式
社会公众对知识产权数据（专利、商标、集成电路布图设计、地理标志）的利用通常发生在其对信息的获取、技术投资和形成知识产权成果上	查询技术信息	通过简单的关键词、申请人等字段检索来获取相关专利信息
	查询商标信息	通过简单的关键词、注册人等字段检索来获取相关商标信息
	查询地理标志信息	通过简单的关键词或其他检索字段等检索来获取相关地理标志信息
	查询集成电路布图设计信息	通过简单的关键词或其他检索字段检索来获取相关集成电路布图设计信息
	专利分析	通过检索分析平台，在检索后简单地统计分析，以初步了解专利信息披露的简单技术情报
	商标分析	在商标检索后简单地统计分析，以初步了解商标信息披露的简单情报
	形成知识产权成果	在形成知识产权成果的过程中通过专利检索等确保成果质量

第十四章　专利数据利用方式

专利数据作为重要的竞争情报资源，其利用程度对专利制度能否全面发挥作用具有重要意义，本章将解读专利检索、专利分析、专利布局、专利预警和失效专利利用五种专利数据利用方式，以供读者了解专利数据利用的流程和要点，促进专利数据利用的普及和推广。

第一节　专利检索

专利检索是根据一项数据特征，从大量的专利文献或专利信息数据库中挑选符合某一特定需求的专利文献或信息的过程。

根据检索目的的不同，专利检索可分为专利基础信息检索与专利技术检索两大类。

一、专利基础信息检索

（一）概念

专利信息数据一般包括著录项目、说明书及附图、权利要求书等数据。目前，专利著录项目、说明书以及权利要求书已被加工成编码型数据，每件专利被处理成一个记录。专利信息数据库根据检索需要，将其所收录的每个专利记录的专利著录项目处理成若干字段，每个字段设有字段名称和字段代码，供编制检索系统时设立检索入口❶。一般针对专利著录数据的检索即为专利基础信息检索。

专利基础信息检索可以是简单检索，仅通过一个检索字段检索专利，也可以是复杂检索，通过多个检索字段且多个检索字段之间加上布尔逻辑运算符组成检索式进行专利基础信息检索。

（二）数据利用流程

专利基础检索流程见图 14 – 1。

1. 检索准备

专利信息数据库以国家或地区进行划分，不同国家或地区的专利信息数据库之间存在差异，检索前确定检索主题地域范围，准备该国家或地区的专利信息数据库。

---

❶ 李建蓉. 专利信息与利用 [M]. 2 版. 北京：知识产权出版社，2011：174.

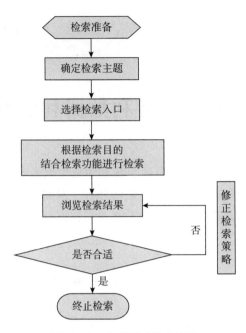

图14-1 专利基础检索流程

2. 确定检索主题

专利基础信息检索一般涉及的字段包括：文献号、申请号、申请人或专利权人、申请日、公布日、发明人或设计人、专利分类号、优先权信息、发明名称、摘要、权利要求书、法律状态、同族专利、引文数据、运营信息等。

检索前须明确，本次检索主题涉及的检索字段。

3. 选择检索入口

专利信息检索系统是以专利信息数据库为基础，以专利字段为检索入口而设立，因此每个检索入口对应相应的检索字段。

专利基础信息检索通常涉及的专利检索入口包括：文献号、申请号、申请人、发明人、专利分类号、发明名称、摘要、权利要求书、说明书、申请日、公布日等。

专业化的专利信息检索系统检索入口更多，如各种加工后字段代码、法律状态、同族专利、引文数据、运营信息等，这些也可以作为专利基础信息检索的检索字段。

专利信息检索系统的检索方式有多种，其中表格检索方式最为常见，表格检索的检索界面上设置的检索入口通常是固定的，检索者在检索时根据检索需求选择检索入口。另外一种常见方式的检索入口须根据需求自主输入检索字段名称或字段代码，通过字段名称或字段代码进入检索入口。

4. 根据检索目的结合检索功能进行检索

专利检索功能是指专利信息检索系统为使检索软件满足检索的多样化需求，使专利信息数据库中各种相关信息能被有效检索出来而做的特殊设置●，包括逻辑组配

● 李建蓉. 专利信息与利用 [M]. 2版. 北京：知识产权出版社，2011：177.

检索、通配检索、范围检索、位置检索、二次检索等。

逻辑组配检索也称布尔逻辑检索，是指检索软件设置了利用"与""或""非"等逻辑运算符将同一个字段内两个以上被检索词组成逻辑检索式进行逻辑检索的功能。

通配检索是指检索软件设置了在某一检索字段内用"截断符""强制符""选择符"等通配符替代某一个检索字符串中的任意字符，构成通配检索式的检索功能。

范围检索是指检索软件设置在某一数值或日期检索字段内可使用"从……到……""大于""大于等于""小于""小于等于"等运算符号组成检索提问式的检索功能。

位置检索是指检索软件针对主题词或关键词检索设置的用"位置算符"将两个被检索词用逻辑"与"组配，且表明两者之间的位置关系，组成位置检索提问式的功能[1]。通常"位置算符"分为代表相邻关系的"邻词算符"和代表同在关系的"同在算符"。

二次检索，是指检索软件设置了在前一检索结果中再次限定检索的功能[2]。

检索入口确定后，须根据检索目的确定进行检索需要使用的检索功能，然后在选择的检索入口中输入检索词并利用检索功能检索。

5. 浏览检索结果

对初步检索结果通过专利名称和摘要快速浏览，判断检索命中的专利是否和检索主题相关。

6. 判断检索结果是否与检索主题相关

通过阅读专利著录项目信息与说明书全文判断查找到的专利是否和检索主题相关。若相关则进行下一步，若不相关则修正检索策略再次检索，再重复判断检索结果是否与检索主题相关这一步骤。

7. 终止检索

通过初步浏览和阅读专利著录项目与全文，判断检索结果均和检索主题相关后即可终止检索。

（三）要点

专利基础信息检索，从不同的检索主题来看，通常包括号码检索、相关人检索、法律状态检索、关键词检索等。

号码检索是以专利相关号码为主题的专利基础信息检索，专利相关号码包括专利号、文献号、申请号、优先权号、同族号等。

相关人检索是以专利相关人为主题的检索，专利相关人包括申请人、发明人、专利权人、设计人、让与人、受让人等。

法律状态检索是以专利法律状态相关信息为主题的检索，专利法律状态相关信

---

[1] 李建蓉. 专利信息与利用［M］. 2 版. 北京：知识产权出版社，2011：177 – 179.
[2] 国家知识产权局办公室. 国家知识产权局办公室关于印发《知识产权基础数据利用指引》的通知［EB/OL］.（2021 – 01 – 06）［2021 – 05 – 25］. https：//www. cnipa. gov. cn/art/2021/1/6/art_75_156042. html.

息包括与法律状态相关的日期、转让人、受让人、状态信息等。

关键词检索是以关键词为主题的检索,关键词的检索范围包括专利名称、摘要、权利要求书等。

专利基础信息检索的关键是确定检索主题,然后根据检索主题选择合理的检索入口,并利用恰当的检索功能,得到满意的检索结果。

(四)案例

1. 专利号检索案例

检索专利号为 ZL02144686.5 的专利文献,可在中国国家知识产权局检索官网的检索入口"申请号"键入"CN02144686.5"或"CN02144686"检索即可。

检索专利号为 US7850425B 的专利文献,可在美国专利商标局的 Patents 检索数据库的 Number Search 检索入口键入"7850425"或"7,850,425"检索即可。

2. 优先权号检索案例

检索优先权号为 WO1995US15925 的专利文献,可在欧洲专利局官方检索网站专利经典检索的高级检索页面的"Priority number"检索入口键入"WO1995US15925"检索即可。

3. 同族号检索案例

检索公开号为 JP2019176495A 的专利申请的所有同族专利文献,可在具有同族专利检索入口的检索数据库检索,在"同族"检索入口键入"JP2019176495A"检索即可。

4. 申请人检索案例

检索申请人为"李四"的专利文献,可在中国国家知识产权局检索官网的检索入口"申请(专利权)人"键入"李四"检索即可。

5. 让与人检索案例

检索让与人为"李四"的专利文献,可在具有让与人专利检索入口的检索数据库检索,在"让与人"检索入口键入"李四"检索即可。

6. 专利法律状态案例

检索法律状态为"避免重复授权放弃专利权"的专利文献,可在具有法律状态信息检索入口的检索数据库检索,在检索入口键入"避免重复授权放弃专利权"检索即可。

7. 摘要检索案例

检索专利摘要包含"洗衣机"的专利文献,可在中国国家知识产权局官方检索网站的检索入口"摘要"键入"洗衣机"检索即可。

二、专利技术检索

(一)专利性检索

1. 概念

具备新颖性、创造性和实用性是一项发明申请可被授予专利权的必要条件。新颖性、创造性和实用性一般被称作"专利性"。专利性检索是以被检索的技术方案为主题，对包括专利文献在内的各种科技信息检索❶，从中获得评价该主题专利性的对比文件。专利性检索一般分为申请专利前的检索（在此阶段，包括尚未形成权利要求书的技术方案）、审批过程中的检索、专利授权后的检索等。

（1）申请专利前的检索

在申请专利之前，技术研发人员、专利工程师或其代理人应根据所要申请专利的技术方案对各种科技信息（包括专利文献、专业期刊及其他相关信息等）充分检索，从中获得评价该技术方案的对比文件，从而更清楚地了解所要申请专利的技术方案的可专利性，对是否申请专利以及如何撰写专利申请文件作出正确决策。❷

（2）审批过程中的专利检索

在专利审批过程中，专利审查员须针对申请人请求保护的技术方案进行详尽的检索，检索范围包括专利文献、专业期刊及其他相关信息等，从中获得评价该技术方案的对比文件，根据对比文件判断申请人请求保护的技术方案是否具备新颖性和创造性。若存在新颖性或创造性的问题，专利审查员须列举证据并撰写审查意见。此时申请人可针对专利审查员的审查意见检索，检索范围包括专利文献、专业期刊及其他相关信息等，以便找出新的证据、提出更具有说服性的理由或更具有针对性地修改申请文件。申请人针对审查意见的检索通常为其答复提供事实基础，如发明因克服了技术偏见而具备创造性的证据、说明书公开充分的证据、某技术术语的正确解释的证据等。❸

（3）专利授权后的检索

专利授权后的检索通常是社会公众认为被授予专利权的专利可能不符合专利性条件而进行的检索。例如无效检索❹，专利权被授予后，如认为不符合法律规定，任何人和单位均可依专利复审程序请求专利复审委员会宣告该专利权无效。无效检索的主要目的是检索出能够破坏被授予专利权的专利所保护技术方案的新颖性或创造性的现有技术文件，然后以此为证据请求专利复审委员会宣告该专利权无效。

专利性检索也应用于以实用新型、外观设计诉他人侵犯专利权之前或被控侵犯专利权之后。由于中国《专利法》第六十六条第二款规定"专利侵权纠纷涉及实用新型专利或者外观设计专利的，人民法院或者管理专利工作的部门可以要求专利权人或者利害关系人出具由国务院专利行政部门对相关实用新型或者外观设计进行检索、分析和评价后作出的专利权评价报告，作为审理、处理专利侵权纠纷的证据；专利权人、利害关系人或者被控侵权人也可以主动出具专利权评价报告"，因此在以实用新型、外观设计诉他人侵犯专利权之前，须先对实用新型、外观设计保护的技术方案进行专利性检索。在被控侵犯专利权之后，对侵权专利权的专利所保护的技术方案进行专利性检索，判断该专利是否符合专利性条件，以此决定是否向专利复审委员会请求宣告该专利权无效是应对被控侵犯专利权的一种手段。

---

❶❷❸❹　孟俊娥. 专利检索策略及应用［M］. 北京：知识产权出版社，2010：7.

2. 数据利用流程

不同阶段的专利性检索，其实一般都是针对权利要求保护范围的技术方案（在申请专利前，包括待形成权利要求书的具体的一个或多个技术方案），因此在检索流程上可以以技术方案为检索主题，可参照图 14 – 2 所示的流程。但在考虑修改等的情况下，检索的主题有时还应包括说明书的相关内容。

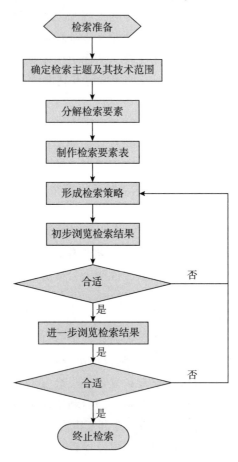

图 14 – 2　专利性检索流程

（1）检索准备

专利性检索的数据检索范围为包括专利文献在内的各种科技信息，因此检索数据库须准备包括各个国家和地区的专利数据库、专业期刊数据库以及其他相关的专业信息资源等。

（2）确定检索主题及其技术范围

检索前须明确检索的主题，并解读技术方案。通过阅读待检索主题的现有技术资料，还可通过初步检索，结合相关的专利及非专利文献（期刊等），了解该待检索主题的背景技术、技术方案的技术构思、其在现有技术基础上的改进点（发明点）以及实现该技术方案所采用的关键技术以及所采用的必要技术特征。

（3）分解检索要素

在充分了解检索主题后，根据具体技术方案提炼出检索要素，检索要素通常用分类号和关键词表达。提取检索要素的目的在于，利用可检索的要素来表达检索主题，以便在数据库中查找文献。

（4）制作检索要素表

根据分解的检索要素，确定相关关键词和分类号。关键词涉及检索要素相关的技术名称、产品名称、工艺过程、行业用语、通俗称谓、上位概念、下位概念、同义词、近义词等，可通过工具书、文献资料、互联网等渠道查找确认。

分类号可通过国家专利分类表（IPC 分类表）和联合专利分类表（CPC 分类表）查找确认。

将查找到的不同检索要素涉及的关键词和分类号填入检索要素表，见表 14 - 1所示。

表 14 - 1 检索要素表模板

检索要素	检索要素 1	检索要素 2	检索要素 3	检索要素 4
关键词				
分类号				

（5）形成检索策略

分析检索要素之间的逻辑关系，用 AND、OR、NOT 等运算符对检索要素所涉及的关键词和分类号组配，形成检索策略。

（6）初步浏览检索结果

对初步检索结果通过专利名称和摘要快速浏览，判断查找到的专利文献是否和检索主题相关。对于相关的专利文献，可进一步阅读全文。

（7）阅读全文

通过阅读专利说明书全文判断查找到的专利是否和检索主题密切相关。依托检索主题所要求保护的技术方案（权利要求书）筛选专利文献（现有技术），判断现有技术所公开的技术方案（不局限于权利要求书，包括该现有技术文件中公开的全部技术内容）与本检索主题所要求保护的技术方案之间的关系。

（8）终止检索

找到可以影响目标权利要求（或技术方案）的新颖性、创造性的对比文件，或经充分检索后仍未找到可影响目标权利要求（或技术方案）的新颖性、创造性的对比文件，即可终止检索。❶

3. 要点

专利性检索的重点首先是检索主题与检索技术范围的确定，然后是检索要素的

❶ 国家知识产权局办公室. 国家知识产权局办公室关于印发《知识产权基础数据利用指引》的通知[EB/OL]. （2021 - 01 - 06）［2021 - 05 - 25］. https://www.cnipa.gov.cn/art/2021/1/6/art_75_156042.html.

分解与检索策略的形成。在检索过程中，须重点考虑专利的申请日，若有优先权日的，重点考虑专利的优先权日。

虽然新颖性、创造性是获得专利的必备条件已成为各国的共识❶，但实行不同专利制度的国家和地区的有关新颖性与创造性的规定存在一定程度的差异，因此在进行专利性判断时须遵循各个国家和地区的专利法的相关规定。

4. 案例

某专利申请涉及一种高分子水处理膜，申请日为 2010 年 7 月 5 日，现需要对其专利性检索，具体过程如下：

（1）确定检索主题及其技术范围

阅读上述专利申请文件，确定该检索主题为一种高分子水处理膜，含有氯化氯乙烯类树脂。

（2）分解检索要素

根据具体的技术方案提炼出的检索要素包括高分子、水处理膜。

（3）制作检索要素表（见表 14 - 2）

表 14 - 2　检索要素表

检索要素	氯化氯乙烯类树脂	水处理膜
关键词	氯化氯乙烯	水处理膜、过滤膜、半透膜、渗透膜
分类号		B01D71、B01D69

（4）形成检索策略

初步检索，通过准确关键词初步检索。采用表达式：

（（（水处理＋过滤）＊膜）＊氯化＊氯乙烯）

从检索到的文献中获得大组分类号 B01D71、B01D69。然后，使用分类号与关键词结合的方式进一步检索。

正式检索，全面扩展检索词和分类号并结合逻辑运算符，分别以关键词、摘要、分类号为入口检索。首先检索中国专利文献，用分类号 B01D71、B01D69 与关键词组合检索，获得 501 篇。进一步限定申请日之后，检索结果剩余中国专利文献 55 篇。

重复上述步骤在国外专利文献中检索，命中 8 篇。

（5）初步浏览

正式检索的中国专利文献，经浏览未发现有效对比文献，国外专利文件经概览筛选后获得相关专利文献 GB918187A。

（6）阅读全文

通过阅读全文确定专利文献 GB918187A 为对比文件，其公开了一种过滤膜，该过滤膜是将聚氯乙烯或氯化聚氯乙烯溶解在混合液体中制成的，虽然对比文件并未

---

❶　孟俊娥. 专利检索策略及应用［M］. 北京：知识产权出版社，2010：187.

公开该过滤膜可应用于水处理，但是已经公开了能够应用于液体净化，且对于本领域技术人员而言，将过滤膜用于具体水处理操作属于本领域的常规技术手段。因此，该对比文件可以破坏本案例中专利申请的权利要求1的创造性。

（7）终止检索。

（二）专利技术信息检索

1. 概念

专利技术信息检索指以任意一个技术主题为目标检索专利文献，从而找出一批相关专利参考文献的过程。专利技术信息检索的数据范围为全球。

专利技术信息检索可应用于当需要了解某一技术目前的发展状况时、在研究中遇到技术难题时、在开展课题研究等立项之前或者企业引进先进技术时、企业出口其所生产的产品时、企业进行技术创新或制定发展战略时等。

（1）当需要了解某一技术目前的发展现状时，这种情况可存在于企业、科研院所、高校等研发主体中，该情况是明确了技术主题，通过专利技术信息检索与全文阅读了解当前技术主题的所有现有技术方案情况以及发展演变过程。

（2）研究中遇到技术难题或要找到某一技术解决方案时应用专利技术信息检索，这种情况可存在于企业、科研院所、高校等研发主体中，该情况是明确了技术主题或者明确该技术主题所需要达到的技术效果，通过专利技术信息检索与全文阅读来找出解决该技术难题的方法。

（3）在开展课题研究等立项之前应用专利技术信息检索，这种情况可存在于企业、科研院所、高校等研发主体中，该情况是明确了技术主题，通过专利技术信息检索与全文阅读了解当前技术主题的所有现有技术方案情况，从而确定所选择的研究课题是否具有立项研究的价值，或通过分析已有专利的技术内容启发研发思路，提高研究的起点，并且能避免重复研究。

（4）在企业引进先进技术、特别是要引进国外先进技术时应用专利技术信息检索，这种情况是根据当前的技术主题进行专利技术信息检索并对相关专利进行全文阅读，比较相关专利技术和准备引进的技术，判断准备引进技术的先进性，从而帮助决策者作出正确的选择，避免引入的技术不具备先进性。

（5）在企业出口其所生产的产品时应用专利技术信息检索，这种情况是针对产品进行专利技术信息检索，可以从专利的角度了解当前或未来市场相关产品的技术情况，了解该产品的市场先进性及出口所面临的侵权风险情况。

（6）在企业进行技术创新时应用专利技术信息检索，这种情况是针对技术主题进行专利技术信息检索，并不断对技术主题追踪检索。通过了解当前技术主题的发展现状，不仅可以在创新开始前科学立项，而且也可以在创新过程中随时监视该项创新技术的发展动态，以便企业随时调整创新的研究方向。

（7）在企业制定发展战略时应用专利技术信息检索，这种情况是针对技术主题进行专利技术信息检索，通过全面收集本企业所涉及的技术领域的所有专利，可使企业全面了解专利技术市场，也便于企业分析整个市场，科学制订出企业的发展战

略，从而做到在市场竞争中知己知彼、百战不殆。❶

2. 数据利用流程

专利技术信息检索流程见图 14 – 3。

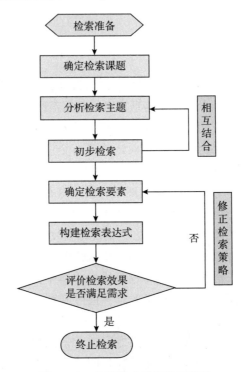

图 14 – 3　专利技术信息检索流程

（1）确定检索课题

确定检索课题是否属于专利技术信息检索。若有明确的检索技术主题但没有明确的技术解决方案，即属于专利技术信息检索。若既有明确的检索主题也有明确的技术解决方案，则应该为专利性检索（具体检索方式参照《知识产权基础数据利用指引》"专利性检索"部分的内容）。

（2）分析检索主题

确定准备检索的主题是产品、生产产品的设备，或是涉及多种。

（3）初步检索

利用被检索技术主题若干已知的技术主题词进行检索，找到若干比较相关的文献，然后阅读这些文献的著录项目，选定确实与检索主题相关的文献。

（4）确定检索要素

主要指的是国际专利分类（IPC）号、关键词的获取。通过阅读初步检索获得的文献的著录项目信息，找到 IPC 分类号，再通过查询 IPC 分类表获得与所要检索的

❶ 李建蓉. 专利信息与利用［M］. 2 版. 北京：知识产权出版社，2011：315.

主题最为相关的分类号；通过阅读著录项目及文本信息，获取与设计主题相关的关键词，及这些关键词的同义词、近义词、缩写等表达方式。

（5）构建检索表达式

将通过以上步骤获得的分类号以及关键词信息组合后，确定一个完整的检索表达式并检索。

（6）评价检索效果是否满足需求

专利检索完成后，应对检索结果作出检索效果的评价。检索效果，是指检索所获得的有益结果，是衡量检索质量的检验尺度。检索效果是通过检索效果评价指标的计算来衡量的。

评价指标是衡量检索效果的标准，包括查全率、查准率、漏检率、误检率四项指标。❶

查全率：是指检出的该检索主题相关文献量与检索系统中该检索主题文献总量的比例，是衡量检索人员检出该技术主题相关文献能力的尺度。可通过如下公式计算。

$$查全率 = \frac{检出该技术主题相关文献量}{系统中该技术主题文献总量} \times 100\%$$

查准率：是指检出的该检索主题相关文献量与检出文献总量的比例，是衡量检索精准度的尺度。可通过如下公式计算。

$$查准率 = \frac{检出该技术主题相关文献量}{检出文献总量} \times 100\%$$

漏检率：是指漏检的该检索主题相关文献量与检索系统中该技术主题文献总量的比例，是衡量检索漏检文献的尺度。可通过如下公式计算。

$$漏检率 = \frac{漏检该技术主题相关文献量}{系统中该技术主题文献总量} \times 100\%$$

误检率：是指检出与该检索主题不相关文献量与检出文献总量的比例，是衡量检索误检文献程度的尺度。可通过如下公式计算。

$$误检率 = \frac{误检文献量}{检出文献总量} \times 100\%$$

对检索结果评估，如果满足检索需求则可以对检索结果细览和标引，若检索结果存在偏差，则须调整检索关键词、IPC分类号以及检索式的表达方式，直到获得满意的检索结果为止。❷

3. 要点解读

检索需求的确定是专利技术信息检索首要解决的问题。确定检索需求后就可确定检索技术主题类型，然后根据初步检索结果确定检索要素表，再构建检索表达式，

❶ 李建蓉. 专利信息与利用［M］. 2版. 北京：知识产权出版社，2011：318－319.
❷ 国家知识产权局办公室. 国家知识产权局办公室关于印发《知识产权基础数据利用指引》的通知［EB/OL］.（2021－01－06）［2021－05－25］. https://www.cnipa.gov.cn/art/2021/1/6/art_75_156042.html.

评估检索结果，根据评估结果调整检索表达式，最后得到所检索技术主题的技术解决方案。

4. 案例

某企业的产品为一种户外用多功能电力设备箱，但是现阶段的产品粉尘与虫蝇容易进入箱体，需要改进设计，达到粉尘和虫蝇不易通过散热槽孔进入箱体内的效果。为寻求解决方案，采用了专利技术信息检索，检索过程如下：

（1）确定检索课题

该检索课题有明确的检索主题——户外用多功能电力设备箱，但没有明确的防止粉尘与虫蝇通过散热槽孔进入箱体的技术解决方案，因此该检索属于专利技术信息检索。

（2）检索主题分析

该检索主题为户外用多功能电力设备箱，检索主题是产品。

（3）初步检索

通过准确关键词进行初步检索，采用表达式：

（电力设备箱 ＊ 户外）

从检索到的文献中获得大组分类号 H02B1。

（4）确定检索要素

根据具体的技术方案提炼出的检索要素包括电力设备箱、户外、防粉尘和虫蝇、散热槽孔，构建检索要素表如表 14 – 3 所示。

表 14 – 3　检索要素表

检索要素	电力设备箱	户外	防粉尘和虫蝇	散热槽孔
关键词	电力设备箱、变电箱、配电箱	户外、野外	粉尘、虫蝇、蚊虫	散热
分类号	H02B1			

（5）构建检索表达式

全面扩展检索词和分类号并结合逻辑运算符，分别以关键词、摘要、分类号为入口检索。首先检索中国专利文献，获得 34 篇。重复上述步骤在国外专利文献中检索，获得 135 篇。

（6）检索效果评价

对检索结果评估，满足检索需求。进一步浏览检索结果，获得最适合的现有技术 CN201520830521. X（申请号），其技术方案为在安装板上设有内防尘纱布层和外防尘纱布层，防尘和防虫蝇的作用更强，S 形槽孔具有多个弯折部位，粉尘和虫蝇不易通过散热槽孔进入箱体内，而且该专利由于未缴年费专利权终止。

（7）终止检索

检索终止。

第二节　专利分析

一、专利分析概述

专利分析是指从专利说明书、专利公报等专利文献中采集大量的专利信息，通过科学的方法对专利信息加工、整理、组合和分析，进而利用定量分析和定性分析的方法将这些信息转化为具有总揽全局及预测作用的情报。

专利分析类型包括技术创新分析、竞争对手调查分析、技术评价分析、技术合作分析、人才管理分析、专利布局分析等。虽然专利分析的类型各有不同，但基础流程基本一致，包括需求确认、调研、项目团队组建、专利数据获得、专利数据分析、咨询报告提交、反馈与确认等过程。具体流程如图14-4。

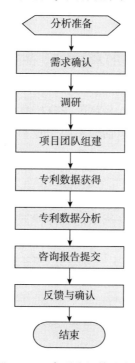

图14-4　专利分析基础流程

（一）需求确认

分析需求方与分析服务方确认服务实际需求，服务所针对的专利文献的技术范围、时间区间、地域范围、技术分类等，并签署服务合同。

（二）调研

技术分解表用于界定分析所涉及的技术范围，需要明确技术范围是产品或技术本身，还是涉及上下游技术。技术分解表模板如表14-4。

表 14 - 4　技术分解表模板

领域	一级分解	二级分解
技术领域	技术分支 1	技术分支 1 - 1
		技术分支 1 - 2
	技术分支 2	技术分支 2 - 1
		技术分支 2 - 2
		技术分支 2 - 3

（三）项目团队组建

由项目管理人员、专利检索人员、专利分析人员等组成项目服务团队。项目管理人员统筹服务的开展和运行，专利检索人员负责专利文献的检索和数据清理工作，专利分析人员负责专利文献数据的统计和分析工作。

（四）专利数据获得

专利检索人员通过专利检索获得基础数据，并清洗、筛选和分类数据。

（五）专利数据分析

专利分析人员统计专利数据，并解读与分析技术信息，绘制定量和定性分析图表，开展专利数据的分析，分析包括但不限于专利趋势分析、专利地域分析、专利申请人/专利权人分析、专利技术分支分析、功效分析、专利技术路线分析、重点专利分析、侵权风险分析等。

专利趋势分析的目的在于了解产业或技术历年专利申请数量变化，一定程度上反映出技术的发展历程、技术生命周期的具体阶段、技术创新动态等。专利趋势分析基础模板如表 14 - 5。

表 14 - 5　专利趋势分析基础模板

年份	2015	2016	2017	2018	2019	2020
专利量						

专利地域分析可分为原创国家/地区专利分析与专利申请国家/地区专利分析。原创国家/地区专利分析可以展现原创国家/地区在该技术领域的研发实力，专利申请国家/地区专利分析可以体现目标市场在该技术领域的竞争情况。专利地域分析基础模板如表 14 - 6。

表 14 - 6　专利地域分析基础模板

地域	中国	美国	欧洲	日本	韩国
专利量					

专利申请人分析旨在了解当前技术创新的主力，辨识创新主体；专利权人分析

旨在了解当前市场的最有力竞争者，评估竞争对手的特点和实力。专利申请人/专利权人分析基础模板如表 14 - 7。

表 14 - 7　专利申请人/专利权人分析基础模板

专利申请人/专利权人	专利申请人1/专利权人1	专利申请人2/专利权人2	专利申请人3/专利权人3	专利申请人4/专利权人4	专利申请人5/专利权人5
专利量					

专利技术分支分析旨在了解该技术的技术分支构成情况，找出专利申请的密集点与空白点，为技术研发重点与热点方向分析提供数据支撑。专利技术分支分析基础模板如表 14 - 8。

表 14 - 8　专利技术分支分析基础模板

技术分支	技术分支1	技术分支2	技术分支3	技术分支4
专利量				

功效分析通常由技术手段和技术效果的专利数量进行构建，可用于寻找解决具体技术问题的专利技术，也可以用于寻找技术空白点、技术研发热点和突破点，以指导研发。功效分析基础模板如表 14 - 9。

表 14 - 9　功效分析基础模板

技术效果	技术手段			
	技术手段1	技术手段2	技术手段3	技术手段4
技术效果1				
技术效果2				
技术效果3				
技术效果4				

专利技术路线分析主要基于专利文献信息分析描绘某技术领域的主要技术发展路径和关键技术节点。对于国家层面、行业层面、企业和研究机构层面来说，一个技术领域的主流专利技术发展状况具有很好的认知功能；技术路线分析能够从技术链的完整视野提供较为全面的决策信息，具有不可替代的决策功能；技术路线图可以清晰直观地展现技术发展路径和关键技术节点，具备良好的沟通功能。[1]

技术路线分析以技术发展需求为主线，专利引证关系、主要申请人/发明人为分线，通过非专利文献信息、行业专家、专利被引频次等途径筛选代表关键技术节点的重要专利[2]进行分析，可以帮助企业理清技术的发展主流、获取更多的竞争情报。

---

[1]　马天旗. 专利分析：方法、图表解读与情报挖掘 [M]. 北京：知识产权出版社，2015：174.
[2]　马天旗. 专利分析：方法、图表解读与情报挖掘 [M]. 北京：知识产权出版社，2015：182.

技术路线图基础模板如图 14 – 5。

申请年	1995年	2000年	2005年	2010年	2015年	2020年
专利号	专利号1	专利号2	专利号3	专利号4	专利号5	专利号6
技术要素	技术要素1 技术要素2 技术要素3 ……	技术要素1 技术要素2 技术要素3 ……	技术要素1 技术要素2 技术要素3 ……	技术要素1 技术要素2 技术要素3 ……	技术要素1 技术要素2 技术要素3 ……	技术要素1 技术要素2 技术要素3 ……

图 14 – 5 技术路线图基础模板

重点专利分析，通过对特定领域专利，可利用专利自身特定指标或与外部事件相关指标筛选出技术突破或重大改进的关键专利，或为行业内重点关注、涉及技术标准以及诉讼的专利❶，解读其技术特征、技术方案，了解专利的技术特点。重点专利分析基础模板如表 14 – 10。

表 14 – 10 重点专利分析基础模板

申请号	
专利名称	
申请（专利权）人	
法律状态	
技术领域	
技术问题	
技术方案	
技术效果	

侵权风险分析，须围绕企业重点发展的产品，分析当前面临的专利壁垒情况，评估专利侵权风险程度。技术特征比对基础模板如表 14 – 11。

表 14 – 11 侵权风险分析技术特征比对基础模板

比对项	侵权比对专利	侵权比对方案	比对结果
权利要求 1	技术特征 1	技术特征 1	相同/等同/不同
	技术特征 2	技术特征 2	相同/等同/不同
	技术特征 3	技术特征 3	相同/等同/不同
侵权风险判断	高风险/低风险		
权利要求 2	技术特征 1	技术特征 1	相同/等同/不同
	技术特征 2	技术特征 2	相同/等同/不同
	技术特征 3	技术特征 3	相同/等同/不同
侵权风险判断	高风险/低风险		

---

❶ 马天旗. 专利分析：方法、图表解读与情报挖掘 [M]. 北京：知识产权出版社，2015：157.

（六）咨询报告提交

专利数据分析结果结合宏观政策风险、市场风险、法律风险等，得出结论与建议，形成咨询报告。

（七）反馈与确认

分析需求方审核咨询报告，提供反馈意见或建议，待服务方修改后由委托方最终确认服务成果。

不同类型的专利分析除基础流程基本相同外，其他各具特色。

二、技术创新分析

（一）概念

技术创新是一个从产生新产品或新工艺的设想到市场应用的完整过程，它包括"新设想的产生、研究、商业化生产到扩散"一系列活动，本质上是一个科技经济一体化过程，是技术进步与应用创新共同作用催生的产物，它包括技术开发和技术应用两大环节。技术创新的最终目的是技术的商业应用和创新产品的市场成功。❶

技术创新分析是针对技术创新过程中所面临的各种需求进行的专利与非专利分析。在专利分析方面，技术创新分析针对科研立项、产品研发、技术改造等需求，选择特定技术领域，通过对专利数据开展统计分析和技术分析，从中提炼出技术发展历程、不同区域对技术的关注程度、不同区域的技术创新能力和活跃程度、目前或未来的技术研发热点方向、技术问题的解决方案等有效信息，最终提出科研立项的决策建议、产品研发的设计方向、技术改造的优化建议等情报。应用到的统计分析包括趋势分析、地域分析、竞争者分析等，技术分析包括技术功效分析、技术路线分析、重点专利分析。

具体来看，科研立项需调查国内外技术发展趋势、国内外技术分布情况、竞争对手技术分布情况等，分析指标可选择趋势分析、地域分析、申请人分析等，通过分析从而确定所选择的科研项目是否具有立项研究的价值，或通过分析已有专利的技术内容启发研发思路、提高研究的起点，从而最终提出科研立项的决策建议。

产品研发统计层面需调查技术发展历程、不同区域对技术的关注程度、不同区域的技术创新能力和活跃程度、竞争对手技术分布情况等，分析指标可选择趋势分析、地域分析、申请人分析等。技术分析层面需调查技术密集点与空白点、技术演进路线、当前的重点技术、当前或未来的技术研发热点方向等，分析指标包括技术功效分析、技术路线分析、重点专利分析。最后，产品研发须综合统计层面与技术层面的分析结果，给出研发方向建议。在产品研发过程中，对专利信息的有效利用可以有效地提高技术创新效率。

技术改造所需的创新分析主要集中在技术层面，需调查技术密集点与空白点、

---

❶ 甘绍宁. 专利信息利用 ［M］. 北京：知识产权出版社，2013：1.

技术演进路线、当前的重点技术、技术问题的解决方案等，分析指标包括技术功效矩阵分析、专利技术路线分析、重点专利分析，最后给出技术改造的优化建议。

（二）数据利用流程

技术创新分析流程如图 14 - 6。

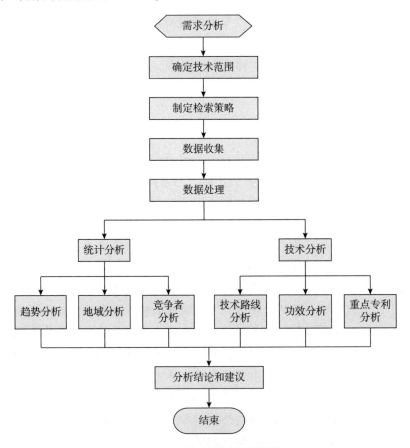

图 14 - 6　技术创新分析流程

1. 需求分析

需求分析是对专利分析需求的既定界定和叙述，通过需求分析确定技术创新分析的方向，进而选择分析指标，形成针对性分析结论和建议。

2. 确定技术范围

确定技术范围用于界定分析所涉及的技术范围，须明确技术范围是产品或技术本身，还是涉及上下游技术。可通过技术分解表明晰。

3. 制定检索策略

专利分析的数据基础依赖于专利检索，专利检索是特定技术领域专利信息收集的有效方式。检索策略的制定，涉及技术分解、构建检索要素表、通过布尔运算符组配检索要素，构建专利检索式。

4. 数据收集

通过检索策略在专利数据库中收集数据，形成专利分析的数据基础。

5. 数据处理

将收集的专利数据导入分析软件，或者利用表格办公工具处理数据，包括数据去杂、去重、技术标引、同族合并、申请人合并等。

6. 统计分析

根据分析需求，确定分析指标，将分析后的统计数据通过适当的图表展现，并通过文字解读的方式揭示数据的潜在信息。

7. 技术分析

如分析需求涉及产品研发、技术改造等，分析内容可以涉及功效分析、技术路线图和重点专利分析。

8. 分析结论和建议

通过统计分析和技术分析，了解技术的发展状况和解决问题的技术方案所涉及的技术特征，针对分析需求，提出科研立项的决策建议、产品研发的设计方向、技术改造的优化建议等情报。

（三）要点

确定分析需求是技术创新分析报告的重中之重。技术创新主体的决策者或执行者，因其职责不同，所关注问题的重点不同，提出的分析需求也不同。决策者更关注宏观信息，执行者更关注微观信息，因此分析需求的不同将决定分析侧重点所在。

（四）案例❶

碳纤维最早始于 20 世纪 50 年代，商业化生产始于 20 世纪 70 年代的日本，由日本 A 公司、B 公司和 C 公司发起，这些公司目前仍跻身于世界最大的碳纤维生产商行列。目前，日本、美国与中国产能位列前三。

我国 PAN 基碳纤维的研究始于 20 世纪 60 年代，近年来由于国家政策的重点支持，国产 PAN 基碳纤维进入有序发展阶段。我国辽宁大连成立了碳纤维及复合材料产业联盟，江苏已形成碳纤维产业集群区，山东正在创建碳纤维复材制品研发和生产基地。碳纤维的重点工艺 PAN 基碳纤维生产工艺技术创新分析，有助于我国碳纤维产业技术创新发展，推动碳纤维产业健康发展。

专利分析步骤如下。

1. 专利检索

首先根据需求确定技术范围为 PAN 基碳纤维生产工艺，其次确定检索要素表（见表 14-12），通过布尔运算符组配检索要素，构建专利检索式，最后根据专利检索式收集相关专利数据，并处理数据。

---

❶　杨铁军. 产业专利分析报告：第 14 册 高性能纤维［M］. 北京：知识产权出版社，2013：28-35.

表 14 - 12　PAN 基碳纤维生产工艺专利检索要素

检索要素	PAN 基	碳纤维
关键词	PAN、聚丙烯腈、丙烯腈、共聚、聚合、polyacrylonitrile、polyacrylolitral、acrylonitrile、copolymer	碳纤维、carbon fiber、carbon fibers
分类号	C08F20/44 C08F120/44 C08F220/44	D01F9/12

2. 专利分析

PAN 基碳纤维生产工艺技术创新专利分析涉及 PAN 基碳纤维统计分析和技术分析；统计分析部分，涉及申请量趋势、申请量分布、技术集中度分析、中美日市场分析等；技术分析涉及技术路线图分析、重要专利分析。

(1) 统计分析

图 14 - 7 表示 PAN 基碳纤维生产工艺全球专利申请趋势。PAN 基碳纤维的发展大致经历以下三个阶段：萌芽期、成长期与全面发展期。目前，该技术正处于全面发展期，专利申请量始终处于快速增长趋势。

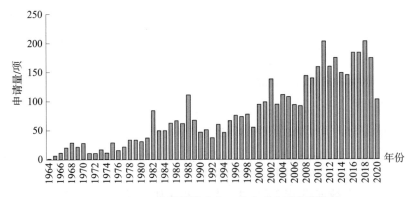

图 14 - 7　PAN 基碳纤维生产工艺全球专利申请趋势

图 14 - 8 表示 PAN 基碳纤维生产工艺全球专利申请量分布。日本申请量最大，占全球申请总量的 57%；中国次之，占 23.1%；其次是韩国与美国，分别占 7.7% 和 5.7%。

数据显示美国和英国的申请人主要为 D 公司、E 公司与 F 公司等企业，专利申请主要集中在 20 世纪六七十年代。20 世纪 70 年代后，英国的 F 公司已经基本退出碳纤维市场，英国关于 PAN 基碳纤维的申请也随之减少。

日本申请以三家大企业为主，也是全球规模最大的三家碳纤维生产企业，分别为 A 公司、B 公司和 C 公司。三家企业申请量总数达 2284 项，占日本总申请量的 88.8%，集中度较高。其中，A 公司专利申请量最多，仅一家公司申请量就达到 1176 项。

中国申请以高校和科研单位为主导，如 G 大学 (62 项)、H 大学 (50 项) 等。

企业申请主要来自 J 集团 (102 项)，中国 PAN 基碳纤维的申请在 20 世纪 90 年代后才具有一定数量，近十年发展迅速。

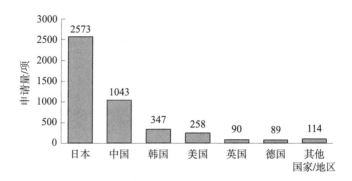

图 14 – 8　PAN 基碳纤维生产工艺全球专利申请量分布

（2）技术分析

图 14 – 9 显示了 1964—2020 年 PAN 基碳纤维的重要技术发展路线图。通过对申请日期、被引证频率、同族情况以及技术内容的综合考虑，选定了以 JP71035853B 作为起点并与其有引用关系的 PAN 基碳纤维的技术路线图。从图中可以看出，PAN 基碳纤维在聚合、纺丝、成碳热处理三个技术分支上关联比较紧密，上浆和表面处理两个技术分支相对独立。原因是上浆和表面处理工艺是在成品碳纤维的基础上进行的，可以适用于不同种类和规格的碳纤维，并且可以根据碳纤维在复合材料中的复合对象，有针对性地进行上浆和表面处理以达到特定的目的。

PAN 基碳纤维的研究主要围绕着如何提高碳纤维的强度和模量这一主线展开。JP71035853B 通过聚合时加入少量甲基丙烯酸类共聚单体提高原丝在热处理中大分子的环化作用，从而达到提高物理性能的目的。JP49109633A 通过聚合时加入乙烯磷酸酯类化合物，通过湿法纺丝、半湿法纺丝、干法纺丝、溶剂纺丝法来制备高强高模碳纤维，强度为 235kg/mm^2，弹性模量为 17.2T/mm^2。

表 14 – 13　PAN 基碳纤维重点专利分析示例

公开号	CN109790648A
专利名称	聚丙烯腈类纤维的制备方法和其中使用的聚丙烯腈类共聚物
申请（专利权）人	株式会社 LG 化学
法律状态	实质审查的生效
技术领域	PAN 基碳纤维制备
技术问题	通常对碳纤维施加约 1300℃ 以上的高热处理温度，碳纤维的特性会大大改变。而且目前碳纤维生产工艺难度大，成品率低，生产成本高
技术方案	一种聚丙烯腈碳纤维的制备方法：使用包含丙烯腈类单体、羧酸类共聚单体和丙烯酸酯类共聚单体的单体混合物聚合来制备聚丙烯腈类共聚物。其中，相对于 100 重量份的所述单体混合物，所述丙烯酸酯类共聚单体的含量为 4 重量份至 20 重量份；使所述聚丙烯腈类共聚物纤维化；使纤维化的聚丙烯腈类共聚物氧化和稳定化。该制备方法可以控制氧化稳定化反应，特别是环化反应
技术效果	降低氧化稳定化反应中的能量消耗，确保聚丙烯腈类纤维的经济效率，并且提高碳纤维的物理和机械性能

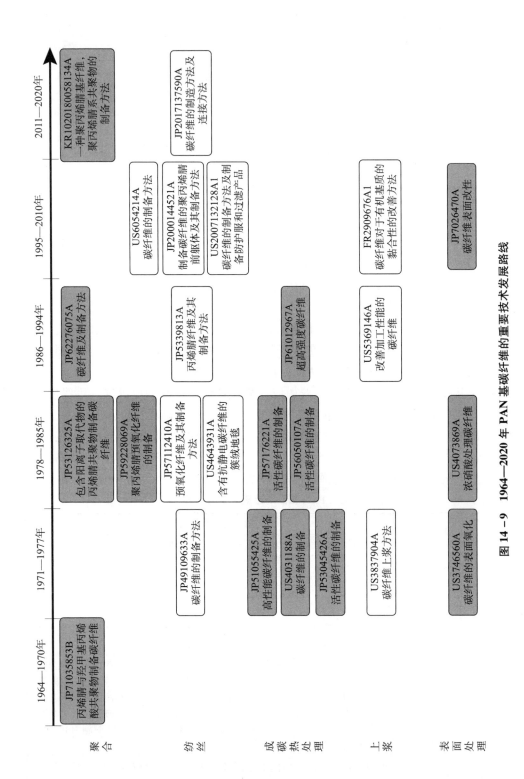

图 14 - 9 1964—2020 年 PAN 基碳纤维的重要技术发展路线

通过上述分析，可以了解到 PAN 基碳纤维的全球专利布局与重点技术进展情况，给我国 PAN 基碳纤维技术创新发展提供决策参考。

三、竞争对手调查分析

(一) 概念

专利分析中的竞争对手调查分析是指针对选定的竞争对手，以其申请的专利作为研究对象，对其专利进行检索、技术标引、统计分析、技术分析，从中了解竞争对手的专利布局现状，获悉竞争对手的专利战略、技术优势、研发动态、市场布局动态等。

其中，专利数据统计分析包括趋势分析、地域分析、专利活跃度分析、专利技术分析、协同创新分析、专利运营分析等。技术分析包括技术功效分析、技术路线分析、重点专利分析等。

在开展竞争对手调查分析之前，首先要确定竞争对手。只有正确地确定了竞争对手，后期的分析才会有意义。本书中的竞争对手是指在某个行业或技术领域中，拥有与主体相同或相似产品、技术或服务的企业、高校或科研院所，并且其目标与主体相同，产生的行为会对主体带来一定的利益影响。

竞争对手又可以分为直接竞争对手和潜在竞争对手。所谓直接竞争对手，是指对方和主体处于同一个战略群组中，对方面对的市场和客户群体，所生产的产品、相关技术及提供的服务等与主体极为相似。潜在竞争对手是行业相关者，包括：横向产业相关者，如提供大致产品、技术或服务的企业、高校或科研院所；纵向产业相关者，如上下游企业；以及非行业相关者，但其本身拥有强大的实力，一旦受到市场因素影响，未来可能加入竞争者的行列。

竞争对手调查分析，能够帮助企业预测竞争对手未来的目标、资源、市场力量和战略，为自身制定专利和市场对抗战略提供依据，对企业的生存和发展具有重要意义。

(二) 数据利用流程

竞争对手调查分析包括分析准备、确定竞争对手、制定检索策略、数据收集、数据处理、统计分析、技术分析、分析结论和建议等环节，其一般流程如图 14 - 10 所示。

1. 分析准备

在分析准备阶段，通过需求分析确定竞争对手调查分析的目的，进而选择具体的分析指标，形成具有针对性的分析方案。

开展竞争对手调查分析的目的通常是了解本领域竞争对手的技术优势、专利战略、技术研发重点和技术发展方向等，为制定专利战略或技术路线提供依据。分析指标包括专利申请量、申请类型、申请趋势、技术领域、专利布局区域、研发重点、研发团队、联合申请、专利运营和重点专利等多个方面。制定分析方案时应当包括

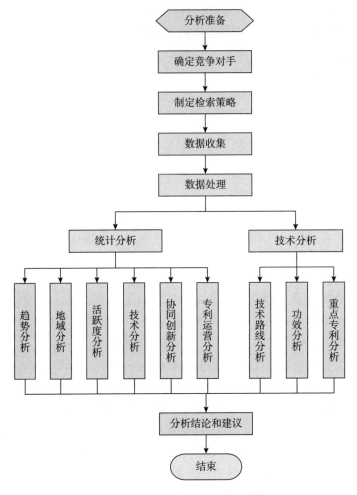

图 14 – 10　竞争对手调查分析流程

但不限于以下几部分：开展竞争对手调查分析的目的、拟要实现的目标、预计达到的效果、分析指标、分析步骤、时间安排、分析团队的构成及分工等。

2. 确定竞争对手

在实施竞争对手调查分析时，首先要确定需要分析的竞争对手。一般是针对某个或某几个直接竞争对手分析，即那些产品或技术路线相似、威胁较大的竞争者。另外，当竞争对手是企业时，要注意确定是否包括与其具有关联关系的企业，如某公司的股东和其投资的公司，投资公司又包括全资及参股公司等。

3. 制定检索策略

在进行竞争对手专利检索时，一般是采用在专利申请人、专利权利人等检索字段中输入竞争对手名称等信息的方式。在此阶段要注意竞争对手是否有曾用名，若有则还需要检索其用之前名称所申请的专利。在检索外文专利时，还需要用竞争对手的外文名进行检索。

4. 数据收集

通过在专利数据库中收集竞争对手专利数据，形成专利分析的数据基础。专利数据收集时，要考虑数据范围以及数据所包含的信息是否满足竞争对手调查分析的需要。这里的数据范围包括申请人范围和地域范围。申请人范围指数据是否已包括了竞争对手及其关联企业的全部专利数据。地域范围是指，如果仅需了解竞争对手在国内的专利布局情况，则可以从中国专利数据库中收集数据，如果要同时了解竞争对手在国外的专利布局情况，则可以选择对应的国家或组织专利数据库。数据所包含的信息主要指专利的著录项目和说明书全文，常用于进行竞争对手调查分析的著录项目包括：专利名称、申请人、发明人、摘要、主权项、申请日、专利类型、IPC 分类号、当前权利状态等。在收集专利数据著录项目信息时，要根据具体的分析目的和分析指标来选择确定。

5. 数据处理

使用分析软件处理收集的专利数据，包括数据去杂、数据去重、技术标引、同族合并、申请人合并等。

（1）数据去杂：通过计算机批量处理或人工阅读等手段，去除收集到的数据集中属于分析范围以外的杂质专利文献。

（2）数据去重：在对从不同数据库中检索到的数据集合并时，去除其中的重复专利文献。

（3）技术标引：在原始数据的信息中加入相应的标识项，以便更深入地分析。在竞争对手专利分析中常用的标识项包括技术分支、技术手段、技术效果、专利等级等。

（4）同族合并：同族专利是基于同一优先权文件，在不同国家或地区，以及地区间专利组织多次申请、多次公布或批准的内容相同或基本相同的一组专利文献。在重点研究竞争对手的技术研发能力时，应当合并同族专利。

（5）申请人合并：同一申请人在申请专利时可能采用不同名称，如外文名称和曾用名等。在申请人合并时，应当统一申请人名称。

6. 统计分析

根据确定的分析指标，统计分析收集和处理好的专利数据。在此过程中，往往会借助专利分析工具来提高分析的效率和准确性。现有的专利分析工具大概分为两类：一类是专门用来专利分析的工具，如针对专利数据的特点专门开发研制的软件；另一类是常用的数据分析工具，如 Excel 软件，其可以利用数据分析功能来分析专利。

7. 技术分析

技术分析的目的是掌握竞争对手产品研发的技术路线和手段，分析内容可以涉及技术功效分析、技术路线图分析和重点专利分析。

（1）技术功效分析：通常由技术和功效来构建技术功效矩阵进行分析。图表表现形式主要有气泡图或综合性表格。从技术功效图表中可以看出竞争对手的重点技术和空白点技术。

(2) 技术路线图分析：技术路线图是指应用图形、表格、文字等形式描述技术变化的步骤或技术相关环节之间的逻辑关系，能够揭示竞争对手在该领域的技术发展方向和关键技术。

(3) 重点专利分析：重点专利是个相对概念，需要制定评价指标和筛选方法来确定。一般而言，重点专利可以从技术价值、经济价值和法律价值三个层面来确定。具体地，可以从同族专利数量、引证次数、剩余寿命、专利类型等分析指标评价和筛选。由于评价指标往往较多，人工筛选效率较低，因此可以采用价值评估系统来评价专利的价值度，根据评价结果从中选出符合要求的重点专利进行分析。

8. 分析结论和建议

通过统计分析和技术分析，了解竞争对手的专利布局现状，获悉竞争对手的研发动态和市场布局动态，形成分析结论和建议。

按照以上流程进行竞争对手调查分析后，形成竞争对手调查分析报告，可为专利布局和技术研发提供重要参考。

(三) 要点❶

1. 评价竞争对手实力，确定主要竞争对手

在确定主要竞争对手时，可以从某一产品技术专利量排行或主要专利权人构成比分析上判断各竞争者的竞争实力；从专利授权率分析评价竞争对手的技术力量，反映对方技术的先进性；从发明专利与实用新型专利的比例上判断评价竞争对手企业技术的成熟度；从国外/国内专利量比例上判断竞争对手的经济实力。此外，还有一些常用的分析指标，如从专利引证率和引证关系角度评价不同对手的质量和技术组合力量。在确定主要竞争对手时，往往还需要结合非专利信息进行分析，如市场占有率、行业影响力等。

2. 判断竞争对手的技术水平及策略

主要分析内容包括：技术研发趋势分析、技术研发重点分析、关键（核心）技术分析、主要发明人分析等。

(1) 技术研发趋势分析：用以判断竞争对手的技术策略。常见分析方法有：时间序列法分析，考察竞争对手的专利申请量按 IPC 分类随时间分布的状况，判断其技术研发趋势，或考察竞争对手某产品技术的专利量按不同技术主题或不同技术功效随时间分布的状况，判断其技术或产品开发趋势。

(2) 技术研发重点分析：主要分析判断竞争对手的技术研发重点及其技术演变。常用分析方法有：统计各竞争对手的专利量按 IPC 分类号分布的情况，或专利量按技术主题分布的状况，判断其技术研发重点；统计竞争对手某技术领域的专利申请量占其全部申请量的比例，判断竞争对手技术研发重点；技术/功效矩阵分析，作用在于找出技术的密集区、雷区、未开发区和可布局的区域，是判断各企业的技术研

---

❶ 应硕，汪洋. 专利情报在竞争对手分析中的应用 [J]. 图书馆理论与实践，2012，34 (7)：39-41.

发重点及研发策略的重要分析方法。

（3）关键（核心）技术分析：主要分析重要技术突破/功效、核心专利的稳定性及其外围专利。常用分析方法有：专利的被引频次分析和同族专利分析，被引频次高或同族专利指数高的发明专利往往是竞争对手的核心专利技术。另外，专利寿命/失效原因分析也常用来分析关键（核心）专利，这是因为只有那些重要的、带来较高经济效益的专利技术才会得到较长时间的维护。

（4）主要发明人分析：为了掌握关键技术人才及研究领域，通过竞争对手发明人阵容分析，发现其核心发明人及其重点研究领域，跟踪监测相关研发领域的新进展并为引进人才提供参考。

3. 监测竞争对手的市场策略

根据竞争对手申请专利的权利保护范围、保护地域、类型等情况，可以判断其产品开发策略和新产品市场，警示产品开发和市场转移带来的威胁。通过追踪竞争对手某专利技术的实施利用情况，或观察围绕该发明专利技术是否有新出现的、相关联的实用新型专利，可以判断该技术扩大的应用领域及其潜在的市场。

4. 判断竞争对手的合作伙伴

通过统计分析竞争对手下属各分公司、机构，以及其他联合申请人的专利申请量、专利许可情况，可以了解其合作伙伴和技术合作情况。常见的专利合作形式有：①合作开发专利技术，共同开拓市场。通过合作开发降低企业的研发风险，减少研发费用。分析时不仅要了解竞争对手企业的情况，还应当研究合作方的情况及合作条件，才能判断准确，制定相应的对策。②专利交叉许可。在企业间的专利技术比较接近，存在上下游关系，或处于同一专利联盟中时，往往会以专利交叉许可的方式来获得更大范围的保护。当然也存在互不关联的两项专利技术，企业各自取得后实施了专利交叉许可的情况。

（四）案例●

P公司为了评价在中国 Y 型轧机领域的竞争对手实力，开展了以下竞争对手调查分析：

1. 分析准备

P公司组建了专业的分析团队，成员包括公司内部的技术专家以及聘请的专利分析专家。在正式开展竞争对手调查分析前，团队进行了相关准备工作，包括确定了开展本次分析的目的、预期目标、分析指标、分析步骤和团队分工等。

2. 确定竞争对手

P公司通过专利检索、筛查、归类及统计分析得到表 14 - 14 的结果。从表中可知，虽然日本申请人在 Y 型轧机领域的全球专利申请量领先优势明显，但是多边专利申请量和中国专利申请量明显偏低，而德国的 B 集团全球专利申请量及中国专利申请量均处于领先地位。此外，通过分析 Y 型轧机领域的市场占有情况可知，B 集

● 改编自：马天旗. 专利分析：方法、图表解读与情报挖掘［M］. 北京：知识产权出版社，2015.

团在全球和中国市场的占有率均位于第一位。而 P 公司的市场主要集中在中国国内，领先于其他国内厂商。

因此，综合专利申请和市场占有情况，B 集团的综合竞争实力最强，在国内 Y 型轧机领域，P 公司可将其视为最主要的竞争对手。

表 14 - 14　Y 型轧机全球主要申请人专利申请情况

公司	所属国家	全球专利申请量/项	多边专利申请量/项	中国专利申请量/件（有效）
A 公司	日本	145	12	4（3）
B 集团	德国	113	65	35（20）
C 集团	日本	74	5	2（2）
D 公司	日本	56	10	6（4）
E 公司	日本	32	2	1（1）
F 公司	意大利	18	16	4（2）
G 公司	奥地利	15	10	6（3）
H 公司	中国	11	1	11（8）
I 公司	中国	8	0	8（6）
J 公司	中国	5	0	5（4）

3. 制定检索策略、收集/处理数据

P 公司进一步制定检索策略，进行数据收集和处理。由于 B 集团由多家为钢铁和有色金属工业从事机械设计和设备制造业务的跨国公司组成，总部位于德国。其两大核心企业 B1 和 B2 共同构成了 B 冶金分支，无论市场份额还是专利申请量在冶金领域均处于全球领先地位。因此，在数据检索的时候，除了要检索 B 集团的专利外，还要检索 B1、B2 等其他子公司的专利。

4. 统计分析和技术分析

以下为 B 集团在技术、专利布局和专利运营方面的分析结果。

（1）专利申请趋势

如图 14 - 11 所示，总体而言 Y 型轧机领域的全球专利申请量呈现出下降的趋势，而 B 集团在该领域的全球和中国专利申请在 2004 年之后也明显减少，可见 Y 型轧机领域的技术很可能已经趋于成熟，B 集团也基本已完成了专利布局。

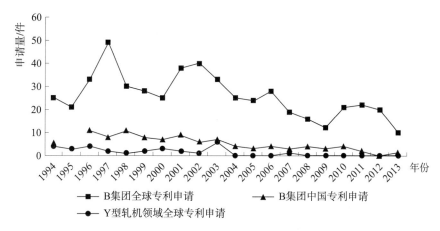

图 14 – 11　B 集团在 Y 型轧机领域的全球及中国专利申请趋势

（2）专利申请地域构成

如图 14 – 12 所示，B 集团向全球 15 个国家/组织申请了 Y 型轧机的相关专利，其中欧洲和美国的申请量明显领先于其他国家或地区。结合 B 集团的发展历史可知，由于其总部位于德国，并且欧洲和美国是钢铁冶金行业的传统市场，其在欧洲和美国拥有多个子公司或者生产基地，故欧洲和美国的专利申请量领先也就不足为奇了。

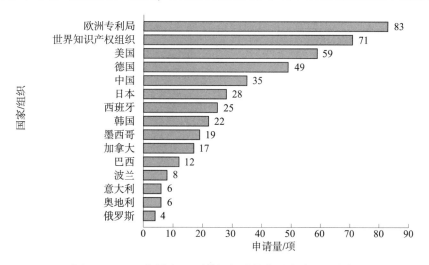

图 14 – 12　B 集团在 Y 型轧机领域的专利申请组织分布

而 B 集团在中国的专利申请量仅次于欧洲和美国，并且已成立了中国分公司，足可见其对中国市场的关注度。

（3）构成情况分析

如表 14 – 15 所示，可以看出 B 集团在 Y 型轧机领域的各个技术分支几乎均有专利申请，表明其针对 Y 型轧机开展了全面的技术研发。

表中列出具体名称的技术分支为 P 公司较为关注的分支，相比而言 B 集团在"型钢轧制法"分支的全球和中国专利布局更为密集。

表 14 – 15　B 集团在 Y 型轧机领域的专利申请技术构成情况

技术分支		全球专利申请量/项	中国专利申请量/件
工艺	轧机孔型	3	1
	型钢轧制法	9	5
	其他轧制工艺	34	7
设备	轧机整体系统	2	1
	轧辊辊系	3	1
	换辊装置	5	2
	导卫装置	3	0
	轴向锁紧装置	2	1
	轧辊位置调整装置	2	0
	机架	6	2
	油气润滑	3	1
	其他附件	19	6
电气	AGC	4	2
	HPC	2	0
	其他控制方法	16	6

（4）研发团队规模

B 集团在 Y 型轧机领域的发明人团队规模达 35 人，其中专利申请量排名前列的发明人研发重点主要侧重于工艺和设备相关技术。

如图 14 – 13 所示，B 集团在 Y 型轧机领域有 8 位发明人的专利申请量超过了 10 项。

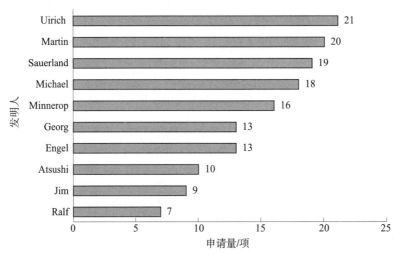

图 14 – 13　B 集团在 Y 型轧机领域的发明人排名

进一步检索分析了解到，申请量排名前列的发明人还申请了大量其他类型轧机专利，这可能是由于 B 集团拥有多种类型的轧机生产线，尽管型号存在差异，但是实际上不同型号的轧机技术存在关联或者相似之处。由此可见，B 集团在整个轧机领域具有大规模的研发团队，研发实力极强。

（5）重点专利侵权比对分析

本案例以"型钢轧制法"这一技术分支为例，对 B 集团的中国专利与 P 公司的方案进行了侵权比对分析，分析结果显示 P 公司的"型钢轧制法"相关技术方案对 B 集团的中国专利可能构成专利侵权。

具体比对结果如表 14 - 16 所示。

表 14 - 16　B 集团在"型钢轧制法"分支的中国专利侵权比对

序号	申请号	侵权比对结果	说明
1	CN02＊＊＊＊	有侵权可能性	专利使用的是 X - H 工艺，而 P 公司方案为 X - X - H 工艺，虽然从技术的角度来说两种工艺中轧机布局和轧制过程明显不同，但是在侵权诉讼中法官可能会认为"X - H 工艺"与"X - X - H 工艺"近似
2	CN97＊＊＊＊	有侵权可能性	
3	CN98＊＊＊＊	有侵权可能性	
4	CN20＊＊＊＊	侵权可能性较小	主要区别在于该专利在机组前设有立轧机架，而 P 公司方案设置的是开坯轧机，立轧机架与开坯轧机不属于等同的技术特征
5	CN20＊＊＊＊	侵权可能性较小	主要区别在于该专利设置有精整站，而 P 公司方案未设置

（6）专利运营策略

可能由于 B 集团的技术和市场霸主地位难以动摇，所以截至分析之日，其在中国几乎没有发生过任何专利诉讼，全球范围内也未有数据显示 B 集团在 Y 型轧机领域发生过专利诉讼和许可。

5. 分析结论和建议

虽然 P 公司的技术方案可能对 B 集团的专利构成侵权，但是可能由于 B 集团在 Y 型轧机领域的技术实力、专利布局和市场占有率均处于全球领先地位，其认为中国市场的对手实力较弱，故短时间内在中国对 P 公司发起专利诉讼的可能性不大。

继续以"型钢轧制法"这一技术分支为例。虽然 B 集团在中国利用专利发起攻击的可能性不大，但是一旦发生专利诉讼，会对 P 公司产生较大的影响，因此 P 公司仍须制定适当的对抗策略，具体建议如下：

（1）预先准备专利诉讼的应诉材料

从专利、图书、期刊、教科书或者工具书等公开文献中查找关于轧制工艺发展历程的介绍，以证明 X - H 工艺和 X - X - H 工艺的技术性实质不同，或者证明 P 公司所采用的技术方案属于在 B 集团专利申请日之前的公知技术。

调取 B 集团相关专利的审查中间文件，查看在审查意见答辩中，申请人是否存在限制权利要求保护范围的情况，以便于侵权诉讼时缩小权利要求的保护范围，以及查看审查员是否找到了说明 X – H 工艺和 X – X – H 工艺存在实质性差别的对比文献。

（2）专利无效准备

如果能无效 B 集团"型钢轧制法"的相关中国专利，则可以彻底消除专利侵权风险，具体而言：

CN02＊＊＊＊：权利要求书主要技术特征包括"X – H 轧制加工工艺的描述"和"相关参数限定"，通过专利检索发现了多篇专利在该专利申请日之前已公开了"X – H 轧制加工工艺的描述"这一特征，而"相关参数限定"在某技术资料中也已找到，因此可以考虑对该专利提出全部无效申请；

CN97＊＊＊＊：独立权利要求 1 的主要技术特征仅为"X – H 轧制加工工艺的描述"，通过专利检索发现了多篇专利在该专利申请日之前已公开了该特征，而 P 公司完全没有采用从属权利要求的附加技术特征，因此可以考虑对专利提出部分无效申请，即无效该专利的独立权利要求 1；

CN98＊＊＊＊：权利要求书的主要技术特征包括"X – H 轧制加工工艺的描述"和"相关参数限定"，但是尚未有证据显示该专利中的"相关参数限定"属于现有技术，因此如无效该专利，还须通过调取审查中间文件、专利和文件检索等途径进一步查找无效证据。

（3）技术规避设计

从专利的角度来看，技术规避设计的思路有三点：①改变 Y 型轧机的具体结构，因为相关专利对 Y 型轧机的某些结构限定得比较具体，如果对装置的结构进行改进后仍然能得到相同的效果，则可实现技术规避；②改变材料的成型过程，如改变孔型，会导致所需要的装置结构不同，进而使得成型工艺不同，则可实现技术规避；③改变轧机机组设置，以规避某件专利中的平行并错方案。

四、技术评价分析

（一）概念

技术评价也称技术评估，指针对科学技术对社会的影响进行综合的、多方面的估价和分析，为决策提供咨询的一种手段。主要内容包括：①在技术开发和应用时，预先从各个方面、各个角度研究技术带来的好或坏的影响，并找出对策或替代方案；②技术的可行性、经济性、安全性等方面的价值利益分析；③提出客观的结论和建议。❶

专利分析中的技术评价分析是指在技术引进时将技术所涉及专利作为研究对象，

---

❶ 萧浩辉. 决策科学辞典 [M]. 北京：人民出版社，1995.

通过专利检索、技术标引、统计分析、技术分析等对技术进行评价分析，提供技术评价合理建议。专利数据统计分析包括技术构成分析、技术趋势分析、申请人分析、地域分析等，技术分析包括防侵权分析。

技术引进前应当明确要引进的技术，分析拟引进技术的风险，评估引进专利的价值等。技术引进包括两种情况，一是通过技术购买或技术许可的形式引进技术，二是通过企业并购的形式引进技术，二者均可采用本节所述的方式来评价分析技术。

近年来，我国企业与国外企业的国际技术交流日益频繁，通过技术购买或企业兼并的方式，国外先进技术被大量引入我国。但是在技术引进的同时，也引来了一些法律纠纷，给企业造成较大损失，如引进的技术为接近淘汰的技术，技术引进后仍需支付高额专利费，引进专利为无效专利等。

开展技术评价分析，可以帮助企业理清专利技术的主要发展脉络和趋势，以便确定所要引进的技术方向，进而确定所要引进的技术主题。此外，技术评价分析还可以帮助企业分析哪些是相关技术主题的必要或核心专利，哪些是非必要专利。再者，可以帮助企业做好拟引进专利技术的尽职调查工作，规避技术引进中的知识产权风险。总之，技术评价分析已成为技术引进过程中所有工作的重中之重，不可或缺❶。

（二）数据利用流程

技术评价分析包括分析准备、确定要评价的技术、制定检索策略、数据收集、数据处理、技术调查分析、风险评估、价值评估、分析结论和建议等步骤，技术评价分析的一般流程如图 14 - 14 所示。

1. 分析准备

在分析准备阶段，需要组建工作组，进行需求分析、项目分解和工作分工。

2. 确定要评价的技术

通过需求分析确定技术评价分析的目的，找准亟需且必需的技术主题和技术方向，确定需分析的技术领域，界定分析所涉及的技术范围。进而选择分析指标，形成有针对性的分析方案。

3. 制定检索策略

针对拟分析的技术领域进行技术分解、构建检索要素表、通过布尔运算符组配检索要素，构建专利检索式。

4. 数据收集

通过检索策略在专利数据库中收集数据，形成专利分析的数据基础。

5. 数据处理

将收集的专利数据导入分析软件，或者利用表格办公工具处理数据，包括数据去杂、去重、技术标引、同族合并、申请人合并等。

---

❶ 房华龙，张鹏. 技术引进中的专利分析方法探讨 [J]. 中国发明与专利，2012（1）：56 - 59.

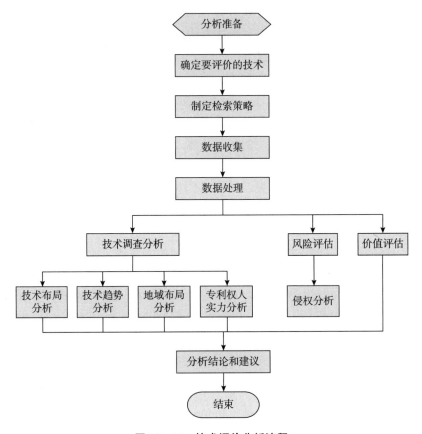

图 14－14　技术评价分析流程

6. 技术调查分析

针对拟引进技术需分析技术发展趋势、技术布局、地域布局、专利权人实力分析等，分析指标可选择趋势分析、技术分析等，将分析后的统计数据适当通过图表展现，并通过文字解读的方式揭示数据的潜在信息。

7. 风险评估

风险评估用于评价拟引进技术是否依赖第三方专利许可或者行业内竞争者是否侵犯了拟引进技术的知识产权。

8. 价值评估

对专利进行价值评估能够更好地判断是否引进一项专利技术。专利价值评估通常可以从技术价值、法律价值、经济价值三个方面进行。

9. 分析结论和建议

通过专利信息统计分析和技术分析，得以了解拟引进技术的专利布局现状、专利价值情况，获悉知识产权侵权风险。

按照以上流程进行技术评价分析后，形成技术评价报告。需要注意的是，确定拟引进技术后，要判断其所涉及专利的保护范围，评估其知识产权布局的完整性。

（三）要点解读

1. 技术调查分析

从专利角度对拟引进技术调查分析，可以从专利技术布局、技术趋势、地域布局和专利权人实力等方面分析。专利技术布局分析主要分析技术布局的重点领域。技术趋势分析是研究专利技术随着时间推进的演变情况，来判断技术或产品的研发趋势。地域布局分析是调查专利申请的国家或组织情况，考察技术或产品当前或未来的主要市场。专利权人实力分析可以通过分析专利权人专利数量在同类企业或研究机构中的排名情况来判断。

2. 风险评估

在专利技术风险评估时，首先调研拟引进技术相关领域内的专利情况，找出和该技术创新点关联度较大的专利，对比该技术和对比专利权利要求中所描述的技术特征，并判断侵犯此件专利的可能性。

3. 专利价值评估

专利价值的评估方法有很多种，如常用的成本法、市场法和收益法等。这些方法各有优劣，在对专利价值评估时需要综合考量各种因素。而且专利生命周期是固定的，随着时间的推移，影响专利价值的不确定因素也会发生改变。专利实施前后，价值评估的目的和用途也在发生改变。因此，在不同的阶段，需要根据专利的特征、专利价值评估的目的、选择原则等，采用适当的方法评估专利价值。为了使专利价值评估更加便利、高效和可视化，也可以使用专利价值评估系统来评估。

（四）案例：大型循环流化床燃烧技术引进分析❶

1. 分析需求

煤炭是我国主要的能源来源，由于我国煤种特点和污染排放控制的要求，急需大型循环流化床燃烧技术以实现宽煤种、低污染的目的。国家通过产业政策、资金扶持等手段大力鼓励发展大型循环流化床锅炉，但在当时我国的制造能力水平和技术发展水准仅能实现135MW等级的循环流化床（CFB）锅炉。2002年，在发改委的组织下，国内三大锅炉企业合作，共同引进了法国A公司全套的300MW（1025t/h）亚临界循环流化床锅炉技术。

2. 分析步骤

（1）分析准备

在分析准备阶段，国内三大锅炉企业联合组建了专项工作组，明确了技术评价分析的需求，即针对国外大型循环流化床燃烧技术进行分析评价，寻找适合引进的技术。工作组围绕这个需求进行了项目分解和工作分工。

---

❶ 改编自：马天旗. 专利分析：方法、图表解读与情报挖掘［M］. 北京：知识产权出版社，2015.

（2）确定要评价的技术

2002 年前，我国仅能实现 135MW 等级的循环流化床（CFB）锅炉。从已有的 CFB 锅炉来看，其技术来源主要为苏联遗漏的技术。由于锅炉制造涉及重工业，属于大型成套生产设备，需要有高标准严规格的大型装备制造能力进行配套。自 2000 年以来，CFB 锅炉的机组大型化发展取得了突破性的进展，在国外逐渐形成了法国 A 公司和美国 B 公司两大 CFB 锅炉技术流派。

经核实，法国 A 公司主要从事以轨道交通和锅炉为代表的重型机械装备制造业，是集成电厂和能源生产服务等领域的全球领先公司，全球超过四分之一的电力由其设备所提供。

因此，经研究分析，专项工作组最终确定要评价的技术为 A 公司的大型循环流化床燃烧技术。

（3）制定检索策略、数据收集/处理

专项工作组针对 A 公司的大型循环流化床燃烧技术，制定了检索策略，进行了技术分解、构建了检索要素表，进而编写了专利检索式。利用检索式从专利数据库中收集了相关数据，并对数据做了去杂、去重、技术标引等处理工作。

（4）技术调查分析

通过专利检索、数据收集、数据处理，针对锅炉燃烧设备领域的专利展开了分析，经分析发现，A 公司在锅炉燃烧设备领域的申请量在全世界居于首位，专利布局涉及近 30 个国家和地区，在美洲、欧洲、亚洲、非洲、大洋洲都有专利申请，在中国的专利申请数量也居于行业首位。

A 公司在锅炉燃烧设备领域的技术布局均衡，在煤粉炉、流化床炉领域均有涉猎，具体到流化床炉这个分支，A 公司的全球申请量仅次于 FW，排在第二位。其对循环流化床锅炉的研发遍及布风、给料、回料、排渣、控制等各个方面，其中，在回料系统和炉膛方面的专利申请数量排在各分支的前 2 位，明显高于其他分支。这次技术引进涉及 46 项许可专利，其中有 2 项无法在 EPODOC 以及 WPI 数据库中检索获得，其余 44 项专利的技术分布情况如表 14 – 17 所示。

表 14 – 17　44 项专利的技术分布　　　　　　　　　　单位：项

布风系统	给料系统	回料系统	炉膛	排渣系统	控制系统	送风系统
2	3	22	14	1	1	1

可检索到的 44 项专利中，其中有 28 项属于 C 公司，其余分别属于 D 公司或 A 公司，这些专利技术及其在先申请均源自 C 公司或是其他被 A 公司并购的公司的在先专利文献，因此具有良好的技术原创性。

这 44 项专利中，37 项专利的申请日在 1990—1999 年，7 项早于 1990 年，13 项迟于 1996 年，且超过半数应用于法国 X 电站的 250MW 循环流化床锅炉，具有较好的技术成熟度。

（5）风险评估

技术出口方提供的 46 项专利有 2 项在 WPI 及 EPODOC 数据库中无法检索获得，且出口方提供的专利的同族信息与检索得到的信息不相符。

从中国区域范围的有效性以及引进后若干年的专利有效性情况看，这 44 项专利中有 21 项存在中国同族，另外 23 项未在中国申请专利。技术进口方需仔细研究这些专利的内容，清楚自身需求，慎重评估专利价值及其对技术的披露程度。若属于确实需要引进的情况，可采用专有技术许可的方式引进，并在谈判时注意最大限度地维护自身权益。

在 21 项中国专利中，目前仍然有效的有 16 项，其中 4 项在随后的 2－3 年因未缴纳费用或其他原因专利权终止，可以看出，技术出口方在技术转让行为发生后就放弃了这些专利。

3. 分析结论和建议

通过以上技术评价分析，法国 A 公司在锅炉燃烧设备领域的申请量在全世界居于首位，其大型循环流化床燃烧技术具有良好的技术原创性和技术成熟度。国内三大锅炉企业可共同引进 A 公司全套的 300MW（1025t/h）亚临界循环流化床锅炉技术。

五、技术合作分析

（一）概念

本书所述技术合作指合作研发，具体指企业、科研院所、高等院校、行业基金会和政府等组织机构，为了克服研发中的高额投入和不确定性、规避风险、缩短产品的研发周期、应对紧急事件的威胁、节约交易成本而组成的伙伴关系。它以合作创新为目的，以组织成员的共同利益为基础，以优势资源互补为前提，通过契约或者隐形契约的约束联合行动而自愿形成研发组织体。❶

合作研发可以使合作各方分别发挥各自优势，共同完成技术创新，这也是我国企业快速提升技术创新能力的重要方法。

目前，各大跨国企业已将合作研发作为企业技术研发中的重要组成部分，如美国波音公司、我国海尔集团均在研发中引入外部研发力量，以补充自身研发实力的不足。

但合作研发同样面临一定的风险，如合作研发失败，将导致企业技术秘密流失，甚至可能在合作研发过程中培养了自己的竞争对手。因此，处理好合作研发过程中的专利及其他知识产权问题，可以有效避免合作研发的风险。

合作研发的第一步，即是合理选择合作伙伴和合作项目。合作研发中最大的风险就是合作伙伴是否可信，因此在进行合作之前，有必要展开充分的调查。

同时，为了避免在研发过程中信息共享带来的风险，企业对合作对象的重点研

---

❶ 百度百科. 合作研发［EB/OL］.［2022－08－22］. https://baike. baidu. com/item/% E5% 90% 88% E4% BD% 9C% E7% A0% 94% E5% 8F% 91.

发领域同样需要进行充分的调查，选择合适的合作项目，合作双方具有共同的盈利目标，避免信息共享的风险。

分析时，需要将企业拟合作研发的产品及技术所涉及专利作为研究对象，通过专利检索、技术标引、统计分析、技术分析，对技术所涉及的权利人进行分析，以寻找潜在技术合作伙伴。

此外，通过对专利合作申请分析，可以了解企业所关心的竞争对手或者其他潜在合作伙伴已有的合作研发策略。专利合作申请分析包括统计分析和技术分析。统计分析包括申请人趋势分析、技术分布分析等，技术分析包括技术功效分析、技术路线分析、重点专利分析等。

（二）数据利用流程

技术合作分析的通用流程包括七个步骤，通过这七个步骤可完整进行技术合作分析，具体步骤如图 14 – 15 所示。

1. 分析准备

技术合作分析的准备工作，目的是做好所有的分析前准备工作，包括组建团队、准备分析工具、展开技术调研等。

具体而言，需确定分析需求和目标，进而确定分析的方向，选择分析指标，制定分析提纲。同时还需要根据分析项目的工作量调配人员，形成项目团队，制定分析的工作计划。

这些准备工作对企业而言由于涉及的人员和部门相对较多，且需要进行大量的调研工作，所以需要明确技术合作分析工作的工作计划、时间节点等。

2. 确定技术范围

明确此次分析中，所涉及技术领域的技术范围，确定用于分析的内容是产品本身，还是涉及其工艺、检测方法、设备、材料、应用等领域。

3. 制定检索策略

专利检索是分析的基础，通过专利检索收集用于分析的数据，具体检索流程见专利检索章节。通过技术分解、构建检索要素表、通过布尔运算符组配检索要素，构建专利检索式。

4. 数据收集

通过检索策略在专利数据库中收集数据，对数据进行采集下载，形成专利分析的数据基础。

5. 数据处理

将收集的专利数据导入分析软件，或者利用表格办公工具处理数据，包括数据去杂、去重、同族合并、申请人合并等，并根据技术分解表进行数据技术标引。

6. 数据分析

数据分析包括统计分析和技术分析两个部分。统计分析需根据需求分析，确定分析指标，如寻找合作对象分析需调查不同技术分支的申请人等，分析指标可选择技术专利趋势分析、技术专利地域分析、技术专利申请人分析等，将分析后的统计数据通过适当的图表展现，并通过文字解读的方式揭示数据反映的潜在信息。

技术分析则是根据需求分析，详细了解潜在技术合作对象的专利布局情况等，分析内容可以涉及功效分析、技术路线图分析和重点专利分析。

7. 分析结论和建议

通过统计分析和技术分析，得以了解技术的专利布局状况和解决问题的技术方案所涉及的技术特征，针对分析需求，提出技术合作对象建议。

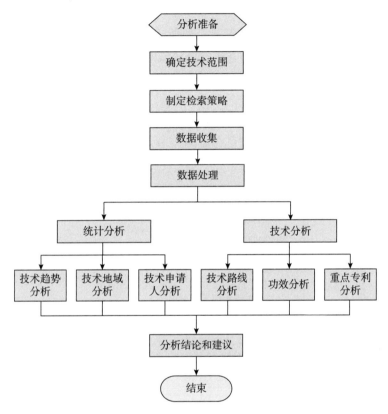

图 14-15 技术合作分析流程

（三）要点

根据技术合作需求不同，拟合作分析的对象有所差别，专利分析的指标选择也有不同。因此，在分析之初，首先应当确定拟合作对象类型，进而进行后续分析。

（四）案例❶

1. 分析需求

A 公司是碳纤维领域的龙头企业，B 公司想了解 A 公司在碳纤维领域的合作研发情况，因此针对 A 公司展开技术合作研发策略分析。

---

❶ 改编自：杨铁军. 产业专利分析报告：第 14 册 高性能纤维 ［M］. 北京：知识产权出版社，2012：141 - 162.

2. 分析步骤

（1）组建分析团队，制定项目计划，确定团队分工，展开 A 公司产品、技术、市场信息调研，确定本次分析的目标，拟定分析提纲，制定分析指标，形成 A 公司在碳纤维领域的技术分解表。

（2）确定检索数据库，制定 A 公司碳纤维领域的专利检索策略，查找碳纤维相关关键词、分类号，制作检索要素表，确定检索式，检索 A 公司在碳纤维领域的专利申请。

（3）根据检索策略下载数据，下载后处理数据，包括去重、同族合并、申请人合并，并根据技术分解表对 A 公司在碳纤维领域的专利数据做技术标引。

（4）根据上述数据处理结果，按照分析提纲和拟定的分析指标进行统计分析。具体分析如下。

① A 公司专利申请情况分析

截至 2020 年 7 月 10 日，A 公司在碳纤维领域申请专利 1468 项，如图 14 – 16 所示。

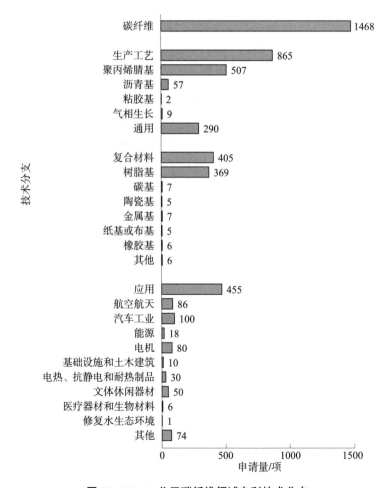

图 14 – 16　A 公司碳纤维领域专利技术分布

进一步分析发现，A 公司在碳纤维领域的专利申请上主要以垄断式申请为主，较少与其他公司合作，99% 的专利申请以总公司为唯一申请人，偶尔以合资公司或子公司的名义申请。

② A 公司与其他企业的合作

A 公司在碳纤维生产工艺方面独立申请占总申请量的 99%。生产工艺方面仅在气相生长、表面处理和油剂三个方面与其他申请人有共同合作。具体来看，在气相生长方面，A 公司与 B 高校有 3 项合作，与 C 公司有 1 项合作；在油剂方面，A 公司的主要合作单位是 D 公司、E 公司；在表面处理方面，A 公司与 F 公司在碳纤维表面改性上进行了合作，同时与 G 公司在树脂基复合材料上也有 1 项共同申请。

在复合材料和应用方面，A 公司的独立申请量较生产工艺略少，为总申请量的 96%。复合材料和应用领域相对于生产工艺方面合作略微增多，A 公司与 H 公司、I 公司合作较多，集中在碳纤维树脂基复合材料上。A 公司与 J 公司共同合作过四次，分别是树脂基两次、碳基两次。

A 公司在选择合作时具有明确的目标性，在碳纤维应用基础设施和土木建筑方面，主要合作对象是 J 公司。该公司成立已有 208 年历史，是一个具有从建筑、土木和其他建筑工程的规划、计划、勘查、调整到设计、施工和维修保养整体承包体制的综合性建设公司。J 公司拥有丰富的建筑设计和施工经验，并且重视研究开发工作。A 公司与 J 公司的合作正好能够弥补其在土木建设方面专业知识的不足，对于了解碳纤维应用在建筑领域的性能需要有极为重要的意义。双方在碳纤维应用于土木设施和基础建设方面的共同申请有 JP××××××××A、JP×××××××××A，并且申请了 1 项有关树脂基复合材料方面的专利 JP×××××××A。A 公司类似的合作还有与另一建筑公司 K 的共同申请。

在表面处理等方面，A 公司与 L 公司进行合作申请。该公司是一家专注于精细化学品生产和研发的上市公司，产品种类高达 2800 多种。范围涵盖润滑油添加剂、橡胶、塑料等化工原料及其制品。A 公司与其合作申请有表面处理方面的 JP×××××××A、树脂基复合材料方面的 EP×××××××A2。

③ A 公司与高校和科研院所的合作申请

A 公司与高校和科研院所的最新合作在一定程度上反映了 A 公司研究的前沿。A 公司有关气相生长碳纤维的申请主要在 2000 年以后，在此方面与大学合作频繁。该领域可能是 A 公司希望突破的新的技术发展方向，主要技术特点是以不同沸石作为催化剂载体，并在一定温度下形成层状中空纳米碳纤维。

表 14-18　A 公司与高校和科研院所合作申请专利技术领域

领　域	技术简介
能够用于电池电极的碳纤维生产方法	在炭化温度以上的惰性气体氛围中加热聚丙烯腈基碳纤维，分散金属成分附着在纤维表面形成金属-碳纤维

领　域	技术简介
气相生长碳纤维	中空纳米纤维的制备方法，通过使在具有 900℃ 耐热性的沸石上负载有金属的催化剂与含碳化合物在 500～1200℃ 接触，生成单层至 5 层纳米碳管为主要成分的中空纳米纤维
气相生长碳纤维	含碳化合物在 500～1200℃ 的温度下与催化剂接触，制成以碳为主要成分的中空纳米纤维，其中催化剂包含以沸石为载体的金属催化剂
气相生长碳纤维	中空纳米碳纤维包含选自 3－12 族金属（如钒、钼、铁、镍和钯），金属颗粒使用原料作为载体，如金属醋酸盐、金属硝酸盐和/或金属络合物，沸石载体选自 USY 型沸石、MFI 型沸石和 MFI 型金属硅，含碳化合物是碳氢化合物或一氧化碳，中空纳米碳纤维是碳纳米管，催化剂包含 3－12 族金属和钴作为其他金属成分
防护管道	防护管道由纤维增强塑料的外表面形成，在接缝处，接缝辅助成分由纤维增强塑料或金属成分组成
上浆剂	碳纤维涂敷 a、b、c 三种上浆剂，并加热到 160～260℃，加热 30～600 秒
复合材料	生物膜涉及定位的复合材料包括在水中的碳纤维和基体材料，碳纤维被放置在有机基体材料中，部分碳纤维暴露在基体材料表面外

④ A 公司的合作研发策略分析

综合来看，A 公司针对关键技术采用独立研发、独立申请的策略，涉及碳纤维生产工艺的申请，99% 都是以总公司作为唯一申请人，偶尔以合资公司或子公司的名义申请，也只限于气相生长、表面处理和油剂等方面。

但在外围应用技术上，A 公司则较多地采取共同申请的方式，选择与产品应用目标相匹配、有市场开发潜力的对象合作。此外，在前沿技术上，与高校和科研院所合作申请频繁，如 A 公司与某大学在气相生长碳纤维技术上有多项共同申请。

A 公司在合资公司、子公司以及合作院所的建立上也充分反映了其市场导向的策略。在其擅长和强势的碳纤维生产领域，全部为独资或全资公司，将主要生产技术牢牢掌控；而在相对弱势的上游领域（油剂、溶剂、原料）和下游领域（复合材料和应用），则采用优势互补、合资合作的方式。

六、人才管理分析

（一）概念

人才是企业发展的战略资源，引进人才是壮大企业人才队伍的重要措施，但在引进过程中，对人才和企业的契合度判断则需要科学分析。人才管理分析即以人才遴选为目标，针对拟引进的从事基础研究、应用研究或开发研究的国内外各类技术人员，进行人才评价分析。人才评价分析包括对人才或人才团队的能力背景进行调查，将人才或人才团队所涉及的专利作为调查对象，通过专利检索、分析，评价人才的真实能力、引进人才可能带来的知识产权风险。通过分析，判断人才技术能力，了解知识产权权属情况，可以有效排查人才引进的风险。

（二）数据利用流程

人才管理的知识产权数据利用流程通常包括四个步骤，具体如图 14 - 17 所示。

1. 项目准备

项目准备的目的是做好所有的分析前准备工作，包括组建团队、准备分析工具、展开技术调研等。

2. 确定拟分析人才

确定拟分析人才或团队名单，制定专利检索策略。

3. 专利检索查证

通过专利检索和分析对引进人才评价查证，具体包括：所拥有知识产权的真实性、稳定性、可执行性和完整性等；引进人才可能带来的知识产权风险；从产业链和创新链的角度分析拟引进人才的知识产权价值；拟引进人才的技术专长与引进需求的吻合度；拟引进人才的创新能力评价；拟引进人才的知识产权管理意识和能力等。❶

4. 结论建议

给出人才评价分析的结论建议。

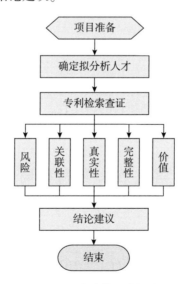

图 14 - 17　人才管理分析流程

（三）要点

根据人才引进的目的不同，进行人才分析的指标有所不同，如对拟引进人才能

---

❶ 贺化. 评议护航：经济科技活动知识产权分析评议案例启示录 [M]. 北京：知识产权出版社，2014：69 - 70.

力评价分析，则其知识产权所有权和处置权不是调查的主要方向；如对拟引进人才所带项目评价分析，则其知识产权所有权、处置权，以及项目是否存在专利侵权、商业秘密侵权或竞业禁止等风险均需调查。

（四）案例❶

1. 分析需求

A 工业园区投入政策性资金实施"科技领军人才创业工程"项目，进行各类人才及优秀项目计划的聚集。为保证人才引进项目的科学性，拟实施人才管理分析。

2. 分析步骤

（1）组建分析团队，制定项目计划，确定团队分工，确定本次分析的目标，拟定分析提纲，设计评价分析指标。

（2）整理项目申报书，获取参评人员信息及其申报的知识产权信息。例如，B 公司以耿某作为申报人申报"高性能膜分离设备"项目，共计申报专利 5 件。

（3）确定检索数据库，利用专利基础信息检索对参评人员提供的知识产权信息进行检索。

（4）根据检索到的知识产权信息判断参评人员与知识产权的关系，判断其知识产权信息和参评项目的关联性，知识产权的法律稳定性。例如，B 公司耿某申报的 5 件专利中，一件已失效，一件仍在审，存在两组同日申请的发明和实用新型，且与其他权利人共有，权利要求不合理，保护范围窄，较难对产品形成有效保护，专利价值较低。

（5）根据上述查证形成人才评价报告，形成人才申报的知识产权的真实性、相关性、法律稳定性、权属结论。

例如，耿某由于知识产权评价分析评分较低，被淘汰。

通过上述分析提升了人才引进项目的科学性，降低了项目实施过程中的知识产权风险。

第三节　专利布局

一、概念

专利布局是企业综合产业、市场和法律等因素，对专利进行有机结合，涵盖企业利害相关的时间、地域、技术和产品等维度，构建严密高效的专利保护网，最终形成对企业有利格局的专利组合。❷

---

❶ 改编自：贺化. 评议护航：经济科技活动知识产权分析评议案例启示录 [M]. 北京：知识产权出版社，2014：66－67.

❷ 国家知识产权局办公室. 国家知识产权局办公室关于印发《知识产权基础数据利用指引》的通知 [EB/OL]. （2021－01－06）[2021－05－25]. https://www.cnipa.gov.cn/art/2021/1/6/art_75_156042.html.

专利布局是一个为达到某种战略目标而有意识、有目的的专利组合过程，在专利布局过程中，需要考虑产业、市场、技术、法律等诸多因素，结合技术领域、专利申请地域、申请时间、申请类型和申请数量等诸多手段展开数据的分析利用，最终进行策略性专利申请。❶

在专利布局过程中，根据布局目的，需选择合适的要素进行专利布局分析，综合考虑产业、市场、技术、法律等要素，与技术领域、专利申请地域、申请时间、申请类型和申请数量等手段综合分析，并充分考虑时间、地域、权利人、技术、产品、专利价值和权利类型等要素，最终形成符合需求的专利布局。

其中，从时间要素来看，专利布局需考虑专利申请时间和专利公开时间。鉴于全球主要国家和地区在专利权利审查、确权等方面都遵照先申请原则，专利申请时间早晚需要权利人根据技术的实际情况选择。同时，鉴于专利申请存在提前公开机制，权利人需根据产品/技术申请专利的实际需求，决定是否选择提前公开专利，如图 14 - 18 所示。

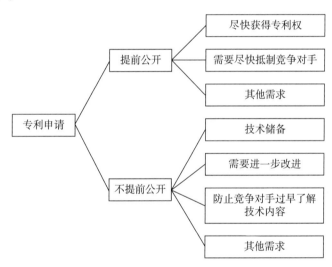

图 14 - 18　是否选择提前公开专利申请

从地域要素来看，专利布局需充分考虑技术发展、市场前景、技术竞争优势等方面因素，合理考虑地域要素，最终使得专利能够与产品和技术相匹配，起到限制或对抗竞争对手等作用。此外，专利布局还需要考虑到各国的专利法律制度。

从权利人要素来看，收集竞争对手的全部权利人主体，并对技术领域、发明人、专利布局的地域、申请数量、专利法律状态等进行信息分析，是权利人要素分析的重点。

从技术要素来看，技术本身的发展现状、专利申请人、申请地域、申请的方向和数量、技术发展趋势、产业链布局、原料获取/预处理/加工、产品应用、衍生品、

---

❶ 马天旗. 专利布局［M］. 北京：知识产权出版社，2016：2.

邻近领域技术、配套领域技术、制备方法等均是专利布局技术要素分析的重点。通过技术要素分析，可以对发明主体在技术方面给予指引，抢占技术研发的先机，或者对竞争对手的技术进行规避性设计。

从产品要素来看，需要对产品所在领域以及可能拓展的领域充分调研和论证，对产品的上中下游拓展，让发明创造权利人的权益尽可能地获得保证，同时对产品尽可能全面保护。

从专利价值要素来看，专利权人在专利布局的初始便需要考虑到价值的因素，根据专利价值来进行专利数量、专利分布等布局。

从权利类型要素来看，出于技术的重要程度、技术需要保护的类型、各国专利制度的限制、申请和维护成本等方面考虑，需合理选择专利的保护类型、保护期限。

二、数据利用流程

专利布局分析的通用流程如图 14 – 19 所示，包含了分析准备、确定分析的技术领域或分析主体、制定检索策略、数据收集、数据处理、统计分析、技术分析以及分析结论和建议等方面。

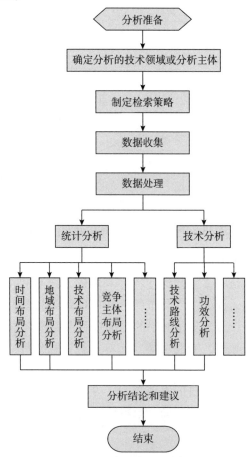

图 14 – 19　专利布局流程

（一）分析准备

专利分析的准备工作，包括根据分析的内容调配人员、数据库和分析软件的准备工作等。对企业而言，由于涉及的人员和部门相对较多，且需要进行大量的调研工作，需要明确专利布局分析工作的工作计划、时间节点等。

（二）确定分析的技术领域或分析主体

根据已经选定的专利布局目标，明确专利分析的技术主题、技术方向、信息收集方向；同时，界定专利分析的技术范围、竞争对手信息收集范围、主要目标国家信息收集范围等。

（三）制定检索策略

针对拟分析的分析对象、技术领域、技术点等，进行技术分解，形成专利检索要素，同时根据专利检索的需求，构建专利检索要素表（如表 14 - 19 所示）；通过布尔运算符组配检索要素，构建专利检索式。

表 14 - 19　专利检索要素

技术主题名称			
检索要素	检索要素 1	检索要素 2	检索要素 3	……
主题词				
IPC				
CPC				
申请人				
……				

（四）数据收集

通过制定的检索策略在专利数据库中采集数据，形成专利分析的数据基础。

同时根据专利布局项目的需求，收集商业数据，如收集竞争对手信息、产业链态势、产品及技术发展态势等信息，形成专利布局分析商业信息数据库。

（五）数据处理

将收集的专利数据使用分析软件初步处理，包括根据特定筛选规则去除数据杂质，根据项目需要进行数据去重、同族合并或申请人合并等工作；根据专利布局分析的目标进行专利数据的标引工作。

（六）统计分析

根据专利布局项目需求进行数据的统计分析。首先，需要确定分析指标，如趋势分析、技术分析、地域分析、权利人分析、法律状态分析、专利来源分析（自申请、转让或者许可等）等；其次，根据商业信息，对统计分析的指标进一步调整、修正；最后，将分析后的结果通过适当的图表展现，并通过文字解读图表信息，挖掘数据的潜在信息。

（七）技术分析

技术分析用于评价特定技术领域或特定主体的专利布局强度，通常包括技术点分析、技术路线分析、技术创新性分析、技术先进性分析等，也可将定性的分析指标转化为定量化的值，用于评价专利强度。

（八）分析结论和建议

通过统计分析、技术分析等分析手段，了解拟定目标的专利布局现状，获悉专利布局态势，制定专利布局策略；同时根据专利布局分析的成果，形成专利布局分析报告。

三、要点

（一）目标性

在专利布局的过程中，最重要的是专利布局目标的确认，无论是企业、高校还是服务机构的工作人员，均需要确认专利布局的目标，否则在专利布局过程中，目标的偏差将会影响专利布局要素的选择，造成对专利布局成果的反复修改；严重时可能会影响专利布局的时间及成果的实施。

（二）适度拓展性

在编制专利检索要素表时须充分考虑需要检索的技术/产品内容，关注相关产品是否存在近似词、近义词、同义词等在专利文件中的检索，是否需要拓展到相关领域。拓展程度对专利数据的查全和查准率影响较大，且专利检索的结果将影响后续工作的总量。

商业信息的搜索也一样，如果一味地扩大信息量，收集大量无用信息，最终的信息处理量将巨大，且非常有可能错过关键性的内容。

因此在专利检索和商业信息搜索中，对搜索信息适度拓展，对于信息的准确性、工作量的控制都非常有好处。

（三）时效性

专利布局的专利检索、商业信息收集都具有时效性，在文件编制过程中，需要明确记录检索时间、检索数据库等详细信息，并根据项目特点、技术领域，选择合适的时间阶段定期更新数据；尤其在前瞻性技术/产品的专利布局项目中，及时地发现竞争对手研发动态，调整专利的公开或布局地域对于技术/产品充分、及时、必要的保护非常重要。

四、案例

1. 分析需求

2011 年 Z 公司依据公司的发展战略，拟立项开发碳纤维产品，并形成碳纤维产品的完善专利布局。在开发之前，Z 公司需要了解全球碳纤维行业的专利技术分布情况以及重点企业专利技术分布情况，判断技术分布态势及现有专利布局情况，最终确定自身碳纤维开发项目的技术开发方向及专利布局方向。

2. 分析步骤

（1）组建分析团队，制定项目计划，确定团队分工，展开碳纤维产品技术调研及商业调研，确定本次分析的目标，拟分析数据国别范围，拟定分析提纲，制定分析指标，形成碳纤维的技术分解表。

（2）确定检索数据库，选定拟分析国别，制定碳纤维技术领域的专利检索策略，查找碳纤维领域相关关键词、分类号，制作检索要素表，确定检索式，检索碳纤维领域的专利。

（3）根据检索策略下载数据，下载后处理数据，包括去重、同族合并、申请人合并等，并根据技术分解表对碳纤维领域的专利数据做技术标引。

（4）根据上述数据处理结果，从宏观和微观两个层面展开分析。宏观层面按照分析提纲和拟定的分析指标统计分析。

（5）通过对碳纤维领域专利布局情况的分析，了解专利布局的整体态势、主要竞争对手及技术热点情况。通过分析可以了解到，碳纤维的商业化生产始于20世纪70年代的日本，由日本几家公司发起。这些公司目前仍跻身于世界上最大的碳纤维生产商行列。

如图14-20所示，碳纤维全球专利申请经历了四个发展阶段，目前仍处于快速发展阶段。

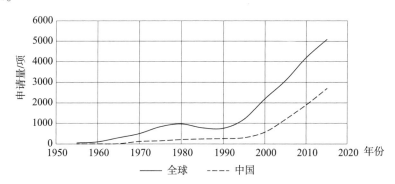

图14-20　碳纤维全球申请量及分布情况

第一个阶段是1970年以前，全球年申请量未超过500项。

第二个阶段是1970—1980年，全球年申请量增加到了1000项。

第三个阶段是1980—1990年，全球年申请量有短暂的回落。

第四个阶段是1990年至今，全球年申请量处于稳步增长阶段，到2015年申请量更是突破了5000项。

中国在碳纤维领域的专利申请，在1995年以前申请量较少，但在1995年以后开始稳步增长，至2015年，年申请量增加至接近3000项。

如图14-21所示，碳纤维全球申请主要在日本，但中国近年来专利申请量在逐年上升。

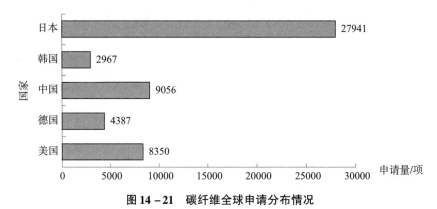

图 14 - 21   碳纤维全球申请分布情况

如图 14 - 22 所示，碳纤维专利申请技术主要集中于应用领域，其次为生产工艺，原料领域的专利申请量最低。

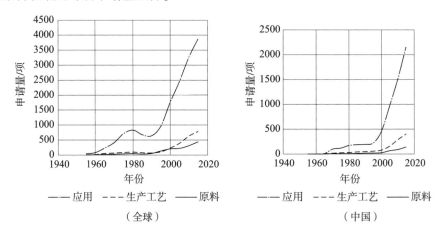

图 14 - 22   碳纤维全球/中国专利申请技术分布趋势

3. 分析结论及建议

通过上述分析发现，日本仍然是碳纤维领域主要的专利持有国。基于此，制定 Z 公司技术开发和专利布局策略如下：

（1）在碳纤维领域中，应用、生产工艺和原料较易取得技术突破，Z 公司可结合自身已有科研和技术基础，在较为核心生产工艺领域进行改进和优化，并在改进和优化的同时完善自身在该领域的专利布局；在应用领域中，Z 公司可进行碳纤维复合材料的开发，在开发过程中可选择复合材料领域研发优势较强的高校进行技术合作，在技术开发的同时，也可考虑展开与该高校相关人员的人才引进，同时需完善专利布局。

（2）在进行专利布局过程中，由于日本是碳纤维领域生产和技术研发的大国，其专利布局具有本土优势，Z 公司进行专利布局及市场开拓时，可将中国、美国、加拿大和澳大利亚作为第一级别市场、将日本作为第二级别市场考虑。

4. 效果

（1）Z公司未开拓日本市场，其主要市场和专利布局区域集中在美国、澳大利亚，在美国取得了较好的市场收益，并在澳大利亚本土企业进行了专利技术的许可，在当地开拓了国外生产基地。

（2）Z公司在生产工艺方面的技术创新，使得公司在美国市场取得了重大突破，在美国的某公司技术入股，与美国公司合作采用新工艺生产碳纤维，相对于原工艺，生产效率、产品质量都得到较大提高，每年能够获取的收益大幅提高。

（3）Z公司做了专利布局的国家，每年为公司提供的收益占公司收益总额的95%以上。

第四节　专利预警

一、概念

专利预警是以专利信息分析为基础，系统地对重要的专利指标所蕴含的信息进行评价，从而判断出市场主体或创新主体可能或者将要面临的侵权风险，针对性地作出实时监控和预测报警。❶

世界上大多数对专利制度运用充分的国家和地区已经建立了较为完备的专利预警机制，形成了由政府部门、公益社会团体和市场营利机构组成的完整的、多层级的专利预警体系。

从狭义来看，专利预警即指在产品研发立项和研发阶段通过专利侵权分析提前警示是否存在侵权的可能性，识别风险。

从广义来看，专利预警指在技术创新发展过程中，针对技术创新主体的竞争对手同期开展的更大范围的专利创造、专利布局，通过专利分析在技术创新、产业发展过程中预测专利风险，评估风险，并提出风险应对的策略，使专利风险处于可控状态。

二、数据利用流程

专利预警的数据利用流程具体如图 14-23 所示，包括八个步骤。

第一步，分析准备。目的是做好所有的分析前准备工作，包括组建团队、准备分析工具、展开技术调研等。

第二步，需求分析。即通过和需求方充分沟通，了解需求方进行专利预警分析的目的，进而制定分析大纲，确定分析的指标。

第三步，确定技术范围。明确此次分析中，所涉及技术领域的技术范围，确定

---

❶ 张勇. 专利预警：从管控风险到决胜创新［M］. 北京：知识产权出版社，2015：26.

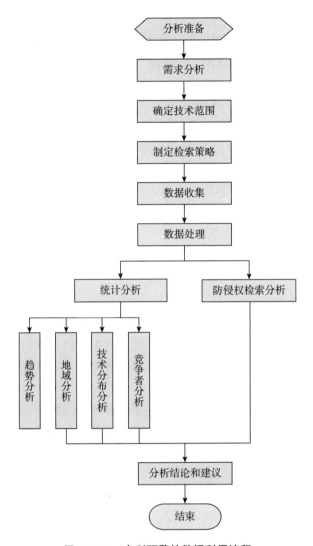

图 14 - 23　专利预警的数据利用流程

用于分析的内容是产品本身，还是涉及其工艺、检测方法、设备、材料、应用等领域。

第四步，制定检索策略。专利检索是预警分析的基础，通过专利检索收集用于分析的数据，具体检索流程见专利检索章节。

预警分析的检索类型包括专利技术信息检索、专利防侵权检索、专利被控侵权检索等。

第五步，数据收集。通过专利检索策略在检索平台采集用于分析的数据，并下载。

第六步，数据处理。将收集的专利数据导入分析软件，或者利用表格办公工具处理数据，包括数据去杂、去重、技术标引、同族合并、申请人合并等，并根据技术分解表，进行数据技术标引。

第七步，数据分析。专利预警的数据分析包括统计分析和微观分析两个部分，统计分析的目的是从整体了解拟分析领域的专利壁垒情况，同时，根据不同层级的预警分析，分析指标选择有所不同。

例如，企业专利预警分析需调查国内外技术发展趋势、国内外技术分布情况、竞争对手技术分布情况等，分析指标可选择趋势分析、地域分析、申请人分析、技术统计分析等，将分析后的统计数据通过适当的图表展现，并通过文字解读的方式揭示数据的潜在信息。

微观分析则是针对具体的技术领域通过防侵权分析判断其侵权的风险，具体分析方法见专利检索章节。

第八步，分析结论和建议。通过统计分析和防侵权检索分析，得以了解技术的全球分布和技术壁垒，针对分析需求，提出可能面临的风险以及应对措施。

三、要点

进行预警分析时，需要明确预警分析的类型。国家专利预警分析通常针对和国家科技安全相关的科技研发项目、和国家经济密切相关的重要产业、和国家贸易相关的重要产品、重大国家投资项目等。

区域预警，通常针对省（市、自治区）、地（市）、县等行政区域进行，其目的是保证区域科技和产业安全。

行业预警，则是针对特定行业的预警，通常需求方为行业协会、政府的行业主管部门、企业联盟等，行业预警的目的在于通过预警了解行业现行或拟采用的技术标准的专利壁垒和风险情况。

企业预警，则是针对企业自身产品的研发、生产、销售过程的知识产权风险展开的预警分析工作。

这几类预警，由于分析目标的不同，分析指标的选择也各有不同。

四、案例

1. 分析需求

我国某复合木地板制造企业 A 成功研发地板免胶扣合技术，为避免上市后的侵权风险，企业 A 在产品上市前进行风险预警分析。

2. 分析步骤

（1）组建分析团队，制定项目计划，确定团队分工，展开复合木地板产品、技术调研，确定本次分析的目标，拟分析数据国别范围，拟定分析提纲，制定分析指标，形成复合木地板扣合技术的技术分解表。

（2）确定检索数据库，选定拟分析国别，制定复合木地板扣合技术领域的专利检索策略，查找复合木地板扣合技术相关关键词、分类号，制作检索要素表，确定检索式，检索复合木地板扣合技术的专利。

（3）根据检索策略下载数据，下载后处理数据，包括去重、申请人合并，并根据技术分解表对复合木地板扣合技术领域的专利数据进行技术标引,根据其法律状态(有效、在审、失效)进行数据分类。

(4)根据上述数据处理结果,从宏观和微观两个层面展开分析。宏观层面按照分析提纲和拟定的分析指标统计分析。

通过对复合木地板扣合技术专利布局情况的分析,了解专利布局的整体态势、主要竞争对手及技术热点情况。通过分析可以了解到,B 公司是这项技术最主要的专利布局企业。深入分析发现,B 公司在地板领域布局专利超过 1000 件,区域分布如图 14 – 24 所示。

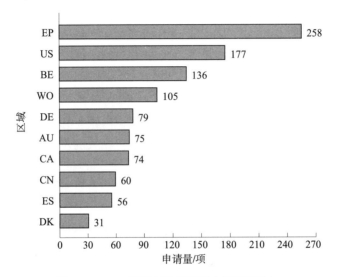

图 14 – 24 B 公司在地板领域专利区域分布

该公司主要专利布局在欧洲、美国和比利时,但其在中国也具有 60 件专利。A 公司地板扣合相关产品如在中国上市,需要对 B 公司的专利重点关注。

从微观层面,专利预警分析首先针对地板扣合技术领域相关中国专利去除失效专利,进一步筛选目前有效及在审专利,选择和 A 公司复合木地板扣合技术相似度较高的专利,比对技术特征,如表 14 – 20 所示。

表 14 – 20 技术特征比对

权利要求项	B 公司疑似侵权专利	A 公司技术方案	比对结果
权利要求 1	一种地板块	一种锁扣地板	相同
	所述地板块为层状地板块	为较小的条形地板块	相同
	所述地板块包括中心部分,其中,在所述中心部分的上部边上设置有一层或多层材料,而在所述地板块的底边上设有作为配重平衡元件的底层	地板块包括:上表面;与地面的接触面	相同

续表

权利要求项	B公司疑似侵权专利	A公司技术方案	比对结果
权利要求1	所述地板块至少在两个相对的边缘上设有连接部分，所述连接部分为舌状物和槽的形式，所述槽由上部凸出部分和下部凸出部分界定，从而这些连接部分使两个这样的地板块能够彼此连接	地板具有带有凹部的侧表面（"凹部端面"），该侧表面包括靠近上表面的上唇、下唇及包括较高的凹部第一接触面、较低的凹部第二接触面和凹部导引面的凹部	不同
	其特征在于，所述连接部分设有结合式机械锁定装置，防止两个连接的地板块沿垂直于所述相对的边且平行于所述连接的地板块的底边的方向上移动分离	当把一块地板的凸部放在另一块相同地板的凹部上，并且向其施加与上表面基本正交方向的压力时，该压力使凸部导引面与凹部导引面相接触，并将凸部导入凹部。当一块地板的凸部端面与另一块完全相同地板的凹部端面连接后，较高的凸部第一接触面和较高的凹部第一接触面相接合，从而可以避免地板块在正交于上表面的方向松脱较低的凸部第二接触面与较低的凹部第二接触面相接合，从而可以避免地板块在正交于凸部端面方向松脱	不同
	所述锁定装置包括位于所述下部凸出部分上的锁定元件；所述底层沿所述下部凸出部分的底边延伸；所述下部凸出部分短于或等于所述上部凸出部分、或者延伸超出所述上部凸出部分	地板具有带凸部的侧表面（"凸部端面"），该侧表面上的凸部包括了较高的凸部第一接触面、较低的凸部第二接触面、凸部导引面	不同
	所述下部凸出部分延伸超出所述上部凸出部分的长度（E）小于所述地板块的厚度的一倍，所述地板块厚度为0.5厘米至1.5厘米，所述连接部分和所述锁定装置使两个这样的地板块以不能活动的方式相连接	当一块地板的凸部端面与另一块完全相同地板的凹部端面相连接时，在凸部和凹部下唇之间可以形成一个空腔。较低的凸部第二接触面与较低的凹部第二接触面可以与上表面之间形成90度的夹角；地板块的上表面20和地面接触面之间的厚度T1为5.0毫米到15.0毫米之间	不同
侵权风险判断	低风险		

通过上述分析，发现 A 公司技术方案并未侵权。

3. 分析结论

通过分析，发现有一件可能带来侵权风险的有效专利。通过技术特征比对分析，根据我国关于侵权判定的有关法律规则，初步判定对 A 公司技术方案未构成侵权。

第五节　失效专利利用

一、概念

失效专利是指申请专利最终未获得批准或已获得授权但又被宣告无效，或因法律规定的各种原因而失去专利权的专利，该项专利不受法律保护，所对应的技术方案已成为现有技术。具体包括以下几种情况：

（一）专利保护期届满

我国《专利法》第四十二条规定，发明专利权的期限为二十年，实用新型专利权的期限为十年，外观设计专利权的期限为十五年，均自申请日起计算。超过法律保护年限的专利便成为失效专利，这种专利保护到期的技术通常被称为失效专利技术。

（二）专利申请未授权

专利申请文件不符合初审要求驳回、申请人在专利授权前主动撤回、发明专利申请视为撤回及视为驳回等情形，专利申请即形成失效专利。

（三）专利权人自动放弃专利权

专利技术随着保护国科技发展过时失去使用价值，专利权人为减少专利维持费支出，停止缴纳专利年费，主动放弃专利权，将使得专利成为失效专利。

（四）专利权被宣告无效

根据《专利法》第四十五条，自国务院专利行政部门公告授予专利权之日起，任何单位或者个人认为该专利权的授予不符合本法有关规定的，可以请求国务院专利行政部门宣告该专利权无效。当专利权被宣告无效，该项专利权视为自始至终不存在，但由于该项专利曾公开，其技术内容仍存在，该项专利可视为失效专利，社会公众可以利用已经宣告专利权无效的技术方案。

综合来看，失效只是指专利所保护的技术方案不受法律保护，但其本身包含的其他信息没有发生根本改变，失效并不是技术方案无效，其技术价值和市场价值并未失效；失效专利是一种极其重要的信息资源。

任何单位或个人可以无偿地使用失效专利，并由此获得经济效益。同时，任何单位或个人可以无偿地对失效专利进行改进，并进行实施。

二、数据利用流程

失效专利的数据利用流程包括如下步骤：

第一步，项目准备。做好所有的分析前准备工作，包括组建团队、准备分析工具、展开技术调研等。

第二步，需求分析。即通过和需求方充分沟通，了解需求方利用失效专利的目的，明确是利用失效专利的技术价值、市场价值还是情报价值，同时需要确定需要检索的失效专利数据范围，包括时间范围和地域范围。

第三步，制定检索策略。实施检索并筛选出失效专利。根据需求选择数据库，实施专利检索，筛选出失效专利。

第四步，风险评估。根据失效专利利用价值的不同，对失效专利进行技术风险和法律风险评估。

（1）法律风险评估。法律风险是指利用失效专利时，可能会与其他有效专利发生冲突而导致的侵权风险。例如，失效专利的失效原因是否是由于"避免重复授权放弃专利权"。

（2）技术风险评估。失效专利利用的技术风险需要借助技术人员的专业知识来评估。须判断技术是否可行，在技术可行的前提下，再根据技术方案的完整性进一步评估。

第五步，确定目标失效专利。从通过风险评估环节的失效专利中选择最具技术价值和市场价值的失效专利进行技术借鉴或者直接用于产业化。

三、要点

专利失效后，对其所涉及技术研究利用，可充分发挥专利技术的价值。但须注意的是，核心专利到期，并不意味着与核心专利涉及技术有关的所有专利都到期，失效专利技术的直接利用仍然可能存在侵犯某些还未失效的专利的风险。因此，在利用失效专利技术前，须预先通过检索分析了解失效专利技术相关的专利组合，避免风险。

第十五章　商标数据利用方式

在商标数据开放力度不断增大、商标信息传播手段不断优化的背景下，为使社会公众更好地利用商标数据，本章将从商标检索、商标分析、商标品牌监测以及商标培育和布局这四个方面，解读商标数据的利用方式，旨在详细阐述商标数据利用的流程、要点、典型案例，推广商标数据的合理利用，促进我国品牌高质量发展。

第一节　商标检索

一、概念

商标检索，是以注册商标或者预申请的商标为对象，检索各种相关信息，从而获得所需的商标信息。

显著性和不易混淆是商标能够注册成功的重要判断依据。正因如此，商标在申请注册之前的检索就显得越发重要。显著性最重要的是体现区别，为了将自己与其他商品区分开，在商标检索过程中，需要将注意力更多集中在两个或多个商标之间的区别点之上，判断这些区别是否足以将不同的商品区分开来，且不易造成混淆。

二、数据利用流程

和专利数据检索一样，在商标检索开始之前，也需要做好检索准备工作，首先明确检索目的，即检索需要达到的效果，还需预先设定好检索终止条件。

例如，某企业从事食品饮料类的生产，计划引进新的生产线，开发以茶为主要原料的新产品，在产品正式上市之前着手进行商标注册工作。前期拟定的商标名称为"茶阅"，此时可以在中国商标网初步检索，在饮料相关分类（国际分类号 32）中，同时检索商标名称中带有"茶阅"的商标（见图 15 - 1），点击"查询"后得到 1 条结果，显示其已经在 2018 年 12 月 28 日注册公告，那么这个商标名称不能使用。接下来在初步检索基础上，将名称修改为"茶心阅"或者"茶心乐"，发现在全部分类中都没有重名，因此这两个商标名称可作备选。还可以构建更多的方案，将检索后没有被注册的名称形成汇总性的文件，形成检索成果，供决策者使用。

图 15 - 1　商标检索示例

如图 15 - 2 所示，商标检索流程通常包括六个步骤：

第一步，检索准备。也就是为接下来的检索，做好保障工作。

第二步，商标信息获取。商标可供检索的信息不仅是商标分类号、商标名称，其他通过检索平台能够检索到的信息（一般包括有日期类信息、相关人信息、号码信息、分类信息、图形信息等），都可以用作商标检索字段，数据利用者可按照不同目的提取对应的检索信息，这些信息的获取途径可参照第三章相关内容。

第三步，检索。确定需要检索的商标信息后，就可以开始检索了，在中国商标网的检索界面输入相关信息，点击"查询"后在检索结果中筛选目标商标信息。

第四步，检索结果筛选分析。筛选检索结果，分析获得近似商标、相同商标，或者得出没有近似/相同商标的结论。

第五步，判断结果是否满足了当前的检索需求。若满足则结束检索流程，继续后面的分析或者其他流程。若在对结果分析评估之后，发现并不能满足当下的需求，则需返回到检索开始处，更换其他检索要素，如商标名称、商标类别等，再重新评估检索结果，直到获得满意的检索结果为止。以上面的案例来看，当检索"茶阅"和"阅茶"后发现都存在已经注册的商标，再扩展名称为"茶心阅"之后发现商标未被注册，但该商标名称与"茶阅"比较类似。为了提供更多备选方案，继续检索后发现"茶心乐""茶新月""茶心悦"等名称都未被注册，将这些结果筛选总结，就可以提供给决策者使用。所以，商标检索的过程是不断扩展、修正和重复的过程。

第六步，检索结束。

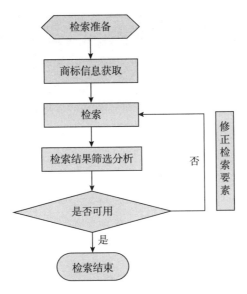

图 15 - 2　商标检索流程

商标检索一方面，是检索已注册的商标，可以获得与之相关的其他商标信息；另一方面，是为即将申请注册的商标寻找设计灵感、提供修订方案，以提高注册率。

三、要点

商标检索是较为常见、基础的商标数据利用方式之一，通过检索来获知商标的基本信息、获得商标设计的思路等，适用于较为基础的利用场景。商标检索也是其他商标数据利用方式的基础，始终贯穿于各类商标数据利用方式中。

四、案例

（一）案例1

1. 检索需求和案例背景

某玩具公司新开发出一套以猫为主题的毛绒玩具，为了更好地宣传和销售，欲为此系列申请商标，设计人员将商标构思（名称、设计图）提交至公司法务部。

2. 检索步骤

第一步，检索准备。法务部接到设计人员的检索需求之后，安排专人负责检索，并约定检索时限。

第二步，商标信息获取。提取该商标构思中的文字及图案信息。

第三步，通过检索平台检索（检索平台的地址及使用方法详见第二部分第三章的内容）。

第四步，对检索结果筛选分析。发现有其他玩具厂商已经注册了相似的商标，将检索结果反馈给设计人员，设计人员修改方案后再次检索。

第五步，判断结果是否满足了当前的检索需求。多次修改直至没有已经注册的相同/相似商标。

第六步，结束检索。根据该方案提出注册申请，并最终核准注册。

3. 案例总结

本案中，玩具公司的法务部门准确把握了检索时机，有力保证了公司新产品的上市和宣传。

（二）案例2

1. 分析需求和背景

某小型创业公司，创始人团队计划在产品的包装和推广中使用某大型动物的名称/形象创业。团队进行了市场用户调研，深入了解用户需求，融入高科技手段完善了产品性能，并寻找设计团队进行了包装设计，产品即将上市，此时发现还未注册商标。

2. 检索步骤

第一步，检索准备。该创业公司联系专业服务机构为其代理商标注册事务，并将自己的商标构思提交给该服务机构。

第二步，商标信息获取。服务机构提取了该商标构思中的文字（某大型动物名称）及图案信息（某大型动物的设计形象）。

第三步，通过专业检索平台检索（检索平台的地址及使用方法详见第二部分第三章的内容）。

第四步，对检索结果筛选分析后发现某大型动物的名称、形象早已被注册。

第五步，继续检索发现，与该大型动物名称类似的其他名称也已被注册。

第六步，各种符合该创业公司设计思路的方案经检索，均已被注册，此时结束检索。

3. 案例总结

本案中，因适合的商标均已经被注册，产品上市和宣传就此陷入僵局，由于产品本身的性能与该名称的形象密切相关，放弃这个名称会影响产品的推广和销售。

创业团队在创业初期只关心产品和用户本身，忽略了对商标的检索，没有提前做好预案，导致创业遭遇危机。因此，商品上市之前就应完成商标注册。另外，从本案角度来看，团队欲申请的商标与其所标示的商品或服务关联，或者与商品的某一属性或特点存在联系，这样的商标显著性较弱，所以被他人注册或者使用的可能性也会较高。但积极的一面是这种商标给消费者的暗示性更高，如果注册成功则更容易被消费者记忆，更有利于产品的推广。

（三）案例3

1. 分析需求和背景

某知名连锁酒店 A 持有第 43 类商标，该商标主要以两个英文字母经艺术加工之后的图形为其商标图案。近期发现消费者偶有将其与另一家知名连锁酒店 B 相混淆的情况。

2. 分析步骤

第一步，检索准备。该酒店将上述情况反馈至公司法务部，法务部迅速响应并成立项目组，安排专门的工作人员负责商标检索。

第二步，商标信息获取。工作人员提取该商标构思中的图案信息（两个英文字母经艺术加工之后的图形）以及文字信息（两个英文字母）。

第三步，通过专业检索平台检索。分别检索这两个字母的不同组合。

第四步，在检索结果中筛选出多件与酒店 A 的该商标较为类似的商标。

第五步，进一步比对后发现另一件知名连锁酒店 B 的某一商标图形中的字母形象与 A 的该商标图案极为类似，认为可能是造成消费者混淆的原因。

第六步，因检索到目标商标，此时结束检索，将检索结果提交公司法务部。据此结果法务部展开了进一步的维权。

酒店 A 以其持有的第 43 类商标对连锁酒店 B 的商标提起无效申请，主要理由是商标图形中的字母元素构成近似，容易使消费者混淆。商评委评审后认为字母图案的确构成近似，因此支持连锁酒店 A 的主张，宣告连锁酒店 B 的商标无效。后连锁酒店 B 提起诉讼，经一审及二审诉讼程序，认为连锁酒店 B 的商标中的图案还包括有汉字及英文字母元素，整体上与连锁酒店 A 的商标图形存在明显区别，即使用在相同或类似的服务上，也不易引起相关公众的混淆误认，所以一审、二审法院对商评委的错误裁定予以纠正，维持了连锁酒店 B 的商标的合法注册。

3. 案例总结

本案中，虽然连锁酒店 A 未能如愿无效其竞争对手的商标，但在实践中对计划注册商标或持有商标的主体具有指导意义。准备注册商标的主体，可提前通过检索获知是否存在侵犯他人商标权的可能，或已经持有商标的权利人，通过检索可及时发现侵犯其商标权的风险点，以便及时开展维权。

第二节　商标分析

一、商标分析概述

商标分析，是指从商标公报等文献中采集商标信息，通过科学的方法对商标信息加工、整理、组合和分析，进而利用统计学的方法将这些信息转化为具有总揽全局及预测作用的竞争情报，为企业的品牌规划、发展决策提供参考的活动的集合。

商标分析的实质是对商标信息的内容、数量以及数量的变化、不同范围内各种量的比值（百分比、增长率等）的研究，同时也可结合其他（如专利类、经济类）数据，获得更为全面、准确的分析结果，通过分析揭示市场经济相关规律。

商标数据包含着大量的信息，通过商标分析的数据利用方式可以挖掘出数据中蕴含的经济价值，具体如下。

（一）商标数据中有关交易金额的信息利用

在商标许可、转让、质押、证券化等市场化行为中，直接体现出的金额即是商标作为产品所获得的利益，也是最直接的经济价值体现方式。例如，某企业的拟注册商标被抢先注册，该企业为使产品顺利上市，和商标持有人谈判，最终该商标作价 300 万元，商标持有人以商标入股与该企业共同成立公司，此次市场行为中，商标价值 300 万元。商标的金额可以被认为是商标经济价值的体现之一。

（二）商标数据中涉及商标交易、诉讼次数的信息利用

商标交易次数体现了市场交易行为，可以反映出这些商标类别所对应的产业商品在市场中的活跃度，交易次数越多则市场表现越活跃，越能引起大众关注。同样，商标诉讼行为次数反映了对应产业在市场中的活跃程度及引起消费者关注的程度。

例如，经统计，过去三年间，涉及饮料的商标的交易次数明显高于同期其他食品类型，同时涉及饮料的商标诉讼案件数量也明显高于其他类别的食品商标；进一步观察发现，近三年间市场中各种饮料店铺增长迅速，同时饮料类商标的申请及注册量也在快速提升。

（三）商标数据中涉及申请量、注册量信息的利用

鉴于商标的经济属性及商品未动、商标先行的惯例，通过商标的申请和注册情况，可预估市场变化，如通过数据统计，分析各类别的商标申请、注册量的增长情况，及其和当年 GDP 对应情况，进一步建立特定的分析模型，可预判未来 GDP 数值。

此外，如将商标的申请、注册数据与对外贸易额相关联，建立分析模型，可为对外贸易额预估分析等提供商标分析的手段。

（四）商标数据中申请人数量的信息利用

商标申请人对应着市场主体（除去那些通过申请商标，构建商标超市，仅以营利为目的而没有经营实体的申请行为），通过对某时间段特定类别商标申请人数量统计分析，可体现出相应类别所对应的产业该时间段在市场中的活跃度；另外，如商标申请人增量低，甚至是负值，可反映出该时间段市场趋于饱和。例如，某小型创业公司拟以茶饮料为主要产品开展经营，为判断市场饱和度，开展商标分析，通过分析发现当地此类商标增长量明显小于全国，判断当地的茶饮料市场具有较大发展空间，符合入市时机。

（五）每万户市场主体商标持有量

通过分析每万户市场主体的商标持有量，可以获知不同类别、不同地区、不同体量等的市场主体商标持有量的比例情况，由此可以判断出响应的市场主体的品牌意识。持有量比例高即品牌意识高，相反则品牌意识低。

（六）商标数据中涉及商标类别的信息利用

通过对商标类别统计分析，可以获知该类别所对应的产业的发展情况，比如商

标申请量、注册量等的变化，商标的市场交易情况、诉讼情况等，均能够反映出具体产业的发展情况。

（七）商标数据中涉及商标数量、持有年限的信息利用

商标品牌价值的构成要素，集合了商标的显著性、产品质量、企业赋予商标的文化、企业自身信誉、营销宣传、品牌创新以及品牌国际化程度等。

企业对商标布局的重视程度，反映出企业对商标的重视程度，进而反映出企业产品的市场地位的重要程度。如企业对商标具有明确的规划，反映出其对品牌价值度提升的重视。

另外，商标的持有年限越长则代表其在市场的存活时间越长，商誉也会随着时间增长，商标品牌价值也随之提升。

（八）利用商标数据获得商标品牌价值度

品牌价值度是商标价值的重要体现，与研发投入存在正向相关关系，如表 15 - 1 所示，通过商标品牌价值度的分析给研发投入情况分析提供了新的角度。

表 15 - 1　商标与经济关联关系

商　标	经　济	相关强度
商标交易中涉及的金额（许可转让涉及的金额、质押金额、证券化中体现的资本价值）	体现商标的经济价值	直接相关
商标交易的次数（许可转让的次数、质押次数和金额、证券化情况）；商标诉讼的次数	对应产业在市场中的活跃程度、消费者对品牌的关注程度	直接相关
商标申请量、注册量	与 GDP 数据相结合，体现商标申请注册与 GDP 的正相关性，如通过商标申请注册情况，预估 GDP 的变化；与对外贸易额相关联，体现中国市场主体申请注册国际商标的情况与我国对外贸易额间的相关性	间接相关
商标申请人数量	对应市场主体数量，通过市场主体的数量变化，感知市场活跃度及饱和度	直接相关
每万户市场主体商标持有量	反映市场主体的品牌意识	直接相关
商标类别	对应产业领域，可用来分析产业发展情况（该产业市场饱和度、活跃度等）	直接相关
商标数量、持有年限	品牌价值度	直接相关
品牌价值度	研发投入力度	间接相关

按照商标分析的目的，商标分析可分为"商标布局分析"和"市场分析"这两种类型。商标布局分析主要是从企业商标保护角度出发，为企业商标布局提供策略和支撑。市场分析，则主要从商标角度出发，为企业经营活动提供市场预判。

如图 15 – 3 所示，商标分析流程通常包括七个步骤：

第一步，分析准备。也就是为接下来的分析，做好保障工作，包括人员保障、经费保障、管理保障等。

第二步，确定分析目标。即立项后，为确保项目的顺利进行，需要成立工作组来对分析工作统筹管理、开展背景调查，明确分析目标，即明确属于哪种类型的商标分析（具体参见下文有关"商标布局分析""市场分析"的内容）并进行项目分解、梳理所需获取的技术信息。

第三步，检索数据。在检索阶段，首先通过检索将数据采集、整理为规范的格式。

第四步，检索结果筛选分析。对检索结果筛选和分析，这个阶段可以参考专利文献的检索。

第五步，判断检索结果是否满足分析需求。若不满足，还需返回第三步的检索步骤，调整检索思路和检索要素，重新检索分析，直到结果可以满足分析需求为止。

第六步，报告撰写。在此阶段，必须要紧扣分析目标，以拟解决的技术问题出发，从数据分析中获取所需技术信息及关联关系，分析总结并得出结论。在此基础上撰写报告，最后给出具有参考价值并且易于实施的意见和建议。

第七步，分析结束。

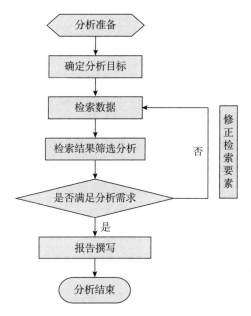

图 15 – 3　商标分析流程

二、商标布局分析

商标布局分析是为了满足商标品牌战略、营销策略和法律保护三方面的需求，实现品牌识别、品牌传播和信息表达的目的，以商标数据分析为手段，获得科学、客观的分析结果，为企业的商标保护布局提供指导。

（一）概念

商标布局分析的主要目的是为商标保护布局提供指导。该保护布局是围绕商标品牌战略、营销策略及法律保护三个方面展开的。首先，品牌战略往往指的是公司将品牌作为核心竞争力，以获取差别利润与价值的企业经营战略，是企业实现快速发展的必要条件。具备代表性的品牌战略，主要包括单一品牌战略和多品牌战略，针对不同类型的品牌战略，需实施不同的商标规划布局。

其次，营销策略是企业以顾客需要为出发点，根据经验获得顾客需求量以及购买力的信息、商业界的期望值，有计划地组织各项经营活动。通过商标布局分析，可获知目标市场是否进行了恰当的商标布局，从而指导营销策略。

最后，在法律保护方面，商标布局分析显得更为重要，商标的保护具有地域性，需在商品上市之前布局。通过合理的布局分析，为企业降低风险，减少不必要的损失。

下面将结合商标布局分析流程的解读，进一步做详细的分析。

（二）数据利用流程

如图 15-4 所示，商标布局分析通常包括九个步骤：

第一步，布局准备。也就是为接下来的布局分析工作，做好分析保障工作，包括人员保障、经费保障、管理保障等。

第二步，制定商标规划。这里的规划，除了包括短期核心商标的布局，还包括长期商标体系的构建。商标体系必须与企业战略及发展目标等相契合，才能在商标知名度不断提升的同时为企业带来更多持续的经济利益，也就是将商标的价值最大化。商标体系能为企业品牌在市场上保持竞争力提供法律支持，为企业参与市场的自由竞争保驾护航，当遭遇商标被恶意抢注或对手的不正当竞争时，能寻求《商标法》等的有效法律保护。制定好商标规划目标之后进行商标的设计工作。

第三步，初步设计商标。设计商标构成元素，即主商标（核心商标）包括的文字、图形、字母等；还可按照企业发展规划，设计副商标的元素。以上形成初步设计的商标元素。在设计时需要充分考虑目标市场的文化特点，还需要结合不同的商标战略去选择适合的商标类型。

第四步、第五步及第六步，检索和修改完善，并判断是否能够满足商标申请要求。参照本章第一节对商标检索内容的解读，在完成第三步商标设计之后，有了初步设计的商标元素，接着应进行检索步骤。对设计思路和设计方案进行检索，依据检索结果开展可行性分析，判断是否已经有了类似商标，若有需如何修改，再依据分析结果进一步完善、修改设计元素，再次检索和分析，直至最终形成能够申请的商标设计终稿，还应设计出备选方案以提高注册成功率。

第七步，申请商标。该步骤应重点关注商标注册类别，尽量覆盖需要布局的多个分类。若采用单一品牌战略，则更需要结合企业未来发展及定位，尽可能全面地覆盖未来可能涉足的其他领域。若采取包括副品牌、背书品牌等多品牌战略，可以把重点放在该品牌本身所对应的产品类别。

第八步，防御性布局。这个步骤从名称上已经体现出布局的目的，就是保护未来市场发展，提前做好商标防御。这是对自身商标拓展布局，如梳理出可能对主副商标造成混淆的商标，以及梳理出企业未来发展路径中可能涉及的产品和服务，针对这些产品和服务提前做好商标预案，及时申请、做好商标储备，掌握主动权。

第九步，动态管理。是对自有品牌以及其他可能对自身产生威胁的其他商标，持续进行品牌监测（详见本章第三节）。

第十步，分析结束。

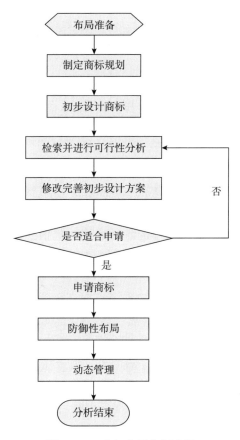

图 15-4　商标布局分析流程

（三）要点

在商标布局分析中，重点在于第二步"制定商标规划"，需要充分考虑商标主体的商标品牌战略、营销策略和法律保护三方面的需求，在此基础上有针对性地制定商标规划。

（四）案例

1. 分析需求和案例背景

A公司以生产食用酱料著称，建厂之初，并未对其品牌做统一规划，没有制定适合企业发展规划的品牌战略，多年来产品类型单一、商标单一，采取的是单一品牌战略。

长期以来，A公司的食用酱料产品靠着独特的口味、固定的原料产地及多年来稳定的品质，逐渐在市场上占据了有利地位。随着我国市场国际化程度的不断加深，A公司食用酱料产品从国内市场走向了国际市场，品牌价值不断提升。

此后其商标屡遭挑战，与许多公司存在过商标上的法律纷争，不少同样主要产品为食用酱料的公司，为了"蹭热度"而有意注册了与A公司类似的商标，从而误导消费者。A公司疲于维权，近年来为了做好自身防御，拟实施商标布局分析。

2. 分析步骤

第一步，布局准备。A公司成立了商标布局工作组，提供人员保障、经费保障、管理保障等。

第二步，制定商标规划。A公司首先针对企业遇到的商标危机分析了产生的原因，主要是"蹭热度"带来的商誉损失和商品混淆，经分析决定采取主动防御措施。

第三步，商标设计。A公司除了核心商标之外，积极挖掘与自身核心商标易产生混淆的其他类似商标，进行商标设计。

第四步和第五步，检索修改和完善。经检索筛选出符合要求的商标。

第六步，商标申请。将符合申请条件的商标提交申请。

第七步，防御性布局。经统计除去核心商标之外，注册了近200个其他类似商标，主要涉及可能对其商标造成混淆的各种名称，包括采用谐音字、近义词、形近字或将左右结构的汉字一分为二等方式（例如，将"好"拆分为"女"和"子"等）注册的商标。

第八步，动态管理。此后A公司建立了长期商标防御计划，动态管理商标，不断持续进行商标监测，及时注册。

3. 案例总结

A公司通过多年的经营获得了良好的商誉，但未重视商标的布局规划，导致后期发展中遭遇挑战，甚至影响到自身商誉。商标主体在成立之初就应制定商标布局规划，善加利用商标分析手段为自身发展保驾护航。

三、市场分析

市场分析是根据已获得的市场调查资料，运用统计原理，分析市场及其销售变化，是市场预测的前提和准备过程。根据市场分析的研究对象，市场分析的基本内容包括基础理论分析、市场微观分析、市场宏观分析、市场类型分析和金融市场分析。以上五部分内容中都可以用到商标数据。

（一）概念

市场分析是对市场供需变化的各种因素及其动态、趋势的分析。通过市场分析，可以更好地认识市场的商品供应和需求的比例关系，采取正确的经营战略，满足市场需要，提高企业经营活动的经济效益。通过科学的方法分析和研究市场，可以为企业的正确市场决策提供保障。

市场分析在企业经营决策中的重要作用主要体现在以下几个方面：帮助企业发现市场机会并为企业的发展创造条件，加强企业控制销售的手段，帮助企业发现经营中的问题并找出解决的办法，平衡企业与顾客的联系，为政府有关部门了解市场、对市场进行宏观调控提供服务。

商标由于其经济属性，其数量、类别占比、商标持有人情况等变化趋势均可为市场分析提供依据。

（二）数据利用流程

如图15-5所示，商标市场分析流程通常包括六个步骤：

第一步，准备工作。为即将开展的市场分析做好保障工作，包括人员保障、经费保障、管理保障等。

第二步，确定研究对象。研究对象一般为具体的某类产品、某产业等。

第三步，市场调查。在这个步骤中，分析者需要了解目标产业概况、搜集情报、整理分析数据，如对该产业商标数据检索统计。

第四步，具体市场分析。在这个步骤中，包括了技术市场分析、市场环境分析、市场类型分析、金融市场分析等，其他与商标相关性不大的内容不在此赘述。

（1）技术市场分析即市场微观分析。可以基于市场主体各类的商标申请和注册量的变化，结合消费数据，对目标市场进行产品分析及消费者购买行为分析。例如，某类商标申请量出现较明显涨幅，可能预示这类商品更受消费者青睐，再结合消费数据可细化受青睐产品的种类。

（2）市场环境分析也称作市场宏观分析。例如，从宏观角度，分析国内和国际市场环境。通过分析各类商标在国内市场以及国际市场的占比情况，反映出某类产品在目标市场所占的大致份额；通过分析中国申请人在全球商标申请和注册量、各类商标的统计情况，可反映我国对外贸易的情况，结合经济类的数据，获得更为准确和全面的分析结果。

（3）市场类型分析。主要包括消费品市场分析、生产资料市场分析、劳动力市场分析、技术市场分析、房地产市场分析、信息市场分析等。在分析过程中，可结合不同类型市场中的商标分析。

（4）金融市场分析。主要包括证券市场分析、期货市场分析和保险市场分析等，可结合商标的金融行为（转移转让、质押等）对金融市场辅助分析。

第五步，整理总结并得出结论。最终将分析结果整理和总结，获得准确客观的市场分析结果。

第六步，分析结束。

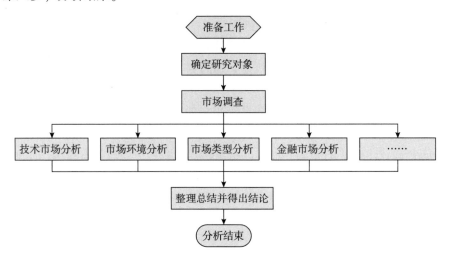

图 15 – 5　商标市场分析流程

（三）要点

在市场分析中，商标分析作为一种可靠分析手段，为市场分析提供依据，穿插于市场分析纷繁复杂的各个分析维度之中，但商标的分析结果作为市场分析的一部分，并不等同于市场分析。

（四）案例

1. 分析需求和案例背景

纺织企业 A 以生产棉纺织材料为主，因市场环境发生变化，加之经营理念落后濒临倒闭，急需转型升级。决策层经初步调研分析后，拟选定环保纺织材料生产作为转型升级目标，此次转型升级关系到企业生死存亡，因此对拟进入的新产品市场充分调研至关重要。该纺织企业经专业咨询后制定了完善的分析计划，其中就包括商标市场分析环节。

2. 分析步骤

第一步，准备工作。企业组织人员成立了商标市场分析项目组，制定了详细的分析计划和人员分工，提供人员保障、经费保障、管理保障等。

第二步，确定研究对象为环保纺织材料生产产业。对前期确定的拟转型升级的对象，环保纺织材料市场展开市场调研。

第三步，市场调查。如对该产业相关商标数据检索统计。

第四步，具体市场分析。首先，对环保纺织材料领域的商标申请和注册情况进行分析，分析结果显示：该地区现有环保纺织材料的品牌虽然较多，但还没有出现具有明显垄断地位的"巨头"。其次，通过该类别商标的占比分析，发现与其他传统纺织材料相比占比较低，加之国家政策的助推，合理推测该领域的商标注册量在未来会有大幅度增长。

第五步，整理总结并得出结论。以上结论均表明环保纺织领域的市场还未饱和，可以作为该纺织企业转型升级的目标。

3. 案例总结

本案中，纺织企业 A 没有盲目转型，而是采取了事前的市场分析，利用商标分析手段，结合其他分析环节的分析结果，最终该企业以环保纺织材料为目标转型升级成功。加之前期商标规划布局做得完善，商标设计成功，迅速占有了理想的市场份额。

第三节　商标品牌监测

商标品牌监测是指监测主体利用建立在数据模型基础上的科学分析系统，对商标品牌持续地监测和分析，是商标数据的利用方式之一。由于数据模型设计时须定义商标品牌所属行业特性，因此商标品牌监测也须按行业进行，不具备行业属性的综合性商标品牌应分离具体行业商标品牌，单独进行商标品牌监测。

商标品牌监测包括自身商标品牌布局监测、竞争商标品牌监测、产业环境监测三个方面的内容。

一、自身商标品牌布局监测

自身商标品牌布局监测，包括对自身商标品牌布局及消费者对商标品牌的感知的监测，包括自身商标品牌布局的数量、维持年限，以及消费者对于商标品牌的知名度、美誉度、满意度和商标品牌联想等方面，为商标品牌战略的决策者提供数据支撑，以维护和促进商标品牌的价值。

（一）概念

自身商标品牌监测对象是企业自身商标，商标布局的数量、布局类型、地域可以直观地体现企业对市场的态度，以及对未来市场的预期。商标的维持年限则反映出商标的重要程度，如核心商标需要长期持有，而与脱离市场的产品捆绑的商标，则可经过评估后决定是否放弃，对弃用的商标也可通过转让等方式将其转化为经济效益。

消费者对商标品牌的知名度、美誉度、满意度等须通过市场调查获得，若出现损害商誉的情况，须立即寻找原因，采取补救措施。商誉取决于消费者的心理状态，在商标的生命周期中，从商标注册时生成，有一个演变、衰老和死亡的动态变化过程。商标商誉的演进过程同样与消费者的认知心理密切相关，因此品牌的监测是对消费者心理变化的监测，也是对市场的监测。该监测存在正向激励，可促使企业将更多注意力集中在对市场的关注上，而非仅仅关注竞争对手本身。

（二）数据利用流程

如图 15 - 6 所示，自身商标品牌布局监测中的数据利用流程通常包括五个主要步骤：

第一步，监测准备。为即将开展的监测做好保障工作，包括人员保障、经费保障、管理保障等。

第二步，商标盘点。它是一种定期/临时对库存商品实际数量清查、清点的作业。将商标看作一种物品进行盘点，梳理目标市场主体商标持有情况，对注册商标、申请商标、拟申请商标分别盘点入库，统一管理。

第三步，制定布局规划。参考前文中"商标布局分析"的内容，在商标布局规划基础上，对现有商标制定监测计划。针对单一品牌战略，着重商标商誉、消费者满意度等直接市场反应进行监测，而针对多品牌战略，则需做好商标盘点，对核心商标及时缴费、对弃用商标及时转让获益或采取其他方式"变废为宝"。

第四步，持续监测。商标的监测是一个动态持续的过程，切忌一次性分析。在整个监测过程中，持续开展检索分析，关注是否出现近似商标品牌、易混淆商标品牌等；关注相关政策，如是否出现新的可以注册商标的元素，比如声音商标的实施注册、商标类别的变化、商标法律的修订，等等。定期出具监测报告，为企业决策提供支撑。

第五步，流程结束。

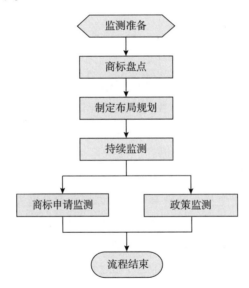

图 15 - 6　自身商标品牌布局监测流程

（三）要点

自身商标品牌布局监测的对象是自身商标，用以维护自身商誉和品牌价值。在该类型的品牌监测中，需要重点关注第二步"商标盘点"，厘清自身所持商标的情况、当前商标布局情况，为后续的监测做好准备。

（四）案例

1. 案例 1

（1）监测需求及案例背景

某制药有限公司持有驰名商标"＊＊"，并高度重视该商标的保护。

（2）监测步骤

第一步，监测准备。该制药厂成立有专门的商标监测工作组，负责商标监测工作。

第二步，商标盘点。工作组对本制药厂的全部商标进行了盘点和分类，采用专业商标管理工具对商标进行管理。

第三步，制定布局规划（本案中该制药公司采用单一品牌策略）。

第四步，持续监测。在监测过程中，发现某地申请人张某在商标局注册了"张氏＊＊"商标，商品类别为第 5 类人用药，该商标与驰名商标"＊＊"相似度较高，且易对消费者造成混淆，可能会影响自身商誉。

进一步检索后发现，张某还申请了大量类似"傍名牌"的商标。通过对上述"傍名牌"商标分析后发现，这类商标均与国内知名药企的企业字号商标高度近似。如将 HY 集团有限公司的名称拆分后，申请了"H 集"（申请号：13＊＊＊＊89）和"Y 团"（申请号 12＊＊＊＊49）等，该行为明显超出了正常的生产经营使用之需，违反了诚信原则。

该制药企业对张某商标提出无效宣告请求，最终张某的该商标被无效。

（3）案例总结

在该案中，企业通过品牌监测，及时发现了他人可能有损该企业声誉的行为，并采取了有效的应对措施。品牌监测可以提前防范危机，需要有预见性、持续地进行。

2. 案例 2

（1）监测需求及案例背景

某网红奶茶，起源于广东省江门一条名叫江边里的小巷，原名 A 茶，但由于对商标保护意识的缺乏，已经踏出品牌化和商业化第一步的 A 茶，并未提前进行"A茶"商标布局（A 茶早在 2005 年就已经被他人注册）。为了企业的发展，该奶茶创始人被迫通过 70 万高价购得现在使用的商标"B 茶"，将"B 茶"正式作为现用商标。有了名正言顺的商标，加之品质优秀且宣传得当，B 茶才有了现在的市场份额。

（2）案例总结

本案作为一个未实施商标监测的反例，为初创公司敲响了警钟。案中的 B 茶，在创立之初并未意识到商标的重要性，在已经获得了一定的市场认可度之后遭遇到商标的危机：原来使用的"A 茶"已属侵权，无法继续使用，而更换商标就意味着放弃原有的市场基础。该奶茶创始团队在反复权衡后，决定放手一搏购得了新的商标。他们是幸运的，购得"B 茶"之后，敏锐捕捉到我国市场网络推广的黄金期，并通过市场调研，瞄准都市白领消费群体，将自己准确定位为高端饮品，制定了品质加网红模式的市场推广模式，从而获得了成功。

二、竞争商标品牌监测

通过收集、分析与自身拟申请商标/已持有商标相同、相似、近似、相关、容易混淆等有可能影响企业生产经营或业务开展的商标信息，把可能发生商标纠纷的前兆及可能产生的危害、建议采取的对策措施及时告知相关主体。对竞争对手的情况摸底，获得主要竞争对手情况，并了解竞争对手的数量。

（一）概念

竞争商标品牌监测实为商标预警，通过品牌监测提前预判风险，制定应对预案。与所有风险一样，商标风险的产生、发展、积累乃至演变成为危机是一个客观变化的过程，有规律可循。因此，跟踪其过程，可将商标风险转化为一种可以预见的风险。商标监测是商标预警的重要手段和实现方法，通过监测锁定可疑风险点。采用品牌监测虽不能将所有危机绝对消除，但对于使用者而言，仍为一种有效的防控和应对风险手段。

（二）数据利用流程

如图 15-7 所示，竞争商标品牌监测中的数据利用流程通常包括七个主要的步骤：

第一步，监测准备。即为即将开展的监测做好保障工作，包括人员保障、经费保障、管理保障等。

第二步，市场调研。

第三步，商标检索。参考本章第一节的内容，以调研得到的目标品牌的商标持有情况、拟注册商标情况等要素为分析目标，进行数据采集、数据整理、数据分析、数据筛选。需要注意的是，除去市场调研得到的目标品牌之外，还需要在商标数据库中，按照商标检索的步骤，以寻找与自身品牌类似的其他品牌、同类产品中比较活跃的其他品牌为目标，进行挖掘检索。

第四步，筛选竞争对手。在市场调研和商标检索的基础上，将所得竞争对手进行分类分级，识别重点竞争对手、潜在竞争对手等。

第五步，分析是否适合申请。对选定的目标分析对象开展进一步的检索分析，目的为获知竞争品牌的商标数量、商标布局情况，以及未来发展规划等。对主要竞争对手及其他竞争对手开展深入分析调研，并判断是否满意分析要求，达到预期的分析目标：是则进入监测方案的制定阶段，否则针对缺失的内容重复进行第二步至第四步的步骤，直到能够满足分析需求为止。

第六步，制定监测方案并实施监测。对已知及潜在竞争对手制定长期监测方案，持续监测，并定期出具监测分析报告。为不同级别的竞争对手设置不同的监测级别。

第七步，监测结束。

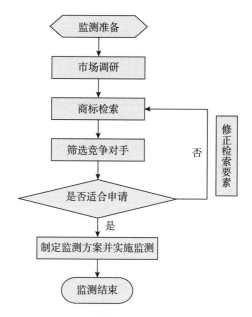

图 15-7　竞争商标品牌监测流程

（三）要点

本节着重对商标品牌监测的三种类型进行解读，竞争商标品牌监测的对象是竞争对手商标，多以防御为目的。在该类型的品牌监测中，第四步"筛选竞争对手"最为重要，在此之前需要做好市场调研和检索。

（四）案例

1. 监测需求及案例背景

某图形商标为异议人委托设计师独立创作并设计完成的图形。2015 年，异议人与设计师签订该图案标识的设计合同，并于同年收到完成稿。被异议人与异议人存在合作关系，在该图案标识定稿初期便得到设计稿，被异议人在异议人不知情的情况下抢先以该图案标识申请注册了商标，并于 2016 年初审公告。

2. 监测步骤

第一步，监测准备。异议人委托专人进行竞争品牌监测。

第二步，在市场调研中，除了竞争品牌外，还将合作伙伴列入监测对象。

第三步，商标检索后发现被异议人抢先注册的该商标公告。

第四步，经分析发现尚处于异议期内，于是决定提起异议。

由于异议人具有完整证据链可以证明异议人享有该图案标识的美术作品著作权，且被异议人与异议人存在合作关系，有接触该美术作品的可能性，由此，被异议商标侵犯了异议人在先著作权，违反了《商标法》第三十二条的规定，商标局于 2017 年作出了不予注册的决定。

3. 案例总结

本案属于典型的合作伙伴恶意抢注商标的情形，实践中，企业在经营中经常会遇到该情况。权利人在进行美术作品设计的时候，须保留设计过程中产生的过程文件，可在后期维权过程中作为重要的证据使用，在设计完成之后也须及时登记著作权，以官方的形式保存作品图样及完成时间。另外，权利人还须在此过程中，持续进行商标监测，一则是掌握类似商标的注册情况以便及时修改设计稿，二则是可及时发现本案中恶意抢注的行为并及时维权。本案最终以不予注册决定告终，给企业的商标设计和申请起到了很好的警示作用，也凸显出商标监测预警的重要性。

三、产业环境监测

利用商标数据分析手段，通过监测商标的申请和注册量的变化，分析目标市场的产业活跃度及市场饱和度，及时掌握变化，同时企业的商标品牌战略应随之作出适当的调整。

（一）概念

产业活跃度与市场饱和度都是产业环境监测中的重要参考指标。产业活跃度，可通过对商标申请和注册量的变化展开分析，若产业处于较为活跃的状态，将有较多企业进入并注册商标，商标申请量增长幅度明显。对于市场饱和度，通过对市场占有率以及相关商标品牌数量的调查分析，可以大体确定市场的饱和度。如图 15 – 8 所示，不同饱和度的市场，入市的成本和风险都不同。高饱和度的市场开发成本高，利润低；低饱和度的市场开发成本低，但顾客不稳定。

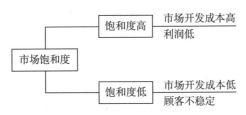

图 15 – 8　市场饱和度与市场开发成本关系

可通过商标分析将这种变化以一种更为直观、客观并且可量化的结论展示出来，用于市场监测。

（二）数据利用流程

商标具有前瞻性，产品未动商标先行，因此可通过某类商标的申请动向，获得相应产业的市场情况。

如图 15 – 9 所示，产业环境监测中的数据利用流程通常包括五个主要步骤：

第一步，监测准备。为即将开展的监测做好保障工作，包括人员保障、经费保障、管理保障等。

第二步，目标产业确定。产业环境的监测必须以具体的产业为分析基础，并获取商标分类表中对应的类别，尽量全面。

第三步，商标数据获取。基于上一步获得的商标分类，获取这些类别的商标数据。

第四步，分析统计。参照本章第一节内容，分析相关该类别商标的申请、核准数量，分析获得变化趋势，并由此得出该类别所对应产业的活跃度情况。例如，若申请量持续快速上升，代表在这段时间该产业市场活跃度高。通过分析该类别中商标持有人的情况，结合这些商标持有人的经济数据，综合判断该类别所属产业的市场饱和度情况。若尚未出现影响力大、技术和市场具有明显垄断地位的企业，则表明该市场并未饱和，可以尝试进入。

第五步，监测结束。

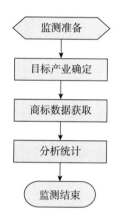

图15 - 9　产业环境监测流程

（三）要点

产业环境监测不同于以上两种品牌监测，指利用商标的经济属性，从宏观角度对市场环境进行监测。在该类型的品牌监测中，"分析统计"步骤最为重要，分析结果直接对应市场饱和度情况。通过产业环境的监测，可以洞察所属产业的变化情况，敏锐捕捉市场变化，有力指导企业适时开展市场战略的调整等，最终为企业和政府决策者提供支撑。

（四）案例

1. 监测需求及案例背景

某网络公司 X 由于近年来的市场红利，计划拓展公司产品种类和市场，为了解产业环境品牌情况，进行商标产业环境品牌监测分析。

2. 监测步骤

第一步，监测准备。X 公司成立监测工作组，提供人员保障、经费保障、管理保障等。

第二步，目标产业确定为计划拓展的产品相关产业，该公司针对拟拓展产品进行商标调研、检索和监测。

第三步，商标数据的获取。提取目标产业的商标数据（申请量、注册量、申请人的数量等）。

第四步，分析统计。从目前商标申请人及注册人的情况来看，备受女性青睐的饮品市场中缺乏具备广泛影响力和消费者认可度高度集中的企业。

依据分析结果，X公司制定了针对特定消费群体的，融合了网络元素及古典人文元素的品牌发展计划，设计布局了核心商标，结合市场营销，进入市场后很快成为新晋"网红"饮品店。

3. 案例总结

本案中的X公司选择新产品进入市场的时机，正好属于该类别中普通产品市场已经趋于饱和，但针对特定人群的产品市场还未饱和、缺乏具有明显垄断地位的企业，因此市场开发的成本较低，成功的概率也较大。可见，产业环境的监测对新产品入市等市场行为具有较高指导意义。

第四节　商标培育和布局

为了打造特色鲜明、竞争力强、市场信誉好的商标品牌，采用商标数据分析手段高质量布局商标，最终形成对企业/区域有利的商标组合。作为商标培育和布局的成果，企业或某地区的商标组合应该具备产业特色，并具备一定的数量规模，从而获得在特定领域的竞争优势。

一、概念

商标培育是企业开展品牌创建的重要内容，也是企业商标战略的核心。对于区域经济来说，全面实施品牌战略是加快工业区域经济发展方式转变，优化工业区域经济结构，提高经济运行质量和效益的必然要求。与专利培育不同，商标经济属性大于技术属性，因此商标的培育与其所属产业的市场特点不可分割，与商标的价值密切相关。商标的培育不仅涉及商标的设计和创造，不仅是从无到有的过程，还包括在品牌诞生之后，长期的培养、企业文化的注入、市场的推广、产品的质量以及背后的服务、对消费者的引导，等等。

二、数据利用流程

如图15-10所示，商标培育和布局中的数据利用流程通常包括八个步骤：

第一步，准备工作。为即将开展的培育和布局分析做好保障工作，包括人员保障、经费保障、管理保障等。

第二步，分析确定地区优势产业。对待培育和布局的企业所在区域的产业情况进行分析，重点分析该产业在地区/国内产值情况。

第三步，商标检索。以产业技术信息（关键词、分类号等）、日期类信息、相关人信息等对区域内目标产业的商标数据、专利数据等检索，获得区域内目标产业所持有的专利、商标等知识产权的情况，采用分析手段得出客观结果。

第四步至第六步，筛选浏览检索结果、判断结果是否满足分析需求、制定布局策略。在以上检索分析结果的基础上，筛选商标可布局的方向，充分考虑人文因素后，制定商标布局培育策略，在确定核心商标品牌的基础上，基于企业未来发展规划的周边产业情况，同步规划子商标品牌。

第七步，申请并布局。实施商标申请，并布局。

第八步，流程结束。

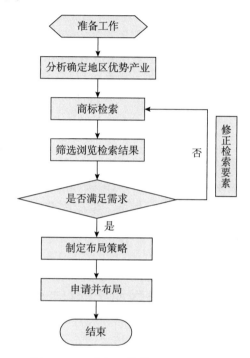

图 15 – 10　商标品牌培育和布局流程

三、要点

本节着重对商标数据利用方式中"商标培育和布局"进行了解读，与第三节中"自身商标品牌布局监测"不同，本节中的商标培育和布局，以地区产业为对象，通过商标的分析从宏观角度指导地区商标的培育和布局。

四、案例

1. 培育和布局需求及案例背景

A 公司成立于 1929 年，在全球 100 多个国家和地区拥有 16 万多的雇员，成为世界上最大的日用消费品公司之一，与 B 公司同属行业巨头。在其牙膏产品进入中国市场之前，A 公司拟对中国牙膏商标现状进行分析，以对自身商标布局和培育提供支撑。

2. 培育和布局步骤

第一步，准备工作。A 公司成立了工作组，提供人员保障、经费保障、管理保障等。

第二步，选定牙膏产业为其目标产业。

第三步，商标检索。针对中国牙膏商标进行检索，收集数据（年度商标申请量、注册量、申请人数量等）后结合市场背景展开分析。

第四步至第六步，筛选浏览检索结果、判断结果是否满足分析需求、制定布局策略。通过调研和分析发现，1994 年之前，Z 牙膏作为中国本土品牌，在市场上已经占据了一席之地，但国际品牌的入市对 Z 牙膏的销量带来冲击，目前发展较为困难。

第七步，实施商标申请、布局。A 公司在了解中国本土牙膏品牌基础后，出资控股了 Z 品牌的牙膏厂，更新产品包装，使其更具中国特色，接着注入先进的研发技术，开发出具有新功效的牙膏品类，并迅速推向市场。这样的品牌布局，使得 Z 牙膏的品牌价值度迅速提高，也使得 A 旗下的品牌更加丰富。

3. 案例总结

在本案中，A 的品牌战略是通过市场分析，准确定位到具有市场升值空间的品牌，将其收入囊中，升级改造，提升品牌价值度。由于被收购的品牌自身具备良好的市场基础，拥有相对稳定的消费者，因此，采用该商标布局策略，有益于自身与当地本土文化深度融合，从而获得更好的市场份额。该案例对我国品牌实施国际化路线极具参考价值。

第五节　商标数据利用综合案例

一、需求及案例背景

某老字号 M 品牌（下文称 M 品牌），其所在地从几千年前就开始从事某种食品 B 的生产，以 M 为名的食品 B 从三百多年前就已经出现，当地也曾经出现过各种商铺字号百花齐放的繁荣景象。大约在六七十年前，该食品市场逐渐凋零，而 M 品牌在长期优胜劣汰的激烈市场竞争中生存了下来，在民间具有良好的声誉，在消费者心目中也拥有较好的口碑，成为拥有自己传统特色且长盛不衰的知名商品。除了一贯秉承的良好品质，这也与其多年来对品牌及商标的重视是分不开的。

二、M 品牌商标战略分析

经调研，现存 M 品牌实由几十年前当地多家生产相同食品 B 的作坊和企业合并而来。当时，当地集中了众多大大小小的类似企业和作坊，相同种类的产品竞争激烈，然而均无力拓宽市场，导致发展陷入僵局。地区政府通过市场调研及时发现并给予重视，认为该地区的食品 B 口味独特、地理属性高、难以复制，若能整合资源、开拓市场，会为当地经济带来巨大转机。于是，经过一番筹备之后，由当地政府牵头，将当地最大的 M 品牌收购，并将另外的几家类似企业合并进来，成立了国营的 M 厂。按照当初的管理规划，为盘活市场，欲在全国范围内推广该品牌。由于当时我国已经有多家同类型且同样具有较高声誉的老字号品牌崛起，分布于不同省份，于是 M 厂从一开始就非常注重品牌的维护，并于 1986 年就注册了 M 以及 M1 这两个核心品牌。此举为 M 品牌的发展奠定了重要基础。基于优秀稳定的品质以及成功的市场影响策略，M 品牌开始在国际市场上崭露头角，同时在国内的知名度越来越高。但随之而来的是假冒和蹭热度的事件频发。民间甚至形成了各种各样完整的造假产业链，严重影响了 M 品牌的商誉。

为了维护自身品牌，早在 20 世纪 80 年代，M 厂就率先成立了专门的法律事务部门，用来保护知识产权，那个时候我国的《专利法》和《商标法》才刚刚实施。M 厂此时已经更名为 M 集团，M 集团管理层对品牌商誉高度重视，在内部建立了品牌监测和通报机制，定期出具品牌监测报告供内部参阅，报告中对自身品牌、竞争品牌的情况以及产业环境都会进行调查和分析，并且多年来坚持对品牌监测机制不断完善。在此过程中，M 集团通过市场监测发现国际市场上同类商品中，缺乏具有我国地域特色的商品，因此分析该产品在国际市场上会具有较大的发展空间，于是积极注册国际商标，至今已将产品出口到了一百多个国家。

三、产业环境监测

M 集团在 1998 年亚洲金融危机的影响下，销售情况也曾一落千丈，但 M 集团并未因此消沉，而是积极进行市场调研，以市场和顾客为中心，树立和强化全员营销策略，并且大刀阔斧地进行了体制改革；同时高度重视知识产权，这给他们带来了独特的市场分析视角，开启了一轮科技创新。M 集团在食品 B 的生产和制作工艺上不断进行技术改造，再融入历史文化，打造出绿色健康、高品位等的营销理念，终于顺利扭转了不利局面。

四、商标布局和培育

M 集团起初一直奉行单一品牌的战略。由于近年来食品 B 行业处于持续上升阶段，产销量、销售收入都快速提升，行业盈利能力不断增强，新入市的企业越来越多，我国食品 B 行业开始在产能、产品数量、品牌种类、厂家等方面上出现严重过剩、过多、过杂乱的现象。各类资本也竞相进入 B 食品领域，行业泡沫高涨，竞争激烈。M 集团领导层在注意到市场环境后，对自身的品牌战略重新分析、重新定位和调整，认为当下应该趁着自身品牌在市场中的良好口碑和重要份额，以核心品牌为主，着手拓展副品牌。经过一系列的调研、定位和设计，一方面，M 集团培育出一系列精准定位到不同消费人群的副品牌，推向市场后，获得了极大的成功。M 品牌自身代表着高品质，依托于 M 主品牌的其他副品牌，一上市就获得了消费者的认可。

另一方面，M 集团并不满足于副品牌的成功，在借鉴了某公司多品牌战略的优点之后，选择其他（如饮料、建筑等）市场逐渐布局了与 M 品牌不关联的其他品牌，从此正式走上了副品牌战略与多品牌战略相结合的、具有 M 集团特色的品牌战略。从现今市场情况来看，M集团发展稳定，在中国B食品领域始终占据着制高点，在国际市场也具有一席之地。

五、要点分析

本案中，从M品牌一路发展历程来看，技术创新能力是保证品牌价值度的利器。在知识产权的保护上，M集团具有敏锐的洞察力，提前布局的商标以及积极建立的保护机制都在日后的发展中发挥了重要的作用。可见一个品牌从成立之初就会与商标等知识产权产生紧密联系，商标的检索、分析及品牌的监测，对于一个品牌的成长至关重要。

第十六章　地理标志数据利用方式

本章从概念、数据利用流程、要点和典型案例四个方面，详细介绍地理标志检索和分析，旨在为社会公众有效运用地理标志数据提供实际指引，为发挥地理标志运用对于区域经济发展的促进作用提供基本保障。

第一节　地理标志检索

一、概念

地理标志检索主要指地理标志信息的获取，包括地理标志产品公告、专用标志核准公告，和以集体商标、证明商标注册的地理标志数据的检索。通过检索地理标志产品公告，可以获取地理标志产品的产地范围、质量要求等重要信息；还可以通过检索专用标志核准公告，来获取地理标志产品专用标志的使用情况。

据国家知识产权局统计，近年来我国地理标志保护总体水平持续提升。地理标志检索是地理标志分析的基础，社会大众可以按本节介绍的方法检索地理标志产品公告、专用标志核准公告，和以集体商标、证明商标注册的地理标志数据。

二、数据利用流程

地理标志检索包括检索准备、地理标志信息获取、检索、检索结果筛选分析等步骤，其一般流程如图 16 – 1 所示。

（一）检索准备

在检索准备阶段，首先要成立工作组，明确检索目标，进行项目分解和人员分工。

（二）地理标志信息获取

地理标志信息的获取是从地理标志公告中提取所需要的地理标志基本信息，如产品名称、所在地域、公告号、公告时间、申请人名称、申请人地址、保护范围等。

（三）检索

通过检索地理标志公告信息，获得结果；或通过输入市场主体信息、统一社会信用代码、地理标志信息等获得专用标志使用企业信息；或通过商标检索系统检索以集体商标、证明商标注册的地理标志信息。

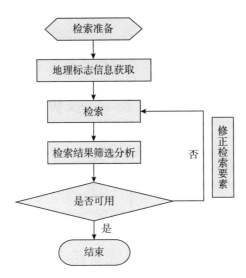

图 16 – 1　地理标志检索流程

（四）检索结果筛选分析

筛选检索结果，获得所需信息。如果检索结果可用，满足检索需求，则结束流程。若检索结果不可用，则需修正检索要素并重新检索。

三、要点

（一）地理标志保护产品、地理标志商标数据获取途径不同

在我国，地理标志保护产品由国家知识产权局注册、登记和管理，以证明商标、集体商标注册的地理标志则由国家知识产权局商标局注册、登记和管理。地理标志保护产品的申请目的是保护我国的地理标志产品，规范地理标志产品名称和专用标志的使用，保证地理标志产品的质量和特色。而以证明商标、集体商标注册的地理标志的申请目的是通过商标法律以注册证明商标或集体商标的方式来保护地理标志。两者信息获取途径也有所不同，在检索数据的时候需加以区别，数据获取途径详细介绍参见本书第四章。

（二）注意区分不同类型的地理标志保护产品公告

地理标志产品由国家知识产权局认定，国家知识产权局发布的关于地理标志产品的公告包括：产品受理公告、产品批准公告、专用标志核准公告和注销公告。不同公告类型包含的数据有所不同，在实际检索中要根据检索目的来区分和选择。

四、案例

（一）检索需求

地理标志是与"三农"联系最为密切的知识产权，既能直接促进农民增收、产业结构调整和拉动区域经济发展，切实推动精准扶贫，又能助推贫困地区实现可持续发展，对我国决胜脱贫攻坚起着积极的推动作用。A 地为了掌握地理标志对于带动地区经济的贡献情况，对当地地理标志产品"沙城葡萄酒"专用标志核准使用企业情况做了检索。

（二）检索步骤

1. 检索准备

A 地组织葡萄酒行业专家、地理标志检索专家成立了工作组，并做了工作分工，准备针对当地地理标志产品"沙城葡萄酒"专用标志核准使用企业进行检索。

2. 地理标志信息获取

本次检索所需要的地理标志基本信息为：地理标志产品名称"沙城葡萄酒"。确定这个检索关键信息后，即可开展地理标志检索工作。

3. 检索

A 地采用地理标志专用标志使用企业检索系统检索，在检索界面中的"地理标志"一栏里输入"沙城葡萄酒"，然后点击"查询"即可。

4. 检索结果筛选分析

A 地通过地理标志检索得到的结果如表 16 - 1 所示。

表 16 - 1　地理标志产品"沙城葡萄酒"专用标志核准使用企业情况

序号	地理标志	市场主体
1	沙城葡萄酒	怀来瑞云庄园葡萄酒有限公司
2	沙城葡萄酒	河北沙城庄园葡萄酒有限公司
3	沙城葡萄酒	张家口世纪长城酿酒有限公司
4	沙城葡萄酒	怀来紫晶庄园葡萄酒有限公司
5	沙城葡萄酒	怀来福瑞诗酒堡有限公司
6	沙城葡萄酒	怀来赤霞葡萄酒有限公司
7	沙城葡萄酒	怀来红叶庄园葡萄酒有限公司
8	沙城葡萄酒	怀来中法庄园葡萄酒有限公司
9	沙城葡萄酒	怀来卡波多·杰帝葡萄酒有限公司
10	沙城葡萄酒	张家口长城酿造（集团）有限责任公司
11	沙城葡萄酒	怀来县誉龙葡萄酒庄园有限公司
12	沙城葡萄酒	河北马丁葡萄酿酒有限公司
13	沙城葡萄酒	怀来县经典长城葡萄酒有限公司
14	沙城葡萄酒	怀来贵族庄园葡萄酒有限公司
15	沙城葡萄酒	怀来容辰庄园葡萄酒有限公司
16	沙城葡萄酒	怀来迦南酒业有限公司
17	沙城葡萄酒	河北沙城家和酒业有限公司
18	沙城葡萄酒	怀来龙腾葡萄酒有限公司

可见，已有 18 家企业被核准在其生产的相关产品上使用"沙城葡萄酒"的专用标志，这对打造品牌形象、助推当地葡萄酒产业链发展具有积极的促进作用。

第二节　地理标志分析

一、概念

地理标志分析是指对来自地理标志公告中大量或个别的信息进行加工及组合，并利用统计方案或数据处理手段使这些信息具有总揽全局及预测功能，并通过数据分析使它们由普通的信息上升为政府管理工作或企业经营活动中有价值的情报。

以地理标志产品保护批准公告为例，其包括了以下信息：公告类型、公告机关、公告号、公告日期、批准依据、审查方式、批准产品数量、地理标志产品名称、申请机构、产地范围、质量要求、专用标志管理使用。地理标志分析可以从这些信息中提取出对实现分析目标有益的信息，再加以统计和解读，从中得出有指导性的建议。

保护地理标志能够促进农业和农村经济的发展，有益于保护中华文化遗产，有利于创造新的品牌，有助于恢复中华文化影响力。目前，我国地理标志保护水平持续提升，但是地理标志运用能力还需进一步提升。通过本节介绍的方法，社会大众可以对地理标志信息进行分析，在地理标志的申请和运用，以及政府部门制定宏观决策过程中获取有益的情报信息。

二、数据利用流程

地理标志统计分析流程包括分析准备、确定统计分析目标、数据检索和收集、结果筛选分析、报告撰写等阶段，具体流程详见图 16-2。

（一）分析准备

在地理标志分析项目立项后，首先要成立工作组、开展背景调查，然后要进行项目分解，梳理所需获取的信息。

（二）确定统计分析目标

经过分析准备阶段后，要确定统计分析目标，以便于明确数据检索、收集和分析的范围等。

（三）数据检索和收集

地理标志数据检索和收集得到的信息包括产品受理公告、产品批准公告、专用标志核准公告或注销公告中的各类字段信息，具体收集范围根据统计分析目标来确定。

（四）检索结果筛选分析

在对检索结果进行筛选分析过程中，需要判断检索结果是否满足分析需求，如果满足则进行下一步骤，如果不满足则需修正检索要素，重新检索和收集数据。

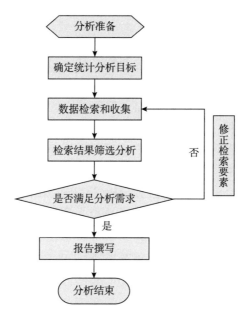

图 16 - 2　地理标志统计分析流程

（五）报告撰写

从数据分析中获取所需信息及关联关系，分析总结并得出结论，在此基础上撰写报告，将地理标志信息形成有价值的情报。

三、要点

（一）地理标志使用企业分析

与专利和商标不同，地理标志可由商品来源地通过核准的企业共同使用，只要其生产的商品达到了地理标志所代表的产品的品质，这样在同一地区使用同一地理标志的企业就不止一个。因此，在进行地理标志使用企业分析时，注意不要将地理标志申请人等同于地理标志使用人。

（二）地理标志分析报告

地理标志分析的成果一般为分析报告，报告应包含数据来源、检索方式、检索结果、数据分析图表、分析结论及建议等部分。分析结论及建议应当清晰准确、针对性和操作性强。

四、案例

（一）分析需求

辽宁省是国内较早实施国家地理标志产品保护的省份之一。地理标志产品保护的品牌效应和经济效应发挥的关键在于地理标志产品专用标志的使用。为了了解辽宁大米地理标志产品保护和使用情况，S 协会开展了相关地理标志检索与分析工作。

（二）分析步骤

1. 分析准备

S协会在成立工作组后，开展了项目背景调查，经研究发现辽宁具有五大特产大米，主要包括：盘锦大米、辽中大米、桓仁大米、清水大米、苏家屯大米（红菱大米）。其中，以盘锦大米最负盛名，盘锦水稻种植的历史已达百余年。据史料记载，1907年盘锦开始水稻种植，之后种植面积不断扩大。盘锦大米籽粒饱满，长宽比较适中，色泽青白，气味清香，垩白度小，食味品质较好。

2. 确定统计分析目标

经过分析准备阶段后，S协会将统计分析目标确定为辽宁的五大特产大米：盘锦大米、辽中大米、桓仁大米、清水大米、苏家屯大米（红菱大米）。

3. 数据检索和收集

在数据检索和收集阶段，S协会通过地理标志产品公告检索系统和专用标志使用企业检索系统进行了检索，收集的信息范围包括：地理标志产品名称、批准时间、保护范围、核准使用企业情况等。

4. 检索结果筛选分析

表16-2为通过检索和筛选得到的辽宁省大米地理标志产品保护情况。

表16-2　辽宁省大米地理标志产品保护情况

地理标志产品	批准时间	保护范围	核准使用企业数量/家
盘锦大米	2002/9/10	盘锦市现辖行政区域	138
桓仁大米	2006/9/25	桓仁满族自治县现辖行政区域	7
清水大米	2010/12/14	沈阳市沈北新区石佛寺乡、尹家乡、黄家乡、兴隆台镇、辉山街道、虎石台街道、财落街道、清水台镇、新城子乡、马刚乡、青年农场、前进农场等12个乡镇、街道、农场现辖行政区域	3
苏家屯大米（红菱大米）	2014/9/2	苏家屯区红菱街道办事处、永乐街道办事处、王纲街道办事处、八一街道办事处、林盛街道办事处、十里河街道办事处、陈相街道办事处7个街道办事处现辖行政区域	1
辽中大米	2014/9/2	辽中县现辖行政区域	0

注：核准使用企业数量仅显示已完成换标的市场主体信息，对于在产品保护要求中列明的专用标志使用企业，如尚未完成换标，不会在本结果显示。

5. 报告撰写

通过分析可知，辽宁五大特色大米均已批准获得地理标志专用标志，盘锦大米获得批准时间最早，核准使用企业数量最多，为138家。其次为桓仁大米，有7家核准使用企业。清水大米有 3 家核准使用企业，苏家屯大米（红菱大米）有 1 家核准企业。辽中大米获得批准时间较晚，暂时没有核准使用企业。可见，辽宁省对大米实施地理标志产品保护起步较早，为 2002 年 9 月 10 日。该省有丰富的大米资源，大米地理标志产品有 5 种。但是除盘锦大米以外，其余 4 种大米专用标志核准企业数量较少。

为了更好地培育这些大米品牌，充分利用国家地理标志产品品牌效应，辽宁省可以出台相关政策，鼓励与支持国家地理标志产品保护范围内的企业使用地理标志产品专用标志。S 协会在以上分析基础上将得到的有益信息和成果整理并形成报告。

第十七章　集成电路布图设计数据利用方式

集成电路布图设计数据的利用对于了解集成电路行业知识产权保护状况、加强集成电路布图设计保护制度具有重要意义。本章从集成电路布图设计检索和分析两个方面详细介绍了相关概念、数据利用流程和要点，为有效运用集成电路布图设计数据提供指导。

第一节　集成电路布图设计检索

一、概念

集成电路布图设计检索，是指在已公开的集成电路布图设计公告中，获取集成电路布图设计信息，或根据需求建设集成电路布图设计数据库，并在数据库中进行信息检索的过程。

《集成电路布图设计保护条例》第三条规定："中国自然人、法人或者其他组织创作的布图设计，依照本条例享有布图设计专有权。外国人创作的布图设计首先在中国境内投入商业利用的，依照本条例享有布图设计专有权。外国人创作的布图设计，其创作者所属国同中国签订有关布图设计保护协议或者与中国共同参加有关布图设计保护国际条约的，依照本条例享有布图设计专有权。"

《集成电路布图设计保护条例》第四条规定："受保护的布图设计应当具有独创性，即该布图设计是创作者自己的智力劳动成果，并且在其创作时该布图设计在布图设计创作者和集成电路制造者中不是公认的常规设计。"

因此，设计人员在工作伊始检索已经公开的集成电路布图设计，防止进行重复性设计具有非常重要的作用；同时，设计人或企业也可以对集成电路布图设计检索，定期跟踪行业内的集成电路布图设计公布信息，通过技术手段掌握行业动态。

二、数据利用流程

由于集成电路布图设计的特殊性，公众在网络途径能够获取的信息仅限于国家知识产权局网站公开的集成电路布图设计公告中的信息，包括：集成电路布图设计专有权公告、集成电路布图设计专有权事务公告、集成电路布图设计专有权终止公告。

同时，由于目前尚没有官方的集成电路布图设计检索、分析系统，因此在集成电路布图设计相关的检索过程中（如图 17-1 所示），需要区分情况进行检索准备：如需查询特定的集成电路布图设计，则直接查找、浏览相关信息；如果需要对部分集成电路布图设计汇总、统计、分析，则需要单独建立相关数据库，再对形成的数据库检索、分析；对检索结果进一步筛选浏览后，根据需求修正检索要素，直至终止检索。

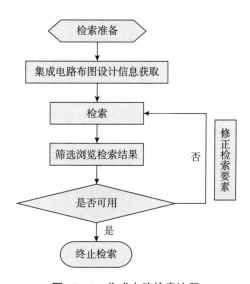

图 17-1　集成电路检索流程

（一）检索准备

在集成电路布图设计的信息检索过程中，首先应当明确需要检索的信息内容，由于网络公开的内容仅为著录项目相关信息，因此在检索准备的时候，应当尽可能地获取需要检索、分析的信息，以便在构建集成电路布图设计数据库时，能够尽可能地获取公开数据。

在集成电路布图设计的三种公告当中，由于事务公告为退信等事务性信息，因而比较具有统计分析意义的是专有权公告以及专有权终止公告。

在专有权公告中，可以查看的信息包括：布图设计登记号、布图设计申请日、公告日期、公告号、布图设计名称、布图设计类别、布图设计权利人、布图设计权利人国籍、布图设计权利人地址、布图设计创作人、布图设计创作完成日、布图设计首次商业利用日等信息。

在专有权终止公告中，可以查看的信息包括：布图设计登记号、申请日、专有权公告日、布图设计保护期届满日等信息。

（二）集成电路布图设计信息获取

在完成检索准备工作后，对国家知识产权局集成电路布图设计公告进行相关浏览，获取所关注的相关集成电路布图设计；根据需求也可以使用办公软件进行信息收集，并根据统计分析的需要进行数据收纳、整理，形成集成电路布图设计库。

（三）检索

依据设定的检索条件，对形成的集成电路布图设计库进行检索。

（四）筛选浏览检索结果

逐条浏览检索后的集成电路布图设计著录项目，并对结果进一步筛选，明确检索结果。

（五）结果判断

筛选检索结果，结合一定的行业资讯信息等判断检索结果是否可用。如需进一步调整，则返回第三步检索过程，再次检索。

（六）终止检索

如无须调整，则终止检索。

三、要点

（1）由于集成电路布图设计目前没有官方的检索数据库，因此有数据汇总、统计、分析需求的检索者需要浏览专有权公告、专有权终止公告信息，形成可用的集成电路布图设计库。

（2）由于集成电路布图设计的特殊性，其公开信息较少，在判断检索结果是否可用时，建议综合考虑商业信息、行业资讯等信息，进行整体判断。

第二节　集成电路布图设计分析

一、概念

集成电路布图设计统计分析是指对来自集成电路布图设计三种公告中的信息加工及组合，并利用统计方案或数据处理手段使这些信息具有总揽全局及预测功能，并通过数据分析使它们由普通的信息上升为政府管理工作或企业经营活动中有价值的情报。

目前，公众可以查询到集成电路布图设计专有权公告、事务公告以及专有权终止公告。具体包括：布图设计登记号、布图设计申请日、公告日期、公告号、布图设计名称、布图设计类别、布图设计权利人、布图设计权利人国籍、布图设计权利人地址、布图设计创作人、代理机构、代理人、布图设计创作完成日、布图设计首次商业利用日、退信、著录项目变更、布图设计保护期届满日等信息。

二、数据利用流程

由于目前集成电路布图设计没有形成一个官方具有可检索、分析功能的数据库，因此在分析过程当中需要单独建立相关数据库。在集成电路相关的分析过程中，需要进行分析准备、确定统计分析目标、检索，筛选浏览检索结果，判断是否满足分析要求，如不满足要求，需要修正检索要素，直至满足分析要求，终止分析过程（如图 17 - 2）。

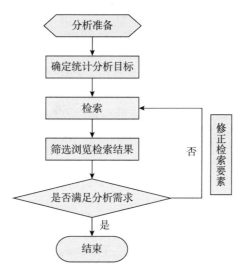

图 17 - 2　集成电路统计分析流程

（一）分析准备

在集成电路布图设计的信息分析过程中，首先需要明确分析的目的，并依据分析的目的进行分析软件、网页等准备工作。

（二）确定统计分析目标

由于集成电路布图设计的特殊性，网络公开的信息不多，因此首先应当明确在集成电路布图设计公开的信息中，可以对哪些内容进行分析。

在集成电路布图设计的三种公告中，由于事务公告为退信等事务性信息，因而比较具有统计分析意义的是专有权公告以及专有权终止公告。

因此，应根据需要统计分析的结果，在可查看的信息中明确需要统计分析的内容，如依据检索人员的信息需求，依据布图设计登记号、布图设计申请日、公告日期、公告号、布图设计名称、布图设计类别、布图设计权利人、专有权公告日、布图设计保护期届满日等信息，建立数据库。

依据分析目标，对国家知识产权局集成电路布图设计公告进行相关浏览，获取所关注的相关集成电路布图设计后，使用办公软件收集信息，形成集成电路布图设计库；必要时，结合专有权终止公告，对该设计库进行信息完善。

（三）检索

依据设定的检索条件，对针对项目需求建立的集成电路布图设计库进行检索、数据筛选、必要信息获取以及统计分析。

（四）筛选浏览检索结果

逐条浏览检索后的集成电路布图设计著录项目，并对结果进一步筛选，依据设定的检索条件，对针对项目需求建立的集成电路布图设计库进行检索、数据筛选、必要信息获取以及统计分析，明确检索结果。

（五）结果判断

对检索结果进行数据分析，结合项目需求，判断是否满足数据分析需求。如需进一步调整，则返回第三步检索过程，修正检索要素再次检索；必要时，可能根据项目需要，重新进行集成电路布图设计库的构建以及数据选取。

（六）结束

如无须调整，则终止分析过程。

三、要点

（1）检索分析人员需要对检索数据库的构建具有一定的前期设计，防止构建数据库过程中工作量较大或者因缺少部分信息在后面的分析过程中反复修改数据。

（2）集成电路布图设计公开的信息较少，检索分析人员需要进一步结合专利、商标、商业信息等进行必要的补充。

四、案例

（一）分析需求

南京某芯片公司 A，在 2010 年开始连续数月销售额持续下降，市场份额受到挤压，经市场调研后发现有数款竞争对手的产品对其销售造成影响。为了进一步摸清市场占有情况及竞争对手的情况，A 公司委托分析机构对其相关产品进行知识产权情报分析，其中包括对集成电路布图设计的分析内容。

（二）分析内容

A 公司提供了一份已知的竞争对手名单，在该名单基础上，分析机构通过布图设计权利人检索，梳理出一份竞争对手的集成电路布图设计清单，并在该清单基础上对竞争对手所涉及的产品类型做了归类分析。

通过对布图设计名称的检索，梳理出潜在的竞争对手若干名，同样对其所涉及的产品类型等信息进行分析，并发现其中一名竞争对手的产品与 A 公司存在极大竞争可能。

（三）分析结论

结合专利、商标等其他知识产权的信息分析，能够更准确和全面获知竞争对手的情况，有助于 A 公司制定下一步设计和营销策略。

第十八章 知识产权数据应用系统建设

数据是所有应用实现的基础，数据利用的目的是得到应用。通过数据应用系统，使用者可更加方便、快捷、安全地获取存储在应用系统数据库中的数据，最大化地利用数据开展一系列相关业务活动。然而现实中，大多数数据是无法被数据应用系统直接利用的，通常需要根据应用系统的建设目标，制定统一的数据标准，进行一系列的数据处理，使数据与应用系统功能有机结合，围绕共同的业务目标设计、实现数据应用。本章从数据分析、数据处理和应用系统开发等方面介绍知识产权数据应用系统建设。

第一节 数据分析

明确应用系统建设所需数据范围，并获取到数据之后，需要做数据分析。通过数据分析来了解、掌握数据的结构、内容、存储路径等情况，从而判断为实现数据应用系统建设目标，需要开展哪些数据处理工作，涉及哪些数据处理技术或手段，需要投入多少人员、时间等资源来开展以上工作。

开展知识产权数据分析，首先需要明确知识产权数据结构，了解知识产权数据的组织形式和数据内容，才能更加深度地分析数据、掌握数据、利用数据。下面围绕知识产权数据基本结构信息、知识产权数据结构分析及实例等来详细介绍知识产权数据分析的方法和作用。

一、知识产权数据基本结构信息

在分析知识产权数据之前，需要先了解知识产权数据的基本结构信息，即数据元素、数据命名规则、数据存储路径等知识产权数据结构相关的基本知识。

（一）数据元素

数据元素是由一组属性集合规定其定义、标识和允许值的一个数据单元。

知识产权数据元素可根据知识产权基础数据在业务流程中的位置及其自身性质、用途、处理方式等分类，具体可将数据元素分为基础元素类和业务元素类。

1. 基础元素

被广泛应用的基础性数据元素，仅在为其他元素所调用时才能表达确切知识产权基础信息，其含义随着语境的不同而发生变化。

示例：日期、国别、名称、图片、地址等。

2. 业务元素

功能性的数据元素，单独或通过调用基础的数据元素，明确地与某数据元素相对应，表达一定的知识产权基础信息，使得数据产品具有一定的功能或者用途。

示例：

（1）知识产权主体信息数据：姓名、职务、部门、个体代码、联系方式等。

（2）专利数据：申请日、申请号、公开号、说明书、说明书附图等。

（3）商标数据：申请号、注册号、申请日、商标名称、商标类型等。

（4）地理标志数据：公告号、地理标志产品名称、保护范围、申请机构、质量要求等。

（5）集成电路布图设计数据：登记号码、申请号码、申请日期、创作完成日期等。

表 18－1 以专利数据为例，介绍主要专利数据的元素。

表 18－1　专利数据元素名称

元素类别	元素中文名称	元素英文名称
基础类	时间	Date/Time
	地址簿	AddressBook
	地址	Address
	名称	Name/NameGroup
	表格	Tables
	图像	Images
	文档页	DocPage
	化学	Chemistry
	数学	Maths
	列表	Lists
	文档结构	DocumentStructure
	字体的格式	Format
	引用文献的描述信息	Citation
	文献标识	DocumentID
	签名	Signature
	其他	Other
	数值范围	NumericalRange
业务类	专利文献	PatentDocument
	文献标识	DocumentIdentification
	申请标识	ApplicationIdentification
	优先权	PriorityData

元素类别	元素中文名称	元素英文名称
业务类	相关公布信息	PublicAvailabilityDates
	国际专利分类或国际外观分类	InternationalClassification
	国家分类或内部分类及其他分类	ClassificationNational/ClassificationDomestic
	发明创造的名称	InventionTitle
	现有技术文献	PriorArtDocuments
	检索领域	FieldOfSearch
	与国内专利申请有关的法律或程序参引	ReferencesToRelatedDomesticPatents
	当事各方	Parties
	国际公约	InternationalConvention
	文摘	Abstract
	说明书（狭义）	Description
	说明书附图	Drawings
	说明书的有关附件	DescriptionRelatedDocument
	国际阶段的修改	WOAmend
	外观图像	DesignPicture
	权利要求书	Claims
	检索报告	SearchReport
	全文图像	FullImage
	关键词	Keywords
	生物序列	Sequence
	化学信息	ChemicalInformation
	方剂	MedicalFormula
	非专利文献	NonPatentDocument
	复审审查决定	AppealDecision
	复审决定基本信息	AppealCaseInformation
	复审决定信息	DecisionDetail
	专利法务中的通用法律信息	CommonLegalInformation
	司法判决书	PatentVerdict
	判决书信息	VerdictDetail

元素类别	元素中文名称	元素英文名称
业务类	审判员信息	JudgeDetails
	法律事务相关人	LegalCaseParties
	法院及工作人员信息	CourtReporterDetails
	专利族	PatentFamily
	引文（加工）	CitingAndCitedDocuments
	法律状态	PRS
	词典	Dictionary
	同义词	Synonym
	法律状态代码表	PRSDictionary
	化学物质库	ChemicalSubstanceDatabase

（二）数据命名规则

1. 数据元素命名

数据元素常根据数据元素所起的作用，结合数据元素所采用标准和规范命名。元素可以包括子元素、属性和类型。元素、属性和类型一般具有英文名称（英文名称具有对应的中文名称），知识产权数据遵循元素名称（中、英文）、属性名称（英文）和类型名称（英文）的命名规则。在同一语言（语境）中，所有元素、属性和类型的名称应是唯一的。

元素名称（英文）、属性名称和类型名称，宜使用牛津英语词典中给出的英语拼写法，使用字符应限于 {a–z，A–Z，0–9}，字符不宜超过 35 个。当同一个词语在元素名称中重复出现时，对于第二次及后面的均宜省略。

元素名称（中文）中的汉字不应超过 20 个。

例如，在《知识产权基础信息数据规范（试行）》附录 C 中：

专利申请日期命名为申请日期：ApplicationDate；

专利申请流水号命名为申请号：ApplicationNumber。

除专利外，商标、地理标志、集成电路布图设计等知识产权数据的数据元素命名也遵循既定的规则、规范。

2. 数据文件命名

专利、商标、地理标志、集成电路布图设计等知识产权数据文件的命名也有相应的规则约束，下面以专利为例介绍专利数据文件的命名规则。

批量数据压缩包及单条实体数据的命名都有一定规则，常采用数据内容、号码信息、公开日期、期号与序号结合等方式命名。

例如，数据 CN–IMGS–10–A 的含义如图 18–1：

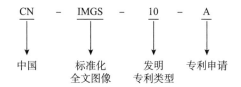

图 18 – 1　CN – IMGS – 10 – A 命名规则

而专利文献本身常以文献申请号命名，如 CN202030417378.8，含义如图 18 – 2：

图 18 – 2　CN202030417378.8 命名规则

中国标准化数据文件的命名规则比较复杂，国家知识产权局对中国专利标准化数据的文件名命名进行了详细的规定。

专利文献数据文件名标识码由 52 位数字/字母/符号组成，其结构如图 18 – 3 所示。

专利文献数据文件名标识码通过提取每条数据记录的国别、专利类型、号码年代、申请流水号、文献流水号、文献种类代码、数据资源代码、语言代码、法律生效日期、数据来源标识、备用位、校验位等十三项信息，实现对每条专利数据的唯一标识。

国别	专利类型	号码年代	申请流水号	国别	文献流水号	种类代码	数据资源代码	语言代码	法律生效日期	数据来源	备用位	校验位
C 1	K 1	YYYY	NNNNNNNNN	C 2	NNNNNNNNNNNNN	K 2	S R C	L L	YYYYMMDD	S S	B K	X
1 2	3 4	5-8	9-17	18 19	20-32	33 34	35-37	38 39	40-47	48 49	50 51	52
2位国别代码	2位专利种类	4位年	9位顺序号，不足的左补0	2位国别代码	13位顺序号，不足的左补0	2位种类代码	3位字符	2位语言代码	YYYYMMDD格式的日期	表示数据的来源	备用，无备用取零	本号码的校验位
			同族号、复审号、司法判决号等，存放于3-17位（共15位），不足的前补0									
			DOI号，存放于3-32位（共30位）									

图 18 – 3　中国专利标准化数据的文件名标识码结构

（三）数据存储路径

虽然不同来源知识产权数据包的组织存储结构不同，但都有明确的存储路径和打包方式，如存储路径是指在以数据名称、文件提供期号、文件类型等命名的文件夹下，存放数据压缩包；打包方式是指按数据名称、号码信息、提供期号、数据类型等压缩打包数据。

其中，单条实体数据中插图、附图等独立图片信息，也都有明确路径加载解析规则。

例如，专利数据压缩包存储路径如图 18 – 4 所示：

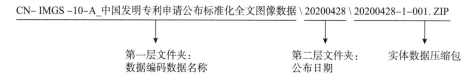

图 18 – 4　专利数据存储路径

商标数据存储路径如图 18 – 5 所示：

图 18 – 5　商标数据存储路径

地理标志、集成电路布图设计的数据存储路径也有其明确的规则，在此不再赘述。上面存储路径示例的信息揭示了数据压缩包的存储路径，在需要引用数据时，系统可根据该信息调取相应数据。

二、知识产权数据结构分析

数据分析是数据利用中最重要的一个环节，知识产权数据分析包括数据格式分析、数据内容分析、数据存储分析、数据比较分析等，从多个角度对知识产权数据进行分析，从而全面了解知识产权数据，从原始的知识产权数据中获取有利用价值并与应用系统建设目标相吻合的数据，为后续知识产权数据应用开发奠定数据基础。

（一）数据格式分析

对现有数据资源的格式进行梳理，利用数据解析工具明晰文件层级关系，找到数据解析抽取过程中可能存在的问题与难点，提出有关数据格式的处理建议。例如，通过 XML 数据解析工具对 XML 文件预处理，可以了解文档结构的规则，掌握数据元素的属性以及实体间关系等。

（二）数据内容分析

数据内容分析主要目的是明确现有数据资源中数据元素的表述规则和形式，找到后续数据加工应用可能存在的问题与难点，并提出有关数据内容的处理建议。例如，明确 XML 文件中数据元素的元素值和元素属性值的表述规则与形式，如文献号、公布日、分类号等。例如，针对号码类（如公开号、申请号、优先权号）数据分析，需要分析号码是否完整，号码格式是否规范，能否与其他数据产品进行号码关联等，以便后续开展数据处理工作。

（三）数据存储分析

数据存储结构分析主要目的是分析现有数据资源所包含数据元素的组织结构，明确数据中摘要附图、化学结构式等数据存储路径，数据压缩包的索引结构和打包方式等信息，找到后续数据入库存储可能存在的问题与难点，提出有关数据存储结构的处理建议。

（四）数据比较分析

对现有不同数据资源比较分析，找到数据资源之间的连接点。例如，商标的商标图样和地理标志的专用标志所涉及的图案，即是二者之间的连接点。

如果有多个同类型数据源，可对不同来源数据进行优劣比较分析，提出数据源选用建议。例如，来自不同途径的专利数据，可以进行著录项目完整性比较，结合应用开发需求选取最优数据。可建立如表 18 – 2 的数据源对比表格。

表 18 – 2 数据源对比

字段名称	数据源 1	数据源 2	数据源 3	数据源 4
申请日				
分类号				
……				

（五）数据分析报告撰写

根据需要可撰写数据分析报告，其主要目的是将数据格式、数据存储结构、数据内容、数据比较等分析内容，归纳形成完整的分析报告，作为数据应用开发的重要决策参考依据。

三、知识产权数据结构分析实例

知识产权数据结构分析涉及知识产权数据格式分析、内容分析和存储分析，是知识产权数据分析的重要内容和方法。不同类型的知识产权数据，其数据结构不同；同一类型的知识产权数据，因其数据来源不同、数据加工标准不同，数据结构也不尽相同。

下面以专利数据、商标数据为例，介绍专利和商标数据的数据结构。通过分析专利、商标数据的数据结构，明确不同类型的知识产权数据包含的数据元素、数据内容、数据格式等是不同的，以便对知识产权数据有更加深入的了解和认知。

（一）专利数据结构实例

国家知识产权局专利局对专利数据进行了标准化加工，即按照中国专利文献代码化加工标准，加工后全部为标准的 XML 文件格式。在此选取中国专利标准化 XML

文件，来介绍专利 XML 文件中的数据结构，通过专利 XML 文件数据结构来了解其中包含的具体专利数据项信息。

如表 18 – 3 所示，首先中国专利标准化 XML 文件中包含一些文件属性信息，例如：

（1）File：文件名；

（2）DateProduced：产生日期；

（3）Status：公开信息的状态；

（4）Lang：语言代码；

（5）Country：国别；

（6）DocNumber：公开号；

（7）Kind：公开类型；

（8）DatePublication：公开日期。

除上述文件属性信息外，还依次列举了 BibliographicData（著录项目）、Abstract（摘要）、Description（说明书）、Drawings（附图）和 Claims（权利要求书）。

表 18 – 3　中国专利标准化全文文本 XML 文件数据结构

数据结构			数据示例
PatentDocumentAndRelated	File		CN102016000368616CN0000 1060589140AFULZH 20161026CN00M. XML
	DateProduced		20171220
	Status		C
	Lang		zh
	Country		CN
	DocNumber		106058914
	Kind		A
	DatePublication		20161026
	BibliographicData	PublicationReference	见本章节后续内容
		PublicAvailabilityDate	
		ApplicationReference	
		PriorityDetails	
		ClassificationIPCR-Details	
		InventionTitle	
		RelatedDocuments	
		Parties	

数据结构			数据示例
PatentDocumentAndRelated	BibliographicData	AssigneeDetails	见本章节后续内容
		ExaminerDetails	
		PCTOrRegionalApplicationData	
		PCTOrRegionalPublishingData	
	Abstract		见本章节后续内容
	Description		见本章节后续内容
	Drawings		见本章节后续内容
	Claims		见本章节后续内容

其中，BibliographicData 著录项目中包括：

1. PublicationReference（公开信息）

如表 18 - 4 所示，公开信息中包括 DataFormat（表现形式）、Sequence（序列号）、SourceDB（数据来源）、DocumentID（文件标识）。文件标识包括：WIPOST3Code（公开国别）、DocNumber（公开文献号）、Kind（公开文献种类）和 Date（公开日期）。

表 18 - 4　PublicationReference（公开信息）数据结构

数据结构			数据示例
PublicationReference	DataFormat		original
	Sequence		1
	SourceDB		national office
	DocumentID	WIPOST3Code	CN
		DocNumber	106058914
		Kind	A
		Date	20161026

2. PublicAvailabilityDate（公开获悉日期）

如表 18 - 5 所示，公开获悉日期指 GazetteReference 公报中授权公告的信息，包括 GazetteNumber（公报号）和 Date（日期）。

表 18 - 5　PublicAvailabilityDate（公开获悉日期）数据结构

数据结构			数据示例
PublicAvailabilityDate	GazetteReference	GazetteNumber	32 - 43
		Date	20161026

3. ApplicationReference（申请信息）

如表 18-6 所示，申请信息中包括 ApplType（申请类型）、DataFormat（表现形式）、Sequence（序列号）、SourceDB（数据来源）、DocumentID（文件标识）。文件标识包括：WIPOST3Code（申请国家）、DocNumber（申请文献号）和 Date（申请日期）。

表 18-6　ApplicationReference（申请信息）数据结构

数据结构			数据示例
ApplicationReference	ApplType		10
	DataFormat		original
	Sequence		1
	SourceDB		national office
	DocumentID	WIPOST3Code	CN
		DocNumber	201610368616．3
		Date	20160527

4. PriorityDetails（优先权信息）

如表 18-7 所示，优先权信息中包括：Kind（类型）、DataFormat（表现形式）、SourceDB（数据来源）、Sequence（序列号）、WIPOST3Code（优先权国家）、DocNumber（优先权文献号）和 Date（优先权日期）。不同的专利，其优先权数量不同，表 18-7 中专利有 2 项优先权。

表 18-7　PriorityDetails（优先权信息）数据结构

数据结构		数据示例
PriorityDetails	Kind	international
	DataFormat	original
	SourceDB	national office
	Sequence	1
	WIPOST3Code	KR
	DocNumber	10-2013-0158186
	Date	20131218
	Kind	内容省略（若有多个优先权，继续展示优先权信息）
	DataFormat	
	SourceDB	
	Sequence	
	WIPOST3Code	
	DocNumber	
	Date	

5. ClassificationIPCRDetails（分类信息）

分类信息中包括 Creator（加工方）、ProcessingType（加工类型）、ClassificationIPC（IPC 分类）和 ClassificationIPCR 分类（IPCR 分类）。本专利中仅有 IPCR 分类，故未有 IPC 分类展示。如表 18 – 8 所示，该专利 IPCR 分类信息中包括 Sequence（序列号）、IPCVersionDate（IPC 版本日期）、Section（部）、MainClass（大类）、SubClass（小类）、MainGroup（大组）、SubGroup（小组）、GeneratingOffice（生成局）、ClassificationDataSource（分类数据来源）、Text（文本信息）。

表 18 – 8　ClassificationIPCRDetails（分类信息）数据结构

数据结构				数据示例
ClassificationIPCRDetails	Creator			03
	ProcessingType			original
	ClassificationIPC	EditionStatement		7
		MainClassification	DataFormat	original
			Text	C12N9/96
		FurtherClassification	Sequence	1
			DataFormat	original
			Text	C11D3/386
	ClassificationIPCR	Sequence		1
		IPCVersionDate		20060101
		Section		H
		MainClass		2
		SubClass		J
		MainGroup		3
		SubGroup		38
		GeneratingOffice		CN
		ClassificationDataSource		H
		Text		H02J 3/38（2006.01）

6. InventionTitle（发明名称）

如表 18 – 9 所示，发明名称中包括：Lang（语言代码）、DataFormat（表现形式）、SourceDB（数据来源）、ProcessingType（加工类型）、Creator（加工方）和 Text（文本信息）。

表 18-9　InventionTitle（发明名称）数据结构

数据结构		数据示例
InventionTitle	Lang	zh
	DataFormat	original
	SourceDB	national office
	ProcessingType	original
	Creator	03
	Text	基于 Elman 算法的配网发电预测技术的电压优化方法

7. RelatedDocuments（相关文档）

如表 18-10 和表 18-11 所示，相关文档中包括 RelatedPublicationDOC（相关公开文档）和 Division（分案信息）（并非所有专利均有分案信息，大多数专利无分案信息）。其中，相关公开文档中包括：Sequence（序列号）、WIPOST3 Code（国别）、DocNumber（文献号）、Kind（文献种类）、Date（日期）；分案信息中包括 ParentDocument（父文献）或 ChildDocument（子文献）信息。同一文献不可能同为父文献，或同为子文献，父文献或子文献中均可包括 Sequence（序列号）、WIPOST3 Code（国别）、DocNumber（文献号）和 Date（日期）。

表 18-10　RelatedDocuments（相关文档）中的相关公开文档数据结构

数据结构			数据示例
RelatedDocuments	RelatedPublication-DOC	Sequence	1
		WIPOST3 Code	CN
		DocNumber	1959420
		Kind	A
		Date	20070509
	Division		见本章节后续内容

表 18-11　RelatedDocuments（相关文档）中的分案信息数据结构

数据结构				数据示例
RelatedDocuments	RelatedPublicationDOC			
	Division	ParentDocument	Sequence	1
			WIPOST3 Code	CN
			DocNumber	200980101719.1
			Date	20090107
		ChildDocument	Sequence	内容省略（一个专利申请不能同时为母案和分案）
			WIPOST3 Code	
			DocNumber	
			Date	

8. Parties（相关人）

如表 18-12 所示，相关人中包括 ApplicantDetails（申请人信息）、InventorDetails（发明人信息）和 AgentDetails（代理人信息）。

表 18-12　Parties（相关人）数据结构

数据结构		数据示例
Parties	ApplicantDetails	见本章节后续内容
	InventorDetails	
	AgentDetails	

（1）申请人信息：包括 Sequence（序列号）、AppType（申请人类型）、DataFormat（表现形式）、SourceDB（数据来源）、Lang（语言）、Creator（加工方）、ProcessingType（加工类型）、AddressBook（申请人地址）[包括：Lang（语言）、Name（名称）、AddressLine（地址行）、AddressMailCode（邮局编码）、PostBox（邮箱号码）、AddressRoom（房间号码）、AddressFloor（楼层信息）、AddressBuilding（建筑物信息）、Street（街道）、AddressCity（城镇）、County（县）、City（市）、Province（省份）、PostCode（邮政编码）、WIPOST3Code（国别）、Text（文本信息）]、OrganizationCode（申请人机构代码）[包括：CreateDate（加工日期）、Creator（加工方）、Text（文本信息）]，如表 18-13 所示。

表 18-13　ApplicantDetails（申请人信息）数据结构

数据结构				数据示例
Parties	ApplicantDetails	Sequence		1
		AppType		applicant
		DataFormat		original
		SourceDB		national office
		Lang		zh
		Creator		03
		ProcessingType		original
		AddressBook	Lang	zh
			Name	国电南瑞科技股份有限公司
			AddressLine	0
			AddressMailCode	0
			PostBox	0
			AddressRoom	0
			AddressFloor	0
			AddressBuilding	0

《知识产权基础数据利用指引》解读

续表

数据结构				数据示例
Parties	ApplicantDetails	AddressBook	Street	0
			AddressCity	0
			County	浦口区
			City	南京市
			Province	江苏省
			PostCode	210061
			WIPOST3Code	CN
			Text	210061 江苏省南京市高新区高新路 20 号
		OrganizationCode	CreateDate	00000000
			Creator	00
			Text	0000000000
	InventorDetails			见本章节后续内容
	AgentDetails			见本章节后续内容

（2）发明人信息：发明人信息可以有多个，具体内容包括 Sequence（序列号）、DataFormat（表现形式）、SourceDB（数据来源）、Lang（语言）、PublicationMark（是否公布姓名）、Creator（加工方）、ProcessingType（加工类型）、AddressBook（发明人）〔包括：Lang（语言）、Name（姓名）〕，如表 18 - 14 所示。

表 18 - 14　InventorDetails（发明人信息）数据结构

数据结构				数据示例
Parties	ApplicantDetails			见本章节前面内容
	InventorDetails	Sequence		1
		DataFormat		original
		SourceDB		national office
		Lang		zh
		PublicationMark		0
		Creator		03
		ProcessingType		original
		AddressBook	Lang	zh
			Name	陈春
	AgentDetails			见本章节后续内容

578

（3）代理人信息：包括 CustomerNumber（代理机构代码）和 Agent（代理人信息）。其中，代理人信息包括：Sequence（序列号）、Lang（语言）、DataFormat（表现形式）、SourceDB（数据来源）、RepType（代理人类型）、ProcessingType（加工类型）、Creator（加工方）、Agency（专利代理机构）[包括：Lang（语言）、Name（名称）]、AddressBook（代理人）[包括：Lang（语言）、Name（姓名）]，如表 18 - 15 所示。

表 18 - 15　AgentDetails（代理人信息）数据结构

数据结构					数据示例
Parties	ApplicantDetails				见本章节前面内容
	InventorDetails				
	AgentDetails	CustomerNumber			32224
		Agent	Sequence		1
			Lang		zh
			DataFormat		original
			SourceDB		national office
			RepType		agent
			ProcessingType		original
			Creator		03
			Agency	Lang	zh
				Name	南京纵横知识产权代理有限公司 32224
			Address-Book	Lang	zh
				Name	董建林

9. AssigneeDetails（专利权人信息）

专利权人信息中包括 Assignee（专利权人）和 AssigneeCode（专利权代码）。其中，专利权人中包括 Sequence（序列号）、DataFormat（表现形式）、SourceDB（数据来源）、Lang（语言）、Creator（加工方）、AddressBook（申请人地址）[包括：Lang（语言）、Name（名称）、AddressLine（地址行）、AddressMailCode（邮局编码）、PostBox（邮箱号码）、AddressRoom（房间号码）、AddressFloor（楼层信息）、AddressBuilding（建筑物信息）、Street（街道）、AddressCity（城镇）、County（县）、City（市）、Province（省份）、PostCode（邮政编码）、WIPOST3Code（国别）、Text（文本信息）]，如表 18 - 16 所示。

表 18 - 16   AssigneeDetails（专利权人信息）数据结构

数据结构				数据示例
AssigneeDetails	Assignee	Sequence		1
		DataFormat		original
		SourceDB		national office
		Lang		zh
		Creator		03
		AddressBook	Lang	zh
			Name	中国石油化工股份有限公司
			AddressLine	0
			AddressMailCode	0
			PostBox	0
			AddressRoom	0
			AddressFloor	0
			AddressBuilding	0
			Street	0
			AddressCity	0
			County	朝阳区
			City	市辖区
			Province	北京市
			PostCode	100728
			WIPOST3Code	CN
			Text	100728 北京市朝阳区朝阳门北大街 22 号
	AssigneeCode			0000000000

10. ExaminerDetails（审查员信息）

审查员信息中包括 Sequence（审查员序列号）、Lang（语言）、Creator（加工方）、Name（审查员姓名），如表 18 - 17 所示。

表 18 – 17　**ExaminerDetails（审查员信息）数据结构**

数据结构		数据示例
ExaminerDetails	Sequence	1
	Lang	zh
	Creator	03
	Name	代月函

除上述著录项目信息之外，对于 PCT 专利申请来说，在其著录项目信息中还有 PCTOrRegionalApplicationData（PCT 或地区申请数据）和 PCTOrRegionalPublishingData（PCT 或地区出版数据），如表 18 – 18 所示。

表 18 – 18　**PCT 专利中的著录项目信息数据结构**

数据结构		数据示例
PCTOrRegionalApplicationData	WIPOST3Code	JP
	DocNumber	PCT/JP2014/077475
	Date	20141008
PCTOrRegionalPublishingData	Lang	ja
	WIPOST3Code	WO
	DocNumber	2015/194060
	Date	20151223

11. PCTOrRegionalApplicationData（PCT 或地区申请数据）

PCT 或地区申请数据中包括 WIPOST3Code（申请国家）、DocNumber（申请号）、Date（申请日期）。

12. PCTOrRegionalPublishingData（PCT 或地区出版数据）

PCT 或地区出版数据中包括 Lang（语言）、WIPOST3Code（公开国家）、DocNumber（公开号）、Date（公开日期）。

除以上著录项目信息外，中国专利全文文献的 XML 文件中还包括以下文本和图像信息：

13. Abstract（摘要）

摘要中包括 DataFormat（表现形式）、Lang（语言）、SourceDB（数据来源）、ProcessingType（加工类型）、Creator（加工方）、Paragraphs（摘要段落）[包括：Num（段号）、Text（段落内容）]、AbstractFigure（摘要附图）[包括：Num（图号）、ImageL（图像）。图像包括：He（高）、Wi（宽）、File（文件）、ImgContent（图像内容）、ImgFormat（图像格式）]，如表 18 – 19 所示。

表 18-19　Abstract（摘要）数据结构

数据结构				数据示例
Abstract	DataFormat			original
	Lang			zh
	SourceDB			national office
	ProcessingType			original
	Creator			03
	Paragraphs	Num		0001
		Text		本发明公开了一种基于 Elman 算法的配网发电预测技术的电压优化方法，基于相似日选择算法和 Elman 神经网络完成对分布式光伏电站的输出功率预测，提出基于有功、无功协调控制接有分布式光伏配网电压越限的控制策略，采用改进的智能粒子群优化算法进行寻优计算，完成配电网线路的电压优化控制，具有一定的适用性
	AbstractFigure	Num		0001
		ImageL	He	661
			Wi	314.58
			File	201610368616. TIF
			ImgContent	undefined
			ImgFormat	TIFF

14. Description（说明书）

说明书中包括 Lang（语言）、DataFormat（表现形式）、SourceDB（数据来源）、Creator（加工方）、InventionTitle（说明书标题）、段落 [包括：Id、Num（段号）、Text（段落内容）]，每篇专利文献，其说明书长度不一，段落数量不同。具体数据结构如表 18-20 所示。

表 18-20　Description（说明书）数据结构

数据结构		数据示例
Description	Lang	zh
	DataFormat	original
	SourceDB	national office
	Creator	003
	InventionTitle	基于 Elman 算法的配网发电预测技术的电压优化方法

数据结构			数据示例
Description	Paragraphs	Id	P001
		Num	0001
		Text	技术领域
		Id	P002
		Num	0002
		Text	本发明涉及一种基于 Elman 算法的配网发电预测技术的电压优化方法，属于分布式光伏技术领域
		Id	P003
		Num	0003
		Text	背景技术
		Id	P004
		Num	0004
		Text	分布式光伏接入配电网带来的配网电压波动问题亟待解决，分布式电源作为清洁能源的主要利用形式，其接入配电网的数目日趋增多。一方面，分布式电源有着安装便捷、供电灵活等特点，可以提高能源的利用效率，减少污染物的排放，提高供电可靠性、电能质量和降低网损；另一方面，规模化分布式光伏接入对未来电网的安全可靠运行提出了挑战，电网公司将面对大量井喷式、小容量、分散化的分布式光伏接入，这将对局域电网的安全稳定以及经济运行产生重大影响：分布式电源规模化接入后，波动的有功出力影响到电网功率平衡特性，进而造成电网母线电压大幅波动
		Id	P005
		Num	0005
		Text	发明内容
		Id	P006
		Num	0006

数据结构			数据示例
Description	Paragraphs	Text	本发明所要解决的技术问题是克服现有技术的缺陷，提供一种基于 Elman 算法的配网发电预测技术的电压优化方法，可提升馈线电压合格率，提高分布式电源有功功率输出，具有较好的适应性
		Id	此处内容省略（每个专利的说明书段落不同，继续按顺序往后排）
		Num	此处内容省略（每个专利的说明书段落不同，继续按顺序往后排）
		Text	此处内容省略（每个专利的说明书段落内容不同，此处展示说明书段落内容，直到说明书内容结束）

15. Drawings（附图）

附图中包括 Lang（语言）、SourceDB（数据来源）、Figure（图片）［包括：Id、Num（图号）、FigureLabels（附图标记）、Image（图像）。图像包括：Id、He（高）、Fi（宽）、File（文件）、ImgContent（图像内容）、ImgFormat（图像格式）、Orientation（方向）、Online（联机）］，数据结构如表 18 − 21 所示。

表 18 − 21　Drawings（附图）数据结构

数据结构				数据示例
Drawings	Lang			zh
	SourceDB			national office
	Figure	Id		f001
		Num		0001
		FigureLabels		图 1
		Image	Id	if001
			He	194
			Fi	700
			File	HDA0001002182420000011. TIFF
			ImgContent	drawing
			ImgFormat	TIFF
			Orientation	portrait
			Online	no

数据结构				数据示例
Drawings	Figure	Id		f002
		Num		0002
		FigureLabels		图2
		Image	Id	if002
			He	700
			Fi	468
			File	HDA0001002182420000012. TIFF
			ImgContent	drawing
			ImgFormat	TIFF
			Orientation	portrait
			Online	no

16. Claims（权利要求）

权利要求中包括 Lang（语言）、DataFormat（表现形式）、SourceDB（数据来源）、Creator（加工方）、Claim（权利要求）［包括 Id、Num（编号）、ClaimText（权利要求内容）］。不同的专利文献，其权利要求的项数不同。具体数据结构如表 18 - 22 所示。

表 18 - 22　Claims（权利要求）数据结构

数据结构				数据示例
Claims	Lang			zh
	DataFormat			original
	SourceDB			nation office
	Creator			003
	Claim	Id		cl0001
		Num		0001
		ClaimText		1. 基于 Elman 算法的配网发电预测技术的电压优化方法，其特征在于，包括以下步骤： 1）根据配网拓扑结构和线路参数，生成节点导纳矩阵，并根据节点实时负荷数据，通过前推回代法潮流算法计算出含有分布式光伏的配网节点电压；

数据结构			数据示例
Claims	Claim	ClaimText	此处内容省略（继续展示第一项权利要求的内容，每一段内容占用一个 Claim-Text 项，直至第一项权利要求内容展示完整）
		Id	cl0002
		Num	0002
		ClaimText	2. 根据权利要求 1 所述的基于 Elman 算法的配网发电预测技术的电压优化方法，其特征在于，所述步骤 3）中，越限节点电压对节点注入有功、无功功率的灵敏度矩阵分别为：
		ClaimText	此处内容省略（继续展示第二项权利要求的内容，每一段内容占用一个 Claim-Text 项，直至第二项权利要求内容展示完整）
		Id	此处内容省略（该专利有几项权利要求，就展示几项，Id 按顺序往后排）
		Num	此处内容省略（该专利有几项权利要求，就展示几项，Num 按顺序往后排）
		ClaimText	此处内容省略（展示该专利当前权利要求项的具体内容，每一段内容占用一个 ClaimText 项，直至该项权利要求内容展示完整）

对于一篇专利文献来说，除上述存储于 XML 文件中的数据外，还包括专利附图、全文图像等图像类数据。在各国加工的专利数据产品中，一般均与该专利的 XML 文件保存在同一文件夹下。

（二）商标数据结构实例

下面以中国商标标准化数据为例，介绍在商标数据 XML 文件中的数据结构，如表 18 - 23 所示。

表 18 - 23　中国商标标准数据结构

字段名称		中文含义
tmk：Trademark		商标基本信息
	com：ApplicationNumberText	申请号
	com：ApplicationDate	申请日期
	com：RegistrationDate	注册公告日期
	com：RegistrationNumber	注册号（同申请号）
	tmk：MarkCurrentStatusCode	商标当前状态
	cntmk：MarkCategory	商标类型
tmk：MarkRepresentation		商标图片有关信息
	cntmk：MarkFeatureCategory	商标形态
	tmk：MarkSignificantVerbalElementText	商标名称
	com：FileName	图片路径
	com：ImageFormatCategory	图片格式
tmk：GoodsServicesBag		商标商品与服务信息
	tmk：ClassificationKindCode	商标分类类型代码
	tmk：ClassNumber	国际分类号
	cntmk：SimilarGroupCode	类似群代码
	cntmk：SimilarGroupText	类似群代码对应的商品中文名称
tmk：PriorityBag		优先权信息
	cntmk：PriorityType	优先权种类
	com：PriorityCountryCode	优先权国家/地区
	com：ApplicationNumberText	优先权号
	com：PriorityApplicationFilingDate	优先权日期
	com：CommentText	优先权商品
tmk：ApplicantBag		申请人信息
	cntmk：Type	申请人类型
	com：EntityName	申请人或共有人名称
	com：AddressLineText	申请人或共有人地址
com：RepresentativeBag		代理人信息
	com：LegalEntityName	代理人名称

字段名称		中文含义
tmk：PublicationBag		公告信息
	com：PublicationIdentifier	初审公告或注册公告期号
	tmk：PublicationSectionCategory	公告类别（初审公告或注册公告）
	com：PublicationDate	初审公告日期或注册公告日期
cntmk：MadridIBToOfficeTransaction		国际注册基础信息
	com：PublicationDate	国际公告日期
	com：RecordNotificationDate	国际通知日期
	cntmk：MadridSystemCategory	国际申请类型
	com：InternationalRegistrationDate	国际注册日期
	com：InternationalRegistrationNumber	国际注册号

通过上表可以得知，在中国商标标准化数据的 XML 文件中都包含了哪些商标数据元素信息，以方便后续开展商标数据处理工作，从中国商标标准化数据 XML 文件中获取商标著录项目信息、商标设计图片等，从而开展后续数据利用工作。

我国（及其他国家、组织或地区）的地理标志、集成电路布图设计的数据结构也有其既定的数据结构标准规范，在此不再一一介绍。

第二节　数据处理

获取到知识产权数据，并对知识产权数据进行深入分析之后，即可明确接下来需要进行哪些数据处理工作，以达到知识产权数据应用系统建设对数据的要求。

下面介绍常见的知识产权数据处理方法。

一、数据解析

对于知识产权数据来说，数据解析是指利用解析程序/工具，将存储于知识产权原始 XML 文件中的数据，按照既定的解析规则，提取出来并存放于数据库中的过程。知识产权数据只有通过数据解析后，才能将从 XML 文件存储变更为数据库存储，才能方便对数据进行后续更复杂的数据处理，进而支撑应用系统建设。

例如，在进行专利数据相关的应用系统建设时，需要将专利 XML 文件中的数据经过应用程序解析出专利著录项目信息，以便存储于关系型数据库中。对于图像类数据，则建立起与专利著录项目数据相对应的关系，如：在著录项目数据中保存图像文件存储路径，并将图像保存在所使用的非关系型数据库或计算机存储中，以便在应用系统展示时进行字段读取和文件调用。

在实际的数据解析工作中，不同的应用系统可根据其自身建设的需要，从知识产权原始 XML 文件中解析出不同的数据字段，以支撑其应用系统功能建设。

二、数据清洗

数据清洗主要是针对知识产权结构化数据。数据清洗是发现并改正不完整、不正确和不一致数据，提高数据质量的过程。数据清洗从字面上可以看出，就是把"脏"数据"洗掉"，是发现并纠正数据文件中可识别错误的一道程序，包括检查数据一致性、处理无效值和缺失值等。即按照一定的规则把零散、重复、不完整的数据清洗干净，得到精确、完整、一致、有效、唯一的新的数据❶。

（一）数据清洗方法

数据清洗的方法有很多，一般来说，通过数据清洗来保证数据的唯一性、精确性、完整性、一致性和有效性。

（1）唯一性：数据是否存在重复记录；

（2）精确性：数据是否与其对应的客观实体的特征相一致；

（3）完整性：数据是否存在缺失记录或缺失字段；

（4）一致性：描述同一实体同一属性的值在不同的系统中是否一致；

（5）有效性：描述数据是否满足用户定义的条件或在一定的值域范围内。

如若不能保证数据的以上特征，将会影响到数据质量，进而影响应用系统功能的实现或实现的效果。数据清洗即按照发现的上述数据问题，对数据进行一系列的处理操作，如：删除重复数据记录、补充缺失数据、规范数据取值内容等。

（二）数据清洗内容

数据清洗的内容主要包括缺失数据和噪声数据两种类型。

（1）缺失数据：主要是一些应该有的信息缺失。对于这一类数据应过滤出来，补充缺失的内容。

（2）噪声数据：主要指错误数据和重复数据。错误数据（如日期格式不正确、日期越界等），需要修正为正确的数据；对于重复数据，需要对其确认后再进行处理。

（三）数据清洗步骤

数据清洗的一般过程主要包括以下四个步骤❷：

1. 定义和确定错误的类型

在进行数据清洗前，首先需要确定错误的类型，通过详尽的数据分析来检测出数据中的错误。除了手动检查数据外，还可以使用分析程序来获得关于数据属性的

---

❶❷　王兆君，王钺，曹朝辉. 主数据驱动的数据治理：原理、技术与实践［M］. 北京：清华大学出版社，2019.

元数据，从而发现数据中的质量问题，之后根据数据分析得到的结果来定义清洗转换规则与工作流。

2. 搜寻并识别错误的实例

在定义和确定错误的类型后，为加快错误数据搜寻效率，可按照正确的方法，自行开发程序，针对数据中的错误自动进行搜寻，如数据关联分析法、递归字段匹配法等。

3. 纠正所发现的错误

执行预先定义好并已得到验证的数据清洗转换规则和工作流，将数据标准化，纠正错误数据。且在此过程中，要注意原数据的备份。

4. 干净数据回流

当数据被清洗后，干净的数据应替代数据中原来的"脏数据"。这样才可以提高数据质量，避免进行重复的清洗工作。

三、数据整合

当数据产品数量众多时，直接将数据产品解析、清洗后装载到数据库中供应用系统使用，而不对数据之间的关系进行有效的关联，将会直接影响知识产权数据在应用系统中的利用效率。因此，很多时候，需要根据各数据产品的特性，将各个数据产品按照一定的关联关系整合、优化，以提高应用系统对知识产权数据利用的便捷性。

不同类型的知识产权数据，其数据整合的方法也不相同，需要根据其具体的数据应用目标，有针对性地设计整合规则、方法。下面仅以专利数据为例，介绍一些常见的专利数据整合方法。

（一）按申请整合

不同国家的不同专利类型，具有不同的专利审查程序，会产生不同阶段的专利公开、公告文献（一般通过各国的专利文献种类标识代码区分），即同一专利申请对应多条不同阶段的专利文献记录。例如，对于中国发明创造专利，专利申请存在发明、审定（1985—1992 年的专利申请有此审查阶段）、授权三个阶段；每个专利申请的每个阶段均对应一条专利文献记录。为方便用户检索、浏览专利文献，可将以上同一申请不同阶段的专利文献按照申请整合为一条记录，即为按申请整合。

表 18-24 为现行的中国专利文献种类标识代码字母及其含义。

表 18-24 中国专利文献种类标识代码

专利文献识别代码	含　　义
A	1985—2006 年出版的发明专利申请公开说明书； 2007—2010 年出版的发明专利申请公布说明书； 2010 年以后出版的发明专利申请（单行本）
B	1985—1992 年出版的发明专利申请审定说明书； 2010 年以后出版的发明专利（单行本）

续表

专利文献识别代码	含　义
C	1985—1992 年出版的根据异议程序修改的发明专利申请公开说明书； 1993—2010 年出版的发明专利说明书
U	1985—1992 年出版的实用新型专利申请说明书； 2010 年以后出版的实用新型专利（单行本）
Y	1985—1992 年出版的根据异议程序修改的实用新型专利申请说明书； 1993—2010 年出版的实用新型专利说明书
S	1985—1992 年出版的外观设计申请公告； 2010 年以后出版的外观设计专利（单行本）
D	1993 年以后在《外观设计专利公报》中全文公告的外观设计专利； 2006—2009 年出版的外观设计专利（单行本）； 1993—2010 年出版的外观设计授权公告

　　假设对于某国家其发明创造专利共有 A、B、C 三个公开阶段文献，即同一专利申请具有 A、B、C 三条文献记录，在按申请进行数据整合时，需要将 A、B、C 三条文献记录整合为一条。按申请整合时，重点专利数据项整合规则如下：

　　1. 申请信息整合

　　申请号、申请时间、申请国别、申请类型字段名称不变，A、B、C 三条记录信息一致；除以上申请信息外，A、B、C 三条记录中的其他申请信息，分为以原字段名称 1、原字段名称 1 来源、原字段名称 2、原字段名称 2 来源、原字段名称 3、原字段名称 3 来源来存储其申请信息。其中，原字段名称 1 来源、原字段名称 2 来源、原字段名称 3 来源的值分别为 A、B、C。

　　2. 公开信息整合

　　A、B、C 三条记录中的公开信息，字段名称分别以原字段名称 1、原字段名称 1 来源、原字段名称 2、原字段名称 2 来源、原字段名称 3、原字段名称 3 来源来存储其公开信息。其中，原字段名称 1 来源、原字段名称 2 来源、原字段名称 3 来源的值分别为 A、B、C。

　　3. 相关人信息整合

　　相关人信息包括申请人、发明人、专利权人等信息。若 A、B、C 三条记录中的部分相关人信息一致，则一致信息保留原字段名称（例如，A、B、C 三条记录中的发明人姓名一致，则字段名称为"发明人姓名"）；若 A、B、C 三条记录中的相关人信息不一致，则分别以原字段名称 1、原字段名称 1 来源、原字段名称 2、原字段名称 2 来源、原字段名称 3、原字段名称 3 来源来存储其相关人信息。其中，原字段名称 1 来源、原字段名称 2 来源、原字段名称 3 来源的值分别为 A、B、C。

4. 分类信息整合

分类信息包括 IPC 分类、CPC 分类等各分类体系对应的分类信息。若 A、B、C 三条记录中某分类体系下的分类号一致，则该一致信息保留原字段名称（例如，A、B、C 三条记录中的 IPC8 分类号一致，则字段名称为"IPC8"）；若 A、B、C 三条记录中某分类体系下的分类号不一致，如 CPC 分类号不一致，则字段名称分别以 CPC1、CPC2、CPC3、CPC1 来源、CPC2 来源、CPC3 来源来存储其各自的 CPC 分类信息。其中，CPC1 来源、CPC2 来源、CPC3 来源的值分别为 A、B、C。

5. 标题、摘要信息整合

A、B、C 三条记录中的标题、摘要信息分别记录，即标题1、标题2、标题3、摘要1、摘要2、摘要3，标题1来源、标题2来源、标题3来源、摘要1来源、摘要2来源、摘要3来源。其中，标题1来源、标题2来源、标题3来源、摘要1来源、摘要2来源、摘要3来源分别为 A、B、C、A、B、C。

6. 引文信息整合

A、B、C 三条记录中的引文信息分别记录，分别以原字段名称1、原字段名称1来源、原字段名称2、原字段名称2来源、原字段名称3、原字段名称3来源来存储其引文信息。其中，原字段名称1来源、原字段名称2来源、原字段名称3来源的值分别为 A、B、C。

7. 其他信息整合

其他信息基本也采用分别记录的原则，分别以原字段名称、字段名称来源进行记录。

在进行应用系统建设时，可按照上述整合规则编写数据整合程序，既可保证专利文献数据的完整性，也可明确区分不同数据项的原始文献来源，为构建专利检索字段索引、专利文献信息展示（展示同一专利申请的文献信息时，需要按其文献类型分别展示，以供用户区别查看）等提供基础数据支撑。

同时，由于不同国家不同专利类型的审查程序不同，导致其公开、公告的专利文献次数不同，即文献类型识别代码不同（或即便文献类型识别代码相同，代表的含义也不尽相同），按上述整合规则整合不同国家专利文献数据时，可保证数据整合的可扩展性。

按申请整合专利文献数据后，用户在专利检索类应用系统中检索专利文献，系统在展示命中检索结果文献记录时，一个专利申请可仅展示一条整合后的文献记录（若不按申请整合，可能会展示出一个专利申请的多条文献记录），如此可提高用户的专利文献浏览效率，减少不必要的浏览内容。

（二）按同族关系整合

同族专利是指基于同一优先权文件，在不同国家或地区，以及地区间专利组织多次申请、多次公布或批准的内容相同或基本相同的一组专利文献，亦称之为一个专利族。在同一专利族中每件专利文献均为该专利族的族成员，同一专利族中每件专利互为同族专利。在同一专利族中，最早优先权的专利文献称为基本专利。

通常，将专利同族分为简单同族、扩展同族和复杂同族，下面分别介绍各类同族专利文献的判定方法。

1. 简单同族

有完全相同优先权的所有专利文献属于一个简单专利族。

表 18-25 中的专利文献为简单同族关系。

表 18-25 简单同族关系

专利文献	优先权			同族划分
D1	P1			P1
D2	P1	P2		P1，P2
D3	P1	P2		P1，P2
D4		P2	P3	P2，P3
D5			P3	P3

按照简单专利族划分规则，专利文献 D1 属于专利族 P1，专利文献 D2 和 D3 同属于专利族 P1 和 P2，专利文献 D4 属于专利族 P2 和 P3，专利文献 D5 属于专利族 P3。如此，专利文献 D2 和 D3 为简单同族关系。

2. 复杂同族

至少有一个相同优先权的所有专利文献属于一个复杂专利族。

表 18-26 中的专利文献为复杂同族关系。

表 18-26 复杂同族关系

专利文献	优先权			同族划分
D1	P1			P1
D2	P1	P2		P1，P2
D3	P1	P2		P1，P2
D4		P2	P3	P2，P3
D5			P3	P3

按照复杂专利族划分，专利文献 D1、D2 和 D3 同属于专利族 P1，专利文献 D2、D3 和 D4 同属于专利族 P2，专利文献 D4 和 D5 同属于专利族 P3。

3. 扩展同族

扩展专利族中的每个专利族成员与该族中至少一个其他成员拥有至少一项共同优先权。

表 18-27 中的专利文献为扩展同族关系。

表 18 - 27　扩展同族关系

专利文献	优先权			同族划分
D1	P1			
D2	P1	P2		
D3	P1	P2		扩展族 P1
D4		P2	P3	
D5			P3	

按照扩展同族划分，专利文献 D1、D2、D3、D4 和 D5 同属于扩展族 P1。

在实际应用中，通过同族专利可查看族专利文献在不同语言上的表达，从而消除阅读专利文献时的语言障碍；通过同族专利分析，了解竞争对手的核心专利在全球的专利部署情况，洞悉其产品发展策略，从而更加顺利地进军目标市场，规避侵权风险等。

在专利检索、分析类应用系统建设时，通常会选取某一同族判定方式，对所有专利数据进行同族关系加工处理，为所有处于同一族下的专利分配唯一的族号，来建立专利文献间的同族关联，以便支撑应用系统的同族专利检索、同族专利浏览、同族专利分析等功能。

（三）逻辑整合

在进行专利检索时，通常会通过选择专利数据库的方式圈定待检专利数据的范围。有时候在某一个专利数据库中未命中目标专利，通常会进行转库操作，即选择另一个专利数据库再次检索。如此，检索的效率较为低下。为进一步扩大检索的数据范围，提高检索效率，可对两个或多个不同类型的数据库逻辑整合（例如，一个是按申请整合的数据库，另一个是按同族关系整合的数据库），形成虚拟数据库，在专利检索时，直接选择该虚拟数据库，即可实现同时检索两个或多个数据库的效果。

虚拟数据库的构建是以待逻辑整合的两个或多个不同的资源数据实体数据库为数据来源，结合收集、去重、归并、整理等多种数据处理手段为一体的综合解决方案。

图 18 - 6 为构建虚拟数据库的逻辑整合流程，包括：构建专利文献路径地图（Patent Path Map，PPM）、整合文献内容、抽取索引三个主要处理节点。在该处理流程中，结合对各数据实体的访问，生成专利文献路径地图数据。系统以专利文献路径地图为桥梁和指引，对各数据库中的实体数据进行逻辑归并与整合，形成虚拟库，为检索引擎提供数据源，进而经检索引擎抽取为系统可最终使用的虚拟数据库。

在虚拟数据库构建流程的每个环节，均会记录各阶段的元数据，元数据可在虚拟数据库的创建、更新、运行的完整周期内，为虚拟数据库的用户提供数据字典与概要描述等信息，也可以为开发者、管理员等角色提供虚拟数据库数据模型相关的各类指标数据来辅助更新和维护工作。

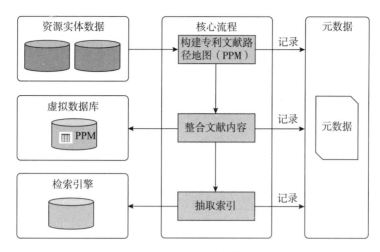

图 18-6　逻辑整合流程

1. 构建专利文献路径地图

专利文献路径地图（PPM）是在多数据来源的专利数据环境特点下，根据文献主键对专利文献进行号码索引的一种数据结构。该数据结构也可以方便扩展。专利文献路径地图可作为多库环境下的统一访问入口，对文献来源快速定位和索引。

如图 18-7 所示，数据库 A 中有专利文献 A1、A2、B1、C1，数据库 B 中有专利文献 A1、B1、C1、D1，专利文献路径地图中会载明专利文献 A1、A2、B1、C1、D1 分别收集在哪个数据库中。当用户检索命中专利文献 A1 时，可从数据库 A 或 B 中取出文献 A1 向用户展示，当用户检索命中专利文献 D1 时，可从数据库 B 中取出专利文献 D1 向用户展示。

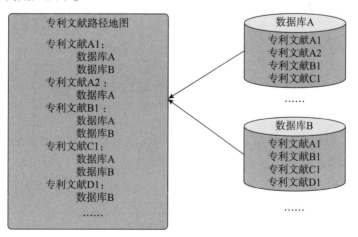

图 18-7　PPM 作为文献号码索引的功能

但专利文献路径地图的构建需要统一专利号码库的支撑，即所有分布在不同数据库中的文献均要有一个唯一的专利号码，若不同数据库中具有同一篇专利文献，则该文献在不同数据库中的专利号码须相同。只有统一专利号码库创建后，方可创建专利文献路径地图。

在实际专利数据处理时，专利文献路径地图的数据模型如图 18 – 8 所示。

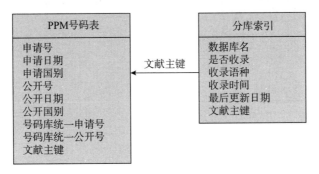

图 18 – 8　专利文献路径地图数据模型

2. 整合文献内容

对文献数据内容的整合是虚拟数据库构建的核心。本阶段需要引用前一阶段已经生成的专利文献路径地图，对已经索引的所有文献主键进行文献收集，完成归并整合。

文献收集流程是专利文献路径地图作为号码统一访问入口的直接应用。文献收集流程如图 18 – 9 所示。

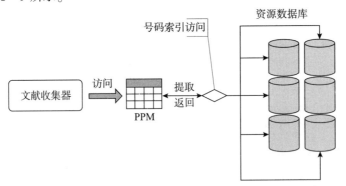

图 18 – 9　应用 PPM 做号码的文献收集过程

在收集的同时，进行文献内容的归并整合。整合的技术手段采取对各库实体字段进行逻辑连接的方式。虚拟数据库内文献的数据记录包括两种类型的逻辑字段，分别是各库共有字段和独有字段。

各库共有字段的判别标准为：字段含义相同并且数据类型和数据格式一致，三个条件缺一不可。因为不同的数据类型或数据格式在对专利检索时使用的检索式运算符支持上不尽相同，如果将仅含义相同的字段连接在一起，在数据上将会出现多种数据类型和格式，会使检索执行发生混乱，不能保证检索结果的正确。对于共有字段的逻辑连接，采用字符串粘连的方式将来自不同库的字段内容连接，形成新的字段，字段类型和数据格式与各库保持一致。

对于各库不能判定为共有字段的其余字段，都须按照独有字段处理，独有字段保留原有字段定义和数据格式直接合并进入虚拟库。独有字段是各数据源加工特点的重点表现。在将独有字段合并进虚拟库之后，虚拟库就具备了各实体库的特点并同时弥补了各单库的不足，从而支持上述检索的执行，并能准确地命中结果文献。

为清晰表示，图 18－10 仅选取两个数据库体现实体字段的逻辑连接过程。

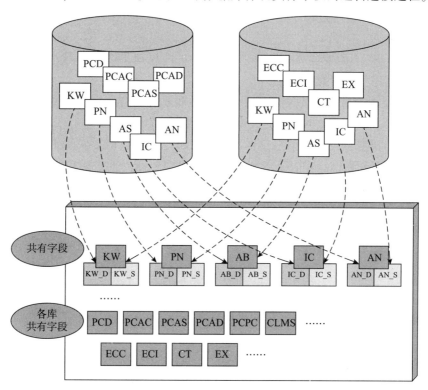

图 18－10　文献字段内容的归并整合

3. 抽取索引

对文献内容完成整合之后，虚拟数据库数据源可进入索引抽取阶段，在此之前，需要生成对应虚拟数据库数据模型的文档类元数据，该元数据内容主要为虚拟数据库数据字典，字典数据项除包括基本的字段名称、备注之外，还要包括检索引擎所对应的字段类型。

不同检索引擎中的数据类型，在定义和支持功能上会有差异。数据库中的数据类型与检索引擎的数据类型也不完全对应。元数据中会从如下三个方面完成检索引擎数据类型的设置：

（1）基本类型对应。基本类型包括字符型（CHAR）、日期型（DATE）、数字型（NUMBER）等数据库字段基本类型，可针对检索引擎提供的基本类型直接对应。

（2）全文类型字段。对于虚拟库中包含 XML 或长文本类型的数据字段，须选择检索引擎中支持全文的索引类型进行设置，同时在元数据中注明区分段句的规则说明。

（3）单字段多值索引与冗余索引。在虚拟数据库中个别字段数据在抽取索引时，会有从单字符串抽取多个索引单元的需求，需在元数据中注明多值索引或冗余索引抽取的原则，必要时需提供冗余索引单元拆分的正则表达式或相关文字阐述。

在向检索引擎提供完善的元数据之后，引擎完成索引数据的抽取，形成检索数据库，支持专利检索类应用系统的检索请求。

4. 生成元数据

在虚拟数据库构建过程中生成的元数据，主要包括数据模型元数据、概要元数据和过程元数据。

（1）数据模型元数据：除供给检索引擎的抽取规则文档类数据外，还包括提供给用户的数据库字典类帮助信息。

（2）概要元数据：主要提供虚拟库的各类概要统计信息，如语种文献量、各字段收录情况等。概要元数据引入时间戳，反映虚拟库历史情况。

（3）过程元数据：提供虚拟数据库更新过程产生的数据规模变更情况。过程类元数据也具有时间特性，对应于虚拟数据库的每个更新周期。用户通过过程元数据可以了解虚拟数据库最新的数据规模变化情况。

逻辑整合是专利检索类应用系统建设过程中常见的数据整合优化方式，对提高检索效率、减少系统用户不必要操作、提升用户体验有重大意义。

（四）数据整合实例

在数据整合过程中，由于数据之间关联关系的复杂性，需要制定全面的数据整合规则，以保证数据关联关系的畅通性和数据的完整性。下面以中国专利文摘数据库为例，介绍中国专利文摘数据库在实际数据处理过程中是如何通过众多专利数据产品一步步整合、优化而来的。

1. 中国专利文摘数据库整合数据源

中国专利文摘数据库整合数据源包括 9 个文摘/全文数据、1 个外观数据、4 个引文数据及 4 个其他相关数据（每个数据均为一个独立的数据产品），如表 18 – 28 所示。

表 18 – 28　中国专利文摘数据库整合数据源

数据类型	数据源
文摘/全文文本	中国（不含中国港澳台）全文文本标准化数据
	中国（不含中国港澳台）专利英文文摘标准化数据
	中国（不含中国港澳台）专利深加工数据
	中国香港文摘标准化数据
	中国台湾文摘和全文标准化数据
	中国澳门文摘标准化数据
	DOCDB 文摘数据
	DWPI 文摘数据
	WIPO 全文数据库

数据类型	数据源
引文	中国（不含中国港澳台）标准化丰富引文数据（SIPOCT）
	DOCDB 专利引文数据
	PCI 专利引文数据
	中国（不含中国港澳台）专利深加工引文数据（CPDI）
外观	中国（不含中国港澳台）外观专利数据
其他	中国（不含中国港澳台）CPC 分类数据
	中国（不含中国港澳台）复审无效、司法判决数据
	法律状态数据
	中国（不含中国港澳台）复杂单元数据

2. 中国专利文摘数据库整合规则

中国专利文摘数据库中各数据项的整合规则如图 18-11 所示。

（1）申请/公开信息

① 选取中国（不含中国港澳台）全文文本标准化数据、中国香港文摘标准化数据、中国台湾文摘和全文标准化数据、中国澳门文摘标准化数据、中国（不含中国港澳台）外观专利数据，以申请号为主键，保留所有申请阶段公开信息；

② 中国港澳台数据以同族的形式进行整合。

（2）相关人信息

① 中文信息取值上述（1）中的相关文摘/外观专利数据源信息；

② 中国数据英文信息取中国（不含中国港澳台）专利英文文摘标准化数据（CPEA）对应信息，港澳台信息从 DOCDB 中进行补充；

③ 按照公开日期进行排序，选取公开日期最小的文献信息作保留；

④ 中国数据（CNTXT）公布级为 A8、B8、U8 的数据为著录项目信息纠正文献，故有此类文献信息则取值修正信息；

⑤ 中国香港、中国澳门、中国台湾数据的中文信息为繁体，需要做繁体到简体的转换。

（3）分类及引文信息

① 取值上述（1）中的相关文摘/外观专利数据源信息，其他数据源为补充；

② 整合去重各数据源不同申请阶段信息；

③ 保留中国（不含中国港澳台）专利深加工数据中的特殊分类信息，如"实用分类"等；

④ 引文信息：整合去重 SIPOCT、CPDI 引文、DOCDB 引文和 DWPI 引文信息。

（4）标题/摘要信息

① 保留文献不同公布级全部信息；

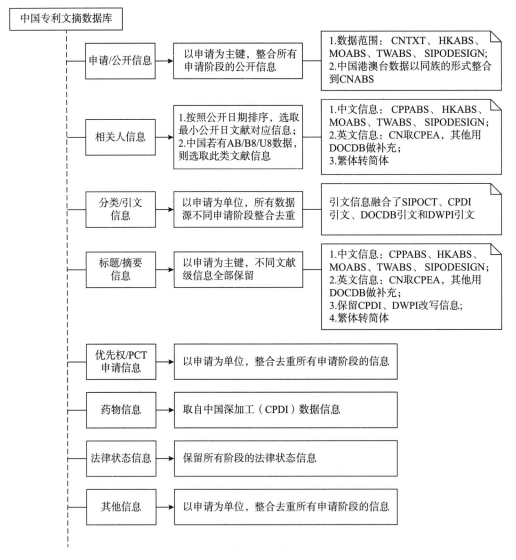

图18-11　中国专利文摘数据库各数据项整合规则

② 中文信息优选上述（1）中的相关文摘/外观专利数据源信息；

③ 中国数据英文信息选取中国（不含中国港澳台）专利英文文摘数据（CPEA）对应信息；

④ 中国港澳台数据英文信息可从DOCDB补充；

⑤ 保留中国（不含中国港澳台）专利深加工数据和DWPI数据中的标题（改写）和摘要（改写）信息；

⑥ 中国香港、中国澳门、中国台湾数据的中文信息为繁体，需要做繁体到简体的转换。

（5）其他信息

以申请为单位，不同申请阶段的数据整合去重。

经数据整合、优化后的中国专利文摘数据库，除包含以中文公布的所有专利著录项目信息外，还包括 DOCDB、DWPI、CPDI 等加工后的相关信息，可更好地满足中文专利文摘检索需求。

四、图像数据优化

知识产权数据中除包含众多著录项目信息外，还包含各类图像数据，如发明专利附图数据、实用新型专利附图数据、外观设计专利图像数据、商标图像数据等。

以专利数据为例，包括专利文献中的摘要附图、说明书附图、外观设计图片或者照片等图像。附图是专利文献的重要组成部分，其中蕴含了重要的关键性设计思想。因各国的专利文献附图没有统一的标准，附图图像的数据巨大且格式多样（有TIFF、JPG、IMG、GIF 等格式），导致附图数据占据存储空间过大。若直接在应用系统中展示、浏览附图原图信息，页面加载速度过慢，会给系统性能和用户体验带来较大影响。为了在应用系统中更好更快地展示图像类数据，通常会对图像数据加工处理，以便应用系统后续统一利用。

常见的图像数据优化方法如下：

（一）图像压缩

图像压缩就是对图像数据按照一定的规则变换和组合，用尽可能少的数据量来表示影像，简单地说，就是对图像进行"瘦身"。随着现代技术的发展，要求传输的图像信息数据量越来越大，为了有效地传输和储存图像，有必要压缩图像。

从压缩的客体——"数字图像"来看，原始图像是高度相关的，存在很大的冗余，数据冗余造成比特数浪费，消除这些冗余可以节约码字（Code Word），也就是达到数据压缩的目的。大多数图像内相邻像素间有较大的相关性，称为空间冗余。序列图像前后帧内相邻之间有较大的相关性，称为时间冗余。压缩的目的就是消除冗余。图像压缩编码技术从不同的角度出发，有不同的分类方法。根据压缩过程有无信息损失，可分为有损编码和无损编码。

（1）有损编码：又称为不可逆编码，是指对图像进行有损压缩，致使解码重新构造的图像与原始图像存在一定的失真，即丢失了部分信息。由于允许一定的失真，这类方法能够达到较高的压缩比。有损压缩多用于数字电视、静止图像通信等领域。

（2）无损编码：又称可逆编码，是指解压后的还原图像与原始图像完全相同，没有任何信息的损失。这类方法能够获得较高的图像质量，但所能达到的压缩比不高，常用于工业检测、医学图像、存档图像等领域的图像压缩中。

采用无损压缩方式对附图、图像数据进行图像压缩，常用的无损压缩算法包括游程编码（Run-Length Coding）、香农-范诺编码（Shannon-Fano Coding）、哈夫曼编码（Huffman Coding）、算术编码（Arithmetic Coding）等，在此不再赘述。

（二）图像格式转换

不同来源的知识产权数据，其图像格式不同，如专利附图有 TIFF、JPG、IMG、GIF 等格式。为实现更好的压缩比和应用效果，可将图像格式统一转换为 GIF 格式，用 GIF 格式图像代替原始格式图像，可减少应用系统中图像的加载流量，提高图像浏览的速度。

五、数据更新完善

知识产权数据是不断更新、增长的，且不同的数据产品其数据更新周期不同。因此，在完成某一数据产品当前全量数据的分析、处理、入库工作之后，还需保证后续更新数据源源不断地加载到应用系统中，以满足应用系统对知识产权数据更新时效性、及时性的要求。

在数据处理时，数据更新完善是其子流程，若数据产品无格式上的大变动，一般无须再次进行数据分析、解析、清洗、整合、优化等数据处理程序的定制开发，按照既定的数据处理流程，即可完成对当前应用系统的更新数据支撑要求。

以专利数据为例，由于专利数据产品众多，且数据来源不一，数据更新周期不同（例如，国家知识产权局专利局在用的专利检索与分析系统，涉及专利数据产品近百种，覆盖 105 个国家、组织或地区的专利文献数据，更新周期包括周、两周、月、季度等），因此在进行应用系统建设时，还需要制定合理的数据更新计划，以保证更新数据能够源源不断地加载到应用系统中，确保系统用户及时检索查看、利用最新专利数据。

第三节 应用系统开发

数据是所有应用实现的基础，应用是数据运用的直接体现，对于知识产权数据应用系统来说更是如此。所有知识产权数据相关的应用系统，都离不开知识产权数据的支撑，通过对知识产权数据处理、优化、利用、展现等来实现不同的知识产权业务目的。下面从数据库设计、数据入库、应用开发、数据库与应用间联调优化这一应用系统开发流程来介绍知识产权数据在应用系统开发中的利用方式及重要性。

一、数据库设计

数据库是存储数据的所在，是连接数据与应用程序之间的桥梁，应用程序调用数据均是通过数据库对数据的增、删、改、查等操作来实现的。在应用系统建设中，数据库设计直接影响应用系统功能的设计和实现。反之，应用系统功能、性能要求也直接影响数据库的选型和数据库设计。

知识产权数据因数据量大、数据类型多样，通常对数据库选型提出较高要求。例如，因知识产权数据中含有大量的非结构化数据，在进行数据库选型时，需要同时考虑关系型数据库（关系型数据库存储结构化的著录项目等数据）和非关系型数据库（非关系型数据库存储图像、文件等非结构化数据）。且市场上数据库产品众多，各类数据库均有其优势和不足，用户在进行数据库产品选型时，需要结合应用系统的建设内容及目标，充分考虑数据库的性能、易用性、价格等因素，选择合适的、能够支撑应用系统各项数据处理、利用目标的数据库产品。

在进行数据库设计时，要在全面掌握知识产权数据特点的基础之上，深入理解应用系统建设业务需求，通过业务需求引申出应用功能建设需求，并对业务需求、应用功能需求充分分析，将数据库设计与应用功能设计有机结合，如此方能最大化地对数据规划和利用，才能使数据库充分支撑应用系统各项功能建设，满足应用系统建设各项性能指标。

二、数据入库

数据库设计完成后，接下来重要的一步就是进行数据入库，即将现有存量数据资源按照数据库设计的数据结构进行数据入库处理。对于知识产权数据应用系统来说，数据入库即将应用系统所要管理、利用范围内的所有知识产权数据装载至指定数据库中。此外，在应用系统正式上线后，数据入库还包括增量数据的更新入库工作，即按数据更新周期，持续不断地将更新数据装载至数据库中。

在本章"数据处理"章节中了解到，通常使用数据解析方法，将知识产权 XML 文件、各类文本、图像类数据等，区分结构化数据、非结构化数据，解析、存储到不同类型的数据库中，并使用数据清洗方法对结构化数据统一标准处理，通过数据整合方法建立起数据之间的关联关系，通过图像数据优化方法对各类图像类数据统一优化处理，以便将知识产权原始数据转变为数据库存储数据，满足应用系统对数据的调用、处理要求，进而支撑应用系统各项功能建设。

三、应用开发

应用开发即选择合适的开发技术、开发语言，结合已完成的数据库设计，通过程序编码实现。现有主流知识产权数据应用系统多采用 Java、Python 等技术开发，少数为适用移动设备采用 iOS 和 Android 框架进行程序开发。

具体开发技术的选型不在本书介绍范围内，在此不再赘述。

四、数据库与应用间联调优化

应用系统开发完成后，为保证数据与应用之间更好地相互协作、配合，需要持续开展数据库与应用间的联调优化，不断完善、优化数据库与应用系统各项功能、性能，以便更好地服务于应用系统用户。

数据库与应用系统之间是相辅相成、互为影响的。应用系统是用户访问数据的直接窗口，数据库中数据的完善程度直接影响着应用系统功能的实现及效果；应用系统功能又直接决定了数据库中数据的格式、内容、数据间关联关系的构建等。任何一个应用系统的建设，都是一个从无到有且不断完善的过程。随着系统用户对应用系统的逐步深入使用，数据库与应用系统之间将不断地联调、优化，数据利用将更加充分，应用功能将愈加完善，用户体验持续提升，从而实现应用系统的建设目标。

主要参考文献

［1］马天旗．专利分析：方法、图表解读与情报挖掘［M］．北京：知识产权出版社，2015．

［2］国家专利导航试点工程研究组．专利导航典型案例汇编［M］．北京：知识产权出版社，2020．

［3］马天旗．专利布局［M］．北京：知识产权出版社，2016．

［4］贺化．评议护航：经济科技活动知识产权分析评议案例启示录［M］．北京：知识产权出版社，2014．

［5］张勇．专利预警：从管控风险到决胜创新［M］．北京：知识产权出版社，2015．

［6］杨铁军．产业专利分析报告：第14册 高性能纤维［M］．北京：知识产权出版社，2013．

［7］杨铁军．产业专利分析报告：第40册 高端通用芯片［M］．北京：知识产权出版社，2016．

［8］王兆君，王钺，曹朝辉．主数据驱动的数据治理：原理、技术与实践［M］．北京：清华大学出版社，2019．

［9］孟俊娥．专利检索策略及应用［M］．北京：知识产权出版社，2010．

［10］李建蓉．专利信息与利用［M］．2版．北京：知识产权出版社，2011．

［11］张锐．商标实务指南［M］．3版．北京：法律出版社，2019．

［12］国家知识产权局商标局．类似商品和服务区分表：基于尼斯分类第十一版（2022文本）［M］．北京：知识产权出版社，2022．

［13］WIPO．WIPO Standards［EB/OL］．［2021-02-10］．https：//www.wipo.int/standards/en/part_03.html．